GOVERNMENT MARKETING

정부마케팅

마케팅에 의한 공공가치 생산의 길을 말하다

박흥식

박영사

추천사

행정마케팅의 부활을 기대하며

　「정부마케팅」 책 출간 소식을 듣고, 행정마케팅의 부활을 보는 것 같아 진심 반갑고 기꺼운 마음이다. 행정자치부(현 행정안전부) 과장이던 시절, 1995년 9월부터 1997년 9월까지 2년간 영국 버밍엄대학 공공정책대학원 공공관리 석사 과정(Master of Public Management, MPM. 1996년에 MBA in Public Sector 과정으로 명칭이 바뀌었다)에 유학했던 적이 있다. 한참 후에야 알게 된 것이지만, 당시 영국은 대처 정부가 신공공관리 개혁을 이끌면서 세계 각국에 행정개혁의 이론적 기반을 제공하던 중이었고, 중앙정부는 개혁을 이끌어 갈 인재 양성을 위해 대학들 중에서 8곳을 뽑아 대학원에 MPM 석사 과정을 설치했던 때이다. 내가 간 버밍엄대학도 그렇게 선정되어 MPM 과정을 개설했고 난 1기로 입학했다. 그때 여러 강의를 들었지만 그 가운데 유독 '공공부문 마케팅(Public Sector Marketing)'의 존재감과 인상은 강렬한 것이었다. 교재가 「새로운 공공부문에서의 마케팅(Marketing in the New Public Sector)」으로 공무원 대학(Civil Service College) 리오넬 티트만(Lionel G. Titman) 교수가 쓴 것이었는데 바람직한 행정의 방향을 말하는 강의와 더불어 이 책을 읽은 것은 결코 잊을 수 없는 경험이었다. 나는 여기서 행정의 새로운 길과 활로를 보았다.

　1997년 말 유학을 마치고 귀국했을 때 한국은 그야말로 IMF 외환위기를 맞아 구조 조정의 광풍에 휩싸였고, 김대중 정부는 BSC(균형성과평가제도. Balanced Scored Card)를 도입하는 등 개혁에 박차를 가하던 상황이었다. 나는 중앙공무원교육원(이하 중공교. 현 국가공무원인재개발원) 교육 3과장으로 다시 일을 시작했는데 '행정마케팅'은 이때 내가 새로운 교육 과정으로 개설했던 과목이다. 이번 「정부마케팅」 책의 저자 박흥식 교

i

수는 내가 교육 프로그램을 개설하고 강사를 찾던 중 우연히 대학에서 행정학과 소속 교수이면서 정부마케팅 강의를 하고 있음을 발견하고 초빙했던 분이다. 당시 나는 행정마케팅 과정 개설이 학계의 관심과 상생 효과를 일으켜 행정 현실의 개혁과 행정학의 발전에 기폭제 역할을 할 것으로 기대하였다. 중공교를 떠나고 마케팅 교육은 중단되었지만 마음속에는 늘 뿌리칠 수 없는 아쉬움이 있었다. 대학에서라도 교육으로 살아나고 확산되길 바라는 마음 간절하였다.

그간 시간만 가고 별다른 진척을 보지 못했는데 뜻밖에 책 출판 소식을 듣게 되어 무척 기쁘다. 오래 기다리던 일인데 어찌 축하뿐이겠는가.

많은 행정 실무자와 연구자들이 읽고, 행정마케팅의 실천, 시대에 부응하는 행정 혁신을 이루길 기대한다.

2020.7.20.

신문주

한국공공기관연구원 원장

책 소개와 인사말

1995년 가을 학기 박사과정 정부마케팅 강의 개설.

돌이켜 보면 실로 까마득한 과거이다.

이 책은 그간 저자가 행정학자의 관점에서 정부부문이 어떻게 마케팅을 받아들이고, 연구자들은 또 어떤 과정을 거쳐 현재에 이르렀는가를 관찰, 추적한 결과이자 필요와 의미에 대한 성찰의 산물이다. 본문에 앞서 정부부문이 신공공관리 개혁을 치르는 동안 나는 연구자로서 무엇을 보았는가, 행정학자로서 이 시기를 어떻게 평가하는가, 정부마케팅에 대한 생각의 발전, 연구의 계기, 이러한 일련의 과정에서 무슨 생각, 어떤 질문을 하면서 현재에 이르렀는가? 미래 공공서비스의 방향과 수요를 어떻게 보고 지금의 책 집필에 이르렀는가? 등을 적어 책 소개와 인사의 말로 삼고자 한다. 독자들이 이 부분을 읽는다면 저자와 같은 눈과 호흡으로 책 내용 전체를 관통하는 이해를 얻는 데 도움이 될 것이다.

행정의 지난 40년은 '개혁과 도전' 그 자체이다. 영국의 대처(Thatcher) 정부가 1980년대부터 신공공관리 개혁(의무경쟁입찰제도, 시민헌장, 베스트 가치 정책, 넥스트 스텝 등)을 주도하고, 전 세계 각국이 새로운 개혁 철학과 방법, 시장의 언어에 환호하던 시대이다. 행정은 이 시기를 통해 일찍이 보지 못했던 혁명적 변화를 경험한다. 내가 대학에서 공부한 것은 미국식 전통적 행정학이었지만 막상 연구자로서의 삶은 영국발 행정 개혁이 전통적인 정부 관료제의 독점적 서비스 공급을 밀어내던 대전환(big change), 혼란과 급변의 관찰이었다. 아마도 크게 두 가지로 정리할 수 있으리라. 하나는 행정에서의 혁명이자 패러다임의 전환이고, 또 다른 하나는 패러다임의 지리적 이동이다. 나는 데이빗 오스본과 테드 게블러(David Osborne and Ted Gaebler)의 「정부재창조론(Reinventing Government)」(1992), 한국개발연구원(KDI)과 행정학 분야 일부 소수

연구자들이 쓴 영국 정부 개혁 보고서나 논문들을 읽고도 신공공관리 개혁의 큰 물결과 영국의 중심적 지위나 역할을 눈치채거나 가늠할 여유를 잘 갖지 못했다. 돌이켜 보면 미국 행정학의 눈으로 세상을 보거나 내 자신 행정을 보는 나름의 철학이나 시각이 없었기 때문이었다. 이와쿠니 데쓴도(岩國哲人)가 「出雲からの挑戦(이즈모로부터의 도전)」(1991)에서 이즈모시의 성공이 행정에 마케팅 사고를 받아들였기 때문이라고 말했을 때도 특별한 것쯤으로 인식했을 뿐 나의 생각을 그 이상 발전시키지 못했다. 신공공관리 개혁 강의를 하고, 김대중 정부가 IMF 위기를 맞아 대규모 개혁을 추진할 때조차도 신공공관리 개혁이 행정의 지평에서 무엇을 의미하는지, 어떻게 볼 것인가를 몰랐다.

정부가 과거와 다른 방법을 채택한다고만 생각했을 뿐, 다른 나라들에서도 작은 정부, 국영기업 매각이나 민간위탁이 유행이어서 그런 개혁의 하나 정도로 생각했다. 하지만 오랜 시간이 지나고 또 이 책의 집필에 이르러서는 신공공관리 개혁이 단순한 개혁을 넘어 이전 패러다임의 대체이고, 영국이 주도했으며, 패러다임의 지리적 이동이라고 믿는다. 영국은 신공공관리 개혁을 통해 기존의 전통적 행정과는 다른 철학, 시각, 이론, 공공서비스의 관리, 시장적 언어를 발전시키고 법 개정을 통한 전면적 개혁을 이룬다. 이것이 패러다임의 전환이고 혁명이 아니면 무엇인가? 각국 정부에 확산되고 공공서비스를 어떻게 제공할 것인가에 관한 지배적 사고로 자리 잡았다면 패러다임의 지리적 이동이 아닌가?

많은 시간을 보낸 후 얻은 뒤늦은 깨달음이다. 학문적 역량이나 연구자로서 현실의 변화를 읽어내는 역량의 부족 때문이리라. 의문은 가졌지만 결론이 없었고 더 깊은 단계로 나가지 못했다. 미국 행정학에 갇혔기 때문이다.

1990년대 미국 행정학자들은 신공공관리에 대한 비판을 멈추지 않는다. 왜 그들은 그랬던 것일까? 지적 관성, 정부와 행정의 역할, 방식에 대한 기존의 믿음, 집착 때문인가? 아마도 그들은 자신들의 환경에 갇혔기 때문이리라. 국영기업 매각, 민간위탁은 알았지만 거기까지였다.

미국 하버드대학 케네디스쿨(Kennedy School of Government, Harvard University) 행정학 교수 마크 무어(Mark H. Moore)는 1994년 '전략 초점으로서의 공공가치(Public

Value as the Focus of Strategy)'라는 논문에서 행정학 분야에서는 처음 '공공가치(public value)'를 소개한다. 그가 그 아이디어를 어디서 얻었을까? 난 오랫동안 그것이 궁금했다. 나름의 가설은 그가 세계적으로 유명한 그 대학 비즈니스 스쿨 마케팅 교수나 논문들로부터 힌트나 아이디어를 얻었다는 것이었다. 10년도 더 지난 2014년 그가 발표한 '공공가치 회계(Public Value Accounting)'란 연구에서 처음 공공가치의 출처와 배경에 대한 언급을 읽고 내면에서 키웠던 의문을 다소 풀었지만 아직도 궁금한 것들이 많다. 몇 가지 중 첫째는 왜 그가 공공가치 논문을 미국행정학회 학술지가 아닌 오스트레일리아 행정학 저널에 기고했던 것일까? 자답은 아마도 미국 전통적 행정학 연구자들의 신공공관리에 대한 부정적 인식이나 기부 때문이있으리라. 나음은 왜 미국 행정학자들은 그렇게 오랫동안 이 공공가치 논문에 눈길 한번 주지 않았는가? 결국 누가 먼저 이 연구의 가치를 알아보았는가? 영국 베스트 가치정책(Best Value Policy)과는 어떤 관계일까? 누가 공공가치를 먼저 연구자들의 관심 테이블에 끌어냈는가? 무어 교수는 다 알 것이다. 의문은 더 나간다. 미국 연구자들이 아니었다. 그것이 맞다면 왜 미국 연구자들이 아니었을까? 토벤 요젠슨과 베리 보즈만(Torben B. Jørgensen and Barry Bozeman)은 2007년 연구에서 "정부의 행정과 정책에서 공공가치보다 더 중요한 주제는 없다"고 말한다. 미국 행정학자의 반응은 이렇게 늦었다. 왜인가? 보즈만은 미국 애리조나 대학(Arizona State University) 교수이고 요젠슨은 코펜하겐 대학(University of Copenhagen) 교수이다. 보즈만은 왜 유럽 교수와 쓰게 된 것일까?

많은 의문들은 연구와 현실 간의 여러 부조화들을 관찰하는 동안 생겨났던 것들이고, 답은 자답이자 해석이고 결론이다. 아마도 이 모든 것들은 행정 패러다임의 지리적 이동에서 만들어진 것들이다. 미국 연구자들은 패러다임 이동으로 공공가치라는 개념의 중요성 인지가 늦었고, 보즈만은 유럽 연구자와 공동연구의 기회를 만났을 것이다. 미국 연구자들은 정책설계와 서비스 전달의 실험을 보다 덜 심각하게 적어도 늦게야 깨닫고, 지금도 각각에서 주권자들의 참여가 서로 다른 형태라는 것에 대한 이해가 부족하다는 생각이다. 자답이지만 책 집필 동안 굳어진 믿음이기도 하다.

본문에서 몇 차례 언급했지만 행정의 혁명과 패러다임 이동은 행정의 공급자 중심에서 수요자 중심으로의 변화, 영국 정부의 선두적 역할을 의미한다. 전통적 행정은 정부 관료제의 조직, 인사, 예산의 관리이다. 정부가 공익을 정의하고 공공서비스를 설계하는 공급자 중심의 행정이다. 신공공관리 개혁 이후 정부의 관심은 조직 관리에서 공공서비스로 이동한다. 각국 정부는 민영화란 이름 아래 조직과 업무를 대거 시장에 방출하고, 영국 정부는 기업가적 정부를 표방하면서 공공서비스를 기존의 정부기관이 민간사업자와 경쟁하여 누가 전달할지를 결정하는 방법을 선택한다. 경쟁과 기업 관리 기법, 고객, 고객 만족 등의 시장 언어를 도입하고 지속적 혁신을 지향한다. 시민을 고객으로 정의하고, 공무원을 매니저(public manager)로 호칭한다. 인적 자원이 기존의 인사 행정을 대신한다. 한국도 늦었지만 1990년대 후반부터 영국의 개혁을 모델로 행정서비스헌장, 책임운영기관제도를 도입하고 고객 중심적 사고, 결과를 강조한다. 고객만족을 업무평가의 핵심 성과지표로 설정한다. 성과평과와 인센티브제, 브랜드 개념도 도입한다. 모두 신공공관리 개혁의 패러다임 하에서 정부가 채택한 새로운 행정의 방법이자 언어로, 전통적 행정과 관료제 중심의 폐해 극복의 시기이다. 오늘날 전 세계 나라들 중 어디에서도 아직 신공공관리 철학과 언어, 공공서비스 방식을 대체하는 다른 어떤 행정 철학이나 방법을 들은 바 없다.

로버트 덴하트와 자넷 덴하트(Robert B. Denhardt and Janet V. Denhardt)는 2000년 연구에서 행정의 발전을 전통적 행정, 신공공관리, 그 이후의 행정, 3단계(rowing → steering → serving)로 구분한 바 있다. 그 후 15년이 지난 2015년 이들의 그동안을 회고하는 논문을 읽어보면 우리가 3단계에 있는지 어떤지는 아직 분명하지 않다고 말한다. 많은 미국 행정학자들이 3단계라고 하지만 미국이 그렇다는 것이고 그것마저도 신공공관리 개혁의 철학과 방법에서 일부 수정 그 이상이라는 증거는 부족하다는 뜻이다. 공공가치를 보라. 새로운 것인가? 무어가 신공공관리 개혁을 배경으로 정부 매니저가 무엇을 하는가를 정의했던 것으로, 신공공관리의 목적이자 실천적 가치의 제시이다.

정부마케팅 연구의 시작은 우연이었다.
1993년 5월 어느 날. 무역학과 교수님의 연구실에 들렀다가 책장에 꽂힌 많은 책들 중 마이클 모카와 스티븐 펄무트(Michael P. Mokwa and Steven E. Permut)가 1981년 편저로 출판한 「정부마케팅: 이론과 실제(Government Marketing: Theory and Practice)」란 책의 발견부터이다. 미국 비즈니스 스쿨 마케팅 연구자들이 1978년과 1979년 미국행정학회 연례학술대회에 와서 정부도 공공서비스 생산과 제공에 마케팅 원리, 기법을 적용할 필요가 있다는 주장의 논문을 발표했는데, 이들을 묶은 것이다. 처음은 목차를 보고 가볍게 "아, 내가 여태 몰랐던 것인데(아마도 전혀 엉뚱했던) 이런 일도 있었구나?"라는 생각 정도였지만, 내가 못 느낀 내상이 컸던 것일까 그것으로 끝이 아니었다. 뜬

금없이 "왜 그랬을까? 행정학회 학술대회에까지 와서 무엇을 말하고자 했을까?" "그것도 한 사람도 아닌 왜 많은 연구자들이 그랬는가?" 그러다가 "아마도 분명 간단하지 않은 이유가 있었을 것이다"라는 생각에 이르고, 어느 날부터는 확인도 하고, 아마도 무슨 확실한 이유가 있을 것이라는 믿음을 강화하면서 추적을 시작해, 결국 행정학자들의 반응도 확인하는 단계로 발전했던 듯하다. 경영대학 비즈니스 스쿨 마케팅 연구자 필립 코틀러와 마이클 뮤레이(Philip Kotler and Michael Murray)가 1975년 미국행정학회 학술지(Public Administration Review)에 게재한 '제3섹터 관리: 마케팅의 역할(Third Sector Management: The Role of Marketing)'이라는 논문도 읽는다. 이때쯤 행정학자들의 반응이, 그것도 왜 아무도 가타부타 말하지 않았는가를 침지 못한다. 마케팅 연구자들이 그것도 집단으로 행정학회에 와 정부도 고객의 필요와 욕구 조사를 통한 지역발전 계획 수립이나 정책 개발이 필요하다고 주장했는데 왜 반응이 없었을까? 마케팅 연구자들이 그렇게 주장했다면 적어도 관련 인용은 있을 법한데, 난 그것조차 찾지 못한다. 돌이켜 보면 이것이 마케팅 연구를 손에서 놓지 못하게 만든 동력이었는지도 모른다. 아직도 모카와 펄무트 책이 그날 어떤 책장의 몇째 칸 어떤 자리에 있었다는 것까지도 특별한 노력 없이 복원해 내는 것은 답을 찾지 못한 의문들이 수도 없이 내 의식을 호출했기 때문이리라.

정부마케팅 첫 논문은 1997년 한국행정학회 동계학술대회에서 "정부마케팅 연구: 내용과 성과, 그리고 한계"로 발표한다. 지금 보면 아무 것도 모르면서 썼던 것으로 크게 부끄러운 수준이다. 내용이나 체계부터가 터무니없어 어디에서 그런 발표를 할 용기를 얻었는가 알 수 없다. 정부마케팅 연구를 하는 동안에는 정부마케팅이 무엇인가에 대한 생각이 몇 차례나 바뀐다. 처음은 정부마케팅 = 공공서비스 마케팅으로 시작했고, 다음은 정부마케팅 = 공공서비스 + 사회마케팅으로 나가지만, 여전히 입문적 수준의 혼란으로부터 벗어나지 못한다. 발표는 아마도 이 시기에 한 것이었다. 세 번째는 장소마케팅을 추가하고, 마지막 단계에서는 상품을 기준으로 현재 이 책의 골격인 정부마케팅 = 장소, 공공서비스, 사회적 가치, 지역상품 마케팅이라는 체계와 내용을 완성한다. 초기의 시각은 1970년대 비즈니스 스쿨 마케팅 연구자들이 정부도 공공서비스 제공에서 마케팅이 필요하다는 주장에 의존하여 택했던 것이다. 행정학자들이 공공서비스의 마케팅을 완강히 반대하고 가능성조차 인정하지 않았던 터라 당황하고 의문만 붙잡고 있던 시기이다. 첫 발표 논문에서는 사회마케팅, 공공서비스 마케팅을 소개했지만 정부마케팅의 구성이나 미래 수요에 대한 믿음은 적었다.

확신은 우연한 기회로 왔다. 1999년 중앙공무원교육원(현 국가공무원인재개발원. 이하 중공교)의 '행정마케팅' 강의 개설이다. 나는 방황하던 중에 이것을 보고 정부마케팅 필요에 대한 확신을 얻는다. 비슷한 시기 또 다른 두 가지 소득도 있었다. 하나는 유럽 행정, 특히 신공공관리 개혁, 또 다른 하나는 장소마케팅의 발전에 대한 학습이다. '행정마케팅' 강의는 당시 신문주 서기관이 개설한 것으로, 지금 돌이켜 보아도 한국 행정학자들 중 누가 정부마케팅 강의를 그때 감히 생각조차 할 수 있었을까? 못했을 것이다. 필립 코틀러의 장소마케팅 연구, 유럽에서 장소마케팅 유행과 연구의 빠른 성장을 알고 장소마케팅을 정부마케팅의 중심에 두었던 터라 궁금증은 더했다.

연구자로 내가 알던 것은 미국 행정학이고, 작은 정부, 민영화, 민간위탁도 미국의 사례로 난 영국 중앙정부의 마케팅 도입은 알지 못했다. 어디 그것이 나 뿐이었겠는가? 그러던 참에 키론 월시(Kieron Walsh)의 논문을 읽다가 우연히 그가 버밍엄 대학(Birmingham University) 교수라는 것을 발견하고, 신문주 서기관도 1995년부터 1996년까지 그곳에서 공공관리(public management)를 배웠다는 것도 상기한다. 월시는 사회과학대학(Business School, Education, Government and Society, Social Policy), 지방정부연구소(Institute of Local Government Studies) 교수로 공공관리(public management)를 강의했던 사람이고, 영국이 신공공관리 개혁을 추진하면서 공공서비스 마케팅 분야를 발전시켜갈 때 중요한 역할을 담당했던 연구자이다. 그는 1989년에 이미 「지방정부 마케팅(Marketing in Local Government)」이라는 책도 출판한 바 있었다. 신문주 서기관이 유학을 갔던 대학이 바로 월시 교수가 있던 그 곳이다. 하지만 월시는 1995년 심장마비로 고인이 되어 신문주 서기관은 직접 그를 만나지 못한다(뒤늦게 물어보았을 때 그의 대답이다). 하지만 버밍엄 대학 지방정부연구소는 영국 정부가 공공서비스 마케팅을 도입하는 데 중요한 역할을 맡았던 곳인 만큼, 직접 이 분야의 앞선 성과를 보았으리라.

1990년대 초는 영국이 공공서비스의 광범위한 분야에 걸쳐 마케팅 이론과 기법을 도입하고 신공공관리 개혁을 뒷받침하기 위해 공무원 대학(Civil Service College)에서 지방정부 관리자들을 대상으로 마케팅을 교육하고, 교재 발간도 끝냈던 때이다. 리오넬 티트만(Lionel G. Titman)이 「새로운 공공부문에서의 마케팅(Marketing in the New Public Sector)」(1995)이라는 교재를 출판했던 것도 이때이다. 하지만 다른 나라들은 거의 그러지 못했다. 한국에서는 대학에서 뿐만 아니라 연구자들 누구도 공공서비스 마케팅을 알지 못했다. 이런 점에서 중공교가 내놓았던 행정마케팅 강의는 대담하고 매우 선구적인 것으로 확신 없이는 시작할 수 없는 것이었다. 신문주 서기관의 앞선 자각 + 확신과 용기에 의한 것으로, 미국에서 유학했다면 가능하지 않았을 것이다.

나는 이러한 과정에서 중공교가 어떻게 그렇게 빨리 마케팅 강의를 시작할 수 있었는가? 왜 제목을 '행정마케팅 강의'로 붙였는가? 왜 장소마케팅이 아니라 공공서비스 마케팅이었는가? 정부의 마케팅 강의의 도입, 중공교 강의에 관한 그동안의 많은 의문들을 한꺼번에 풀 수 있었다.

내가 대학에서 한 정부마케팅 강의는 주로 장소마케팅에 대한 것이다. 나는 미국 비즈니스 스쿨 연구자들의 공공서비스의 마케팅 필요 주장에 동의하면서도, 또 영국의 신공공관리 개혁에도 불구하고 오래도록 그것이 가능할 것인가에 대한 의심을 털어내지 못했다. 반면 장소마케팅은 현실적 수요가 커 이러한 부담이 없었다. 한국에서도 자치단체장 선거 이후 장소마케팅 수요가 급하게 팽창하고, 지자체 CEO들이 마케팅을 지역 간 경쟁의 전략적 수단으로 인식하면서 장소상품의 개발, 브랜딩 등이 늘어나는 것을 볼 수 있었기 때문이다. 장소마케팅을 중심으로 한 정부마케팅 강의 내용은 실무 차원의 관심, 빠른 수요 증가를 바탕으로 한 것이었다.

이 책의 출간은 비즈니스 스쿨 연구자들이 1970년대 후반 미국행정학회에 참석하여 정부도 마케팅이 필요하다고 주장한 이후, 그로부터 40년도 더 지난 시점이다. 하지만 행정학자에 의한 마케팅 해석, 필요, 방법론의 제시이다. 정부마케팅은 정부가 주도하는 것이지만 연구의 발전은 장소마케팅은 주로 영국과 유럽의 지역개발, 도시, 문화, 지리, 관광 분야 연구자들이, 공공서비스 마케팅은 영국의 공공서비스 및 비즈니스 분야 마케팅 연구자들이, 사회마케팅은 비영리 분야 마케팅 연구자들의 중심적 역할에 의한 것이다. 지역상품 마케팅은 연구가 상대적으로 적었고, 주로 비즈니스 마케팅 연구자들에 의한 것이다. 한국은 정부 주도 수출 중심의 국가 발전 과정에서 정부가 지역상품의 마케팅을 다른 어떤 나라보다도 일찍이 시작했고 또 성공적이었지만 연구는 그렇지 못하다.

21세기에 들어와서는 정부마케팅에 대한 수요 증가가 뚜렷하다. 정부가 최고로 주목하고 역량을 집중하여 성과를 내고자 하는 분야가 일자리 창출, 주민소득 증대, 지역경제 활성화 등이고, 다음은 고객만족과 공공서비스의 품질 개선, 비만이나 흡연의 억제, 출산율 제고 등과 같은 새로운 형태의 사회적 이슈들에 대한 효과적 대응이다. 마케팅은 경쟁전략과 고객, 자유교환에 의한 문제해결, 서비스 품질개선의 솔루션을 제공한다. 정치적 리더나 행정 실무자들은 마케팅과 경쟁시장 전략, 고객 중심적 사고, 지속적 혁신을 통한 서비스의 품질개선, 자유교환을 통한 공공가치 창출 방법에 대한 지식, 이해와 학습이 요구되고, 마케팅은 여기에 기여한다.

이 책의 제목은 정부마케팅(government marketing)이다. 1981년 마이클 모카와 스티븐 펄뮤트가 처음 썼던 제목이다. 많은 구미 연구자들은 공공마케팅, 공공부문에서의 마케팅 등 다양한 표현을 사용한다. 2017년 유럽행정학회도 공공마케팅(public marketing)이라는 발표 세션을 개설했지만, 난 정부마케팅이라는 제목을 그대로 쓰기로 했다. 이 책에서 정부마케팅은 정부조직과 공공기관이 하는 마케팅이고, 마케터는 공무원과 준공무원이다.

정부마케팅은 비즈니스 분야가 발전시킨 문제해결의 철학과 기법을 다룬다. 마케팅 전략과 방법은 정부가 글로벌 경쟁이나 시민들의 자발적 참여가 필요한 분야에서 경제, 사회적 문제를 효과적으로 해결할 수 있는 기회를 제공할 것이다. 전통적 행정이 해결 방법을 모르거나 명령과 지시로 기대한 결과를 얻기 힘든 새로운 과제나 이슈를 다루는 데 유효한 수단이 될 것이다.

책을 저술한다는 것은 욕심만으론 해결할 수 없는 현실의 문제이다. 물리적 시간, 오랜 시간 집중적인 신체적 노동의 투입을 요구하는 부담이 큰 작업이다. 몇 차례 집필을 주저하고 기회를 미루는 동안 마케팅의 수요는 증가하고, 전통적 행정이 효력을 발휘하지 못하는 공공 난제들(難題. public wicked problems)은 늘었다. 이미 오래전 마케팅 스쿨 연구자들이 적용을 강권했지만 행정학은 이것을 수용하지 않았고, 그러는 동안 공공문제를 다루는 마케팅 연구들은 걷잡을 수 없이 사방으로 흩어졌다. 나는 급한 대로 이제 책을 써 통합의 틀부터 제시하겠다고 다짐하였다. 그렇다고 기존 연구나 강의를 위해 모은 자료들이 있어 이들을 단순 편집하겠다는 것은 전혀 아니고 처음부터 정부마케팅 관련 연구들을 전부 끌어내 해체한 후, 행정학의 관점에서 내용을 재구성하고 다시 해석하는 방법을 취하였다. 관련 문헌을 샅샅이 훑고 최근 연구가 어디까지 이르고 있는가를 추적하고 의미를 따졌다. 정부마케팅 철학, 전략과 마케팅 믹스에 관한 이론적 논의나 용어가 비즈니스 마케팅 분야 연구에 크게 의존하고 있는 것은 사실이지만 행정학에 단순한 이식은 가능하지도 적절하지도 않다. 전통적 행정이 비즈니스 스쿨 마케팅 연구자들의 주장에 귀 기울일지 않았던 것도 그 때문이다. 정부와 공공 서비스의 관점에서 내용을 다시 구성, 설명하고 오래 시간 문헌연구, 관찰을 통해 얻었던 지식, 판단과 해석을 추가하였다.

집필을 끝내고 보니 성취감이 크지만 아쉬움, 걱정도 그에 못지않다. 지적 악력(握力)이 부족하여 기대를 다 잡지 못한 탓이다. 집필시간을 단기간으로 정하고 책 전체를 한 자리에 앉아서 쓰다 보니 그런 것일 수도 있다. 집필 후 다시 한 학기 강의를 하면서 내용을 보태고 또 다듬었지만 여전히 빈약하고 어설프다. 하지만 더 이상 혼자 붙잡고 있는 것보다는 세상에 내놓아 다른 연구자들의 관심과 연구로 이 분야의 발전을 기다리고 싶다.

이 책은 총 5편으로, 제1편 정부마케팅의 소개, 제2편 마케팅 이론과 기법, 제3편은 각론, 제4편은 정부마케팅 조직과 전략, 소비자 구매 행동, 제5편은 전망과 과제의 구조이다.

제1편 제1장부터 제3장까지는 정부마케팅의 소개이지만 다른 마케팅 책에서는 읽을 수 없는 내용들이다. 제1장은 책의 소개, 제2장에서는 정부마케팅의 개념 정의, 발달 과정, 성격을 다루었고, 제3장은 정부마케팅에 대한 실무적, 학술적 수요를 적어, 책의 유효성을 증거하고자 하였다. 제1장에서는 정부마케팅을 '정부부문'의 마케팅으로 정의하고, 그 이유와 범위가 어디까지인가를 분명히 하였다. 제2장 정부마케팅 분야 발전에 대한 정리는 오랜 시간 동안 관련 연구를 읽고 필요한 자료를 추적하면서 작성한 것으로, 누가 집필하던 정부부문에서의 마케팅에 관한 전반적 지식과 시각이 필요하고, 오랜 연찬의 시간이 필수적이다. 나의 이 책이 아니면 아마 다른 어떤 책에서는 읽어볼 수 없는 것들이리라.

제2편에서는 민간부문 마케팅의 철학과 방법, 기본적 개념들에 대한 소개이다. 정부마케팅 관점에서 공급자와 시장, 고객, 필요와 욕구 등을 재해석하였다. 행정학적 관점에서 정부마케팅의 성립 조건을 검토하였고 이것 역시 경영학의 마케팅 책들에서는 찾아볼 수 없을 것이다. 독자들은 이 부분을 읽음으로써 정부마케팅이 온전히 작동할

수 있기 위한 조건, 정부부문의 마케팅에 대한 수요, 위치 등에 대한 이해를 분명히 할 수 있을 것이다. 브랜딩은 내가 정부조직과 공공기관들의 마케팅 업무에 대하여 가장 직구(直球)를 던진 분야이다.

제3편은 정부마케팅의 세부 분야로, 장소마케팅, 공공서비스 마케팅, 사회마케팅, 지역상품 마케팅 각각의 내용, 중요성, 사례 등을 설명하였다.

제4편은 정부마케팅 조직과 전략, 소비자들의 구매행동 분야이다.

제5편은 마지막 편으로 단 한 개의 장뿐이다. 여기서 정부의 마케팅에 대한 미래의 수요와 방향을 기술하였다. 정부조직과 공공기관의 서비스는 정부마케팅 하위 분야 가운데 마케팅 이론이나 기법의 적용이 가장 제한되는 분야인데, 조직이나 업무 환경이 얼마나 경쟁적인가? 업무는 얼마나 순수 공공재적 성격을 갖고 있는가, 두 가지 기준을 사용하여 유형화한 후 정부가 어떻게 마케팅 개념과 기법을 적용, 확대할 수 있는 것인가를 제시하였다.

이 책의 몇 군데는 특별한 의미가 있다. 그 중 하나가 제2장이다. 나는 여기서 정부마케팅의 발전 과정과 이것이 행정학에서 갖는 학술적, 실무적 차원의 의미를 적시(摘示)하였다. 관련 문헌을 오래 추적하고 집중적으로 검토하여 정부마케팅 발전의 전체 그림을 제시한 것으로 다른 책에는 없는 내용들이다. 독자들에게 힘주어 하고 싶은 말들도 이곳에 배치하였다. 제8장 브랜딩은 가장 쓰기 힘들었던 부분이다. 집필 동안은 암중모색(暗中摸索)의 기분이었다. 연구자의 관점에서 정부부문의 브랜딩과 정체성 프로그램에 대한 인식 부족, 철학의 부재, 잘못된 현실에 대한 비판을 적었다. 집필을 하는 내내 정부부문에 여러 학문분야 연구자들이 들어와 자기들의 관점과 용어로 어떻게 이렇게 큰 혼란을 만들어 낼 수 있는가라는 생각을 떨쳐버릴 수 없었다. 또 다른 하나는 제14장으로 나는 여기에 아직 검증된 바 없지만 오랫동안 품어왔던 인간의 욕구와 행동에 대한 나의 생각을 '욕구구조론'이라는 제목으로 제시하였다. 제8장이 현실에 대한 안타까움과 개혁의 필요를 강조한 것이라면 제14장은 연구자로서 기존 이론에 대한 거부와 내 자신의 이론 제시이다. 반면 내가 이 책에서 가장 부담스러워하는 부분은 제3장이다. 행정발전의 3단계에 걸친 시대 구분을 두고 나는 이곳에서 미국 연구자들의 주장을 편하게 받아들이고 싶지 않았다. 이유를 자세히 설명하였으나 얼마나 동의할지 궁금하다.

　정부마케팅은 공공관리(public management)의 핵심 수단이다. 하지만 행정학 분야에서는 공공관리에 관한 본격적 연구가 없다. 정부마케팅은 정부와 행정에 고객과 경쟁개념, 시장적 방법을 소개한다. 기존의 규정과 절차중심의 행정관리와는 다르다. 경쟁 환경과 고객, 소비자 중심적 사고, 지속적 혁신 관점에서의 서비스 관리이고 공공가치 생산의 길 제시이다. 국민일반의 집합적 필요보다는 개인 욕구 충족적 접근이다. 전통적 행정은 고객 유형, 필요와 욕구, 서비스의 구조, 설계방법, 원가개념, 돈을 낼만한 가치(value for money) 등을 잘 알지 못한다. 민주정부와 정치적 관점에서 시민의 권리는 학습했으나 시장, 고객중심적 사고, 욕구충족의 중요성에 대한 인식은 부족하다. 정부의 독점적 지위, 조직 중심적 서비스 공급의 역사와 유산 탓이다. 정치적 리더, 정부 직원이 고객 유형, 서비스의 구조, 필요와 욕구, 제품과 서비스의 차이 등을 학습할 때 공공가치의 생산도 극대화할 수 있을 것이다. 이 책의 기여는 이러한 부분의 지원이나 보완이다.

　이 책은 행정학자가 쓴 마케팅 책이다. 기업마케팅 연구자들이 저술한 공공마케팅 또는 공공부문 마케팅 책과는 다르다. 물론 전통적 행정학 책과도 다르다. 이 책에서 가장 빈번히 나오는 말은 주민소득의 증가, 일자리 창출, 지역경제의 발전이다. 장소마케팅의 목적이다. 나는 국가의 역할이나 정부의 업무 가운데 이들을 가장 중요한 것으로 생각한다.

　정부마케팅이라는 '빅텐트(Big Tent)'를 꿈꾸었는데 마무리를 하고 보니 크게 부족하고 아쉬운 부분이 너무 많다. 오랜 시간 집중하고 연구했지만 기대한 만큼 내용도 충실한 것 같지 않다. 끝내려니 혹시 반드시 알아야 할 것을 누락했을까도 걱정이고, 편견으로 이 책을 읽는 사람들의 정돈된 이해를 흩뜨릴까도 두렵다. 책의 전편(全篇)을 통하여 인용이라도 철저히 하여 독자들이 의심이 들면 직접 원본을 찾아 확인할 수 있도록 하였다.

　아내는 교정을 보았다. 매우 지루하고 고단한 작업이라는 것을 알기에 고마운 마음이 크고 미안함이 더하다. 내용 검토와 교정으로 이 책의 완성도를 높여 준 이준기 박사(한국지방세연구원), 이재용 박사(한국지방행정연구원), 장이랑 박사(중소기업기술정보진

홍원)에게도 이 자리를 빌려 감사인사를 전한다. 박영사 박세기 부장님, 전채린 과장님의 도움이 없었다면 아마도 이 책은 지금처럼 체계적이고 깔끔한 모습을 갖추지 못했을 것이다. 비록 편집과정에서는 변변히 고마운 뜻조차 전하지 못했지만 출판을 앞두고 각별한 감사의 마음을 표한다.

2020년 7월
저자

차례

PART 3 **세부 분야**

PART 4   **마케팅 조직과 소비자의 구매행동**

PART 5   **전망과 과제**

정부마케팅이란
무엇인가

서론

제1절 서론

정부마케팅(government marketing)은 정부가 하는 마케팅으로,[1] 마케팅 전략과 기법에 의한 공공가치[2]의 창출 과정이다. 전통적 행정(traditional public administration)에서는 정부 관료제가 공공서비스의 독점적 생산자로서 공급자 관점에서 무엇이 국민의 이익인가를 정의하고 명령과 지시에 의하여 서비스를 제공하였다면, 정부마케팅에서는 정부조직과 공공기관이 고객 중심적 사고, 필요와 욕구, 시장지향성에 기초하여 공공서비스를 전달한다. 강제가 아닌 경쟁과 자유 교환을 통한 서비스 제공이라는 점에서 새로운 분야이자 도전이다. 나아가 국가와 도시 간 경쟁을 통한 일자리 창출, 주민소득 증대, 지역경제의 발전, 공공서비스의 지속적 혁신을 통한 품질개선, 비만, 저출산과 같은 새로운 사회적 문제의 해결, 지역상품의 수출 등을 위한 효과적 접근이자, 마이스(MICE) 산업,[3] 도시재생, 브랜딩 등의 이해를 위한 키워드이다.

정부마케팅은 4가지 하위 분야로 이루어진다. 첫째, 장소마케팅이다. 장소 자원의 상품화와 투자자, 기업과 비즈니스, 방문객, 거주자 등을 대상으로 한 판매 활동이다. 유럽 각국이 1980년대 후반부터 심각한 경제 침체 위기의 타개, 세수(稅收) 증대 등을

---

1) 토니 프록터(Proctor, 2007)는 공공부문 마케팅(public sector marketing), 필립 코틀러와 낸시 리(Kotler & Lee, 2007a), 마르티얼 파스키에와 진 패트릭 빌르너브(Pasquier & Villeneuve, 2012)는 공공부문에서의 마케팅(marketing in the public sector)이라고 한다.
2) 공공가치(public value)는 정부 서비스 소비자들이 인식하는 소비로부터 얻는 다양한 편익의 총합이다.
3) MICE는 Meetings(회의), Incentives(인센티브 여행, 포상 휴가), Conventions(정부, 기업, 협회, 학회 등이 주최하는 정치, 경제, 사회, 문화 분야 국제회의), Exhibitions(전시, 이벤트)의 머리글자이다. MICE 산업은 이들을 위한 재화와 서비스 생산 분야를 가리킨다.

위하여 경쟁적으로 채택하면서 확산과 발전을 주도하였다.[4] 둘째, 공공서비스 마케팅이다. 미국은 1970년대에 사회서비스의 제공, 정부 관료제 실패(무능, 낭비와 비능률)의 극복 등을 위하여 채택하고,[5] 영국은 1980년대에 중앙정부가 신공공관리(New Public Management) 개혁 과정에서 공공서비스의 광범위한 분야에 걸쳐 법률 제정을 통하여 공식 도입하였다. 각국 정부들은 마케팅 개념(marketing concept. 고객 중심적 사고, 필요와 욕구 조사, 부서 간 시장수요 정보의 공유, 고객가치 생산의 중요성 인식)을 공공서비스 제공의 철학이나 가치로 채택하고 세금 징수, 규제 정책의 집행과 같은 순수 공공서비스 분야도 마케팅 개념과 기법을 활용한다.[6] 셋째, 사회마케팅이다. 정부가 오래전부터 캠페인 형태로 발전시킨 분야로 구성원들의 자발적 참여를 통하여, 바람직한 인식이나 태도, 행동의 변화를 유도하는 과정이다. 넷째, 지역상품 마케팅이다. 한국은 1960년대 이래 수출 주도적 국가 발전 전략을 추진하면서 지역 공산품이나 농축수산물의 수출 마케팅에 다른 어떤 나라보다도 앞선 제도와 노하우를 축적하였다.

필립 코틀러와 낸시 리(Philip Kotler and Nancy Lee)는 정부 매니저들이 '마케팅 = 광고'라고 생각하여 마케팅을 부정적으로 인식하는 경향이 있었지만, 이것은 마케팅 사고의 파워와 편익의 기회를 놓치는 것이라고 주장한다.[7] 마케팅을 모른다는 것은 수요나 욕구 조사를 모르고, 고객, 파트너, 경쟁자들이 누구인가를 정의하지 않는 것이며, 시장 분할, 표적집단의 선택, 서비스 포지셔닝을 하지 않는 것이고, 서비스 혁신과 새로운 서비스 공급을 위한 노력이 없으며, 서비스 배분의 방법을 알지 못하고 비용에 대한 고려가 없는 것이라고 설명한다. 마케팅이 추구하는 최상의 원리는 고객가치의 창출이다. 코틀러와 리는 마케팅은 정부기관이 고객의 욕구를 만족시키고 가치를 생산하기 위한 최고의 기획 플랫폼이고, 정부는 이를 통해 공공서비스의 품질, 속도, 능률성, 편리성을 높일 수 있다고 주장한다.[8] 컨설팅 회사인 공공부문 마케팅 엑설런스센터(Centre of Excellence for Public Sector Marketing)도 정부가 마케팅 이론이나 방법을 도입함으로써 제한된 자원으로 목적을 달성할 수 있고, 서비스 품질을 개선함으로써 시민과 이해관계자들에게 보다 양질의 서비스를 제공할 수 있다고 말하면서, 정부의

---

4) Matei, Matei, & Dinu(2009), pp. 17-18.
5) Box(1999), p. 19; Gromark & Melin(2013), pp. 1099, 1103; Eshuis, Braun, & Klijn(2013), p. 507; Scrivens(1991), p. 17.
6) Walsh(1994), p. 63; Lamb(1987), p. 56.
7) Kotler & Lee(2007), p. 11.
8) Kotler & Lee(2007), p. 11.

사회마케팅과 서비스마케팅에 대한 관심의 증가를 증거로 제시한다.[9]

각국은 정부마케팅을 글로벌 시장의 출현, 국가나 도시 간의 경제적 경쟁과 준시장(quasi-market)[10]의 확대, 소비자 파워의 성장 속에서 정부 전통적 관료제의 한계를 극복하는 방법으로 채택하고 있다. 정부부문의 마케팅은 경쟁과 시장적 패러다임을 이용한 서비스의 제공이자, 정부가 전통적인 공급자 중심의 서비스 제공에서 소비자 중심으로의 전환을 의미한다. 또 전통적 행정이 알지 못했던 새로운 문제해결 도구의 채택이다. 영국이 서비스 분야에 처음 공식적으로 채택했고 전통적 행정을 대체하는 하나의 패러다임으로서 세계적 확산을 주도한다. 정부마케팅은 미국 전통적 행정의 수정이자 미국에서 영국으로 행정 패러다임의 지리적 이동을 보여주는 사례이나.

많은 연구자들은 각국이 공공서비스 혁신, 마케팅 이론 및 방법의 채택 압력에 직면하고 있다고 설명한다.[11] 정부의 관심이 냉전시대에는 국민의 권리와 적대 국가로부터의 안전의 보호였다면 글로벌 사회와 시장적 경쟁환경에서는 일자리 창출과 국민소득의 증가, 지역경제의 활성화이다. 각국 및 도시들은 브랜딩 전략을 통해 투자, 기업과 비즈니스, 방문객, 거주자 유치 경쟁을 하고, 지역상품을 판촉한다.[12] 마케팅의 역할은 정부에 경쟁 전략과 기법의 제시이다.[13]

정부마케팅의 필요 주장에 대한 반대나 비판도 있다. 정부는 민주적 가치(국민주권, 평등, 사회적 정의, 공정성 등)를 추구한다. 따라서 마케팅의 상업적 가치는 정부의 공공서비스 생산과 공급에 부합하지 않는다는 주장이다. 하지만 대부분의 비판이나 부정적 시각은 마케팅과 적용 범위에 대한 오해이다. 마케팅은 21세기 국가나 도시 간 경쟁, 공공서비스 품질의 개선과 고객만족 분야의 핵심 수단이고, 국가나 도시들이 경쟁하고, 정부가 서비스의 품질을 기업처럼 높이고자 하는 한 마케팅에 대한 수요는 더욱 증가할 전망이다.

---

9) Mintz, Church, & Colterman(2006), pp. 1-2. Centre of Excellence for Public Sector Marketing: CEPSM. https://cepsm.ca. 검색일 2018.12.7. CEPSM은 캐나다 수도 오타와(Ottawa) 소재 정부와 비영리부문 마케팅 컨설팅 및 교육 프로그램 제공 회사이다.

10) 준(準)시장(quasi-market)은 정부 관료제가 독점하던 공공서비스 분야에 경쟁시장의 능률성 도입과 소비자의 선택 기회를 늘리기 위하여 정부가 인위적으로 만든 시장이다. 기획된 시장(planned market)이라고도 한다.

11) Matei, Antonovici, & Savulescu(2015), p. 21.

12) Cleave et al.(2017), p. 1012.

13) Gromark & Melin(2013), p. 1114.

정부의 21세기 환경의 특징은 글로벌 경제와 시장적 경쟁, 새로운 사회적 이슈의 증가, 시민사회 파워의 성장이다.

첫째, 글로벌 시장과 자유무역 체제 하에서 국가와 도시 간 관계의 특징은 냉전 시대와는 종류가 다른 시장적 경쟁의 심화이다. 냉전시대 경쟁이 국가 단위의 군비 증강, 외교 등의 정치적인 것이었다면 글로벌 사회는 각국이나 도시 간의 관계를 경제적, 시장적 경쟁으로 정의한다. 전 세계 정부나 도시들은 투자자와 기업, 방문객, 거주자들의 유치를 두고 다툰다.[14] 어떤 나라도 다른 나라로 자국 내 투자자나 기업, 거주자의 이탈을 전통적 행정의 명령이나 지시로 통제하기 힘들다. 방문객들도 마찬가지이다. 정부가 행정의 대상을 정치적 관점에서 주권자만으로 한정하여 인식하는 데 한계가 증가하고, 반면 기업이나 비즈니스, 거주자, 방문객들은 선택의 자유를 가진 정부의 새로운 고객으로 등장하고 있다. 국가나 도시들은 이미 기업, 비즈니스, 거주자 이탈에 따른 경제와 사회 기반의 축소, 심지어 해체 위기에 직면하면서,[15] 유치나 이탈을 막기 위한 전략이나 방법을 모색한다.[16] 정부는 경쟁의 도입으로 서비스 품질을 개선하고 주민들의 만족도를 높이고자 "공공서비스를 점점 더 시장이나 준시장 환경 하에서 제공한다."[17] 글로벌 사회는 국가나 도시를 그들이 의도하건 하지 않건 시장적 경쟁의 행위자로 분류하고, 고객들은 선택의 기회를 확장하고 있어 개별 국가의 성장과 발전을 위한 마케팅적 사고, 이론, 전략 및 기법의 장착은 불가피하다.[18]

둘째, 개인 소득, 여가의 증가, 욕구의 변화 등이 만들어내는 새로운 사회적 문제의 증가이다. 시민들은 빈곤 구제보다는 자기 결정권의 확대, 개인 욕구 표출의 기회와

---

14) Ohmae(1996), pp. 2-3. 이 책은 국민국가의 종말(the end of the nation state) 시대에서 정부의 새로운 역할을 투자와 산업, 정보 기술, 개인 소비자들이 들어올 수 있도록 최고의 창문(best window)을 여는 일이라고 주장한다.

15) Ortiz-Moya(2015), Hospers(2011b).

16) Kotler et al.(2002), p. 1.

17) Ferlie et al.(1996); Butler, Collins, & Fellenz(2007), p. 98에서 재인용. 정부가 독점하던 공공서비스 시장에서 우체국은 민간부문의 택배서비스 사업자들과, 한국전력공사는 증가하는 태양광발전 사업자들과 경쟁한다. 의무교육은 정부가 제공하는 공공서비스의 핵심 분야이지만 학교는 사교육 시장의 민간사업자들로부터 도전을 피하지 못하고 있다.

18) Hooley, Lynch, & Shepherd(1990).

자유 보장의 대상이다. 정부는 이들의 1차적 필요(needs) 충족만으로 더 이상 만족을 이끌어내기 어렵다. 시민들은 정부로부터 개별적인 2차적 욕구(wants) 충족을 위한 역할 기대를 늘려가고 있다. 전통적 행정은 국민들의 생존에 필수적인 식량이나 주택, 의복 등 공통적, 1차적 필요 충족에 집중하였다. 하지만 2차적 욕구는 개인의 주관적 욕구로, 사람들은 보다 나은 음식과 주거 공간, 편함, 건강, 즐거움 등을 추구한다. 경제적인 부(富. 넉넉한 생활), 여가나 휴식의 증가가 만들어내는 새로운 욕구들은 웰빙(well−being. 평안, 건강, 행복의 상태)으로 과거의 필요와는 다른 차원의 욕구들이다. 특징은 욕구가 고도로 세분되어 서로 다르고 주관적이고 예측하기 어렵고, 자가 발전하며 무한하다는 점이다. 정부가 이러한 욕구를 효과적으로 충족하고자 한다면 이전과 다른 새로운 정책, 방법이 필요하다. 비만예방, 암 조기검진, 모유 수유, 금연, 안전벨트 착용 등은 정부가 그동안 몰랐던 서비스 수요들이다.[19] 정부 역할은 새로운 사회적 수요에 대한 대응이고, 1차적 의식주 필요를 넘어 2차적 욕구의 충족, 가치의 생산으로 빠르게 나아가고 있다.[20]

셋째, 시민사회의 파워 성장이다. 민주주의의 공고화와 더불어 나타난 두드러진 변화 가운데 하나는 시민사회의 성장, 인권, 주권자 의식과 권리의 성장이다. 시민들은 자신의 권리 주장, 욕구 표출에 적극적이고, 경제적, 사회적 이해에 민감하다. 정부에 대한 요구가 거침이 없고, 압력 행사도 주저하지 않는다. 정부 서비스에 대하여도 민간부문과 같은 높은 품질의 서비스를 기대한다. 정부가 이를 충족시키지 못하는 만큼, 시민사회는 신뢰를 거두어들이고 있다. 정부의 입장에서 보면 문제 해결의 새로운 방법, 서비스 품질개선의 요구이다.

---

19) 예를 들어 둘레길(걷기 여행 길. 전국 480개, 1,171개 코스)은 필요가 아닌 새로운 사회적 욕구의 등장에 따른 지방자치단체의 반응이다. 문화체육관광부 전국 걷기여행길 종합안내 포털 서비스 두루누비(http://www.durunubi.kr) 참조.

20) Luecking et al.(2017), Davó−Blanes et al.(2013), Oglethorpe(1995), Franzak, Smith, & Desch(1995) 참조.

제3절 정부마케팅 수요의 증가

1. 마케팅 수요의 지속적 증가

21세기 환경은 정부에 이전과는 다른 철학과 문제해결 방법을 요구한다. 정부마케팅 관점에서 새로운 기회이자 위기이다. 정부업무 평가에서 '고객만족' 성과지표는 정부마케팅에 대한 현실적 수요 증가를 의미한다. 정부업무평가위원회는 2018년도 중앙행정기관 대상 업무성과의 평가 분야를 일자리·국정 과제(일자리, 국정 과제, 정책 만족도), 혁신 역량(규제 혁신, 정부 혁신), 국민 소통(정책 소통, 소통 만족도)으로 설정하였다.21) 장소와 지역상품 마케팅은 일자리 창출, 주민소득 증가, 지역경제의 발전을 위한 전략과 방법을 제시한다. 공공서비스 마케팅은 고객의 욕구충족을 위한 고객 중심적 사고, 지속적 혁신을 강조하고, 고객만족, 고객가치의 전달을 지향한다. 정부마케팅의 철학과 접근 방법은 규제에의 순응, 업무혁신과 고객의 수용성 증가에 기여할 것이다. 또 마케팅은 커뮤니케이션을 통한 인식과 행동변화의 촉진 활동으로 국민 소통의 방법을 제시할 수 있을 것이다.

정부마케팅 수요의 증가 요인은 여러 가지이다.

첫째, 경쟁 전략과 방법의 필요이다. 글로벌 시장은 교통과 정보통신 기술의 발전에 힘입어 국가나 도시 간 관계를 빠른 속도로 경제적 경쟁환경으로 재편하고 있다. 글로벌 시장은 각국의 산출물을 상품으로 정의한다. 전 세계 모든 국가와 도시들은 이미 글로벌 시장에 참여하여 투자자, 기업과 비즈니스, 방문객, 거주자 유치를 위하여 경쟁 중이다.22) 전통적 행정은 자국민 대상 정부의 독점적 지위, 명령과 지시를 중심으로 한 공공서비스의 제공으로 다른 나라나 도시와의 경쟁에서 발전을 위한 전략과 기법을 알지 못한다. 하지만 교통과 통신의 발달(예 5세대 무선통신 네트워크의 기술)은 사람과 사물을 보다 긴밀하게 연결시키면서 상호작용과 경쟁의 속도를 증폭하고 있어 정부가 적절히 대응하기 어려운 영역도 같은 속도로 확장 중이다. 마케팅에 대한 획기적 수요 증가를 시사한다.

필립 코틀러(Philip Kotler) 등은 21세기 초 자신들의 책 「아시아 장소마케팅(Marketing

---

21) 「2018년 정부업무평가시행계획」, pp. 6−7.
22) Lee(2016), pp. 808−809, 819.

Asian Places)」 첫 장에서 "아시아 각국 간의 경쟁이 일찍이 지금보다 더 격렬했던 적은 없었고, 승패의 이해관계가 이보다 더 첨예했던 적도 없었다"라고 말하면서 책을 시작하고 있다. 또 책의 끝장 마지막 페이지에서는 다시 "전략적 마케팅 기획(strategic marketing planning)의 시각이 장소들에게 이러한 도전에 대응하는 도구와 기회를 제공할 것이다"고 주장한다.[23] 코틀러 등은 정부의 성공적 마케팅을 위한 전략적 사고와 시행 역량을 강조하면서 두 가지 기준을 사용하여 지방정부를 다음 <그림 1>과 같이 4가지 유형으로 구분하였다.[24]

▼ 그림 1 **전략적 마케딩 사고와 시행 역량**

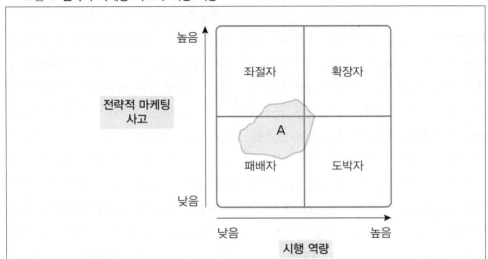

지방정부들의 전략적 마케팅 역량은 대부분 A 영역에 위치한다. 패배자(losers)는 경쟁환경에서 장소발전을 위한 전략적 마케팅 사고나 업무를 추진할 능력, 둘 다를 갖추지 못한 곳이다. 좌절자(frustrators)는 전략적 마케팅 사고 능력은 높지만 시행 능력은 낮아서, 전략적 마케팅 기획가들은 현실에 절망한다고 말한다. 도박자(gamblers)는 좌절자와 반대로 시행 역량은 높지만 지역발전을 위한 전략적 마케팅 사고가 부재한 곳들이다. 이들은 장소가 미래 도달하고자 하는 바람직한 상태, 문제 식별과 목적 달성의 방법에 대한 전략적 사고가 없는 가운데 시행 능력만으로 발전을 위한 여러 노력을

23) Kotler et al.(2002), pp. 1, 431.
24) Kotler et al.(2002), p. 177.

시도하지만 효과를 내지 못한다. 확장자(expanders)는 지역발전을 위한 전략적 마케팅 기획과 시행 역량 모두를 갖춘 경우이다. 그러나 이러한 장소들은 극히 소수라고 말한다. 과제는 정치적 리더들이 전략적 마케팅 사고를 하고, 실무자들은 시행 역량을 갖추는 일이다.

글로벌 시장에서의 국가나 도시는 마케팅 전략이 필수적이다. 그만큼 마케팅에 대한 수요가 가장 빠르게 성장하고 있다.[25] 지역상품 판매 마케팅 경쟁도 마찬가지이다. 마케팅 이론이나 기법 채택도 필요하고 중요하다.[26] 각국의 글로벌 경쟁시장에서 마케팅에 대한 본격적 관심은 1990년대 후반부터이나 21세기 들어와서는 점차 체계적인 형태로 발전하고 있다.[27]

둘째, 고객가치 창출 수요의 증가이다. 마케팅은 고객만족과 고객가치의 창출을 지향하면서 발전한 분야이다. 민주국가 초기 행정의 전통적 관심은 정치적 관점에 기반한 것으로 주민참여, 정보공개, 알권리 보장 등이고 정부는 이를 통해 주권자들로부터 신뢰와 지지를 얻고자 하였다면 21세기 국민들은 이제 국내 정치뿐만 아니라 글로벌 경쟁시장의 고객이다. 고객들은 공공서비스 품질을 다른 나라나 기업의 서비스와 비교 평가하고,[28] 가격에 상응하는 만족을 얻고자 한다. 정부가 과거 독점적 지위, 경직적 태도, 공급자 중심의 복잡한 절차와 질 낮은 서비스로는 더 이상 고객을 만족시킬 수 없다. 정부가 외국 정부나 기업과 경쟁하고 비교 우위를 위한 고품질의 공공서비스를 제공하고자 할 때, 유력한 대안은 먼저 마케팅 이론과 기법의 채택이다.[29] 영국 대처(Thatcher, 1979~1990) 수상과 미국의 레이건(Reagan, 1981~1989) 대통령이 작은 정부를 지향하고 정부부문에 경쟁과 시장적 접근 방식을 도입한 이유이기도 하다. 이후 미국 클린턴(Clinton, 1993~2001) 대통령은 정부재창조(Reinventing Government), 영국 블레어(Blair, 1997~2007) 수상은 제3의 길(Third Way, 국가도 시장도 아닌 둘 간 협력의

---

25) Smith & Saunders(1990), p. 298.

26) 미국 워싱턴주 Fish and Wildlife Department, 캘리포니아주 오렌지카운티 Transportation Authority, 콜로라도주 City of Grand Junction 등은 민간부문과 똑같이 마케팅 매니저 채용 공고를 내고 있다. 오클라호마시(City of Oklahoma)가 제시하는 연봉은 64,749~98,929 달러이다. Find Jobs. https://www.indeed.com. 검색일 2018.8.3.

27) 조승우(2005), p. 22. 이무용(1997), 강인원(1998), 정철현(1999), 염명배(1999), 김성현(2005) 참조. 정부업무에서 사회마케팅, 지역상품 마케팅은 중요한 부분을 차지하지만 행정학자들 관심은 거의 찾아보기 힘들다.

28) Bei & Shang(2006), pp. 2, 12.

29) Chew & Vinestock(2012), p. 473.

추구)을 제시하였지만, 영국이 1980년대 신공공개혁에서 정부부문의 핵심 가치로 채택하였던 경쟁, 고객지향적 사고, 시장지향성, 지속적 혁신과 고객만족은 전 세계 각국이 공유하는 공공서비스 제공의 기준이자 원칙이다. 이들은 마케팅의 원리와 철학으로, 정부마케팅은 고객가치의 충족에 필요한 지속적 혁신과 품질 향상을 위한 전략적 사고 및 방법을 제시한다.[30]

셋째, 전통적 행정의 한계이다. 뉴거버넌스에서는 공직자의 네트워크의 개발과 관리, 이해관계자와의 소통과 협의를 통한 문제해결 역량이 중요하다. 무엇보다도 현대 사회에서 "가장 중요한 트렌드의 하나는 정부와 비즈니스 간 상호작용의 증가"[31]이다. 특히 기업, 비즈니스와 상호작용의 중요성에 대한 이해의 필요가 그 어느 때보다도 높다. 전기자동차의 저공해와 산업 발전에 미치는 긍정적 효과 때문에 정부는 생산업체들의 상품개발 기술의 지원, 구매자에 세금 및 보험료 감면 등을 통한 가격의 할인, 충전시설과 같은 기반구축, 프로모션 등의 프로젝트를 운영한다. 글로벌 시장 선점 및 일자리 창출, 국민소득의 증가, 복지 개선 등을 위한 것이다.[32] 이러한 업무는 마케팅이 발전시켜 온 시장 분할, 표적시장, 소비자 조사, 포지셔닝, 설득 커뮤니케이션 지식은 필수적이고, 잠재적 소비자의 식별과 접근, 인식과 태도를 어떻게 바꾸고 무엇이 구매의도와 행동에 영향을 미치는가에 대한 지식과 학습을 요구한다. 정책을 권력적 강제와 자율적 참여 촉진 두 부분으로 나눌 때 한 측면은 법률에 기초한 명령과 지시이지만 또 다른 한 측면은 교육, 정보제공, 경제 사회적 인센티브 등에 의한 설득과 유도이다. 눈에 띄는 변화는 후자의 비중 증가이다. 새로운 사회적 이슈, 비만이나 흡연 억제, 출산율 증가, 미혼모 예방 등은 명령과 지시만으로는 효과를 거두기 어렵다. 마케팅은 정부가 이런 문제를 다룰 수 있는 유효한 수단이다.

2. 필요 분야

마케팅은 개인, 집단, 조직 등에서 공통적인 현상이다.[33] 정부 부처나 공공기관의 모든 사업도 정도의 차이일 뿐 의식적 또는 무의식적으로 마케팅 전략과 기법을 사용

---

30) Serrat(2010b), p. 4.

31) Denhardt & Denhardt(2009), p. 26.

32) 전기·수소차 보급 확산을 위한 정책 방향. 관계부처합동 혁신성장 관계 장관 회의. 내부 자료. 2018. 6.

33) Kotler & Levy(1969), p. 10.

한다. 다음은 대표적 수요 분야이다.[34]

첫째, 국가나 지방정부의 장소상품 판매, 공공서비스 품질의 개선, 지역 공산품과 농축수산물 판매 지원 분야이다.

둘째, 준시장 분야이다. 정부는 공공서비스의 전달에 비용은 줄이고 품질은 고객이 요구하는 수준으로 높이고자 민간위탁 방식을 도입하였다. 준시장은 마케팅 개념과 기법의 사용을 필요로 하는 공공서비스 분야이다.

셋째, 정부의 사회적 가치 확산 업무 분야이다.

넷째, 정부조직이나 공공기관의 정치적, 사회적 지지의 획득, 이미지 개선을 위한 노력의 분야이다.

3. 예시

1) 투자, 산업과 기업, 비즈니스의 유치

정부는 전북 익산, 경북 포항, 충남 당진, 광주와 대구광역시, 경북 구미 등에 일자리 창출, 지역경제 발전을 목적으로 대규모 국가 산업단지를 조성했으나 분양률은 저조하다. 투자유치 보조금 지원, 무이자 할부금 제도와 저금리 자금 대출 등 다양한 인센티브제 제공, 분양에 참여 가능성이 높은 기업들의 개별 방문, 설명회 개최 등을 하고 있지만 별다른 성과가 없다. 지방자치단체들(이하 지자체)도 지역의 철강, 자동차, 선박, 에너지, IT 분야 첨단 부품과 소재 산업의 발전을 목표로 수출 지향적 기업과 창업, 연구개발(R&D) 시설 유치를 위한 산업단지를 개발했지만 원하는 투자, 산업과 기업, 비즈니스를 끌어들이는 데 실패하면서 막대한 예산 낭비의 비판을 받아 왔다.[35] 마케팅 상품 개발의 과정은 전략적 분석(경쟁환경 분석, 표적고객의 선정, 시장조사, 포지셔닝) → 상품 아이디어 도출 → 컨셉 결정(품질, 가격 등의 차별화) → 기획과 개발(상품개발, 품질, 기능 등 상품성 테스트와 수익성 분석) → 마케팅 전략과 기법의 선택 → 출시로, 마케팅 지식은 정부의 산업단지 성공적 개발에 중요하다.

---

34) Proctor(2007), p. 6.

35) 분양률 1% … 멈춰선 지방 국가산단. 산업지원 시설 용지에 잡초만 무성. 지역경제도 '먹구름.' 세계일보, 2018.9.2.

2) 지자체 소멸위험의 극복

많은 지자체들이 멀지 않은 미래에 소멸위험에 처할 것이라는 전망이 나오고 있다.[36] 지자체 85곳은 30년 내에 사라질 것이라는 구체적 통계도 있다.[37] 관련 연구들은 지방 소멸 위험지수(65세 이상 노인 대비 가임 여성 인구의 비율)가 1.0 이상 1.5 미만은 정상, 0.5 이상 1미만은 주의, 0.5 미만은 소멸위험이라고 할 때, 지자체 가운데 젊은 여성 인구(20~39세)의 비중이 가장 낮은 20개 지역은 위험지수가 0.19~0.25로 이미 소멸위험 수준에 있다고 주장한다.[38] 광역지자체 가운데 전라남도는 벌써 처음으로 소멸위험 단계에 진입했다. 인구 감소는 지자체의 세수 감소를 초래한다. 지자체는 세수가 줄더라도 기존의 도로나 상하수도 등 인프라의 관리, 유지를 계속해야 하고, 이용자의 많고 적음을 떠나 비용지출을 중단할 수 없기 때문에 결국 소멸 위기를 피하지 못한다.[39] 정치적 해결은 정부가 보조금 지급을 늘리는 것이지만 주민이 없어지면 중앙정부도 재정지원을 늘려야 할 근거를 찾기 어렵다. 그렇다고 지방 소멸위험 지역에 주민들을 강제 이주시킬 수도 없다.

경북 의성군은 소멸위험 지수 1위로 인구 감소를 막기 위해 나무심기(매년 식목일마다 신생아 '생명의 꿈나무'를 심고 명찰 부착), 선물(아기를 낳은 집에 미역과 황태, 내의 전달), 출산 장려금(첫째 390만원, 둘째 510만원, 셋째 1천 550만원, 넷째 이상은 1천 850만원)과 다자녀 양육비(셋째 아이부터는 만5세까지 월 20만원씩 5년간 지원)를 지급한다. 다자녀 장학금 제도는 다자녀 가정의 셋째 아이 이상인 자녀를 대상으로 고등학생은 학비 전액을 연4회, 대학생은 등록금 1/2을 연2회 선정하여 지원한다.[40] 지자체에 따라서는 인구 늘리기 추진 기획단, 거주자 유치 전담 팀도 운영한다.[41] 정부마케팅은 경쟁시장을 통한 일자리 창출, 주민소득의 증대, 지역경제의 발전 전략을 제시한다. 장소나 사회적 가치, 서비스 상품의 개발을 통한 주민, 기업이나 비즈니스 유치와 출산율의 증가를 위한 것이다. 정부의 전통적인 정치적, 법적 방법이 아닌 추가적인 경제, 시장적 경쟁 전략이다.

---

36) 변진경(2016). 소멸 위기에 빠진 '나의 살던 고향.' 시사IN, 2018.1.9.

37) 지자체 85곳 30년 내 사라진다 … 전남, 소멸위험 지역 첫 진입. 중앙일보, 2017.9.4.

38) 이상호(2016), p. 10.

39) 남해군. http://stat.namhae.go.kr. 검색일 2018.10.31.

40) 인구감소 막아라 … 경북 봉화·의성 출산 장려금 대폭 상향. 연합뉴스, 2018.1.15.; 의성군. http://www.usc.go.kr. 검색일 2019.6.13.

41) 해남군은 심각한 인구 감소를 막기 위해 2008년 인구 증가 전담팀을 구성한 바 있다. 인구 감소 특단의 대책 시급하다. 남해시대 2018.1.4.

3) 징세 서비스

세금징수 기관의 과제는 시민들의 순응과 만족도의 제고이다. 징세 기관들은 강제적 방법(세금 탈루, 조세 회피를 막기 위한 세무 조사, 엄격한 처벌 등)의 사용은 많은 부작용과 한계가 있다는 점에서 징세서비스의 품질 혁신, 교육이나 홍보, 세금 신고 편리성 개선, 상담 센터 등을 운영한다. 공공서비스 가운데 징세 분야는 정부가 고객 개념의 중요성을 가장 먼저 인식하고 업무에 반영한 분야 중 하나이다.[42] 미국 징세 기관들은 1980년대 중반부터 마케팅 개념을 채택하여 징세 전략을 수립하고, 납세자들을 고객이라고 부르기 시작하였다. 마케팅은 정부 징세서비스의 지속적 혁신을 의미한다. 또 고객만족과 서비스 발전 전략으로 고객 중심적 사고, 고객의 필요와 욕구, 징세서비스에 대한 태도 및 반응의 조사, 이에 기초한 마케팅 믹스(marketing mix. 4Ps로 product, price, place, promotion의 조합)의 개발을 제시한다.[43] 마케팅은 징세 기관이 서비스 품질의 제고와 납세자들의 자발적 순응을 높이고자 한다면 고객의 관점에서 무엇이 세법, 징수 절차와 서비스의 문제인가? 납세자들의 불만족은 주로 어떤 부분, 구체적으로 무슨 이유 때문인가? 세금을 왜 탈루하거나 허위로 신고하는가? 등 고객욕구와 태도, 행동에 관한 지속적인 정보수집을 권고한다.

4) 암의 조기검진

암 조기검진은 정부의 국민건강 서비스의 핵심 사업이다. 하지만 조기검진은 개인의 사적 영역으로 정부가 명령과 지시로 효과를 거두기 어렵고, 주민들의 자율적 참여가 필수적이다. 암 조기검진은 정부업무 가운데 소득 및 학력 수준에 따른 건강 불평등 해소와도 밀접한 관계가 있다. 연구결과에 의하면 5대 암(유방암, 자궁경부암, 위암, 대장암, 간암) 검진율은 소득과 교육수준이 높을수록 높다. 남자의 위암은 소득 수준별 검진율 격차가 가장 뚜렷한 분야로, 소득수준 '상'(66.1%)과 '하'(41.1%)의 차이가 무려 25.0%에 달한다. 교육 수준별 검진율 격차는 유방암에서 가장 크고, 40세 이상 인구에서 '전문대졸 이상'(69.5%)과 '초졸 이하'(56.3%)의 검진율 차이는 13.2%이다.[44] 암 사망률은 2015년 30~64세 '초졸 이하 집단'에서는 인구 10만 명당 185.1명이었지만 '중·고졸'에서는 73.3명, '전문대졸 이상'에서는 57.0명이다. 마케팅은 고객의 인식, 태도,

---

42) Snavely(1991), pp. 312, 324.

43) Snavely(1991), pp. 314-315.

44) 암 검진율, 사망률도 '불평등' … 소득·학력 수준에 비례. 연합뉴스, 2018.4.24.

행동을 바꾸기 위해 시장의 세분화와 마케팅 믹스 전략을 제시한다.

5) 박물관 운영

유럽박물관 네트워크(Network of European Museum Organizations)는 2015년 박물관의 핵심 가치를 기존의 사회적 역할(문화자본, 정체성과 가치의 고양, 문화 창조와 발전, 대중의 문화 욕구충족), 컬렉션(문화유산의 수집과 관리, 전시), 교육(지역사회 정체성의 교육과 공유, 지식 성장, 사회 구성원들에게 평생학습 기회의 제공, 문화의 가치와 중요성 인식 개선) 외에 경제적 수익 활동 하나를 더 추가하였다.[45] 박물관의 사회적 역할, 교육이라는 목적 가치의 달성과 존재 가치의 증명에는 많은 시민들의 방문이 필수적이다. 방문객이 있어야 수익도 내고 희소가치가 큰 유물을 수집할 수 있고 원하는 프로그램도 만들 수 있다. 또 다른 이유는 문화상품 시장에 다양한 엔터테인먼트 공급자들의 등장이다. 박물관들은 기존의 유물 수집과 전시 역할만으로는 더 이상 고객의 흥미를 끌 수 없고 주어진 사회적 역할을 다하기 어렵다. 박물관들은 이러한 변화를 인식하여 '테마파크,' '박물관의 공원화' 등의 컨셉으로 자신을 특정 테마 중심의 놀이공원으로 상품화하고, 고객과 시장 지향적 마케팅 기법도 도입하고 있다.[46] 환경 변화를 반영한 실험적 노력이자 수익 창출 노력이다. 마케팅의 초점은 고객만족, 고객가치의 실현이다. 방법은 고객이 무엇을 원하는가, 욕구와 기대에 관한 정보수집, 누구를 목표 고객으로 할 것인가에 따른 표적집단의 선정, 포지셔닝, 마케팅 믹스의 개발이다. 박물관의 고객 참여와 상호작용 중심의 프로그램 개발, 3D(3차원의) 동영상, 스토리, 체험 도입, 엔터테인먼트를 통한 사회서비스의 전달은 이러한 결과이다.

6) 상수도 사업소 급수 서비스

지자체 상수도 사업의 전통적 관심은 공공서비스 공급자의 입장에서 정수장과 배수지의 건설, 취수와 정수, 수돗물의 송수와 배급, 누수 탐사, 노후관 교체, 요금 부과와 징수 등이었으나 21세기 들어와서는 소비자의 관심에 맞추어 수질 향상, 급수 서비스의 품질개선으로 바뀐다. 서울시 상수도사업본부는 이러한 관점에서 '세계 최고의 수돗물 공급,' '최상의 고객 서비스 제공'을 목표로 5천 3백억 원을 투입하여 수돗물

---

45) Zbuchea(2015), p. 483. Network of European Museum Organisations. https://www.ne−mo.org. 검색일 2019.1.2.
46) Zbuchea(2015), pp. 483, 485. Tobelem(1997) 참조.

'아리수'를 개발하고, 브랜드로 발전시킨다는 계획아래 조례 제정, 음수대 설치, 청사 내 정수기 설치와, 생수 판매 금지, 광고 및 홍보 등을 통하여 시민의 식수로 만들고자 노력을 집중한다. 그 결과 '아리수' 인지도가 크게 높아진다. 서울시는 '아리수'가 국제 표준기구로부터 수질 인증을 받았다는 점, 고품질의 식수로 정수기 물, 샘물과 비교해 도 수질과 맛에서는 결코 뒤지지 않고 오히려 안정성은 훨씬 더 높다고 광고한다.[47] 하지만 조사 결과 시민들은 무료인 '아리수' 보다는 돈을 내고 생수를 구매하여 마시는 것으로 나타났다. '아리수'를 마시는 사람은 100명에 8명도 안 되었다.[48] 서울시는 먼 저 공공기관부터 수돗물 음용을 촉진하고자 본청과 소속기관, 투자·출연기관, 민간위 탁시설, 자치구 대상 정수기 사용 실태의 감사계획을 수립하였지만 직원들은 행복추구 권의 심각한 침해라고 반발한다.[49] 시민들은 청와대에 지자체가 더 이상 세금을 낭비 하는 일이 없도록 개발 책임자의 처벌을 촉구하는 국민청원을 제출한다. 이 사례는 정 부의 명령, 지시 등의 강제적 접근이 제한되는 분야에서 마케팅이 어떻게 전통적 행정 을 보완할 수 있는가를 보여준다. 마케팅은 고객 중심적 사고, 필요와 욕구, 시장지향 성 등에 기초한 상품의 개발, 체계적 방법에 의한 메시지의 지속적 전달로 인식과 태 도, 행동의 변화를 유도하는 방법을 제시한다.

7) 문화서비스

문화재단은 지자체들이 문화서비스를 제공하는 방식이다. 종로문화재단은 종로구 청이 출연한 재단으로 도서관, 문학관, 미술관, 극장, 전시관, 박물관, 문화센터, 공연 장, 구립 합창단 등의 운영 및 관리와 구청장이 위탁·지정하는 사업을 수행한다.[50] 문화재단은 구청 문화과(구 문화공보과)가 2012년 설립 계획을 수립하고, 구 의회가 「민법」 제32조(비영리 법인의 설립과 허가)에 의거, 「서울특별시 종로구 재단법인 종로 문화재단 설립 및 운영 조례」를 제정하여 설립한 조직으로, 목적은 지역 문화 예술 수 요의 충족, 관광 자원화, 지역 문화의 창달(창조적, 미적가치 추구 활동의 지원), 거버넌스

---

47) 서울특별시 상수도사업본부 아리수 홍보관. http://e-arisu.seoul.go.kr. 검색일 2019.6.14.

48) 학교마다 '아리수 급수기' … "못 믿겠다" 학생들도 외면. 아리수 홍보 예산 5년간 190억 … 음 용률은 제자리. SBS 뉴스. 2018.3.29.

49) SBS 뉴스 2018.3.29.; 물도 마음대로 못 마시나 … 서울시 내부 '아리수'로 뒤숭숭. 연합뉴스 2018.4.26.; 청와대 국민청원. https://www1.president.go.kr. 검색일 2019.6.29.

50) 「서울특별시 종로구 재단법인 종로문화재단 설립 및 운영 조례」 제4조 참조. 종로문화재단은 박노수미술관, 국궁전시관, 아이들극장, 무계원, 소통공작소, 윤동주문학관, 시인의 언덕, 청운 문학도서관, 아름꿈도서관, 삼봉서랑, 숲속도서관 등의 관리, 운영을 맡고 있다.

의 체계 구축과 협력 사업의 수행이다.[51] 재단은 종로구청의 출연금, 재단 사업 수익금, 기부금 등으로 사업을 한다. 구청은 「지방자치단체 출자·출연 기관의 운영에 관한 법률」에 따라 종로문화재단의 경영 목표, 예산 및 운영 계획 등 업무 전반을 감독한다. 문화재단이 시민들을 위한 서비스의 내용 구성과 서비스 전달을 맡고 있는 만큼, 또 재단의 역할이 문화의 단순 보존과 관리를 넘어 주민들의 문화욕구 충족, 관광객 유치와 일자리 창출을 위한 것인 만큼, 구청과 재단 직원은 마케팅의 고객 중심적 사고, 경쟁시장적 접근, 시장조사, 표적시장의 설정, 고객욕구의 분석 기법 등에 대한 지식과 학습이 필요하다. 마케팅 철학과 전략, 기법은 종로구가 가진 역사와 문화유산, 문화 사업 등을 이용한 공공서비스 제공과 문화상품화, 브랜딩, 내부 인테리어부터 시설, 팜플렛 등의 디자인까지 고객만족 품질의 서비스 제공에 중요하다.

제4절 반대와 오해

1. 몇 가지 반대

정부부문의 마케팅 필요나 중요성에 대한 인식은 그리 오래되지 않는다. 다른 학문 분야와 비교하면 오히려 최근이다. 필립 코틀러와 시드니 레비(Philip Kotler and Sidney J. Levy)가 1969년 연구에서 처음으로 정부도 마케팅이 필요하고 도입해야 한다고 주장한다.[52] 1970년대 후반 미국 대학 비즈니스 스쿨의 적지 않은 마케팅 연구자들이 정부의 마케팅 이론과 기법의 적용에 초점을 둔 논문을 발표하고,[53] 일부 정부 실무자들도 정책설계와 집행, 공공서비스 제공에 마케팅 도입의 필요를 지적했지만, 정부가 도입하지는 않았다. 정부 차원에서 공공서비스 전달에 마케팅의 본격적 채택은 미국이 아닌 영국으로, 영국은 1980년대 후반 신공공관리 개혁을 추진하면서 공공서비스의 거의 모든 분야에 걸쳐 경쟁과 마케팅 철학, 전략과 기법을 도입한다. 각국에의 경쟁적 확산은 1990년대부터이다. 연구자들은 정부부문의 마케팅을 이제 더 이상 특별

---

51) 종로문화재단. https://www.jfac.or.kr. 검색일 2019.6.4.

52) Kotler & Levy(1969) 참조.

53) 예, Lamb(1987), p. 57. Claxton, Kinnear, & Ritchie(1978), Mokwa(1978), Mokwa & Enis(1979) 등.

하지 않다고 말한다.[54] 하지만 행정학 분야 많은 연구자들은 여전히 정부마케팅의 필요와 적절성에 대하여 부정적이다. 나는 이러한 비판과 부정적인 시각들이 마케팅이 무엇인가에 대한 이해의 부족이나 오해에서 비롯된 것들이라고 생각한다. 다음은 대표적인 비판들이다.[55]

첫째, 정부는 공공서비스의 독점적 공급자여서 마케팅이 필요하지 않다. 간혹 마케팅을 하지만 수익 극대화보다는 고객이 대체재를 갖고 있는 상황에서 이들의 이탈을 막기 위한 것이라고 주장한다. 하지만 정부가 언제나 공공서비스의 독점적 공급자인 것은 아니다. 특히 글로벌 시장에서는 정부도 하나의 상품판매자로 경쟁에 참여한다. 투자, 기업이나 비즈니스, 방문객, 거주자 유치 시장이 전형적으로 여기에 해당한다. 국가나 도시 간 경쟁이 치열하고, 방문객 시장은 정부가 성장 동력으로 선정한 바도 있다. 지역 공산품이나 농축수산물 수출 시장에서 정부 마케팅의 중요성도 이들에 못지않다. 이러한 시장들은 일자리 창출, 소득 증대, 지역발전을 목적으로 한 각국 정부들의 전략적 경쟁의 분야이다.

또 정부조직이 제공하는 서비스라도 민간위탁의 경우 공공서비스의 전달은 독점적이지 않다. 정부조직이 공공서비스의 설계를 담당하지만 전달에는 민간사업자들이 참여한다. 민간사업자들의 비즈니스에서 마케팅은 핵심적 요소이다. 특히 공공기관들은 정부조직과 달리 자주 독점적 공급자가 아니다. 정부조직의 공공서비스 공급을 지원, 보조하고, 준공공재 성격의 거래적 서비스를 제공한다. 정부 독점, 순수 공공서비스 분야인 경우라고 할지라도 정부조직들은 오래전부터 정체성, 이미지 관리, 정치적 정당성 획득에 마케팅 기법(광고나 홍보, PR 등)을 사용해 왔다.

마케팅을 마케팅 개념으로 한정하면 정부조직이나 공공기관 모두 마케팅은 필요하고 중요하지 않은 곳이 없다.

둘째, 국민은 고객 그 이상이다. 국민은 공공서비스 생산에 관한 정치적 결정에 참여하는 주권자들이다. 고객이 아니라 주권자로서 상품개발에 직접 참여하는 사람들이다. 하지만 이러한 지적도 오해이다. 국민들은 주권자인 동시에 고객이다. 장소마케팅에서 국민은 주주이고, 마케팅의 궁극적 목적은 공공가치의 생산, 국민 이익의 극대화이다.

셋째, 정부는 서비스 공급자 그 이상이다. 정부는 고객이 상품구매를 원하지 않아

---

54) Bouzas—Lorenzo(2010), p. 119. Boenigk & Möhlmann(2016), Tiganas et al.(2014) 참조.

55) Buurma(2001) p. 1295. 책의 맥락에 맞추어 일부를 수정하였다.

도 강제할 수 있는 집행자이다. 하지만 정부가 강제에 의하여 언제나 모든 문제를 효과적으로 해결할 수 있는 것은 아니다. 글로벌 시장에서 정부는 다른 나라나 도시, 고객들을 강제할 수 없다. 국가나 도시 간 자유경쟁 분야는 지속적으로 증가하고 있다. 국내에서 국민을 위한 서비스라도 민간위탁에서 보듯이 정책 설계가 아닌 서비스 전달에서는 강제가 아니다. 또 국민을 강제하는 경우라고 마케팅이 불필요한 것도 아니다. 규제 정책에서조차도 마케팅은 고객의 인식과 태도를 바꾸고 수용성을 촉진하는 효과적 수단이다.

넷째, 정부 공공서비스는 순수 공공재(pure public goods)로 비경합성과 비배제성을 특징으로 한다. 한 사람의 소비가 다른 사람의 소비를 방해하지 않고, 또 가격을 지불하지 않고도 사용할 수 있는 자유재(free goods)이다. 이들은 경제재(economic goods)와 달리 소비자가 가격을 지불할 필요가 없다. 민간부문은 시장을 만들지 못하고 공급에 실패한다. 판매자와 소비자가 없는 만큼 구매를 촉진하기 위한 마케팅도 불필요하다고 주장한다. 하지만 정부가 순수 공공재만 제공하는 것은 아니다. 정부가 공급하는 서비스의 상당한 부분은 공공재와 사적재 특성을 모두 갖춘 준공공재(quasi-public goods)이다. 클럽재(club goods. 가격을 지불한 사람만 이용하는)도 적지 않다. 순수 공공재라도 많은 것들(건강과 위생, 자원절약, 거리질서, 깨끗한 공기나 물 등)은 정부가 효과적으로 제공하는 데 마케팅을 필요로 한다. 이것이 아니어도 정부의 순수 공공재 생산에는 마케팅의 고객 중심적 사고나 시장지향성, 고객만족 등이 중요하다.

다섯째, 행정은 비상업적 활동이고, 정부기관은 수익 창출을 목적으로 시장에서 거래하는 조직이 아니라는 비판이다. 행정은 국가 공동체의 규범과 인프라 구축, 국민들의 필요 충족 활동인데, 마케팅은 경제와 상업적 비즈니스 활동이다. 공공서비스는 국가 구성원들의 집합적 욕구충족을 위한 것이나, 마케팅은 개인 고객의 만족을 위한 것이다.[56] 정부가 공급하는 서비스는 주권자가 법적 권리와 의무에 기초하여 부담하거나 누리는 것으로 기업의 금전적, 상업적 상품과 다르다는 지적이다. 하지만 이러한 주장도 정부의 역할을 지나치게 협소하게 규정하는 데 따른 오해이다. 현대 정부의 가장 중요한 역할은 글로벌 경쟁시장에서 다른 나라나 도시들과 경쟁을 통하여 자국 기업, 주민들의 수익(고용의 기회, 소득 증가, 지역경제의 발전 등)을 창출하는 일이다. 정부조직이라고 상업적 활동을 하지 않는 것도 아니다. 일부 기관들은 상업적 비즈니스(예 우정사업본부의 체신, 예금, 보험 사업[57])를 한다. 공공기관 가운데 주식회사 강원랜드,

56) May & Newman(1999), pp. 20, 25.
57) 「우체국 예금·보험에 관한 법률」 제1조. 「우정사업 운영에 관한 특례법」 제1조는 우정 서비스

그랜드코리아레저㈜,[58] 한국마사회, 대한석탄공사 등은 지역 간의 균형 발전과 주민생활의 향상, 관광산업의 성장, 국민의 복지 증진과 여가 선용, 생활의 안정, 경제의 발전, 공공복리의 증진 등[59]을 목적으로 자체수익 사업의 비중이 큰 시장 및 준시장형 공기업들이다.

정부마케팅에 대한 위의 비판적 시각을 모두 수용한다고 하더라도 「행정서비스헌장 제정 지침」(대통령훈령 제70호, 1998) 제1조는 목적을 "행정의 고객인 국민에게 보다 높은 수준의 행정서비스를 제공함으로써 국민을 최우선으로 하는 행정을 실현함"이라고 규정한다. 정부가 행정서비스의 대상을 '국민 = 고객'으로 설정하고 있다는 뜻이다. 「정부업무평가기본법」 제1조는 "중앙행정기관·지방자치단체·공공기관 등의 통합적인 성과관리 체제의 구축과 자율적인 평가 역량의 강화를 통하여 국정 운영의 능률성·효과성 및 책임성을 향상시키는 것"을 목적으로 규정한다. 정부는 평가에서 고객만족을 대표적 성과지표의 하나로 설정하고, 소비자, 브랜드 등의 표현을 사용한다. 고객과 브랜드는 마케팅 언어이고, 고객만족은 마케팅이 추구하는 최고의 가치이다. 전통적 행정학이나 정치학은 대상을 국민이나 주민이라고 호칭하지만, 마케팅은 고객, 소비자라고 부른다. 행정학 교과서들은 행정 현장에서 사용하는 고객, 소비자, 브랜드라는 용어를 알지 못한다. 행정학 분야 연구자들의 관심 자체가 낮다. 행정학 교육 또한 그만큼 현실 적합성이 낮고, 오히려 부조화가 커지고 있다. 마케팅의 관점에서 보면 행정학의 공공서비스 생산과 제공, 현장수요에 대한 대응의 실패이다.

마케팅은 고객만족을 위한 전략과 방법을 발전시켜 온 분야이다. 리처드 복스(Richard C. Box)는 신공공관리 자체를 정치행정 이원론의 부활로 간주하면서 정부부문의 핵심 가치인 시민자치 거버넌스(citizen self-governance)와 공무원의 공공 이익의 봉사자 역할을 위협한다고 반대한다.[60] 하지만 이러한 설명은 마케팅이 무엇인지에 대한 이해의 결손 때문이다. 첫째, 정부마케팅은 정치·행정 이론원론과는 다른 시장적 패러다임에 의한 서비스 제공이다. 둘째, 정부마케팅은 공공서비스 설계와 전달을 구분한다면 주로 후자에 관한 것이다. 시민자치 거버넌스 언급은 이점을 간과한 비판이

의 품질을 향상을 목적으로 우정 사업의 조직, 인사, 예산 및 운영 등에 관한 특례를 규정한다. 궁극적 목적은 국가경제의 발전에 대한 기여이다.

58) 그랜드코리아레저㈜는 국가가 「상법」 제288조~제328조에 의거하여, 해외 관광객 유치, 외화 획득의 증대, 이익금의 관광인프라 구축을 위한 재투자 등을 목적으로 2005년도에 설립하였다.

59) 「대한석탄공사법」 제1조 등 참조.

60) Box(1999), pp. 21-22.

다. 거버넌스에서도 마케팅은 중요하다. 정부마케팅은 정책결정이나 정치적 과정을 대체하는 것이 아니라 어디까지나 관리, 수단, 집행에 관한 것이다.[61] 셋째, 정부마케팅의 목적은 공공가치의 창출이다. 정부마케팅은 전통적 행정, 관료적 관점에서의 공익을 소비자 중심적 관점에서 공공가치로 대체한다. 공공가치는 국민들이 공공서비스로부터 얻거나 이루거나 성취할 것으로 기대하는 다양한 편익의 총합이다. 공공서비스 소비자들이 소비로부터 얻거나 얻을 것으로 기대하는 편익의 전체이다.

2. 오해

정부마케팅은 오랫동안 여러 오해를 받았다.[62] 이들을 정리하면 대체로 다음과 같은 것들이다.

첫째, 마케팅은 광고, 홍보나 판촉이다.
둘째, 마케팅은 세일즈이다.
셋째, 마케팅은 미디어를 통한 캠페인이나, 로고, 슬로건의 개발이다.[63]
넷째, 컨설턴트나 저널리스트들이 사용하는 시사적 용어이거나 유행어에 불과하다.[64]

많은 행정학자나 실무자들도 마케팅을 정부의 업무 성과에 대한 자랑이나 불필요한 선전, 과시, 성과의 과장, 또는 특별한 것도 아닌데 대단한 업적인양 밖에 내세우는 행동쯤으로 간주한다. 정부마케팅을 두고 "우리가 무슨 자랑할 것이 있는가?"라고 되묻는다. "말이 좋아 마케팅이지 그것은 사실 사기가 아닌가? 이미 있던 것을 눈에 띄게 만들어 팔겠다는 그런 것 아닌가?"라고 말한다. 마케팅을 과장이나 자랑, 광고나 홍보, 판매, 전화나 메일 마케팅, 옥외 광고판에 성과를 알리는 활동쯤으로 생각한다. 관대하게 해석하는 경우도 특별 이벤트를 통한 판촉(sales promotion) 정도로

---

61) Box(1999), p. 19; Collins & Butler(2003), p. 53.
62) 마케팅은 우리말에 적절한 번역이 없다. 동양 사회는 유교가 오랫동안 지배했고, 유교 사회는 계산, 거래, 가격 매기기, 저잣거리, 흥정과 비즈니스를 천시한다. 자신을 드러내거나 자랑, 과장을 교만이나 남을 업신여기는 됨됨이가 부족한 것으로 간주하였다. 시장은 선비가 있을 곳이 아니라고 가르쳤고, 남과 재능 다툼도 경계했다. 이러한 유교 사회는 경쟁시장과 상품, 교환, 광고, 홍보, 판촉 등과 같은 마케팅 언어들을 만들어 낼 수 없었다. 공기 밀폐 물질 생산이나 굴착 기술이 없었던 사회가 펑크나 터널이란 말을 만들지 못했던 것과 같다.
63) Hospers(2011a).
64) Butler, Collins, & Fellenz(2007), pp. 93-94.

간주한다.[65]

하지만 이것은 오해이다. 정부는 오래전부터 TV, 신문, 도심 전광판, 지하철 등을 이용하여 특산물 광고와 홍보, 범죄나 부패 신고 안내, 팸플릿 제작 등에 의한 정책 소개와 준수 설득의 커뮤니케이션을 해 왔다. 이에 따라 사람들은 자주 '마케팅 = 광고나 홍보'로 인식한다. 하지만 광고나 홍보는 마케팅 중 단지 프로모션의 일부일 뿐이다.[66] 프로모션에는 광고나 홍보 이외에도 PR, 직접 판매나 판촉 등 다른 많은 방법들이 있다. 마케팅은 전략의 수립(시장 세분화, 표적집단의 선정, 포지셔닝), 마케팅 조사, 마케팅 믹스(4ps)의 개발, 파트너십과 전략적 협력 관계의 형성, 성과관리 등을 통한 고객과의 교환관계의 관리이자 고객만족, 고객가치의 창출 과정이다. 마케팅 믹스는 고객의 니즈에 기초한 상품(제품과 서비스, 가치나 아이디어)의 개발, 가격책정, 유통채널의 구성, 프로모션의 조합으로, 마케터는 상품, 가격, 유통, 프로모션의 최적 배합을 통하여 고객의 상품 선택을 이끌어내고자 노력한다. '마케팅 = 광고나 홍보'는 마케팅을 4Ps 중의 하나인 프로모션, 보다 정확하게는 프로모션의 일부 기법들로 제한하여 이해하는 것으로 그릇된 해석이다. '마케팅 = 세일즈'라고도 한다.[67] 하지만 세일즈는 마케팅 전략의 수립과 상품개발 이후의 판매 행위로 판매자와 고객 간 돈을 받고 상품을 파는 교환의 최종 단계이다. '마케팅 = 판촉 또는 판매촉진'이라고도 하나 이것 역시 마케팅에 대한 잘못된 지식이다. 판촉은 프로모션의 일부로 단지 고객의 제품이나 서비스 구매촉진의 활동일 뿐이다.

마케팅은 경험이나 감각에 의존하는 소프트 학문 분야로 폄하하는 인식도 있으나 이 또한 사실이 아니다.[68] 마케팅 연구는 기업이 자유시장에서 경쟁자보다 우등하게 고객의 수요와 가치를 창출하기 위한 전략, 기법에 관한 탐구이다. 단순한 광고나 홍보, 판매 활동 그 이상이고 비즈니스 철학, 문제해결의 방법과 효과 등에 관한 체계적 조사와 분석 분야로, 관리기법 그 이상이다.[69] 마케팅 철학(고객 중심적 사고, 필요와 욕구의 충족, 경쟁, 지속적 혁신, 고객가치의 창출), 마케팅 전략과 믹스의 개발에 대한 지식은 정부에도 똑같이 중요하다.[70]

---

65) Permut(1980), pp. 47 – 58.

66) Kotler & Lee(2007a), p. 33.

67) 金대통령 "나는 세일즈하러 왔다." 조선일보, 1998.4.2.

68) Martin(1981). 소프트 학문 분야란 하드 학문 분야(hard discipline. 자연과학. 예 물리학, 화학, 생물학 등)와 달리 방법론적 엄격성, 정밀성, 객관성이 그보다 못한 사회과학(예 정치학, 사회학이나 심리학 등) 분야를 가리킨다. https://en.wikipedia.org. 검색일 2018.8.20.

69) Kotler & Lee(2007a), p. 13.

70) Kotler & Lee(2007a), p. 9.

제5절　이 책의 목적과 내용

1. 목적과 대상

1) 목적

이 책의 목적은 정부부문(정부조직과 공공기관)의 마케팅에 대한 설명, 이해의 촉진, 방법의 제시이다. 구체적으로는 정부 상품의 생산과 공급에 대한 마케팅 철학과 이론, 전략, 기법의 적용과 소개이다.

2) 정부부문

이 책의 대상은 정부부문[71]이다. 국가경제를 정부부문(public sector)과 민간부문(private sector)으로 구분한다면, 정부부문은 국가가 법률에 의해 설립하였거나 출자·출연한 기관으로 존립과 폐지 또는 정책결정에 사실상의 지배적인 통제력을 행사하는 분야로 중앙정부, 지자체, 공공기관(산하기관이라고도 한다), 특수법인(공공기관으로 지정되지 않은 법인)으로 이루어진다. 중앙정부와 소속기관은 「정부조직법」, 지자체는 「지방자치법」이 설치, 조직 구성과 업무, 책임을 규정한다. 직원은 공무원이고 정부마케팅에서 '마케터 = 공무원'이다. 공공기관은 중앙정부나 지자체가 설립, 출자, 출연한 법인이나 단체로, 중앙정부의 공공기관은 「공공기관의 운영에 관한 법률」[72]에 따라 기획재정부 장관이 지정한 공기업, 준(準) 정부기관, 기타 공공기관으로 이루어진다.[73] 반면 지자체 공공기관(지방 공공기관이라고 한다)은 「지방공기업법」과 「지방자치단체 출

---

71) 이 책에서 정부부문은 조직과 단체들의 집합으로, 정부조직 + 공공기관(「공공기관의 운영에 관한 법률」 제4조가 규정하는 공공기관, 「지방공기업법」에서의 지방공사 및 공단, 「지방자치단체 출자·출연 기관의 운영에 관한 법률」에서의 출자 및 출연 기관) + 특수법인이다. 정부출자기관이라도 「정부투자기관관리기본법」이 규정하는 '정부가 납입 자본금의 5할 이상 부담' 조건을 충족하는 조직이다. 여기서 공공기관은 「공공기관의 정보공개에 관한 법률」의 공공기관보다 좁은 의미이다. 정보공개에 관한 법률은 공공기관에 국가나 지자체로부터 보조금을 받는 법인까지 포함시킨 것으로 범위가 너무 넓고 정부마케팅의 대상으로 부적합하여, 이 책에서는 공공기관을 「공공기관의 운영에 관한 법률」상의 의미로 제한하여 사용한다.

72) 「공공기관의 운영에 관한 법률」은 2007년 4월 기존의 「정부 산하기관 관리기본법」을 대체하여 제정된 것으로, 정부 산하기관의 운영과 관리, 자율 및 책임경영에 관한 사항을 규정한다.

73) 「공공기관의 운영에 관한 법률」 제3조~제5조 참조.

자·출연기관의 운영에 관한 법률」이 규정하고, 지방 공기업(지방 직영기업, 지방공사, 지방공단), 출자 및 출연 기관(비영리재단 등)이 여기에 해당한다. 공공기관도 공공 재화와 서비스를 생산, 제공하지만 직원은 준공무원이다.[74]

조직의 목적을 공익과 사익 기준으로 구분한다면, 이 책의 대상은 공익 조직과 혼합(공익과 사익을 함께 추구하는) 조직이다. 중앙정부 차원에서는 다음 <표 1>과 같다.

▮표 1 조직 목적 기준에 의한 분류

구분	공익	혼합(공익 + 사익)
정부 부문	중앙행정기관 및 그 소속기관(행정형 및 기업형 책임운영기관 포함)	공공기관[공기업(시장형, 준시장형), 준정부기관(기금관리형, 위탁집행형), 기타공공기관], 특수법인(공공기관으로 지정되지 않은 법인)

정부조직(중앙행정기관 및 그 소속기관, 지자체)은 「정부조직법」이나 「지방자치법」에 근거한 순수 공익 조직이다. 책임운영기관은 정부 부처가 「책임운영기관의 설치·운영에 관한 법률」에 기초하여 대통령령으로 지정하고, 기관의 장에게 행정 및 재정상의 독립성과 자율성, 경쟁 원리에 따른 운영을 보장한 기관이다. 대신 부처는 성과 측정을 통하여 책임운영기관의 장에게 책임을 묻는다. 책임운영기관에는 행정형과 기업형 두 가지가 있고, 이 중 행정형은 주로 사업적, 집행적 성격의 행정서비스를 제공하고, 기업형은 재정수입의 전부 또는 일부를 자체 확보할 수 있다.[75] 마케팅은 책임운영기관이라도 자체수입 구조를 가진 기업형 조직에서 도입의 필요가 증가한다.

혼합조직은 공익과 사익의 특성을 모두 갖춘 조직이다. 공공기관이 여기에 해당한다. 공공기관의 좁은 의미는 「공공기관의 운영에 관한 법률」이 규정하고 기획재정부장관이 지정한 공기업, 준정부기관, 기타 공공기관으로, 국가가 법률에 따라 직접 설립하거나 정부의 출연이나 출자, 재정지원으로 설립·운영되는 기관이다. 정부가 100분의 50 이상의 지분을 갖거나 100분의 30 이상의 지분을 가지고 임원 임명권한 행사 등으로 정책결정에 사실상 지배력을 갖는 기관이다.

공기업이란 직원 정원이 50인 이상이고, 자체 수입액이 총수입액의 2분의 1 이상

---

74) 지방 공공기관 가운데 지자체가 100% 출자하여 직접 설치·경영하는 지방 직영기업의 직원은 공무원이다. 「지방공기업법」 제5조는 지자체가 조례로서 지방 직영기업의 설치·운영에 관한 기본 사항을 정하도록 규정한다.
75) 「책임운영기관의 설치·운영에 관한 법률」 제2조, 제4조.

인 공공기관 중에서 기획재정부 장관이 지정한다. 이 중 시장형 공기업은 자산 규모가 2조원 이상이고, 총 수입액 중 자체 수입액이 85% 이상인 기관이고, 준시장형 공기업은 시장형 공기업이 아닌 공기업이다.

준정부기관은 직원 정원이 50인 이상이고, 공기업이 아닌 공공기관 중에서 기획재정부 장관이 지정한다. 기금관리형 준정부기관은 「국가재정법」에 따라 기금을 관리하거나, 관리를 위탁받은 기관이고, 위탁집행형 준정부기관은 그 외의 기관이다.[76] 기타 공공기관은 공기업과 준정부기관을 제외한 기관이다. 공공기관은 국가가 존속을 결정하고 행정체계의 일부를 구성한다.[77] 임·직원들은 법적으로 공무원의 신분을 갖는 것은 아니지만 업무의 성격상 공무원과 유사한 내우를 받기 때문에 준공부원이라고 한다. 공공기관들도 국회 국정 감사, 감사원의 감사 대상이다. 지방공기업은 지방의회의 감사를 받는다.

「공공기관의 운영에 관한 법률」이 규정하는 공공기관은 정부 부처와 별개의 독립적인 법인이나 단체, 기관들이다. 공공기관의 관리는 기획재정부, 지방공기업은 행정안전부 소관이다.[78] 「공공기관의 운영에 관한 법률」은 공공기관의 책임경영과 자율적 운영을 보장한다.[79] 공공기관 가운데 공기업은 자체 수입액 비중이 높은 조직으로 정부부문에서 가장 마케팅의 수요가 크다.

공공기관에 대한 광의의 정의는 공공기관으로 지정되지 않은 특수법인을 포함한다. 「공공기관의 정보공개에 관한 법률」(제2조 제3항 라목)이나 「부정청탁 및 금품 등 수수의 금지에 관한 법률」(제2조 제1항 라, 마목) 등은 공공기관이 특수법인도 포함하는 것으로 규정한다. 한국은행, KBS, EBS 등은 「공공기관의 운영에 관한 법률」에 의하면 공공기관은 아니지만 「공공기관의 정보공개에 관한 법률」은 이들을 공공기관에 포함시켜, 행정정보 공개의 대상으로 규정한다. 공공기관 최광의(最廣義) 정의는 민간부문의 공익, 비영리조직까지 포함한다.

특수법인은 국가가 정책적 목적이나 공공의 이익을 위하여 개별법, 지원법 또는 육성법에 의하여 설립했거나 특별법이 정한 일정한 설립 요건의 충족으로 설립된 법인

---

76) 「공공기관의 운영에 관한 법률 시행령」 제7조. JOB-ALIO(공공기관 채용 정보시스템). https://job.alio.go.kr. 검색일 2019.8.29.

77) 법제처·한국법제연구원(2011). 「농업협동조합법 해설」, p. 20.

78) 기획재정부 공공기관 경영정보 공개시스템(알리오. ALIO), 행정자치부 지방공기업 경영정보 공개시스템(클린아이. Clean-Eye) 참조.

79) 「공공기관의 운영에 관한 법률」 제3조.

이다. 공공법인,[80] 공법인 또는 법정법인, 기타 공직유관 단체라고도 한다. 특수법인은 "정부투자기관, 공사, 공단, 기금, 사업단, 감독원, 정부출연 연구기관 등 다양한 명칭을 갖는다."[81] 한국승강기안전공단은 설치 근거가 「승강기시설안전관리법」 제15조의 3이고, 특수법인이다. 기획재정부가 공단을 위탁 집행형 준정부기관으로 지정하였고, 공단은 행정안전부 산하 공공기관으로 승강기 완성 검사, 정기검사 등의 업무를 위탁 수행한다. 반면 정부가 공공기관으로 지정하지 않은 법인은 특수법인으로 업무를 수행한다. 한국생산성본부는 산업통상자원부가 「산업발전법」 제32조 제1항을 통해 설치한 기관으로 초기에는 기타 공공기관으로 지정하였다가 해제하여 현재는 특수법인의 지위에 있다. 기획재정부가 기타 공공기관으로 지정하면 공공기관 경영평가를 받지만 특수법인은 그럴 필요가 없다.

민간부문은 영리와 비영리조직의 구조이다. 영리부문은 기업 또는 개인 사업자들로 비영리부문은 설립 목적을 기준으로 공익과 비영리 법인으로 이루어진다.[82] 공익법인은 「민법」상의 사단이나 재단 비영리 법인으로 「공익 법인의 설립·운영에 관한 법률」 제2조는 공익 법인을 "사회 일반의 이익에 이바지하기 위하여 학자금·장학금 또는 연구비의 보조나 지급, 학술, 자선(慈善)에 관한 사업을 목적으로 하는 법인"으로 규정한다.[83] 반면 비영리 법인은 「민법」 제32조가 "학술, 종교, 자선, 기예, 사교 기타 영리 아닌 사업을 목적"으로 하고 주무관청의 허가를 받은 법인으로 명시한다. 비영리 법인은 목적 범위의 내에서만 수익 활동을 할 수 있다. 이 점에서 「상법」 제169조가 규정하는 "상행위나 그 밖의 영리" 목적의 법인(예 기업)과는 다르다. 민간부문은 조직이나 단체의 목적이 공익이나 비영리라고 하더라도 이 책의 대상은 아니다.

공공기관은 출자를 통하여 다양한 형태의 조직을 설립, 운영한다. 한국수자원공사는 정부가 「한국수자원공사법」에 의거하여 설립한 환경부 산하 준시장형 공기업이다. 목적은 수자원 종합적 개발과 관리, 생활용수 등의 공급, 수질 개선으로, 사업 계획은

---

80) 「정부기관 및 공공법인 등의 광고 시행에 관한 법률」 제2조 제2항은 공공법인을 "「공공기관의 운영에 관한 법률」 제4조 제1항에 따라 지정된 공공기관, 「지방공기업법」에 따른 지방공기업 및 특별법에 따라 설립된 법인"으로 정의한다.

81) 법무부(2017). 「법인제도 개관: 실무자를 위한 비영리·공익 법인 관리·감독 업무 편람」, p. 21.

82) 법무부(2017). 「법인제도 개관: 실무자를 위한 비영리·공익 법인 관리·감독 업무 편람」, p. 6. 공익 법인은 「공익법인의 설립·운영에 관한 법률」, 비영리 법인은 「민법」 제32조(비영리 법인의 설립과 허가), 기타 법률규정이나 정부의 설립허가, 감독을 받는다.

83) 예 LG연암문화재단.

환경부와 국토교통부의 승인을 받아야 한다.[84] 수자원공사는 지분 100%의 ㈜워터웨이플러스(환경부 산하 기타 공공기관)를 설립하였고 이를 통해 경인아라뱃길, 물류지원센터, 마리나 등을 운영한다.

국민체육진흥공단은 정부가 「국민체육진흥법」에 근거하여 설립한 문화체육관광부 산하 기금관리형 준정부기관으로, 경륜·경정·스포츠 토토 사업 등으로 국민체육진흥기금을 조성하고, 이를 통해 생활·전문·학교체육 진흥, 체육과학 연구, 스포츠산업 육성 등의 사업을 수행한다.[85] 공단은 직접 지분 100%를 출자하여 상법상의 주식회사 한국체육산업개발(문화체육관광부 산하 기타 공공기관)이라는 자회사를 설립하여, 시설을 관리힌다.[86] 산입개발은 장관의 승인을 받아 국민 건강과 행복, 복합 문화·레저 공간의 제공,[87] 서울올림픽 시설물, 분당과 일산 등에 스포츠센터 설치, 관리 업무를 수행한다. 주식회사 형태의 공공기관들은 기업처럼 마케팅을 한다.

정부와 지자체가 출자한 조직이라도 지분이 50% 미만인 곳도 많다. 이들에 대하여도 정부가 지분만큼 업무에 일정한 영향력을 행사할 수 있지만 정책결정에 사실상 지배력은 없다. 이들은 공공기관의 범위에는 포함되지 않는다. 이 책의 대상은 정부조직(중앙행정기관 및 그 소속기관, 지자체)과 공공기관, 특수법인으로 국가 소유이거나 정부가 재정 지원, 임원 임명권한 행사 등을 통하여 정책결정에 사실상 지배력을 가진 조직까지이다.[88]

2. 내용

이 책은 마케팅 개념, 전략과 기법에 대한 설명으로, 다음 몇 가지는 처음부터 마지막 페이지까지에 걸쳐 일관되게 묻고 답을 제시하고자 했던 것들이다.

첫째, 정부가 공공가치를 만들어내는데 마케팅이 어떤 기여를 할 수 있는가?
둘째, 정부 매니저들의 필요 지식과 역할은 무엇인가?

---

84) 「한국수자원공사법」 제1조, 제10조.
85) 「국민체육진흥법」 제1조는 목적을 국민의 체력 증진, 건전한 정신 함양, 명랑한 국민 생활의 영위로 규정한다.
86) 「국민체육진흥공단」 정관 제55조.
87) 「국민체육진흥법」 제31조.
88) 「공공기관의 운영에 관한 법률」 제4조. 「정부기관 및 공공법인 등의 광고 시행에 관한 법률」 제2조.

셋째, 방법은 무엇인가?

이 책에서는 정부마케팅의 상품을 장소, 공공서비스, 사회적 가치나 아이디어,[89] 지역상품, 크게 네 가지로 구분한다. 상품은 다양한 편익 요소들의 패키지로, 장소상품은 "장소(places), 사람, 이벤트, 정보, 아이디어 등" 다양한 요소들의 합성 상품(composite goods)이다.[90] 공공서비스 상품은 정부가 고객과의 자유로운 교환관계에 기초하여 제공하는 서비스이고 사회마케팅에서 상품은 사회적 가치나 아이디어로 소비자들을 위한 편익의 집합이다.[91] 지역상품은 지역 상공업자의 공산품, 주민들이 생산한 농축수산물이다. 정부마케팅에서는 각 상품에 따라 마케팅의 목적, 고객, 정부의 역할, 적용 범위가 달라진다. 다음 <표 2>는 이를 나타낸다.

정부마케팅의 목적은 공공가치의 생산이다. 공공가치는 국민이 필요하고 원하는 모든 편익의 총합으로, 장소와 지역상품 마케팅의 목적은 일자리 창출과 소득 증대, 지역경제의 발전이고, 공공서비스 상품의 마케팅에서는 서비스 고객가치의 창출이다. 공공서비스 마케팅은 고객 중심적 사고, 필요와 욕구에 기초한 서비스, 품질의 지속적 혁신, 생산성 향상, 고객만족 등을 통하여 이러한 가치를 생산한다.[92] 사회마케팅의 목적은 복지, 삶의 질 개선, 사회의 발전이다. 고객, 정부의 역할, 마케팅 개념과 4Ps의 적용 범위도 상품 유형별로 차이가 있다. 장소상품의 마케팅에서 고객은 투자자, 기업과 비즈니스, 방문객, 거주자이고, 정부부문이 고객의 필요와 욕구에 기초한 상품개발을 주도한다. 적용 범위는 마케팅 개념과 마케팅 믹스, 둘 다이다. 공공서비스는 순수 공공서비스, 준공공서비스, 사적 서비스이다. 순수 공공서비스는 비경합성, 비배제성을 특징으로 하고, 정부만이 제공할 수 있는 서비스이다. 준공공서비스는 공유재(경합적 + 비배제적)이거나 클럽재(비경합적 + 배제적) 서비스이다. 클럽재는 정부뿐만 아니라 민

---

89) 마케팅 분야 많은 연구자들은 둘을 구분하지 않는다. 하지만 이 책에서는 사회적 가치는 사회 구성원들이 궁극적으로 무엇이 필요하고 중요한가에 대한 인식, 판단이나 행동의 기준, 원칙(자연보호, 자원절약, 건강, 안전 등)이고 아이디어는 이러한 가치실현을 위한 구체적 방법(국립공원 불법투기 쓰레기 수거, 산불예방, 겨울철새 먹이주기, 재활용 쓰레기 분리배출, 금연, 자전거 타기, 안전벨트 착용 등)으로 구분하였다. 건강이 가치라면, 암 조기진단은 그것의 실현을 위한 노력이나 방법에 해당한다.

90) Kotler & Lee(2007a), p. 46.

91) 사회적 가치나 아이디어 상품은 구성원들의 문제해결이나 치유 프로그램(암 조기진단, 물 절약, 출산장려 등)으로 나타난다.

92) 행정학에서 공공가치(public value)라고 하지만 비즈니스 마케팅에서는 고객가치 또는 이해관계자 가치이고, 비영리마케팅에서는 사회적 가치라고 한다.

| 표 2 정부마케팅 상품의 유형별 차이

구 분		상품의 유형			
		장소	공공서비스	사회적 가치와 아이디어	지역 공산품과 산출물
마케팅의 목적		일자리 창출, 소득 증가, 지역경제의 발전	서비스 고객가치의 생산	복지, 삶의 질 개선, 사회발전	일자리 창출, 소득 증가, 지역경제의 발전
고객		투자자, 기업과 비즈니스93), 방문객, 거주자	공공서비스 이용자	사회적 가치, 아이디어 수요자	제품과 산출물의 해외 및 자국 내 소비지
정부의 역할		직접적	직접적	직접적	간접적
적용 범위	마케팅 개념	○	○	○	○
	4Ps	○	△	○	△

주: ○ = 적용, △ = 제한 또는 부분적 적용(정부조직의 순수 공공서비스에 대하여는 마케팅 믹스의 적용이 제한적이고, 지역상품 판매에서 마케팅은 주로 프로모션과 상품개발의 지원이다.

간사업자들도 제공에 참여한다. 정부조직 가운데 우정사업본부는 사적 서비스를 생산한다. 마케팅 개념은 서비스 모든 분야에 적용이 요구되고 중요하지만 마케팅 기법(4Ps)의 순수 공공서비스에 대한 적용은 한계가 있다.

순수 공공서비스는 정부조직(중앙정부와 그 소속기관, 지자체)이 주로 제공하고 특징은 권력과 강제이다. 시장이 제공에 실패한 서비스이다. 정부의 순수 공공서비스 제공은 법적, 정치적 책임의 이행이다. 모든 국민들은 가격을 지불하지 않고도 서비스를 소비할 권리나 의무를 갖는다.94) 또 누구도 소비에서 배제되지 않는다. 대신 국민들은 선

---

93) 비즈니스는 두 가지 뜻을 갖고 있다. 하나는 생계 또는 수익을 목적으로 재화나 용역의 생산, 구매 또는 최종 사용자나 다른 사업자에게 판매 등의 상업적 거래 활동을 의미하고, 또 다른 하나는 상업 활동에 종사하는 의류점, 식품점, 약국, 병원, 철물점, 당구장, 레스토랑, 꽃가게, 가구점, 도소매상 등 개인 사업자들을 가리킨다. 기업이 법인세를 낸다면 비즈니스는 주로 소득세와 부가가치세를 내는 소규모 사업자들이다.

94) 「교육법」 제8조는 "모든 국민은 6년의 초등교육을 받을 권리가 있다. 국가와 지방 공공단체는 전항의 초등교육을 위하여 필요한 학교를 설치 경영하여야 하며, 학령 아동의 친권자 또는 후견인은 그 보호하는 아동에게 초등교육을 받게 할 의무가 있다"고 규정한다. 이로써 정부는 법적 책임을, 국민은 의무를 진다. 여기서 지방 공공단체는 「행정중심 복합도시 도시계획기준」(행정중심 복합도시건설청, 고시 제2017~20호. 2017) 제26조가 말하는 "당해 지방자치단체의 조례가 정하는 공공단체"이고, "「지방공기업법」에 의하여 세종특별자치시가 설립한 지방공사·

택적 소비의 자유가 없고, 정부도 적극적 고객 유치나 판매 증대 노력이 필요하지 않다. 순수한 정치적 서비스의 전달에서는 마케팅 기법 가운데 광고나 홍보, PR 등 일부를 제외하면 다른 기법들은 적용에 어려움이 있다. 환경부는 「폐기물관리법」에 기초하여 폐기물의 발생 억제와 생활환경의 보전 서비스를 제공한다. 경찰청은 행정안전부 소속 기관으로 치안서비스(국민의 생명·신체 및 재산의 보호, 범죄 예방·진압 및 수사, 교통 단속, 공공의 안녕과 질서유지 등)를 생산한다.[95] 이러한 서비스들은 정부의 산출물 가운데 거래적 상품의 성격이 거의 없다. 시장도 없고 자유교환도 허용되지 않는다. 반면 준공공 재(클럽재) 공공서비스는 자체수입 사업 분야로 마케팅 기법이 필요하다.

사회마케팅 상품은 잠재적 수요자들을 대상으로 한 가치나 아이디어 상품판매로 마케팅 개념과 마케팅 믹스의 활용이 중요하고 이를 통해 전통적 행정의 한계를 보완 하는 기회를 만들 수 있다. 지역상품 마케팅은 지역사회가 생산한 제품이나 산출물의 직간접 마케팅으로, 마케팅 믹스의 일부(프로모션이나 상품개발, 유통의 지원)를 사용한다.

정부부문을 정부조직, 공공기관, 특수법인으로 정의할 때, 정부조직은 독점 공급 자로서 서비스를 제공하고 기관 운영의 자율성과 독립성은 극도로 낮아서 마케팅 개념 은 필요할지라도 마케팅 믹스는 일부 기법(광고나 홍보, PR)을 제외하면 적용 범위가 제 한적이다. 하지만 과학기술정보통신부 소속기관 우정사업본부는 설립 목적이 국가경제 의 발전으로[96] 자유시장에서 민간부문 사업자들과 직접 경쟁하면서 우편, 예금, 보험 서비스를 제공하고,[97] 기업처럼 마케팅 개념과 기법 모두를 활용한다.

부처 소속기관 가운데 국립중앙극장이나 국립중앙과학관, 국립병원, 국립수목원, 국립자연휴양림관리소 등은 책임운영기관이다.[98] 책임운영기관은 정부업무 가운데 "사업적·집행적 성질의 행정서비스," "기관운영에 필요한 재정수입의 전부 또는 일부 를 자체적으로 확보할 수 있는 사무"에 대하여 조직·인사·예산·회계 등에 특례를 인

　　지방공단·기업 및 투자기관"이다.

95) 「경찰법」 제3조.

96) 「우정사업 운영에 관한 특례법」 제1조는 목적을 "국가경제의 발전"으로, 「우체국 예금·보험에 관한 법률」 제1조는 "국민경제 생활의 안정과 공공복리의 증진"으로 규정하여 공공가치의 생 산을 위한 것임을 명시한다.

97) Kotler & Lee(2007a), p. 16. 이 연구는 미국 우정공사(U.S. Postal Service)를 사례로, 마케팅 개념이나 기법의 적용을 설명한다.

98) 「책임운영기관의 설치·운영에 관한 법률」(1999년 제정) 참조. 정부 부처가 설치하여 운영하는 책임운영기관은 23개 부처 51개 기관이고, 정원은 10,729명이다. 정부24. https://www.gov.kr. 검색일 2019.8.5.

정하여 기관의 장이 행정 및 재정상의 자율성을 갖고 운영하고, 성과에 책임도 지도록 한 조직이다. 운영의 효율성과 행정서비스의 질적 향상을 위해서이다.[99] 기관장이 자율성을 보장받는 만큼 비록 정부조직이라고 하더라도 자체수입 사업에서 기업과 같은 정도는 아닐지라도 마케팅 이론과 기법을 활용하여 민간사업자들과 경쟁하면서 고품질의 고객만족 서비스를 제공한다.

「정부업무평가기본법」은 "중앙행정기관·지방자치단체·공공기관 등"을 대상으로 "정책 등의 계획수립과 집행과정에 대하여는 자율성을 부여하고 그 결과에 대하여는 책임"을 규정한다. 또 목적을 "정부업무의 성과·정책 품질 및 국민의 만족도"의 제고로 명시한다.[100] 이러한 규정들은 정부의 순수 공공서비스 제공 조직들(중앙행정기관과 지자체)도 경쟁하면서 자율과 책임하에 서비스를 제공할 있도록 한 고품질, 고객만족 서비스 전략이다. 고객 중심적 사고, 필요와 욕구, 시장지향성, 지속적 혁신, 고객만족의 방법을 제시한다. 상품 공급자와 구매자의 자유교환이 가능할 때 유효한 방법으로 「정부업무평가기본법」은 정부조직이 공급자로서 필요한 자율성을 보장한다. 마케팅은 정부조직이 소비자 중심적 관점에서 자율과 책임으로 고객만족의 서비스를 구성하고, 경쟁환경에서 지속적 혁신으로 보다 높은 품질의 공공서비스를 제공할 수 있는 길을 제시한다.

공공기관[101] 시장형 공기업(한국전력공사, 한국가스공사, 한국지역난방공사, 주식회사 강원랜드[102] 등), 준시장형 공기업(그랜드코리아레저, 한국마사회, 한국철도공사, 한국도로공사 등), 기금형 준정부기관(국민체육진흥공단, 한국무역보험공사, 국민연금공단, 근로복지공단 등), 위탁형 준정부기관(한국소비자원, 한국농어촌공사, 국립공원관리공단 등), 기타 공공기관(국

---

99) 「책임운영기관의 설치·운영에 관한 법률」 제1조~제4조.
100) 「정부업무평가기본법」 제1조, 제4조.
101) 2019년 10월 기준 공공기관은 총 339개로, 공기업 36개(시장형 16개, 준시장형 20개), 준정부기관 93개(기금관리형 14개, 위탁집행형 79개), 기타 공공기관 210개이다. 국회 예산정책처(2019). 「2020년도 공공기관 예산안 분석 Ⅰ」, p. 3.; 2018년 기준 공공기관의 예산 규모는 약 639조원으로 국가 예산의 약 1.5배, GDP 대비 33.8%이다. 총 정원은 약 40만 7천명으로, 국가 전체 취업자 수의 1.5%를 차지한다. 기획재정부·한국조세재정연구원(2019), 「2019 공공기관 현황 편람」, p. 3.; 지자체 출자, 출연기관은 2018년 10월 31일 기준 695개이다. 행정안전부 지방공기업제도 운영. http://www.mois.go.kr. 검색일 2019.6.10.
102) 주식회사 강원랜드는 「폐광지역개발 지원에 관한 특별법」(1995년 제정)으로 설립되었다. 제1조는 목적을 "석탄 산업의 사양화로 인하여 낙후된 폐광지역(廢鑛地域)의 경제를 진흥시켜 지역 간의 균형 있는 발전과 주민의 생활 향상을 도모"로 규정한다. 제1주주는 한국광해관리공단이다.

립중앙의료원, 국립암센터,[103] 국립대학교 병원 등)은 비록 기업만큼은 아니지만 또 정도는 각각 다를 지라도 경쟁시장에서 서비스를 제공하고 고객의 선택이나 지지를 추구하며, 자체수입의 증대, 시장개척, 판매촉진, 신뢰 구축, 이미지 개선 등을 위한 업무를 수행한다. 마케팅은 공공기관이 무엇을 어떻게 할 수 있을 것인가에 관한 전략과 방법을 제시한다. 독점적 분야일수록, 또 거래형 서비스가 아닐 때 마케팅의 유효성은 떨어지고 적용기회가 제한될 수 있으나,[104] 시장 세분화, 표적시장의 선택, 포지셔닝, 고객의 필요와 욕구 조사, 차별화된 상품의 개발, 지속적 혁신, 상품의 라이프 사이클 분석, 가격책정과 유통, 프로모션, 브랜딩 등 마케팅에 대한 지식과 학습이 필요하다.

　이 책은 제1편에서는 정부마케팅의 의미, 등장 배경, 연구의 발전, 정부부문에서 마케팅 수요의 성장을 보여주는 새로운 환경과 이슈들을 검토하고, 제2편은 마케팅의 기본적 요소, 전략 수립, 마케팅 조사, 마케팅 믹스, 브랜딩을, 제3편은 정부마케팅의 하위 분야인 장소마케팅, 공공서비스 마케팅, 사회마케팅, 지역상품 마케팅을, 제4편은 마케팅 조직과 전략의 수립, 소비자 구매행동에 대하여 각각 기술한다. 제5편은 전망과 과제의 제시이다.

　정부마케팅은 21세기에 들어와 확장의 속도가 더욱 가파르다. 이 책은 환경 변화에 기초하여 정부조직과 공공기관[105]이 마케팅으로 또는 마케팅 관점에서 어떻게 공공가치를 생산할 수 있는가에 대한 이론과 방법을 제시한다.

---

103) 국립중앙의료원, 국립암센터는 보건복지부 산하 기타 공공기관으로 근거 법률은 「국립중앙의료원의 설립 및 운영에 관한 법률」과 「국립암센터법」이다. 이들은 보건복지부 장관에게 "사업연도 개시 전까지 사업계획서와 예산서를 작성·제출"하여 승인을 얻어야 하고, 정부는 예산으로 사업 및 운영비를 출연, 보조한다.

104) Rao(1989), p. M180.

105) 「정부기관 및 공공법인 등의 광고 시행에 관한 법률」 제2조 제1항은 정부기관을 "「정부조직법」에 따른 국가기관, 「지방자치법」 제2조 제1항 각 호에 따른 지방자치단체 및 같은 조 제3항에 따른 특별지방자치단체, 「지방교육자치에 관한 법률」 제18조에 따른 교육감 및 같은 법 제34조에 따른 하급 교육행정기관"으로 정의한다. 이 책에서 정부조직은 「정부기관 및 공공법인 등의 광고 시행에 관한 법률」상의 정부기관이다.

제2장 정부마케팅의 의미

제1절 서론

1. 개념 정의

정부마케팅은 정부와 마케팅의 합성어로, 정부의 공공가치 생산을 위한 마케팅 전략과 방법의 활용이다.[1] 정부마케팅은 공공재의 생산과 전달에 민간부문의 상업적 마케팅 철학, 이론, 전략과 기법의 적용이고, 마케팅 지식을 이용한 공공문제의 해결이며, 국민의 욕구충족이자 모두의 이익(public interest)을 증가시키기 위한 정부의 노력이다. 주요 내용은 고객 중심적 사고, 필요와 욕구의 충족, 시장지향성, 지속적 혁신, 4Ps 등에 의한 서비스 품질 제고, 고객의 만족이다. 정부마케팅은 공공관리의 새로운 패러다임(new managerial paradigm)으로, 전통적 행정과는 다른 철학과 관점, 사고와 언어, 기법을 사용하여 공공서비스의 전달, 국민의 욕구충족, 문제해결을 추구한다.[2] 오늘날 각국 정부들은 업무의 효과적 수행을 위한 주요 도구로서 마케팅을 광범위하게 채택하고 있다.[3]

미국마케팅학회(American Marketing Association, AMA)와 영국마케팅협회(Chartered Institute of Marketing, CIM)는 마케팅에 대한 기준적 개념 정의를 제공한다. 연구자와

---

1) Mokwa & Permut(1981)은 정부마케팅을 정부의 공공서비스 공급 업무에서 마케팅 지식의 활용이라고 보았다. 상품은 초기 공공서비스만을 의미했으나(O'Faircheallaigh, Graham, & Warburton, 1991), 이후 사회적 가치와 아이디어(Curtis, Garbrah—Aidoo, & Scott, 2007), 장소(Rosin, 2010) 등으로 확대된다.

2) Ticlau et al.(2010), p. 147.

3) Kaplan & Haenlein(2009), p. 198; Tiganas et al.(2011), p. 216; Enache & Morozan(2010), p. 168.

실무자들은 이들을 자주 인용한다.[4] AMA는 비즈니스 환경의 변화와 마케팅 연구의 발전을 고려하여 1935년, 1985년, 2004년, 2007년에 각각 마케팅에 대한 수정 정의를 내놓은 바 있다. 현재는 5년마다 개념 정의의 적절성을 검토하고 수정을 결정한다. AMA는 2004년 개념 정의에서 마케팅을 "고객에게 가치(value to customers. 고객의 필요, 욕구, 원하는 것)를 생산하고 알리고, 전달하며, 또 조직과 조직의 이해관계자들(stakeholders) 모두에게 편익을 주는 일련의 과정이자 고객관계의 관리 기능"이라고 규정한다.[5] 이러한 개념 정의는 첫째, 마케팅의 대상과 범위를 종전과 달리 고객을 넘어 이해관계자까지로 확장한다. 둘째, 마케팅의 목적인 고객만족을 고객가치의 생산으로 대체한다. 셋째, 마케팅을 조직의 고객관계 관리의 기능이자 이를 위한 일련의 과정으로 파악한다. 넷째, 마케팅을 조직과 조직의 이해관계자들 모두에게 이익을 주는 행위로 정의한 것이었다. 그러나 AMA가 이러한 개념 정의를 발표하자 많은 연구자들이 다양한 비판을 제기한다. 비판의 주요 내용은 마케팅의 범위를 너무 좁게 기술한다는 것이었다. AMA는 2006년 말 학회 차원에서 개념 정의를 심의하는 위원회를 구성한 후, 연구자들의 비판을 반영하여 2007년 기존 개념 정의를 수정한 새로운 마케팅 정의를 발표한다.

AMA가 2007년 발표한 새로운 정의는 "마케팅은 조직 및 개인에 의한, 고객, 클라이언트(clients),[6] 마케터(marketers), 그리고 전체 사회[7]를 위하여 가치 있는 시장 상품(market offerings. 제품, 서비스, 아이디어)[8]을 만들고, 커뮤니케이션하고, 전달하고, 교환

---

4) Dann(2010), p. 150.

5) Gundlach & Wilkie(2010), p. 89.

6) 클라이언트를 추가한 것은 비영리조직은 마케팅에서 고객을 클라이언트라고 하기 때문이다. 토니 프록터(Tony Proctor)는 "1990년대에 유럽 여러 나라들의 공공부문(public sector)은 자신들의 클라이언트(clienteles)를 고객(customers)이라고 생각하고, 시민들에게 정책(policies)을 판매하는데 마케팅 도구와 전략적 마케팅 기획(strategic marketing planning)의 적용 편익을 인지하기 시작하였다"고 기술한다. Proctor(2007), p. 6.
서비스 마케팅에서 고객은 클라이언트이다. 전통적 행정에서 정부의 공공서비스 제공의 대상은 마케팅에서는 고객이고 정치나 행정에서는 국민이나 시민, 주민, 주권자나 납세자, 유권자라는 용어를 사용한다.

7) 전체 사회(society at large)는 마케팅이 지속적 혁신, 개선, 가격 경쟁을 통하여 편익을 제공하는 대상이다. Wilkie & Moore,(2007), p. 275.

8) 시장 물품(offerings)은 제품, 서비스, 아이디어, 방법, 노하우 등 판매자가 거래를 위하여 시장에 제공한 모든 형태의 가치 있는 것들을 가리킨다. 정부마케팅에서는 정부부문이 시장에 공급하는 장소, 공공서비스, 사회적 가치나 아이디어, 지역상품 등이다.

하는 일단의 제도(a set of institutions. 생산자, 도소매상, 시장조사 회사 등으로 이루어진) 및 과정을 통해 이루어지는 활동"이라고 말한다.[9] 이러한 개념 정의는 첫째, 기존의 고객과 이해관계자를 "고객, 클라이언트, 마케터, 그리고 전체 사회"로 확장하고 구체적으로 표현한다. 둘째, 마케팅은 조직뿐만 아니라 개인도 하는 것이다. 많은 연구자들이 마케팅은 조직만이 아니라 개인도 하는 사회적 행위인데 기존의 마케팅 정의는 이 점을 무시하고, 마케팅의 범위를 기업의 마케팅만으로 제한한다는 비판을 반영한 것이었다. 셋째, 마케팅은 과정만을 의미하는 것도 아니라는 점을 고려하여, 새로운 정의는 마케팅을 "일단의 제도 및 과정"에 의한 활동으로 정의한다.[10] 이 밖에도 1985년 정의는 '교환'을 마케팅의 중심 개념으로 산주했으나 2004년의 정의는 '교환'을 언급하지 않았었는데, 2007년 정의는 '교환'을 비록 중심적 개념은 아니지만 다시 마케팅에서 중요한 하나의 요소로 지위를 복원한다. 대신 마케팅을 '조직의 기능'이라고 했던 설명은 삭제한다. AMA가 내놓은 가장 최근의 정의는 2013년의 것으로 "마케팅은 고객, 클라이언트, 파트너, 그리고 사회 전체에 가치 있는 시장 제공 물품이나 서비스(offerings)를 만들고, 커뮤니케이션하고, 전달하고, 교환하는 활동이자, 일단의 제도, 그리고 과정"이라고 제시한다.[11]

영국마케팅협회는 AMA와 달리 지속적인 개념 수정은 하지 않고, 하나의 공식적인 개념 정의를 소개한다. AMA는 "마케팅은 수익을 내기 위하여 고객이 필요로 하는 것이 무엇인지를 확인하고, 예상하여 만족시키는 책임의 관리 과정"이라고 말한다.[12]

정부마케팅 연구자들은 이러한 개념 정의를 빌려와 정부마케팅이 무엇인가를 정의한다. 미국 마케팅 연구자들은 주로 AMA의, 영국의 연구자들은 CIM의 정의를 인용하거나 이들에 기초하여 개념을 정의한다. 영국 체스터대학(University of Chester) 비즈니스 스쿨 교수 토니 프록터(Tony Proctor)는 CIM의 마케팅 개념 정의와 유사하게 정부마케팅(public sector marketing)을 "이해관계자들이 필요로 하는 것을 확인하고, 예상하고, 만족시킴으로써 조직의 목표 달성을 촉진하는 데 도움을 주는 관리과정"이라고

---

9) '일단의 제도'에 대한 괄호 속 설명은 독자들의 이해를 돕기 위하여 저자가 추가한 것이다. "제도와 과정은 유통채널과 같은 마케팅 시스템도 법규(regulations)나 규범과 같은 사회적 과정과 마찬가지로 마케팅의 일부라는 것을 의미한다." Gundlach & Wilkie(2009), pp. 260-261.

10) Gundlach & Wilkie(2010), p. 100.

11) American Marketing Association. https://www.ama.org. 2019.8.30.

12) The Chartered Institute of Marketing(2009). *Marketing and the 7Ps: A brief summary of marketing and how it works*, p. 2.

정의한다.[13]

AMA의 관점에서 정부마케팅이란 정부부문(정부조직이나 공공기관)이 고객, 클라이언트, 파트너, 그리고 사회 전체에 가치 있는 재화나 서비스를 만들고, 커뮤니케이션하고, 전달하고, 교환하는 활동이나 과정이다. 목적은 공공가치의 생산이다. 국민들이 소중하게 생각하고 필요를 느끼고 얻거나 실현 또는 성취하고 싶어 하는 것들의 생산[14]이고, 구체적 마케팅의 대상은 장소나 지역상품 마케팅에서는 고객, 공공서비스 마케팅에서는 클라이언트, 사회마케팅에서는 오디언스(audiences)[15] 및 파트너를 포함한 사회 전체이다.[16]

내부 마케팅(internal marketing)을 정부조직이나 공공기관 직원 대상의 마케팅이라고 한다면,[17] 정부마케팅은 주로 정부부문의 외부 고객이나 이해관계자를 대상으로 한 외부 마케팅(external marketing)이다.

2. 기업마케팅과의 비교

정부마케팅은 기업마케팅의 이론과 기법을 정부 업무수행에 적용한 것으로 같은 점도 있고, 차이점도 있다. 먼저 다음은 같은 점이다.

첫째, 정부마케팅이나 기업마케팅 모두 사람들이 원하는 제품과 서비스를 만들고, 시장에 공급하고 알리고 교환을 촉진하는 활동이다.

둘째, 자신이 원하는 소비자들의 행동을 끌어내기 위한 활동이다.

셋째, 조직의 목적 달성을 지원하는 활동이다.

---

13) Proctor(2007), p. 2.
14) 정부마케팅에서 상품의 생산(creating)은 산업단지의 건설, 도시의 이미지 디자인, 공공 구조물이나 시설물의 설치, 공공 서비스의 생산과 전달, 사회적 가치나 아이디어의 주창과 제시, 농축수산물의 생산과 판매 지원 등의 행위이다.
15) 마케팅의 대상은 일반적으로 고객(customers)이라고 하나 서비스 마케팅에서는 고객을 클라이언트, 사회마케팅에서 오디언스(또는 클라이언트)라고 한다.
16) Prothero(1990), p. 88.
17) Ewing & Caruana(2008), pp. 4−5. 외부 마케팅에서 표적집단은 외부 고객이지만 내부 마케팅에서는 직원들이다. 목적도 전자는 고객만족, 구매촉진이나 후자에서는 직원의 직무와 조직에 대한 만족, 높은 품질의 서비스 생산을 위한 동기부여이다. 마케팅 커뮤니케이션도 전자는 조직과 외부 고객 간이고, 후자에서는 조직과 내부 직원 간이다. 이 책의 설명은 외부 마케팅에 대한 것이다.

넷째, 마케팅 믹스(4Ps), 넛지적(nudging. 커뮤니케이션을 통한 설득과 고객의 자유 선택을 고무하는 점진적이고 부드러운) 수단의 사용이다.

다음은 둘 간의 차이이다.

첫째, 정부마케팅의 목적은 공공가치의 생산이다.[18] 기업마케팅은 궁극적 목적이 수익의 극대화라는 점에서 다르다. 정부마케팅의 관심은 일반 국민들과 해외 소비자의 필요와 욕구, 원하거나 성취하고자 하는 것의 생산과 전달을 통한 공익의 실현이다.[19] 반면 기업마케팅의 관심은 소비자들의 필요와 욕구의 충족, 고객만족을 통한 고객가치의 생산, 궁극적으로는 수익의 창출이다.

둘째, 목적의 다면성이다. 정부마케팅의 목적은 기업의 수익 극대화와는 달리 다면적이다. 공익을 목적으로 하지만 공익의 내용은 정부마케팅 상품의 종류에 따라 다르다. 장소나 지역상품 마케팅의 목적은 국가와 지역경제의 발전과 주민소득 개선, 일자리 창출이다. 공공서비스 마케팅의 목적은 서비스 고객의 필요와 욕구충족, 서비스 품질과 생산성의 개선, 고객만족이고, 사회마케팅은 사회적으로 가치 있는 생각이나 행동의 확산과 실천, 이를 통한 삶의 질의 향상, 사회의 발전이다.

셋째, 거버넌스적 성격이다. 정부의 전략적 마케팅 기획, 상품생산, 가격책정, 유통과 프로모션은 기업, 비영리조직과 협력을 통하여 이루어진다. 장소마케팅에서는 장소가 하나의 공장과 같다.[20] 장소에 존재하는 정부조직, 공공기관뿐만 아니라 지역사회의 경제, 사회적 활동 단위, 주민들 모두가 각각 자신의 역할을 통하여 상품 생산과 판촉 과정에 참여한다. 사회마케팅, 지역상품 마케팅도 지역사회와의 협력적 거버넌스에 기초한 것이다.

넷째, 법적, 정치적 환경에 의한 제약이다. 정부마케팅은 기업의 상업적 마케팅과 달리 법적, 정치적 제약(공익, 경제·사회적 약자의 보호, 사회적 형평성, 투명성 등의 요구)을 받는다. 이들은 정부의 자유로운 상품개발, 가격책정, 유통, 프로모션에 영향을 미친다.

정부마케팅의 기업마케팅과 다른 이러한 차이점들은 정부조직이나 공공기관의 시장에서의 자유경쟁과 상업적 마케팅 개념, 전략과 기법의 도입을 제한한다.

---

18) Prothero(1990), p. 88.

19) Smith(2000), p. 11.

20) Warnaby & Davies(1997) 참조.

3. 유사 용어

정부마케팅(government marketing)은 마이클 모카와 스티븐 펄무트(Michael P. Mokwa and Steven E. Permut)가 편저한 1981년 책의 제목이다.[21] 정부가 하는 마케팅을 지칭하는 합의된 용어는 아직 없다. 연구자마다 자신의 연구 관심이나 범위, 방향을 고려한 표현을 채택하여 사용한다. 주디스 마딜(Judith Madill)은 정부마케팅을 '정부에서의 마케팅(marketing in government)'이라고 호칭하고, 정부에서 또는 정부조직이 하는 마케팅이라고 설명한다. 마이클 가디너(Michael Gardiner)는 자신의 박사 학위 논문 제목을 '지방정부 마케팅(local government marketing)'으로 정하여, 호주 지방정부가 어떻게 마케팅 이론이나 기법을 행정에 적용할 수 있을 것인가를 연구하였다. 이 연구는 지방정부 마케팅을 전통적 마케팅, 공공마케팅(public marketing), 비영리마케팅(not-for-profit marketing), 사회마케팅(social marketing)의 통합으로 설명한다. 또 지방정부도 마케팅 개념과 방법을 도입해야 하지만 정부는 조직 목표나 구조, 표적시장 등에서 차이가 있는 만큼, 제한적이나 부분적 도입을 주장한다.[22] 루르드 토레스(Lourdes Torres)는 '정부마케팅(government marketing)'이라는 용어를 채택하고, 정부의 공공서비스 헌장(public service charters) 등 고객 지향적 방법, 필요와 욕구에 기초한 서비스 제공 노력으로 설명한다.[23] 키론 왈슈(Kieron Walsh)는 '지방정부를 위한 마케팅(marketing for local government),' 케이스 스네블리(Keith Snavely)는 '정부부문에서의 마케팅(marketing in the government sector)'이라는 말을 사용하면서 정부부문의 마케팅 원리와 기법 도입에 대하여 연구한 바 있다. 프랭클린 휴스톤과 리처드 호만스(Franklin S. Houston and Richard E. Homans)는 '공공기관 마케팅(public agency marketing)'이라는 표현을 사용한다.[24]

정부마케팅은 공공마케팅(public marketing), 공공부문 마케팅(public sector marketing), 공공서비스 마케팅(public service marketing) 등과 함께 쓰인다. 대부분 비즈니스 스쿨 마케팅 연구자들이 자신들의 편의(便宜)에 의해 붙인 이름들이다.

---

21) Mokwa(1981), Mokwa & Permut(1981) 참조.

22) Gardiner(2005).

23) Torres(2006).

24) Houston & Homans(1977).

1) 공공마케팅

공공마케팅은 비즈니스 마케팅 연구자들이 정부마케팅과 더불어 1970년대부터 사용하는 용어이다.[25] 최근에는 이러한 표현의 사용이 늘고 있다.[26] 스위스 로잔대학 (Université de Lausanne) 행정대학원(Graduate School of Public Administration)의 마르티알 파스키에와 진 패트릭 빌르너브(Martial Pasquier and Jean−Patrick Villeneuve)는 2012년 출간한 자신들의 책에서 공공마케팅, 공공부문의 마케팅이라는 용어를 함께 사용하고, 정부, 공기업, 비영리조직의 마케팅을 설명한다.[27]

2) 공공부문 마케팅

공공부문 마케팅도 1970년대부터 사용된 용어이다.[28] 다수의 마케팅 연구자들이 이러한 표현을 공공마케팅과 상호교환적으로 사용한다.[29] 학술지 *Journal of Nonprofit & Public Sector Marketing*도 이러한 표현을 쓰고 있다.

3) 행정 또는 공공서비스 마케팅

행정마케팅, 행정서비스 마케팅, 공공서비스 마케팅이란 용어도 있지만 거의 사용되지 않는 이름이다.[30]

---

25) Blakely, Schutz, & Harvey(1977).

26) Proctor(2007), Kaplan & Haenlein(2009), Ticlau et al.(2010), Pasquier & Villeneuve(2012), Matei, Antonovici, & Savulescu(2015), Kalinichenko(2017) 등.

27) 마르티알 파스키에와 진 패트릭 빌르너브는 공공관리(public management) 연구자들이다. 유럽 연구자들(영국, 독일, 프랑스, 스페인, 벨기에 등)은 공공관리를 비즈니스 분야에서의 관리 (management)처럼 조직의 운영(목표, 전략, 자원의 관리, 동기부여, 의사결정과 시행)에 관한 활동으로 인식한다. 공공관리는 행정법에 기초한 것이라는 점에서 비즈니스 분야의 관리와는 다르다고 생각한다. 또 공공부문과 민간부문의 차이 구분에 소극적이다. 유럽 대학들은 행정학을 좀처럼 하나의 독립적 학문분야로 다루지 않는다. Torres(2006), p. 163.

28) Divita & Dyer(1979).

29) Divita & Dyer(1979), Lamb(1987), Edwards & Creagh(1991), Graham(1995), Titman (1995), Ali(2010), Bouzas−Lorenzo(2010), Bean & Hussey(2011), Boenigk & Möhlmann(2016), Zaheer & Rashid(2017), 노시평(2013) 등이다.

30) 박희서(1999, 2001), 노시평 등(2000), 하미승·정재환(2011) 등. 한국을 제외하면 이러한 표현을 쓰는 경우는 거의 없다.

4) 정책마케팅

주디스 마딜(Judith Madill)은 정부마케팅을 제품과 서비스 마케팅(marketing of products and services), 사회마케팅, 정책마케팅(policy marketing), 디마케팅(demarketing. 제품 구매나 서비스 이용을 하지 않거나 그만두라는 권고나 요청), 4가지로 구분하면서, 정책마케팅을 정부마케팅의 한 분야로 설명한다.[31] 한스 부르마(Hans Buurma)도 정책마케팅이란 용어를 사용하면서 정책은 국민 고객에 대한 하나의 상품이고, 고객이 필요로 하는 것을 만족시킬 수 있어야 한다고 주장한다.[32] 정책 개발은 고객 지향적, 고객만족에 초점을 두어야 한다는 것으로 정책에 마케팅 마인드 적용 필요의 주장이다. 하지만 마케팅 전략이나 마케팅 믹스의 도입에 대하여는 언급이 없다. 마케팅 관심의 하나는 경쟁시장에서 교환을 통하여 고객을 만족시키는 것인데, 전통적으로 정책 수단들은 법적 규제, 경제적 인센티브, 교육 등으로, 정부가 서비스를 제공하고 고객이 금전적 대가를 지불하는 마케팅에서의 교환 관계는 정책마케팅에서는 잘 성립하지 않는다고 보았다. 정부가 비록 원가 보상 차원에서 공공서비스 사용자에게 사용료나 수수료, 관람료를 부과하고, 일부 서비스는 상업적 가격을 책정한다는 점에서 경제적 교환관계가 확인되지만 적어도 조세와 공공서비스 간의 관계는 민주 국가에서의 정부와 납세자 간의 정치적 책임, 권리나 의무에 기초한 것이고 권력적 가치의 배분을 위한 것이지 마케팅에서와 같은 경제적 거래로는 볼 수 없다고 보았다. 한스 부르마는 정책마케팅을 정부가 정책을 시민에게 판매하지만 대가는 지불하지 않아도 되는 비상업적 마케팅으로, 정책이 주민들의 행동변화를 목적으로 할 때, 정책마케팅은 집행을 개선할 수 있다고 주장한다.[33] 정책마케팅 용어나 주장은 상대적으로 드물기는 하지만 후속 연구들은 이를 계속하여 사용한다.[34]

5) 정치마케팅

정치마케팅(political marketing)은 선거 후보자들이 당원, 유권자, 미디어, 장래 후원금을 낼 수 있는 사람들의 지지를 얻기 위한 마케팅 지식, 이론과 기법의 적용 과정

---

31) Madill(1998), pp. 10−11. Ticlau et al.(2010)을 비롯한 여러 연구자들이 Madill(1998)을 따라 정부마케팅을 이렇게 분류한다.

32) Buurma(2001).

33) Buurma(2001). p. 1287.

34) Zaheer & Rashid(2017), p. 60; Serrat(2010a), p. 4; Williams(2011), pp. 149−151. 김세훈·김환철(2006), 이재광(2009).

또는 행위이다.[35] 정치 + 마케팅의 결합이자 마케팅의 정치적 영역으로 확장을 의미한다. 정치마케팅 연구의 시작은 1970년대 초이다.[36] 정치마케팅은 마케팅 전략과 커뮤니케이션을 이용한 정치적 교환 과정의 관리로, 주로 선거운동(election campaign) 과정에서 수요가 나타난다. 선거는 상품 공급자와 수요자가 있는 경쟁시장이다. 비록 주기적이고 정해진 스케줄에 따라 발생하는 것이기는 하지만 정치인들은 정치 시장(political marketplaces)에서 유권자라는 고객을 대상으로 가치를 제시하고 이들의 지지를 받기 위해 경쟁한다.[37] 마케팅 개념(marketing concept)은 영리 및 비영리조직 모두에 유용한 용어로, 정치에서 마케팅 컨셉은 정치상품 개발에서 고객지향성이고, 유권자(고객)의 역할과 중요성에 대한 인식과 태도이다. 마케팅 컨셉의 또 한 측면은 정당의 시장지향성(market orientation), 즉 유권자 시장 정보의 생산, 정보 공유, 이에 기초한 민감한 대응이다.[38] 마케팅 전략과 믹스는 정치시장을 비슷한 선호와 기대를 가진 동질적 유권자 집단으로 세분하고, 표적시장의 선택, 포지셔닝, 유권자들에게 매력 있는 사회변화를 위한 가치 상품의 개발과 제시, 유권자들에게 상품구매(지지와 선택, 시장에서의 점유율 확대)를 촉진하기 위한 커뮤니케이션으로 이루어진다.[39]

국내 연구로는 안종기·유재미(2018)가 있다. 이 연구는 정치마케팅을 "정당, 후보자 등 정치 행위자가 자신의 정치적 목표를 달성하기 위해 마케팅 개념과 수단을 활용하여 진행하는 정치 소비자와의 가치 교환 활동"으로 정의한다.[40] 후보자들은 정치상품의 공급자이고, 대중은 상품의 수요자들로, 정치마케팅을 정치상품 공급자들이 자신의 상품 가치를 극대화하여 보다 많은 대중들로부터의 지지를 얻고자 하는 활동이라고 설명한다. 또 정치마케팅 연구를 "정치학과 마케팅의 결합"으로 규정하고, 연구 영역을 크게 7가지, "정치 시장조사, 정치상품(political products), 브랜딩, 커뮤니케이션, 내부마케팅(internal marketing), 전달 마케팅(delivery marketing), 규범적 가치 측면에서의 문

---

35) Mortimore(2003), pp. 107, 120. 이 연구는 정치마케팅과는 다른 '정치의 마케팅(marketing of politics)'을 설명한다. 국민들의 정치에 대한 냉소주의와 부정적 인식이 참여를 줄이고, 정책결정의 정치적 정당성의 약화를 초래한다는 점에서, '정치의 마케팅'이라는 정치 그 자체에 대한 마케팅을 통하여 국민들의 정치라는 상품에 대한 평판과 선호를 개선할 필요가 있다고 주장한다.

36) Lock & Harris(1996), p. 14; Scammell(1999), p. 723. Hampden-Turner(1970). 스탠리 켈리(Stanley Kelley)가 1956년 그의 저서에서 정치마케팅이라는 용어를 처음 사용한다.

37) Butler, Collins, & Fellenz(2007), p. 94.

38) O'cass(1996), pp. 37, 48-49.

39) Butler & Harris(2009), p. 154. Smith & Saunders(1990) 참조.

40) 안종기·유재미(2018), pp. 499-500.

제(민주주의 가치와의 충돌 우려)로 구분한다. 정치마케팅 분야는 전문 학술지(Journal of Political Marketing, 2002년 창간)가 있고, 영국 정치학회(Political Studies Association)는 하나의 전문 연구 분야로 인정하고 연례 학술대회에 발표 분과를 오픈하고 있다.[41]

정치마케팅은 정부마케팅과 인접 분야이다. 정치와 행정이 국가 자원의 권위적 배분 과정이라는 점에서 둘은 관심과 대상을 상당 부분 공유한다.[42] 하지만 정치마케팅은 기업마케팅과는 몇 가지 점에서 다르다.[43] 첫째, 투표가 정치상품의 직접적 구매행위는 아니다. 다만 구매결정의 합을 증가시키는 효과를 갖는다. 투표자의 정치상품 구매는 선거 시장에서 가장 많은 득표율을 얻었을 때 완성된다는 점에서 기업마케팅에서의 고객 구매 행위와는 차이가 있다. 또 유권자들은 모든 선거에서 같은 날 투표를 한다는 점도 다르다. 둘째, 투표나 후보자의 선택에는 가격이 존재하지 않는다. 투표자가 투표를 위하여 불편, 기회비용을 지불하더라도 이는 미미한 수준이다. 셋째, 구매(투표나 후보자의 선택)를 하지 않았더라도, 자신이 선택하지 않은 정당이나 후보가 집권하거나 당선된 경우 구매자는 선거의 결과를 감수(상품을 이용)해야만 한다. 넷째, 최다 득표자가 모든 것을 얻는다. 구매가 마치 입찰과 같은 방식으로 이루어진다. 다섯째, 정당이나 후보자는 유권자가 가격 개념을 적용하기 어려운 복잡한 상품이다. 여섯째, 새로운 정당의 등장(새로운 상품의 개발) 가능성은 희박하다. 일곱째, 브랜드 상품(지명도가 높은 정당이나 후보자)이라고 유권자가 지속적으로 선택하는 것은 아니다.

정치마케팅의 한계는 합의된 정의가 없다는 점, 마케팅에 의한 후보자 당선(상품 구매의 결과) 설명의 한계, 투표 행위에 대한 마케팅 이론 모델 검증의 한계,[44] 정치캠페인에서 후보들이 자신의 활동이 마케팅이라는 의식을 갖고 있는지에 대한 증거 불충분, 민주주의 실천을 마케팅 과정으로 이해하는데 따른 규범적 문제(선거가 합리적이고 타당한 주장의 경쟁이 아니라 과대 선전과 광고 경쟁 선거가 될 수 있다는 점에서) 등이다.[45] 정치마케팅은 정치상품의 구매와 상업적 상품 구매행위 간의 차이 때문에 마케팅적 시각과 분석방법의 적용이 얼마나 타당하고 유효한가는 의문이다. 연구자들도 이러한 직접적 적용의 한계를 인정한다.[46] 그러나 마케팅 전략과 기법을 이용

---

41) Butler, Collins, & Fellenz(2007), p. 95.

42) Butler, Collins, & Fellenz(2007), pp. 91−92.

43) Lock & Harris(1996), pp. 14−16.

44) 정치마케팅 모델은 투표자 행위(구매행동)의 설명보다는 주로 후보자와 정당이 선거전략을 개발하는 데 사용되고 있어 검증에 어려움이 있다.

45) Scammell(1999), p. 735.

46) Lock & Harris(1996), p. 23.

한 정치 캠페인이 증가하고, 이들에 마케팅 믹스에 의한 분석 유용성 주장 또한 뚜렷하게 늘고 있다.[47] 일부 정치학자들이 정치와 민간부문의 상업적 거래는 서로 다르다는 비판적 시각을 제시하는 동안, 정치마케팅 지지자들은 정치마케팅의 필요와 타당성(정치마케팅이 보다 나은 민주주의를 위하여 무엇을 하고, 어떤 의미 있는 가치를 창출할 수 있는가)을 주장하고 이론을 구성하면서 정치마케팅의 발전을 위한 노력을 계속하고 있다.[48]

6) 비영리마케팅

비영리마케팅(nonprofit marketing)은 역사가 오래된 것으로 1970년대 초반까지 거슬러 올라간다.[49] 내용은 크게 두 가지로, 하나는 비영리조직의 마케팅이다. 비영리조직은 자체 수익이 없는 까닭에 후원자들로부터의 기부금, 보조, 지원금 등의 모금이 필요하고 이때 재원의 효과적 조달을 위하여, 또 자원봉사자의 모집, 자신들의 공익적 활동에 대한 사회적 지지와 참여, 도움을 효과적으로 이끌어내기 위하여 마케팅을 한다. 또 다른 하나는 사회적 가치나 아이디어의 확산, 바람직한 행동과 자각 촉진을 위한 마케팅 기법의 사용이다. 후자는 사회마케팅이다.

4. 전통적 행정과의 차이

1) 차이점

정부마케팅은 전통적 행정과는 목적과 대상, 관점이나 차원, 조직과 관리자의 역할, 업무수행의 방법, 도구, 환경 등에서 다르다. 다음 <표 1>은 둘의 비교이다.

정부마케팅의 목적은 공공가치(사회적 필요와 욕구, 정치·경제·사회적 이익, 건강, 안전, 행복 등 다양한 형태의 편익)의 생산과 전달이다. 전통적 행정의 공급자, 집합적 관점에서의 공익과는 다른 국민 일반의 생각과 주관적 감정에 기초한 이익이다. 대상은 국민이나 시민보다는 상품이 무엇인가에 따라 고객, 클라이언트, 오디언스 등으로 나뉜다. 정부마케팅은 신공공관리적 관점에서의 단기적, 맥락적 활동으로 특정 상황이나

---

47) Wring(1997), p. 660.
48) Butler & Harris(2009), p. 150.
49) Shapiro(1974).

┃ 표 1 정부마케팅과 전통적 행정의 비교

구분	정부마케팅	전통적 행정
목적과 대상	공공가치의 생산	공익, 민주적 가치의 실현
	고객(customers, clientele, audiences)	국민, 주민 또는 시민 (주권자, 납세자, 유권자)
관점	경쟁적, 신(新)관리적(new managerial)	정치적, 구(舊)관리적(old managerial)
	단기적, 맥락적(일정한 상황, 관계에서의)	장기적, 일반적
차원과 초점	관리, 수단적 차원 (개별 사업이나 서비스 목표의 달성)	국가 전략, 기획의 차원 (미션 이행과 조직 목적의 성취)
	개인, 개별적	전체, 집합적
조직의 역할, 관리자	기업가	법과 규정의 집행자
	매니저(manager)	관리자(administrator. 법, 규정, 절차를 단순 집행하는)
업무수행의 방법	상품개발 및 가격책정, 유통, 설득과 권유, 협상과 타협을 통한 거래	정치적 합의와 결정의 이행, 권력적 강제, 명령과 지시
	특정 상황이나 개별적 사정의 고려	획일적 처리
	독립, 자율적 결정을 폭넓게 인정	미션, 책임과 의무의 이행, 재량의 엄격한 제한
도구와 성격	마케팅 개념과 믹스(4Ps)	규정과 절차
	실용적	규범적
환경	국가나 도시, 조직 간의 시장적 경쟁	국가내의 정치적 독점이나 과점

사정을 고려한다. 관리적 차원의 전술적(tactical. 기술과 방법) 활동으로 초점은 개별적 문제의 해결, 서비스의 제공이다.[50] 전통적 행정은 정치적 관점, 국가 전략적 차원에서 국민의 집합적 필요나 욕구의 충족을 추구한다는 점에서 다르다. 정부마케팅은 정부의 기업가적 역할을 모델로 하고 업무수행에서 부서의 자율적 결정의 폭을 넓게 인정한다.

정부마케팅은 정부의 기업가적 비즈니스 활동이다. 주요 내용은 경쟁시장 상품의 개발과 판촉, 지속적 혁신을 통한 품질개선, 고객만족, 지지나 선택의 촉진이다. 고객의 자발적 선택이나 행동의 변화 촉진을 목적으로 커뮤니케이션, 교육과 설득, 참여, 시장적 거래, 선택의 권유, 유도 등 연성적(soft)[51] 수단을 이용한다.[52] 반면 전통적 행

---

50) Scrivens(1991), p. 19.

51) 경성적(hard) 수단은 법, 규정과 절차, 연성적(soft) 수단은 커뮤니케이션과 설득, 개별적 사정 (감정과 선호) 중심적이다.

52) May & Newman(1999), p. 26.

정의 목적은 국민의 권리 보장과 욕구충족으로, 규범적 접근(법률과 규정의 적용, 정치적 합의와 결정의 이행), 명령과 지시, 규제와 감시, 적발과 처벌 등 주로 권력적 강제, 경성적(hard) 수단 중심이다. 정부마케팅의 방법은 마케팅 개념(고객 중심적 사고, 필요와 욕구의 충족, 시장지향성)과 믹스(상품개발, 가격, 유통, 커뮤니케이션)이다. 정부마케팅은 사업의 책임자를 매니저(public managers)라고 하여, 전통적 행정에서 단순히 법령을 정해진 절차에 따라 이행하는 관리자(public administrators)와 구별한다. 산업 공단의 개발, 기업과 비즈니스, 관광객, 주민의 유치, 이벤트나 축제의 개최, 국립중앙극장이나 국립대학 병원, (재)예술의전당, (재)일제강제동원피해자지원재단 등의 서비스, 보건복지부와 산하 공공기관의 비만이나 금연 프로그램의 개발 등은 독립, 자율적 책임으로 사업을 기획하고, 고객을 식별하고, 컨셉을 정하며 상품의 내용 요소를 조합하여 상품을 만들고 전달하는 업무를 수행한다. 전통적 행정이 법과 규정의 집행으로 정치적 과정이 만들어낸 법률을 자유재량 없이 이행하는 것과는 다르다. 정부마케팅은 상품의 판매로 글로벌 및 자국 시장에서 고객을 늘리거나 시장을 개척할 수 있어야 한다. 전통적 행정은 국민 대상의 서비스로, 국민은 주어진 고객이다. 정부는 보다 많은 고객 유치 경쟁이 필요하지 않고, 서비스도 독점이나 과점 환경에서 제공한다. 복지서비스 자활 근로 사업(저소득 노인에 근로기회의 제공을 위한), 무의탁 노인세대 지원사업 등은 수급자를 늘리거나 시장개척 노력의 필요가 없다.

정부마케팅은 정부가 경쟁시장이나 사회에 상품을 내고 자유로운 교환, 설득과 유치 커뮤니케이션으로 고객 선택을 촉진하는 경제적, 사회적 활동이다.[53] 반면 전통적 행정은 정치적 참여와 합의에 기초한 서비스 제공이다. 정부마케팅이 공격적, 선제적, 확장적이라면 전통적 행정은 반응적이고(국민들의 요구, 민원, 불만이나 고충에 대한), 사후적 문제해결 중심적이다. 전통적 행정이 권위적이고, 획일적인 서비스의 제공이라면 정부마케팅은 고객의 필요와 욕구, 개별적 조건이나 상황에 초점을 둔 가치 생산 활동이다.

문화분야를 예를 들면, 정부마케팅은 문화자원의 상품화와 판촉으로, 목적은 지역 일자리 창출, 주민소득 증대, 지역경제 발전이다. 문화상품 마케팅의 고객은 방문객들

---

53) 비즈니스 분야는 정부마케팅(government marketing)이란 용어를 정부부문을 대상으로 한 상품 판매 마케팅에도 사용한다. 래리 코프먼(Larry L. Coffman)의 1986년 책 「공공부문 마케팅(Public Sector Marketing)」은 정부부문을 대상으로 한 기업의 효과적 마케팅 기법, 특히 프로모션 방법을 다룬 핸드북이다. 또 다른 예로 Canon U.S.A.는 복사기 제조업체로 정부마케팅 부서(Government Marketing Division)를 두고 있다. https://www.yelp.com/biz. 검색일 2019.2.20.

로, 론다 필립스(Rhonda Phillips)는 이들이 어떻게 지역경제의 수입을 창출하는지 다음 공식으로 제시한다.[54]

$$V \times AT = GI$$

V는 방문객의 수, AT는 방문자들의 평균적 거래, GI는 총수입이다. 문화마케팅은 주민들의 경제적 이익 추구 활동이다. 반면에 문화행정은 전통문화의 계승, 보존과 관리, 지역사회 문화의 발전을 위한 노력이고 목적은 주민 단합과 소속감 증진, 최소한의 문화적 욕구충족이다.

2) 성격

정부마케팅은 국민 욕구의 충족과 공동체 사회의 문제해결을 위한 새로운 수단을 제공한다. 정부마케팅의 위치를 문제의 유형과 환경이라는 두 가지 차원을 이용하여 제시하면 다음 <그림 1>과 같다.

▼ 그림 1 정부 행정에서 마케팅의 역할: 새로운 수단의 추가

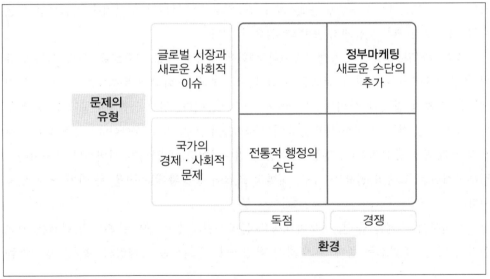

---

54) Phillips(2002), p. 8.

전통적 행정은 정치적 패러다임하에서 정부 관료제를 통한 서비스 제공으로 중심적 개념은 민주적 가치, 참여, 법과 규정이다. 반면 정부마케팅은 신공공관리에서의 고객 중심적 사고, 필요와 욕구, 시장화(marketization) 또는 시장지향성, 신관리주의(new managerialism)를 추구한다.[55] 전통적 행정이 정부가 독점 또는 과점적 환경에서 경제 사회적 문제를 해결하는 것이었다면, 정부마케팅은 글로벌 경쟁시장과 새로운 사회문제에 효과적으로 대응할 수 있는 전략과 기법을 제공한다는 점에서 문제해결 수단의 추가 의미를 갖는다.

21세기 환경에서 정부의 가장 중요한 역할은 일자리 창출, 소득 증대, 지역경제의 발전으로 글로벌 시장에서 투자, 새로운 기업이나 비스니스, 방문객, 거주자들을 유치하고, 자국 내의 기업이나 주민의 이탈을 막는 일이다. 정부의 또 다른 역할은 국민들의 비만이나 흡연과 같은 새로운 사회적 문제의 효과적 해결이다. 정부마케팅은 이러한 역할 수행에 효과적 수단이다.

제2절　정부마케팅의 등장과 발전

1. 마케팅 개념의 발전

마케팅은 민간부문의 기업들이 시장에서 경쟁을 통하여 고객의 선택을 얻는 과정에서 발전시킨 개념으로, 관심과 사고, 연구의 발전 단계는 다음과 같다.[56]

1) 생산 지향 1기 – 생산비의 절감

생산 지향(production orientation) 1기는 1920년대 이전으로, 기업들이 공장의 제품 생산에서 비용절감에 집중하던 시대이다. 경영자들은 소비자들이 상품의 가격이 저렴할수록 선호한다고 생각하여 생산 비용을 낮추어 시장에 경쟁자보다 싼 값에 상품을

---

55) Lynn(2001), pp. 154 – 155. 신공공관리는 소극적 행정(passive administration. 의회가 정한 법률이나 예산의 단순한 집행)보다는 적극적 관리(active management)로, 관심은 전략적 계획과 독립 자율적인 사업, 책임, 성과이다. Talbot(2009), p. 168.

56) Kotler & Keller(2005), pp. 15 – 23; Proctor(2007), pp. 4 – 5.

공급하는 것을 최고의 경영 철학으로 간주한다. 제품생산과 관리 과정에서 경제적 능률을 1차적 목표로 설정하고, 노동 생산성을 높이고자 하였다. 민간부문조차 아직 마케팅 개념을 알지 못했던 시기이다.

2) 생산 지향 2기 - 품질개선

1920년대 이후로 기업들은 소비자들이 가격이 아니라 품질에 의해 상품을 구매한다고 생각하고 혁신을 통한 상품 품질의 개선을 추구한다.

3) 세일즈 지향 - 광고와 홍보

세일즈 지향(sales orientation)의 시기는 1920년대 중반부터 50년대 초까지로 경영자들은 상품을 구매하지 않은 사람도 광고와 홍보를 했다면 구매했을 것이라고 생각한다. 뛰어난 세일즈맨은 어떤 것도 팔 수 있다고 믿었고, 광고, 홍보를 저비용에 의한 제품 생산 이상으로 수익을 증가시킬 수 있는 중요한 수단으로 인식한다. 경영 목표에도 공격적 판매와 프로모션이 등장한다.

4) 마케팅 지향

마케팅 지향(marketing orientation)은 1950년대 이후로 경영자들은 소비자들의 상품구매는 상품이 자신들의 욕구를 얼마나 충족시키는가에 의한 것이라고 믿는다. 기업들은 이러한 믿음에 기초하여 표적고객의 필요와 욕구에 기초한 마케팅을 새로운 경영 철학으로 채택한다. 경영자들은 종래 세일즈 지향에서 마케팅 믹스 중심의 체계적 마케팅으로 관심을 옮기고,[57] 마케팅을 4Ps(고객의 필요와 욕구에 기초한 제품과 서비스의 개발, 가격결정, 유통, 프로모션)로 보기에 이른다. 이와 같은 마케팅 지향적 사고는 1960년 말에 이르러 이론적 모습을 갖추면서 하나의 학문적 영역으로 발전한다.[58] 또 이때는 비즈니스 마케팅 연구자들이 정부의 마케팅 필요에 대한 주장을 내놓는 시기이기도 하다.

---

57) Kotler & Zaltman(1971), p. 5.
58) Bagozzi(1978).

5) 전체사회 지향

전체사회 지향적 마케팅(societal marketing)은 1980년대 이후부터이다.[59] 마케팅 분야가 최근 채택하고 있는 시각이기도 하다. 경영자들은 상품의 성공적 판매를 위해서는 고객의 필요와 욕구충족뿐만 아니라 사회 전체의 행복에 부합할 수 있어야 한다고 생각한다. 기업의 장기적 이익 창출과 성장을 위해서는 고객의 상품(햄버거, 핫도그, 피자 등의 패스트푸드)에 대한 단기적 만족과 사회에 대한 장기적, 부정적 효과(비만과 콜레스테롤 증가)도 함께 고려하여야 한다. 기업은 이해관계자의 가치(stakeholder value) 실현을 마케팅의 목적으로 간주하고, 사회에 최고의 이익을 주는 상품과 서비스 생산을 추구한다. 1980년대부터는 정부의 정책결정에서도 이해관계자가 중요한 용어로 등장한다.[60] 고객뿐만이 아니라 이해관계를 가진 사람들의 요구와 영향도 함께 고려하려는 노력이다.

2. 정부마케팅에 대한 관심과 연구의 발전

1) 서론

정부부문은 근대 국가 시기에도 비록 홍보나 PR과 같은 매우 제한된 형태이긴 하지만 마케팅을 하였다. 하지만 연구자들의 마케팅 필요에 대한 인식의 등장은 1950년대이다. 소수 연구자들이 이 시기를 통하여 제품 마케팅에 대한 지식과 이해를 바탕으로 정부도 업무수행에 마케팅을 도입할 필요가 있지 않는가라는 문제를 제기한다.[61] 하지만 정부가 공공서비스 제공에 마케팅의 채택 노력은 1970년대 사회서비스[62] 분야부터이다.[63]

정부의 행정은 독점적 서비스 산업으로 그동안 기업과 같은 유형적 제품의 생산이나 경쟁시장에서 수익을 위한 상업적 판매 활동은 알지 못했다. 정부는 전통적으로

---

59) 기업의 사회적 책임에 대한 관심은 이미 1960년대부터이나 경영자들의 지배적 관심으로 등장은 1980년대이다. Davis(1960), Warne(1961) 참조.

60) Ebdon & Franklin(2006), p. 437.

61) Bouzas-Lorenzo(2010), pp. 115, 117.

62) 사회서비스(social service)는 정부가 민간 비영리조직이나 단체들과 더불어 지역 주민 삶의 질의 보장, 사회적 수요 충족을 위하여 교육, 복지, 의료, 식품, 고용, 주택, 직업 훈련, 문화, 환경 등의 분야에서 제공하는 도움, 지원, 편익이다.

63) Ticlau et al.(2010)은 1970년대 후반 복지국가의 구조와 기능 속에서 처음 나타났다고 말한다.

국가라는 정치 공동체의 안전과 질서, 정의, 인권, 사회 복지, 소수자 보호와 같은 규범적 가치의 개발과 실현의 업무를 수행하였다. 일부 비즈니스 마케팅 연구자들의 주장에도 불구하고 행정학자들은 오랫동안 마케팅을 본격적 연구의 대상으로 인식하지 못한다. 정부는 초기 마케팅을 기원이나 성격에 비추어 상업적 개념으로 행정에는 부적합하다고 보았다. 하지만 영국은 1980년대 신공공관리 개혁에서 마케팅을 공공서비스의 광범위한 분야에 걸쳐 도입한다. 이것은 행정 연구자들의 마케팅에 대한 부정적 인식을 바꾸는 계기로 작용한다. 앵거스 라잉(Angus Laing)은 그 이유를 크게 두 가지로 설명한다.[64] 하나는 정부가 준시장적 메커니즘(quasi-market mechanisms)의 도입, 경쟁적 입찰 방식을 통하여 서비스를 제공하기 시작했기 때문이다. 정부가 공공서비스를 민간위탁, 아웃소싱 등의 방법으로 공급하면서 서비스 제공에 민간사업자들의 참여가 크게 증가하였고, 정부기관들 또한 직접 민간부문으로부터의 다양한 관리기법을 도입하면서 계기가 만들어졌다는 설명이다. 또 다른 하나는 정부 정책이나 사회변화의 결과 나타난 공공서비스에 대한 직접적 요금 부과, 이용자 공동 부담(user co-payments)의 확산, 또 민간부문에서 공공서비스 대안적 공급자들의 증가, 소비자 주권주의(정부가 제공하는 공공서비스에 대한 소비자들의 적극적인 기대와 수요의 표출, 영향력의 증가)가 등장했고, 이들이 정부부문에서 경쟁적 비즈니스 환경을 만들었기 때문이라는 주장이다. 정부부문에서 일어난 이러한 변화들은 마케팅이 공공서비스의 품질개선에 필요하다는 인식을 강화하고 구체화한다. 1990년대 이후가 되면 연구자들은 정부마케팅에 대한 본격적 관심을 드러낸다. 대부분의 나라나 도시들은 국가나 지역발전을 목적으로 경쟁적으로 장소마케팅 전략과 기법을 도입한다.

정부마케팅 연구는 그동안 다양한 학문 분야 연구자들이 각자 자신의 관심과 용어를 통하여 발전시켜 왔으나 21세기 초에 와서는 통합 노력이 나타난다.[65] 기업마케팅 연구가 제품, 서비스, 가치(예 cause marketing[66])의 순서로 발전하였다면 정부부문에서의 마케팅에 대한 관심과 연구는 사회마케팅(사회적 가치나 아이디어 상품의 마케팅), 공공서비스 마케팅, 지역상품 마케팅, 장소마케팅의 순서로 발전한다. 정부마케팅에 대한 관심, 마케팅 이론과 기법의 도입, 연구의 발전을 시기별로 나누어 설명하면 다음과 같다.

---

64) Laing(2003), pp. 427-428.
65) 한국의 정부마케팅에 대한 관심은 1990년대부터이다. '정부마케팅' 붐. 조선일보, 1994.5.2.; 확산되는 시티마케팅(4) - 이벤트 사업 활발. 한국경제신문, 1996.6.13.
66) Holmes & Kilbane(1993) 참조. 코즈 마케팅(cause marketing. cause-related marketing이라고도 한다)은 기업의 사회적 가치 실현이나 지지, 확산을 위한 마케팅이다.

2) 1950-1960년대: 문제의 제기

게르하르트 위브(Gerhart D. Wiebe)는 1951년 연구에서 시민권(citizenship)[67]도 상품처럼 TV에서 팔 수 있는가?[68] 마케팅 관점에서 정부도 사회적 가치나 아이디어를 상품처럼 TV에서 광고하고 판매할 수 있는 것 아닌가라는 의문을 제기한다.[69] 위브는 이 연구에서 여러 사례를 통하여 시민권이라는 상품 마케팅의 적절성을 검토한다. 정부의 마케팅 필요에 대한 공식적 관심이나 인식의 등장이다. 이후 필립 코틀러와 시드니 레비(Philip Kotler and Sidney J. Levy)가 1969년 미국마케팅학회 학술지(Journal of Marketing)에 발표한 '마케팅 개념의 확장(Broadening the Concept of Marketing)'이라는 논문에서, 마케팅이 무엇인가에 대한 이론 제시와 더불어 정부도 마케팅이 필요하다고 주장한다. 위비의 연구가 문제 제기였다면 이들의 연구는 한 걸음 더 나아가 마케팅이 무엇인가에 대한 본격적 이론화 작업이자 왜 정부기관에도 마케팅 도입이 필요한가에 관한 근거의 제시였다.[70]

코틀러와 레비는 미국 노스웨스턴 대학(Northwestern University) 비즈니스 스쿨 마케팅 교수로, 사람들은 마케팅을 기업만 하는 것으로 또 치약이나 비누를 파는 일로 생각하지만 실은 정도의 차이는 있을지라도 마케팅은 모든 사회활동에 들어있고 모든 조직이 하는 보편적 활동이라고 말한다. 따라서 사회과학 모든 학문 분야가 마케팅 원리와 기법을 도입, 적용할 수 있고, 또 필요하고 유효하다고 주장한다. 당시는 마케팅 자체가 아직 고유하고 체계적인 이론을 갖지 못했던 시기로, 두 사람은 마케팅 연구자들이 전통적인 제품 마케팅 원리를 서비스나 사람, 아이디어에도 확대해 적용하려는 노력을 하지 않았다고 비판한다. 또 마케팅을 제품개발, 가격책정, 유통, 커뮤니케이션으로 정의하지 못하고, 심지어 연구자들조차도 마케팅을 PR이나 홍보 활동 정도로 생각하는 것은 잘못이라고 지적한다. 이들은 선거에서 후보자들도 정치 시장에서 자신을 팔고, 비영리조직의 기금 모금 담당자들도 사회적으로 가치가 있는 일을 시장에 내놓

---

67) 시민권(citizenship)은 시민의 법적 권리와 의무, 지위와 역할뿐만 아니라 사회 구성원으로서 문제의 예방, 해결과 도약을 위한 일에 관심을 갖고 협력하고 참여하며 맡은 책임을 다함으로써 지역사회 발전에 이바지하고자 하는 마음이나 태도이다.

68) Wiebe(1951).

69) 필립 코틀러와 제럴드 잘트만(Philip Kotler and Gerald Zaltman)은 1971년 '사회마케팅: 계획적 사회변화를 위한 하나의 접근 방법(Social Marketing: An Approach to Planned Social Change)'이란 논문을 학술지(Journal of Marketing)에 기고한다.

70) 많은 연구자들은 이 논문을 정부마케팅, 특히 사회마케팅 분야에서 중요한 의미를 갖는 것(seminal work)으로 평가한다. Blakely, Schutz, & Harvey(1977) 참조.

고 판다고 말한다. 또 사람들은 마케팅을 구매자나 찾고 기업의 산출물에 대한 관심이나 촉발시키는 일로 생각하는데, 사실 마케팅은 상품개발, 가격책정, 유통, 커뮤니케이션 활동이라고 말한다.[71] 모든 조직은 상품을 생산하고, 상품은 유형적 제품(비누, 의류, 식품 등), 서비스(보험, 은행, 자문, 미용, 여행 등), 사람(다른 사람에게 매력적으로 보이고자 노력한다), 조직(조직도 자신을 마케팅한다), 아이디어를 포함하는 것으로 정의한다.[72] 마케팅이 광범위한 적용 범위와 가능성을 갖고 있는데도 불구하고 마케팅 연구자들은 자신의 영역을 너무 좁게 정의하고 있다고 비판하면서, 기업 비즈니스가 아니라고 할지라도 모두가 마케팅 활동, 즉 제품의 표적집단 간 차별화, 고객행동 분석, 차별적 편익 제공, 다양하고 복합적인 마케팅 도구의 사용, 통합적 마케팅 기획, 지속적 피드백, 마케팅 감사(marketing audit) 등을 한다고 말한다.[73] 마케팅을 물건을 팔고, 영향을 미치고, 설득하는 활동인 동시에 고객의 욕구를 만족시키는 활동으로 간주한다. 나아가 어떤 조직도, 비록 시장에서 상거래 비즈니스를 하지 않는 조직이라고 할지라도 마케팅은 피할 수 없고 단지 더 잘 할 것인가, 못 하는가 둘 중 하나의 선택이 있을 뿐이라고 주장한다.[74]

1960년대는 정부마케팅에 대한 관심의 등장 시기이다. 정부마케팅의 필요에 대한 관심은 코틀러와 레비가 1960년대 마지막 해에 발표한 논문 제목에서도 드러나듯이 정부가 실무 차원에서 마케팅의 수요를 인식한 것이기보다는 마케팅 연구자들이 자신들의 관심영역 확장을 시도하는 차원에서 나온 것이었다. 하지만 이를 시점으로 또 비록 미국에서이기는 하나 연구자와 실무자들은 정부부문에서의 마케팅 필요에 대한 주장, 이론화 작업을 시작한다. 정치마케팅, 사회마케팅도 이때부터 고유한 연구 분야로서 발전을 시작한다.[75]

한국 정부는 1960년대 중반 처음 기업 수출지원 마케팅을 한다. 정부의 지역 공산품, 농축수산물 마케팅 지원 프로그램의 운영으로 정부마케팅의 관점이기보다는 수출 촉진을 위한 지원 행정이었다.

---

71) Kotler & Levy(1969), p. 10.

72) Kotler & Levy(1969), p. 12.

73) Kotler & Levy(1969), pp. 13-15.

74) Kotler & Levy(1969), p. 15.

75) 1950년대는 마케팅은 마케팅 믹스(4PS)의 구조이고 세일즈와는 다르다는 지식이 아직 충분히 확산되지 않았던 시기로, 위브(Wiebe, 1951)도 정부가 시민권을 마케팅 할 수 있는가의 문제제기와 사례를 통한 검토에서 마케팅을 프로모션의 관점, 즉 판매(sales), 캠페인을 통한 설득적 커뮤니케이션으로 인식한다.

3) 1970년대: 제한적 관심

미국 대학 비즈니스 스쿨 마케팅 연구자들이 정부부문도 마케팅이 필요하다는 주장을 공식적, 지속적으로 내놓기 시작한 시기이다. 정부부문은 20세기에 들어와 기업들이 비즈니스 활동을 통하여 획기적으로 발전시킨 광고와 홍보(publicity), PR을 광범위하고 또 유용한 커뮤니케이션 도구로 사용한다. 정부업무에서 광고, 홍보, PR 등은 이미 중요한 부분으로, 실제 얼마나 효과가 있는 것인가를 제외하면 누구도 그 필요성에 대하여 어떤 의문도 제기하지 않는다.[76] 민간부문의 많은 마케팅 연구자들이 정부부문에서의 마케팅 필요를 주장하였지만, 일부 연구자들은 정부나 비영리부문에서의 확장을 반대한다.[77] 행정학자들은 이 시기를 통하여 학술 대회에서 정부도 공공서비스 제공에 마케팅 기법의 도입과 적용이 필요하다는 주장을 만난다.

필립 코틀러와 마이클 머레이(Philip Kotler and Michael Murray)는 1975년 미국행정학회 학술지(Public Administration Review)에 '제3섹터의 관리: 마케팅의 역할(Third Sector Management: The Role of Marketing)'이라는 논문을 발표한다. 행정학 분야 학술지에 나타난 첫 마케팅 논문으로, 비영리조직을 자선단체, 노동조합, 정당, 협회뿐만 아니라 대학, 병원, 복지기관, 동물원, 박물관 등으로 정의한다.[78] 이 중 대학, 병원, 복지기관, 동물원, 박물관 서비스는 비영리조직뿐만 아니라 정부부문 또한 중요한 공급자이다.[79] 이 연구는 제3섹터를 정부와 민간부문 모두의 실패 분야로 설명하면서, 기업과 달리 상업적 수익을 추구하지 않지만 시민사회의 욕구충족을 위하여 활동하는 만큼, 목적을 효과적으로 달성하기 위하여 마케팅이 필요하고, 마케팅은 고객만족과 업무 효율성 개선에 기여한다고 말한다.[80] 제3섹터 비영리조직들은 의식하지 못한다고 할지라도 이미 마케팅을 한다고 지적한다. 하지만 마케팅 필요와 역할만 설명할 뿐 정부조직의 마케팅 필요 주장까지는 나가지 못한다. 당시는 민간부문 마케팅 연구자와 소수의 행정학자, 실무자들도 정부도 마케팅을 도입해야 한다고 주장하지만,[81] 정부부

---

76) Yarwood & Enis(1982), p. 44.

77) Luck(1969, 1974).

78) Kotler & Murray(1975), p. 467.

79) 공기업은 기업의 한 형태로 마케팅을 한다. 하지만 대학, 병원, 복지기관, 동물원, 박물관 서비스 등도 공공기관과 민간 비영리조직들이 함께 사회서비스를 제공하는 분야로 마케팅 수요가 많다.

80) Kotler & Murray(1975), pp. 469−670.

81) 예 Blakely, Schutz, & Harvey(1977). 저자 중의 한 사람인 피터 하비(Peter Harvey)는 시정부의 관리자(city administrator. Yuba City, California)이다.

문이 자체적으로 마케팅 전략이나 기법의 본격적 채택 필요에 관한 자각은 아직 만들어내지 못한다. 하지만 이 시기에는 정부의 마케팅 필요와 관심을 자극하는 여러 사건이나 연구들이 나타난다. 다음은 세 가지 중요한 사건들이다.

첫째, 학회 학술대회에서 정부도 마케팅의 도입과 적용이 필요하다는 비즈니스 스쿨 마케팅 연구자들의 학술 논문 발표이다. 마케팅 연구자들은 1970년대 후반, 미국마케팅학회와 미국행정학회에서 이러한 연구들을 발표한다. 미국마케팅학회는 "정부마케팅의 탐색과 발전(Exploring and Developing Government Marketing)"이라는 주제로 학술회의를 개최하고,[82] 일단의 비즈니스 마케팅 연구자들은 1978년과 1979년 미국행정학회(American Society for Public Administration) 연례학술대회에 참석하여 정부부문에서 마케팅 이론과 기법 적용의 필요와 적절성을 주장하는 논문들을 발표한다.[83] 이것은 마케팅 연구자들에 의한 정부부문에 마케팅의 적용이 필요하고 유용하다는 본격적, 공식적, 집중적인 관심과 의사 표명이었다. 마이클 모카와 스티븐 펄무트(Michael P. Mokwa and Steven E. Permut)가 1981년 발간한 책 「정부마케팅: 이론과 실제(Government Marketing: Theory and Practice)」는 마케팅 연구자들이 당시 발표했던 논문 24편을 묶은 것이다.[84] 이 책 기고자들은 다양한 주제와 사례를 통하여 정부가 마케팅 이론과 기법을 어떻게 이용하고 그 편익이 무엇인가를 설명한다. 육군의 신병 모집, 저소득층을 위한 식품권 지급 프로그램(food stamp program), 공공서비스 광고, 경제 또는 지역개발 프로그램의 개발(표적집단을 이해하고 그들의 욕구를 반영한 전략의 수립), 사회마케팅(사회문제의 해결과 변화를 위한 노력) 등에 전통적인 마케팅 개념(고객 문제의 해결, 필요와 욕구의 충족), 가치, 기법(시장분석과 세분화, 상품, 가격, 유통, 커뮤니케이션, 조직 설계와 기획, 평가 등)의 필요와 적용을 제시한다.[85] 다음은 이들 중 몇 편의 예시적 소개이다.

조지 테사러(George Tesar)는 정부가 왜 마케팅이 필요한가를 에너지위기 사례를 들어 제시한다.[86] 미국은 1973년 가을과 겨울 에너지위기를 겪는다. 에너지 비용의 상

---

82) Mokwa & Permut(1981), p. iv. 이들이 편집한 책 제목도 여기에서 유래한다.

83) Claxton, Kinnear, & Ritchie(1978), Mokwa(1978), Divita & Dyer(1979), Mokwa & Enis(1979) 참조.

84) 이 책은 학술대회 발표 논문들의 편집이나 정부마케팅 분야 최초의 단행본이다. 비즈니스 스쿨 마케팅 연구자들이 미국행정학회 연례학술대회에 참석하여 공공 영역에서의 마케팅 도입 필요와 유용성을 주장하고 이론화를 시도한 집합적 노력의 산물이다. 하지만 행정학자들은 이들의 주장을 수용하지 않는다. 당시는 아직 정부마케팅은 알지도 못했던 시기이다.

85) 예 Enis(1981), Martin(1981a), Sethi(1981).

86) Tesar(1981) 참조.

승은 소비자 생활에 큰 충격을 주었고, 에너지의 부족은 생산자의 제조계획 재검토를 초래한다. 정책결정자들은 에너지위기 극복이 정치, 경제, 사회적 안전 등에 극히 중요하다는 인식하에, 에너지의 외국 의존 탈피를 목적으로 소비자들의 자발적인 에너지 소비량 감축 전략을 채택한다. 이러한 정책의 성공에는 제조자나 소비자의 자발적인 참여가 절대 중요하다. 정부는 마케팅 커뮤니케이션 기법을 이용하여 제조자나 소비자들의 역할이 무엇이고 얼마나 중요한 것인가를 알릴 수 있었고, 위기 극복에 성공할 수 있었다고 말한다.

클로드 마틴(Claude R. Martin)은 연방정부가 1979년 7월 기존의 통화시스템에 1달러짜리 동전(Susan B. Anthony one dollar coins이라고 한다)을 추가로 발행하였지만 유통에 실패한 것을 사례로, 정부가 왜 실패했는가를 마케팅 이론을 통하여 분석한다.[87] 1달러 동전은 정부가 생산한 하나의 상품이다. 정부가 이것을 발행하여 판매하고자(유통시키고자) 했지만 실패하였다. 연방정부는 이 동전의 유통을 앞두고 미시건 대학교에 마케팅 조사를 의뢰하여, 유통시스템에 이와 같은 동전이 도입될 경우 누가 주로 사용하게 될 것인가, 정부가 부딪히게 될 기회와 문제는 어떤 것인가 등을 분석하였다. 이 연구는 연방조폐국이 동전의 도입에 적극적인 태도를 보이는 시민과 그렇지 않은 시민들 간의 구분, 그에 맞는 각각의 마케팅 전략이 필요했으나 그렇지 못하여 실패했다고 설명한다.

존 커(John R. Kerr) 등은 정부가 프로그램을 기획하고 평가하는데 마케팅이 어떻게 도움을 줄 수 있는가를 검토한다.[88] 지방정부의 직원들이 마케팅 개념과 전략을 보다 더 잘 이해하고 적용한다면 업무를 보다 효과적으로 수행할 수 있었을 것이라고 주장하면서, 마케팅 정보시스템이 조직과 개인 간의 교환관계에서 어떠한 역할을 할 수 있는가를 논하였다. 마케팅 정보시스템은 의사결정을 지원하는 시스템으로, 필요한 데이터를 수집, 분류, 저장, 분석하고 부서의 정보 요청에 따라 정보를 공급한다. 마케팅 정보시스템은 시민들이 무엇을 원하고 무엇에 불만족하는 가에 대한 정보를 통하여 정부의 프로그램 기획과 평가에 기여할 수 있다고 주장한다.

피터 메이(Peter J. May)는 미국 정부의 실패를 사회적 수요, 위기나 문제, 시민들의 감정이나 요구에 대한 민감하고 신속한 대응 실패(unresponsiveness)와 비능률성 때문인 것으로 지적한다.[89] 미국에서 '납세자 반란(taxpayers' revolt)'이라는 주민들의 납

---

87) Martin(1981b) 참조.
88) Kerr et al.(1981) 참조.
89) May(1981) 참조.

세 거부 사건은 정부가 시민이 원하는 것을 제공하고 주민들이 기꺼이 대가를 지불하고 싶어하는 프로그램들을 만들어내야 하나 그러하지 못했기 때문에 발생한 것이라고 설명한다. 정부가 시민들이 원하는 것을 해 주지 못했을 뿐만 아니라 제공한 경우라도 만족스럽지 못했고, 비용이 적은가? 그렇지도 않았기 때문이라고 주장한다. 시민들은 자신들이 내는 세금보다 더 많고 가치 있는 서비스를 받기를 기대했지만 정부는 그러한 욕구를 충족시키지 못했기 때문에 시민들이 납세 거부에 나섰던 것으로 시장으로 치면 정부는 실패한 사업가라고 설명한다. 정부는 공공서비스를 제공하지만 고객의 자발적 구매를 얻는 데 실패했고 강매에 의존하고 있다. 또 정부는 시민들이 무엇을 얼마나 원하는가에 대하여 충분한 정보도 수집하지 않고 그렇게 할 인센티브를 제공하지 못했다고 주장하면서, 정부는 마케팅 기법 가운데 '시장조사(market research)' 기법을 도입하여 문제를 해결할 수 있다고 말한다.

포드와 스펙만(G. T. Ford and R. E. Spekman)은 정부의 의료분야 정책 및 보건 서비스에 마케팅 개념과 도구의 도입 필요를 설명하고 사례를 통해 증명해 보이고자 하였다.[90] '아동의 면역성 저하'를 사례로, 마케팅이 어떻게 부모의 자각과 백신 접종의 필요에 대한 인식 및 정책에 참여를 촉진시킬 수 있는가를 소개하고, 마케팅 방법의 이용을 권고하였다.

정부마케팅 최초의 책인 「정부마케팅: 이론과 실제」의 기고자 가운데 행정학이나 정치학 연구자는 없다. 정부 실무자들인 경우도 대학에서 마케팅을 전공하지 않았다.[91] 이 책은 기업마케팅 전공자들이 정부도 마케팅 개념과 기법들을 사용할 필요가 있고 왜 그러하고 어떻게 이용할 수 있는가를 보여주고자 하였고, 정책결정자들과 실무자들에게 마케팅이 무엇인가를 설명함으로써 마케팅에 대한 부정적인 태도의 변화를 기대하였다.[92] 이 책은 행정학자들이 마케팅에 공식적으로 노출되는 계기를 제공하였지만 행정학자들은 정부부문을 공공서비스를 독점적으로 생산, 공급하고 법률과 정치적 과정에 기초한 분야로 상업적 마케팅, 경쟁이나 가격책정, 교환 등과는 부합하지 않는다고 보고 필요를 인정하지도 관심을 기울이지도 않는다.

둘째, 정부의 마케팅에 관한 마케팅 연구자들의 학술지 논문 발표이다. 연구자들

---

90) Ford & Spekman(1981) 참조.
91) Mokwa & Permut(1981), pp. xiii − iv.
92) Mokwa & Permut(1981), pp. xiii − iv. 지방정부의 정치적 리더들이나 실무자들은 경쟁과 마케팅적 사고, 전략과 기법들을 수용, 채택했지만, 대부분의 행정학 분야 연구자들은 1980년대 후반까지도 정부마케팅에 대하여 거의 호의적이지 않았다.

은 학술지 논문 기고를 통해 정부부문 마케팅의 사례 연구, 민간부문과 정부부문 간 마케팅의 차이, 정부마케팅과 지역발전 계획의 수립, 생산성 개선, 정부의 마케팅 매니저의 필요, 정부부문에 마케팅 적용의 한계와 문제 등을 검토하고 정부가 어떻게 마케팅 원리를 적용할 수 있고, 또 그로부터 어떤 이익을 기대할 수 있는가 등을 논한다.[93] 정책결정자들이 의사결정을 할 때 고객의 욕구가 무엇인지, 누가 왜 무엇을 원하는가 등의 파악이 필요하고, 정부는 마케팅 조사를 통하여 이것을 해야 하는 데 이를 활용하지 않는 것이 문제라고 지적한다.[94] 나아가 정부가 사회의 수요를 조사하고 이에 기초하여 정책을 기획하고 집행, 점검하는 방법을 행정의 새로운 패러다임으로 제시한다.[95] 마케팅은 고객의 필요와 욕구 조사를 통하여 경쟁시장이 필요로 하는 제품과 서비스를 공급하는데 정부도 공공부문과 가계 소비 간에 자원을 할당할 때 이러한 방법이 필요하다고 주장한다. 이러한 주장은 미국에서 당시 연방정부가 지역복지 및 경제개발 분야에서 그동안 자신이 담당하던 기획과 프로그램 개발 업무를 지방정부가 하도록 권한을 위임하는 상황을 배경으로 나타난다. 지방정부가 지역의 개발계획을 수립할 때 마케팅의 원리 가운데 고객지향성, 필요와 욕구, 주민만족의 개념 적용이 필요하다는 주장이었다. 하지만 당시 미국의 주와 도시정부들은 공공재와 서비스의 제공에서 마케팅을 알지 못했을 뿐만 아니라 오히려 이를 추가적인 불편으로 생각하는 경향이 있었고, 정부가 무엇을 할 것인가는 마케팅에서의 필요와 욕구 조사가 아니라 정치인들이 선거 과정에서 제시하는 패키지로 알 수 있다고 생각하여 마케팅의 수용 의도는 크지 않았다.[96] 마케팅은 주나 지방의 경제발전위원회가 특정 지역에 일자리 기회, 세수 기반을 확대하고자 비즈니스를 유치하고자 할 때 특정 지역의 장점을 광고하는 수준에 불과하였다.

하지만 또 다른 한편에서는 지방정부가 범죄율 증가, 황폐화로 도심 인구가 감소하는 상황에서 주나 지방정부가 이제부터라도 마케팅 전략을 받아들여야 하고, 마케팅 역량도 필요하다고 생각한다. 지방정부가 규제와 통제 책임을 갖는 도시계획 용도의 지정, 주류 판매의 허가, 과세, 경찰 등은 마케팅 모델을 적용하기 어렵다고 할지라도

---

93) Barnhill(1975), Lovelock & Weinberg(1975), Blakely, Schutz, & Harvey(1977), Houston & Homans(1977), Rosener(1977), Claxton, Kinnear, & Ritchie(1978) 등.

94) Wilkie & Gardner(1974), Dyer & Shimp(1977).

95) Blakely, Schutz, & Harvey(1977), Rosener(1977).

96) Blakely, Schutz, & Harvey(1977), p. 167.

소방, 하수처리, 건강 등 서비스 분야에서는 타당하고 필요한 것으로 보았다.[97] 이에 따라 연구자들은 지역사회 욕구충족을 위한 지역개발 마케팅 모델을 개발하고 자원의 유치, 할당, 설득, 커뮤니케이션, 유통채널, 가격책정, 정책 개발, 마케팅 조사 등의 방법을 제시한다.[98] 지방정부가 발전정책 수립 시 마케팅은 지역사회 구성원들의 욕구를 조사하고, 결과의 반영을 통하여 정책 품질의 개선에 기여할 수 있다고 주장한다.

주디 로제너(Judy B. Rosener)는 1977년 「공공생산성 리뷰(Public Productivity Review)」에 발표한 '공공부문에서의 생산성 개선(Improving Productivity in the Public Sector)'이라는 연구에서 정부도 생산성이 중요하다고 지적한다. 마케팅은 소비자 분석, 프로그램의 기획, 평가, 피드백에 관한 것으로 정부가 관리에 적용함으로써 생산성을 높일 수 있는데 왜 이를 적용하지 않는가? 정부도 정치적 접근으로서의 시민참여뿐만 아니라 관리적 차원에서의 마케팅, 두 가지 도구가 다 필요하다고 말한다.[99] 마케팅은 소비자 욕구의 분석과 소비자 지향적 문제해결 방법을 중시하고, 단순한 판매 활동이 아니라 고객의 욕구와 필요를 확인하고 고객들의 만족을 추구하는 활동으로, 마케팅이 비록 민간부문이 발전시킨 개념이나 정부부문도 이를 적용할 영역이 많다고 주장한다. 반면 적용이 어려운 이유도 다음과 같이 제시하였다.[100] ① 공직자들은 선거라는 정치적 과정을 통하여 이미 유권자들로부터 무엇을 해야 할지를 검증받는다. 따라서 유권자들에게 다시 무엇을 원하는가를 물어보는 마케팅 조사는 불필요하다. ② 공공부문의 재화와 서비스는 분리 소비가 가능하지 않고, 비용도 얼마인지 불분명하다. ③ 정부는 의회의 허가를 받아야 예산을 지출할 수 있고, 직원 채용과 보수, 공공서비스의 생산과 공급도 자유롭게 결정할 수 없다. 혁신을 이룬 경우에도 그에 따른 대가를 지급하기 힘들다. ④ 마케팅을 부정직하게 속여서 파는 행동으로 보는 견해도 있다. 정부는 마케팅 도입에 여러 한계가 있는 만큼 생산성 향상을 위해 마케팅 접근 방법을 적용할 수 있는 적합한 영역을 찾아야 한다고 말한다.

셋째, 정부부문의 사회마케팅에 대한 이론화의 시도이다.[101] 필립 코틀러와 제럴

---

97) Blakely, Schutz, & Harvey(1977), p. 168.

98) Blakely, Schutz, & Harvey(1977), pp. 174-181.

99) 주디 로제너(Judy B. Rosener)는 캘리포니아 대학(University of California, Irvine) 비즈니스 스쿨 교수로서 비영리조직, 정부와 공공정책, 민영화를 강의하고, 정부와 비즈니스, 행정과 경영 간의 차이를 크게 중시하지 않았던 연구자이다.

100) Rosener(1977), pp. 5-6.

101) Kotler & Zaltman(1971), Luca & Suggs(2010), pp. 122-123.

드 잘트만(Philip Kotler and Gerald Zaltman)은 "비누를 팔듯이 인류애(brotherhood)는 팔 수 없는가?"라고 묻고, "비누처럼 대통령 후보자도 팔 수 있다"(비누를 TV에서 광고하듯이 대통령 후보자도 TV에서 캠페인을 할 수 있다). 비누 판매는 효과적인데, 사회적 가치(social causes) 판매는 왜 그렇지 못 한가라고 문제를 제기한 후 이에 대한 대답의 형식으로 사회마케팅의 기획과 집행에 관한 방법을 제시한다.102) 이 연구는 사회마케팅을 사회적 아이디어의 수용에 영향을 미치기 위한 프로그램의 설계와 집행, 통제로 정의한다.103) 프로그램의 설계란 상품의 기획, 가격책정, 커뮤니케이션, 배포, 마케팅 조사를 의미한다. 이들의 주장은 정부가 사회적 문제의 해결이나 목표를 달성하는 데 상업적 마케팅 아이디어와 방법을 사용하면 보나 효과석으로 원하는 결과를 얻을 수 있다는 것이었다.

1970년대 동안 정부부문의 마케팅은 공공기관의 마케팅, 사회서비스 분야 마케팅의 형태로 나타난다. 미국 정부 산하기관들(public agencies)은 이 시기를 통해 업무에 기업마케팅 기법의 적극적 활용을 시작한다. 메릴랜드 교통부(Maryland Department of Transportation) 산하 메릴랜드주 항공국(Maryland State Aviation Administration)은 볼티모어 워싱턴 국제공항(Baltimore – Washington International Airport)의 승객 수와 화물 운송량의 증가, 공항 이미지 개선 등을 위하여 공격적 마케팅을 한다.104) 공공기관들(public institutions) 또한 교육, 보건이나 의료, 사회복지 분야에서 민간 비영리조직들과 더불어 사회서비스 제공에 마케팅 개념과 기법(고객욕구와 시장조사, 프로그램의 개발, 프로모션)을 이용하여 국민들의 인식과 태도를 바꾸고, 활동 자금의 모금, 후원자 모집, 고객의 보람, 기쁨, 만족 등의 제고를 위해 노력한다.105) 하지만 정부부문의 마케팅은 여전히 일부 분야로 제한적이었다.

이 시기 또 다른 형태의 마케팅도 시작된다. 장소마케팅의 초기 형태라고 할 수 있는 장소 개발과 마케팅 기법의 활용이다. 미국은 도심의 슬럼화 문제해결에 마케팅 방법을 도입한다. 유럽은 1970년대 중반 이후 도시들이 장기적인 경기침체, 재정수입 감소의 위기를 극복하고자 기업이나 비즈니스를 외부로부터 끌어들이는 전략을 채택하고 이를 통하여 지역발전과 일자리를 만들어 내는 과정에서 마케팅을 시작한다.106)

---

102) Kotler & Zaltman(1971), p. 3.
103) Kotler & Zaltman(1971), p. 12.
104) schwartz(1980), p. 32.
105) 신준섭·최은미(2004), pp. 137 – 139.
106) Harvey(1989), p. 3.

4) 1980년대: 관심의 증가

마케팅에 대한 자체적 수요, 관심 및 연구가 증가하는 시기이다. 비록 업무의 매우 제한적 범위이긴 하였으나 정부조직들은 서비스 제공에 마케팅 전략이나 기법을 도입한다. 그 하나가 도시재개발(urban redevelopment) 사업이다.[107] 도시정부들은 도심이 제조업 쇠퇴, 교통이나 교육 등의 인프라 낙후, 방치된 낡은 건축물, 높은 실업률, 비위생적 환경, 범죄율 증가 등으로 노후화, 슬럼화되어 주민들이 이탈하고 비즈니스나 거주를 위한 장소로서의 기능도 상실해 가자 도시 전체 또는 일부를 부동산 재개발의 방법으로 상업 및 생활 환경을 개선함으로써 이곳을 떠났던 거주자들을 다시 불러들이고, 비즈니스를 활성화하는 프로젝트를 시작하면서 마케팅 기법을 채택한다.[108] 또 다른 하나는 1970년대 후반 미국 대도시들에서의 정부의 무능, 낭비, 부패, 비능률에 대한 비판과 세금 부과에 반대하는 시민들의 조세 저항이다.[109] 정부는 전통적인 조세 수입에 의한 재정 조달이 어려워지자, 재정 지출 규모를 축소한다. 레이건 대통령은 연방정부 차원에서 1981년 감세 정책을 발표하고, 작은 정부를 지향한다. 공공기관들은 재정 압박이 증가하자 필요한 재원의 마련을 위하여 마케팅 기법을 채택한다.

의회가 성과를 기준으로 예산 삭감을 결정하자, 공공기관들은 프로그램 운영에 필요한 예산을 삭감당하지 않기 위해 방문자, 이용자를 늘리는 방안을 모색하고, 마케팅 전략이나 기법에서 그 방법을 발견한다.[110] 정부부문은 민간부문과의 증가하는 경쟁, 시민들의 공공서비스에 대한 낮은 만족도를 개선하고자, 또는 서비스 제공 비용의 자체적 조달을 위하여 사용료 부과와 더불어 점차 마케팅 개념이나 기법을 도입한다.[111] 박물관, 미술관 등은 방문객 수를 늘려서 예산 대비 성과라는 감축 기준을 통과하고자 노력한다.

영국 보수당 정부 대처 수상(Thatcher, 1979~1990)은 이 시기 신공공관리 개혁을 시작한다. 국영기업들의 매각과 더불어 공공서비스를 민간에 위탁하고 광범위한 분야

---

107) 미국은 urban redevelopment(도시재개발), 영국은 urban regeneration(도시재생)이라고 한다.

108) Symth(1994), p. 8; Berg & Braun(1999), p. 992; Ashworth & Voogd(1995), p. x.

109) 1978년 미국 캘리포니아주는 '납세자 반란(taxpayers' revolt)'이라 불리는 제안 13호 (Proposition 13. 공식 명칭은 The People's Initiative to Limit Property Taxation)를 통과시킨다. 주정부의 과세 권한을 축소하는 법안으로, 주민들이 직접 투표로 통과시킨 이후 다른 15개 주들도 과세 및 정부 지출을 제한하는 주민 법안을 제출한다.

110) Selberg, B. (May 1991). Structural marketing. *Public Management*, pp. 21−22.

111) Chew & Vinestock(2012), p. 473; Lamb(1987), pp. 56−57.

에 걸쳐 시장적 경쟁, 기업적 관리, 마케팅 개념 및 기법의 도입에 착수한다. 개혁에 필요한 공무원 교육도 이루어진다. 젠킨스 등은 신공공관리 개혁을 뒷받침하기 위하여 1988년 「정부 관리의 개선과 넥스트 스텝(Improving Management in Government: The Next Steps)」[112]이라는 책을, 키론 월시(Kieron Walsh)는 1989년 공무원 대상 마케팅 교육을 위한 책 「지방정부 마케팅(Marketing in Local Government)」을 출판한다.[113]

미국의 많은 지방정부들도 이 시기 마케팅 프로그램을 도입한다.[114] 실무자들이 마케팅 개념과 기법의 수용을 주장하고 마케팅 전문가들은 정부에 마케팅 원리의 적용에 관한 아이디어들을 쏟아낸다. 많은 공무원들은 영국의 신공공관리(New Public Management, NPM) 개혁을 알게 되고 공직자도 이제 기업의 관리자처럼 일하지 않으면 안 된다고 생각한다.[115] 학술지들도 편익비용 분석, 예산, 통제 등을 주제로 민간관리 기법의 중요성과 도입 필요를 언급하고 정부의 전략 개발과 기획 분야에서의 마케팅 모델도 제시한다. 하지만 정부부문에서 마케팅 사용은 여전히 많지 않고 제한적 수준이었다. 제럴드 와츠케와 윌리엄 민닥(Gerard E. Watzke and William A. Mindak)은 정부 부문의 실무자들은 군대의 모병, 교통, 면역 프로그램 등 다양한 분야에서 마케팅 기법을 성공적으로 사용하지만 일반적 공공서비스 업무에서는 아직 지속적 저항이 있다고 지적하고, 그 이유를 4가지, ① 마케팅을 수익 추구로 생각한다. ② 상업적 제품이나 서비스의 판매로 본다. ③ 마케팅을 광고와 판매로 간주한다. ④ 업무 환경이 기업보다 복잡하다고 생각하기 때문으로 설명한다.[116]

1980년대 정부부문 마케팅 도입의 특징은 다음과 같다.

첫째, 지역 경제발전 정책과 프로그램의 설계, 일부 공공서비스(스포츠, 레크리에이션), 사회복지 분야 등에서 마케팅 기법을 도입한다.[117] 연구자들은 도시정부의 정책형성 및 결정 과정에 마케팅 기법이 사회 경제적 욕구를 확인하고 이를 반영하는데 어떻

---

112) Jenkins, Caines, & Jackson(1988) 참조.

113) 이 책은 당시 영국 지방정부 공무원 훈련 교재 시리즈(Longman & Local Government Training Board series−Managing Local Government)의 하나로 출판된다.

114) Miller, G. N. (1986, June). Cleveland's marketing and communication program. *Public Management*, p. 12.

115) Watzke & Mindak(1987), pp. 153−154.

116) Watzke & Mindak(1987), p. 154.

117) Snavely(1991), p. 311. Howard & Crompton(1980), Coffman(1986) 참조.

게 도움을 줄 수 있는가를 설명한다.[118] 와츠케와 민닥은 정부의 해외 직접투자 유치 마케팅 기획 모형을 제시하면서 조직의 미션, 목적과 목표, 자원, 성장 전략을 중요한 요소로 다룬다. 정부 관리자들은 기획 과정에 마케팅 개념과 기법을 적용하면 많은 이익을 얻을 수 있다고 주장하지만[119] 제한적인 것으로, 공공관리 분야에서는 여전히 사례를 찾기 힘들었다.

이 시기 정부의 마케팅 도입에 동기부여 요인은 크게 두 가지이다. 하나는 공공서비스 생산과 전달에 있어서 민간부문과 비교되어 무능, 낭비, 부패, 비효율성으로 크게 비판받는다. 이것이 정부로 하여금 새로운 관리 방법의 채택을 재촉한다. 또 하나는 예산 지원의 감축이다. 재정 핍박은 정부 관리자들로 하여금 정치적 결정이 아닌 사업이라는 관점에서 접근하고 수입이라는 또 다른 재원 소스에 관심을 갖게 하는 압력으로 작용한다. 이러한 압력이 가장 크게 작용했던 곳은 스포츠나 레크리에이션 서비스 분야이다. 정부가 서비스 중 비본질적 분야, 상대적으로 덜 중요한 것으로 간주했던 이 분야의 관리자들은 자체 사업의 재원을 마련하기 위하여 기업가로서의 역할을 맡는다. 수익 창출 전략과 생산적 서비스 제공 기법을 마케팅에서 찾는다. 비영리조직의 마케팅 개념 정의를 빌려와 관리적 관점에서 공원, 레크리에이션 시설 관리와 서비스 가격 책정 전략을 수립한다.[120] 미국 국립공원관리청(National Park Service)은 마케팅 개념 정의와 전략을 도입한다.[121]

둘째, 연구자들은 정부부문은 마케팅 이론이나 기법을 도입하는 데 한계가 있지만 비영리조직은 보다 용이하다고 생각한다.[122] 소수 연구자들은 공공관리에 마케팅 개념 사용을 적극적으로 지지하지만,[123] 대부분의 연구자들은 동의하지 않았다. 행정학자나 실무자 대부분은 마케팅 개념이나 기법의 수용을 여전히 예외적인 것으로 인식한다.

---

118) Schutz & Blakely(1980), p. 193.

119) Watzke & Mindak(1987), pp. 157-158, 190.

120) Howard & Crompron(1980), p. 320.

121) Crompton(1983), p. 7. 필립 코틀러(Philip Kotler)는 1975년 그의 책 「비영리조직의 마케팅 (Marketing for Nonprofit Organizations)」에서 마케팅을 "조직 목적의 달성을 위하여 표적시장과의 자발적인 가치 교환을 이끌어내려는 프로그램의 설계, 기획, 집행 및 통제"로 정의하였다. Kotler(1975), p. 5.

122) Houston & Homans(1977).

123) Roberto(1991). 로베르토(E. Roberto)는 1980년대 호주 연방 및 주정부의 신관리주의(new managerialism)의 가치(목표, 성과 측정과 관리)에 기초하여 공공마케팅(public marketing)을 행정혁신 기법의 하나로 적극 지지한다.

특히 행정학자들의 시각이 그러하였다. 1980년대는 행정학자들이 정부업무에 마케팅 도입의 필요 주장을 외면하는 동안, 실무자들의 부분적 적용, 관심, 경험이 증가했던 시기이다.

셋째, 신공공관리 개혁이 정부마케팅에 유리한 환경을 제공한다. 정부가 다양한 민간부문의 관리기법들을 도입하여 시민들의 필요와 욕구충족, 고객만족, 생산성 제고 등의 노력을 한다. 이것은 연구자들이 정부의 공공서비스 제공에 마케팅을 도입하는 것이 적절한가에 대한 우호적 검토 기회를 제공한다.

넷째, 유럽 국가나 도시들은 이 시기 도시마케팅을 광범위하게 도입한다.[124] 도시들은 마케팅 기법을 사용하여 지역 이미지나 환경을 바꾸고 관광객이나 비즈니스, 거주자를 유치하고자 노력한다.

5) 1990년대: 적극적 도입과 확산, 연구의 발전

정부부문에서 마케팅에 대한 필요의 본격적 인식, 관심과 연구가 나타나는 시기이다. 비즈니스 스쿨 마케팅 연구자들이 정부가 마케팅의 개념과 기법을 도입할 필요가 있다고 주장하는 것이 아니라 정부 스스로 필요를 자각하고 도입을 시작한다. 지역의 침체된 경제의 회복 차원뿐만 아니라 공공서비스 전달이라는 관리적 차원에서의 품질 개선과 신뢰 회복을 위하여 마케팅을 한다. 영국이 공공서비스 전 분야에 걸쳐 마케팅 개념과 기법을 도입하고 연구자들은 정부의 마케팅 개념 도입의 적절성과 한계에 대한 논의에 나선다.[125]

먼저 장소마케팅은 유럽에서 지역경제 침체의 극복 수단으로 크게 주목받는다. EU가 등장하고 국가 간 생산 요소들의 자유로운 이동이 시작되면서 각국은 경쟁의 중요성을 의식한다. 기업, 비즈니스, 거주자들이 자국이 아니라도 생산 효율을 높이거나 비즈니스에 유리한 곳, 거주에 적합한 장소를 찾아서 옮겨갈 수 있게 되면서 각국 정부들은 이들의 이탈을 고용 창출과 지역경제 발전을 위한 위협 요인으로 생각한다. 지방정부들은 더 이상 이들을 주어진 것이 아니라는 점, 경쟁을 통해 이들로부터 선택을 받을 수 있어야 한다는 것, 나아가 이들의 유치 실패가 곧 장소의 경제 사회적 침체이자 위기라는 사실을 깨닫는다. 지방정부들은 투자, 기업과 비즈니스, 방문객과 거주자의 유치를 위한 마케팅에 경쟁적으로 참여한다. 정책 실무자들이 경쟁시장에서의 고객

---

124) Paddison(1993), p. 340. Ashworth & Voogd(1988), Bailey(1989) 참조.

125) Graham(1994), Walsh(1994), Kearsey & Varey(1998).

유치를 목적으로 마케팅 전략과 기법을 도입하면서, 도시마케팅은 지역개발, 도시계획 분야 연구자들의 주요 관심 분야로 발전한다.126) 유럽은 국가나 도시 간 경쟁환경을 배경으로 장소마케팅의 발전을 주도하면서 많은 연구를 쏟아낸다.127) 세계 각국 지방 정부들도 곧 이를 따른다. 일본은 젊은 노동력의 농촌 이탈 가속화로 농촌의 위기가 발생하고, 위기를 일자리 창출로 극복하고자 장소마케팅 전략을 도입한다.128) 한국도 1990년대 말 지자체들은 마케팅을 지역발전 전략으로 채택한다.129)

영국은 이 시기를 통하여 신공공관리 개혁을 본격화한다. 고객, 고객만족, 시장 경쟁, 공급자가 아닌 소비자 중심적 서비스 제공을 제도화하고, 정부기관은 공공서비스 잠재적 이용자들을 고객, 만족, 교환의 관점에서 인식한다. 영국 수상 존 메이저(John Major. 1990~1997)는 시민헌장제도(Citizen's Charter)를 채택하여 시민 욕구의 확인과 충족을 위한 서비스 제공을 약속한다.130) 이어 토니 블레어(Tony Blair, 1997~2007) 노동당 정부도 보수당 정부의 신공공관리 개혁을 이어받아 추진한다. 영국 의회는 1999년 법률 개정으로 베스트 가치(Best Value) 정책을 도입한다. 지방정부들이 서비스 제공에 민간사업자들을 참여시킬 것을 의무화하고, 관리자들에게는 서비스 제공 방식의 선택 권한을 부여한다. 마케팅 개념과 기법에 대한 교육으로, 관리자들의 마케팅 필요와 중요성에 대한 인식이 증가한다.131)

유럽의 신공공관리 개혁에는 초기부터 오스트레일리아, 뉴질랜드가 적극 참여하였고 1990년대에는 전 세계로 확산된다. 혁명이 기존의 제도나 관습, 방식을 대폭적으로 바꾸고, 근본적이고 갑작스러운 변화를 만들어내는 행위라고 한다면, 신공공관리 개혁은 '행정 혁명(administrative revolution)'으로, 기존 미국식 전통적 행정의 가치나 언어, 업무 방식을 대체한다. 종전의 행정이 정치적 관점에 기초한 민주적 행정 이념의 실천과 정부조직의 능률적 관리였다면 신공공관리는 경쟁시장의 비즈니스 관점에서의

---

126) Ashworth & Voogd(1995), pp. x, 4-6, 13.

127) 유럽이 장소마케팅 책의 대부분을 출판한다. 예 van den Berg, Klaassen, & van der Meer(1990), Kearns & Philo(1993), Gold & Ward(1994), Ashworth & Voogd(1995), Ward(1998), van den Berg & Braun(1999) 등.

128) 梅澤 昌太郎(1992).

129) 이무용(1997), 강인원(1998), 염명배(1999).

130) 시민헌장제도(Citizen's Charter)는 1991년 영국의 존 메이저(John Major) 수상이 주창한 공공 서비스 품질개선 정책으로, 정부기관이 공공서비스의 내용과 품질 수준을 약속하고 실천을 문서로 선언한 후 성과를 고객들로부터 평가받는 제도이다.

131) Titman(1995), p. vi.

고객 중심적 서비스 제공을 추구한다. 정치적 권력이 아닌 시장적 경쟁의 방법으로 서비스를 제공하고, 고객과 고객만족이라는 용어를 사용한다. 정책의 설계와 집행도 분리한다. 서비스 제공은 공급자 중심에서 소비자 중심으로 바꾼다. 정부 관료제가 공급자로서 국민들이 원하는 공익이 무엇인가를 결정하는 것이 아니라 고객 중심적 사고에 의한 것이어야 한다고 인식한다. 영국 공무원대학(Civil Service College)[132]은 신공공관리 개혁에 필요한 교육과 훈련의 제공 역할을 수행한다. 정부 및 민간부문의 관리자를 대상으로 주요 분야(전략적 기획과 관리, 마케팅, 재정, 조달, 회계 등)에 대한 교육과 더불어 관련 교재도 시리즈로 발간한다. 키론 월시는 1991년 「지방정부 서비스의 경쟁 입찰에 의한 제공(Competitive Tendering for Local Authority Services)」이라는 책을, 리오넬 티트만(Lionel G. Titman)은 1995년 「새로운 정부부문의 마케팅(Marketing in the New Public Sector)」을 각각 출판한다.[133]

패트릭 버틀러와 네일 콜린스(Patrick Butler and Neil Collins)는 1995년에 발표한 연구에서 정부부문에 마케팅 기법이 필요한가가 여전히 논의 중이나 '신관리주의(new managerialism)[134]'가 기존의 '관리(administration)'를 대체하고, 정부기관들은 점점 더 마케팅 전문가들에 대한 의존성을 높여가는 추세이고, 마케팅은 이제 더 이상 주변적 기능이 아니고 조직의 목적 달성을 위한 중요한 관리 기능이라고 주장한다.[135] 다른 국가들도 이 시기에 공공서비스에 마케팅 개념을 도입하고 고객, 고객 중심적 사고, 고객만족의 마케팅 철학을 채택한다. 일본 지방정부들이 먼저 공공서비스 제공에 마케팅 기법의 성공적 적용 사례를 만들어낸다.[136] 한국도 일정한 시간을 두고, 공공서비스에

---

132) Civil Service College. https://www.civilservicecollege.org.uk. 검색일 2019.3.10. 영국 정부의 정책 연구, 공공서비스 관리 공무원교육 담당 기관이다. 2010년 이름을 National School of Government로 바꾸었다가 현재는 다시 예전 이름을 사용한다.

133) Titman(1995) 참조.

134) 신관리주의(new managerialism)는 신공공관리 개혁이 지향하는 새로운 관리 방식으로, 조직 미션과 비전 실현을 위한 지속적 혁신과 변화를 강조한다. 정부가 채택한 기업가적 관리(entrepreneurial management. 벤처, 혁신, 이를 위한 성과의 전략적 관리)로, 전통적 행정에서 구성원들의 창의적 역량 도출을 위한 참여적 관리에서 한 걸음 더 나간 개념이다. 신공공관리 개혁은 전통적 행정에서의 '관리(administration. 법률의 단순한 집행, 통제 중심적 관점에서의 자원, 인력의 배분과 책임 부여, 정해진 절차와 방법에 기초한 지휘, 감독과 사무의 처리)' 대신에 이 용어를 사용한다. Shafritz & Russell(2009), p. 315.

135) Butler & Collins(1995), pp. 86−88. 신공공관리 개혁은 신관리주의를 정부부문의 조직 관리가 나갈 방향으로 제시한다.

136) 岩國哲人(1991).

마케팅 개념과 기법을 어떻게 적용하는가에 대한 경쟁과 학습을 시작한다. 피터 그레이엄(Peter Graham)과 키론 월시(Kieron Walsh)는 공공서비스 마케팅 도입의 조건, 가능 영역과 기법, 도입방법 등에 대한 논문을 발표한다.[137] 영국이 신공공관리 개혁을 통하여 추구했던 행정철학, 정책이나 관리방법의 이후 각국으로의 확산은 행정 패러다임의 미국에서 영국으로의 지리적 이동을 시사한다.

다음은 이 시기 정부마케팅의 특징이다.

첫째, 정부의 자체적인 필요 인식에 의한 마케팅 이론과 기법의 도입이다. 기존의 마케팅 연구자들의 권고에 의한 것과 다른 점이다.

둘째, 장소마케팅에 대한 관심과 채택의 급증이다. 세계 각국 및 지방정부들이 장소마케팅에 참여한다.

셋째, 정부부문이 본격적으로 공공서비스 마케팅을 시작한다. 영국은 지방정부의 공공서비스 제공에 민간사업자의 참여를 보장하고, 정부기관들은 기존의 서비스 제공을 이들에게 빼앗기지 않기 위하여 서비스 품질 제고 경쟁을 시작하면서 마케팅 개념과 기법을 도입한다. 각국의 지방정부들도 이러한 개혁에 참여한다.

넷째, 정부마케팅에 관한 많은 연구들이 나타나면서, 장소마케팅, 공공서비스 마케팅, 사회마케팅이 각각 독립적 연구 분야로 성장한다.

다섯째, 사회마케팅의 이론 구축과 적용 범위의 확장이다.

영국이나 미국이 공공서비스 제공에 마케팅을 도입하게 된 계기가 정부의 무능(비능률, 부패와 낭비 등)에 대한 납세자들의 불만 증대였다면, 한국은 이들과 달리 1997년 외환위기를 극복하기 위한 전략적 관점에서 도입한다. 정부는 IMF 구제 금융 위기를 벗어나기 위하여 기업 생산성, 국제 경쟁력 제고를 추구한다. 작은 정부, 대대적인 민영화(공기업 매각)에 착수하고, 본격적인 해외 직접투자의 유치를 시작한다. 신공공관리 개혁의 가치를 채택하여 공공서비스 제공에 경쟁과 고객 중심적 사고를 도입한다. 한국개발연구원(Korea Development Institute, KDI)이 먼저 1998년 연구 보고서에서 정부부문의 비효율성을 '경쟁 원리의 부재' 때문이라고 지적하면서 영국의 시장성 테스트(market test)와 책임운영 기관 제도를 소개한다.[138] 중앙공무원교육원(현 국가공무원인재개발원)은 1999년 「행정마케팅 과정」(행정사무관, 서기관 및 부이사관을 대상으로 한 교육

---

137) Graham(1994), Walsh(1994).

138) 이혜훈(1998). 「영국의 시장성 테스트와 넥스트 스텝 프로그램」. KDI 연구보고서 98−05.

과정)을 개설한다. 정부마케팅 교육과 연구가 본격화되면서 대학에 '행정서비스 마케팅' 과정의 설치 주장도 나온다.[139] 기획예산처(현 기획재정부)는 한발 더 나아가 정부 부문(정부조직과 공공기관)의 생산성을 높이기 위하여 서비스(쓰레기 수거, 시설 관리 등) 제공에 민간사업자도 참여시키기 위한 시장성 테스트(시장성 평가제도, 정부조직과 외부의 민간사업자를 공정하게 경쟁 입찰에 참여시키고 보다 효율적인 공급자를 선택하기 위한) 도입 계획을 발표한다. 영국은 당시 이미 공공서비스의 상당 부분(약 60%)을 정부와 민간 사업자가 함께 참여하는 공개경쟁 입찰 방식으로 제공하고 있었던 만큼, 정부와 민간 사업자 가운데 누가 제공하는 것이 능률성, 효과성 차원에서 보다 우수한가를 시범 사업을 통하여 확인해 보겠다는 것이었다.[140]

지자체 간 본격적인 시장적 경쟁의 등장도 이 시기이다. 1995년 지방자치단체장 선거 이후 지자체들은 경쟁적으로 브랜드 슬로건의 개발 등 지역의 정체성 구축과 이미지 개선을 시작한다. 또 기업가적 정부를 표방하면서 적극적으로 투자, 수익 사업에 참여하는가 하면, 자신을 주식회사라고 부르며 자주 재원 마련을 위한 사업에 착수한다.[141] 미디어 뉴스들은 이 시기 해외의 정부마케팅 사례를 집중적으로 소개한다.[142] 유럽과는 약 10년의 차이이다. 영국을 비롯한 유럽 국가들이 시장적 경쟁과 고객 중심적 서비스 제공의 정부 개혁을 시작한 동기가 지역경제의 쇠퇴나 정부의 재정 압박, 공공서비스 제공에서의 낭비와 비효율 극복을 위한 것이었다면 한국의 개혁 동기는 유럽과 달리 국가에 닥친 외환 유동성 위기의 극복 노력, 지자체 장 선거 후 기존의 지역 간 정치적 경쟁의 경제적 경쟁으로의 전환, 단체장들 간에 촉발된 지역발전 경쟁 등이다. 이 시기를 통해 한국의 지역개발, 관광, 행정학 분야 연구자들에 의한 많은 장소마케팅 연구들이 발표된다.

---

139) 박희서·오세운·노시평(2002). 행정서비스 마케팅의 실험. 서울행정학회 하계 학술대회 자료집, 「행정학에서의 새로운 전공 영역의 개발: 도전과 실험」, p. 111. 하지만 행정서비스는 정부마케팅의 여러 분야 가운데서도 마케팅 기법의 적용이 가장 제한되는 분야이다.

140) 대한매일신문, 1999.7.21. 박희서·오세운·노시평(2002), p. 109에서 재인용하였다.

141) 평택市, 영화사업 진출. '용가리' 7억 투자. 조선일보, 1998.3.18.; 地自體들 무역회사 설립 러시. 조선일보, 1996.1.29.; 안산, 民官공동출자 주식회사 설립 추진. 조선일보, 1995.2.26.;「자치財源」묘안 백출. 보트장−주유소−스케이트장 개설 등. 조선일보, 1995.7.25.

142) 조선일보 駐韓 대사관의 경쟁력 시리즈. 영국. 정치의전 사절 … 기업인 미팅. 1997.1.4.; 캐나다. 유학생 유치 "판촉센터役." 1997.1.7; 뉴질랜드. 체면 버리고 키위판촉 앞장. 1997.1.9.; 네덜란드. 대사가 농촌 돌며 종묘 판촉. 1997.1.11.

6) 21세기

정부마케팅이 정부 업무수행의 중요한 한 분야를 차지한다. 세계 각국과 도시들은 장소마케팅을 일자리 창출, 소득 증대, 지역발전을 위한 전략적 수단으로 채택하고 연구자들 또한 많은 사례 연구를 발표하면서 하나의 독립적 연구 분야로 발전한다.[143] 정부부문은 서비스 제공에 마케팅적 사고, 경쟁, 고객, 소비자, 고객만족도, 생산성 개념의 사용을 보편화한다. 사회마케팅도 연구와 실무적 차원에서 하나의 독립적 영역을 구축한다. 유럽행정학회(European Group for Public Administration)는 "공공 및 비영리마케팅 그룹"이라는 연구 분과를 만들고,[144] 2017년 학술대회에서 정부마케팅 발표 분과를 개설한다.[145] 오스트레일리아 마케팅 연구소(Australian Marketing Institute)는 2004, 2005년 정부마케팅 학술대회(Government Marketing Conference)를 개최하고 연구자들은 정부의 투자유치 마케팅과 브랜딩 전략, 마케팅 효과의 측정, 사회마케팅, 지방정부 마케팅 등에 대한 논문들을 발표한다.

유럽과 미국의 많은 도시정부들은 2000년대 초반 이후 마케팅 담당자 채용을 시작한다. 스위스 바젤(Basel)시는 2000년 경제사회부(Department of Economic and Social Affairs)에 도시마케팅과를 신설하고, 커뮤니케이션과 PR, 거주자 프로모션(거주자 유치 활동), 이벤트(예 European Football Championship) 서비스 등의 업무를 부여하였다.[146] 미국 노스캐롤라이나(North Carolina) 윈스톤 살렘시(Winston-Salem city)는 2005년 시 정부에 도시마케팅과 커뮤니케이션 프로그램의 관리자를 채용하고,[147] 오스트레일리아 시드니시(City of Sydney)는 2005년 마케팅 프로그램을 설치하면서 목적이 도시의 소매업자, 레스토랑, 미디어 등과의 재정적 파트너십을 통한 도시의 강력한 브랜드 아이덴티티 창출, 투어 광고, 스페셜 이벤트 등으로 방문객을 끌어들여 비즈니스, 쇼핑, 레스토랑, 엔터테인먼트 분야를 포함한 지역 상권의 매출을 늘리는 것이라고 발표한다.[148] 이후 각국의 정부부문에 마케팅 프로그램 운영이나 인력 채용이 크게 늘어나면

---

143) Hospers(2011b).

144) Matei, Antonovici, & Savulescu(2015), p. 21.

145) 유럽행정학회(European Group for Public Administration, EGPA)는 2017년 국제 연례학술대회에서 처음으로 정부마케팅 발표 분과(PSG XVI: Public Marketing and Communication)를 개설한다. 미국이 아닌 유럽의 주도를 시사한다.

146) City Marketing Basel. 홈페이지 검색일 2005.5.3.

147) City Announces New Marketing and Communications Director. 홈페이지 검색일 2005.5.3.

148) City Marketing Program. http://www.cityofsydney.nsw.gov.au. 검색일 2005.5.3.

서 일반화된다.

한국 지자체들도 외자와 기업 유치, 관광 분야 등에 본격적인 마케팅 전략의 수립, 지자체 간 상품과 브랜드 개발을 통한 일자리 창출, 주민소득 증대, 지역경제의 발전을 위한 치열한 경쟁을 시작한다. 서울시가 먼저 2001년 월드컵을 준비하면서 마케팅담당관실을 설치한다.[149] 코트라는 이 시기 국내 18개 지자체, 미국 6개 주를 포함 해외 10개 국가들과 전 세계 30여개 나라의 해외동포 무역상들을 초청한 후, 국내 지자체들이 "자신들의 역사와 관광상품, 문화자원, 특산품, 전략 사업, 비전 등을 알리고" 판매하는 마케팅 박람회를 개최하고 특산품 수출 상담을 주선한 바 있다.[150] 서울시는 2018년 노시브랜드남낭관을 누고, 브랜드 가지와 이미지 제고[151] 업무를 수행하고 있다.

<table>
<tr><td>제3절</td><td>학문 분야로서의 성장</td></tr>
</table>

1. 서론

정부마케팅이 하나의 독립적인 학문 분야로 인정받기 위해서는 연구자 그룹, 학술지, 단행본, 대학 커리큘럼상의 과목 개설 등의 조건을 충족시킬 수 있어야 한다.[152] 이러한 기준을 적용할 때, 정부마케팅이 독립적 학문 분야로서의 지위를 획득하는 것은 대체로 21세기에 들어와서이다. 관심과 연구가 비즈니스 스쿨 마케팅 연구자들이 정부도 마케팅 이론이나 기법이 필요하다고 주장하면서 시작되고, 이후 정부가 마케팅의 필요 자각, 마케팅 개념과 기법을 도입하고, 연구자들도 많은 연구를 내놓으면서 현재의 수준으로 발전한다.

---

149) 민기(2001), pp. 109−110. 서울시는 기존의 홍보담당관 외에 마케팅담당관제(마케팅기획팀, 브랜드사업팀)를 설치한다. http://www.seoul.go.kr. 검색일 2004.9.24.; 외자유치 경기도 성공시대. 동아일보, 2004.9.16.

150) "우리 도시를 팔아 주세요" 지방정부·도시마케팅 박람회. 조선일보, 2005.4.20.; KOTRA '도시마케팅 박람회' … 27일부터 대전 엑스포서. 파이낸셜뉴스, 2005.4.19.

151) 2018 서울시 도시브랜드 마케팅. https://opengov.seoul.go.kr. 검색일 2019.6.24.

152) Butler, Collins, & Fellenz(2007), p. 98.

시모어 화인(Seymour H. Fine)은 1992년 책 「공공부문 마케팅(Marketing the Public Sector)」을 편저로 출판한다. 이 책은 공공 및 비영리부문으로, 사회마케팅만을 다룬다. 데이비드 채프먼과 테오 코우델(David Chapman and Theo Cowdell)은 1998년 「신공공부문 마케팅(New Public Sector Marketing)」이라는 책을 발간한다. 이 책은 영국이 정부부문에 경쟁과 민영화, 민간기법을 도입하자, 이러한 분야를 신공공부문이라고 호칭하면서 마케팅에 대하여 논한다. 내용은 고객과 고객만족, 민간기법의 도입에 대한 것으로, 신공공부문 마케팅은 공익을 목적으로 한 상업적 마케팅이라는 점에서 민간부문에서 비즈니스 하는 사람들의 상업적 마케팅과는 다르다고 설명한다. 마케팅의 역할과 시사점도 이런 관점에서 제시한다. 하지만 내용은 기업이 대량생산 제품의 판촉에 사용하는 마케팅 개념, 이론, 기법들의 소개이고, 이를 바탕으로 한 정부 부처의 서비스 생산과 전달에 대한 설명으로, 정부마케팅 중에서 주로 공공서비스 마케팅을 다룬 것이었다.[153]

정부마케팅에 대한 통합적 시각은 이후 다시 10년이 지나 정부부문의 마케팅에 대한 많은 연구들이 나오고, 실무자들의 마케팅 필요 및 수요가 급격히 증가하고 범위나 내용도 보다 뚜렷해지면서 등장한다. 토니 프록터(Tony Proctor)는 2007년 「공공부문 마케팅(Public Sector Marketing)」이라는 책을 출판한다. 이 책은 기존 정부마케팅 책들이 비록 공공부문 마케팅이라는 표현은 사용하지만 주로 기업의 마케팅 이론과 기법에 대한 설명이었던 것과 달리 정부의 관점에서 마케팅 이론과 기법을 소개하였다는 점에서 한 차원 진전한 것이었다. 하지만 내용은 공공서비스 마케팅과 사회마케팅만을 다루고, 정부마케팅의 범위와 하위 영역이 무엇인가에 대한 자신의 입장도 밝히지 않는다. 또 다른 연구자들은 정부의 다양한 마케팅 분야를 정부마케팅이라는 이름하에 편입하여 하나의 통합적 연구 분야로 발전시키고자 시도한다. 이로써 정부마케팅이 점차 하나의 독립적인 학문 분야로서의 모습을 갖추지만 아직은 연구자들이 소수이고, 이들 간의 입장 차이도 상당하다.

---

153) Chapman & Cowdell(1998), pp. ix—x.

2. 정부마케팅의 하위 분야에 대한 연구자들의 시각

1) 필립 코틀러

필립 코틀러(Philip Kotler)는 정부부문의 마케팅에 관한 한 개척자로서의 역할을 맡아왔고, 또 가장 많은 저서를 낸 연구자이다. 하지만 정부가 하는 다양한 분야 마케팅을 묶어 하나의 용어로 제시한 바는 없다. 코틀러는 다른 연구자들과 공저로 장소마케팅(place marketing) 단행본을 여러 권 출간했고,[154] 장소마케팅 책 속에서 지역상품 마케팅을 설명하였다. 코틀러는 낸시 리(Nancy R. Lee)와 「공공부문에서의 마케팅(Marketing in the Public Sector)」을 공저하였고, 여기에서 공공서비스 마케팅과 사회마케팅을 기술했던 바 있다.[155] 이것을 종합하면 코틀러가 식별한 정부마케팅의 주요 하위 분야는 장소마케팅, 공공서비스 마케팅, 사회마케팅, 지역상품 마케팅이다.

2) 마르티알 파스키에와 진 패트릭 빌르너브

마르티알 파스키에와 진 패트릭 빌르너브(Martial Pasquier and Jean Patrick Villeneuve)는 스위스 로잔대학 행정대학원 교수들로 자신들의 책 「공공부문에서의 마케팅 관리와 커뮤니케이션(Marketing Management and Communications in the Public Sector)」에서 정부마케팅을 '공공부문에서의 마케팅' 또는 '공공마케팅'이라고 칭하고, 하위 분야를 행정기관의 서비스마케팅, 장소마케팅, 사회마케팅, 박물관마케팅, 비영리조직 마케팅의 5가지로 제시한다.[156] 특징은 하위 분야에 박물관마케팅과 비영리조직 마케팅을 별도로 포함시키고 있다는 점이다.

---

154) Kotler et al.(1993, 1999, 2002).

155) Kotler & Lee(2007a), Lee & Kotler(2015). 필립 코틀러와 낸시 리(Philip Kotler and Nancy R. Lee)는 「공공부문에서의 마케팅: 성과 개선을 위한 로드맵(Marketing in the Public Sector: A Roadmap for Improved Performance)」의 서문에서 이 책을 공무원(public servants)에게 헌정한다고 말한다. 필립 코틀러는 노스웨스턴 대학 경영대학원(Northwestern University's Kellogg School of Management)의 마케팅 교수이고, 낸시 리는 워싱턴 대학교와 시애틀 대학교(University of Washington and Seattle University)의 겸임 교수로 비영리조직 마케팅(Marketing for Nonprofit Organizations), 공공부문 마케팅(Marketing in the Public Sector), 사회마케팅(Social Marketing)을 강의하였다. Kotler & Lee(2007b), p. 13.

156) Pasquier & Villeneuve(2017).

3) 주디스 마딜

주디스 마딜(Judith J. Madill)은 자신의 논문 '정부에서의 마케팅(Marketing in Government)'에서 정부마케팅을 제품 및 서비스 마케팅, 사회마케팅, 정책마케팅(policy marketing), 디마케팅(demarketing. 逆마케팅), 4가지로 구분한다.[157] 특징은 정부마케팅에 정책마케팅과 디마케팅의 추가이다. 여러 연구자들이 정부마케팅의 범주를 마딜의 분류를 인용하여 설명한다.[158]

첫째, 제품 및 서비스 마케팅. 정부의 비용 회수나 수익을 위한 제품 및 서비스 마케팅이다. 마딜은 정부가 드물기는 하지만 물품을 민간부문처럼 마케팅을 한다고 주장하면서, 캐나다 수계지리청(Canadian Hydrographic Service, CHS)을 사례로 제시한다. 법률은 모든 상선 및 레크리에이션 보트들이 CHS 발간 지도를 지참하여 운행하도록 규정한다. 이에 따라 CHS는 캐나다의 해양과 수로에 대한 종이 및 전자지도 상품을 제작하여, 판매, 공급한다. CHS는 이 과정에서 두 가지 업무를 수행하는데, 하나는 상품 개발, 가격, 유통, 광고나 보트 쇼 등의 마케팅 방법을 사용한 소비자들의 욕구충족과 판매 수입 목표의 달성이다. 또 다른 하나는 마케팅위원회의 설치, 마케팅 전략과 기획, 교육, 훈련, 연구 등이다. 하지만 마딜의 설명에도 불구하고 정부가 기업처럼 전적으로 영리만을 목적으로 상품을 개발하여 판매하는 경우는 드물고 오히려 공공서비스를 무료로 공급을 한다. 사용료를 받는 경우라도 원가 보전이나 프로그램 운영비 마련을 위한 것이다.

둘째, 사회마케팅. 캠페인을 정부나 기업, 시민사회가 특정 목적이나 사회적 변화를 위하여 대중의 지지나 참여를 이끌어내려는 조직적이고, 지속적인 노력이라고 한다면 사회마케팅은 정부부문이 하는 일종의 캠페인이고, 표적고객의 행동과 태도를 변화시키는 데 초점을 둔 활동이다. 정부가 사회적 가치나 아이디어를 상품으로 제시하고 고객의 수용성을 높이기 위한 프로그램의 설계, 집행과 통제에 상업적 마케팅이 사용하는 마케팅 조사, 상품 디자인, 기획, 가격책정, 커뮤니케이션, 유통 등의 기법의 사용이다. 캐나다 공원관리국(Parks Canada)은 캠페인을 통하여 공원 방문자들의 하이킹, 등산, 카누타기 등에서 자신들의 안전을 위한 노력을 다 하도록 고무한다. 또 보건부(Health Canada)는 젊은이들의 금연 촉진을 캠페인한다.

---

157) Madill(1998), pp. 10-11.
158) Serrat(2010a), p. 4; Williams(2011), pp. 149-151. Ticlau et al.(2010) 등.

셋째, 정책마케팅.[159] 정책설계와 집행 등 정책과정에 상업적 마케팅 이론과 기법의 적용으로, 목적은 입법이나 정책의 수용성 개선이다. 정책마케팅은 정책이나 새로운 입법에 대한 표적집단의 수용성 개선을 위한 설득적 커뮤니케이션, 고객 세분화와 세분 집단에 적합한 마케팅 믹스의 선택 등으로 이루어진다. 자유무역협정(Free Trade Agreement)의 편익이나 캐나다 연금제도(Canada Pension Plan)의 변경에 대하여 국민들을 납득시킬 필요가 있을 때 필요하다고 말한다.

넷째, 디마케팅.[160] 디마케팅은 체계적으로 고객의 상품에 대한 수요나 선택을 억제, 단념시키는 과정이다.[161] 표적집단을 대상으로 프로그램이나 서비스에 참여나 이용을 하지 말도록 권고, 설득하는 활동으로, 정부가 지역사회 단체에 재정 지원을 했으나 예산 부족으로 더 이상 지원이 어려울 때 지원을 기대하지 말고 다른 재원을 찾아보도록 하는 설득이 그 예이다.

4) 마이클 가디너

마이클 가디너(Michael Gardiner)는 지방정부가 사용할 수 있는 마케팅 모델이 무엇인가를 모색하고 한계를 밝히는 과정에서 정부의 마케팅 모델을 전통적 비즈니스 제품마케팅, 공공서비스 마케팅, 비영리조직 마케팅, 사회마케팅, 4가지로 구분하였다.[162] 가디너는 비교 분석 후 지방정부들이 업무 전체에 공통적으로 적용할 수 있는 마케팅 이론과 기법은 거의 없고, 업무 환경과 성격에 따라 적합한 것을 선택하여 적용할 것을 권고한다.

3. 정부마케팅의 하위 분야

정부마케팅의 하위 분야를 어떻게 볼 것인가는 연구자마다 다르다. 지금까지 연구자들의 하위 분야 구분을 보면 어떤 기준을 적용한 것이기보다는 각자 주관적 판단에

---

159) Buurma(2001), Jin et al.(2016). 김세훈·김환철(2006), 정철현(1999) 등도 정책마케팅이라는 용어을 사용한다.

160) 디마케팅(demarketing)은 "일반 고객 또는 특정 부류 고객의 구매 의욕을 일시적으로 또는 영구히 줄이려는 마케팅"이다. 이 용어는 필립 코틀러와 시드니 래비(Philip Kotler and Sidney J. Levy)가 처음 소개하였다. Kotler & Levy(1971), p. 75.

161) Wall(2007), p. 251.

162) Gardiner(2005).

따른 필요 분야의 단순 나열로, 각 분야는 서로 대등하지도 않고 중복의 문제도 있다. 마르티알 파스키에와 진 패트릭 빌르너브의 공공부문에서의 하위 마케팅 분야의 구분은 어떤 기준에 의한 식별보다는 주요 분야의 자의적이고 단순한 나열이다. 주디스 마딜의 구분에서 디마케팅은 고객의 상품 선택의 촉진이 아닌 억제를 위한 활동으로 다른 마케팅 분야와는 구분 기준이 다르다. 마케팅의 전략과 기법, 한계 등은 상품이 무엇인가에 의존적이다. 따라서 정부마케팅의 하위 분야 구분을 통하여 어떤 마케팅 전략이나 방법을 사용할 것인가, 등장 배경이나 한계 등은 무엇인가를 분명히 하고자 한다면 상품의 종류를 기준으로 한 분류가 필요하다. 이 책에서는 정부마케팅을 상품의 종류를 기준으로 장소마케팅, 공공서비스 마케팅, 사회마케팅, 지역상품 마케팅, 4가지로 구분한다.

1) 장소마케팅

장소마케팅[163]은 시장 세분화와 표적시장의 선택, 마케팅 조사, 포지셔닝, 상품개발, 가격책정, 유통, 프로모션 등 마케팅 전략과 기법을 적용한 장소(places) 상품판매 촉진 활동이다. 상품은 장소이고 정부마케팅의 중심을 차지한다. 각국 정부들은 투자, 기업과 비즈니스, 방문객, 거주자 유치를 목적으로 장소상품의 생산과 판촉을 위하여 경쟁한다.[164] 첫째, 투자, 기업과 비즈니스 유치 마케팅은 고용 창출, 주민소득 증대, 지역경제의 활성화 등을 목적으로 잠재적 수요자들의 욕구를 반영하여 상품을 개발하고 선택을 촉진하는 활동이다. 외부로부터 투자, 새로운 기업이나 자영업자의 지역 내 유치뿐만 아니라 기존 기업이나 상공업자들의 이탈을 방지하는 데 초점을 둔다. 둘째, 방문객 마케팅이다. 장소의 매력을 높여 관광, 여행, 레저, 참관, 관람, 교육, 연구, 체류, 회의 등의 참석자를 증가시키려는 노력이다. 방문객 마케팅에서 상품은 관광지, 회의와 접객 시설, 축제, 공연예술, 전시, 스포츠 이벤트 등이다. 셋째, 거주자 마케팅은 전문가, 숙련 노동자, 은퇴자의 유치 활동 분야이다. 장소마케팅은 1990년대 이후 본격화되어 오늘날 가장 주목받는 분야로 성장하였다. 장소의 단위에 따라 국가마케팅, 지역마케팅,[165] 도시마케팅, 농촌마케팅 등으로 나뉘고 이 중 도시마케팅 분야는 가장

---

163) 공간마케팅(space marketing)도 있으나 장소마케팅과는 다르다. 공간마케팅은 디자인과 건축 분야의 용어로, 도시, 거리, 호텔, 레스토랑, 경기장 등 다중 이용 공간의 개성 있는 디자인을 통한 판촉 활동으로, 공간디자인 마케팅(spatial design marketing)이라고도 한다.

164) Kotler et al.(2002).

165) 지역마케팅(regional marketing)에 대한 관심은 상대적으로 적다. Mehrotra(1989), Nicholson &

역사가 깊고 또 발전한 분야이다. 장소상품의 종류 기준으로 관광마케팅, 문화마케팅, 이벤트/축제 마케팅 등의 분야가 있다. 정부마케팅의 여러 하위 분야 가운데 장소마케팅은 가장 늦게 등장 했으나 민간기업이 시장에서 발전시킨 마케팅 개념과 기법을 가장 온전하게 적용할 수 있는 분야이다.

2) 공공서비스 마케팅

공공서비스 상품의 생산과 전달에 기업이 발전시켜온 마케팅 이론과 기법의 적용 분야이다. 정부가 제공하는 핵심 서비스는 순수 공공재로 그 특성상 시장을 만들지 못한다. 경쟁시장에서의 교환 대상도 아니다. 정부는 공공서비스의 독점적 공급자로, 법률이 생산과 전달의 책임을 규정하고 정부는 이에 근거하여 서비스를 제공할 뿐이다. 납세자들의 공공서비스 소비도 법률이 규정하는 권리이거나 의무이다. 정부나 소비자모두 자유 선택의 여지가 없다. 정부는 고객의 필요와 욕구를 고려한 상품의 개발, 마케팅을 통한 자유로운 선택의 촉진 노력이 불필요하다. 누구도 공공서비스의 제공을 위한 경쟁에 나서지 않고, 정부도 보다 많은 고객의 선택을 위하여 노력할 필요가 없다. 마케팅 개념의 적용은 필수적이지만 마케팅 기법의 적용은 제한적이다.[166] 하지만 정부부문의 조직들이 다 순수 공공서비스만을 제공하는 것은 아니다. 기업처럼 시장에서 경쟁하면서 서비스 상품을 판매하는 조직도 있다(예 우정사업본부. 과학기술정보통신부의 소속기관). 정부는 행정운영의 효율성과 서비스의 질적 향상을 위하여 책임운영기관에 조직, 인사, 예산, 회계 등에 특례를 인정하는 방식으로 서비스 제공에 자율성을 부여한다[167](예 국립중앙극장. 문화체육관광부 소속 책임운영기관). 이러한 조직들은 고객의 욕구충족을 위한 상품개발과 경쟁시장에서의 판촉 노력이 요구되고, 그만큼 마케팅은 필요하고 중요하다. 정부조직이라고 할지라도 고객이 있는 한, 기업 대비 더 좋은 품질의 서비스 제공이 요구된다면, 또 고객 유치와 만족, 자체수입의 개선 등이 필요한 경우라면 마케팅 이론이나 기법이 중요하다.

반면 공공기관들은 정부조직을 도와 주로 위탁 서비스 생산 및 전달의 역할을 담당한다. 많은 공공기관들은 경쟁시장에서 교환적 서비스상품을 제공한다(주식회사 강원랜드, 인천국제공항공사, 그랜드코리아레저㈜ 등). 이들은 정도의 차이일 뿐 고객 중심적

Kitchen(2007) 참조.

166) Serrat(2010a). 순수 공공서비스라도 마케팅의 일부 기법(광고, 홍보, PR 등)은 필요하고 정부의 모든 조직들은 고객과 소통, 설득, 이미지 관리를 위하여 이를 사용하고 있다.

167) 「책임운영기관의 설치·운영에 관한 법률」 제1조.

사고, 필요와 욕구에 기초한 상품 개발, 시장지향성, 경쟁과 지속적 혁신, 4Ps 적용을 필요로 한다.

　　장소나 지역상품이 글로벌 경쟁시장을 지향한다면, 공공서비스는 납세자, 지역 주민, 국내 소비자들을 위한 것으로 시장 상품으로서의 성격이 부족한 만큼 마케팅의 적용 범위는 상대적으로 제한적이다. 공공서비스 마케팅은 연구가 상대적으로 적고, 주로 기업마케팅 연구자들에 의한 것도 이 때문이다.

3) 사회마케팅

　　사회마케팅은 정부가 마케팅 지식을 사용하여 개인이나 사회가 사회적 가치나 아이디어 상품을 선택하도록 촉진하는 일련의 활동이다. 정부마케팅에서 필요나 관심, 연구가 가장 먼저 나타났던 분야이다. 사회마케팅에서 상품은 바람직한 인식이나 태도, 행동으로, 환경보호, 자원절약, 모유 수유, 암 조기진단, 헌혈, 안전벨트 착용, 출산 장려, 금연 등이다. 상품구매는 사회마케팅 프로그램의 참여와 인식, 태도, 행동의 변화, 사회 문화의 발전으로 나타난다. 마케팅은 정부가 법적 강제가 아닌 자유로운 선택과 참여를 통하여 사람들의 의식이나 태도, 행동의 긍정적 변화를 체계적으로 이끌어낼 수 있는 다양한 전략과 수단을 제공한다. 각국 정부들은 시민들의 참여가 필수적인 다양한 분야에서 부정적 행동을 중단하고 바람직한 행동의 채택을 촉진하기 위하여 마케팅 지식을 광범위하게 도입하여 사용한다. 사회마케팅은 정부가 기존에 하던 주민 동원의 정치적 캠페인과는 다른 상업적 비즈니스 분야가 발전시킨 마케팅 이론과 기법의 활용으로, 규제를 통한 강제적 해결에 한계가 있거나 효과적이지 못한 경우 또는 정부가 간섭하기 어려운 사적 문제들의 해결에 효과적이다. 법적 강제에 의존한 전통적 행정 문제해결 방식의 한계를 보완한다.

4) 지역상품 마케팅

　　정부가 마케팅 지식을 활용하여 지역 중소기업의 공산품이나 주민들이 생산한 농축수산물의 해외 및 국내 시장에서의 판매를 촉진하는 활동이다. 지역의 중소기업이나 농축수산물 판매 사업자들은 해외시장에 대한 정보, 유통망, 수출 절차나 관련 법률 등을 잘 알지 못한다. 지역상품 마케팅은 정부가 이들의 상품개발과 판매를 공동이나 일부 참여, 행정 및 재정적 지원, 컨설팅 등으로 지원하는 마케팅 활동이다. 장소나 사회적 가치 상품의 마케팅과 마찬가지로 거버넌스를 통한 협력이 중요하다. 지역상품 마케팅은 정부마케팅의 다른 분야와 비교할 때 비록 마케팅 이론, 방법에 대한 수요는 크지만, 역량 개발이나 체계적 연구는 크게 미흡한 분야이다. 또 한국은 수출 주도형 국가 성장 전략을 추진하는 동안 이 분야에 오랜 역사와 더불어 정책적 노하우를 축적하고 있지만 행정학 분야가 이론화를 비롯한 학술적 성과는 거의 만들어내지 못한 분야이기도 하다.

5) 비교

정부마케팅의 하위 분야는 정부부문이 공급자로서 상품의 독립, 자율적인 개발과 제공이 가능한가, 단순히 정치적 결정의 이행 분야인가와 소비자의 상품구매는 법적 권리와 의무인가, 자유 선택인가의 두 가지 축을 기준으로 비교할 수 있다. 다음 <그림 2>는 이러한 기준을 적용한 하위 분야의 비교이다.168)

▼ 그림 2 **정부마케팅의 하위 분야**

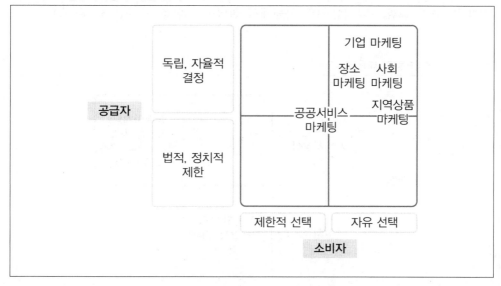

기업마케팅에서는 기업이 상품의 생산이나 전달 과정에서 독립적, 자율적 결정을 하고, 소비자들의 선택도 자유롭다. 하지만 정부마케팅의 하위 분야인 공공서비스 마케팅 상품의 공급 결정은 많은 법적, 정치적 간섭을 받는다. 소비자들의 상품 소비도 많은 경우 정부가 서비스를 독점하여 대체재가 없거나 권리와 의무로 자유로운 선택의 폭이 좁다. 반면 장소마케팅 상품은 정부가 주도적으로 지역사회와 더불어 상품을 개

---

168) <그림 2>에서 기업의 상업적 마케팅은 비교의 기준점으로 제시되었다.

발하고 판매한다는 점에서 독립, 자율적 결정의 성격이 상대적으로 강하고 투자자, 기업과 비즈니스, 방문객, 거주자들의 선택 또한 자유롭다. 사회마케팅도 독립, 자율적으로 정부가 민간 조직이나 단체들과 파트너십을 통하여 상품을 개발, 전달하고 소비자들도 자율적 판단에 따라 사회적 가치 상품을 구매한다. 지역상품 마케팅에서 상품의 공급자는 정부가 아니라 지역 중소기업이나 주민 산출물 판매 사업자들이다. 정부의 상품 공급자로서의 독립, 자율적 결정의 폭은 상대적으로 좁다. 하지만 소비자는 해외시장, 국내시장의 고객들로 가장 완전한 상품선택의 자유를 갖는다.

4. 내용과 성격

1) 정부마케팅 하위 분야의 내용

정부마케팅 하위 분야의 내용을 관점(정치적인가 자유시장적인가)과 수단(독점, 강제, 지시적인가 경쟁, 교환, 거래적인가)의 차원에서 설명하면 다음 <그림 3>과 같다.

▼ 그림 3 **정부마케팅의 내용**

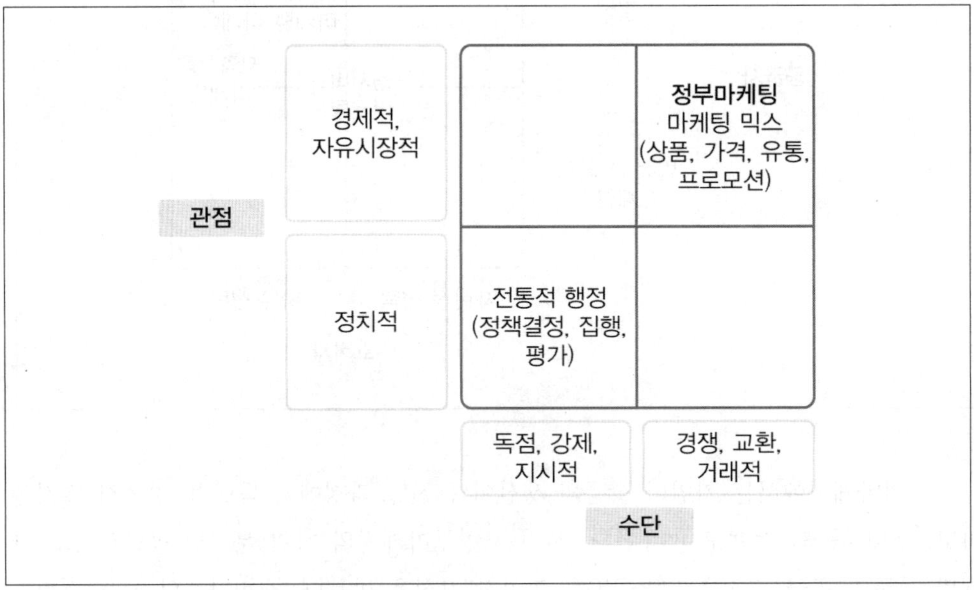

전통적 행정의 관점은 정치적이고 수단은 독점, 강제, 지시적이다. 반면 정부마케팅은 전통적 행정과 달리 관점은 경제적, 자유시장적이고, 수단은 경쟁, 교환, 거래적이다. 소비자의 행동에 영향을 미치기 위하여 마케팅 믹스(상품, 가격, 유통, 프로모션)를 수단으로 사용한다.

2) 성격

정부마케팅 하위 분야의 성격을 어떤 시장의 상품인가(경쟁인가 독점인가), 상품의
종류는 무엇인가(공공재인가 사적재인가), 두 가지 기준으로 설명하면, 다음 <그림 4>
와 같이 표시된다.

▼ 그림 4 **정부마케팅 하위 분야의 성격**

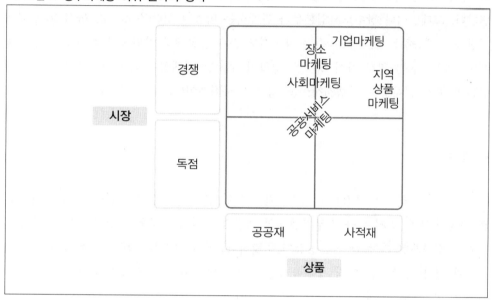

정부마케팅은 전통적 행정과 달리 경쟁시장에서의 교환 활동이고, 상품은 사적재
(private goods)이거나 준사적재(또는 준공공재)이다. 배제성이 없으면 상품으로서의 가
치를 갖지 못한다. 장소상품은 경쟁시장의 상품으로 순수 공공재(pure public goods. 피
라미드, 피요르드, 제주도 등)[169]이나 해외 관광객에게는 클럽재(club-goods)이다. 하지
만 사적재로 배제성을 갖는 경우(산업공단의 공장부지)도 있다. 구매자가 배타적 소비를
할 수 있고, 편익도 그로부터 얻는다. 공공서비스 마케팅에서 정부는 상품을 경쟁, 독
점이나 과점 시장(예 우정사업본부의 예금, 보험, 체신서비스, 국립중앙극장의 문화예술 서비

---

169) 이들은 상품을 공급하는 국가의 입장에서는 순수 공공재이지만 글로벌 시장의 해외 방문객 입
　　장에서는 관광서비스 상품 구매를 위해서 다른 나라의 출입국 관리 절차를 통과해야 하고 여행
　　경비의 지출도 필요하다는 점에서 클럽재이다.

스, 국립병원의 의료서비스, 국립대학의 교육 서비스 등)에서 공급한다. 정부의 순수 공공서비스(배제성을 갖지 못한) 공급에서는 마케팅 개념이 필요하지만 마케팅 전략과 믹스의 적용은 제한적이다. 하지만 준사적재로서 배제성을 갖는 경우(전기, 가스, 철도서비스 등) 마케팅 개념과 마케팅 믹스 모두가 필요하다. 공공기관이 주로 이러한 서비스 상품을 제공하고 이때 상품은 사적재이거나 준사적재 또는 준공공재이다.[170] 한국철도공사(이하 코레일)는 철도요금 책정에 공공성을 고려하고, 시장이 공급에 실패하는 적자 노선뿐만 아니라 자체수입 사업 차원의 노선(관광열차 서비스)도 운영한다. 상수도사업본부나 사업소들은 저소득층, 장애인, 국가유공자, 다자녀 가구에 대하여는 수도 요금을 감면한다. 코레일이나 상수도사업본부가 판매하는 마케팅 상품은 정부가 독점 또는 과점 시장에서 제공하는 서비스로 순수 사적재도 순수 공공재도 아닌 준사적재 또는 준공공재(클럽재)이다. 사회적 가치 상품은 경합이 없지만 배제성이 작동하는 상품이고 지역상품의 마케팅 시장은 경쟁시장이고 상품은 사적재이다.

5. 학술지

학술지는 최신 연구결과의 공유, 관련 분야 발전의 구심적 역할을 한다. 학술지들의 성장과 관심 주제는 곧 정부마케팅의 성장과 관심의 분포를 반영한다. 21세기에 들어와 장소마케팅 분야 학술지 성장이 뚜렷하다. 반면 지역상품 마케팅 분야는 전문 학술지가 없다. 행정학은 아직 정부마케팅 분야 어떤 전문 학술지도 내놓지 못하고 있다. 다음은 먼저 장소마케팅 분야의 학술지들이다.

첫째, 「장소 브랜딩과 공공외교(Place Branding & Public Diplomacy. 전 Place Branding)」. 2004년 제1호를 발간한 장소마케팅 분야 최초 전문 학술지이다. 크게 두 가지 주제의 연구를 다룬다. 하나는 장소(도시, 지역, 국가) 브랜드 전략과 기법, 장소의 정치, 경제, 사회, 문화적 발전과 관련한 마케팅 연구이고, 또 다른 하나는 공공외교(public diplomacy. people's diplomacy라고도 한다),[171] 해외시장 경쟁정책에 관한 연구들

---

170) 공공 재화나 서비스(public goods or services)는 비배제성(non−excludability), 비경합성 (non−riverly)이 특징이다. 반면 사적재는 배제적(excludable. 구매자만이 소비로부터 편익을 얻고), 경합적(rivalrous. 한 사람의 소비는 다른 사람의 소비를 줄인다)이다.

171) 공공외교(public diplomacy)는 냉전시대의 정치적 외교(다른 나라와의 정치, 경제, 사회문화적 관계의 관리)와 달리 외국의 기업이나 거주자들 대상 마케팅 커뮤니케이션을 통한 외교로 이들에게 영향을 미치기 위한 체계적 노력이다.

이다. 둘째, 「관광지마케팅과 관리 저널(Journal of Destination Marketing & Management)」 이다. 2012년 이래 관광이나 여행지 마케팅과 관리(정책, 기획, 경제, 지리, 역사적 이슈) 에 관한 연구의 출구 역할을 맡고 있다. 셋째, 「장소 관리와 개발 저널(Journal of Place Management and Development)」이다. 2013년 창간되었고, 관심 분야는 장소의 관리, 마 케팅, 개발이다. 도시, 지역, 관광지, 시·군, 국가의 브랜딩, 장소의 개발과 마케팅 및 행정학, 사회학, 지리학적 관련 이슈 등에 관한 논문들을 발간한다.

사회마케팅 분야는 전문 학술지로 「공공 정책과 마케팅 리뷰(Journal of public policy & marketing)」가 있다. 미국마케팅학회가 발간하는 학술지로 1982년 초판 발행을 시작 하였다. 관심은 정부와 비즈니스, 정책과 마케팅, 마케팅과 공공의 이익 간의 영향 관 계로 소비자 건강과 안전, 복지, 규제와 완화, 사회적 책임, 비즈니스 윤리 등에 관한 연구와 마케팅 연구자, 정책결정자, 정부 실무자, 기업의 최고 관리자들의 관심 이슈들 을 주요 주제로 다룬다.

기타 정부와 비영리부문 모두를 대상으로 사회마케팅, 공공서비스 마케팅 분야 연구논 문들을 발간하는 학술지들이다. 첫째, 「비영리 및 자발적 부문 마케팅 인터내셔널 저널 (International Journal of Nonprofit and Voluntary Sector Marketing)」이다. 1996년 창간호 출간 이래 비영리 분야 실무자들에게 도움을 줄 수 있는 마케팅의 최신 기법과 성공 사례, 비영리조직의 모금, 마케팅, PR(대민 관계), 광고와 커뮤니케이션, IT(information technology), 데이터베이스 관리 등에 관한 논문을 발간한다. 둘째, 「공공 및 비영리 마케팅 인터내셔널 리뷰(International Review on Public and Nonprofit Marketing)」이다. 2004년 개간으로 각국의 정부마케팅과 비영리 마케팅의 방법, 절차, 결과나 경험 관련 이론적, 실무적 마케팅 이슈를 다룬다. 하지만 정부의 공공서비스 마케팅 연구만을 취급하는 학술지는 없다. 셋째, 비영리 및 공공부문 마케팅 저널(Journal of Nonprofit and Public Sector Marketing)」이다. 2006년 창간 비영리조직과 정부부문을 위한 마케팅 저널이다. 정부기관과 비영리조직들이 어떻게 비즈니스 분야의 전통적 마케팅 원리를 도입, 적용하고 그 효과는 어떤가, 마케팅 기획과 전략, PR, 사회마케팅, 정치마케팅, 인터넷 마케팅, 미디어 기획(media planning), 헌혈 촉진, 기증자, 후원자, 자원봉사자 모집 등에 관한 논문들의 출구이다.

1. 실무적 기여

　　마케팅은 다양한 차원과 방법으로 정부 매니저들에게 업무성과 개선의 기회를 제
공한다.

1) 고객 중심적 사고

　　21세기 정부가 추구하는 방향이자 철학은 정부 관료제가 아닌 소비자 중심적 서
비스의 제공이다. 정부마케팅은 고객 중심적 사고, 필요와 욕구에 기초한 고품질의 서
비스 생산과 제공을 지향한다. 마케팅의 출발점은 고객과 경쟁시장이다. 행정은 정부
가 독점적 지위에서 관료제가 설계한 서비스를 공급해 왔다. 행정학도 시장실패를 전
제로 하여 발전한 공공부문의 활동을 연구하는 분야이다. 정부는 서비스를 제공하지만
국민이나 주민은 주어진 것이고, 보다 많은 고객을 위한 경쟁은 불필요하다. 전통적 행
정에서 행정의 거의 모든 활동은 민주주의 체제에서 의회가 서비스의 대상, 내용과 방
법, 절차를 설계하면 이를 단순 집행하는 것이었다. 하지만 기업은 시장에서 고객을 만
들어낼 수 있어야 한다. 고객만족만으로도 부족하고 경쟁자보다 우등한 방법으로 만족
시키지 않으면 생존할 수 없다. 마케팅은 기업의 이러한 조건이 낳은 연구 분야이다.
경쟁자를 알지 못했던 행정과는 큰 차이가 있다. 경쟁이 없는 분야는 고객이나 고객
개념을 만들지 못한다. 기업의 경쟁환경은 해리 셀프리지(Harry G. Selfridge)의 "고객은
항상 옳다(The customer is always right)"[172]나 독일어로 "Der Kunde ist König(고객은
왕이다. The customer is king)"라는 금언을 만들었지만 정부는 '관료적'이라는 말로 비판
과 불신을 받았다. 마케팅은 고객 세분화의 방법, 필요와 욕구의 차이, 상품구조의 자
세한 분해, 만족에 대한 이론과 기법을 제공한다. 마케팅이 제공하는 고객, 고객만족의
철학, 이론과 기법은 정부 실무자들이 전통적 행정의 한계를 보완할 수 있는 기회를
제공한다.[173]

---

172) 고객이 언제나 옳은 것은 아니라는 주장도 있다. Kjerulf, A. Top 5 reasons why 'The
　　　customer is always right' is wrong. *HuffPost*, June 15, 2014.

173) 필립 코틀러와 낸시 리(Philip Kotler and Nancy Lee)는 정부 공직자를 대상으로 한 계간지
　　　*The Public Manager*에 기고한 글에서 정부마케팅, 즉 "정부기관(government agencies)의 4Ps

2) 공급자가 아닌 수요자 중심적 서비스

21세기 행정서비스는 생산자가 아닌 소비자, 공급자가 아닌 수요자 중심적 서비스를 지향한다. 전통적 행정에서는 정부 관료제가 서비스의 설계와 전달을 맡았고, 민주 정치적 관점에서 시민참여와 정보공개, 알권리 보장, 조직, 인사, 재정 등의 성공적 관리가 좋은 서비스를 낳을 것이라고 생각한다. 행정학도 관리적 관점에서 적법성, 능률성과 효과성, 형평성을 강조하였다. 하지만 마케팅이 추구하는 것은 공급자가 아닌 소비자 중심의 서비스이고, 초점은 고객과 고객만족이다.

3) 경쟁 전략과 기법의 제시

정부의 전통적 역할은 권력과 강제에 기초한 국방, 치안과 질서의 유지, 갈등 해결, 복지서비스 제공, 환경보호, 공정경쟁 등에 관한 것이었으나 마케팅은 자유교환을 통한 고객욕구의 충족, 시장적 경쟁전략과 기법을 제공한다. 전통적 행정의 시대는 냉전시대이자 국가 간은 정치 외교적 이해에 의한 관계였으나 21세기는 글로벌 시장, 국가 간 경제적 경쟁의 시대이다. 정부마케팅은 글로벌 시장에서 정부가 일자리 창출, 주민소득의 증가, 경제부흥 등을 위해 필요한 경쟁전략과 기법을 제시한다.

4) 문제해결 수단의 추가

정부의 전통적인 공공문제 해결이 정치적 과정이나 권력적 수단에 의한 것이었다면 마케팅은 시장적 전략, 고객 중심적 사고, 자유교환에 의한 욕구의 충족, 경쟁과 결과 중심적 접근 등 문제해결의 새로운 수단을 제공한다. 전통적 행정의 수단들이 비록 고도로 다양하지만,[174] 기본적으로 정치적 관점, 명령과 강제에 기초한 것들이라면, 마케팅은 경제적 관점, 자유선택과 넛지적 수단들을 사용한다.

(제품, 가격, 유통, 프로모션)와 마케팅 기법의 이용"은 국민과의 소통을 탈바꿈시키고 성과 개선에 기여할 것이라고 주장한다. Kotler & Lee(2007b), p. 12.

174) Thomann(2018). 정책 수단의 종류는 무수하고, 분야(경제, 사회, 문화 등) 별로 다르다. 경제 정책 분야는 국가 재정, 통화와 신용, 환율 등에 대한 직접 통제, 제도 개혁 등이 될 것이다. Howlett(2018), p. 3. 마케팅은 모든 정책 분야에서 필요하고 유효한 것은 아니다. 경쟁적 환경, 서비스가 거래적 성격을 가진 분야에서 필요와 유효성이 증가한다.

5) 생산성 제고

마케팅은 고객만족을 위한 서비스 품질의 지속적 혁신, 원가 개념의 적용, 비용 대비 편익 기준의 성과를 강조한다. 마케팅 개념과 기법의 사용은 이러한 점에서 공공서비스의 품질 및 성과 개선에 기여한다.

6) 정책 수용성 개선

정부마케팅은 전통적 행정의 효과가 제한적인 분야에서 정책의 수용성 개선에 도움을 준다. 정부는 시민들의 건강과 안전 등 삶의 질 개선을 위하여 비만 억제, 출산장려, 예방접종, 금연 촉진 등의 업무를 수행한다. 이러한 서비스는 정부가 일찍이 경험한 바 없는 새로운 것이지만 수요는 빠르게 증가하는 추세이다. 정부의 전통적 행정은 권력적 강제, 규제에 의한 것인데 새로운 서비스는 시민들의 자발적 참여가 없이는 효과를 거두기 어렵다. 정부마케팅은 문제해결 정책의 한계를 시민들의 수용성 제고의 방법으로 보완한다.

2. 학술적 기여

1) 전통적 행정학의 보완과 범위의 확장

정부마케팅은 몇 가지 점에서 전통적 행정학의 보완이나 관심과 연구 영역 확장의 기회를 제공한다. 첫째, 정부 업무의 대상이 글로벌 시장에서의 경쟁일 때 경쟁전략이나 방법에 대한 지식이 필요하나 전통적 행정학은 이를 잘 알지 못한다. 정부마케팅은 이 부분의 보완이나 관심, 연구 영역의 확장이라는 의미가 있다. 둘째, 정부마케팅은 정부가 독점적 지위에서 제공하는 순수 공공서비스 이외의 영역에서 많은 기여를 할 수 있다. 정부조직이나 공공기관이 경쟁시장의 사업자일 때 역할의 중요성은 크게 증가한다. 셋째, 정부마케팅의 관심과 초점은 조직 내부의 관리(조직, 인사, 재무 등)가 아닌 고객에 대한 경쟁자보다 고품질의 서비스 제공이다. 서비스의 설계보다는 효과적 전달에 초점을 둔다. 넷째, 법률과 절차의 단순한 집행이 아닌 독립, 자율적인 사업 운영과 방법을 제시한다. 다섯째, 전통적 행정에 원가 개념의 도입이다. 여섯째, 정부의 강제, 지시적 서비스의 보완이다. 정부마케팅은 이러한 점에서 전통적 행정학의 한계를 보완할 수 있는 기회를 제공한다.[175]

---

175) 노마 리쿠치(Norma M. Riccucci)는 일찍부터 신공공관리가 정부부문의 행정서비스의 강화에 기여할 것이라고 주장한다. Riccucci(2001), p. 175.

2) 새로운 시각의 추가

전통적 행정학이 정치적 관점에 기초한다면 정부마케팅은 여기에 경제적, 마케팅적 시각(경쟁, 수요자 중심적) 추가의 의미를 갖는다. 정부와 시민 간의 관계도 권리와 의무뿐만 아니라 시장적 관점에서 생산자와 소비자 간의 교환관계로 인식하고, 정부가 공공서비스를 공급자 입장이 아닌 소비자 관점에서 접근할 수 있는 기회를 제공한다. 정부 실무자들이 고객이란 용어를 광범위하게 사용하고, 고객만족을 성과지표로 표방하지만 행정학은 고객가치 창출을 위한 체계적인 방법론을 아직 발전시키지 못하고 있다. 경쟁과 시장적 기법에 대한 이해도 마찬가지이다. 행정학은 여전히 정치적 관점을 고수하고 경쟁 전략적 관점에서 고객의 선택을 얻어내는 방법은 잘 알지 못한다. 정부마케팅은 행정학의 현실과 이론 간의 부조화와 갭을 줄이는 것을 도울 수 있다. 행정학 시각의 다양화에도 기여할 것이다.

제5절 한계

1. 적용 범위의 제한

마케팅은 특성상 적용 범위에 제한이 있다. 마케팅은 시장경쟁과 자유교환이 있는 분야가 아니면 충분한 효력을 발휘하기 어렵다. 시장에서는 자유교환과 '경쟁의 손(a hand of competition)'이 자원 할당 메커니즘 역할을 하고,[176] 마케팅은 이러한 환경에서 효과적이다. 하지만 정부부문의 특징은 집합적 합의를 통한 자원의 배분이다. 정치적 메커니즘, 즉 의회가 정치적 과정을 통하여 누가 무엇을, 언제, 어떻게 얻을 것인가, 비용은 누가 얼마나 부담할 것인가 등을 결정한다.[177] 정부의 행정은 권력을 위임받아 이를 실행한다. 정부가 제공하는 순수 공공서비스는 행정 업무의 중심으로, 의회가 정치적 과정을 통하여 산출한 가치 배분에 관한 결정을 구체적으로 이행하는 활동이다. 반면 마케팅은 자유교환에 의하여 공급자와 수요자 모두의 이익을 극대화하는 노력이다. 정부의 본질적 서비스는 합의와 가치 배분을 내용으로 하지만, 마케팅이 정치적 가

---

176) Osborne, Radnor, & Nasi(2013), p. 137.

177) Lasswell(1936) 참조.

치 배분 과정을 대체할 수 없다. 마케팅의 초점은 고객 개인의 욕구충족으로 소비자들의 욕구가 서로 다를 때 다양한 상품개발에 의한 수익 극대화를 방법으로 제시할 뿐, 권력적 규제, 정부기관과 주민 간, 다양한 이익집단 간의 이해 충돌(시위, 농성, 파업) 등을 합의로 종료시키는 방법은 알지 못한다.

대처 정부(Thatcher Government)가 주도한 신공공관리 개혁은 정부가 경쟁시장의 힘을 끌어들여 전통적 정부 관료제의 비효율성을 극복하고자 한 것으로 신공공관리(new public management)가 전통적 행정을 대체하는 결과를 가져온다.[178] 하지만 정부는 기업과는 다른 정치적, 법적 요인, 조직 및 업무의 특수성을 갖고 있고, 시장과는 다른 환경에서 활동한다.[179] 대처정부의 개혁과정을 가장 복잡하고 어렵게 만들었던 것도 정부가 시장과는 다른 방식으로 작동한다는 점이었다. 정부가 서비스를 제공하고 민간부문도 서비스를 생산, 제공하지만 정부가 제공하는 행정서비스는 정치적 합의에 기초한 것이고, 마케팅은 기업의 독립, 자율적 판단에 의한 것이다. 정부마케팅이 비록 공공서비스를 공급자가 아닌 소비자 중심적 생산, 경쟁, 시장 지향적 사고를 통하여 보다 생산적, 능률적으로 전달할 수 있다고 할지라도 정치적 메커니즘이 지배하는 공공서비스 전체를 대체할 수 있는 것은 아니다.[180]

2. 민주적 가치 손상의 우려

정부부문은 공익과 민주적 책임, 인권, 정의나 공정성을 중시하지만 마케팅은 기업가주의(entrepreneurialism)를 강조하고 개인 고객의 사적 욕구충족에 초점을 두어 정부와 마케팅은 서로 부합하지 않는다고 주장한다.[181] 공공서비스 제공에 마케팅을 적용하는 것을 반대하거나 우려하는 연구자들은 비록 마케팅이 고객만족, 공공서비스의 생산성 개선을 위한 시장적 해결책을 제시할 수 있지만 민주주의 가치에 대한 여러 도전이나 훼손, 위축의 문제를 우려한다.[182] 민주적 가치(평등, 사회적 정의, 공정성 등) 손

---

178) Chandler(1991), p. 40.
179) Proctor(2007), pp. 7-8. 기업의 마케터들은 고객이 언제나 옳다고 주장하지만, 정부는 이것을 수용하지 않는다. 오히려 고객이 틀렸을 경우, 그들을 규제하고 행동을 바꾸어주어야 한다고 믿는다. 그런 경우라도 정부가 고객을 잃는 것은 아니다.
180) Kearsey & Varey(1998), p. 51.
181) Eikenberry & Kluver(2004), p. 132.
182) Proctor(2007), pp. 10-11; May & Newman(1999), pp. 21-22, 27; Klein(2016), pp.

상의 우려는 마케팅의 다음과 같은 이유들 때문이다.

첫째, 시장 세분화와 표적시장의 선정, 포지셔닝은 마케팅 전략 수립에서 기본적 요소들이지만 정부는 시장 세분화와 표적집단 선정을 통하여 자신에게 보다 큰 수익을 가져올 특정 시장이나 고객집단의 욕구충족에 초점을 두어 별도의 맞춤형 상품을 만들고 가격책정, 유통에서의 편리에 차별을 둘 수 없다. 그렇게 할 경우 다른 세분시장의 소비자들은 그만큼 상품 소비의 기회를 잃게 되어 민주주의 평등 원칙의 위반이라는 문제가 발생한다.

둘째, 표적집단에 초점을 둔 커뮤니케이션은 표적집단이 아닌 다른 집단, 특히 취약 계층(빈곤층, 장애인, 고령자 등)은 마케팅 믹스에 관한 정보를 충분히 얻지 못하여 그만큼 상품 소비의 기회를 누리지 못할 수 있다.

셋째, 수익 창출에 도움이 되지 않는 특정 세분시장이나 고객 집단(예 섬이나 시골 지역)에 대한 서비스 공급의 회피가 일어날 수 있다.

정부마케팅의 민주적 가치 훼손 우려의 대부분은 자국 내 납세자들을 대상으로 한 공공서비스 마케팅에 대한 것들이다. 행정학자들이 정부마케팅을 정부의 본질적 공공서비스 제공에 한정하여 비판할 때 주로 지적하는 한계들이다. 공정한 절차와 기회 제공의 실패, 노약자, 장애자, 극빈층의 이익 등을 상대적으로 덜 중요하게 고려할 때 발생할 수 있는 문제들이다. 하지만 이러한 문제는 정책 설계에 관한 것으로 공공서비스 대상과 전달 방법은 법률이 정한다. 마케팅과는 거리가 멀다. 정부마케팅의 다른 하위 분야인 장소, 사회적 가치나 아이디어, 지역상품 마케팅은 상품의 성격상 이러한 우려와는 관계가 거의 없다. 국가나 지자체의 해외 투자유치 마케팅에서 세분화, 표적화, 포지셔닝은 전략 수립에 필수적 요소들이다. 특정 산업이나 기업(고용 창출 효과나 미래 성장 잠재력이 큰 산업, 지역 기업에 대한 기술이전 기대 효과가 큰 첨단 분야 기업 등)에게 보다 큰 인센티브를 주는 것은 민주적 가치의 훼손과는 무관하다. 다출산 가정이나 알콜 중독자에 대한 편익 제공도 사회적 정의나 형평성 위반이 아니다.

115-118.

3. 윤리적 이슈

기업마케팅에서 프로모션, 특히 광고나 홍보 등은 자주 과장 또는 사실과 다른 정보제공으로 고객이 잘못된 선택에 이르도록 하는 문제가 있다. 정부가 공공서비스 제공에 마케팅 기법을 도입하는 경우도 마찬가지의 법적 및 윤리적 위반의 우려가 나온다. 다음은 정부마케팅에서 제기되는 윤리적 이슈들이다.[183]

첫째, 정부조직이나 공공기관의 정치적 선전, 국민의 이익과 배치되는 특정 정당을 위한 광고나 홍보 등의 문제이다.[184]

둘째, 조작이나 과장에 대한 우려이다. 주로 프로모션과 관련된 윤리적 문제들로 형태는 다양하다. 광고는 실제와 다르고, 자주 실제의 과장이다. 고객의 생각을 어느 한 방향으로 왜곡함으로써 잘못된 의사결정을 하게 만든다. 특정 조직이나 상품에 대한 고객의 생각을 정형화시키는 위험도 있다. 사실을 포장, 분장하여 현실과 다른 이미지를 만들어내기도 한다. 정부는 장소, 공공서비스, 사회적 가치, 지역상품을 광고하면서 상품의 약점이나 문제를 감추고 의도적으로 장점에 관한 정보만 선별적으로 제공하거나 편익을 과장할 수 있다. 반대로 경쟁상품에 대하여는 부정적 정보만을 강조하여 소비자의 정확한 판단을 방해하거나, 자신들이 원하는 프레임에 소비자들을 가두고자 할 수도 있다.

셋째, 장소상품의 프로모션에서 거주자들의 충분한 의견수렴 없이 장소의 고유 이미지를 왜곡하기도 한다.[185]

넷째, 낭비라는 시각이다. 정부가 반드시 필요한 것이 아닌 정보의 전달에 집중할 때 발생하는 문제이다.

다섯째, 개인 사생활의 부당한 침해나 방해이다. 사회마케팅에서 마케터들은 약물남용(약물의 비의학적 사용), 청소년 임신, 에이즈 감염, 여성이나 아동 학대 등의 사회문제 영역에 개입하여 표적집단의 필요와 욕구를 자세히 조사하고 이에 기초하여 프로그램을 개발하고, 문제행동 의도를 억제하거나 바꾸고자 노력한다.[186] 이때 개인의 프

---

183) May & Newman(1999), pp. 20-23.
184) 「정부기관 및 공공법인 등의 광고 시행에 관한 법률」은 정부 광고, 홍보의 공정성을 보장하고, 일부 매체에의 편중을 막기 위한 법률이다. "정부의 '쌈짓돈' 정부 광고, 법적 근거 마련해야." 한겨레, 2016.11.17.; 정부광고, 우호 매체에 몰리고 정권 따라 '출렁.' 기자협회보, 2017.12.20.
185) Waitt(1999), p. 1058.
186) Brenkert(2002), p. 14.

라이버시뿐만 아니라 욕구 실현에 부당하게 간섭하고 원하는 행동 선택을 방해하는 결과를 초래할 수 있다.[187]

여섯째, 지역상품 마케팅에서는 상대 국가가 소비자 보호 법규의 부재, 소비자 운동이 미약한 경우, 소비자들을 윤리적 위험에 노출시킬 수 있다.

정부마케팅의 윤리적 문제는 주로 정부가 자신에게 유리한 정보의 선택적 제공을 통하여 사람들의 객관적인 현실 인식과 판단을 방해할 때 발생하는 위험이다. 문제는 상품별로 다르다. 장소나 지역사회 상품의 마케팅에서는 상업적 마케팅에서와 같은 윤리적 문제가 발생하나, 자국 내 시민들 대상의 공공서비스나 사회마케팅에서는 소비자들의 프라이버시 침해, 현실 인식이나 행동 선택에 과도한 간섭 등이 보다 주요한 윤리적 이슈이다.

---

187) 예 Countess Mara 넥타이. Designs for "One man in a million!"

제3장 정부 행정의 환경과 새로운 이슈

제1절 정부마케팅과 행정의 패러다임 전환

연구자들은 행정 패러다임의 발전을 전통적 행정(traditional public administration), 신공공관리(New Public Management, NPM), 그 이후의 새로운 행정으로 구분한다.[1] 패러다임(paradigm)은 토마스 쿤(Thomas Kuhn)이 제시한 용어로 특정 시기 동안 한 분야를 지배하는 사고의 체계로, 기본개념, 가치, 시각, 이론, 가정, 기법과 절차, 평가 기준 등으로 이루어진다.[2] 패러다임은 문제를 정의하고 해결책을 제시하는 역할을 한다. 또 패러다임의 전환(paradigm shift)은 한 분야에서 기존의 패러다임이 영향력을 상실하고 다른 패러다임이 시작되는 사고체계의 근본적인 변화나 교체를 가리킨다. 신공공관리는 기존의 전통적 행정을 대체한 새로운 패러다임이고, 정부마케팅은 신공공관리 패러다임의 핵심이다. 연구자들은 이제 또다시 다양한 명칭을 내놓으면서 신공공관리를 대신하는 새로운 패러다임의 등장을 주장한다. 그렇다면 신공공관리의 사고체계를 근본적으로 바꾸는 새로운 가치, 철학과 방법, 실천이 나타났다는 뜻인가? 나는 아직 그런 것은 없다고 생각한다. 일부 연구자들의 성급한 결론이다. 주장의 근거가 불충분하고 구체적이지도 않다. 행정에서 일련의 새로운 변화가 있고 기존 신공공관리의 수정이나 반성이 이루어지고 있는 것은 분명하지만 그렇다고 그것을 하나의 새로운 패러다임이라고 보는 시각에는 동의하기 어렵다. 설령 새로운 패러다임이 등장한다고 하더라도 마케팅은 행정에 대한 정치적 접근과 더불어 비즈니스 접근이라는 또 다른 하나의 축

---

1) Denhardt & Denhardt(2000), Lynn(2001), Bryson, Crosby, & Bloomberg(2014) 등. 많은 연구자들은 신공공관리를 정부 행정서비스 제공의 하나의 패러다임으로 보지만, Gruening(2001)은 NPM이 다양한 이론에 기초하고 있어 패러다임으로 볼 수 없다고 주장한다.

2) Kuhn(1962). Orman(2016), p. 49.

으로 필요하다. 하지만 이러한 문제들의 제기나 논의는 행정 환경의 변화, 새로운 이슈의 등장과 맞물린 것으로 지속적인 관찰과 변화에 대한 확인이 필요한 주제인 것만은 분명하다.

존 브라이슨(John M. Bryson) 등은 신공공관리 이후의 행정을 '공공가치 거버넌스(Public Value Governance)'라고 정의하고,3) 전통적 행정, 신공공관리 행정 패러다임과의 차이를 제시한다. 다음 <표 1>은 이들의 비교이다.4)

▌표 1 행정 발전 세 가지 패러다임의 비교

구분	진동직 행정	신공공관리	행정에 대한 새로운 접근
시기	1980년 이전	1980~1990년대	2000년 이후
환경과 지적 맥락(intellectual context)			
물질적, 이념적 조건	산업화, 도시화, 현대적 기업, 전문화, 과학의 신봉, 시장실패, 대공황의 경험, 높은 정부신뢰	정부 실패. 큰 정부에 대한 불신. 시장의 효율성과 능률성에 대한 믿음, 합리성, 권한 이양	정부, 시장, 비영리조직, 시민의 실패. 난제(難題. wicked problems), 空洞(공동) 정부(hollow state. 민간위탁에 고도로 의존적인), 시민권의 위축(downsized citizenship),5) 네트워크 및 협력적 거버넌스, ITS의 발전
주요 이론과 인식론적 기초	정치이론, 과학적 관리론	경제이론	민주주의 이론, 공공 및 비영리 이론
합리성에 대한 지배적 시각과 인간행동 모형	일반(synoptic) 행정인. 인간, 조직 차원에서 한계를 가진 제한적 합리성의 행정인(administrative man. Herbert A. Simon이 제시한 인간 모형)	기술적, 경제적 합리성. 경제적 인간. 이기적 의사결정자	공식적 합리성(formal rationality. Max Weber가 제시. impersonal의 정도), 합리성의 다면적(정치, 경제, 행정, 법적, 윤리적) 검증, 좁은 사적 이익을 넘는 공공심(公共心)에 대한 믿음, 대화와 숙의(deliberation)에 의한 결정의 합리적 인간

---

3) Denhardt & Denhardt(2000), Osborne(2006), Stoker(2006)는 행정 패러다임의 전환에서 제3기를 각각 신공공서비스(new public service), 신공공거버넌스(new public governance), 신공공가치의 관리(public value management)로 호칭한다.

4) Bryson, Crosby, & Bloomberg(2014), p. 447의 Table 1의 일부를 수정하였다. Osborne (2006), p. 383 참조.

5) Koliba(2004), p. 57. Crenson & Ginsberg(2002) 참조.

공적 영역(public sphere)			
공동선(common good. 모두를 위한 善), 공공가치, 공익의 정의	국민 투표로 선출된 공직자 또는 전문가가 결정	국민 투표로 선출된 공직자 또는 소비자 선택에 의해 나타난 개인 선호의 총합에 의한 결정	국민 일반은 정부 위에 있고, 정부가 공공가치 생산의 책임을 맡음. 공동선은 민주적, 헌법적 가치와 증거에 기반한 광범위하고 포괄적인 대화와 숙의에 의하여 결정
정치의 역할	국민투표 당선자가 정책목표 결정	국민 투표 당선자가 정책 목표를 결정. 권한을 가진 정부 매니저의 특정 수단의 이용 관련 행정적 정치(administrative politics)6)	대화와 숙의를 통한 정책의 목적, 공공사업의 결정. 생활 방식으로서의 민주주의
시민권(citizenship)의 역할	투표자, 클라이언트, 주권자	고객	시민. 일반 국민들이 중요시하고 이익이라고 생각하는 것을 생산하는 데 적극적으로 참여하는 문제 해결자 및 공동 생산자
정부와 행정			
정부기관의 역할	정치적으로 정의된 목적에 따라 정책과 프로그램의 직접 설계, 집행(노젓기. rowing)	방향 정하기(steering. 사업 목표 결정에 서의)와 서비스 전달 촉매 역할. 시장, 비즈니스, 비영리조직도 수단 선택과 적절성 차원에서 고려	노를 젓기도 하고 방향도 정하며, 때로는 동업자 관계로 일하고, 관여하지 않기도 하는 등 네트워크 설계자, 매개자, 공동 생산자(collaborator) 역할
핵심 목표	목적이 정치적으로 주어짐. 공직자가 집행. 관료 및 선출직 공직자들에 대한 감시와 모니터링	목적이 정치적으로 주어짐. 경제성과 고객들의 요구에 민감하고 책임있는 반응을 보장하기 위한 정부 매니저들의 투입과 산출 관리	국민이 가장 원하고 좋아하는 것을 효과적으로 이루고 이익을 만들어내기 위한 방법으로 공공가치 생산
핵심 가치	능률성	능률성, 효과성	능률성, 효과성, 폭넓은 헌법 및 민주적 가치

---

6) 행정적 정치(administrative politics)란 투표로 선출된 공직자, 일반 국민, 의사결정의 기준과 절차 등의 제도적인 업무 환경 속에서 목적을 달성하기 위하여 필요한 자원을 얻고 지지를 획

정책목표 달성 메커니즘	중앙집중적, 계층적으로 조직된 정부기관 또는 분야별 전문 조직들에 의한 프로그램의 관리	정책목표를 달성하기 위한, 특히 시장을 이용한 메커니즘과 인센티브 구조	공공서비스를 전달하는 방법을 실용적 기준을 적용하여 선정. 합의된 목표 달성을 위한 다양한 분야의 공동생산, 시민참여에 의한 지원
정부 관리자의 역할	규정과 절차 준수의 보장. 선출된 공직자, 유권자, 클라이언트(clients) 요구에 즉시 응답 행정 공무원 자유재량의 제한	정치적 과정이 제시한 성과 목표를 정의하고 충족을 지원함. 선출직 공직자와 고객의 요구에 즉시 응답. 폭넓은 자유재량을 부여 받음	숙의와 전달 네트워크의 창출, 관리, 전반적 효과성, 책임성 및 시스템의 역량 유지와 개선을 위한 적극적 역할. 선출직 공직자, 시민, 이해관계자들의 요구에 즉시 응답. 자유재량이 요구되지만 법률, 민주적, 헌법적 가치, 책임을 위한 폭넓은 접근이 이를 제한
책임에 대한 접근 방법	정부 계층적 관료제의 민주적으로 선출된 공직자에 대한 책임	시장 주도적 방법. 개인 이익의 합이 광범위한 시민 집단(고객으로서)이 원하는 결과를 낳음	법률, 지역사회 가치, 정치적 규범, 업무 기준이 공직자들로 하여금 시민들의 이익에 주의를 기울이도록 하는 다면적 접근
민주적 과정에 대한 기여	정치적으로 결정된 목적과 책임의 이행. 투표로 선출된 정치적 리더들 간의 경쟁이 전반적인 책임성 확보를 결과. 공공부문의 공공서비스 독점 인정	정치적으로 결정된 목표 이행. 매니저들이 수단 선택. 정부의 공공서비스 독점에 대한 회의(懷疑). 고객을 위한 서비스 선호	공공가치와 일반 국민의 이익을 위한 대화, 적극적인 시민권(citizenship) 실천의 매개와 요청에 응답함. 누구도 공공서비스에 대한 독점권 없음. 공공가치에 기초한 관리

행정 패러다임의 구분에서 행정 발전의 1단계는 전통적 행정으로 1980년 이전까지이다. 1기는 정부 관료적 모델에 의한 행정으로, 계층제와 실적주의(meritocracy)에 기초한다.[7] 조직은 중앙집권적, 명령과 지시, 수직적 구조이고, 예산과 인력의 관리는 능률성을 강조한다. 정책결정은 선출직 공직자가 하고, 공무원은 이를 집행한다. 공무원을 자격과 능력을 갖춘 사람들로 선발한 후 신분을 보장한다. 이들은 정치 중립적으로 업무를 수행한다. 전통적 행정은 법률과 규칙, 명령과 통제에 의한 업무수행으로 예측 가능하다. 하지만 정부 관료제 행정은 복잡한 정치 경제적 환경 속에서 무능하고 예산을 낭비하며 공직자가 자신의 지위와 권한을 사적 이익을 위해 사용하는 부패를

득하기 위한 행정공무원의 일련의 활동이다.

7) Robinson(2015), p. 5.

막지 못한다. 패러다임의 제2기는 신공공관리로 정부 관료제가 국민이 원하는 공공서비스 공급에 실패하자 기존의 관료제가 공급하던 공공서비스를 민영화, 민간위탁으로 전환하고 정부기관도 민간사업자들과 경쟁을 통하여 서비스를 제공할 수 있도록 하며, 민간부문의 관리기법도 적극적으로 도입하던 시기이다. 미국이 1기의 발전을 주도하였다면, 2기는 영국이 방향을 제시하고 제도화를 시작한다. 이 시기 동안 기존 정부 관료제가 하던 서비스 공급 방식을 기업의 경쟁시장적 서비스 철학과 언어, 업무 방식이 상당 부분 대체한다. 이후 각국 정부들이 신공공관리를 경쟁적으로 채택하면서 공공서비스 제공의 중심적 방식으로 등장한다. 제3기는 현재로 정부가 민간부문의 경쟁과 시장적 관리기법들을 광범위하게 도입하였으나 조직 및 환경이 갖고 있는 여러 차이 때문에 한계를 노정한 시기이다. 정부가 고객 중심적 사고, 경쟁, 성과 중시, 목표관리, 발생주의와 복식부기 등을 사용하지만,[8] 새로운 난제들, 공동(空洞) 국가(hollow state), 시민권 축소 등의 문제가 나타나고, 정부는 민간부문과의 네트워크 및 협력적 거버넌스, ICT(정보통신기술)의 발전을 이용한 서비스의 생산 및 전달을 추구한다.

연구자들은 제3기 등장의 배경이나 이유로 첫째, 신공공관리 방법, 즉 민간위탁 등의 실패나 부작용을 지적한다. 둘째, 새로운 문제해결 방식의 도입 필요이다. 정부 정책결정에 대한 주민들의 집단 거부(군사기지 설치, 장애자 학교의 설립), 집단 간의 갈등(노동자와 사용자, 의사와 한의사 간 갈등) 등은 신공공관리가 적절한 해법을 제시하지 못하는 문제들이다. 정부는 공론화 과정(민관협의체, 투표, 공청회, 공론화위원회 등) 등 이전과 다른 해법을 도입한다. 주민이나 이해관계자들이 이러한 과정에서 주도적 역할을 한다. 셋째, 주민참여 예산제도, e-시민참여 등 직접 참여의 확대이다. 연구자들은 전통적 행정에서의 정부 관료제뿐만 아니라 신공공관리의 시장적 접근방법도 이러한 문제해결에 성공적이지 못하다고 말한다.[9]

제3기는 정부의 역할, 행정의 목표를 공공가치의 생산으로 규정한다. 하지만 공공가치는 신공공관리를 배경으로 태어난 개념이다. 네트워크, 협력적 거버넌스도 신공공관리 시대가 민간위탁의 도입을 통하여 발전시킨 용어들이다. 제3기는 "새로운 접근방법"이라고 하는 데서도 알 수 있듯이, 아직 1기나 2기와 다른 고유하고 차별적인 철

---

8) Bryson, Crosby, & Bloomberg(2014), p. 447.

9) Bryson, Crosby, & Bloomberg(2014), pp. 445, 447. Osborne & Gaebler(1992)의 「정부재창조론(Reinventing Government)」과 Bill Clinton 정부(1993~2001)의 연방정부 성과평가제도(National Performance Review)는 이 시기 미국 행정개혁의 방향과 노력을 상징한다.

학과 수단이 무엇인지가 불분명하다.[10] 자넷 덴하트와 로버트 덴하트(Janet Denhardt and Robert Denhardt)는 2000년 연구에서 신공공관리 이후의 행정을 '신공공서비스 (New Public Service, NPS)'로 제시했지만, 그로부터 15년이 지난 2015년 연구에서 그들은 그동안의 변화에 미루어 NPS 완전한 형태의 공공서비스 이념과 실천이 점차 늘어나고는 있으나 NPM, NPS 그 어떤 것도 지배적인 패러다임은 아니라고 말한다.[11]

이런 점에서 현재는 post-NPM(후기 또는 수정 신공공관리. 신공공관리에서 노정된 문제의 수정)의 시기로 정부부문은 공공서비스 제공에 고객과 고객만족 개념을 도입하고, 정책 실무자들은 이해관계자 분석[12]이라는 용어를 사용한다. 마케팅 지식은 고객 가치의 생신을 위한 고객과 이해관계사의 필요와 욕구 분석, 가치의 개발과 측정, 충족과 극대화 방법을 제시한다.[13]

제2절 글로벌 시대 장소 간 경쟁과 위기

1. 국가, 지역, 도시 간의 경쟁

글로벌 시장의 성장과 국가, 지역, 도시 간의 경쟁은 냉전 종식과 유럽통합 이후 국가 간 장벽 붕괴의 산물이다. 냉전 종식은 동유럽 혁명에서 출발한 것으로 1989년에서 1991년 사이 일어난다. 혁명은 1989년 11월 독일 베를린 장벽의 붕괴로부터 시작되어 1991년 소련의 해체로 끝난다.[14] 이 시기 동안 동유럽 모든 국가들은 자유선거를

---

10) Bryson, Crosby, & Bloomberg(2014), pp. 447, 452, 454.

11) Denhardt & Denhardt(2015), p. 664.

12) Weible(2006), p. 96; Moise et al.(2011). 정책 이해관계자 분석은 누가 정책에 영향을 미치는 주요 행위자들인가, 그들의 이해관계, 전략, 연합, 자원 통제력 등에 대한 분석으로 정책 집행의 제약, 저항 요인의 파악, 수용성 제고에 기여한다. 옹호연합모형(advocacy coalition framework) 이 정책 변동이나 과정을 설명하기 위한 것이라면 이해관계자 분석에서 연합은 정책 정보수집의 단위이고 분석은 고객들이 어떤 집단과 지지, 동맹 관계에 있는가의 검토이다.

13) Kumar & Reinartz(2016), pp. 37-46; Ebdon & Franklin(2006), p. 439.

14) 폴란드, 헝가리, 동독, 불가리아, 체코슬로바키아, 루마니아 등 동유럽 사회주의 국가들에서 시민들의 경제적 어려움, 일당제(一黨制) 지속에 대한 대규모 저항, 반대 시위 등이 독일의 베를린 장벽 철거의 계기를 만든다.

실시하고 기존의 공산주의 체제, 중앙집권적인 비능률적 경제는 종말을 고한다. 소비에트 연방도 작은 여러 공화국(15개의 분리 독립국가)으로 해체된다. 이러한 일련의 변화는 매우 짧은 시기 동안에 일어난 혁명적인 것으로 동유럽 국가들은 민주주의와 자유로운 시장 경제적 요소들을 광범위하게 도입한다.[15] 또 이것은 사회, 경제적 통합의 기회를 제공한다. 유럽 국가들은 1992년 마스트리히트 조약(Maastricht Treaty) 체결로 유럽연합(European Union, EU)을 출범시키고, 국가 간의 상품, 사람, 자본, 서비스 등의 자유 이동을 보장한다. 이렇게 시작된 국가 간 생산 요소의 자유로운 이동은 유럽연합에 그치지 않고 전 세계적인 현상으로 확산된다. 각국이 여전히 내외 국민 간에 분명한 차이를 두고 있으나, 대부분의 국가들은 세계무역기구(World Trade Organization, WTO)의 회원국이자 다자간 무역자유화 체계에 속해 있다.[16] 글로벌 시대 기업이나 비즈니스, 거주자의 국가 간 이동의 자유, 과학기술의 발달과 개인 가처분소득 개선으로 나타난 저가 항공, 소비문화, 주 5일제 근무 등은 해외 방문객 증가[17]를 낳고, 자유시장의 확대, 국가, 지역, 도시 간 경쟁을 촉진중이다.

2. 장소의 위기

유럽연합[18]은 유럽 국가들이 단일 시장의 구축과 경제, 사회발전을 목적으로 탄생시킨 정치 경제 통합체로, 회원국 간 국경의 해체와 도시 간 생산 요소의 자유로운 이동을 가져온다. 일부 국가들이 이것을 장소의 위기로 인식하면서 유럽 각국은 본격적인 경제적 시장 경쟁에 들어간다. 지방정부들은 장기적 경기침체에 따른 위기를 지역 및 도시 간 투자, 기업과 비즈니스, 방문객의 유치를 통해 극복을 시도한다. 또 유럽 국가들의 1/3은 노령화, 저출산(인구 유지에 필요한 수준 이하로의 출산율 저하), 젊은 두뇌의 유출로 인구 감소 문제의 심각성이 증가하면서 국가, 도시 간 거주자 유치 경

---

15) Ohmae(1996)은 정치, 경제 질서의 재편을 상징했던 이러한 일련의 사건들을 목격 후, 국경 없는 세계의 출현과 결국 비즈니스 단위만 남을 것이라는 점을 강조하면서 이를 '국민국가(nation state)의 종말'로 표현하였다.

16) WTO 회원국은 2016년 7월 아프가니스탄(Afghanistan)의 가입으로 현재 164개국이다. https://en.wikipedia.org/. 검색일 2018.9.21.

17) 인구 절반이 해외여행 가는 시대 … '여행 권하는 사회.' 네이버 여행플러스, 2018.9.12.

18) 유럽연합 회원국은 2013년 크로아티아의 가입으로 총 28개 국가가 되었다. 하지만 2020년 영국의 탈퇴로 현재는 27개 국가이다.

쟁은 더욱 치열하게 나타난다.[19] 국가, 도시, 지역들은 지역발전을 위한 전략적 수단으로 장소마케팅을 경쟁적으로 채택한다.[20] 표적고객을 정한 후 장소를 투자나 비즈니스, 관광, 여행, 휴가, 방문, 거주 등의 욕구충족상품으로 개발 후 적극적으로 자신들의 지역이 다른 경쟁지역과 달리 어떤 장점과 매력을 가지고 있는가를 광고와 홍보 등으로 어필하고 고객의 선택을 받고자 노력한다. 고객의 관심을 끌기 위하여 로고, 시각적 상징 등 다양한 마케팅 방법도 도입한다. 영국 북동부 요크셔(Yorkshire) 지역은 '기회가 넘쳐 나는 곳(Alive with Opportunity),' 독일의 작센 지방은 '작센주. 예술의 고장(Saxony: State of the Arts)'이라는 브랜드 슬로건을 개발하여 장소의 정체성 표출과 인지도를 제고하고 스웨덴, 오스트리아의 일부 지역은 이주 기업에게 공장 건물 부지를 제공한다.[21] 스페인 북부의 도시 빌바오(Bilbao)는 구겐하임 미술관(Guggenheim Museum)으로, 오스트레일리아의 시드니, 캐나다 토론토, 스페인의 바르셀로나는 올림픽 게임으로 장소의 평판과 이미지 구축에 성공했던 도시들이다.[22] 이들은 모두 국가, 지역, 도시 간의 위기 극복을 위한 경쟁 전략으로 장소마케팅을 채택한 도시들이다.[23]

미국은 좀 다르다. 장소 간의 투자나 비즈니스 유치 경쟁이 치열했지만 국가 간의 경쟁보다는 주로 자국 내 주(州)정부나 지방정부들 간의 것으로, 연방정부는 오히려 이들의 지나친 인센티브 경쟁을 규제하고자 하였다.[24] 유럽은 규모가 작은 많은 국가들이 밀집한 대륙이나 미국은 국토가 유럽 개별 국가와는 비교할 수 없을 정도로 큰 국가여서, 국가 간의 기업이나 비즈니스의 이동보다는 도시 간 경쟁의 열기가 높다. 하지만 연방정부의 관점에서 보면 이들은 제로섬 게임[25]으로 인센티브 중심의 과도한 경

---

19) Hospers(2011b), p. 369. 한국과 일본의 적지 않은 지자체들은 인구 감소의 극단적 형태인 정치행정 단위로서의 소멸을 눈앞에 두고 있다. 유럽과 미국의 일부 주(州)들도 인구 감소의 위기를 겪고 있다.

20) '도시를 판다'는 표현은 1980년대에도 있었으나 유럽 연구자들에 의한 집중적 사용은 1990년대 초부터이다. 예 Burgess(1982), Sadler(1993), Kearns & Philo(1993), Barke & Harrop(1994), Ashworth & Voogd(1995) 등.

21) Hospers(2011b), p. 370.

22) Tufts(2004), Waitt(1999).

23) Hospers(2011b), p. 369. Kearns & Philo(1993), Ave & Corsico(1994), Corsico(1994), Gold & Ward(1994), Ward(1998), Rosin(2010) 참조.

24) Kenyon & Kincaid(1991), Hanson(1993), Burstein & Rolnick(1995), Fisher & Peters(1998), Fisher & Peters(1998) 참조.

25) 제로섬 게임(zero-sum game)은 한 쪽이 이익을 보면 경쟁에 참여하는 또 다른 한쪽은 반드시 그만큼의 손해를 보게 되어 이득과 손실의 합이 제로가 되는 게임이다.

쟁은 오히려 바람직하지 않았다.

아시아 지역의 국가나 도시들은 유럽보다는 다소 늦게 1990년대에 들어와 투자, 기업과 비즈니스, 거주자 유치 경쟁을 시작한다. 일본의 석탄 도시 유바리시(夕張市)는 메이지 시대(明治時代. 1867~1912)부터 탄광 도시로 발전했던 곳이나, 산업이나 경제, 일상생활의 주 에너지가 석유로 바뀌면서 석탄 수요가 급감하고 기존 탄광 노동력과 청년들도 도시를 떠난다. 도시는 인구가 줄고 노인들만 남는 급속한 노령화의 위기에 봉착한다. 유바리시는 이러한 위기를 맞아 지역경제 및 고용 기반을 기존의 탄광에서 관광산업으로 바꾸는 지역발전 전략을 채택한다. '유바리. 돈이 아니라 사랑이 있는 도시(Yubari, No Money But Love)'라는 브랜드 슬로건[26]과 '유바리 후사이(Yubari Fusai)'라는 부부 마스코트를 개발하고, 행복한 커플들이 즐겨 찾는 인기 도시로 홍보하면서 외부로부터 기업과 방문객을 끌어들이고자 노력한다.[27] 상해(Shanghai) 푸동(Pudong) 구역은 자본과 투자 기업들의 유치에 성공하여 세계적 금융 및 산업 중심 지역으로 급성장한 아시아의 대표적 도시이다. 심천(Shenzhen)시도 투자, 기업과 비즈니스가 몰려들면서 인구나 평균 주민소득에서 중국 최고의 번화한 도시로 성장한다. 아시아 지역이 불과 10여 년에 걸쳐 목격한 변화들이다.

제3절 정부 관료제의 불신

1. 정부 관료제의 실패와 시장의 도전

영국과 미국은 1970－80년대에 정부가 납세자들이 낸 막대한 세금을 사용하면서도 방만한 조직 운영, 무능, 비능률, 낭비, 느리고 불친절한 서비스 제공으로 걷잡을 수 없는 비판에 직면한다. 정부 관료제의 실패는 민간부문에서 기업이 경쟁과 시장 기반의 조직 관리, 고객만족, 생산성, 성과를 최고 가치로 점점 더 고객의 욕구에 맞는 다

---

26) 유바리시 브랜드 슬로건 'Yubari, No Money But Love'은 유바리시가 돈은 없지만 일본 전체에서 이혼율이 가장 낮은 도시라는 상징적 표현이다.

27) 유바리시(市). https://ko.wikipedia.org. 검색일 2018.8.10. 유바리시는 '유바리 국제 영화제'로 수십만 명의 방문객을 유치하면서 한때 위기를 극복한 가장 성공적인 도시로 주목받았으나 과도한 투자에 따른 부채와 재정난으로 2007년 파산한다.

양한 고품질의 서비스에 성공한 것과 비교가 되면서, 시민사회의 비판과 거부는 수위가 감당하기 어려운 수준에 도달한다. 영국과 미국은 이러한 정부 관료제에 대한 불신의 위기 극복을 위하여 큰 정부를 포기하고 대신 작은 정부의 길을 택한다. 또 신공공관리라는 경쟁과 민간부문의 시장적 기법을 도입하는 대대적 개혁을 시작한다.[28]

2. 정부신뢰의 저하

전통적 행정의 민간부문 대비 낮은 생산성과 낮은 서비스 품질은 정부신뢰이 지속적 하락을 초래한다. 전 세계 많은 나라들이 공통적으로 경험하고 있는 것이지만 미국에서 시민들의 정부신뢰 수준은 역사적으로 가장 낮은 것이었다. 미국인들은 1958년 3/4이 정부를 신뢰했으나 이후 정부에 대한 신뢰 수준은 계속 하락을 거듭하여, 2017년에는 18%만이 신뢰한다고 응답한다. OECD 국가들도 정부가 신뢰를 지속적으로 상실하여, 국민들은 43%만이 신뢰한다고 말한다.[29] 한국도 이와 크게 다르지 않다. 2017년도 국민들의 인식 조사 결과, 정부 업무 능력(맡은 일을 얼마나 잘 수행하고 있는가)에 대한 '약간 믿는다'와 '매우 믿는다'의 응답이 중앙정부 부처 40.8%, 지자체 45.4%, 국회는 15%이고, 청렴한가라는 물음에는 '약간 청렴하다'와 '매우 청렴하다'가 중앙정부 부처 31.1%, 지자체 36.9%, 국회 10.4%에 불과하였다.[30] 정부신뢰의 저하는 정책과 지출 등에 대한 납세자들의 불만을 증가시켜 규제나 조세에 대한 저항을 유발하고 성공적인 정책의 집행을 가로막는다.[31]

마케팅 연구자들은 정부에 대한 낮은 신뢰의 원인을 공공서비스 불만족으로 해석하고, 대응 방안으로 필요와 욕구에 기초한 서비스, 고객의 요구에 즉각적인 대응, 원가 대비 고품질의 서비스 제공을 제시한다.[32]

---

28) Kalimullah, Alam, & Nour(2012), pp. 5−6; Henry(2017), p. 39.

29) Pew Research Center − U.S. Politics and Policy. *Public trust in government: 1958~2017.* http://www.people−press.org/; OECD. *Trust in government.* http://www.oecd.org/gov. 검색일 2018.7.28.

30) 2017년 사회통합실태조사. 한국행정연구원, 2018.2.23. pp. 174−175, 179, 191~192, 196 참조.

31) Herian(2014), p. 83.

32) Divita & Dyer(1979), Dyer & Shimp(1977).

1. 새로운 사회적 문제의 등장

21세기의 특징은 정부가 권력적 강제로 해결하기 어려운 다양한 사회적 이슈, 다루기 어려운 새로운 문제들의 폭증이다. 대표적인 예로 비만은 현대인들의 삶의 질을 위협하는 가장 심각한 개인 및 사회적 문제이다. 특정 국가에 국한된 문제가 아니라 글로벌 사회 모든 국가들이 공유하는 당면 문제이다.[33] 비만은 성인이나 어린이 모두의 건강을 위협하는 심각한 문제로 해결 방법은 시민 각자의 각성과 노력, 건강 식단이나 음식의 조절, 운동 등을 통한 예방과 극복 노력이다. 정부가 비만 예방 프로그램을 운영하고 있으나 민간부문의 협력, 개인의 자율적 참여 없이는 성공을 거두기 어렵다. 현대 사회의 특징은 비만과 같이 정부가 이전에 경험하지 못한, 또는 독자적으로 풀기 힘들거나 전통적 행정이 효과적인 해결 수단을 알지 못하는 난제들(wicked problems)의 증가이다.[34] 약물 남용, 흡연, 알코올 중독, 가정폭력, 청소년 임신, 자동차 공회전 등이 모두 이러한 사회문제들이다.

2. 전통적 행정의 한계

전통적 행정의 한계는 점차 늘어나고, 정부가 문제에 적절히 대응하지 못하는 만큼 불만이나 불신의 표출로 이어진다. 전통적 행정에서의 명령과 지시에 기초한 공급자 중심의 공공서비스 제공은 그만큼 점차 효력을 상실하고 있다. 주민들의 주권자로서의 자각, 적극적인 권리 주장 기회의 증가, 욕구를 정책 과정에 투입하는 다양한 채널의 등장, 사회의 빠른 복잡성 증가 등에 따른 필연적 결과이다. 국민들은 개인의 가처분 소득, 여가가 증가하면서 더 이상 정부가 제공하는 공공서비스만 주어진 것으로 앉아서 수동적으로 받아들이는 과거의 사람들이 아니다. 이전의 서비스로 만족하지 못하고, 소비자로서 자신의 고유한 욕구를 직접 다양하게 표출하고 정부가 이러한 욕구 충족의 기회를 만들 것을 기대한다. 시민들은 정부 서비스가 아닌 글로벌 사회가 만들어내는 다양한 상품들에 노출되어 자국의 서비스와 품질을 비교하고, 원하는 욕구의

---

33) Wood(2016), p. 107.
34) Venturini(2016), p. 1190.

충족을 위하여 다른 나라의 상품이나 서비스 구매도 주저하지 않는다. 이러한 상황에서 정부의 역할은 전통적인 국가 안보, 치안과 조세, 교육, 교통(도로와 항만)과 통신(우편), 전기, 가스, 상하수도, 쓰레기 처리 등 국민들의 기초적인 필요 충족만으로는 충분하지 않고, 그 이상의 공공가치 생산 노력을 요구한다.

3. 사례

1) 금연 정책

흡연은 당사자에게 뇌졸중, 심근 경색, 폐질환, 암 등에 의한 조기 사망을 초래하고, 간접흡연도 임산부와 태아에게 유산(流産), 사산, 영·유아에게 돌연사, 천식, 호흡기 질환 등 각종 질병 발생의 원인이다. 세계보건기구(World Health Organization, WHO)는 전 세계 흡연과 간접흡연으로 인한 사망자 수가 한 해 600만 명 이상으로, 2030년에는 800만 명 이상에 달할 것으로 추산한다.[35] 정부는 국민들의 흡연을 줄이기 위하여 담배 가격 인상과 추가적인 세금 부과, 금연 구역의 지정, 담뱃갑에 건강 경고문 표기, 광고 제한, 흡연자 금연 지원, 공중 인식의 개선을 위한 금연 교육, 공익 광고, 실태 조사 등의 사업에 나서고 있다.[36] 금연 정책은 정부의 국민 건강 욕구에 대한 대응으로, 목적은 건강과 삶의 질 제고, 사회 경제적 부담의 축소이다. 하지만 금연은 개인의 자유 선택과 사적 영역에 속하는 문제라는 점에서 정부가 전통적인 규제 방식으로는 목표를 효과적으로 달성하기 어렵다.[37] 흡연자의 인식과 태도의 변화, 적극적 참여와 협력, 사회의 의식 변화도 함께 필요하다. 사회마케팅은 강제와는 달리 마케팅 믹스를 수단으로 흡연자의 행동에 체계적으로 영향을 미치는 방법을 제시한다.[38]

---

35) TOBACCO. A barrier to sustainable development. https://www.tobaccofreekids.org; http://www.who.int. 검색일 2018.9.21.
36) 최은진(2010), pp. 16~20.
37) 최은진(2010), p. 24; 김성준(2015), p. 289.
38) 김성준(2015)은 사회마케팅을 정부 규제정책의 대안적 수단으로 규정하면서, 정부는 이를 통해 정책 고객의 자발적 순응을 유도하고 국민들로부터도 지지를 받을 수 있다고 주장한다. 김성준(2015), p. 289. 김성준·이준수(2004), 김성준(2006) 참조.

2) 산림행정과 산림복지 서비스

1970년대 산림행정의 목적은 크게 두 가지로 하나는 불법적인 벌목, 적재(積載), 운송의 단속, 도벌의 적발과 처벌이고, 또 다른 하나는 화전(火田) 정리, 대규모 조림 사업, 산불 예방, 식목과 사방 사업으로 산림을 보호, 육성하는 것이었다. 하지만 국가경제의 발전, 개인의 여가 등이 늘면서 국민들의 산림자원을 이용한 휴양, 문화, 복지서비스 욕구가 크게 증가한다. 산림행정 서비스도 국민들의 욕구 증가에 따라 목적을 기존의 치산 녹화 대신 산림자원을 이용한 소득 사업, 일자리 창출, 여가 욕구(치유, 교육, 레포츠 등)의 충족, 삶의 질 향상 등으로 전환하고 있다.[39] 산림청 산하 한국임업진흥원(위탁집행형 준정부기관)의 주요 사업은 임산물의 생산, 유통 정보의 제공을 통한 임가(林家) 소득의 증대, 산촌 특화, 관광 활성화, 임업인 역량 강화 및 목재 품질의 관리, 판로 개척, 일자리 창출, 해외 임산물 수출 등이다.[40] 「산림복지 진흥에 관한 법률」(2015 제정) 제1조는 여기서 한 걸음 더 나아가 국가의 의무를 "체계적인 산림복지 서비스를 제공함으로써 국민의 건강 증진, 삶의 질 향상 및 행복 추구"라고 규정하고, 제2조는 정부가 제공하여야 할 산림복지 서비스를 "산림 문화·휴양, 산림 교육 및 치유 등 산림을 기반으로 하여 제공하는 서비스"로 명시한다. 산림청 산하 책임운영기관인 국립자연휴양림관리소는 국민 여가 문화 욕구의 충족을 목적으로, 1989년부터 국민 자연체험, 녹색휴양 서비스 제공, 일자리 창출, 관광산업 지원을 위한 자연휴양림 조성 및 방문객 유치 사업을 하고 있다.[41]

제5절 정부의 대응

1. 장소마케팅의 도입

글로벌 경쟁환경에 대응하여 각국 정부들이 선택한 가장 대표적 전략 중의 하나는 장소마케팅이다. 국가, 도시, 지역들은 자국 또는 지역경제의 발전, 일자리 창출과

---

39) 산림청, 「2019년도 주요 업무 세부 추진계획」, pp. 253-254.
40) 한국임원진흥원. 「임업 및 산촌 진흥촉진에 관한 법률」 제29조의2에 근거하여 설치된 기관이다. https://www.kofpi.or.kr. 검색일 2018.9.9.
41) 산림청. http://www.forest.go.kr. 검색일 2018.9.9.

주민소득 증대를 목적으로 글로벌 시장에서 장소마케팅을 전략적 경쟁 수단으로 채택한다. 장소의 정체성과 이미지 개선 등으로 자신들의 지리적 공간을 상품화하고 글로벌 시장에서 투자자, 기업과 비즈니스, 방문객, 거주자들의 유치를 위한 치열한 경쟁시장에 참여한다.

2. 신공공관리 개혁

1) 개혁의 배경

영국 마가렛 대처(Margaret Thatcher. 1979~1990. 보수당) 정부는 1980년대에 정부부문의 조직 관리와 공공서비스 제공에 관한 대대적인 개혁을 시작한다. 영국 런던 대학(University of London)의 행정·공공정책(Public Administration and Public Policy) 프로그램의 교수 크리스토퍼 후드(Christopher Hood)는 1991년 논문에서 이러한 일련의 개혁 활동을 '신공공관리(New Public Management)'라는 용어로 정의한다.[42] 신공공관리 개혁은 자유시장, 비즈니스적 사고와 기법을 모델로 한 공공서비스 품질개선 노력으로, 근대 법치국가의 등장 이후 정부개혁 가운데 가장 규모가 크고 광범위한 것으로, 조직관리, 공공서비스 제공의 철학과 언어, 정부와 시민 간 관계, 서비스 방법 등 행정의 전반에 걸쳐 근본적인 변화를 초래한다. 대처 수상은 '독점적 정부 관료제는 본질적으로 비능률적일 수밖에 없다'는 믿음에 기초하여 정부가 조직 운영, 재정관리, 서비스 제공 등에서 '정책 혁신가(policy entrepreneur)'로서의 역할을 주창한다.[43] 민영화와 경쟁 도입으로 독점의 폐해를 제거하는 한편 기업의 조직 관리 및 서비스 제공 방식을 도입하여 '비즈니스처럼' 경쟁을 통한 서비스 제공을 시작한다. 오스트레일리아, 뉴질랜드, OECD[44] 국가들도 정부 관료제의 실패와 극복의 필요에 동의하면서 신공공관리의 원칙과 방법을 채택한다.[45] 신공공관리 개혁의 철학과 방법은 1990년대에 들어와 전 세

---

42) Hood(1991), pp. 3-4.

43) Andrews & van de Walle(2013), p. 763.

44) OECD(경제협력개발기구. Organization for Economic Co-operation and Development)는 경제성장과 국제무역 촉진을 목적으로 1961년에 창설된 국제경제 협력 기구로 회원국은 36개이다. 민주주의와 시장경제를 지향하는 국가들이 성공적 정책 경험의 공유, 관심 이슈들에 관하여 논의하는 하나의 플랫폼으로 회원국 대부분은 소득 수준이 높은 선진국들이다. OECD. https://en.wikipedia.org. 검색일 2019.9.18.

45) Hood(1991), pp. 4-6.

계로 확산되고, 전통적 행정을 대체하는 새로운 하나의 행정 패러다임으로 자리를 잡는다.

미국 로널드 레이건(Ronald Reagan, 1981~1989. 공화당) 대통령도 취임 시 '정부를 문제해결의 주체가 아니라 문제 그 자체'로 간주하고, 지속적으로 정부부문의 민영화와 업무의 민간위탁, 탈규제, 비용절감 개혁을 추진한다.[46] 미국의 개혁은 영국보다는 다소 늦은 시기였지만, 같은 방향의 개혁 가치를 지향하고, 대규모이고 정부 관료제의 실패나 불신에서 시작되었다는 점에서는 같다. 영국 대처 보수당 정부는 신보수주의(시장과 자유교환의 강조)를 기치로, 1979년 대형 국영기업(British Telecom, British Airways 등)을 민영화하면서 '작은 정부'를 시작하고, 레이건도 1981년 '작은 정부'와 감세 등 신자유주의(neo-liberalism)[47]에 입각하여 정부 규모와 간섭의 축소, 민영화, 탈규제 등의 개혁에 나선다.

2) 신공공관리 개혁의 이론적 기초

신공공관리는 1980년대 유럽에서 정부개혁을 지배했던 일련의 개혁 아이디어들의 집합이자 실천으로, 이전의 정부개혁들과는 뚜렷한 차이가 있다. 신공공관리 개혁은 '신제도주의 경제학(new institutional economies)'[48]과 정부부문의 '비즈니스식 관리'에 기초한다.[49] 신제도주의 경제학은 공공선택이론(public choice theory), 거래비용이론(transactions cost theory), 본인-대리인이론(principal-agent theory)으로 이루어진 경제학의 한 분야이다. 공공선택이론은 1950년대에 등장한 이론으로, 경제학자들이 사람들이 시장에서 어떻게 행동하는가를 설명하기 위하여 사용했던 가정이나 논리를 공공부문의 선거와 같은 집합적 의사결정 과정의 설명에 적용한 것이다. 시장에서는 사적 이익이 사람들의 행동에 동기를 부여하는데, 집합적 결정도 개인의 사적 이익을 극대화하

---

46) 레이건 대통령은 취임 연설에서 "In this present crisis, government is not the solution to our problem; government is the problem"이라고 말한다. *Ronald Reagan's Inaugural Address*, January 20, 1981.

47) 신자유주의(neo-liberalism)는 자유시장 경제도 결함이 없는 것은 아니지만 정부가 한계를 잘 고려하면서 민간부문과 시장의 역할, 개인의 자유를 늘려야 한다는 철학이나 가치, 믿음이다.

48) 신제도주의 경제학은 경제활동을 제도(법적, 사회적 규범과 규칙)에 기초하여 설명하는 경제학의 한 학문 분야이다. 초기 제도주의 경제학과 신고전주의 경제학의 확장으로, 신자유주의 경제이론에 근거하여 정부, 법률, 시장, 가족 등의 역사, 존재, 역할을 설명한다. https://en.wikipedia.org. 검색일 2019.2.3.

49) Hood(1991), p. 5.

기 위한 선택의 결과라고 말한다. 거래비용이론은 1960년대에 구체화된 것으로 조직의 경제 행위를 설명하는데 생산 비용이 아닌 거래 비용(협상, 감시, 계약의 이행)을 분석 단위로 사용한다. 거래비용 개념은 정부기관이 공공서비스를 아웃소싱 하는 경우 비용 구조를 설명하고 비용 최소화의 방법을 찾는 데 기여한다. 본인－대리인이론은 1970년대에 나타났고 납세자는 본인, 정부기관은 대리인으로 가정한다. 본인은 대리인을 자신의 이익을 위해서 일하도록 임명하지만 대리인은 자신의 사적 이익에 집착하기 때문에 도덕적 해이를 피할 수 없다고 설명한다. 이들은 모두 인간을 이기적 존재로 가정한다.

신공공관리 개혁은 경제학자들이 시장에서 사람들의 행동을 설명하기 위하여 개발한 이론들을 토대로 민영화, 경쟁, 민간위닥, 기입의 관리기법을 도입하여 성부 관료제가 안고 있는 문제들을 해결하고자 하였다.[50] 공공서비스를 민간사업자들과의 경쟁을 통하여 제공할 때 정부 관료제가 그동안 비난을 받는 주요한 원인이었던 도덕적 해이, 독점에 따른 비효율, 예산 낭비, 시민들의 요구에 둔감하고 느린 대응 등의 많은 문제를 극복할 수 있을 것으로 믿었다. 신공공관리 개혁은 위 이론들의 기본적 가정에 기초하여, 정부 관료제의 규모(지출, 업무의 영역과 범위) 축소, 자율과 독립, 경쟁 보장, 시장적 관리기법의 도입, 결과 평가, 성과급 채택 등의 개혁을 추진한다.[51]

3) 개혁 정책의 기조

크리스토퍼 후드는 1980년 이후 유럽에서 시작된 정부부문에서의 일련의 개혁을 신공공관리라고 호칭하면서, 초기 신공공관리 개혁의 기본 방향이나 원칙을 ① 정부기관 리더의 적극적, 자유재량적, 전문적 관리, ② 목표의 정의, 대상, 분명한 성과기준의 설정과 측정, ③ 절차가 아닌 결과의 강조, ④ 서비스 제공 단위의 개별 하위 단위로의 분리와 자율적 운영, ⑤ 민간위탁과 서비스 품질개선을 위한 경쟁의 강조, ⑥ 민간 관리기법의 도입, ⑦ 능률성, 자원 남용 억제와 비용의 절감, 7가지로 요약한다.[52] 영국 에딘버러 대학(University of Edinburgh) 비즈니스 스쿨의 공공관리(public management) 전공 교수 스테판 오스본(Stephen P. Osborne)은 신공공관리 개혁의 특징을 다음과 같이 요약한다.[53]

---

50) Brown & Potoski(2004), p. 656.

51) Robinson(2015), p. 8.

52) Hood(1991), pp. 4－5. Table 1을 정리한 것으로 독자들의 이해를 돕기 위하여 본문의 의미를 손상하지 않는 범위 내에서 일부 수정하였다.

53) Osborne(2006), p. 379. 독자들의 이해를 돕기 위하여 일부 표현을 수정하였다.

첫째, 민간부문의 관리 방식과 시장적 경쟁이 정부부문에서 능률성을 증가시킬 수 있다는 가정이나 믿음을 갖고 있다.

둘째, 정책 결정자(정치)와 서비스 공급자(행정)의 분리이다. 촉매적 정부(직접 공공서비스의 제공이 아니라 민간위탁을 하고 서비스 제공의 방향을 가이드하는)의 실천으로, 전통적 의미에서 공무원의 정치적 중립과 달리 정책결정 조직과 서비스 조직을 분리한다. 단순한 분리가 아닌 권한을 이양하여 자율적 사업 설계와 운영을 허용하는 방식이다. 또 정부가 그동안 제공하던 공공서비스에 민간부문 사업자들의 참여를 허용한다.

셋째, 정부 공공서비스 조직의 기업가적 리더십을 중시한다.

넷째, 평가와 성과관리를 강조한다.

다섯째, 공공서비스를 하위 서비스 단위별로 분리하여 비용을 관리한다.

여섯째, 시장과 경쟁의 이용(시장 메커니즘과 비즈니스 방식의 채택), 서비스 민간 위탁계약의 증가이다.

4) 목적과 내용

신공공관리 개혁은 정부 관료제가 과도하게 권한이 중앙에 집중되고, 계층이 많으며, 형식이 지배하고 규정과 절차에 고도로 집착하여 느리고 많은 예산을 사용하면서도 문제해결에는 무능하다는 비판, 정부 관료제의 돌이킬 수 없는 실패에 대한 반성, 이를 교정하기 위한 전면적 노력으로, 문제 치유를 목적으로 기업가적 정부(entrepreneurial government)[54]를 지향하고, 시장화(marketization)[55]를 채택한다. 생산성, 능률성, 효과성을 제고하고자 시장과 경쟁의 원리, 기업의 최신 관리기법을 도입한다.[56] 시장화란 정부부문의 재구조화로, 법률 개정을 통하여 진행하였던 경쟁과 시장 메커니즘, 자유시장 경제의 원리, 인센티브 등의 도입 노력이다. 신공공관리 개혁은 이를 통해 정부조직도 기업처럼 자유롭게 경쟁하면서 고객만족 서비스의 제공, 지속적 혁신, 서비스 품질개선을 위한 업무 조건을 구성하고자 하였다. 개혁은 같은 시기의 작은 정부, 민영화, 정보 기술의 발전이라는 메가트랜드를 배경으로 이루어

---

54) '기업가적(entrepreneurial)'의 의미 요소는 도전, 아이디어, 실험, 용기 등이다. 기업가적 도시(entrepreneurial city)는 시장 경쟁력을 높이기 위한 전략의 개발, 위험의 감수, 지속적 혁신, 창의적 성과, 개성의 중시, 적극적 판촉, 수익 추구 등의 성향을 가진 도시이다. Jessop & Sum(2000), p. 2288.

55) Marketization. https://www.britannica.com. 검색일 2019.9.8.

56) Henry(2012), p. 206; Gruening(2001), p. 2.

진다.[57]

신공공관리 개혁은 분권화, 정치와 행정의 분리, 공공서비스 공급자 간의 경쟁, 수익자 부담, 성과평가, 결과 중시, 조직관리의 자율성 보장(정부조직의 공공서비스 제공에 보다 많은 독립성과 자유재량의 부여), 결과에 따른 책임, 소비자 중심주의, 고객과 고객만족 등을 원칙으로, 전략적 기획, 정책결정과 서비스 전달의 분리, 성과급제(成果給制), 바우처(voucher)[58], 탈규제, 민간위탁(contracting out. 정부 사업이나 프로그램의 운영을 기업이나 민간사업자에게로 위임)과 외주(outsourcing), 민자유치 등의 방법을 사용한다.[59] 정부부문은 기업의 다양한 관리기법들을 도입하고,[60] 국영기업에 대하여는 가격 통제의 완화, 경쟁 제한의 해세, 시상 기반 자원배분 시스템 등을 채택한다. 신공공관리 개혁은 전통적 행정과는 다른 철학, 새로운 방법에 의한 공공서비스 생산과 제공으로,[61] 정부업무 전 분야에 걸친 대규모의 재구조화이자 공공서비스 생산과 제공의 원칙부터 수단에 걸친 개변(改變)의 '관리 혁명'으로[62] 행정의 전반에 엄청난 변화를 초래한다.

개혁과정에서 영국 의회는 법률 제정을 통하여 정부의 경쟁 개념 도입과 시장 지향적 변화, 새로운 기법의 도입을 뒷받침한다.[63] 정부기관이 고객의 요구에 민감하게 반응하고 비용−효과적인 서비스를 전달하도록 할 목적으로 1988년 책임집행기관(executive agency. 한국에서는 책임운영기관이다) 제도를 채택한다. 집행기관은 정부조직의 일부이지만 정부 관료제의 관리 및 예산으로부터 분리시켜, 즉 독립, 자율적 조직으로 만들어 정부 집행 기능의 일부를 수행하도록 한 것으로, 영국 정부는 전 부처의 소속기관, 교도소로부터 운전자·차량면허 기관(Driver and Vehicle Licensing Agency. 차량등록사업소)에 이르기까지 집행기관을 지정하여 운영한다. 미국, 캐나다, 일본 등도 이러한 공공서비스 공급 모델을 도입한다.

---

57) Hood(1991), p. 3.

58) 미래 특정 목적의 지출 또는 재화의 구매 시 할인을 받을 수 있는 쿠폰이다.

59) Hood(1991), pp. 4−5; Moynihan(2006), p. 77.

60) 정부부문은 성과 개선을 목적으로 조직 구조 및 관리 개혁에서 기업으로부터 리엔지니어링(reengineering), 다운사이징(downsizing), 리스트럭처링(restructuring), 총체적 품질관리(total quality management, TQM. 전사적 품질관리라고도 한다) 등의 기법을 도입한다.

61) Butler, Collins, & Fellenz(2007), p. 99; Gruening(2001), p. 2. Andrews & van de Walle (2013) 참조.

62) Walsh(1991), p. 63.

63) Proctor(2007), p. 10.

5) 전통적 관리와의 차이

신관리주의(new managerialism)는 신공공관리 개혁의 철학, 새로운 업무 방식 전체를 대변하는 용어로, 전통적 관리 또는 구(舊)관리주의(old managerialism)의 반대이다. 영국이 정부부문에 도입한 기업이 사용하는 사업 기획 및 인적, 물적자원의 관리 방식으로, 이전에 사용하던 방식과는 다르다는 뜻이다. 영국은 조직, 재정, 인적자원의 관리, 공무원의 업무, 지방정부, 국민보건서비스, 교육, 경찰 등 정부업무의 전 분야에 신관리주의를 도입한다. 공공서비스의 제공 방식을 과거 정부 중심적 서비스 제공에서 시장과 소비자 중심으로 바꾸고, 인적자원의 관리에서는 직원채용과 고용관계를 국가 전체 공통 기준 적용의 중앙집중적 방식에서 기관 개별적 정책으로 변경한다.[64] 신관리주의는 결국 시장적 관점에서의 고객가치의 창출, 소비자 중심적 문제해결의 방법, 비즈니스 기법의 도입으로,[65] 전통적 행정과 비교하면 다음과 같은 특징을 갖고 있다.

첫째, 신관리주의는 전통적 행정에서의 집행적 관리(법률이나 규정, 절차의 단순한 이행으로서의 직원 선발과 배치, 예산 집행 등)와 달리, 목표달성에 초점을 둔다. 행정기관의 미션과 비전의 실현을 위한 사업계획의 수립과 집행이고 조직목표의 효과적 달성을 위한 인적, 물적자원의 동원, 최적 배분과 조직화 과정이다.

둘째, 경쟁과 시장의 중시이다. 조직 내 관리보다는 조직 간 경쟁을 중시한다.[66] 정부기관을 시장에서의 경쟁의 단위로 간주한다.

셋째, 시장모형의 채택이다.[67] 시민을 고객으로 보고, 공공서비스 품질개선을 목적으로 기업가적 리더십, 고객 중심적 사고, 만족도 개선, 계약(민간위탁, 아웃소싱)을 통한 공급을 추구한다.

넷째, 투입 대비 산출, 성과와 결과의 중시이다. 지속적 혁신, 창의성을 강조하고, 성과평가, 생산성, 전략적 관리 개념을 채택한다.

다섯째, 자유재량, 인센티브에 기초한 동기부여이다.

정부부문은 인사행정을 전통적으로 인력 채용과 보수의 지급이라는 내부적 절차이자 단순한 법과 규정의 집행으로 인식했으나 신공공관리 시기를 통하여 인사행정의 주요 관심은 성과평가와 인센티브 제공, 직무능력의 개발 등 인력의 개발, 외부로부터

---

64) Farnham & Horton(1993), p. 99.
65) Zia & Zeb Khan(2014), pp. 429, 433. Riccucci(2001) 참조.
66) Osborne(2006), p. 383.
67) Butler, Collins, & Fellenz(2007), p. 100.

의 채용 등으로 바뀌고 사람도 투자를 통하여 가치를 개발하여야 하는 자원이나 자본으로 보는 인식을 발전시킨다. 사람 중심(people-focused) 인사시스템을 지향하고,[68] 전통적 행정에서 인사행정 대신 공공 인적자원의 관리(public human resource management), 인적자산의 관리라는 용어를 사용한다.

6) 확산

신공공관리 개혁은 영국, 오스트레일리아, 뉴질랜드, OECD 회원국인 미국과 유럽 국가들(프랑스, 독일, 스웨덴, 네덜란드, 스페인, 덴마크, 핀란드 등)이 시작한 이래,[69] 다른 많은 나라들도 동참하면서,[70] 1990년대에 오면 대부분의 나라들이 신공공관리 개혁을 추진하기에 이른다. 영국은 다양한 상징적(대표적) 개혁 프로그램들(시민헌장, 베스트 가치, 넥스트 스텝 등)을 통하여 개혁 운동을 주도한다.[71] 미국의 주정부, 많은 도시정부들도 영국, 오스트레일리아, 뉴질랜드로부터 신공공관리 개혁의 철학과 정책 아이디어를 수입해오고, 조직 운영 및 관리 분야에서 전략적 기획, 성과 측정 등의 기법을 채택한다.[72]

한국 정부는 2000년 포스코(POSCO)를 민간부문에 매각한다. 한국전력공사(산업통상자원부 산하 시장형 공기업)는 2001년 「전력산업구조개편 촉진법」을 제정, 발전 부문

---

68) Henry(2013), p. 206. 토마스 헨리(Thomas Henry)의 1980년대 미국의 개혁에 대한 설명이다. 한국에서는 2015년 「공무원교육훈련법」을 「공무원인재개발법」으로 명칭을 바꾸고, 2016년 중앙공무원교육원도 국가공무원인재개발원으로 개칭한다.

69) Robinson(2015), p. 8; Cervera, Mollá, & Calderon(2000), pp. 4-5.

70) Butler, Collins, & Fellenz(2007), p. 99. Caruana, Ramaseshan, & Ewing(1997).

71) 크리스토퍼 후드(Christopher Hood)는 1991년 논문에서 다른 연구자들(예 Moynihan, 2006)과 달리 신공공관리 개혁을 1970년대 중반부터 널리 이루어졌고 영국, 오스트레일리아, 뉴질랜드, OECD 국가들에서 나타난 것으로 설명한다. 또 많은 연구들이 주로 영국의 경험을 언급하지만 결코 영국만의 고유한 것이 아니라 국제적 트렌드라고 말한다. 그러나 후드의 이러한 주장이나 인식은 1970-80년대 신공공관리 개혁 초기 단계에서의 공공서비스개혁, 민간위탁(1970년대 후반 미국 지방정부들의 경쟁과 민간위탁에 의한 서비스 제공 시작), 1980년대 영국의 대대적인 국영기업 매각, 유럽, 라틴 아메리카 국가들에서 유행하던 민영화 등에 기초한 것으로, 1990년대에 들어와 영국이 채택한 1991년 시민헌장, 1999년의 베스트 가치(Best Value), 1988년에 시작한 넥스트 스텝(Next Steps. 책임집행기관제도)의 발전 등 영국의 국가 차원의 신공공관리 개혁 선도적 노력을 고려하지 못한 것이다. Hood(1991), p. 3; Moynihan(2006), p. 78. Domberger & Jensen (1997) 참조.

72) Moynihan(2006), p. 77. 도널드 모니한(Donald P. Moynihan)은 미국행정학회 학술지(Public Administration Review)에 게재한 2006년 논문에서 이것을 "신공공관리 정책 아이디어의 승리(victory for New Public Management policy ideas)"라고 말한다.

을 6개의 자회사로 분리하여 기존의 독점적 지위를 박탈하고, 이들 간의 경쟁을 촉진하는 환경을 만든다. 2002년에는 한국전기통신공사(현 KT, Korea Telecom), 한국담배인삼공사(현 KT&G)[73]의 지분 전량을 매각하여 민영화한다.

7) 정부 혁신의 길

미국에서 신공공관리 개혁은 데이빗 오스본과 테드 게블러(David Osborne and Ted Gaebler)가 1992년 출판한 「정부재창조론(Reinventing Government)」이 잘 설명한다.[74] 이 책은 미국 정부개혁의 길을 기업가적 정부(관료적 정부의 대안)라고 말하면서, 새로운 철학과 역할을 다음 10가지로 요약한다.[75]

첫째, 촉매적 정부(catalytic government). 정부 역할은 공공서비스의 직접 제공보다는 서비스 공급에 민간사업자들의 참여, 촉진, 유도 등에 의한 방향의 제시(steering rather than rowing)이다. 기존 정부의 역할은 직접 공공 인프라와 서비스 생산 및 제공으로 사회발전에 기여하는 것이었으나 새로운 역할은 민간 및 비영리부문과 계약을 통한 위탁으로 서비스를 제공하고, 바우처(vouchers), 보조금, 세금 우대 조치 등의 이용을 확대한다. 민간부문은 시장의 유연성, 경쟁의 힘을 이용하여 고품질의 재화·서비스의 생산과 공급 및 소비자들에게 선택의 기회를 주는데 뛰어난 능력을 발휘한다. 비영리부문은 소규모이고 지역사회 이슈에 초점을 둔다. 수익을 추구하지 않는 복지사업(human services) 분야에서 재화와 서비스 제공의 최고 적임자이다. 정부, 민간, 비영리분야가 각자 자신이 가장 잘 하는 전문적 지식과 방법으로 재화와 서비스를 제공하도록 하는 것이 바람직하다. 정부가 할 일은 경제의 이러한 부문들이 보다 적은 비용으로 그러나 보다 혁신적 방법으로 시민들에게 최고의 서비스를 제공할 수 있도록 공급자와 소비자 간의 관계를 매개, 촉진, 가이드를 하는 일이라고 생각한다.

---

73) KT&G(케이티앤지. 전 한국담배인삼공사)는 민간기업이다. 하지만 정부가 민영화시켰다고 해서 통제력의 완전 포기는 결코 아니다. 정부는 「담배사업법」 제24조(보고 및 관계 장부 등의 확인)를 통하여 영향력을 행사한다. 또 국민연금공단(보건복지부 산하 기금관리형 준정부기관)이 최대 주주이고, 중소기업은행(「중소기업은행법」에 의해 설치되었고, 기획재정부가 최대 주주로 지분 51.81%를 보유하고 있다. 2019.1.5.일자 기준)도 5% 이상의 지분을 갖고 있다.

74) 이 책은 한국에서 삼성경제연구소가 1994년 「정부 혁신의 길: 기업가 정신이 정부를 변화시킨다」로 번역 출판하였다.

75) Osborne & Gaebler(1992), pp. 25-310. 데이빗 오스본은 연구원, 컨설턴트로 일했고 테드 게블러는 오랫동안 시 행정담당관(city manager. 민선이 아닌 시의회가 임명)을 역임하고, 집필 당시에는 게블러 그룹(The Gaebler Group)이라는 컨설팅 회사의 대표였다.

둘째, 지역사회 주도적 정부(community-owned government). 정부가 서비스를 직접 제공하기보다는 지역사회가 자율적으로 무엇을 할 수 있도록 권한을 부여(empowering rather than serving)한다. 정부는 서비스 전달 과정에 지역사회를 참여시켜 자신들의 필요와 욕구에 기초하여 서비스 생산과 공급을 주도할 수 있도록 보다 많은 권한을 주고, 책임도 부여하여야 한다. 정부가 기존에 독점하던 경찰 서비스를 지역사회가 주도적으로 치안유지 서비스를 생산할 수 있게 하고 경찰은 지역사회와 협력하여 가장 절실하고 필요한 서비스를 전달한다. 정부가 해야 하는 역할은 지역주민들이 정부의 일을 자신의 것으로 생각하고 스스로 문제해결에 나서도록 하는 권한의 부여이다. 정부는 지역사회가 서비스 공급에서 통제권을 가질 수 있도록 착수 자금의 제공, 훈련, 기술적 지원 등의 역할을 맡는다.

셋째, 경쟁적 정부. 공공서비스 제공에 경쟁 개념을 도입(injecting competition into service delivery)한다. 경쟁은 정부 서비스의 품질과 비용 효과, 모두를 개선하기 위한 가장 중요한 요소이다. 그렇다고 공공서비스를 민간부문이 전적으로 공급하도록 하는 것은 아니고 경쟁을 도입하여 서비스 독점적 공급에 따른 문제를 줄인다. 경쟁을 하게 되면 서비스 공급 사업자는 비용을 줄이고 사회의 서비스 수요 변화에 민감하게 반응하고 끊임없이 혁신을 통하여 고객을 만족시키고자 노력한다. 경쟁은 공직자들 사이에도 서로 인정을 받고자하는 동기를 부여한다.

넷째, 미션(임무) 지향적 정부. 정부는 법규나 규정이 아닌 미션 지향적이어야 한다. 규정이나 예산의 단순 집행이 아니라 미션을 확인하고 이를 성취하기 위하여 노력하여야 한다. 규정 중심적 조직의 운영, 예산, 인사, 조달, 회계 등은 시간낭비와 비능률성만 야기한다.

다섯째, 결과 지향적 정부. 자원은 투입(inputs)이 아닌 결과(outcomes)를 만들어내기 위하여 사용한다. 정부는 전통적으로 결과(책임성, 성과를 포함)보다는 투입에 초점을 두었다. 이러한 시스템에서 직원들은 자신의 일자리를 보호하는 데만 관심을 두고 보다 큰 예산, 많은 인력, 큰 권한만을 추구한다. 그러나 결과 또는 성과 지향적 정부는 교육, 주택, 도로건설, 직무훈련, 심지어는 법원 업무 등 다양한 분야에서 결과를 측정하고 이에 따라 보수를 준다.

여섯째, 고객 지향적 정부(customer-driven government). 정부의 임무는 고객의 욕구를 충족하는 것이지 정부 관료제 욕구의 충족이 아니다. 지금까지는 의회 선출직 공직자들이 공공서비스 제공을 위해 재원을 배분하고, 정부가 시민들이 무엇을 원하는지를 고려하여 서비스를 공급하였다. 하지만 사회가 분화를 거듭하고 복잡성이 증가하면서 이러한 서비스 제공 방식은 고객의 변화하는 선호에 즉각적이고 적절하게 대응하는 데 한계가 있다. 따라서 정부는 고객욕구의 빠른 인지를 위하여 보다 많은 노력이 필요하고 고객 자신들이 직접 서비스 생산자를 선택할 수 있도록 해야 한다. 정부는 민간부문과 시장으로부터 고객욕구와 선호를 읽는 방법을 학습하고, 시민들의 욕구와 변화 정보를 얻는 서베이, 고객과의 직접적인 접촉(서비스 제공자와 고객 간의 상호작용), 인터뷰, 고객자문위원회76), 옴브즈만77) 등 다양한 제도의 개발과 운영이 필요하다. 욕구 파악이 끝은 아니고 고객이 서비스 생산자를 선택할 수 있는 기회를 바우처나 보조금 지급 등에 의해 확대해야 한다.

일곱째, 기업가적 정부. 지출이나 소비보다 돈을 벌기 위하여 일을 한다(earning rather than spending). 정부 재산의 수익 목적 이용78)(토지와 건물 등 부동산의 개발이나 활용), 사용자 부담(주차료, 쓰레기 수거비 등 사용료, 수수료 부과), 투자(공익사업 투자와 지출을 줄이는 방법에 의한 예산의 절약), 관리자의 기업가로의 전환(전통적 예산제도를 개혁하여 부처가 자원을 다 쓰지 않고 저축하거나 필요 자원을 스스로 얻게 하고, 인센티브 부여) 등으로 수입을 얻는다.

여덟째, 선행적(先行的) 정부(anticipatory government). 치유보다 예방을 중시한다. 정부는 문제 발생 후 치유보다는 문제를 앞질러 예방할 수 있어야 한다. 방법은 예방과 위기관리, 전략적 기획, 장기적 예산 편성, 미래위원회,79) 발생주의 회계,80) 범부처 예산81) 등이다. 소방행정은 화재 진압보다는 건축 관련 법규 강화 등 화재예방 계획에

---

76) 정부는 고객자문위원회 운영을 통하여 고객욕구의 변화와 추세, 필요와 중요성, 우선순위에 관한 정보를 얻고, 전략적 접근 방향을 정할 수 있다.

77) 옴브즈만(ombudsperson. public advocate이라고도 한다)은 시민들의 이익을 대변하는 정부 또는 의회가 임명한 사람이다. 독립성을 갖고 정부에 의한 시민들의 권리 침해를 감시하고, 정부의 부적절한 행동에 대한 시민들의 불만을 조사하는 일을 한다.

78) 정부의 국유림, 군유림 활용에 의한 수입이 여기에 해당한다. 국유림관리사무소(산림청 1차 소속기관)는 국유림, 군청은 군유림을 농가 소득증대, 지역경제의 발전을 위하여 산림조합(마을 산림계)이 송이를 채취할 수 있도록 허가하고 판매 수입의 일부를 대가로 받는다.

79) 미래위원회(futures commissions)는 정부가 업무를 기획하는 과정에서 목적의 정의, 사업의 개발 등에 필요한 지역사회의 의견을 듣고자 만든 시민 모임이다.

80) 발생주의 회계(accrual accounting)는 현금의 수입과 지출만을 기록하는 현금주의와 반대로 정부 예산에 영향을 미치는 사건이 발생한 시점에서의 수익과 지출, 자산과 부채를 연계하여 기록하는 회계 방식으로, 국가재정 상황 전반의 종합적, 체계적 파악, 성과 중심의 재정 운영에 필요한 정보를 제공한다.

81) 범부처 예산(cross-departmental budgets)은 하나의 부처가 아닌 여러 부처, 어떤 부처이든

보다 많은 시간을 투입하여야 한다.

아홉째, 분권적 정부. 계층제가 아니라 참여와 팀워크로 일한다. 전통적 정부조직은 계층이 많고 높이가 너무 높다. 계층을 없애 정보의 자유로운 흐름을 만든다. 중앙집권적 의사결정 체제에서 상층부는 현장과는 멀리 떨어져있는데 정보는 오히려 상층부에 집중되어 조직이 다양한 수요에 즉시 반영하는 능력에 심각한 손상을 준다. 권한을 현장 가까이 있는 사람들에게 분산시켜 이들이 통찰력을 갖고 현장의 수요에 즉시 대응할 수 있게 한다.

열째, 시장 지향적 정부. 시장을 통하여 변화를 만든다. 도시는 하나의 시장이다. 공공의 욕구를 충족시키는 최고의 방법은 중앙집중적 통제가 아니라 시민들이 자신의 욕구를 만족시키는 각자의 방법을 찾을 수 있도록 정보나 인센티브, 보조금 지원 등으로 방향을 제시하는 것이다.

미국에서 1980년대 말은 정부가 이전 관리방식으로는 아무것도 할 수 없다는 전문가들의 혹평과 실무자들 자성의 목소리가 거셌던 시기이다. 오스본과 게블러는 정부에 대한 개혁 압력에 대하여 위 10가지를 개혁 방향으로 제시한다. 이들이 책을 출간하자 미디어 서평들은 일제히 격찬한다. 정치인들은 세금만 올리고 서비스는 오히려 줄이고 있고, 정부는 많은 돈을 쓰면서도 서비스 질은 점점 더 떨어지고 있어 정부 관료제는 이제 누구도 어떻게 할 수 없는 지경이라고 불평하고 절망하였는데 이 책은 정부를 완전히 다시 뜯어고칠 수 있는 혁명적 아이디어와 적절한 조치를 담고 있다고 말한다.[82] 뉴욕타임즈(New York Times)가 이 책을 베스트셀러로 선정하면서 신공공관리 개혁의 텍스트로 등장한다.

영국 내각사무처[83] 장관 로빈 버틀러(Robin Butler. Secretary of the Cabinet. Head of the Home Civil Service 겸직)는 1994년 논문에서 영국 정부가 그동안 추진한 신공공관리 개혁과 미국의 정부개혁을 비교하면서, 먼저 영국의 신공공관리 개혁(1980년대 후반 이미 본격적 추진에 들어간)의 원칙을 다음 10가지로 정리한다.[84]

필요한 부처가 사용할 수 있도록 편성된 예산이다. 정부 차원의 정책을 집행할 때 어느 부처가 그 예산을 사용할 것인가를 결정한다. 범부처 예산이 없으면 통합적 사업의 효과적 추진이나 정책결정을 할 수 없다.

82) https://books.google.co.kr. 검색일 2019.6.29.
83) 영국의 내각사무처(Cabinet Office)는 수상 직속으로 행정개혁의 목표와 방향을 제시하고 개혁 프로그램의 수립과 집행을 주도하는 곳이다.
84) Butler(1994), p. 265.

- 공공서비스 공급자들 간의 경쟁
- 시민에게 선택권 부여
- 투입이 아닌 결과에 초점
- 규정이나 규칙이 아닌 목표에 의한 추진
- 클라이언트(clients)를 고객(customers)으로 정의
- 치유보다는 문제의 예방
- 비용 지출만이 아닌 수익을 만들기
- 권한의 분산
- 정부 관료제보다는 시장 메커니즘
- 정부, 민간, 제3섹터 간의 화학적 반응(서로 다른 분야가 상호작용하여 새로운 성과를 창출)의 촉진

버틀러는 오스본과 게블러가 위 책에서 밝힌 여러 주장들을 자세히 검토한 다음, 영국의 공공서비스 개혁의 철학과 방법들은 독창적인 것이다. 하지만 영국 정부가 지금까지 추진하고 있는 신공공관리 개혁들은 오스본과 게블러가 1992년 발간한 「정부재창조론」의 내용과 많은 부분에서 매우 일치한다고 말한다.[85] 또 정부는 비즈니스 분야와는 다르지만 개혁을 원하는 정치적 압력 속에서 극적인 변화가 필요하고 이것은 미국이나 다른 나라들도 비슷하다고 평가한다.[86]

8) 비판

신공공관리 개혁에 대한 평가는 다수가 긍정적이지만 그렇다고 전부가 다 동의하는 것도 아니다. 많은 연구자들은 능률성 향상, 비용절감에 기여하였다고 생각한다. 하지만 긍정적 효과와 부정적 효과가 뒤섞인 것으로 보는 시각도 있다.[87] 일단 많은 연구자들은 신공공관리 개혁이 공공서비스의 품질개선, 행정의 능률성과 효과성 향상,

---

85) 데이빗 오스본과 테드 게블러의 「정부재창조론」은 전직 연구원과 전직 시장이 컨설팅 관점에서 정부를 새롭게 만든다는 의도를 가지고, 기업가적 정부 이름하에 미국 여러 지방정부들이 시도하는 실험적 노력, 성공적 사례들을 모아서 미래 방향을 제시한 것으로, 미국의 정부개혁 실험의 권고적 버전이다. 영국과 같은 국가적 차원에서의 법률 제정, 공식, 획일적 도입과 실행은 아니다. 또 영국보다 함참 더 늦은 시점이다.

86) Butler(1994), pp. 263, 269−270. 버틀러는 영국의 경험을, 오스본과 게블러는 개혁 방향을 제시한 것이었다.

87) Brown & Potoski(2004), pp. 656−657.

정부에 대한 시민들의 신뢰 제고에 크게 기여한 것으로 평가한다.[88] 반면 일반적 비판은 신공공관리의 철학적 토대와 이론이 정부의 헌법과 민주적 가치(공정성, 평등, 정직성, 사회적 정의, 참여 등), 법의 지배, 시장실패의 치유, 책임성 등에 반한다는 것이다.[89] 일부 행정학자들은 신공공관리 개혁을 정부 현실 정치(realpolitik of government)에 대한 이해의 부족, 정부와 민간부문 간의 중요한 차이를 무시한 것으로 간주한다. 결과 중심주의와 고객만족은 행정과 정치적 과정과는 정반대되는 것으로 정부가 신공공관리 개혁의 가치나 방법을 공공서비스 제공에 적용하는 것은 적절하지 않다고도 말한다. 또 민간위탁을 통한 공공서비스 공급으로 '공동(空洞, hollowed) 국가' 현상을 초래하였다. 민간사업자들이 공공서비스의 실질적 전달을 맡고 정부는 공공서비스의 설계와 감독으로 자신의 역할을 축소하여 서비스 공급에 책임 분산의 문제가 나타났다. 또 공공서비스는 시민들의 이익을 위한 것인데 민간사업자들이 전적으로 사익만 추구하는 부작용이 발생하였다는 점 등도 주요 비판이다. 신공공관리 개혁은 반(反) 관료제적 주장이고 관료 때리기(bureaucrat bashing)라는 주장도 있다.[90]

OECD 국가들에서는 공공부문에 민간 관리기법의 도입이 정부기관의 책임성 향상, 성과관리 등을 통하여 공공서비스의 능률성과 효과성을 증가시킨 것은 맞지만 정부가 전통적인 행정서비스의 가치, 프로그램의 운영 및 방법상의 기준들을 포기하여[91] 오히려 정부에 대한 시민들의 신뢰 저하를 초래했다는 지적도 있다.[92] 다음은 스테판 오스본(Stephen P. Osborne)의 NPM에 대한 비판 또는 문제의 제기이다.[93]

첫째, 신공공관리는 하나의 패러다임은 아니고 여러 가지 개혁적 노력들의 집합이다.

둘째, 정부의 개혁 운동, 정부조직에서의 실천, 연구자들의 관심 등에서 개혁의 내용이 각기 다르다.[94]

---

88) 예 Torres(2006).

89) Kalimullah, Alam, & Nour(2012), pp. 16−18. 공정성(fairness)은 사회적 정의, 법적 형평성 (equity)을 의미한다.

90) Riccucci(2001), pp. 172−173; Thomann(2018), p. 1. 신공공관리 철학과 기법은 공공서비스 의 설계보다는 전달에 필요한 관리적 수단이나 도구인데, 행정학자들은 자주 정부 본질적 서비스의 설계나 생산의 관점에서 접근함으로써 부정적으로 인식한다.

91) 정부와 달리 경쟁시장의 기업들은 장애인, 노약자, 임산부 등 사회적 보호가 필요한 사람이나 국가 유공자라고 특별히 사정을 고려하지 않는다.

92) Torres(2006), p. 159.

93) Osborne(2006), pp. 379−380.

94) Dawson & Dargie(1999), p. 459.

셋째, 영국, 오스트레일리아, 스칸디나비아 일부 국가에 제한적이다. 이들 간에도 서로 개혁의 관심이 같지 않다.

넷째, 단지 행정학의 일부 연구 분야로 이론적 토대, 개념적 엄격성이 부족하고 실제 영향력도 제한적이다.

다섯째, 편익은 부분적인 것이다.

여섯째, 실패한 방법이다.

신공공관리 개혁에 대한 비판의 주요 소재는 민간위탁이나 외주(外注)이다. 그러나 정부가 직접 수행하던 업무의 민간위탁이나 외주는 그 목적이 높은 품질의 서비스, 그러나 보다 낮은 비용에 의한 공급이다. 하지만 민간위탁(생활 폐기물의 처리, 노인 요양 시설이나 어린이집의 운영 등)이나 외주(건물 경비, 청소 등)를 한 결과 민간사업자들 간의 기대한 경쟁은 잘 나타나지 않았다. 특정 사업자들이 위탁을 받은 후 시설 투자와 사업수행 노하우의 축적이 새로운 사업자들의 준경쟁시장에 참여를 방해하는 진입 장벽을 만들면서 결국 초기 위탁을 받은 사업자만이 지속적으로 위탁 업무를 수행하는 자연독점 상황이 연출되었다. 경쟁시장의 힘(market forces)은 작동에 실패하고, 비용절감, 서비스 품질의 향상과 같은 긍정적 효과가 나타나지 않는 상황에서 민간사업자들은 사실상의 독점 상황을 만나 정상보다 서비스 가격은 크게 올리고 비용은 부당한 방법으로 절감하는 식으로 손쉽게 자신의 이익을 극대화하고자 하면서 시민들은 정부가 직접 서비스를 제공할 때보다 비용은 오히려 더 늘고, 질은 더 떨어진 서비스를 이용하는 결과를 초래한다.[95] 또 다른 문제는 민간사업자들의 비정규직, 시간제 근로자들의 선호와 이들의 노동력 착취에 의한 사회적 부작용의 발생이다.[96]

하지만 신공공관리 개혁은 많은 비판에도 불구하고 전통적 행정과 달리 고객가치, 공급자가 아닌 소비자 중심적 서비스, 조직 내부의 관리가 아닌 서비스 품질의 강조, 기업, 및 비영리조직들과의 경쟁과 협력적 업무수행의 기회를 크게 늘리고 정부기관도 성과 측정을 통해 민간사업자들과 비교하여 얼마나 보다 생산적인가를 평가 받을 수 있는 길을 열었다는 점은 분명하다.

---

95) "강남구 민간위탁 남발로 예산 낭비 초래." 오마이뉴스 2003.7.14; 93명 먹을 국에 계란은 3개 … 아이들 '배곯는' 유치원. 세계일보, 2018.7.31.

96) 정부부문은 효율성 개선을 위하여 비본질적 업무를 외주(경비, 청소, 시설 관리, 소방 등)하였지만 비정규직 양산, 고용 불안, 위험한 작업 환경, 저임금 등의 부작용을 초래한다. [공공부문 위험의 외주화를 멈춰라 ②] 여기 사람이 있다. 매일노동뉴스 2018.4.12.

3. 사례

다음 사례들은 정부마케팅이 정부가 직면하는 새로운 환경과 행정 수요, 사회적 이슈 대응에 어떤 기여를 할 수 있는가를 보여준다.

1) 영국 아일랜드 정부의 하이테크 기업과 R&D 시설의 유치

아일랜드는 투자유치 마케팅 전략을 통해 하이테크 기업과 R&D 자본을 끌어들이는 데 가장 성공적이었던 사례로 꼽힌다.[97] 다국적 기업들이 하이테크 R&D 시설을 세계 각 지역에 배치하여 기술의 현지 적응을 촉진하고 네트워크화하는 추세가 뚜렷하게 나타나자, 아일랜드는 제조나 농업과 같은 지역의 전통적 주력 산업 대신 이들을 외부로부터 끌어들여 지역경제를 발전시킨다는 전략을 세우고, 본격적 유치 사업을 전개하여 큰 성과를 거둔다. 아일랜드는 1단계로 장소의 매력을 제고하여 기업들의 투자를 유치하고 2단계는 투자기업들의 정착을 돕는 전략을 수립하여 집행한다.[98] 아일랜드의 기업 유치 전략의 성공에는 국가가 하이테크 기업 유치를 최우선 순위에 둔다는 강력한 정치적 의지가 있었고, 정치적 안정, 유럽, 중동과 아프리카 시장 접근에 용이한 전략적 위치 등이 이점으로 작용하였다. 지역에는 이미 주요 글로벌 기업들의 전략적 클러스터(제약, 바이오 테크롤로지, 메디컬 엔지니어링, ICT, 금융 및 국제 서비스, 디지털 미디어)가 있었고, 비즈니스 활동의 허브로서의 평판 등도 우수하여 장소상품으로서의 매력이 높았다.[99] 아일랜드는 이러한 정치적, 지리적, 시장 및 산업적 이점을 활용하여 많은 기업을 유치할 수 있었고, 투자한 기업들이 비즈니스 활동을 통해 지역에서 수익을 창출하면서 뿌리를 내릴 수 있도록 집중적 지원을 한다. 또 마케팅 믹스를 수단으로 하이테크 기업과 R&D 자원이 다른 나라로 빠져나가지 않고 지역의 혁신 시스템과 협력하면서 새로운 지식의 창출과 지역발전, 장기적 이익을 내도록 유도한다. 해외 투자 기업들이 만든 글로벌 혁신 환경으로부터 지역 기업들이 경제적 이익을 얻고, 암묵적 지식(tacit knowledge)의 교환에 참여할 수 있도록 합작 환경을 만든다. 또 지식재산 접근성을 개선하여 지역기업들의 혁신을 흡수할 수 있는 능력도 강화한다.[100] 아일랜드는 전략 개발과 시행 과정에 장소마케팅의 시장 분할과 표적시장의 선정, 포지셔닝

---

97) Bonetti & Masiello(2014) 참조.
98) Bonetti & Masiello(2014), pp. 4, 7.
99) Bonetti & Masiello(2014), p. 8.
100) Bonetti & Masiello(2014), p. 13.

기법, 경쟁시장에서 필요한 다양한 마케팅 수단을 활용하여 성공적 결과를 도출한다.

2) 중국 칭다오시의 공장 유치

칭다오(青島)시는 한국 기업들의 최대 투자 집중지로, 한국의 중국 투자기업의 1/3이 이곳에서 상품을 생산한다. 한국 기업들은 청도가 지리적으로 인접하여 접근이 용이하고 물류비용이 저렴하다는 점, 칭다오시의 한국 기업 유치를 위한 적극적 노력 등으로 1989년부터 진출을 시작한다. 대부분 독자 기업 형태이고, 초기에는 의류, 식품, 완구, 공예품, 기계, 화공, 전자 등이 주류였다가, 점차 전자, 화공, 자동차 부품 기업 등의 투자가 증가한다. 칭다오시 진출 한국 기업은 2016년 기준 이미 2천 3백여 개로 칭다오 지역 외자기업의 절반을 차지하고, 선진기술과 경영, 기업문화로 지역경제에 기여한다.[101]

중국 정부가 한국 기업의 유치를 통해 지역의 일자리 창출, 주민소득 증가, 지역경제 발전 등에서 큰 성과를 거둘 수 있었던 성공적 사례이다. 한국 정부는 외국으로부터의 자본, 기업의 유치보다도 기존의 지역기업들이 해외로 떠나지 않도록 하는 것이 더 중요하다는 것을 알고 있었지만 기업들이 높은 인건비 부담과 정부 규제를 피하기 위해 공장을 해외로 이전하는 것을 막지 못했다.[102]

3) 북미지역 Amazon 제2본사(HQ2)의 유치

북미지역 아마존(Amazon) 제2본사(HQ2)의 유치는 도시들 간의 장소상품 판촉 경쟁이 얼마나 뜨거운가를 보여주는 대표적 사례이다. 아마존사는 본사가 시애틀에 있으나 2017년 북미지역에 50억 달러 규모의 제2본사 설립을 결정하고, 후보지 선정 작업에 착수한다.[103] 기준을 국제공항과의 근접성, 미래 5만 명의 직원(매니저, 소프트웨어 엔지니어, 회계사, 법무 담당자, 관리 직원 등)의 삶의 질을 보장할 수 있는 고등 교육기관의 존재 여부, 고급 전문인력을 지원할 수 있는 도시의 역량, 1백만 이상 주민들의 거주 환경 등으로 제시한다. 아마존 본사의 유치는 지역사회에 고급 일자리 5만개의 창

---

101) Kotra(2017). 중국 칭다오 출장 자료, pp. 10 – 13.

102) 한국 떠나는 기업들. MBC 뉴스 데스크, 2002.5.19.

103) Yurieff, K. Amazon picks 20 finalists for its second headquarters. *CNN tech*, January 18, 2018.; Fung, B. Amazon releases list of metro areas being considered for its second HQ. *The Washington Post*, January 18, 2018.; Amazon HQ2 decision: Amazon splits prize between Crystal City and New York. *The Washington Post*, November 13, 2018.

출과 수백 억 달러 규모의 투자로, 하나의 새로운 실리콘밸리의 탄생을 의미한다. 본사의 설치가 필요 부품이나 서비스 공급 업체, IT회사들의 이주를 수반하여, 일자리 창출, 주민의 삶의 질 향상에 획기적인 도움을 줄 것이라는 기대를 낳는다. 반면 주택가격과 생활비, 기존 세입자들에게는 엄청난 임대료 상승, 기술 전문직 대비 저소득층의 소외, 교통 인프라 부족 등 부작용에 대한 우려도 나타난다. 그럼에도 불구하고 후보지 선정에 북미 238개 도시 또는 지역들이 대거 신청하여 치열한 경쟁이 이루어진다. 미국 뉴저지주 뉴왁시(City of Newark) 의회는 아마존 제2본사 유치를 조건으로 50억 달러 감세 조치를 통과시킨다. 매사추세츠주 보스톤시(City of Boston)는 161 에이커의 부지와 20년 동안 소득세의 삼세를 발표한다. 캐나다 온타리오주 토론토시(City of Toronto)는 근로자 한 명당 8,130달러에 해당하는 직원 훈련 보조금과 온타리오주 대학생들을 고용할 경우 세금 공제 혜택을 제시한다. 워싱턴 디시(Washington, DC)는 5년간 법인세, 하드 및 소프트웨어 매출에 대한 주의 판매세 면제를, 메릴랜드주 몽고메리 카운티(Montgomery County)는 부지 제공을 제안한다.

아마존사는 후보 지역을 1차적으로 20개로 압축 선정하여 발표한다. 이때 일부 후보 지역들은 이미 아마존에 적어도 6억 2천 1백만 달러에 달하는 감세 조치와 보조금(텍사스주는 2억 6천 9백만 달러)을 제공하고 있는 것으로 나타났다. 아마존사는 2018년 11월 제2본사 후보지를 동부 해안 북부 버지니아(Northern Virginia)의 크리스털시(Crystal City)와 뉴욕시(New York City), 두 군데로 최종 선정한다. 버지니아 주는 그 대가로 2030년까지 연봉 15만 달러의 일자리 2만 5천개를 만들어낸다는 조건으로 주 의회 승인을 얻어 지하철, 공항 등의 교통시설 개선, 보행자 다리건설 등을 위한 1억 9천 5백만 달러를 포함 8억 1천 9백만 달러를 아마존사에 제공할 것을 약속한다. 주정부는 버지니아텍(Virginia Tech. 공식 명칭은 Virginia Polytechnic Institute and State University이다)에 10억 달러를 투자하여 아마존사가 필요로 하는 혁신분야 전공 고급인력을 공급할 대학원 캠퍼스 건설을, 뉴욕시는 아마존사의 발전을 위하여 총 30억 달러 인센티브 제공을 결정하고, 아마존사는 20억 5천만 달러를 투자하여 30억 2천만 달러의 세수입을 만들어낸다는 계획을 발표한다. 하지만 본사 건립 후보지로 선정되었던 두 곳 중한 곳인 뉴욕시는 의회 의원, 진보주의 운동가, 노동조합 지도자들이 집값, 임대료 폭등, 교통체증, 빈부 간의 격차 발생 등을 이유로 본사 설치를 격렬히 반대하면서, 아마존사는 2019년 2월 건립계획을 전면 취소한다.[104]

---

104) Amazon pulls out of plan to build New York City headquarters after backlash. https://www.nytimes.com/. Feb 14, 2019.

4) 일본 이즈모시의 공공서비스 개혁

일본의 이즈모(出雲)시는 마케팅에 기초한 서비스 개혁의 성공으로 많은 지자체들로부터 일거에 엄청난 주목을 받고 벤치마킹의 대상이 되었던 바 있다.105) 이와쿠니 데쓴도(岩國哲人)는 1989년 이즈모시 시장에 취임하자 "행정은 최대의 서비스 산업이다"라는 점을 강조하면서 행정에 마케팅 사고의 도입이라는 일대의 혁명적 개혁을 추진한다. 시장은 개혁과정에서 정부도 "벽" 붕괴 후의 시대("壁" 崩壞後の時代)에서 시민을 고객으로 보고, 공공서비스도 고객을 만족시킬 수 있어야 한다는 신념을 천명한다.106) 이와쿠니 시장은 세계 금융서비스의 경쟁시장에서 비즈니스 경험(뉴욕 10년, 런던 7년, 파리 4년)을 쌓은 사람으로, 공직사회가 그동안 경험해보지 못한 경쟁과 고객 중심의 시각에 기초하여 공공서비스 개혁을 시작한다. 정부 서비스는 낭비와 비능률의 상징이고, 공무원 집단은 민간기업을 본받지 않으면 안 된다는 자신의 현실 인식에 기초하여 경쟁시장에서는 고객을 기다리는 것이 아니라 찾아가 선택을 받아야 하는 대상으로 정의한다. 공무원은 고객 위에 군림할 수 없고 복잡한 절차와 서류의 비효율과 불친절을 제거하고 봉사해야 한다고 믿었고 이를 행정서비스 개혁에 반영하고자 하였다. 연중무휴로 "근무는 5일, 서비스는 7일," 고객을 찾아 나서는 서비스, 최고 품질의 서비스 제공을 시도한다.107) 이러한 개혁의 결과, 일본능률협회는 독창적이고 뛰어난 종합마케팅 우수기업 '베스트 나인'(Best 9)을 매년 뽑는데, 1991년에는 이즈모 시청을 정부기관으로는 최초로 1위로 선정한다. 이것은 인구 8만의 작은 지자체가 일본을 대표하는 세계적인 기업, 소니나 도요다, 닌텐도 등보다도 높은 평가를 받은 것으로, 일찍이 정부가 경험해 보지 못한 성공 사례로 평가된다. 이즈모 시장은 이러한 결과를 시청의 모든 행정에 마케팅 사고를 받아들인 것 때문이었다고 말한다.108)

---

105) 岩國哲人(1991), p. 28. 31.
106) 岩國哲人(1991), p. 104. 제3장 첫 소제목은 "行政は最大のサービス産業である"이다. 저자 이와쿠니 데쓴도(岩國哲人)는 뉴욕 맨해튼에 본사를 둔 메릴린치(Merrill Lynch. 투자관리, 보험, 증권 등의 금융업무를 수행하던 세계 최대 증권사였으나 2008년 Bank of America에 매각되었고, 현재는 브랜드만 남아 있다)의 수석 부회장을 지냈고, 1989년 이즈모 시장에 취임하여 1996년까지 시장직을 수행하였다.
107) 岩國哲人(1991) 참조.
108) 岩國哲人(1991), p. 104.

5) 정부의 비만 관리

비만은 당뇨병, 고(高)콜레스테롤 혈증, 고혈압 등 성인병의 핵심 요인으로 국가 생산 가능 인구의 건강을 저하시켜 생산성 하락을 초래하고 당뇨나 고혈압 등 만성질환 진료 및 치료비를 증가시킨다. 국민건강보험공단(보건복지부 위탁집행형 준정부기관)의 국민건강보험정책연구원은 2016년 기준 비만에 따른 사회 경제적 손실을 한 해 11조 5천억으로 추정한 바 있다.[109] 보건복지부는 2030년이면 고도 비만율이 현재의 2배에 이를 것으로 전망하고,[110] 영양, 운동, 비만 치료, 인식 개선 4개 분야 36개 과제의 비만관리종합대책(2018~2022)을 내놓았다. 주요 내용은 올바른 식습관 교육, 건강한 식품 소비 유도, 아동과 청소년의 체육 활동 촉진, 유치원과 어린이집 대상 야외 신체활동 늘리기, 주민들의 생활 체육 참여 확산, 성인과 노인 대상 비만예방, 노인 신체활동 프로그램의 개발과 보급, 고도 비만자 치료와 관리, 국민의식 개선을 위한 홍보강화 등이다. 보건복지부가 개발한 식생활, 체육 활동 등 정부의 비만 예방 프로그램들은 국민들의 자발적 참여가 없이는 성공하기 어렵다. 주민 각자 건강의 중요성에 대한 인식과 관심, 비만식품과 음료, 건강에 대한 비만의 위험 등에 충분한 지식을 갖고 식습관과 운동, 조기진단 등에 적극적 참여를 요구한다. 사회마케팅은 개인의 비만에 대한 인식, 태도와 지식, 프로그램에 자발적, 적극적 참여를 이끌어내는 체계적 접근 방법을 제시한다. 이런 점에서 정부가 미래 국민건강 서비스 수요에 대응하는 비용 대비 효과적인 전략이자 장기적이고 일관되게 건강을 개선하는 방법이다.[111]

109) 비만의 사회적 비용, 연간 11조5000억원 … 의료비가 절반. 경향신문, 2018.12.10.

110) 국가비만관리 종합대책(2018~2022). 건강 한국, 비만 관리에서 출발한다! 보건복지부 보도자료. 2018.7.26.

111) Stead et al.(2007), p. 191.

PART 2

마케팅 이론과 기법

제4장 마케팅의 기본적 요소

제1절 서론

1. 마케팅 원리

마케팅 원리(marketing principles)는 성공적 마케팅을 위한 행동규범이자 지켜야 하는 원칙들로, 고객 중심적 마케팅 전략의 수립, 표적시장의 선정, 시장조사, 고객 필요와 욕구, 소비자행동의 이해 등이다. 기업은 이 밖에도 고객가치와 만족도, 마케팅 믹스의 개발, 성과 측정 등도 중요한 마케팅 원리로 채택하여 사용한다. 마케팅 관리를 마케팅 철학과 가치(고객 중심적 사고, 필요와 욕구, 시장지향성)에 기초한 마케팅 전략(시장 세분화, 표적화, 시장조사, 포지셔닝)의 수립, 마케팅 믹스(4Ps)의 개발, 시행, 통제(성과 평가와 피드백)의 과정이라고 한다면, 마케팅 원리는 이러한 과정의 성공적 관리를 위한 원칙들이다. 마케팅 원리는 조직마다 다를 수 있는 만큼 조직들은 각자 자신의 비즈니스에 최적화된 원리를 발전시켜 적용한다.

2. 마케팅 개념과 확장

1) 마케팅 개념

마케팅 개념(marketing concept)은 "장기적인 수익 극대화를 위하여 조직의 마케팅 관련 모든 기능들을 통합, 조정하고자 하는 의식 작용"으로 마케팅의 성공을 위한 철학이고 가치이자 기본적 요소이다.[1] 마케팅 개념의 내용이 무엇인가는 연구자들 간에 차이가 있으나 넓게 정의하면, 조직의 고객지향성(customer orientation), 시장 욕구의

---

1) Felton(1959), p. 55.

파악, 조직 전체 기능적 부서 간에 시장 수요 정보의 공유, 결과적 수익의 중요성에 대한 인식으로,[2] 마케팅 이론의 기초이자 조직이 마케팅 관리를 어떻게 해야 하는가에 관한 규범이다. 궁극적으로는 비즈니스 철학이다.[3]

많은 연구자들은 마케팅 개념의 기원이 로버트 케이스(Robert J. Keith)가 쓴 1960년 논문 '마케팅 혁명(The Marketing Revolution)'이라고 말한다.[4] 그러나 이 논문이 '마케팅 개념'을 별도의 하나의 용어로 제시했던 것은 아니다. 케이스는 이 연구에서 당시를 비즈니스 분야가 '마케팅 혁명'의 진통 속에 있다고 진단하고, 또 마케팅이 비즈니스에서 가장 중요한 기능의 하나로 부상 중이라고 주장한다. 지금은 비즈니스가 관심을 기존의 생산에서 마케팅으로 옮겨가는 하나의 혁명적 시기이다. 이제부터는 비즈니스의 중심이 회사가 아니라 소비자이고, 관심은 생산이 아니라 시장이며, 상품도 회사가 만들고 싶어 하는 것이 아니라 고객이 회사가 만들어주기를 원하는 것이다. 관심은 이제 회사가 아니라 시장이다. 혁명은 이러한 비즈니스 시각의 변화, 새로운 철학 위에서 일어나고 있다고 말한다. 케이스는 시대가 요구하는 비즈니스 변화의 핵심을 시장 지향적이고 고객 중심적인 서비스 제공이라고 주장하면서 '마케팅 개념(marketing concept)'이라는 표현을 몇 차례 사용한다. 마케팅 개념이 비즈니스에서 핵심적 철학이자 가치로 자리 잡게 된 것은 이후 연구자들이 마케팅 개념의 중요성에 동의하고 지속적으로 사용하면서부터이다.[5]

2) 사회마케팅에서의 마케팅 개념

그레고리 엘리어트(Gregory R. Elliott)는 마케팅 개념이 나온 뒤 상당한 시간이 지난 1990년 연구에서 기존의 마케팅 개념을 전통적 마케팅 개념(traditional marketing concept)이라고 부르면서 기존의 마케팅 개념은 전후(제2차 세계대전 이후) 기업들이 상대적으로 안정적이고 유순한 경제 및 시장환경에서 비즈니스를 하는 데는 적절했을지 모르나, 1970년대 소비자의 시대, 1980년대 환경운동에 의하여 요동치는 새로운 시장

---

2) 그레고리 엘리어트(Gregory R. Elliott)는 마케팅 개념의 핵심 요소에 시장 욕구의 파악과 관련 정보의 공유 대신 통합적 마케팅(integrated marketing)을, 어제이 코리와 버나드 자워스키 (Ajay K. Kohli and Bernard J. Jaworski)는 기능 조정적 마케팅(coordinated marketing)을 포함시킨다. Elliott(1990), p. 20; Kohli & Jaworski(1990), p. 3.

3) McNamara(1972), p. 50; Hirschman(1983), p. 45.

4) Houston(1986), p. 82.

5) Keith(1960), pp. 35, 37－38.

환경에서는 생산자와 소비자만 고려한 전통적 마케팅 개념은 더 이상 유효하거나 적절하지 않다고 주장하면서 대안으로 소비자뿐만 아니라 환경에 대한 영향 등 사회의 장기적 이익도 반영한 사회적 마케팅 개념(societal marketing concept)을 제시한다.[6]

　　아드리안 사전트(Adrian Sargeant) 등도 전통적 마케팅 개념은 민간부문 비즈니스에는 적절할지 모르나 정부나 비영리부문에는 그대로 적용하기 어렵다고 주장하면서 이를 지지한다. 기업의 마케팅 개념을 비영리부문에도 똑같이 사용하는 데는 한계가 있고, 비영리부문에서는 시장지향성보다는 전체사회 지향성(societal orientation. 사회 전체적 이익을 위한)이 필요하다고 말한다.[7] 이들은 비영리조직의 마케팅을 전체 사회적 마케팅(societal marketing)이라고 부르면서 마케팅 개념과 기법을 사용하지만 기업과 달리 표적집단의 필요와 욕구, 관심뿐만 아니라 사회 일반의 장기적 이익에 초점을 두고, 경쟁자보다 능률적으로 소비자를 만족시키는 활동으로 설명한다. 또 기업마케팅은 표적집단만을 대상으로 하지만 비영리조직의 마케팅은 고객만족, 조직의 이익뿐만 아니라 사회의 가치나 복지 등의 비경제적 이익, 목적도 고려한 것이어야 한다고 주장한다. 이러한 시각은 마케팅 개념의 비영리조직에 대한 확장을 의미한다.

3) 정부와 마케팅 개념

　　국민경제를 정부부문, 민간부문, 제3섹터(third or voluntary sector)[8]로 구분한다면, 정부부문은 민간이나 제3섹터와는 목적이나 활동 방식, 서비스의 대상이 다르다. 정부의 목적은 공익이고 하는 일은 일반 국민(the public or people. 국가 정치적 공동체 구성원 전체)을 대상으로 한 공공서비스의 제공이다. 반면 민간부문은 영리 추구 기업이나 단체, 시민 개인들로 이루어진 경제 부문으로 시민부문(citizen sector)이다. 목적은 사익의 추구이다. 제3섹터는 비정부조직, 비영리조직이나 단체들로 이루어진 재화와 서비스의 자발적인 생산 부문이다. 민간부문의 기업들은 마케팅 개념을 고객지향성, 수익

---

6) Elliott(1990), p. 20. 'societal'은 전체 사회를 의미하고, 'social'은 다른 사람과의 상호작용을 뜻한다.

7) Sargeant, Foreman, & Liao(2002), pp. 42, 58−59.

8) 제3섹터는 기존의 공공부문(public sector)과 민간부문(private sector) 어디에도 속하지 않는 비정부조직(non−governmental organizations)과 비영리조직(nonprofit organizations)으로 이루어진, 또 하나의 부문이다. 비영리부문(nonprofit sector), 지역사회 부문(community sector), 시민부문(civic sector)이라고도 한다. 1970년대 중반 민간부문의 문제를 치유하기 위한 분야로 주목 받는다. Kotler & Murray(1975) 참조. Voluntary sector. https://en.wikipedia.org. 검색일 2019.9.12.

과 시장지향성 또는 활동 규범으로 간주한다. 반면 정부부문이나 제3섹터는 기업과 같이 고객의 필요와 욕구충족을 지향하지만 목적과 활동 분야, 서비스의 대상이 다르다. 따라서 기업과 똑같은 마케팅 개념(마케팅의 규범적 관점이나 철학)의 수용에는 한계가 있다. 제3섹터는 시장이 아니라 지역사회에서 활동하고 주민들의 문제해결, 관심과 가치의 실현을 추구한다. 연구자들은 이 때문에 사회적 마케팅이라는 개념을 사용한다.

정부마케팅에서 정부가 추구하는 가치는 공익이고, 재원은 납세자들로부터 얻는다. 이러한 특징을 반영하여 정의하면 정부마케팅에서 마케팅 개념은 고객 중심적 사고, 시장, 사회 및 국민 일반 욕구의 조사, 정부부문 관련 부서들 간에 수집된 정보의 공유, 이를 활용한 공공가치 생산의 중요성에 대한 인식이다.

3. 고객 중심적 사고

고객 중심적 사고(customer-centered thinking)는 표적집단의 인식, 고객의 필요와 욕구 중심적 이성의 작용, 고객만족과 가치를 중시하는 믿음이나 생각이다. 고객을 가운데 또는 최고 우선순위에 두는 업무 성향으로, 고객지향성이라고도 한다. 마케팅에서 고객 중심적 철학의 등장은 1950년대 이후이다. 고객 중심적 사고는 소비자의 관점에서 상품의 생산과 전달의 방법을 선택하고자 하는 이성적 작용으로, 마케팅 과정 전체를 지배하는 근본 원리이다. 마케팅 이론과 기법, 도구 등의 선택에 기준을 제공하고 시장 환경에서의 마케팅 결정에 중심적 역할을 한다. 고객 중심적 사고는 표적시장의 고객은 상품(장소, 공공서비스, 사회적 가치, 지역상품) 구매나 이용으로부터 무엇을, 어떤 편익을 원하는가? 고객이 상품을 구매하는 데 어떤 불편을 경험하고, 무엇을 부담으로 느끼는가? 등의 질문을 통해 발현되고, 마케터는 마케팅 조사를 통해 관련 정보를 얻는다.9)

마케팅은 소비자의 가치(편익, 효용, 만족, 행복 등의 전체)를 만들어내는 활동으로, 마케팅 전략 수립과 믹스의 구성은 고객, 고객의 필요와 욕구로부터 출발한다. 상품생산 단계에서 조직은 고객 중심적 사고에 기초하여 무엇을 왜, 또는 어떤 절차와 방법으로 상품을 개발할 것인가를 결정한다. 마케터는 누가 표적 소비자(targeted consumers)인가, 그들이 욕구하는 유무형의 편익(품질, 실용성, 상징성, 안정성, 품위, 고객의 자기표현을 위한 요소 등)은 무엇인가를 확인하고 이를 바탕으로 고객가치 생산을 위한 상품 내용

---

9) Kotler & Lee(2007a), pp. 24-37.

을 구성한다. 가격결정에서는 고객의 입장에서 상품을 구입하기 위해 지불해야 하는 금전 또는 비금전적 가격(제품 가격, 세금, 구입에 드는 교통비, 불편 비용 등)을 최대한 낮추고자 노력하고, 유통시스템은 고객의 구입 및 반품 장소, 접근이나 구매나 이용 절차의 편리성, 신속한 전달 등을 추구한다. 프로모션도 고객이 상품구매 결정을 할 때 가장 중요하게 고려하는 요소들이 무엇인가를 파악하여, 상품의 품질과 가격, 가격 비교 정보, 전문가 평가, 고객의 사용 후기, 구입 장소와 방법, 편리성 정보, 구매·사용·반품의 방법, 구매 후 서비스 정보 등의 제공을 기획하고, 문의에 대한 신속한 답변으로 고객의 정보수집 비용과 시간 부담을 덜어주고자 노력한다.10)

다음은 고객 중심적 사고의 특징이다.

첫째, 조직은 자신이 중요하다고 생각하는 것이 아니라 고객의 필요와 욕구를 반영한 상품개발을 위하여 노력한다.

둘째, 고객의 필요와 욕구 파악을 위하여 시장조사를 한다.

셋째, 고객만족의 마케팅 믹스를 개발한다.

넷째, 경쟁자보다 고객의 필요와 욕구를 보다 효과적으로 충족시킬 수 있는 방법을 찾기 위하여 지속적으로 노력한다.

고객 중심적 사고는 구호가 아닌 실제이고 실천의 규범이다. 전략적(strategical), 전술적(tactical), 운영적(operational) 수준으로 나누어 본다면,11) 전략 수준에서는 고객 중심적 사고는 장기적 관점에서 표적고객의 설정, 고객이 무엇을 원하는가의 조사와 목표의 결정, 자원의 할당 등이고, 전술 수준에서는 고객의 필요와 욕구를 고려한 상품의 개발, 가격책정, 유통, 판매량 증가를 위하여 어떤 채널을 이용하여 서비스를 전달할 것인가 등 마케팅 믹스의 설계와 집행 방법의 선택이다. 운영 수준에서는 고객만족을 위해 직원이 일상 서비스 제공에서 어떻게 행동해야 할 것인가의 고려이다.

하지만 일부 연구자들은 고객이나 고객 중심적 사고가 정부부문에서는 적합하지 않다고 반대한다. 시민들은 주권자인데, 고객은 시민을 시장에서의 교환관계 상대로 평가 절하하는 것이라고 말한다. 정부의 공공서비스 제공에 고객 중심적 사고의 도입과 적용은 다음과 같은 한계가 있다고 지적한다.12)

첫째, 고객은 다양하고 일부는 서로 상반되는 욕구를 갖고 있다.

---

10) Shapiro, Romano, & Mittal(2003), pp. 90−92.

11) Van der Hart(1991), pp. 33−35.

12) Van der Hart(1991), pp. 32−33. 총 10가지를 제시하였으나 단축, 요약하였다.

둘째, 정부업무는 보다 많은 상품의 판매가 아니라 빈번히 권력적 강제에 의한 규제이다.

셋째, 법과 규정에 의한 업무처리이다.

넷째, 정부는 상품판매와 같은 상업적 업무는 거의 수행하지 않는다.

다섯째, 고객의 상품 소비는 선택이 아니라 의무이다.

여섯째, 정부는 독점적 지위를 갖고 있어 고객에게 강제할 뿐 고객 지향적 서비스를 제공할 인센티브가 없다.

오스트레일리아 멜버른 대학(University of Melbourne)의 비즈니스 스쿨 교수 존 알포드(John Alford)는 정부조직과 고객의 상호작용(client interactions)은 민간부문에서 기업과 고객 간의 거래와는 다르기 때문에 기업의 고객 모델을 그대로 적용할 수는 없다고 말한다. 대신 정부는 국민들에 대한 민감한 대응성(responsiveness. 적극적 관심, 열의를 가지고 즉시 반응하는)이 필요하고 이를 통해 서비스 수혜자들로부터 협력과 순응을 이끌어내고, 사람들의 물질적, 상징적 및 규범적 욕구를 만족시켜야 한다고 주장한다.[13]

4. 시장지향성

1) 의미

시장지향성(market orientation)은 마케팅을 구성하는 또 하나의 중심적 요소이다. 아자이 코리와 버나드 자워스키(Ajay K. Kohli and Bernard J. Jaworski)는 시장지향성을 "현재 및 미래 고객욕구에 관한 시장 정보의 수집과 조직 모든 부서에 전파, 조직의 그에 대한 민감한 대응"이라고 정의하고, 내용 요소를 정보의 수집, 수집된 정보의 모든 부서에 전파와 공유, 시장의 필요 욕구에 대한 민감한 대응으로 요약한다.[14] 토르 왈린 안드레아센(Tor Wallin Andreassen)은 시장지향성을 "고객들에게 보다 큰 가치를 창출하는 제품과 서비스 개발의 의향(willingness)"으로 정의하면서, '고객지향성의 거울'로 설명한다.[15] 또 고객지향성의 지표로 고객만족과 고객 충성도(customer loyalty)[16]를

---

13) Alford(2002), p. 337.

14) Kohli & Jaworski(1990), pp. 4.

15) Andreassen(1994), pp. 17, 26.

16) 고객 충성도(customer loyalty)는 고객이 현재의 조직이나 제품, 서비스, 가치 상품을 다른 것으로 바꾸지 않고 계속하여 구매하고자 하는 경향, 의지나 감정의 정도를 의미한다.

제시한다. 존 나버와 스텐리 슬레이터(John C. Narver and Stanley F. Slater)는 시장지향성을 "마케팅 관리와 전략의 핵심"이자, 비즈니스가 지속적으로 최고의 성과와 "고객가치를 가장 효과적이고 능률적으로 창출하는 문화"라고 말한다. 또 기존 문헌 검토에 기초하여 시장지향성의 행동 요소를 고객지향성, 경쟁자 지향성, 고객가치 창출을 위한 조직의 모든 자원 및 기능의 통합, 장기적 초점(long-term focus), 수익성으로 제시한다.

경쟁시장에서는 고객 중심적 사고나 고객을 만족시키는 것만으로는 부족하다. 경쟁자보다 더 좋은 상품을 만들고, 고객의 욕구를 보다 잘 충족시킬 수 있어야 한다. 이러한 의미에서 시장지향성은 시장에서 표적고객의 필요와 욕구를 경쟁자보다 앞질러 파악하고 경쟁자보다 더 깊고 자세한 것까지 알아내어 마케팅 믹스(4Ps)에 반영하려는 의식 작용이다.[17] 조직은 상품개발과 공급에서 고객을 만족시키기 위하여 고객의 욕구, 시장의 수요, 경쟁자 상품에 대하여 정보를 수집하고, 수집된 정보를 조직의 목표 달성을 위하여 내부 모든 자원과 기능에 통합하여 한다는 조직 운영 및 비즈니스의 가치나 철학이다. 시장 지향적 조직은 정책 결정의 과정, 자원의 조직화 등에서 고객, 경쟁자, 시장에 초점을 두고,[18] 마케터는 이에 기초하여 상품을 개발하고 마케팅 방법을 선택한다.

고객 중심적 사고가 고객의 필요와 욕구를 발견하여 충족시키는 것을 최우선적 과제로 생각하는 직원의 마음이나 조직의 문화라면, 시장지향성은 경쟁을 보다 더 심각하게 인식하고 경쟁시장의 다른 조직이나 어떤 상품보다도 먼저 고객의 욕구를 식별하고 한발 앞서 충족시킴으로써 이들로부터 우선적 선택을 받고자 하는 자세이다. 하지만 시장지향성을 고객지향성과 동일시하는 시각도 있다.

크리스틴 스타인맨(Christine Steinman) 등은 공급자와 고객은 조직의 시장지향성 수준에 대한 다른 평가나 인식을 발전시킨다고 주장한다. 공급자도 자신들의 시장지향성을 평가하고 고객도 공급자들의 그러한 지향성을 평가할 수 있는데 이 둘 간의 차이를 시장지향성의 갭으로 설명한다. 갭, 즉 공급자와 고객 간 인식의 차이가 클수록 둘 간의 관계에 영향을 미치고, 공급자의 경우 자신의 시장지향성에 대한 평가가 고객의 그것에 대한 평가보다 높은 경향이 있다고 말한다.[19]

대부분의 마케팅 연구자들은 시장지향성의 구성 요소를 상품생산에 있어서의 고

---

17) Hill, McGinnis, & Cromartie(2007), p. 242.
18) Chad, Kyriazis, & Motion(2013), p. 2.
19) Steinman, Deshpande, & Farley(2000), p. 116.

객의 욕구, 시장의 수요 및 경쟁자에 관한 정보수집, 마케팅 정보의 공유로 이해한다.[20] 하지만 일부 연구자들은 정보수집을 시장지향성의 구성 요소보다는 시장지향성의 결과로 해석한다. 정보수집이 시장지향성 그 자체는 아니고 단지 시장지향성의 산물이라는 주장이다.[21] 시장지향성과 고객지향성을 구분하지 않거나 시장지향성을 마케팅 지향성과 고객지향성의 동의어로도 사용한다.[22]

2) 개념의 확장

1990년대는 정부부문을 포함한 사회의 모든 부문이 경쟁을 도입하면서, 마케팅 연구자들은 시장지향성의 조직성과 개선 효과가 크다는 점에서 비영리조직도 시장지향성, 마케팅 이론과 기법을 채택하면 고객 유치, 자원 획득 등에서 성과를 낼 수 있다고 주장한다. 비영리 부문(대학이나 병원, 복지기관 등)도 성과 개선을 위하여 노력하는 만큼 똑같이 중요하다고 강조한다.[23] 하지만 비영리조직 연구자들은 시장지향성은 조직의 '시장을 향한 지향성'을 의미하고, 이것은 기업이 발전시킨 개념으로 비영리조직을 위해서는 그 특성상 여러 가지 점에서 부적절하다고 말하면서 시장지향성 개념을 수정, 확장 제시한다. 그 이유를 비영리조직은 시장의 실패 영역에서 활동하고, 수익을 추구하지 않는다. 시장지향성은 교환을 전제하지만 비영리조직의 활동은 언제나 시장적 교환형태로 일어나는 것이 아니고, 고객만족보다는 사회의 장기적 이익을 위한 것이다. 비영리조직의 고객은 다양한 사람들이 모인 지역주민 집단(constituent groups)으로, 기업의 고객과 달리 고객이 누구인가를 간단히 정의하기 어렵고, 고객과의 관계도 "지속적이거나 공식적"이지 않다. 따라서 비영리조직은 고객 분석이 아니라 주민 분석(constituent analysis)이 필요하고[24] 목적도 다수이고 비금전적이다.[25] 비영리조직은 기

---

20) Sargeant, Foreman, & Liao(2002), pp. 43-44.

21) Narver & Slater(1990), pp. 20-21, 24.

22) Sargeant, Foreman, & Liao(2002), p. 43. 마케팅 지향성(marketing orientation)은 수익 증대는 상품 설계와 판매에서 고객 필요와 욕구의 확인 및 충족으로부터 나온다는 비즈니스 철학이다. 마케팅 지향은 상품판매(sales. 상품에 대한 고객의 인지도 제고, 편익에 대한 정보의 제공 등)의 중요성 강조로, 마케팅 개념과 전략의 발전 단계에서 생산 지향(product orientation)과는 반대되는 용어로서의 의미가 있다.

23) Caruana & Ramaseshan(1998), Caruana, Ramaseshan, & Ewing(1997, 1999), Cervera, Mollá, & Sanchez(2001).

24) Gwin(1990), p. 43.

25) Gallagher & Weinberg(1991), pp. 27-28.

업과 다른 만큼 비영리조직의 목적이나 성과에 비추어 시장보다는 전체 사회적 시각이 필요하다고 말하면서, '전체 사회 지향성'을 제시한다.[26] 노엘 시우와 리처드 윌슨(Noel Y. M. Siu and Richard M. S. Wilson)도 비슷한 관점에서 교육부문을 사례로 시장이 아닌 전체 사회 지향성 요소로 고객지향성, 직원 지향성, 장기적 생존 요구와 관련한 조직의 통합으로 정의한다.[27] 아드리안 서전트(Adrian Sargeant) 등도 마찬가지의 시각에서 비영리부문에서의 전체 사회적 지향성의 구성 요소를 다음 5가지로 제시한다.[28]

첫째, 고객과 이해관계자 초점. 특정 집단의 욕구가 아니라 이해관계 집단의 다양한 욕구의 존재를 의식한다.

둘째, 경쟁자 초점. 경쟁자보다 더 큰 고객가치를 생산한다.

셋째, 공동작업. 비영리조직뿐만 아니라 정부 및 기업들과 공동 노력의 기회를 모색한다.

넷째, 상호 기능적 통합. 탁월한 구매자 가치 창출을 위하여 모든 인적, 물적 자원을 통합하고 다른 자원도 활용한다.

다섯째, 대응성. 욕구의 변화 패턴에 신속하게 반응하고 혁신적 해결책을 제시한다.

전체사회 지향성 개념은 고객이나 직원을 포함한 이해관계자의 욕구뿐만 아니라 비영리조직의 활동에 요구되는 보다 넓은 사회적 필요, 즉 정부 또는 다른 비영리조직과의 협력, 기능적 조정, 대응성을 강조한다.

정부부문도 시장이 있는 한 시장지향성 개념이 중요하지만 단순한 사적 재화나 서비스의 공급자가 아니라 주권자들의 욕구를 충족시켜야 하는 특수성을 갖고 있다는 점에서 비영리조직과 다른 개념의 사용이 필요하다. 하지만 아직 정부마케팅 연구자들의 시장지향성 개념에 대한 연구는 찾아볼 수 없다. 정부조직이나 공공기관의 마케팅 모델(시민, 외부적 요인, 경쟁자에 대한 양적, 질적 정보의 생산 → 생산한 정보의 조직 또는 부서 간의 수직, 수평적 공유 → 시장 욕구를 만족시키기 위한 전략과 방법으로 시장 세분화, 표적

---

26) Liao, Foreman, & Sargeant(2001), pp. 258−259, 262−263. 로라 두크−줄루아가와 울리케 슈나이더(Lola C. Duque−Zuluaga and Ulrike Schneider)는 전체사회 지향성을 "사회에 가치 있는 서비스를 전달하거나 행동을 그러한 서비스 제공에 일치시키고자 하는 조직의 믿음이나 문화"로 정의하고, 구성 요소를 수혜자, 기부자와 자원 획득, 자원봉사자와 직원, 협력, 학습과 사회적 기업가 정신(social entrepreneurship), 기능의 통합, 6가지로 제시한다. Duque−Zuluaga & Schneider(2008), pp. 32, 34.

27) Siu & Wilson(1998), p. 293.

28) Sargeant, Foreman, & Liao(2002), pp. 48−53.

화, 포지셔닝, 마케팅 믹스, 마케팅 프로그램과 서비스의 설계, 계획 및 집행)을 기업의 시장지향성에 기초하여 설명하는 정도이다.[29] 허만용(2005)도 같은 맥락에서 지자체 보건소에 대하여 시장지향성 개념을 적용한다.[30] 하지만 정부는 주권자들로부터 권한과 재원을 획득하여 일반 국민의 욕구를 충족해야 하는 조직으로 기업의 시장지향성 개념과 요소들을 그대로 도입, 적용하는 데는 한계가 있고 정부부문의 마케팅 특수성을 반영한 개념 적용이 필요하다. 정부부문은 글로벌 시장에서는 다른 나라나 도시들과 경쟁하고, 국내에서는 클라이언트나 오디언스를 대상으로 공공서비스나 사회적 가치 상품을 판매한다는 점에서 정부마케팅에서의 지향성은 단순히 시장지향성만으로는 충분하지 않고 시장이나 사회를 포함한 국민 일반 지향성이다. 정부마케팅 국민 일반 지향성의 구성 요소도 넓은 의미에서 장소와 지역상품, 공공서비스와 사회적 가치 상품의 효과적 판매를 위한 현재 및 잠재적 수요자들의 욕구조사, 경쟁자의 상품판매 활동과 이들이 제공하는 상품에 대한 정보수집, 정부부문의 관련 조직 또는 부서에 전파와 공유, 마케팅에 이를 활용함으로써 상품품질의 지속적 개선, 즉각적이고 민감한 대응, 이를 통해 공공가치를 창출하고자 하는 의식이나 문화로 볼 필요가 있다.

일부 연구자는 정부부문에서는 시장지향성 개념이 부적절하다고 주장하면서 또 다른 개념을 제안한다. 요한 그로우마크와 후란스 멜인(Johan Gromark and Frans Melin)은 시장지향성은 고객지향성으로 너무 강하고 근시안적이다. 정부는 일반시민들을 위한 장기적인 노력이 필요한데, 기업의 고객욕구를 만족시키는 데 필요한 시장지향성은 정부의 이와 같은 필요를 잘 충족시키지 못한다. 기업의 시장지향성은 기계적이며 경제적 가치를 지나치게 강조하는데, 정부부문에서는 이러한 시장지향성 개념이 적절하지 않고 불충분하다고 주장하면서 대안으로 브랜드 지향성을 제시한다.[31] 브랜드 지향성은 정부에 전체적이고 균형 잡힌 시각을 제공하고 민주적 가치를 최우선시 하도록 돕고 그러면서도 경제적 가치에 과도하게 초점을 맞추는 위험은 줄일 수 있어 시장지향성의 약점을 보완할 수 있다고 말한다.

---

29) Cervera, Mollá, & Calderon(2000), pp. 12-13. Cervera, Mollá, & Sanchez(2001), Wood & Bhuian(1993).

30) 허만용(2005), pp. 59, 61.

31) Gromark & Melin(2013), p. 1099.

5. 비판

정부부문에 마케팅적 사고(고객 중심적 사고, 필요와 욕구, 시장지향성)의 도입에 비판적인 시각도 있다. 대체로 다음과 같은 이유 때문이다.[32]

첫째, 마케팅의 경제 및 시장적 가치는 정부의 중심적 가치라고 할 수 있는 법의 지배, 정치적 정당성, 공정성, 적법절차, 정의, 평등, 신뢰, 지속 가능한 미래에 대한 보장이나 안전 등을 위협할 수 있다.

둘째, 시민은 고객이 아니다. 그럼에도 비즈니스 모델은 유권자나 주민들을 거래의 대상으로 인식한다.

셋째, 고객만족이 정부가 추구하는 가치, 그 자체가 될 수는 없다. 정부가 추구하는 가치는 국민을 위한 장기적 가치이다. 소비자 모델은 고객만족에 초점을 둔 것으로, 관심을 제한적으로 정의하여 정부부문이 중요시하는 법의 지배, 적법절차, 정부의 대표성, 개인의 자유, 그리고 이들이 내포하거나 중요시 하는 공정성, 사회적 정의 등을 약화시킬 위험이 있다.[33] 신공공관리 개혁은 비즈니스적 접근 방법으로 정부가 시민 불만의 처리나 보상 결정에서 쉽고 빠른 절차를 만들 것을 권고하지만 정부가 고객만족 서비스를 위하여 시민을 경쟁시장에서의 고객과 고객만족 관점에서 접근할 경우 국민에 대한 책임, 시민권(citizenship) 등을 위축시킬 수 있다.

넷째, 정부는 공공서비스의 독점적 공급자이고 정부와 시민 간의 관계는 상업적인 거래 관계가 아니다.

하지만 이러한 비판들은 정부마케팅에 대한 제한적 이해 때문이다. 첫째, 마케팅적 사고가 민주주의적 가치를 훼손할 것이라고 우려하지만 정부마케팅은 목적이 공공가치의 생산이고 마케팅은 정부의 가치 배분 결정이 아닌 관리적 수단일 뿐이다. 둘째, 마케팅의 대상은 주권자, 고객, 소비자, 국민 등 다면적이다. 장소마케팅에서 '고객 = 외국의 투자자, 기업과 비즈니스, 방문객, 거주자'이고, '국민이나 주민 = 주주'이다. 지역상품 마케팅의 고객은 주로 해외의 소비자들로, 주권자나 시민이 아니다. 공공서비스 마케팅, 사회적 가치나 아이디어 마케팅에서 '고객 = (이용자, 참여자로서의) 시민'이다. 셋째, 목적은 주권자 가치의 창출이지 소비자의 상품구매 촉진을 통한 정부의 수익 증가나 고객만족 그 자체만을 위한 것이 아니다. 넷째, 정부마케팅은 행정의 수단으

---

32) Gromark & Melin(2013), p. 1003.
33) Brewer(2007), pp. 553－554.

로 공공서비스 가운데 경쟁이나 수익 창출이 필요한 분야, 권력이나 강제적 방법이 효과를 거두기 어려운 이슈들(자원절약, 비만, 음주운전 예방 등을 위한 의식, 태도의 개선이나 실천)을 다루는 데 효과적이다. 다섯째, 정부조직이라도 자체사업 분야에서는 경쟁을 통하여 상업적 서비스를 제공하기도 한다. 정부나 지자체는 장소나 지역상품 판매를 위하여 경쟁시장에서 마케팅을 한다. 공공서비스 마케팅은 경쟁환경에서 고객의 상품 구매 촉진이다. 많은 공공기관들은 실제 상업적 거래의 서비스를 제공한다.

정부마케팅은 정치적 결정이나 전통적 행정의 대체 수단은 아니다. 마케팅적 사고가 공공서비스의 모든 분야에서 유효하다는 가정도 하지 않는다. 마케팅적 접근이 제한되는 분야도 있지만 전통적 행정의 한계를 보완하고, 정부가 목표를 효과적으로 달성하는데, 또 공공가치 생산을 위한 추가적 수단을 제공한다.

제2절 정부마케팅 성립의 조건

1. 서론

마케팅은 판매자와 구매자 간 자유교환을 통하여 양자의 필요와 욕구를 충족시키고 이익을 창출하는 활동이다. 기본적 구성 요소는 판매자와 구매자, 상품, 교환, 경쟁시장, 수익이다.[34] 판매자와 구매자, 상품이 존재해야 하고, 각자는 자율적으로 상품의 공급과 가격 지불이라는 교환을 완성할 수 있어야 한다. 하지만 정부조직과 주민 간의 전통적인 공공서비스 공급과 이용 관계는 이러한 조건을 잘 충족시키지 못한다. 정부는 서비스를 제공하지만 법률의 규정에 따른 것으로 자유롭게 소비자의 욕구를 고려하여 서비스의 내용을 구성하고 공급할 자유가 없고 주민들은 대가를 지불하지 않고도 이용할 수 있을 뿐만 아니라 서비스를 원하지 않는 경우도 거부할 자유가 없다.[35] 정부는 공공서비스의 독점적 공급자이고, 공공서비스 제공은 법적 책임이자 의무이며, 주민들의 공공서비스 이용 또한 권리이거나 의무여서 공공서비스는 거래의 대상이 아니고, 따라서 경쟁시장도 생겨날 여지가 없다. 정부조직의 공공서비스 제공에 마케팅 전

---

34) May & Newman(1999), p. 17.
35) Scrivens(1991), pp. 17, 23.

략과 기법의 적용이 적절하지 않다고 하는 것은 이러한 이유 때문이다. 다음 <그림 1>은 정부마케팅에 필요한 정부, 시장, 소비자의 조건이다.

▼ 그림 1 정부마케팅의 조건

정부마케팅은 경쟁시장에서 정부와 소비자 간 상품의 자유로운 교환을 전제로 한다.[36] 정부는 상품 구성의 자유, 시장은 자유로운 교환의 보장, 소비자 또한 선택의 자유가 있어야 한다. 정부, 시장, 소비자가 이러한 조건을 충족시키지 못하는 경우, 마케팅 전략이나 기법의 온전한 적용은 어렵다. 기업마케팅 연구들은 시장과 경쟁을 주어진 것으로 가정하여 충족 여부에 대한 충분한 설명을 필요로 하지 않지만 정부부문은 기업과 달리 주로 독점적 지위에서 공공서비스를 제공하는 만큼 이 부분에 대한 이해가 중요하다.

2. 마케팅 상품 구성의 자유

정부는 공공서비스의 생산자이면서 전달자이다. 그러나 이것이 곧 정부가 공공서비스 상품의 마케터라는 의미는 아니다. 정부의 마케터로서의 자격은 상품을 생산하여 소비자에게 판매하기 위한 방법을 수립하고 마케팅 믹스를 구성하는데, 얼마나 독립적이고 자율적 결정 권한을 갖고 있는가에 의존한다. 정부기관이 고객의 필요와 욕구를

---

36) Mokwa(1981), pp. 23, 25. 경쟁시장에서 판매자와 구매자는 서로에게 긍정 또는 부정적 영향을 미치려고 노력하지만 상대방의 행위를 통제하지는 못한다.

파악하고 이들을 충족하기 위하여 상품을 자유롭게 만들 수 있고, 가격도 상품의 가치, 경쟁자 가격, 원가 등을 고려하여 임의로 책정할 수 있어야 한다. 그렇지 못한 경우 마케팅 이론이나 기법 적용의 여지는 제한된다. 법률이나 정치적 과정은 정부부문의 마케팅 상품 구성의 자유를 제한한다. 정치적 과정이 "누가 무엇을 얻고, 언제, 어떻게 얻을 것인가"를 결정하고,[37] 의회가 공공서비스의 생산(목적, 대상과 종류, 방법과 절차, 내용 등)을 결정하고 정부조직은 집행 기관으로서 주로 이행만 할 뿐 서비스 설계에 관한 자유와 필요한 권한은 원칙적으로 갖고 있지 못한다. 공공서비스 생산을 위한 자원 배분과 인력 구성에 관한 결정도 자유롭게 할 수 없다. 이들은 모두 정부부문의 마케팅 전략이나 기법의 적용 기회를 제약한다.

정부부문은 공공서비스를 부처 조직이나 공공기관, 특수법인을 통하여, 또는 민간 사업자와의 계약(민간위탁, 아웃소싱), 보조금 지급 등의 방법으로 제공한다.[38] 공공서비스 가운데 순수 공공서비스(비배제성, 비경합성을 가진)는 의회가 법률 제정을 통하여 목적, 종류와 내용, 전달 방법 등을 결정하고, 정부조직과 공공기관, 특수법인들이 생산, 전달한다. 국방, 치안, 교정, 소방, 도시계획, 도로, 의무교육, 사회복지 등이 여기에 해당한다. 의회는 「국민기초생활법」에서 국민들의 최저 생활보장과 자활에 필요한 급여 지급과 관련 급여의 기준, 수급권자의 범위, 최저 생계비, 급여의 종류와 방법, 지급 방법(급여의 신청과 조사, 확인) 등에 대하여 자세히 규정한다. 정부기관의 관리자가 고객의 필요와 욕구를 확인하고 이에 기초하여 공공서비스 상품의 생산 및 공급 방식을 임의로 구성할 수 없다. 상품생산의 자유가 없고 언제, 어떻게 전달할 것인가 등의 결정에 독립, 자율성을 갖지 못할 때 마케팅의 적용 여지도 그만큼 줄어든다.

하지만 정부 부처 조직이라도 「우정사업 운영에 관한 특례법」(1996년 제정) 제1조는 조직, 인사, 예산 및 운영 등에 관한 특례 규정을 통하여 우정사업본부(과학기술정보통신부 소속기관)의 경영상의 독립성 및 자율성을 보장하고, 우정사업본부는 시장에서 체신, 예금, 보험 등의 사적 서비스를 판매한다. 책임운영기관[39]도 비록 정부 부처의 소속기관이지만 「책임운영기관의 설치·운영에 관한 법률」(1999) 제1조는 조직, 인사, 예산, 회계 등에 관한 특례를 규정함으로써 행정 및 재정상의 자율성을 보장한다. 문화

---

37) Lasswell(1935) 참조.
38) 국가 간에 종류나 정도의 차이는 있으나 각국 정부들은 1980년대 이후 기존에 직접 공급하던 쓰레기 수거, 보안, 수질 관리 등의 서비스를 민간위탁(contracting-out), 아웃소싱(outsourcing) 등의 계약을 통해 민간사업자들에 의한 공급으로 전환한다.
39) 책임운영기관제도는 정부가 영국의 집행기관(executive agencies)제도를 모델로 도입한 것이다.

체육관광부의 국립중앙극장이나 국립현대미술관, 미래창조과학부의 국립중앙과학관, 국립과천과학관, 산림청의 국립자연휴양림관리소 등이 그 예이다. 법률은 이들에 대하여 정부마케팅의 첫 번째 조건인 경쟁과 상품의 독립적이고 자유로운 생산을 상당 부분 보장한다. 「공공기관의 운영에 관한 법률」(2007)은 공공기관들(공기업, 준정부기관, 기타 공공기관)에 대하여 책임 경영과 자율적 운영을 보장한다.[40] 이들의 서비스 상품은 법적, 정치적 제약을 받지만 생산과 교환에 마케팅적 사고와 노력이 필요하다.

3. 경쟁시장

정부마케팅 성립에 필수적인 또 다른 요소는 상품 공급자 간의 온전한 경쟁과 고객의 자유로운 선택을 보장하는 자유시장이다. 시장에 특정 제품 생산자가 단 하나 뿐이어서 공급을 독점할 때는 마케팅이 불필요하다. 경쟁시장의 존재는 정부의 마케팅 이론의 적용과 기법의 도입, 실무적 수요, 유용성, 적용 범위 등에 영향을 미친다. 장소나 지역상품 시장은 국가나 도시들이 상품판매를 위하여 서로 경쟁하는 시장이다. 그만큼 정부는 마케팅 전략, 방법을 필요로 한다. 사회적 가치나 아이디어 상품 시장도 정부와 수요자 간의 경쟁시장이다. 하지만 공공서비스 제공은 많은 경우 정부가 독점적으로 서비스를 제공하고 생산과 소비가 정부의 법적 또는 정치적 책임이나 국민의 권리, 의무로 상품으로서의 조건을 충족시키지 못한다. 시장이 만들어지지 않고 자유교환도 일어나지 않는다. 순수 공공서비스 분야가 주로 여기에 해당한다. 마케팅의 필요나 유용성도 제한적이다.

4. 소비자의 자유 선택

마케팅에서 소비자가 고객의 지위를 누리는 것은 상품의 자유 선택을 통해서이다. 경쟁시장에서 자유로운 교환의 성립은 공급자의 상품생산과 전달의 자유뿐만 아니라 고객 또한 자유로운 상품 선택을 할 수 있는 때이다. 그러나 공공서비스는 정부가 독점적으로 공급하는 경우 국민들은 대체 서비스 선택의 자유를 갖지 못한다. 정부는 법적으로 공공서비스 제공의 책임을 지고 국민들의 소비는 의무이다. 자유 선택의 기회가 없는 만큼, 마케팅의 적용도 제한된다. 「헌법」제31조는 국민이 균등하게 교육받을

---

40) 「공공기관의 운영에 관한 법률」 제3조.

권리를 보장하고, 「교육법」 제8조는 모든 국민들에게 6년간의 초등교육을 받을 권리를, 정부에게는 초등교육을 위한 학교의 설치 책임을, 학령 아동의 친권자 또는 후견인들에게는 아동에게 초등교육을 받게 할 의무를 부과한다. 교육기관은 해당 지역주민에게 교육을 제공할 책임이 있고, 국민은 원하지 않아도 의무교육을 이수해야 한다. 「소방법」 제1조도 정부가 화재로부터 국민의 생명, 신체, 재산을 보호할 책임이 있음을 규정하고, 제10조는 건축물의 소유자, 관리자 또는 점유자로 하여금 방화 및 소화, 피난 기구를 자기 비용으로 설치할 것을 규정한다. 정부의 이와 같은 공공서비스 제공에서 국민은 소비자로서의 자유 선택의 기회를 갖지 못하고 주권자로서의 의무(공공서비스의 소비)를 이행하여야 한다.

장소나 지역상품 마케팅에서 소비자들은 다양한 상품 가운데 자유 선택을 하는 고객들이다. 사회적 가치 상품에서도 고객은 자유 의지로 원하는 행동을 선택한다. 공공서비스 분야에서는 소비자의 자유 선택이 제한되는 경우가 많지만 언제나 그런 것은 아니다. 준공공서비스와 사적 서비스 분야는 예외이다. 정부조직이나 공공기관이 제공하는 우체국 택배, 예금이나 보험서비스, 코레일[41]의 관광열차 서비스 상품은 다양한 공급자들 간 경쟁이 있고 소비자들은 정도의 차이는 있으나 상품 선택의 자유가 있다. 이런 경우, 정부부문도 소비자들의 욕구충족을 위한 다양한 상품개발과 마케팅 전략 및 기법에 의한 판촉 활동이 필요하다.

제3절 정부부문의 업무 환경과 재화 및 서비스

1. 업무 환경

정부부문의 업무환경은 민간부문과 크게 다르다. 정부부문 대 민간부분 이원론(public-private dichotomy)에서 정부조직은 정부부문(중앙행정기관과 그 소속기관, 지방정부, 산하기관)의 핵심 단위이다. 민간부문에서는 기업이 이에 해당한다. 다음 <표 1>

---

41) 코레일은 문화재 여행, 맛 여행, 가을 여행, 미션 투어, 레일크루즈와 바이크, 팔도장터 여행, 체험 여행 등 다양한 서비스 상품을 개발하여 판매한다. 코레일 관광 개발. https://www.korailtravel. com. 검색일 2019.9.15. 코레일관광개발은 코레일이 「국유철도 운영에 관한 특례법」 제6조, 제21조(출자·보조·출연)에 근거하여 설립한 주식회사이다.

은 둘 간의 업무 환경의 차이이다.[42)

▌표 1 **정부와 기업 간 업무 환경의 차이**

구 분	정부	기업
재화와 서비스의 성격	공공재	사적재
생산, 공급의 목적	공익	사익
의사결정	의회의 입법, 정치적 과정	이사회 결정, CEO의 판단
결정 기준	국민 일반의 수요와 요구	시장의 수요와 가격
재원	정부 예산	사적 재원
대상	국민	고객

정부는 국민일반 집합적 욕구의 충족을 위한 공공재를, 기업은 개인의 효용을 만
족시키기 위한 사적재를 생산, 공급한다.[43) 정부는 재화와 서비스의 생산 및 공급 목
적이 공익이나 기업은 사적 이익이다. 정부는 법적 책임과 의무의 이행, 기업은 자신의
수익을 위하여 활동한다. 정부의 토지, 건물 등의 부동산과 동산의 소유, 서비스의 제
공은 목적이 공익이지 사적 수익 창출을 위한 것이 아니다.[44) 정부와 기업은 재화와
서비스 생산 및 전달의 결정 방식도 다르다. 정부는 의회의 법률 제정, 예산 심의 등의
정치과정을 통하여,[45) 기업은 경쟁시장의 수요와 가격 정보, 자체적 판단에 따라 제품
과 서비스를 생산, 공급한다. 결정의 기준은 국민 일반의 수요와 요구 대 시장 수요와 가
격이고, 재원은 정부 예산 대 사적 재원으로 서로 다르다. 대상도 정부의 재화와 서비스
생산 및 공급에서는 국민이나 기업은 시장의 고객이다. 정부부문과 민간부문은 업무
환경이 이처럼 다른 만큼 마케팅 전략과 기법의 적용 범위나 용처도 다르다. 정부마케

---

42) 정부부문에 속하면서 기업과 같이 영리를 추구하고 반면 민간부문에 속하면서도 공익이나 비
영리 활동을 하는 조직도 다수 존재한다. 정부부문의 공기업, 민간부문의 공익 또는 비영리조
직이 이들이다.

43) 재화(goods)는 인간의 욕구충족에 필요한 물품의 총칭으로, 용역이라고 하는 무형적 서비스
(services)의 반대 개념이다. 용역(用役)은 다른 행위자의 재화, 생산과 소비를 돕기 위한 노동
력 제공을 의미한다.

44) 국유재산은 토지, 건물, 공작물(터널, 댐, 저수지 등), 입목·죽(나무와 대나무), 선박·항공기,
기계·기구, 유가 증권, 무체 재산(저작권, 특허권, 의장권, 상표권, 실용신안권 등), 용익 물권
(콘도회원권, 전세권)으로, 행정재산(국가 직접 사업이나 사무용, 공공용, 정부기업용, 보존용)
과 일반재산으로 나뉜다. 국유재산 현황. http://www.index.go.kr. 검색일 2019.2.9.

45) Lane(2000), p. 15.

팅의 온전한 적용은 정부가 공익을 추구하지만 서비스가 경쟁적이어서 보다 많은 사람들의 선택을 이끌어내야 하거나 상업적 거래의 성격을 갖고, 관리자가 기업처럼 생산과 전달의 결정에 자유가 있어 경쟁을 통해 고객의 지지나 선택을 받을 필요가 있는 분야이다.

2. 영리와 비영리조직 간의 차이

민간부문은 주로 영리조직들로 이루어지고 비영리조직은 소수이다. 영리와 비영리조직의 구분에서 정부조직이나 공공기관은 넓은 의미에서 보면 목적이 영리가 아니라는 점에서 비영리조직군(組織群)에 속하고, 정부마케팅은 비영리조직의 마케팅과 많은 부분을 공유한다. 마케팅은 영리조직이 발전시킨 분야로 영리와 비영리조직 간의 구분은 정부마케팅의 전략, 개념과 기법들을 이해하는 데 도움을 준다. 다음 <표 2>는 영리조직과 비영리조직 간의 차이다.[46]

▌표 2 영리조직과 비영리조직의 차이

구분	영리조직	비영리조직
목적	경제적, 금전적 이익	사회적 가치의 실현
초점	개인이나 기업의 필요와 욕구의 충족	사회적 필요와 욕구의 충족
지출 인식	투자	비용
대상	고객(customers)	다양한 고객 (clients, customers, donors)
시장	경쟁	과점이나 독점
상품	재화와 서비스	서비스, 사회적 가치나 아이디어
성과 척도	판매량, 수익, 투자 수익률, 시장점유율	지지나 만족
교환의 대가	금전(money)	비금전적 및 금전적 보상이나 수입
수입	판매액	후원금, 판매액, 사용료, 관람료

영리조직의 목적이 사익이라면 비영리조직은 사회적 가치 실현이고, 초점은 전자는 개인이나 기업의 단기적 필요와 욕구의 충족, 후자는 장기적, 사회적 필요와 욕구의 충족이다. 지출을 두고도 영리조직은 장래 수익을 위한 투자로, 비영리조직은 비용으

---

46) Chad, Kyriazis, & Motion(2013), p. 6의 Table 2를 일부 수정하여 재구성하였다.

로 인식한다. 비영리조직은 영리조직과 달리 대상이 클라이언트, 고객, 기부자 등으로 다양하고, 시장은 경쟁 대 과점이나 독점이다. 영리조직의 상품이 재화와 서비스라면 비영리조직에서는 서비스, 사회적 가치나 아이디어이다. 영리조직의 성과 척도는 판매량이나 수익이고 비영리조직은 지지나 만족이다. 교환의 대가도 금전 대 비금전 및 금전적 대가를 포함한다. 영리조직의 수입은 판매액이나 비영리조직에서의 수입은 후원금이나 판매액, 사용료, 관람료 등 다양한 형태이다. 영리와 비영리조직의 이러한 특징은 마케팅의 목적, 대상, 상품, 교환 방법 등의 차이로 나타난다.

3. 재화와 서비스

정부부문은 국민의 필요와 욕구충족을 위한 재화와 서비스를 생산한다. 재화와 서비스는 어떤 사적 수익의 기대 없이 국민 일반의 소비를 위한 시설이나 서비스의 제공으로 정부뿐만 아니라 민간부문의 공익 또는 비영리조직이나 단체, 개인도 생산과 전달에 참여한다. 폴 앤서니 새뮤얼슨(Paul Anthony Samuelson)은 신고전주의[47] 경제학자로 1954년과 1955년에 발표한 일련의 '공공지출 이론(theory of public expenditure)' 연구에서 재화를 공공재(public goods)와 사적재(private goods), 두 가지 형태로 구분한다. 전자는 공공의 집합적 소비재(public consumption goods. 예 국방 서비스, 등대, 도로와 공원), 후자는 사적 소비재(private consumption goods. 예 빵이나 비누)이다. 1950년대는 서비스가 상품의 한 종류라는 구분이나 인식이 미흡하던 때로 새뮤얼슨은 재화라고 표현했지만 정부의 재화와 서비스 모두를 의미한다. 새뮤얼슨 연구의 기여는 국가 자원의 합리적 배분, 최적의 공공재 공급에 대한 이해의 개선으로, 재화가 개인 각자의 몫으로 분리되어 소비되는가, 소비가 개인적인가와 상호 의존적인가를 기준으로 사적재와 공공재로 구분하였다.

재화를 소비 차원에서 경합성(한 사람의 소비가 다른 사람의 소비 기회를 줄이는가)과 배제성(가격을 지불한 사람만 소비할 수 있는가)이라는 두 가지 기준을 적용하면,[48] 공공재는 국민 일반의 욕구충족을 위한 것으로, 비(非)경합적(non-rivalrous), 비배제적

---

47) 신고전주의 경제학(neoclassical economics)은 경제(재화와 서비스의 생산, 분배, 거래, 소비 등의 분야) 문제 치유를 위해서는 케인즈가 주장하듯이 정부의 인위적인 시장 개입이 필요하지만 문제가 해결된 후에는 다시 시장의 수요, 공급의 자율적 결정 메커니즘에 맡겨야 한다고 믿는 경제학 분야의 한 사조(思潮. 생각의 흐름)이다.

48) 사적재는 개인욕구 충족을 위한 것으로 배제적, 경합적이다.

(non‒excludable)이라는 특징을 갖는다. 다음 <그림 2>는 두 가지 기준에 의한 재화와 서비스의 분류이다.

▼ 그림 2 재화와 서비스의 유형

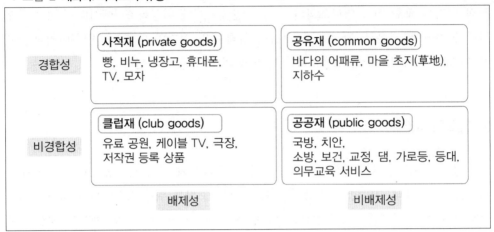

공공재는 개인의 소비에 경쟁도 배제도 없는 재화와 서비스이다. 공공재 소비는 비경합적으로 한 사람의 소비가 다른 사람의 동일 재화와 서비스 소비를 줄이지 않는다. 또 비배제적이어서 가격을 지불하지 않은 사람이라도 소비에서 배제되지 않는다. 이러한 재화와 서비스는 정부부문이 직접 노무와 시간으로, 또는 인프라 건설이나 운영을 통하여 생산한다. 특성상 무임 승차자(free‒riders)나 외부 효과(externalityies)의 문제가 나타난다.[49] 국가가 제공하는 공공재가 그 예로 깨끗한 공기나 물, 댐, 가로등뿐만 아니라 자유, 평등, 국방, 치안, 공정경쟁, 복지서비스 등을 의미한다. 반면 사적재는 공공재와는 정반대의 특징을 갖는다. 빵이나 비누, 냉장고, 휴대폰 등은 값을 지불한 사람만이 독점적으로 소비할 수 있고 한 사람의 소비는 다른 사람의 소비를 제한한다. 무임 승차자나 과도한 소비의 문제는 없다. 하지만 공공재라고 언제나 공공재인 것은 아니다. 관개 시설(irrigation systems)은 정부가 생산한 순수 공공재이지만 소비가 집중되는 경우, 공유재로서의 성격을 갖는다. 사적재는 공공재와 정반대로 경합적이고 배제적이다. 경합적이어서 어느 한 개인의 소비는 다른 사람의 소비 기회를 줄인다. 또 배제적이어서 제품이나 서비스는 가격이나 요금, 특허권이나 상표권 등의 사

---

49) 국가조직이나 기관은 입법부와 사법부를 포함한 개념이고, 정부조직이나 기관은 주로 행정부와 소속 기관들을 가리킨다.

용료를 지불한 사람만 소비할 수 있고 그렇지 않은 사람은 사용이 금지된다.

공유재는 다른 사람의 이용을 배제할 수는 없지만 한 사람의 소비는 다른 사람의 소비를 방해 또는 제한한다. 다른 사람을 소비로부터 배제하기 위해서는 적어도 많은 비용이 발생하거나 그렇게 하는 것이 불가능한 재화이다. 그러나 소비는 경합적이어서 한 사람의 소비는 다른 사람의 소비를 통한 이익을 감소시킨다. 따라서 '공유의 비극' (tragedy of the commons)[50] 문제가 일어난다. 공유재는 수산 자원, 초지(草地, pastures), 산림 등이다. 바다의 수산 자원은 한정적이지만 무료이기 때문에 남획의 문제를 야기한다. 이러한 특성 때문에 정부는 공유자원의 소진을 막기 위하여 할당제나 한도제 등을 통하여 규제한다. 순수 공공재도 소비 집중으로 경합(무료 공원이나 도로에서 혼잡이나 교통 체증)이 발생 시 공유재의 특징(한 사람의 사용이 다른 사람의 소비를 제한하는)이 나타난다.

클럽재(club goods)는 배제적이지만 비경합적인 재화로 공공재의 특수한 형태이다. 요금, 사용료를 지불한 사람들만 소비할 수 있다. 그러나 한 사람 소비가 다른 사람의 소비 편익을 줄이지 않는다. 클럽재는 공유재와 더불어 준공공재로 정부가 생산하여 제공하는 전기, 수도, 가스, 민자 도로나 주차장 등이 여기에 속한다. 배제적이고 소비 집중 시 경합적 성격을 갖는다.

공공재는 국민 모두가 필요한 재화와 서비스로 주로 정부가 공급한다.[51] 국방, 사회 안전이나 질서, 깨끗한 환경 등은 정부가 막대한 예산을 지출하여 생산하지만 편익은 가격을 지불하지 않은 사람도 누릴 수 있다. 누가 이용한다고 하여 다른 사람의 이용을 감소시키지도 않는다. 시장은 이러한 순수 공공재 제공에 실패한다. 하지만 정부 부문이 생산하는 모든 재화나 서비스가 순수 공공재인 것은 아니다. 오히려 많은 서비스들은 준공공재이고 사적재도 있다.

장소마케팅 상품은 사적재(예, 공장 부지)도 있고, 클럽재(예, 유료공원)도 있다. 시장이 이전에 알지 못했던 새로운 형태의 상품이다. 정부 부처 소속기관인 우정사업본부의 체신, 예금, 보험서비스, 공기업인 주식회사 강원랜드가 제공하는 서비스는 사적재이다. 책임운영기관인 국립현대미술관(문화체육관광부), 국립과천과학관(과학기술정보통신부), 국립나주병원(보건복지부), 궁능유적본부(문화재청), 국립자연휴양관리소(산림청) 등이 제공하는 서비스는 상당 부분이 사적재나 클럽재로, 시장적 거래나 수익자 부담

---

50) '공유의 비극'(tragedy of the commons)은 개인의 이기적 행동에 의한 공유 자원의 고갈 또는 황폐화 현상을 의미한다.

51) Samuelson(1954), p. 387.

의 방식으로 판매한다. 공기업들은 사적재나 준공공재를 시장에서 경쟁하면서 판매하는 조직이다. 공공기관 가운데 한국토지주택공사, 한국전력공사, 한국석탄공사, 코레일, 국립암센터, 국립중앙의료원, 대한적십자사, 국립대학 병원 등이 제공하는 서비스는 사적재나 클럽재에 해당한다. 순수 공공재라도 소비 과정에서 경합성이나 배제성이 나타날 수 있다.

전통적 행정은 순수 공공재 공급에 초점을 두나, 마케팅은 재화나 서비스가 사적재이거나 클럽재(배제적이나 비경합적)일 때 조직의 효과적 목표 달성에 기여한다. 순수 공공재는 시장적, 경제적 거래가 일어나지 않는 분야이고, 자유, 안전 등 정치적, 사회적 교환의 영역에 속한다. 경쟁도 심리적, 간접적 형태로 존재한다. 그만큼 마케팅의 기여도 제한적이다. 하지만 순수 공공재일지라도 마케팅은 국민들로부터 지지, 수용성 촉진, 지속적 품질개선 등에 필수적인 철학과 기법을 제공한다.

제4절 필요와 욕구

1. 필요와 욕구

인간은 필요(needs)와 욕구(wants)의 존재이다. 사람들은 개인의 사적(私的) 필요와 욕구는 시장에서 직접 교환을 통하여, 집합적 욕구는 정부부문이 제공하는 공공서비스의 소비를 통하여 충족한다. 마케팅은 인간의 필요와 욕구충족을 위한 상품의 생산과 수요의 자극 과정이자 고객의 선택을 유도하는 활동으로, 필요와 욕구는 마케팅 전략과 기법 사용의 출발점이다. 정부마케팅에서 정부는 마케팅 조사를 통해 고객의 필요와 욕구를 파악하고 이에 기초하여 상품을 생산하고, 수요를 자극하고 고객의 선택을 촉진하는 방식으로 서비스를 제공한다.

1) 필요

필요는 개인의 생존이나 건강에 필수적으로 요구되는 생리적, 심리적, 사회적 조건들의 미충족, 결핍의 상태이다. 인간은 생존과 활동을 위하여 몸 밖으로부터 물질이나 서비스, 사회적 지지를 필요로 한다. 필요는 현재 갖고 있는 것과 추가적으로 요구되는 것 간의 차이로, 부족하여 반드시 충족되어야 하는 상태이다. 인간이 삶을 영위하는 데 필수적인 것들로 수요 창출의 근원이다. 물질적인 것(음식과 옷, 거처할 집) 뿐만 아니라 정신적인 것(사회나 단체에의 소속감이나 평판, 다른 사람들로부터의 존중, 애정, 지지 등)을 포함한다. 생명 유지를 위한 본질적인 것(안전)과 부수적 또는 확장적인 것(자유, 휴식 등)으로 나뉜다.

2) 욕구

욕구는 생존을 위하여 필수적인 것을 넘어 개인이 특별히 또는 추가적으로 원하거나 선호하는 것, 이루거나 성취하고자 하는 심리적 상태나 성향으로, 욕망(desires), 소망(wish), 열망(aspirations) 등 표현이 다양하다. 욕구는 필요와 달리 주관적인 것으로 개인마다 다르다. 자신만의 원하는 것을 소유하거나 이루고자 하는 심리적 작용으로 목적과 개별성, 방향성을 갖는다. 욕구는 크게 생리적 욕구와 사회적 욕구로 나뉜다. 전자가 신체적 욕구라면, 후자는 관계적 욕구이다.

2. 필요와 욕구의 차이

필요와 욕구는 여러 가지 점에서 다르다.[52]

첫째, 필요는 인간의 생존과 일상생활에 필수적인 것으로, 음식과 옷, 집이나 물, 공기와 같은 것들이다. 생명의 유지에 필요한 본질적 요소로 사람들은 이것이 없이는 살 수 없다. 반면 욕구는 맛있는 음식과 아름다운 옷, 넓고 아름다운 집 등 필요의 확장으로 없어도 살 수 있지만, 있으면 보다 나은 삶을 누릴 수 있는 것들이다.

둘째, 필요는 원천적이고 자연 발생적이나 욕구는 내적 또는 외적 자극에 의하여 생성되거나 발현된다.

셋째, 욕구가 언제나 필요와 일치하는 것은 아니지만 대부분의 욕구는 필요의 가외적 연장이나 확장이다. 필요 없이 욕구가 생겨나는 경우는 드물다.

넷째, 필요가 한정적이라면 욕구는 한도가 없다.

다섯째, 필요는 지표를 사용한 객관적 측정이 가능하고 정부도 이에 기초하여 공공재를 공급할 수 있지만, 욕구는 주관적이어서 측정이 어렵다.

---

52) Korolev(2015), p. 28.

여섯째, 필요는 보편적, 안정적이나 욕구는 개인마다 다르고, 불안정하다. 필요는 공통적이고 변하더라도 느리게 변하지만, 욕구는 장소와 시간에 따라 끊임없이 변하고, 바뀌는 속도도 빠르다. 욕구의 특징은 사람마다 다르고, 환경이나 시대에 따라 변한다. 어른과 아이들은 필요는 같아도 욕구는 다르다. 흡연자들 간에도 원하는 담배의 종류, 흡연 욕구의 정도가 다르다. 사람들은 누구나 특정 사회, 시대나 환경 속에서 자신만의 욕구를 발전시킨다.

필요와 욕구는 이러한 차이 때문에 만족시키는 방법도 다르다. 필요는 반드시 충족되어야 하고 그렇지 못할 경우 사람은 생존할 수 없다. 하지만 욕구는 필수적인 것은 아니고 충족되지 않아도 불만으로 나타날 뿐 생존 자체에 영향을 미치지는 않는다. 욕구는 직접 소비가 아닌 미디어를 통한 간접적, 상징적 방법으로도 충족될 수 있다. 충족의 정도도 필요는 최소한이나 욕구는 끝이 없다는 차이가 있다.[53] 경쟁시장에서 판매자들의 상품 공급은 필요를 충족시키기 위한 것이지만 경쟁은 필요보다는 서로 다른 욕구충족에 초점을 둔다. 공급자는 경쟁시장에서 고객의 필요를 넘어 개인의 주관적, 추가적인 욕구를 발견하고 이를 충족시키는 제품이나 서비스를 제공할 때 비교우위에 서고 수익을 극대화할 수 있다.

3. 정부마케팅에서 필요와 욕구

정부마케팅에서 고객의 필요와 욕구충족은 불만과 항의 감소, 만족도 제고, 정부에 대한 신뢰 개선의 효과가 있다. 전통적 행정의 시민들에 대한 공공서비스 제공과 비교하면 첫째, 정부마케팅의 관심은 필요보다는 욕구의 충족이다. 전통적 행정이 주민들의 의식주와 같은 생존에 필수적인 재화와 서비스 수요의 충족,[54] 정책도 필요의 충족에 초점을 두는 것[55]과는 차이가 있다.

둘째, 공공서비스가 주민들 대상의 일반적, 집합적 필요 충족에 목적을 둔다면 정부마케팅의 목적은 고객, 표적집단 대상, 개별적, 주관적 욕구의 충족이다.

셋째, 전통적 행정은 정치적 관점에서 주민들의 요구, 불만에 대응하는 식으로 서비스의 종류와 양을 결정하였다면, 정부마케팅은 요구나 불만 없이도 경쟁자보다 또는

---

53) Korolev(2015), p. 31.

54) Korolev(2015), pp. 23-25.

55) McGregor, Camfield, & Woodcock(2009), p. 136. Meyer(1974) 참조.

이전보다 더 많은 고객의 선택을 얻어내기 위하여 마케팅 조사를 통하여 고객이 무엇을 원하는가를 선제적으로 확인하고 고객 자신도 미처 인지하지 못하고 있던 잠재적 욕구까지도 식별하고 자극하고 상품을 판촉한다.

4. 행정 수요의 변화

정부가 어떤 서비스를 제공할 것인가는 정치적 이념 또는 합의 과정이 결정하지만 정부의 관심과 역할은 필요를 넘어 점차 적극적인 욕구충족 서비스의 개발과 제공으로 나가고 있다.

공공서비스 수요의 스펙트럼에서 필요는 욕구와는 반대편에 위치한다. 정부의 1차적 역할은 주민들이 공통적으로 무엇이 필요한가를 식별하고 이를 반영한 서비스의 제공이다. 반면 마케팅은 표적고객, 개인 선호(preferences)를 만족시키는 데에 초점을 둔다. 정부 서비스는 전통적으로 납세자들의 필요 충족에 초점을 두었지만 국민소득과 생활 수준이 높아지고 의식주 필요가 충족되면서 사람들은 필요 충족으로 만족하지 않고 그 이상의 주관적 욕구를 발전시킨다. 교통서비스를 제공하지만 시민들은 이제 장소 이동만으로 만족하지 않는다. 보다 빠르고 저렴한 서비스, 청결한 시설, 편안한 좌석, 미적 수준이 높은 인테리어, 친절한 태도 등을 원한다. 농산물도 소비자들은 더 이상 생존을 위한 구매를 하지 않는다. 구매에서 분량이 아니라 안전성, 기능성(자연산 또는 유기농, 자신이 원하는 당도, 맛이나 향기 등)을 중시한다. 정부도 역할을 쌀 풍작, 농산물 산출 증대에서 안전한 농산물의 생산, 브랜드 쌀, 친환경·유기 농업 기술개발의 지원 등으로 옮겨가고 있다.[56] 필요는 정부가 충족시키는 순간 소멸되는 것이 아니라 개인들은 그때부터 자기만의 주관적 욕구를 발전시킨다. 이러한 욕구에 대한 정부의 적절한 대응 실패는 시민들의 불만족의 증가를 초래한다.

---

56) 국립농업과학원. http://www.naas.go.kr. 검색일 2018.10.7. 「2019년 주요 업무계획」, p. 16 참조. 국립농업과학원은 농촌진흥청(농림축산식품부 소속기관)의 소속기관이다.

제5절 고객과 이해관계자

1. 고객

1) 고객의 의미

고객(customers, 顧客)은 판매자(sellers, vendors)나 공급자(suppliers)로부터 제품이나 서비스, 가치나 아이디어를 구매한 또는 구매를 원하는 개인이나 단체, 조직으로 마케팅 분야의 핵심 용어이다. 고객은 시장에서 다양한 상품 가운데 자신이 원하는 것을 선택하고 가격이나 비용을 지불한 후 소비하는 교환의 당사자로,[57] 구매자(buyers), 소비자(consumers), 클라이언트(clients), 오디언스(audiences), 이용자(users), 매수 또는 매입자(purchasers) 등 이름이 다양하다. 마케팅에서 고객은 시장에서 서로 다른 욕구, 기대를 발전시키는 존재이다. 마케터들은 고객의 서로 다른 욕구가 무엇인가를 확인하고 보다 많은 고객들로부터 자신의 상품에 대한 관심을 이끌어내고 선택을 받고자 경쟁한다. 정치에서 주민이 주권자이고 최종 결정권자라면 시장에서 고객은 재화나 서비스에 대한 수요를 만들어내는 사람들이고, 시장에서의 최종 선택권자이다. 이들의 필요와 욕구, 평가나 인식이 상품에 대한 수요를 결정한다. 고객은 공급자들이 무엇을 해야 할지를 말하고 시장에서 공급자의 퇴출을 결정하는 힘을 통하여 공급자 상품생산과 판촉 전체의 활동을 지배한다. 고객 없이는 비즈니스도 없다는 점에서 시장에서 고객은 정치에서의 주권자와 같은 지위에 있다.

2) 고객과 클라이언트, 오디언스

기업마케팅의 대상은 고객으로, 전통적으로 고도로 표준화된 공장 제품의 구매자들이다. 이들의 특징은 다음과 같다.

첫째, 개인 맞춤형의 상품을 요구하지 않는다.
둘째, 일반적 필요와 욕구충족을 위한 일회 또는 반복적 구매를 하는 사람들이다.
셋째, 교환관계의 지속성이 낮다.
넷째, 교환은 판매자와의 장기적인 또는 특별한 신뢰관계를 필요로 하지 않는다.

---

57) 고객(customers), 경쟁, 서비스의 품질, 고객만족 등에 대한 정부부문의 본격적 관심은 1990년대부터로 공공서비스 생산과 전달 개혁의 주요 이슈로 등장한다.

다섯째, 마케팅에서 불특정 다수의 형태로 존재한다.

클라이언트는 공공서비스 상품, 장소상품, 사회적 가치나 아이디어 상품의 구매자들로 특징은 다음과 같다.

첫째, 대부분 전문적 서비스 이용자들이다.
둘째, 특수한 필요와 욕구충족을 위하여 일회적 구매를 하는 사람들이다.
셋째, 상품을 공급자와의 장기적 신뢰관계, 신탁과 수탁의 관계(정서적 유대, 신뢰와 믿음, 비밀유지 등을 특징으로 하는)에 기초하여 구매한다.
넷째, 교환관계는 장시간 지속되는 경향이 있다.
다섯째, 구매 상품은 주로 맞춤형 서비스이다. 공급자(회계법인, 컨설팅회사, 병원, 로펌, 세탁소 등)는 고도의 주의 집중 작업을 통하여 클라이언트의 욕구에 특화된 맞춤형 서비스, 자문이나 조언 등 문제해결 서비스를 제공한다.

오디언스는 주로 사회마케팅에서 사회적 가치나 아이디어 상품의 소비자들을 가리킨다. 이들의 특징은 첫째, 불특정 다수이다.
둘째, 사회마케팅 프로그램(캠페인), 강의 등의 참여자, 시청자, 독자, 관객 등으로 가치, 인식, 행동변화의 대상이다.[58]

정부마케팅에서 소비자는 상품의 종류가 무엇인가에 따라 고객, 클라이언트, 오디언스 등 다양한 형태로 나타난다. 장소나 지역사회 마케팅에서는 주로 고객이나 클라이언트이고, 공공서비스 마케팅에서는 클라이언트이다. 사회마케팅에서 사회적 가치 상품(환경보호, 자원절약, 건강 등)의 소비자는 사회 구성원 전체이거나 특정하기 어렵다는 점에서 오디언스라고 부른다.
헨리 민츠버그(Henry Mintzberg)는 정부의 관점에서 고객과 클라이언트, 시민, 피치자(被治者, subjects. 백성. 규제를 받고 의무와 책임을 부담하는 사람), 유권자와의 관계를 다음과 같이 설명한다.[59]

---

58) 오디언스(audiences)는 TV, 라디오, 인터넷 등을 통한 정보 소비자를 가리킨다. 하지만 일반 관람객이나 시청자보다는 특정되고, 인터뷰 대상자(interviewees)보다는 많은 수의 지정된 집단의 사람들로 프로그램 참여자나 대상자, 정보, 의견, 조언 등의 청취자들이다.
59) Mintzberg(1996), p. 77. 헨리 민츠버그(Henry Mintzberg)는 캐나다 맥길 대학교(University of McGill)의 경영학(management studies) 교수로 전공 분야는 비즈니스 전략과 관리이다.

첫째, 정부와 고객은 상호 주고받는 직접적 관계이고, 정부와 시민 간 관계는 상호적이거나 간접적 관계이다. 시민은 정부가 구축한 공공 기반시설로부터 간접적으로 편익을 얻는 사람이다.

둘째, 시민의 정부에 대한 관계는 권리이고, 피치자의 정부에 대한 관계는 의무이다. 피치자는 국가 구성원으로서 세금을 내고 징집되고 정부규제 준수의 의무를 지는 사람들이다. 민주주의 국가에서 시민은 법률에 의해 권리를 부여받은 사람들이다. 시민들은 자신의 권리가 무엇인가를 주장하고, 법률은 정부가 시민들에게 어떻게 서비스해야 하는가를 규정한다. 정부와 클라이언트 및 피치자와의 관계는 상호적인 것이 아니라 일방적 관계이다.

셋째, 정부에 유권자는 고객일 뿐만 아니라 책임과 의무가 있는 피치자이고, 권리를 가진 시민들이며, 복잡한 욕구를 갖고 있는 클라이언트이다.

국립공원을 사례로 설명하면, 관광객은 고객이다. 정부가 국립공원에서 길을 잃고 위난에 처한 조난자를 구조할 때 조난자는 클라이언트이고 정부의 구조는 이들에 대한 서비스이다. 국립공원은 사회 기반시설의 일부로 피치자는 국립공원의 환경 보존을 위한 규제의 준수와 세금을 낼 의무가 있고, 시민들은 이용할 권리가 있는 사람들이다. 민츠버그는 이러한 관점에서 정부가 공공서비스를 제공할 때 기업의 고객 모델만으로는 부족하다고 주장한다.[60] 장소나 지역상품의 마케팅에서 국민, 시민, 납세자, 지역 주민들은 주로 주주의 지위를 갖지만 때로는 고객이나 클라이언트이다. 마케팅의 대상은 장소마케팅에서 고객이나 클라이언트이고, 지역상품 마케팅에서는 주로 고객이지만 상품에 따라 고객이나 클라이언트, 오디언스도 될 수 있다. 공공서비스 제공에서 국민, 시민, 주민은 이용자, 참여자 등의 서비스의 소비자, 사회적 가치의 수요자이고 공공서비스나 사회마케팅 관점에서의 대상은 고객, 클라이언트, 오디언스이다.

3) 고객과 소비자

고객과 소비자는 구분이 필요하다. 이 구분은 마케팅이 누구를 대상으로 하는가를 설명할 때 중요하다. 다음 <표 3>은 둘 간의 차이이다.

---

60) Mintzberg(1996), p. 78.

▌표 3 고객과 소비자의 차이

구분	고객	소비자
정의	구매자	최종 이용자
목적	전매(轉賣)나 소비	소비
거래자	개인, 단체, 조직	개인, 가족, 정부조직이나 공공기관, 단체의 직원이나 구성원
행위	구매(소비는 하지 않을 수도 있다)	소비(구매행위 없이 소비만 할 수도 있다)

고객은 판매자로부터 상품을 구매하는 사람이고, 소비자는 상품의 최종 이용자이다. 대부분의 소비자는 상품의 구매자이면서도 소비자이다. 소비자가 상품을 용도에 따른 소비 목적으로 구매하는 경우, 구매자는 고객이고 동시에 소비자이다.[61] 하지만 구매자가 고객이라고 반드시 소비자인 것은 아니다. 그 반대도 마찬가지이다. 고객의 상품구매 목적은 전매나 소비이다. 고객은 개인, 조직이나 집단이고, 소비자는 개인, 가족 또는 보호자, 조직의 구성원 등이다. 고객 중에는 도매나 소매상과 같은 중간 거래상도 있기 때문에 구매자인 것은 맞지만 고객이라고 반드시 최종 소비자인 것은 아니다. 소비자는 상품을 구매하지는 않고 이용만하는 사람일 수 있다. 조직이 직원들을 위하여, 또는 부모가 자녀를 위해 선물로 구매하는 경우, 소비자는 구매자가 아니면서 소비한다. 「소비자보호법」(1980)은 고객이 아니라 소비자의 기본적 권익보호를 위한 법률이다.[62]

마케터의 관점에서 보면 고객은 구매자이자 가격을 지불하는 사람으로 수익의 원천이다. 마케팅은 고객의 의도나 태도, 행동에 영향을 미치기 위한 활동이자, 수요자를 고객으로 전환하는 노력이다. 마케팅의 관심은 고객으로, 조직은 고객을 과거 고객, 현재 고객, 장래 고객으로, 또는 최종 고객(final customer)과 거래 고객(trade customers)으로 나누어 관리한다. 고객은 상품을 본인의 소비나 다른 사람들의 소비를 위하여 구매한다. 최종 고객은 직접 소비를 목적으로 상품을 구매하는 사람이다. 반면 제조업자, 도소매 업자, 배급이나 유통업자 등은 거래, 즉 이윤을 남기고 다시 팔 목적으로 상품을 구매하는 사람들이다.

---

61) 프로슈머(prosumer)는 소비자의 한 유형으로 소비 행위만 하는 것이 아니라 상품의 개발, 디자인, 제조, 전달 과정에 제안, 의견 제시 등으로 참여하는 소비자이다.

62) 「소비자보호법」 제2조는 소비자를 "사업자가 제공하는 물품 및 용역을 소비 생활을 위하여 사용하거나 이용하는 자 또는 대통령령이 정하는 자"로 정의한다.

국립병원이나 도립병원 의료서비스에서 고객이 구매자라면 소비자는 구매자가 아닐 수도 있지만 환자, 환자 가족이나 보호자, 간병인까지 포함하는 개념이다.[63] 이들은 구매자는 아닐지라도 의료서비스의 소비자들이다. 공급자의 의무나 책임은 구매자나 환자뿐만 아니라 이러한 의료서비스를 이용하는 모든 소비자들에 대한 것이다. 마케팅의 1차적 초점은 구매자이지만 구매자가 아닌 소비자들도 잠재적 고객으로 중요하다.

4) 고객과 시민

고객은 비즈니스 분야의 용어로 재화와 서비스의 구매자이다. 반면 시민은 정치학 용어이자 근대 민주국가가 만들어낸 표현으로 공공서비스 소비의 권리를 가진 국가의 구성원들을 가리킨다. 이들은 정치나 전통적 행정서비스의 대상으로, 대부분은 주요 정치적 의사결정에 참여하는 유권자들이다. 시민은 납세자, 유권자로서의 지위, 공공서비스 소비의 권리, 비판, 의견 제시를 통해 국정에 참여할 수 있는 권리 등을 행사하고 의무를 부담한다. 시민이 공공서비스의 소비자, 수혜자인 반면 고객은 시장의 교환 활동에 참여함으로써 자신의 필요와 욕구를 충족시키는 사람들이다. 정부마케팅의 관점에서 고객은 정부가 공급하는 상품의 현재 또는 장래 구매자들로 시장에서 상품 선택의 자유를 가진 사람들이다. 하지만 순수 공공서비스 제공에서 시민들은 상품 선택의 자유를 제한받는 경우가 많다. 시장도 존재하지 않거나 공급자 간 경쟁이 없고 자주 대체 상품도 존재하지 않는다. 시민을 고객이라고 부르지만 비즈니스 분야의 구매자, 소비자 개념을 의제(擬制)한 것으로, 마케팅적 가치나 철학(고객 중심적 사고, 필요와 욕구충족, 경쟁, 지속적 혁신, 고객가치의 창출)의 강조이다.

5) 정부부문과 고객 개념의 도입

정부부문의 고객 개념 사용은 신공공관리 개혁부터이다. 영국 존 메이저(John Major) 수상은 1991년 공공서비스 전 분야에 걸쳐 시민헌장(The Citizen's Charter)을 채택하면서 먼저 고객 중심적 접근을 제도화한다. 이 시민헌장 정책은 1990년대 영국 정부 개혁의 핵심 프로젝트로서[64] 공공서비스의 품질 수준과 생산성 제고를 목표로 고객서비스헌장(customer service charter)을 제정하고, 정부가 어떤 서비스(목적, 범위, 품질

---

63) Hayden(1993), p. 29.

64) House of Commons Library – UK Parliament. *The Citizen's Charter*. Research Paper 95/66. 25 May 1995.

의 수준)를 제공할 것이라는 것과 고객은 그 서비스를 받을 권리가 있음을 천명한다. 헌장은 정부가 보다 나은 품질의 서비스를 제공할 것이라는 서면 약속이자 고객뿐만 아니라 직원 모두에게도 무엇을 어떻게 할 것인가를 밝히는 것으로, 공공서비스가 궁극적으로 고객을 위한 것임을 공식화한다.

한국은 김대중 정부(1998~2003)가 「행정서비스헌장 제정 지침」(대통령훈령 제70호, 1998)을 통하여 이를 도입한다. 영국 시민헌장제도의 수입으로 제1조는 "행정의 고객인 국민에게 보다 높은 수준의 행정서비스를 제공함으로써 국민을 최우선으로 하는 행정을 실현함을 목적으로 한다"고 명시하여, 정부부문에서 고객이라는 용어를 처음 공식 채택한다. 제2조는 행정서비스헌상을 "행정기관이 제공하는 행정서비스의 기준과 내용, 이를 제공받을 수 있는 절차와 방법, 잘못된 서비스에 대한 시정 및 보상 조치 등을 구체적으로 정하여 공표하고, 이의 실현을 국민에게 약속하는 것"이라고 밝힌다. 제5조 1항은 "행정기관의 장은 정기적으로 고객의 요구 사항을 수렴하여 이를 헌장에 반영하여야 한다"고 규정하여, 고객 요구사항(필요와 욕구 및 변화)의 정기적 파악을 의무로 명시한다. 또 제8조는 "행정기관의 장은 헌장을 제정 또는 개선하고자 하는 때에는 헌장에서 정한 서비스를 제공받을 고객의 범위를 구체적으로 조사하고, 그 고객의 참여를 보장"할 것을 규정함으로써, 표적고객과 고객 중심적 서비스, 마케팅 조사의 필요에 대한 중요성을 언급한다. 행정서비스헌장 제도의 도입은 정부기관의 공공서비스 제공 의무, '국민 = 고객'이 누려야 할 권리, 제공하고자 하는 서비스의 내용과 품질 수준 보장을 약속하고 이를 통해 시민들로부터 평가받고자 한 것으로, 고객만족, 고객 가치 생산을 위한 행정서비스 실천의 선언이다. 헌장 제정은 정부조직과 공공기관의 공공서비스 제공에 있어서 혁명적[65] 의미를 갖는 것으로 패러다임의 변화를 초래한다.

첫째, 공공서비스 제공에 공식적인 '고객' 개념의 채택이다. 정부조직과 공공기관의 국민 = 고객이라는 인식의 선언이다.

둘째, 공공서비스 제공 관점의 전환이다. 조직, 전통적 관료제 중심이 아닌 소비자 중심적 관점에서의 서비스 제공이다.[66] 행정의 관점을 기존의 '시민'(정치적 관점 및 정

---

65) '혁명적(revolutionary)'은 로버트 케이스(Robert J. Keith)가 1960년 발표한 논문 '마케팅 혁명 (The Marketing Revolution)'으로부터의 의미 차용이다.

66) 민주행정에서 정부의 기존 시각도 국민을 위한, 국민을 배려하는 것이었으나 어디까지나 이러한 접근은 정부 및 정치적 관점에서의 서비스 제공이었다. 하지만 신공공관리 개혁에서는 정부가 수요자 관점을 채택하여 한 걸음 더 나간다. 정치적 관점에서의 민주적 접근, 국민 배려의 예는 1996년 「행정절차법」(행정안전부 공공서비스혁신과 소관)이다. 이 법은 행정국가 시대 행

부 관료제에 의한 서비스 제공의 대상)에서 '고객'으로 대체한다.

셋째, 정부부문에 시장적 언어, 마케팅 개념과 방법(고객만족 = 성과평가 지표)의 도입이다.

넷째, 신공공관리 개혁에 본격적 참여를 시사한다.

신공공관리 개혁은 공공서비스의 생산과 공급에 고객이라는 용어 도입, 고객 중심적 사고, 고객만족이라는 비즈니스 철학의 채택을 의미한다.[67] 한국에서 행정서비스헌장 제정 이후 정부와 공공기관은 고객, 고객만족이란 용어를 광범위하게 도입하여 사용한다. 실무자들은 공공서비스를 제공하면서 대상을 국민이나 시민보다는 고객으로 호칭하고, 경쟁과 고객만족의 서비스를 표방한다. 연구자들도 정책 고객이라는 용어를 사용하기 시작하면서,[68] 비즈니스 시각이 점차 전통적 행정의 정치적 관점, 서비스 방법과 언어들을 대체한다.

2. 이해관계자

이해관계자(stakeholders)는 고객뿐만 아니라 조직의 목표, 정책, 활동 등에 영향을 미치거나 받는 개인 또는 집단, 조직, 모두를 가리킨다. 고객이 상품 구입을 통하여 판매자의 이익 창출에 직접적 및 긍정적으로 기여하거나 할 행위자들이라면, 이해관계자는 고객을 포함하여 조직, 상품생산과 판매, 서비스 제공, 마케팅 활동 등에 어떤 형태이든 긍정 또는 부정적 영향을 미치거나 받는 개인이나 집단, 조직들로, 조직의 관리자, 직원뿐만 아니라 주주, 투자자, 채무자, 부품 공급자, 협력업체 등과 이들의 직원, 관련 기관이나 집단, 지역사회 등을 포함한다. 이해관계자는 적극적 이해관계자와 소극적 이해관계자로 나뉘고, 전자는 조직과의 비즈니스 거래에 직접 관여하거나 하고자 하는, 후자는 조직과의 교환에 비록 직접적으로 관여하지는 않지만 어떤 형태이든 영향을 미치는 사람이나 집단, 조직들이다.[69] 마케팅은 오랫동안 상품구매를 촉진하기 위

정기관의 위법하고 부당한 권한 행사로부터 국민들의 권익을 보호하기 위하여 정부가 행정 행위를 하기 전에 어떻게 당사자나 이해관계자의 의견을 청취해야 하는가에 관한 절차를 규정한다. 미국의 「행정절차법(Administrative Procedure Act)」 제정은 1946년이다.

67) Lucio(2009), pp. 878−879.

68) 예 정윤수·박경효(1999), 우종무·김만기(2015).

69) Proctor(2007), pp. 18−19.

한 커뮤니케이션 대상으로 '고객'이란 용어만을 사용했으나 미국마케팅학회(American Marketing Association, AMA)가 2004년 마케팅 개념을 새로이 정의하면서, 처음으로 마케팅의 대상에 이해관계자를 포함시켜 마케팅을 고객뿐만 아니라 "조직과 조직의 이해관계자들 모두"에게 편익을 주는 일련의 조직의 기능 또는 과정으로 정의한다.[70] 마케팅 대상에 조직의 이해관계자를 포함시키는 것은 기존의 마케팅 개념의 확장을 의미한다. AMA는 2007년 마케팅 개념을 또다시 새롭게 정의하면서 마케팅을 "고객, 클라이언트(clients), 파트너, 그리고 사회 전체"로 대상을 보다 자세하게 규정한다. 이러한 개념 정의의 변화는 크게 두 가지 의미를 갖는다. 하나는 마케팅의 지속적인 관심 범위의 확장이고 또 다른 하나는 이해관계자의 중요성 강조이다.

마케팅 대상을 이해관계자, 사회 전체로의 확장은 기업의 사회적 책임, 마케팅의 공익 지향성을 나타낸다. 마케팅에서 시장 세분화, 표적고객 집단의 선정 등은 공공서비스 제공에서 평등이나 공정성과 같은 민주적 가치 침해의 소지와 우려가 있다. 그러나 마케팅 대상의 확대는 마케팅이 사회 구성원 모두의 이익 창출을 중요하게 생각한다는 것으로 마케팅과 행정의 역할이 적극적인가 소극적인가의 차이는 있으나 모두 공공가치 생산 아래 통합될 수 있음을 시사한다.

3. 정부마케팅과 고객

정부마케팅에서 고객은 일반 국민뿐만 아니라 전 세계 모든 사람이나 기업들이다. 전통적 행정과의 가장 큰 차이이다. 장소상품의 고객은 해외 또는 자국 내 투자자, 기업 또는 비즈니스, 방문객, 거주자 등으로, 글로벌 사회에서 투자자나 기업, 관광객, 휴양지나 거주지를 찾는 사람들, 노후를 보낼 곳을 찾는 사람들 모두이다. 지역상품의 고객은 주로 해외 구매자나 소비자들이다. 장소나 지역상품 마케팅에서 자국민은 빈번히 고객이라기 보다는 주주(stockholders)이다. 이들은 장소상품의 생산 결정에 참여하고 동시에 고객으로 상품도 소비하는 이중적 성격을 갖는다. 공공서비스 상품의 고객은 자국 내 주민들로 특정 공공서비스의 클라이언트, 이용자, 프로그램의 참여자, 수요자이고, 사회마케팅에서 고객도 자국민으로 사회적 가치나 아이디어 상품의 구매, 소비를 통하여 이익을 얻는 사람들이다.

---

70) Gundlach & Wilkie(2010), p. 89.

4. 분류

마케팅에서 고객이 갖는 중요성만큼 마케터들은 고객을 자세히 구분한다. 다양한 기준에 의한 고객의 분류는 마케팅 전략의 수립, 효과적인 수단의 선택, 메시지의 정확한 설계와 효과적인 전달 등을 위해서 중요하다.

1) 우량과 불량

우량고객(good customers)과 불량고객(bad customers. 苦客, 진상 또는 악성고객이라고도 한다)[71]은 정부기관의 공익이나 공공가치 생산에 기여하는가 아닌가에 따른 구분이다. 전자가 정부의 공익 목적 달성에 기여하는 사람들이라면 후자는 그 반대이다. 불량고객은 조직의 자원, 직원의 시간과 에너지를 낭비하게 만드는 사람들로, 법규 위반자, 직원에 대한 폭언과 성희롱, 인격을 무시하는 행동이나 표현을 하는 사람, 시설물이나 물품을 용도 이외에 이용하거나 파손하는 사람, 정당한 이유 없이 요금을 지불하지 않는 사람, 업무 담당자를 곤경에 처하게 할 목적의 반복적 민원 제기자, 무리한 요구, 근거없는 불만 제기자, 악의적 업무 방해자 등이다. 이들은 정부조직이나 공공기관의 업무수행을 방해하거나 다른 고객에도 피해를 주는 사람들이다. 만족이 아니라 격리나 처벌의 대상이다.

장소나 지역상품 마케팅에서 우량고객은 장소나 지역상품의 판매, 일자리 창출, 소득증대, 경제 활성화에 기여하는 개인이나 단체, 조직이고, 공공서비스 마케팅에서는 서비스 고객가치의 창출, 사회마케팅에서는 복지, 삶의 질 개선, 사회 발전에 기여하는 사람들이다. 정부마케팅의 목적은 우량고객 가치의 생산이나 실현이다. 반면 불량고객은 정부마케팅이 추구하는 공공가치의 생산과 전달을 방해하는 사람들로 규제나 억제, 격리의 대상이다. 기업이나 비즈니스도 상품의 절취, 장비나 시설 파손, 상품을 받고 대금 지불의 거부, 꼬투리를 잡아서 직원을 협박하거나, 피해를 줄 목적으로 끊임없이 불만을 제기하는 행위, 자신의 잘못을 상품의 하자 때문으로 전가하며 피해 보상을 요

---

71) 블랙 컨슈머(black consumer)는 방송이나 신문에서 자주 사용되지만 인종 차별적 의미를 내포한 부적절한 표현이고 영어도 아닌 저널리즘적 조어(造語)이다. "소비자도 일정 기간 내에 반품해야" … 김경진, 악성 블랙 컨슈머 제한 법안 발의. 조선일보, 2019.1.15.; 항공업계, '블랙 컨슈머' 몸살 … 소비자 분쟁조정 '악용.' 동아일보, 2018.10.23.; 칼만 안 든 강도, 블랙 컨슈머들의 횡포. 중앙일보, 2013.12.26.

구하고, 고함과 욕설, 근거 없는 소문 유포, 모욕, 싸움과 시비, 제품 사용 규정 위반, 떼쓰기, 거짓말, 다른 고객들의 상품 구매를 방해하는 행위를 하는 사람 등은 모두 불량고객으로 1차적으로 관계 개선을 시도하고, 실패 시 관계 청산이나 서비스 회원 자격의 박탈, 퇴출이나 수사 기관에 신고한다.

정부 공공서비스 마케팅에서 불량고객은 법규 위반자들로 재소자나 불법 노점상, 체납자 등이다. 정부의 공익 창출, 공공가치 생산 활동을 방해하는 사람들로, 특정 상황 또는 일정 기간 동안 자격 정지, 벌금이나 과태료 부과, 격리 등의 처벌이 필요한 디마케팅의 대상이다. 「공직선거법」 제18조는 재소자의 선거권 제한을, 「조세범처벌법」은 납세 의무를 위반한 자에 대한 형벌 및 과태료 부과를 규정한다. 정부는 재소자들에 대하여는 권리를 제한하고 최소한의 기초적 서비스만 제공한다.

2) 현재와 잠재

현재고객(current customers)과 잠재고객(potential customers)은 정부 상품의 구매자인가 구매하지는 않았으나 미래에 상품을 구매할 가능성이 있는 개인이나 집단, 조직인가의 구분이다. 전자는 공공가치의 생산에 기여하는 기업이나 사람들이지만 후자는 장래 그러한 기여를 할 수 있는 고객이다.

3) 외부와 내부

외부고객(external customers)은 조직 밖의 상품 구매자들로, 반복적 구매, 또 다른 고객의 추천, 긍정적 평가나 후기(後記) 등으로 수익에 직접적 영향을 주는 사람들이다. 조직의 상품개발과 생산, 전달은 이들을 위한 것이다. 일반적으로 고객이라고 하면 외부 고객을 말한다. 반면 내부고객(internal customers)은 관리자, 직원 등 조직의 구성원들로 구매자가 아니라 상품의 생산에 참여하거나 서비스를 전달하는 사람들이다. 주주, 파트너 사업자 등도 여기에 속한다. 이들은 비록 상품을 구매하지는 않지만 상품의 생산과 전달에 참여하여 상품 품질에 영향을 미친다. 내부고객이라는 용어는 1970년대 중반, 기업이 외부 고객들에게 보다 질 좋은 제품이나 서비스를 제공하기 위해서는 먼저 상품을 생산하고 전달하는 직원들의 필요와 욕구를 충족시키는 일이 중요하다는 인식에서 등장한다.[72] 군대 조직이 목적을 달성하기 위해서는 내부고객의 충성이 절대 중요하다. 내부 마케팅(internal marketing)은 조직 구성원, 즉 인적자원 대상의 마케팅

---

72) Proctor(2007), p. 36.

이다. 직원도 고객으로 보는 인식은 이들의 만족과 헌신을 통하지 아니하고 목적을 달성할 수 없기 때문이다. 내부 마케팅은 구성원들의 관심과 욕구를 조직의 비전, 전략적 목표와 일치시키고 이를 바탕으로 고객 지향적 서비스, 보다 높은 품질의 서비스 제공에 적극적 참여와 협력의 동기를 부여하는 활동이나 과정이다.

4) 일반과 충성

일반고객은 제조자나 공급자가 누구인지, 상품의 브랜드가 무엇인가를 특별히 중시하지 않고 상품을 구매하는 사람들이다. 반면 충성고객(loyal customers)은 특정 제조자나 브랜드 상품만을 보다 자주 또는 더 많이 구매하는 고객이다. 이들은 상품에 대한 긍정적 감정의 경험, 품질의 신뢰, 낮은 가격, 상품 구성이나 내용 요소들에 대한 만족, 참여나 접근의 편리, 개인적 기호, 취향 등과의 일치를 통하여 반복적 구매나 선호를 갖게 된 고객들로 불평이 적을 뿐만 아니라 다른 사람들에게도 구매를 권유한다. 이러한 고객 대상의 상품판매는 비용이 적게 든다. 따라서 마케터들은 전략적 접근과 여러 가지 방법으로 고객의 충성도[73]를 늘리고자 노력한다.

5) 선호와 기피

선호고객(preferred customers)은 조직의 관점에서 수익을 증가시키기 때문에 다른 고객보다 특별히 가려서 더 좋아하는 고객이다. 조직이 선호하는 고객은 주로 상품을 다량 또는 정기적으로 구매하는 고객으로, 판매자는 이들에 대해서는 다른 고객들과 차별하여 다양한 혜택을 제공한다. 반면 기피고객(unwanted customers)은 좋아하지 않고 꺼리거나 원하지 않는 고객으로 다른 고객의 상품구매까지 방해하거나 어렵게 만드는 구매자이다. 정부마케팅에서는 법규 위반자, 마약 중독자, 무단 주차나 음주 운전자 등이 그 예이다.

6) 기타

이 밖에도 조직은 서비스 제공에서 고객을 기존고객(existing customer)과 새로운 고객(new customer), 단기고객(short-term customer)과 장기고객(long-term customer), 정상고객과 이탈고객(defectors) 등으로 구분한다.[74]

---

73) 다른 제조사나 상품으로 바꾸지 않고 지속적으로 그리고 기꺼이 특정 기업이나 상품을 선택하고 구매하고자 하는 마음이나 성향이다.

74) Parasuraman(1997), p. 156. Nguyen, Paswan, & Dubinsky(2018) 참조.

5. 최종 소비자, 바이어, 구매 대행자

최종 소비자나 사용자(end consumers or users)는 직접 물품이나 서비스의 소비를 통하여 효용을 얻는 사람이다. 바이어(buyers)는 재판매를 목적으로 구매를 하는 사람이고, 구매 대행자(purchasing agents)는 일정한 수수료를 받고 다른 사람을 위하여 상품을 구매하는 사람이다.

6. 고객만족과 가치

1) 만족

고객만족(Customer Satisfaction, CSat라고도 한다)은 상품 소비로부터 느끼는 고객의 편익이나 혜택, 이익의 감정이고, 욕구, 기대, 바람, 의도 등의 충족 시 나타나는 심리적 상태(흡족, 편안, 성취, 기쁨, 보람, 행복 등)이다. 편익을 얻지 못했거나 욕구충족 실패 시에는 불만족으로 나타난다. 고객만족은 상품의 용도에 따른 사용, 문제의 해결에 따른 자기표현뿐만 아니라 기대나 가격 대비 편익의 경험, 상품구매 전과 후, 다른 상품 대비 편익 느낌의 차이 등으로도 생겨난다. 상품은 유형이든, 무형이든 다양한 구성요소들(기능, 가격, 디자인, 칼라, 재질, 사이즈 등)의 집합이고, 만족은 이들이 만들어내는 편익의 패키지이다. 고객의 상품구매는 곧 편익 패키지의 구매이고, 만족은 그 결과적 감정이다.

생산자의 관점에서 고객만족도는 성과 지표이다. 또 재구매 의도, 고객 충성도를 추정할 수 있는 척도로, 마케터들은 만족도를 경쟁우위 전략의 핵심 요소로 간주한다. 고객이 상품 속성에 대한 욕구나 선호, 기대에 따라 구매를 결정하는 만큼 마케터들은 4Ps(상품개발, 가격, 유통, 프로모션) 조합을 통하여 고객을 만족시키고자 노력한다. 고객만족은 조직이나 상품에 대한 선택과 지지를 통하여 브랜드 가치 향상에 기여하고, 고객이 다른 어떤 상품이 있는가를 추가적으로 조사할 필요나 비용을 줄인다. 이러한 이유로 마케터들은 자주 1차적 성과지표로 만족도, 만족 고객 비율의 증가를 사용한다.

정부부문은 서비스 제공에서 고객만족을 표방한다. 정부 부처는 2017년도 43개 중앙행정기관을 대상으로 한 업무 성과평가에서 평가 부문을 국정과제, 일자리 창출, 규제개혁, 정책소통, 국민 만족도 5개로 설정하고, 각각의 비중을 5, 2, 1, 1, 1로 배분하였다.[75] 정부가 고객만족도를 공공서비스 제공의 주요 과제이자 핵심 성과지표의 하

---

75) 정부 24시. 2017년도 정부업무평가 결과. https://www.gov.kr. 검색일 2018.9.26.

나로 채택하고 있음을 보여준다. 고객만족도의 측정이나 제고를 위해서는 고객이 얼마나 만족하는가, 만족하지 않는다면 왜, 무엇 때문에 만족하지 않는가에 관한 구체적 정보가 필요하다. 고객만족도 조사는 정부조직이나 공공기관은 시민들이 공공서비스의 어떤 부분을 문제로 보는가, 고객이 무엇을 가장 선호하는가를 파악하고 서비스의 개선, 나아가 고객만족을 위한 상품개발의 방향 정보를 수집하기 위한 노력이다.[76] 만족도 조사는 '고객의 목소리'(Voice of the Customer, VoC. 고객이 자신의 소비 경험과 기대에 기초하여 제공하는 피드백 정보)를 듣고 서비스에 반영하기 위한 방법이지만, 한계는 정확한 측정이 어렵다는 점이다. 만족도를 측정한 경우도, 빠르게 변하기 때문에 실제 고객들의 필요와 욕구와는 일치하지 않는 경우가 나타난다.

2) 고객가치

고객가치(customer value)는 두 가지 의미로 사용된다. 하나는 고객 관점으로, 고객가치는 고객이 느끼는 편익의 총합에서 가격이나 비용을 제한 순(純) 가치이다. 소비자들이 상품의 품질 또는 용도 등에 따른 사용으로부터 얻는 혜택, 이익이나 문제의 해결 등 총 편익에서 소비를 위해 지불한 가격이나 비용, 희생(갖고 있거나 가질 수 있는 소중한 것 또는 그것을 얻을 수 있는 기회의 포기)을 제한 것이다. 가치는 고객의 욕구나 관심의 대상이자 문제의 해결, 달성 또는 성취하고자 하는 모든 것들로, 내용은 복잡하고 종류는 다양하다. 이러한 관점에서의 고객가치 표현이 "비즈니스는 고객가치 창출 활동이다."[77]라는 말이다. 또 다른 하나는 조직 관점에서의 고객가치로, 조직이 생각하는 특정 고객의 금전 및 비금전적 가치(value for money), 즉 '고객 = 자산'의 개념이다. 특정 고객이 평생에 걸쳐 조직에 기여할 수 있을 것으로 기대되는 금전, 비금전적 이익의 총합이다. 쿠마르와 베르너 라인알츠(V. Kumar and Werner Reinartz)는 고객가치를 고객 개인이 자신의 필요와 욕구에 의하여 발전시키는 가치(customer–generated value)와 기업이 마케팅 믹스를 통하여 노력한 결과 고객들이 인식하는 가치(customer–perceived value), 두 가지로 구분하고, 마케터의 과제를 이 두 가지를 일치시키는 것이라고 주장한다.[78]

정부마케팅에서 고객가치는 고객 관점에서의 고객이 상품 소비로부터 얻는 편익으로부터 소비를 위해 지불해야 하는 비용이나 수고를 뺀 것으로, 소비 경험을 통하여

---

76) Parasuraman(1997), p. 154.

77) Kumar & Reinartz(2016), p. 36.

78) Kumar & Reinartz(2016), p. 36.

얻은 실제적 가치(actual value), 이로부터 얻을 것으로 기대되는 가치를 포함한 것이다. 이러한 관점에서 정부 상품의 개발은 소비자들의 필요, 욕구에 부합하는 편익과 경쟁자 대비 보다 큰 부가가치(added value)를 만들기 위한 노력이고 공급은 소비자들에게 약속한 가치의 전달이다. 또 전략은 고객과 이해관계자들을 위한 보다 많은 가치 창출의 장기적 계획이다.

기업에서 고객가치에 대한 관심의 등장은 1980년대 후반이다. 연구자나 실무자들은 당시 장기적 수익을 결정하는 것은 시장점유율인데 이는 결국 고객만족에 의존한다고 믿고, 만족도의 측정을 위한 척도를 개발하기 위하여 경쟁한다. 이러한 과정에서 만족도 척도들 고객의 상품 가치에 대한 평가나 인식의 측정 도구로, 또 가치는 화폐 가격으로는 표시되지 않지만 가격이나 비용 지불을 통하여 고객들이 얻고자 하는 모든 편익들의 집합으로 정의한다.

고객가치라는 용어의 사용은 AT&T 고객만족 부서 책임자였던 레이몬드 코르두플레스키(Raymond Kordupleski)가 처음으로, 시장점유율 변화를 추정하는 고객만족도 측정 시스템을 개발하면서 고객 부가가치(Customer Value Added, CVA) 척도를 만들어 사용하였는데, 척도가 예측력 능력을 인정받고 많은 사람들 또한 고객가치와 중요성을 인정하게 되면서 확산된다. 이 척도는 경쟁기업 상품 대비 자사 상품에 대한 고객가치의 측정 수단으로 고객의 상품구매를 단순한 가치 때문이라기보다는 경쟁자의 것 대비 고객에게 보다 많은 가치를 제공하기 때문인 것으로 가정한다.[79] 1990년대 초가 되면 기업의 판매와 수익 창출을 고객의 상품에 대한 '인지된 가치(perceived value)'의 증가 때문으로 설명하는 시각의 확산이 나타난다. 제임스 앤더슨(James C. Anderson) 등은 1992년 고객가치의 평가 9가지 방법을 발표하고, 모리스 홀브룩(Morris B. Holbrook)은 1994년 연구에서 상품판매에서 고객가치와 구매자 행동에 대한 이해의 중요성, 고객가치 연구의 필요를 강조한다.[80] 또 브래들리 게일(Bradley T. Gale)은 1994년 「고객가치관리(Managing Customer Value)」라는 책을 출판한다. 비즈니스 분야는 대체로 이 시기를 통하여 마케팅은 조직의 수익 창출을 위한 활동이고, 최고의 방법은 고객가치의 창출이라는 인식을 완성한다. 고객가치는 상대적 개념으로 단순히 고객이 인식하는 상품의 가치가 아니라 경쟁기업의 상품 대비 상품 가치라는 인식이다.

---

79) Fundamentals of Customer Value Analysis(Feuss, W. J., AT&T). http://williamfeuss.com/Inc-1.pdf. 검색일 2019.7.29.
80) Anderson et al.(1992), Holbrook(1994) 참조.

기업은 고객가치 창출을 수익 증대 최고의 방법으로 생각한다.[81] 고객의 상품구매를 상품의 기능적 품질이나 액면 가격에 대한 만족이 전부가 아니고, 고객가치에 의한 것으로 파악한다. 상품 소비는 물품의 사용뿐만 아니라 프로그램 참여, 교육, 관람 등 다양한 형태로 이루어지고, 편익은 신체적 욕구충족이나 금전적인 이익을 넘어 기쁨, 자부심, 성취감, 보람, 희망, 행복과 위로, 평안 등 여러 가지 복잡한 형태로 나타난다. 고객은 만족만으로는 설명할 수 없는 다양한 형태의 편익을 위하여 상품을 구매하고, 소비를 위하여 지불하는 가격도 금전적 가격뿐만이 아니라 개인이 부담하는 비용, 수고, 불편이나 희생 등의 조합으로 인식한다. 상품구매는 이러한 편익과 비용의 대차대조에 따른 평가의 결과이다.

브랜드가 수익 창출의 가장 효과적 방법이라는 인식도 고객가치 개념에 기초한 판단이다.[82] 브랜드 마케팅은 고객이 상품구매를 통해 얻고자 하는 가치가 무엇인가를 알아내고, 이를 충족시키려는 노력으로, 마케터들은 고객의 보다 세밀하고 구체적인 욕구의 파악, 심리적 충족의 방법 등에 대한 학습을 통하여 고객가치의 창출을 시도한다.[83] 마케터들은 시장에서 고객의 선택 범위가 극도로 확대되고, 상품의 기능적 품질 개선과 만족만으로 이들의 선택과 충성을 끌어낼 수 없다고 생각한다. 고객은 이미 품질에 대한 기대가 높고, 특정 상품에만 충성도를 보이지도 않는다. 하지만 소비자들은 원가보다 더 높은 가격을 지불하고 브랜드 상품을 구매한다. 기업은 고객이 상품의 기능적 소비로부터의 만족을 뛰어넘어 구매를 결정한다는 관점에서 브랜딩이 고객의 선택을 얻는 최고의 방법이라고 생각한다.

3) 고객가치의 측정 방법

제임스 앤더슨(James C. Anderson) 등이 기업 실무자와 시장조사 전문가들을 대상으로 한 고객가치 측정방법 조사에서, 응답자들은 포커스 그룹(focus group) 인터뷰와 중요성 등급의 평가(importance ratings) 방법을 가장 광범위하게 사용하였다. 또 응답자들은 컨조인트 분석(conjoint analysis)[84] 기법을 비록 빈번하게 사용되지는 않으나 가장

---

81) Kumar & Reinartz(2016), p. 36. Christopher(1996), Wooruff(1997), Anderson & Narus(1998) 참조.

82) King(1991), p. 3.

83) Woodruff(1997), pp. 139－140.

84) 컨조인트 분석(conjoint analysis)은 소비자들이 상품의 가격 및 다양한 속성들로부터 얻을 수 있는 편익의 조합을 통하여 편익을 극대화하는 상품을 선택한다는 가정하에 소비자들에게 상

성공적으로 가치를 측정할 수 있는 방법으로 꼽았다. 기타 고객가치 측정에 서베이(인터뷰나 설문지), 구성적 접근(compositional approach. 상품의 각 속성과 중요성을 곱한 후 합을 구하는 방식에 의한 선호 정보의 산출) 등도 사용하였다.[85]

4) 극대화 방법

고객가치 극대화 방법은 고객과 이해관계자들이 원하는 것들의 매트릭스 개발과 이들의 이용에 의한 우선순위의 결정으로[86] 다음이 그 예시이다.

첫째, 가치 스코어보드(value scoreboard. 점수표 또는 채점표). 마케팅의 대상을 고객, 주주, 직원으로 구분하고, 이들의 가치(욕구)를 식별한 후 매트릭스로 만들어 중요성 우선순위를 정하는 방법이다. 국립중앙박물관이나 국립현대미술관이 "문화, 예술, 학문의 발전과 일반 공중의 문화향유(文化享有) 및 평생교육의 증진"[87]을 목적으로 문화상품을 개발하여 판매하고자 한다면 집단을 어린이, 청소년, 성인, 조직(박물관, 미술관), 직원 등으로 구분한 후 각 집단별 욕구와 중요시하는 것이 무엇인가를 확인하고 매트릭스로 작성한 후 이를 토대로 우선순위를 정하는 방식이다. 조직은 각 순위를 반영한 서비스들의 조합으로 프로그램을 개발함으로써 고객가치를 극대화할 수 있다. 이 방법의 한계는 고객이나 이해관계자 그룹이 너무 많은 경우 적용이 어렵다는 점이다.

둘째, 파워(power)/관심(interest) 매트릭스. 고객이나 이해관계자의 파워(power. 조직이나 상품 공급에 영향을 미칠 수 있는 힘)와 관심(interest. 영향력을 행사하려는 마음이나 욕구의 강도)을 기준으로 영향력(influence = power × interest)을 계산하여 서열화한 후 이에 기초한 프로그램의 개발로 고객가치를 극대화하는 방법이다. 한계는 포퓰리즘에 의한 상품개발이나 자원의 배분, 민주적 가치(소비자의 평등한 대우, 파워나 영향력이 적은 사회적 약자의 권리와 기회의 존중 등) 훼손 위험이다.

5) 만족과 고객가치 간의 관계

고객가치는 상품의 기능적 만족의 상위 개념으로 건강이나 안전, 보람, 자존감, 삶의 의지 실현 등을 포괄한 순편익(편익에서 비용을 제한)이다. 만족이 상품의 용도에 따

품 속성별로 선호를 묻는 질문지 조사 후 상품의 각 속성과 중요도들 간의 어떤 선호의 조합이 존재하는가를 확인하는 통계적 기법이다.

85) Anderson, Jain, & Chintagunta(1993), pp. 7–11, 15.
86) Proctor(2007), pp. 41–43.
87) 「박물관 및 미술관 진흥법」 제1조.

른 소비 결과 고객이 얻는 심리적 상태(기쁨, 흡족함, 흐뭇한 느낌, 행복 등)라면 가치는 이들을 넘는 소중함, 추구와 도달, 실현의 대상이다. 고객의 등산복 구매는 상품 속성(재질, 가격, 디자인, 보온, 방수, 가벼움, 통풍성, 내구성, 편리성 등)의 만족을 넘어 건강이나 자기표현(미적 감각이나 사회적 지위), 정신적 힐링을 추구한다. 고객가치의 창출을 위해서는 기능적 만족을 넘어 상품구매로부터 개별 고객이 주관적으로 중시하고, 얻거나 추구, 도달, 실현하고자 하는 욕구 정보가 필요하다. 마케터들은 이러한 고객가치 정보를 바탕으로 상품요소들의 조합, 가격책정을 하고, 표적시장의 고객으로부터 선택도 촉진할 수 있다. 로버트 우드러프(Robert B. Woodruff)는 고객가치를 "고객의 목적 달성을 가능하게 하는 상품의 속성, 각 속성의 효능, 이용 결과에 대한 선호와 평가"로 정의하고, 둘 간의 관계를 다음 <그림 3>과 같이 설명한다.[88]

▼ 그림 3 고객가치의 계층과 만족 간의 관계 모형

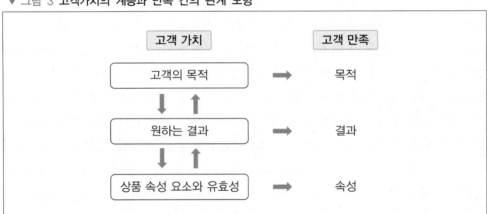

위 모형은 고객가치를 고객의 상품구매의 목적, 소비로부터 얻고자 하는 결과, 상품 속성 요소와 유효성의 계층적 구조로 파악한다. 각 계층은 목적과 수단의 관계이다. 반면 만족은 고객이 특정 상품을 소비하는 상황에서 고객의 계층별 가치가 상품 이용 후 얼마나 충족되었는가도 고객의 마음속에 나타난 평가이다. 고객가치 첫 단계에서 고객은 상품을 다양한 속성 요소 및 유효성의 집합으로 인식하여 얼마나 자신이 원하는 결과를 얻을 수 있는 속성들로 이루어진 것인가를 기준으로 선택하고 고객만족은 이러한 속성들에 대한 평가이다. 다음 상위 계층에서 고객가치는 고객은 자신이 원하는 결과가 목적을 달성하는 데 얼마나 기여할 것인가를 생각하여 상품을 선택하고, 고

---

88) Woodruff(1997), p. 142.

객만족은 고객의 상품 소비 후 얼마나 원하는 결과를 얻었는가의 평가이다. 고객가치 최상위 계층은 고객의 상품구매 목적이고 고객만족은 상품 소비를 통하여 얻은 목적의 충족 정도이다. 고객이 반드시 계층을 따라 위로 올라가면서 상품에 대한 만족을 느끼는 것은 아니다. 반대로 계층의 최상위로부터 아래로 내려오면서 상품구매의 목적을 생각하고, 다음은 원하는 결과가 무엇인가, 왜 중요한가를 인식할 수도 있다. 목적에 비추어 결과가 원하는 것이고 중요한 것이면, 다음은 필요한 상품의 속성과 유효성이 무엇인가를 검토하는 식이다. 고객가치 계층모형은 조직이 고객을 만족시키고자 할 때 고객가치의 계층적 구조, 즉 상품의 속성 요소, 이들이 만드는 결과, 이를 통해 달성하고자 하는 목적에 따리 각각의 속성, 결과, 목적을 만족시키는 마케팅 전략을 세워야 한다고 강조한다. 이 모형의 한계는 상품요소의 중요성에 대한 고객의 인식은 상황이나 시간의 흐름에 따라 지속적으로 변하여, 정확한 파악과 관리가 어렵다는 점이다.[89]

7. 공공가치

1) 의미

공공가치(public value)는 하버드 대학 케네디 스쿨(Kennedy School of Government)의 마크 무어(Mark H. Moore) 교수가 1994년 '전략 초점으로서의 공공가치(Public Value as the Focus of Strategy)'라는 논문에서 처음 제시한 용어이다. 관리(management)는 목적을 가지고 하는 일인 만큼 정부부문의 매니저들(public managers)은 '목적이 무엇을 생산하는 것인가?'라고 묻지 않을 수 없는데, 무어는 그 역할을 '공공가치의 창출(creating public value)'로 정의한다.[90] 정부 활동의 양과 질, 비용절감, 시민 욕구의 이해와 충족, 공정성 강화, 보다 향상된 업무 능력이 공공가치를 결정한다고 설명한다.[91] 공공가치는 정부부문 거버넌스와 공공서비스 제공의 핵심 가치로 고객뿐만 아니라 이해관계자들이 얻거나 이루고 싶고 중요하게 생각하는 것이다. 정부가 성취 또는 도달하고자 하는 목표이자 지향점이고, 조직 구성이나 서비스 공급 방식을 변경할 때의 기준이며, 전통적 행정이 표방했던 능률성, 효과성, 민주성 등의 행정 이념을 넘어서는 것이라고 말한다. 무어는 정부의 일상 활동은 그 자체가 곧 공공가치의 생산 행위라는 점을 강조한다. 공직자들은 공공가치 생산을

---

89) Parasuraman(1997), p. 155.
90) Moore(1994), p. 296; Moore(1995), p. 16.
91) Moore(1995), p. 211.

위하여 보다 나은 서비스를 제공하고, 능률성이나 효과성 개선을 위하여 아이디어를 내는 등의 노력을 한다. 정부 관리자의 역할이 고객과 이해관계자의 만족이라는 점에서, 무어는 고객과 이해관계자라는 두 개념의 유용성을 높게 평가하지만 공공가치는 이들의 만족 그 이상이라고 주장한다. 전통적 행정에서 공익이나 행정 이념은 공공서비스 생산과 전달자 인 정부 관료제가 정의하고 추구했던 가치이고 서비스 제공에서 중요시하고 달성하고자 했던 것이라면, 공공가치는 고객과 이해관계자가 정의하고 원하는 것이며 소비자의 가치로, 전통적 행정의 이념에서 한 걸음 더 나아가, 행정이 누구의 무엇을 위한 것인가의 가치로 정의한다.

무어가 공공가치 논문을 게재한 곳은 미국이 아닌 호주의 행정학 학술지(Australian Journal of Public Administration)로, 공공가치가 "미국에서는 충격적일지 모르지만 오스트레일리아 정부부문(public sector)에서는 공공서비스를 납세자들이 과연 돈을 낼 만한 가치가 있는가(value for money)라고 보는 데 익숙하여 특별할 것도 없다." "정부 일상의 활동은 사실 가치의 창출"이라고 주장한다.[92] 하지만 행정학자들은 오랫동안 공공가치에 어떤 관심도 없었다. 그러다가 21세기에 들어와 상황이 급반전되어 공공가치는 행정학 분야에서 핵심적인 논의 주제로 떠오른다. 토르벤 벡 조겐슨과 배리 보즈만 (Torben Beck Jorgensen and Barry Bozeman)은 2007년 논문에서 "정부 행정과 정책에서 공공가치보다 더 중요한 주제는 없다"[93]라고까지 말한다. 하지만 무어의 논문이 나온 후 10년도 더 지난 시점이다. 조겐슨과 보즈만은 행정학 분야에서의 공공가치 중요성 인식은 비즈니스 분야의 고객가치와 비교할 때 시기적으로 한 참 더 뒤떨어진 것으로, 그 이유는 정부부문에서 공공가치는 전통적인 것과는 거리가 있고(less traditional), 오히려 시장적 접근 방법에 가깝기 때문이라고 설명한다.[94] 한국 행정학자들의 공공가치 에 대한 관심의 등장 시점과 확산 형태는 2010년대 후반의 폭증으로 유럽과 영미권 국 가와 비교하면 또다시 10년이라는 시차가 있다.

무어의 논문이 발표된 1994년은 영국, 오스트레일리아, 뉴질랜드, 유럽 국가들이 신공공관리 철학과 기법을 통해 정부부문의 개혁을 추진하던 시기이고, 오스트레일리아는 그 중에서도 개혁에 앞장섰던 나라이다. 반면 당시 미국의 주류 행정학자들은 신공공관리 개혁에 호의적이지 않았다. 무어 연구는 이러한 환경에서 신공공관리 개혁이 사용하는 고객과 이해관계자라는 용어, '정부 매니저(public managers)'라는 표현을 채

---

92) Moore(1994), p. 296.

93) Jorgensen & Bozeman(2007), p. 355.

94) Jorgensen & Bozeman(2007), p. 354.

택하고 고객만족을 공공서비스의 목적이자 성과 척도로 제시한다. 정부가 민간기법을
사용함으로써 도움을 얻을 수 있다고 말한다.[95] 무어의 공공가치 제시와 이와 같은 설
명은 미국보다는 영국과 오스트레일리아, 뉴질랜드, 유럽 국가들의 신공공관리 개혁,
환언하면 시장의 서비스 철학과 마케팅적 사고에 기초한 것이고, 당시 비즈니스 분야
는 고객가치가 강력한 성장 잠재력을 가진 새로운 개념이라는 인식을 굳히던 시점이었
다는 점에서 그가 인접 분야 비즈니스 스쿨이 주목하던 개념인 고객가치를 몰랐을 수
없고, 그렇다면 정부부문 사업이나 서비스 전략 초점으로서 제시한 공공가치는 민간부
문의 고객가치 개념의 차용이나 이식이 될 것이다.

　　누가 공공가치를 정의하는가를 두고 공공가치는 정부 매니저가 일반 국민들(공공
서비스 소비자, 즉 고객과 이해관계자) 대상의 욕구조사에 의해 정의하는 것이라는 주장과
정치적 과정에 의한 것이라는 시각, 두 가지가 있다.[96] 전자는 공공관리, 즉 마케팅적
관점에서의 주장으로 공공가치는 서비스 소비자들의 다양한 편익의 총합으로 소비자
들이 자신들의 욕구에 기초하여 발전시키고, 정부조직이나 공공기관의 관리자들은 일
반국민 대상의 욕구조사(마케팅 조사. 필요와 욕구에 대한 인터뷰나 설문지 조사)를 통하여
공공가치가 무엇인지를 확인할 수 있다는 시각이다. 후자는 정치적 과정의 시각으로
공공가치는 국민의 집합적 욕구로 의회, 정부와 시민들이 참여하는 토론회, 공청회, 공
론화위원회 등을 통하여 정의될 수 있다고 생각한다.

　　마크 무어는 공공가치는 국민과 그들의 대표들이 정치적 과정을 통하여 정의하고,
정치적 과정만이 민주사회에서 공공(we, 우리의)의 가치(소중하고 이루고자 하는 바)가 무
엇이고 사회를 어떻게 만들 것인가를 아는 유일한 방법이다. 정부 매니저는 정치적 과
정을 통하여 확인된 공공가치, 즉 일반 국민들의 집합적 염원(collective aspirations. 강력
한 희망, 간절히 바라는 것)을 충족시켜야 한다고 주장한다.[97] 무어가 생각하는 정부 매
니저의 공공가치 생산은 정치적 과정에 기초한 것으로 국민의 바람이나 희망에 대한
응답과 실천의 과정이다.[98]

---

95) Moore(1994), p. 302.

96) Papi et al.(2018), p. 504.

97) Moore(1994), pp. 300, 302-303. 무어는 공공가치를 1990년 초부터 생각했다고 말한다. 정치
　　적 관리(political management)를 공공가치의 생산 방법으로 제시하고 이를 위한 5가지 전략을
　　설명하면서 마케팅도 그 한 가지로 분류한다. 하지만 그가 말하는 마케팅은 공공서비스 이용자
　　들의 욕구 조사에 의한 것으로 마케팅의 역할은 매우 제한적이다. Moore(2014), p. 465 및
　　Moore(1995) 제5장 Public Sector Marketing and Strategic Communication 참조.

98) Moore(1994), p. 303.

거버넌스적 관점에서 공공가치를 정의하는 것은 정부와 국민의 집합적 노력이다. 정부마케팅은 거버넌스적 과정으로 관리자들은 정치적 과정을 통하여 공공가치가 무엇인가 확인하거나, 네트워크의 참여, 타협과 조정, 또는 고객욕구 조사를 통하여 인식한다.

2) 개념의 확산

공공가치 개념은 영국, 유럽 국가들이 먼저 채택하여 사용한다. 마크 무어의 공공가치는 처음에는 영국의 정책연구소(think tanks), NGO, 일부 연구자들이 사용하고 이후 많은 정부기관들이 뒤따른다. 2000년대 중반쯤에는 영국, 유럽 국가, 미국의 공공기관, 연구소, 정부기관, 컨설팅 회사들이 사용하고, 이들 중 일부는 무어와 함께 정부기관이 어떻게 공공가치를 만들어낼 수 있는가에 대한 본격적 연구를 시작하면서 개념의 확산이 나타난다.[99] 미국 행정학자들은 2000년대 초 소수가 공공가치 연구를 시작하고[100] 그 수는 후반에 가면 속도가 빠르게 증가한다.[101] 행정 분야는 이러한 과정을 통해 공공서비스 제공의 초점을 기존의 공익이나 고객만족을 넘어 공공가치, 즉 정부가 아닌 수요자 중심의 욕구충족으로 바꾼다.

3) 고객가치와의 차이

고객가치는 상품의 소비로부터 얻을 수 있는 비용 대비 편익에 대한 고객의 인식이다. 경제적 이익뿐만 아니라 비경제적인 가치(건강, 안전, 편안함, 권리존중, 정의, 자기실현 등)를 포함한다. 고객이 상품 또는 상품 속성 요소들에 대한 주관적 평가를 토대로 발전시키는 이익이다. 반면 공공가치는 정부 서비스 제공에서 국민이나 주민들이 중요하게 생각하고 원하는 것들이다.

정부부문과 민간부문 모두에서 공공가치나 고객가치는 정부와 기업의 활동 방향, 상품 구성, 조직 관리나 자원의 할당, 인력 선발의 기준이다. 정부부문에서 공공가치가

---

99) 영국의 공공기관, 연구소, 민간 컨설팅 회사(예 BBC, The Work Foundation, Institute for Public Service Value), 독일의 Federal Employment Agency, 미국 뉴욕 대학(University at Albany)의 Center for Technology in Government 등이 이 시기 공공가치에 대한 연구를 시작한다. public value. https://en.wikipedia.org. 검색일 2019.7.5.

100) 예 Bozeman(2002), Kernaghan(2003), Smith(2004) 참조.

101) Stoker(2006), Rhodes & Wanna(2007), Davis & West(2009), Alford & O'Flynn(2009), Meynhardt(2009) 참조.

기업의 고객가치와 같은 차원의 개념인가, 또 공공가치가 신공공관리의 실패에 따른 것으로, 공익, 신뢰, 정당성에 보다 초점을 둔 것인가 등에 대한 논의가 있으나[102] 정부가 무엇을 해야 하는가에 대한 새로운 정의이고 이해인 것만은 분명하다. 다만 둘 간의 두드러진 차이는 공공가치와 고객가치의 정의, 추정이나 계산 방법이다. 비즈니스 분야 마케팅에서는 모든 가치를 화폐 가치로 환산하여 인식하고 고객가치도 그와 같다. 하지만 행정에서 공공가치는 공공이 인식하는 이익의 합이다. 마케팅의 목적은 고객가치의 창출로, 조직은 고객이 개별 상품의 소비를 위하여 지불해야 하는 비용 대비 상품의 속성 요소 및 편익의 항목, 이들의 고객가치에 대한 기여, 즉 상대적 가중치의 곱으로 계산한다.[103] 정부마케팅에서 공공가치는 정치적 과정에 의한 집합적 정의로 확인되고, 개별 고객인 경우는 기업에서와 마찬가지로 서비스나 사회적 가치 상품 소비자들의 욕구 조사를 통한 추정이 될 것이다.

4) 고객관리와 고객 수익성의 분석

고객관리 전략은 고객가치(value of a customer. 고객 한 사람의 관리에 드는 비용과 개별 고객의 조직 성장에 대한 기여) 분석에 기초한 고객의 체계적 관리를 위한 조직 차원의 상위 계획이나 미래 활동의 방법이다. 우량고객의 파악, 시장 세분화, 수익 분석 등 조직의 이익 극대화를 위한 접근이나 노력이다. 고객 수익성(Customer Profitability, CP)은 고객 한 사람 또는 특정 고객집단에 서비스를 제공함으로써 일정한 기간 동안에 얻는 이익을 가리킨다. 조직이 고객관리를 위하여 들인 비용과 그로부터 얻는 이익 간의 차이이자 조직의 목표 달성, 이익 창출에 대한 고객의 기여이다. 과거 고객가치(Past Customer Value, PCV)는 과거 고객 한 사람의 가치로, 특정 고객이 과거 여러 시점에 걸친 조직에 대한 기여의 합이고, 고객 생애가치(Customer Lifetime Value, CLV)는 특정 고객에 대한 일생 동안의 고객관리가 창출하는 순이익의 추정치이다. 고객관리는 수익성과 고객가치가 높거나 큰 고객과 그렇지 못한 고객 간의 구분과 접근, 관리 방법의 모색이다.

---

102) Talbot(2009), pp. 168 – 169.
103) Kumar & Reinartz(2016), pp. 37 – 46. 이 연구는 부록에서 고객가치를 추정하는 여러 방법을 제시한다.

8. 고객관계 마케팅

고객관계 마케팅(customer relationship marketing)은 정부조직이나 공공기관이 고객, 상품생산, 유통, 소매 단계에서 파트너 등과 지속적 커뮤니케이션, 재정적, 사회적 편익 제공 등을 통하여 일회적 거래가 아닌 상호적 편익, 존중, 책임 등에 바탕을 두고 장기적 신뢰, 정서적 관계를 만들어가는 과정이다. 목적은 고객과 이해관계자의 만족과 가치의 생산이다.[104]

제6절 시장과 경쟁

1. 시장

1) 시장과 개념 정의

시장은 판매자와 구매자 간 재화, 서비스, 가치 등의 상품 제공과 가격 지불의 교환 및 상호작용을 지원하는 기구이자 매체이고, 가격을 형성하고, 공급자와 수요자 간 거래를 촉진하는 시스템이자 사회 기반시설이다. 대부분 시장은 판매자들이 상품을 공급하고 판매를 시작하면서 형성된다는 점에서 공급자 중심적이다. 시장에서 공급자들은 장소를 점유한 후, 판매의 절차와 방법을 정하고 경쟁하면서 다양한 방식에 의한 정보제공으로 고객의 선택을 촉진한다. 시장은 판매와 구매의 기회를 찾는 사람들이 모이는 물리적 공간(marketplace)으로 존재할 수도 있고, 인터넷상 가상의 시장(virtual market)으로 기능할 수도 있다. 전통적으로 시장이 물리적 공간으로 판매자의 상품 전시, 품질, 특징, 가격 등에 대한 소개, 구매자들이 이들을 보고 질문을 하고 흥정을 하는 등의 장소였다면 인터넷 가상 시장에서 판매자와 구매자 간의 거래는 직접적인 접촉 없이 이루어진다.

---

104) Proctor(2007), pp. 34-35.

2) 수요와 공급

수요(需要, demand)는 구매 의도와 가격 지불 능력의 합으로 경제학 용어이다. 가격을 지불하고 재화와 서비스, 가치 등의 상품을 구매하려는 소비자들의 의도이지만 단순한 의도 그 이상으로 가격을 지불할 수 있는 능력을 수반한 의도이다. 수요가 가격을 지불하고 상품을 구입할 능력을 갖고 있을 때 유효 수요(effective demand), 의도는 있지만 그러한 능력이 없는 경우는 구매 의도만 있다는 점에서 잠재 수요(latent demand)라고 한다. 유효 수요는 구매자의 상품 가치에 대한 인식, 필요와 욕구, 소득 수준이 만들어내는 것으로 실제 구매 물품이나 서비스의 수량 또는 정도로 나타난다. 단순한 구매 욕구와는 다르다. 반면 잠재 수요는 소비자가 구매 욕구는 갖고 있되 구매에 필요한 자금이 없거나 상품의 존재를 알지 못하는 경우이다.

수요는 시장에서의 특정 재화와 서비스에 대한 필요 분량이다. 수요량은 재화나 서비스에 대한 기대 편익, 가격, 구입 장소나 절차, 상품 정보, 이미지, 가처분 소득, 소비자 취향 등이 결정한다. 마케터는 이들에 대한 정확한 정보가 필요하다. 수요 분석은 특정 상품을 누가 사고자 하는가, 얼마나 지불하고자 하는가, 구입하고자 하는 수량은 얼마나 되는가 등에 대한 검토이다. 방법은 정기적 서베이, 상품구매나 참여율, 문의나 불만 제기 빈도 등의 분석이다. 소비자들과 직접 접촉, 특정 상품에 대하여 전문가들로부터 자문을 얻거나 과거 데이터를 이용하기도 한다. 마케터들은 이러한 분석을 통하여 얻은 정보를 바탕으로 편익이나 기대는 늘리고, 가격은 낮추고자 하며, 상품에 대한 접근 가능성을 제고하고, 고객과의 관계, 이미지 등을 개선하고자 노력한다.

공급(supply)은 상품 생산자가 시장에서 판매하고자 공급한 재화와 서비스, 사회적 가치 등의 분량 또는 수량이다. 수요와 마찬가지로 판매 의도와 공급 능력의 합이고, 경제학의 기본 개념이다. 공급은 시장에서 공급자의 판매 의도뿐만 아니라 공급할 능력을 수반한 상품의 양이나 수준이다. 정부마케팅에 장소, 공공서비스, 사회적 가치나 아이디어 상품의 공급자는 정부이고 지역상품 마케팅에서의 공급자는 지역의 공산품 생산 기업, 농축수산물 생산자이거나 판매 사업자들이다. 정부가 상품의 공급량 결정에서 고려하는 일반적 요인은 시장의 규모, 상품생산에 드는 비용, 경쟁자의 수, 자원, 상품화의 역량, 관련 법률, 경쟁상품의 가격 등이다.

3) 시장의 유형

시장의 가장 일반적 유형은 경쟁시장, 과점시장, 독점시장이다.[105] 경쟁시장 (competitive market)은 다수의 판매자들이 고객의 필요와 욕구를 만족시키기 위하여 경쟁하는 곳이다. 동종 상품을 생산하는 어떤 특정 판매자나 구매자도 상품의 가격이나 교환 조건에 대하여 영향을 미치지 못하고, 판매자나 구매자 모두 시장 가격을 주어진 것으로 받아들이는 시장이다. 경쟁시장은 판매자가 끊임없이 고객의 욕구를 확인하고 또 전력으로 상품의 품질을 개선하며 가격은 인하하는 등 고객의 선택을 받기 위하여 지속적으로 노력하도록 만드는 압력 기제로 작용한다.

과점시장(oligopoly market)은 소수 매주(賣主) 지배의 시장이다. 경쟁시장과 독점시장의 중간 형태로 몇몇 상품판매자가 시장을 지배한다. 반면 독점시장(monopoly market)은 경쟁시장과 반대로 경쟁이 없는 시장으로 정부가 법률에 의해 설치하거나 자연 발생적으로 생겨난다. 형태는 두 가지로, 하나는 판매자 독점시장이고 또 다른 하나는 구매자 독점(monopsony) 시장이다. 전자는 특정 판매자가 대체재가 없는 상품의 유일한 공급자로서의 역할을 하는 시장이고 후자는 구매자가 하나뿐인 시장이다. 마케팅의 제1차적 조건은 경쟁시장의 존재이다. 마케팅은 경쟁시장에서 판매자의 경쟁 전략적 수단이다. 시장에서 판매자 간 경쟁이 치열할수록 마케팅의 필요와 중요성도 증가한다. 독점 시장 고객은 대체 상품이 없어 상품 선택의 자유가 없다. 판매자도 마케팅을 할 필요가 없다.

시장의 또 다른 구분은 국내시장, 국제시장, 글로벌 시장이다. 국내시장(domestic market)은 자국 내 상품 거래의 시장으로 특정 국가의 정치적 규제력이 작동하는 시장이다. 국제시장(international market)은 해외 특정 몇몇 국가를 대상으로 한 상품판매 또는 구매의 시장이다. 반면 글로벌 시장(global market)은 세계 모든 나라들을 대상으로 한 상품판매와 구매의 시장으로, 어떤 한 국가도 시장 지배력을 갖지 못하고, 특정 국가의 정치적 규제력도 미치지 않는다.

---

105) 시장이 작동하지 않는 사회도 있다. 북한은 정부가 배급제를 통하여 인민의 의식주를 100% 보장하고 상품의 자유교환을 제한하는 사회이다. 국가가 시장을 대신하여 상품의 생산과 공급을 독점하고 개인 간의 시장적 교환을 통제한다. 하지만 1990년대 후반 '고난의 행군'(1995~1999년 동안 발생한 대기근과 극심한 경제난)의 시기 정부가 인민들의 필요(의식주) 충족에 실패하면서 '장마당'이 생겨난다. 장마당은 정부와 시민 간에 법적 책임, 권리와 의무만이 존재하던 사회에 비록 부분적이기는 하지만 인민들 각자의 경제적 교환을 통한 수요충족 공간의 출현을 의미한다.

2. 경쟁

1) 경쟁의 의미

경쟁(competition)은 시장에서 유사한 제품이나 서비스, 가치나 아이디어 등을 판매하는 둘 이상의 개인, 조직이나 집단이 서로 자신의 상품판매, 수입(판매 상품의 수량×단위당 가격), 수익(profit. 수입−비용), 시장 점유율 등을 늘릴 목적으로 다투고 겨루는 활동이나 상황을 말한다. 대부분의 시장 경쟁은 동종의 상품을 두고 다수의 공급자가 소수 구매자들의 선택을 얻기 위한 노력으로 나타난다. 시장에서의 경쟁(market competition)은 경쟁 참여자, 환언하면 마케터들이 판매량 증가를 위해 전력을 다하도록 만드는 강력한 동기부여 요인이자 힘이다. 정부마케팅에서 경쟁은 정부가 시장에서 보다 많은 소비자들의 선택을 얻기 위하여 동종 상품을 공급하는 다른 생산자들(다른 나라나 도시, 민간부문의 기업들)과 겨루는 행위이다. 경쟁 지향적 사고는 마케팅 전략의 수립과 시행에서 누가 시장에 자신의 상품과 같거나 유사한 장소, 공공서비스, 사회적 가치나 아이디어 상품을 내놓고 있는가의 경쟁자 식별, 상품 정보의 수집, 고객을 대상으로 한 자기 상품의 품질, 가격, 유통, 프로모션을 비교 분석하는 시장 지향적 의식 작용이다. 정부마케팅에서도 경쟁의 힘은 보다 고품질의, 그러나 보다 저가의 상품 공급을 촉진한다.

경쟁은 직접 경쟁 대 간접 경쟁, 지속적 경쟁 대 일시적 경쟁, 전면적 경쟁 대 부분적 경쟁 등으로 나뉜다. 이 중 직접 경쟁이 둘 이상의 상품 공급자 간 동종 상품, 동종 목적이나, 표적시장의 고객을 대상으로 한 경쟁이라면 간접 경쟁은 직접 경쟁과 같이 동종 상품, 시장, 고객을 대상으로 보다 많은 상품의 판매를 위하여 다투지만 목적이나 전략이 서로 다른 경우를 말한다.

2) 정부마케팅 상품과 경쟁의 상대

정부마케팅에서는 무슨 상품인가, 누구와의 경쟁인가가 중요하다. 다음 <표 4>는 두 가지를 기준으로 한 경쟁의 유형이다.

장소마케팅에서 경쟁은 국가 또는 지방정부 간 경쟁이다. 반면 공공서비스 마케팅에서 경쟁은 교통, 교육, 의료, 사회복지, 주거, 고용, 환경, 문화 서비스 등의 분야에서 정부부문(정부조직과 공공기관)의 조직 간, 정부부문과 민간부문(영리 및 비영리조직이나 단체) 간에 이루어진다. 정부조직인 우정사업본부는 민간사업자와 직접 택배, 보험, 은행서비스 상품 판촉 경쟁을 한다. 책임운영기관이나 공공기관들(공기업, 준정부기관, 기타 공공기관)도 마찬가지이다. 코레일은 교통서비스를 민간 버스회사나 항공사와

정부마케팅	상품	경쟁의 상대		
		다른 국가나 지방정부	민간 영리 및 비영리조직	수요자
장소마케팅	국가, 도시, 농촌, 마을, 산업단지, 유적지, 거리 등	○		
공공서비스 마케팅	교통, 교육, 의료, 문화서비스 등	○	○	
사회마케팅	환경보호, 다출산, 비만 예방, 운동, 금연, 음주운전 중단, 헌혈 등			○
지역상품 마케팅	지역 중소기업의 공산품, 주민 산출물 등	○		

경쟁을 통하여 제공한다. 단 정부 공공서비스 상품판매 경쟁은 자주 간접적(다른 목적이나 전략에 기초한), 부분적(특정 표적시장이나 고객 대상의), 제한적(법률이나 정책적 제한을 받는) 경쟁이다. 사회마케팅에서 경쟁의 대상은 수요자이다. 정부조직이나 공공기관은 수요자가 사회적 가치나 아이디어 상품을 구매(표적고객의 생각, 태도, 취향이나 습관 등의 변화)하도록 설득하고, 고객은 기존의 생각이나 행동을 바꾸지 않고 그대로 유지하고자 맞서고 다툰다. 정부 마케터는 표적집단이나 개인들이 정부가 제시하는 가치나 아이디어를 어떻게 사용하는가, 이들의 선택에 영향을 미치는 내적 및 외적 요인은 무엇인가를 파악하여, 고객이 고집하는 경쟁적 가치나 아이디어를 포기하게 만드는 전략을 구사한다. 지역상품 마케팅에서 정부는 다른 나라 또는 도시들과 경쟁하면서 지역기업의 공산품이나 주민들이 생산한 농축수산물을 해외 또는 국내시장에서 판매한다.

3. 시장과 마케팅 전략

마케팅 전략은 시장이 구매자 지배인가 공급자 지배인가 등에 의존적이다. 다음 <표 5>는 시장 특성별 마케팅 전략이다.[106]

---

106) Ashworth & Voogd(1995), p. 34의 Table 3.1을 일부 수정하였다.

구분	공급자 간 경쟁	구매자 간 경쟁	마케팅 전략
구매자 지배(경쟁시장)	높다	낮다	적극적 마케팅, 지속적 혁신, 고객만족, 새로운 시장의 개척
공급자 지배(독과점)	낮다	높다	소극적 마케팅, 상품 공급에만 전념
시장 활동 저조	없다	없다	마케팅 불필요

구매자 지배의 시장에서는 공급자들이 경쟁하고 소비자들의 선택이 공급자의 상품판매량을 결정한다. 정부가 이러한 시장에서 상품을 판매할 때, 마케팅 믹스를 이용한 적극적 마케팅 전략과 고객을 만족시키기 위한 지속적 혁신이 필요하다. 반대로 독점이나 소수 공급자 지배의 시장일 때 공급자는 소극적 마케팅 전략을 사용한다. 최선의 전략은 상품의 공급에만 집중하는 것이다. 시장에서 교환 활동 자체가 없거나 적은 경우 마케팅 활동은 필요하지 않다.

글로벌 시장이 형성되기 전에는 국가 간에는 금융자본, 기업, 방문객, 거주자들의 이동이 제한되어 각국 정부의 장소마케팅에 대한 수요는 낮았다. 하지만 오늘날 글로벌 시장은 고도의 구매자 지배, 공급자 간 경쟁의 시장으로 국가나 도시정부들은 적극적 마케팅을 통하여 장소나 지역상품을 판매한다. 공공서비스 상품 시장은 민간사업자들도 서비스를 공급하는 경쟁 또는 과점시장일 때 특히 적극적 마케팅, 지속적 혁신, 고객만족을 위한 노력이 필요하다. 사회마케팅 상품 시장은 흔히 정부 독점이지만 정부부문의 개인의 바람직한 행동이나 삶의 질 개선, 사회 발전을 위한 적극적 마케팅이 필요한 분야이다.

제7절 교환

1. 교환의 의미

마케팅에서 교환은 판매자(sellers)가 시장에 재화나 서비스를 내놓고 구매자(buyers)는 그에 상응하는 가격을 지불하는 상호작용을 말한다. 교환은 판매자, 구매자 모두의 이익 창출 행위로, 판매자로서 조직이나 개인은 상품판매로부터 수입을 얻고,

구매자는 상품의 소비를 통해 자신의 필요와 욕구를 충족한다. 마케팅은 이러한 교환을 만들어내기 위한 일련의 활동으로, 조직은 마케팅 믹스(제품, 가격, 유통, 프로모션)를 통하여 교환 과정을 관리한다. 장소나 지역상품 마케팅에서 교환이 판매자와 구매자 간의 상업적 거래라면 사회마케팅에서는 정부가 판매자로서 시민들에게 사회적 가치나 아이디어 상품을 제공하고 시민들은 구매자로서 자신들의 믿음, 태도, 행동을 바람직한 방향으로 채택하는 것으로 교환은 사회적 거래이다. 정부는 고객들에게 비용 일부의 부담을 요구할 수도 있지만 일반적으로 어떤 대가도 요구하지 않는다는 점에서, 비상업적 교환이다. 반면 공공서비스 마케팅에서 교환은 상업적 거래를 포함한 경제적 또는 사회적 거래이다.

2. 교환이론

교환이론(exchange theory)은 경제 또는 사회활동을 교환관계로 설명하는 이론이다. 1950년대 말 존 티보(John W. Thibaut), 해롤드 켈리(Harold H. Kelley) 등의 사회학자들은 교환 개념을 사용하여 두 사람 이상의 사회적 관계에서 개인의 행동을 유무형의 잠재적인 보상과 비용, 편익과 위험 간의 거래로 설명한다.[107] 보상은 관계에 참여함으로써 얻는 기쁨이나 만족이고 비용은 관계에 의하여 발생한 피해, 관계를 위해 사용한 에너지, 시간이나 기회비용이다. 이들은 사람의 사회적 행동을 교환의 행위이자, 비용편익 분석과 대안 간의 비교 등을 통한 선택으로 파악한다. 마케팅 연구자들은 이 이론을 빌려와 교환을 판매자는 자신의 물품이나 서비스의 구매자에게 이전, 소비자의 구매는 이에 대한 금전 또는 비금전적 가격의 지불로 설명한다. 교환이 일어나는 것은 판매자가 자신이 표적시장에 제공하는 상품(일단의 편익)이 구매자가 지불하고자 하는 대가와 같거나 적어도 작은 것으로 인식하고, 반대로 구매자는 자신이 사고자 하는 상품의 편익이 자신이 지불해야 하는 가격, 즉 일련의 비용보다 같거나 큰 것으로 생각할 때이다. 정부마케팅에서도 정부와 고객 간의 교환은 정부가 공급하는 상품의 생산비용이 표적시장에서 받을 것으로 생각하는 가격과 같거나 최소한 그보다 적은 것으로 인식하고, 반대로 구매자는 상품의 구매로부터 얻는 편익이 자신이 지불하거나 치러야 하는 대가보다 크거나 적어도 동등한 가치를 갖는다고 생각할 때이다.

---

107) Thibaut & Kelley(1959) 참조.

3. 교환 성립의 조건

교환을 위해서는 다음 몇 가지 조건이 충족되어야 한다.

첫째, 판매자와 구매자가 각각 최소한 한 사람 이상씩 있어야 한다.

둘째, 둘 모두 상대방에게 가치가 있는 것(필요와 욕구의 대상이 되는)을 갖고 있어야 한다.

셋째, 커뮤니케이션과 전달이 가능해야 한다.

넷째, 둘 모두 상대방의 요구를 자유롭게 거절하거나 수용을 결정할 수 있어야 한다. 교환 과정에 자발적 참여가 필수적이다.

다섯째, 상호성이다. 물품이나 서비스, 대가의 전달은 어느 일방이 아닌 당사자 둘 모두의 합의로 이루어진다.

여섯째, 관련 물품이나 서비스의 존재이다.

일곱째, 판매자와 구매자 모두의 편익 증가이다. 당사자 모두에게 교환은 각각의 편익이 비용이나 희생보다 크고, 가장 유익한 선택이어야 한다.

마케팅은 교환 행위로 교환이 없으면 마케팅도 없다. 자유시장은 교환을 통하여 작동한다. 자유시장의 조건은 판매자와 구매자 간의 자유로운 교환으로, 시장에서 선택이 자유롭지 않은 경우, 교환은 판매자와 구매자 간 최고의 상호적 이익을 만들어내지 못하고 강제나 착취로 나타난다. 자유시장의 판매자가 시장을 독점하거나 상품이 외부 효과를 가지고 있어 개인과 사회 간 비용이나 편익이 일치하지 않을 때, 시장의 '보이지 않는 손(invisible hand)' [108]은 작동을 멈추게 되고 시장도 성립하지 않거나 기능이 약화되면서 상품 공급의 과잉이나 과소 공급의 문제를 야기한다. 제조자, 판매 사업자들도 자신의 이기적 이익을 극대화하고자 구매자를 속이거나 적극적으로 사회적 가치를 훼손하는 행동을 한다.[109] 정부는 시장의 이러한 문제를 조정하고자 규제(공장의 기준치를 넘는 매연배출 행위나 허위, 과장광고의 처벌 등)나 인센티브(기초과학연구의 연

---

108) Adam Smith가 「국부론(The Wealth of Nations)」(1776)에서 소개한 용어로, 경제는 자유시장(free market. 정부의 통제가 없고 수요와 공급이 가격을 결정하는 시장)에서 가장 잘 작동한다. 자유시장에서는 '관찰 불가능한 시장의 힘(unobservable market force)'이 자동적으로 수요와 공급이 균형에 이르도록 조절하기 때문이라고 주장한다. 이 책은 자유시장의 보이지 않는 힘을 '보이지 않는 손'으로 설명한다. Smith(1776) Book IV, p. ii.

109) Bishop(1995), p. 165.

구비 지원 등)로 간섭한다.[110] 상호 이익을 위한 강제적, 인위적 조정이다.

정부마케팅은 시장이 자유시장이어서 판매자, 구매자 간의 자발적 교환의 조건을 충족시킬 때 온전한 효과를 발휘한다. 정치가 시장에 간섭할 때 그만큼, 자유교환은 제한되고 시장의 힘도 작동하지 않는다. 정부의 공공서비스 상품 마케팅에서는 상품의 독점 공급이나 외부 효과 때문에 판매자나 구매자 모두가 상품생산의 결정이나 소비자로서 선택의 자유를 갖지 못하거나 제한받는 경우가 많다.[111]

---

110) 시장의 모든 참여자, 행위자들은 자신의 이익을 위하여 일한다. 자유시장의 관점에서는 그것이 사회의 이익을 극대화한다고 생각한다. 정부의 간섭은 시장의 실패 시 사회 일반의 이익을 보호하기 위한 것이다.

111) Proctor(2007), p. 8.

제5장 시장 세분화, 표적화, 포지셔닝

제1절 시장 세분화

1. 서론

1) 시장 세분화의 의미

시장 세분화(market segmentation)는 현재 및 잠재적 고객들로 이루어진 거대한 규모의 시장을 고객의 몇 가지 공통적 또는 유사한 특징(구매 동기, 관심, 필요, 기호, 태도, 지역적 특성 등)을 기준으로 다수의 세분시장(segments, 보다 작은 고객 집단)으로 나누는 과정으로, 시장의 체계적 분석 방법이다. 세분시장은 특정 성격이나 행동 등을 공유하거나 마케팅 전략에 비슷하게 반응하는 소비자들의 집합이다. 마케팅 과정을 전략의 수립, 4Ps 개발과 실행, 통제(모니터링, 성과평가, 피드백, 시정 조치)로 구분한다면, 시장 세분화는 마케팅 전략 수립의 1단계이다.

시장은 판매자와 구매자들이 모인 물리적 또는 가상의 공간으로, 글로벌이든 특정 지역이든, 소비자들의 수는 많고 이들의 욕구는 고도로 다양하다. 소비자들은 원하는 상품이 다르고, 경험이나 취향, 가치관, 욕구, 태도, 성격, 소득 수준이나 지리적 위치 등도 서로 다르다. 정부조직이나 공공기관은 마케팅에서 다양하고 이질적인 욕구를 가진 소비자들로 이루어진 거대한 시장을 여러 개의 보다 작은 규모의 동질적인 특징을 가진 고객 집단으로 나누지 않고는 필요와 욕구를 정확하게 파악하기 어렵고, 제한된 자원으로 이들 각각의 고유한 욕구를 만족시키는 상품개발은 불가능하거나 가능하더라도 비용 효과적이지 않다.

효과적 마케팅을 위해서는 고객을 지리 또는 문화적, 인구학적, 심리적 특징 등에 따라 세분화하는 것이 필수적이다. 수익을 극대화할 수 있는 최선의 전략은 시장을 세분화하고 특정 세분시장을 선정 후, 소수의 세분시장 고객을 목표로 욕구를 자세히 확인하고 제한된 자원(인력, 예산, 시간 등)을 활용하여 이들의 욕구충족과 상품구매 동기의 부여에 집중하는 것이다. 마케터는 시장 세분화를 통하여 직면하고 있는 거대한 시장에 어떤 세분시장들이 존재하는가, 각 세분시장의 고객들은 구체적으로 어떤 사람들인가를 파악할 수 있고, 효과적인 마케팅 믹스도 찾을 수 있다. 시장 세분화는 규모가 큰 이질적 소비자의 시장이나 고도의 경쟁적 시장에 진입하기 위한 준비 단계에서, 또는 기존 시장에서 경쟁우위 강화 전략의 마련 등에 중요하다.

시장 세분화는 경제학에서 유래한 개념이다. 경제학의 가격결정 이론은 기업이 수요가 이질적인 시장에서 상품을 팔 때 어떻게 수익을 극대화할 수 있는가에 대하여 소비자들의 가격 탄력성이라는 한계 반응의 이용을 제시한다. 수익을 극대화할 수 있는 전략은 시장을 세분하고 세분시장에 대하여 서로 다른 가격을 적용하되 각 세분시장의 한계 수익이 동일하도록 가격을 책정하는 방법이다.[1] 시장 세분화는 경제학이 수익을 극대화하기 위한 가격차별 전략으로 제시한 개념이나 마케팅은 이를 상품판매의 극대화를 위한 접근으로 사용한다.

2) 정부마케팅과 시장 세분화

시장 세분화는 마케팅 전략 수립의 핵심 과정이자 4Ps의 개발을 위한 필수적 단계이다. 장소나 지역상품 마케팅에서는 시장을 대륙이나 국가, 지역, 또는 산업 특성 등을 기준으로, 공공서비스 마케팅에서는 고객의 연령, 소득 수준, 비슷한 관심과 흥미, 필요, 행동 특성 등에 의하여 여러 개의 세분시장으로 구분한다. 사회마케팅에서도 사회적 가치나 아이디어가 필요한 집단을 대상으로 상품별로 다양한 기준을 적용하여 고객시장을 세분한다. 암 조기진단 프로그램은 시장이나 고객을 지역(도시와 농촌)으로, 출산장려는 가임 여성인가 아닌가와 출산 횟수 등으로, 헌혈에서는 연령, 자원보호는 산업 특성을 기준으로 시장을 분할함으로써 각 세분시장에 초점을 둔 마케팅 믹스(필요와 욕구에 기초한 상품의 개발, 접근 기회와 비용의 고려, 커뮤니케이션 채널과 수단의 선택)를 설계하고, 고객의 관심 유도, 인식, 참여, 행동변화를 효과적으로 자극할 수 있다.

하지만 공공서비스 분야에는 세분화 개념의 적용에 다소 주의가 필요하다. 복지서비스는 수혜자의 특징을 기준으로 고객을 장애인, 한 부모, 다문화(새터민 포함), 저소득층으로 구분하고, 생애주기를 기준으로 임신·출산, 영유아, 아동·청소년, 청년, 중장년, 노년으로, 주제 분야의 관점에서는 교육, 고용, 주거, 건강, 서민금융, 문화 등으

---

1) Venter, Wright, & Dibb(2015), p. 64; Claycamp & Massy(1968), p. 388.

로 세분화할 수 있다. 또 지역별로 구분도 가능하다.[2] 정부는 다양한 기준을 사용한 서비스 시장의 고객 분류를 통하여 수혜자의 자격 조건, 서비스 내용 결정, 수요의 변화, 예산 규모 등을 관리하고 효과적으로 고객의 만족도를 개선할 수 있다. 하지만 이러한 고객 분류는 관련 법규가 규정한다. 정부기관이 자율적으로 대상자, 서비스의 종류, 전달 방법과 절차 등을 결정할 수 있는 여지가 적다. 복지서비스 수혜자는 주권자로 자유교환의 대상이기보다는 법률의 규정에 따른 서비스 수혜의 권리를 가진 시민들이다. 마케팅은 정치적 결정의 이행을 위한 실용적 수단(pragmatic tools)으로, 정책결정(권리나 의무, 가치 배분이나 재배분과 관련된)이나 새로운 공공서비스의 개발 등은 법률과 정치적 과정, 권리와 의무의 영역으로 세분화 기법은 적용하기 힘들다. 반면 공공서비스 분야라도 서비스가 상품으로서의 성격을 갖는 경우, 세분화는 필요하고 중요하다.

금연 사회마케팅 프로그램에서 시장 세분화(남성과 여성, 10대, 20대 등의 연령층, 공원과 도로, 학생인가 일반인인가, 습관적 흡연자인가 일시적 흡연자인가, 직접 흡연자인가 간접 흡연자인가 등)는 전략의 수립과 마케팅 믹스(금연 클리닉, 금연캠프, 교육, 대면 상담 및 전화, 금연 보조제와 상품 제공, 찾아가는 금연서비스, 브랜딩 슬로건, 이벤트, 광고메시지 등) 개발에 필수적이다.[3] 법률도 세분화 기법을 사용하여 흡연 행동을 장소에 따라 차등 규제한다. 장소를 공공장소, 일반 도로, 고속도로, 산으로 구분하여 공공장소에서의 흡연, 담배꽁초 길에다 버리는 행위는 5만원, 운전 중 담배꽁초 무단 투기 5만원 + 벌점 10점, 금연구역 흡연 10만원, 국립자연공원에서 흡연은 200만원 이하의 과태료를 부과한다.[4] 장소 기준의 시장 세분화이다.

정치마케팅(political marketing)에서 후보들은 유권자 시장을 보수나 진보 등의 정치적 가치, 정책 공약, 고객의 퍼스낼리티 등을 기준으로 세분화하여 주민들로부터의 선택과 지지 극대화를 추구한다.[5]

---

2) 사회보장정보원. https://www.bokjiro.go.kr/ 참조. 검색일 2018.7.20.
3) 금연 사회마케팅은 보건복지부(금연길라잡이. http://www.nosmokeguide.go.kr), 보건소의 금연 클리닉, 국민건강보험공단(건강iN. http://hi.nhis.or.kr), 국민건강증진개발원(금연두드림. https://nosmk.khealth.or.kr) 등의 업무에서 잘 나타난다.
4) 「폐기물관리법」 제8조, 동법 시행령 별표 8, 「도로교통법」 제68조, 「국민건강증진법」 제34조 제3항, 「질서위반행위규제법」 제14조, 「자연공원법」 제86조 제1항 5호 참조.
5) Baines et al.(2003), p. 228.

2. 목적

시장 세분화는 조직이 특정 세분시장에 자원과 마케팅 노력을 집중함으로써 제한된 자원의 사용으로 효과는 극대화하고 실패나 자원 낭비의 위험을 줄이는 방법이다.[6] 다음 <표 1>은 시장 세분화의 목적과 내용이다.[7]

▌표 1 **시장 세분화의 목적**

목 적	내 용
마케팅 효과 개선, 목표의 달성	세분시장 고객의 욕구에 특화된 최적의 마케팅 전략을 수립할 수 있다.
고객욕구 및 시장 수요 변화에 빠른 대응	전체 시장 고객욕구나 수요의 정확한 파악은 어렵지만 세분시장에서는 특정 제품이나 서비스에 대한 고객욕구 및 환경의 변화를 신속하게 포착할 수 있고, 이에 따른 적절한 대응도 가능하다.
잠재적 수요자의 발견	조직은 세분화 과정을 통하여 기존 제품이나 서비스에 만족하지 못하는 새로운 수요와 이의 충족을 위한 상품 공급의 기회를 찾을 수 있다.

하지만 시장 세분화가 언제나 필요하고 유효한 것은 아니다. 오히려 적절하지 않은 경우도 있다.[8]

첫째, 시장의 규모가 너무 작아서 세분화하는 경우 세분시장에서의 마케팅이 판매 이익을 올리는 데 도움이 되지 않는 때이다.

둘째, 특정 브랜드가 시장의 모든 세분시장에서 고객의 압도적 다수로부터 선택을 받고 있을 때이다.

셋째, 상품에 대한 지배적인 가격 분야(고가품, 저가품 등)가 존재하고, 시장이 가격에 따라 이미 세분화되어 있을 때이다.

넷째, 소비자들이 상품을 이용하는 목적과 때가 정해져 있고(예 계절 상품), 상품 소비의 편익이 이러한 목적과 시기에만 발생하는 경우이다.

다섯째, 소비자의 선택에 상품의 스타일과 겉모습이 압도적 기준으로 작용하는 경우이다.

정부마케팅의 장소와 지역상품, 공공서비스, 사회적 가치나 아이디어 상품 모두 마케팅 전략 수립에서 세분화는 필요하다. 하지만 세분화의 기준은 상품마다 다르다.

---

6) Boote(1981), p. 29.

7) 신재기(2013), p. 576의 재구성이다.

8) Young, Ott, & Feigin(1978), pp. 405–406.

예를 들어 다출산 사회마케팅에서는 출산 횟수가 세분화의 중요한 기준이지만 똑같은 사회마케팅이라도 모유수유에서는 출산 횟수에 의한 세분화는 효과 개선에 어떤 의미를 갖거나 기여하기 어렵다.

3. 세분화 절차

마케터의 시장 세분화는 다음 3단계로 이루어진다.[9]

1단계, 서베이 리서치. 시장에 있는 잠재적 소비사들의 상품구매의 농기, 태도, 행동 등에 대한 정보수집 서베이(설문조사나 인터뷰) 단계이다.

2단계, 결과 분석. 시장 분할을 위한 데이터 분석이다.

3단계, 세분화와 개요서 작성. 몇 가지 기준을 적용하여 시장을 세분화하고, 각 세분시장이 어떠한 인구학적 조건, 태도, 행동, 심리적 특성을 갖고 있는가에 대한 보고서를 작성한다.

4. 세분시장의 조건

세분시장은 다음 조건을 충족시킬 수 있어야 한다.[10]

첫째, 세분시장은 정부조직이나 공공기관의 상품 공급을 정당화할 만큼 충분히 규모(구매력과 고객 수)가 커서 기대한 매출과 이익 창출의 잠재력이 있어야 한다.

둘째, 표적고객 집단(targeted customer segments)으로서의 가치이다. 조직이 세분시장이 요구하는 상품을 최적화된 마케팅 믹스를 통해 제공할 필요가 있어야 한다.

셋째, 측정 가능성이다. 마케터가 세분시장을 정의하고, 크기를 측정할 수 있어야 한다.

넷째, 세분시장 내 고객들은 욕구가 동질적이어야 한다. 각 세분시장 내의 고객들은 상품에 대한 동일 또는 유사한 필요와 욕구를 갖고, 세분시장 간의 고객들은 서로 다른 필요와 욕구, 반응을 갖고 있어야 한다.

다섯째, 규모나 성격이 안정적이어야 한다. 세분시장의 규모나 시장 간의 구분이

---

9) Proctor(2007), p. 128.
10) Proctor(2007), p. 127; Brooksbank(1994), p. 14.

시간이 지나도 그대로 유지되어야 한다. 그래야 각 세분시장별로 차별적인 마케팅 믹스 전략을 추진할 수 있다.

5. 기준

시장 세분화는 조직이 경쟁우위를 얻기 위하여 시장을 정의하는 하나의 방법으로, 어떤 유일한 또는 정해진 절대적인 기준은 없다. 기준 선택 시 고려할 몇 가지 질문들이 있을 뿐이다. 어떤 기준이 조직의 수익 증가에 기여하는가, 마케팅 목적과 일치하는가, 상품판매에 도움이 되는가 등이다.[11]

6. 세분화의 유형

1) 고객 중심적 세분화와 상품 중심적 세분화

시장 세분화는 고객과 상품 중 어떤 관점에서 시장을 세분할 것인가에 따라, 고객 중심적 세분화와 상품 중심적 세분화로 나뉜다. 고객 중심적 세분화는 고객이 누구인가 관점에서의 세분화로 인구학적, 지리적, 행동적, 심리 분석적 요소들을 기준으로 사용한다. 다음 <표 2>는 고객 중심적 시장 세분화의 기준과 요소이다.[12]

▌표 2 **고객 중심적 시장 세분화의 기준과 요소**

기준	시장 세분화 요소
인구학적(demographic) 기준. 고객이 누구인가?	성별, 나이, 학력, 가족 수, 직업, 종교, 인종, 소득, 거주 형태 등
지리적(geographic) 기준. 고객이 지리적으로 어떤 곳에 있는가?	거주 지역(아시아, 북미, 유럽, 국가, 도시와 농촌), 인구 밀도와 규모, 기후 등
행동적(behavioristic) 기준. 고객이 어떻게 행동하는가?	구매, 이용, 참여, 방문 횟수 등
심리 분석적(psychographic) 기준. 고객이 무엇을 중요하게 생각하는가?	퍼스낼리티, 라이프 스타일, 관심, 태도, 가치, 믿음 등[13]

---

11) Plummer(1974), p. 35.

12) Smith & Saunders(1990), p. 301의 내용을 수정, 재작성하였다.

13) Ziff(1971), p. 3. 심리 분석적 요소 가운데 퍼스낼리티는 개성이나 성격으로 내향·외향적, 공

반면 상품 중심적 세분화는 상품의 특징, 용도, 속성, 구매 시기 등 소비자들이 상품의 어떤 편익이나 용도를 선호하는가, 상품은 왜, 언제 효용이 있는가에 의한 시장의 세분화이다. 상품의 속성, 용도가 판매를 결정하는 주요 요인일 때 사용하는 시장 분할 방법이다. 한국에서는 자전거 용도가 주로 건강이나 다이어트이지만 일본에서는 출퇴근, 통학 등의 생활 관련 이동 수단이다. 이런 경우 상품 중심적 시장 세분화가 필요하고 세분화는 상품이 다이어트용인가, 생활용인가를 기준으로 한 한국과 일본 시장의 구분이다.

마케터는 시장을 세분화한 후에 각 세분시장 별 고객들의 상품에 대한 인식이나 태도 등을 조사하여 세분시상이나 고객에 대한 프로파일(market or customer profile. 시장이나 고객 모집단의 인구학적, 지리, 행동, 심리 분석적 특성)을 작성한다.

2) 선험적 세분화와 사후적 세분화

선험적 세분화는 경험 이전의 지식 기준, 즉 선험적(a priori) 방법에 의한 세분화이다. 상품구매 고객의 행정구역이나 지리적 위치에 따른 구분, 남녀나 연령, 교육수준, 소득수준 등 이미 잘 알려진 사회적 특징 기준에 의한 범주화이다. 도시와 농촌 지역, 청소년과 노인층, 소득의 상, 중, 하 계층 등이 그 예이다.[14] 반면 사후적 세분화는 경험 기준, 즉 사후적(post hoc) 방법에 의한 세분화이다. 군집 기반 세분화(clustering-based segmentation)가 그 한 가지 방법으로, 마케터는 2차적 데이터를 이용하거나 설문조사를 통해 상품판매에 영향을 미치는 주요 변수들(동기, 욕구, 태도, 가치, 믿음, 의식 등)에 관한 데이터를 수집하고, 군집분석에 의하여 시장을 세분화한다.[15] 설문조사는 사회 조사의 한 형태로 사람들의 태도, 퍼스낼리티, 가치, 흥미, 라이프 스타일 등 행동양식이나 심리적 변수들에 대한 정보수집에 효과적이다. 지리 인구학적 세분화(geodemographic segmentation)는 같은 지역에 살고 있는 사람들은 특정 욕구를 발전시키는 경향이 있다는 가정하에, 구매에 영향을 미치는 변수들을 미리 선정한 후 설문조사를 실시하고, 데이터를 군집분석하여 어떤 지역들이 특정 욕구를 공유하고 있는가를 식별하고 구분하는 방법이다. 이 방법은 고객 집단의 지역(산업 도시와 농촌, 문화

격적, 남성적 등이다. 라이프 스타일은 적극적 사회 참여, 레저, 스포츠 활동 선호 등이며, 믿음은 안전이나 편리, 효용 중시 등의 마음이다.

14) Baines et al.(2003), p. 234; Wind(1978), p. 321.

15) Wind(1978), p. 317; Smith & Saunders(1990), p. 301; Baines et al.(2003), p. 234; Wind(1978), p. 317.

적 특징 등)이나, 주소지에 의한 구분으로 센서스[16] 데이터가 자주 이용된다. 정치마케팅이 자주 이러한 방법으로 고객을 범주화한다. 선험적 세분화와 사후적 세분화 가운데 어떤 방법이 보다 적절한가는 마케팅 목적에 따라 다르다.

3) 라이프 스타일에 의한 세분화

라이프 스타일에 의한 시장 세분화(life style segmentation)는 세분화의 고전적 방법으로, 광고가 흔히 이 방법을 사용한다.[17] 라이프 스타일은 넓고 통합적 의미에서의 생활양식으로, 사람들은 사회생활을 통하여 자신만의 생활양식(오랜 시간이 지나면서 자연스럽게 굳어진 생각이나 태도, 행동의 방식)을 발전시킨다. 결과는 개인의 의식, 태도, 행동의 패턴으로 나타난다. 마케팅 분야는 세분화에 전통적으로 인구학적 변수를 사용하였으나, 시장의 복잡성이 증가하면서 1960년대에 들어와 라이프 스타일 조사를 시장세분화 방법에 추가한다. 라이프 스타일 조사는 소비자 행동 파악의 주요한 기법이자, 활동, 관심 및 의견(Activities, Interests, and Opinions, AIO) 조사로 가장 광범위하게 사용된다. AIO는 고객의 활동, 관심, 의견(사람들이 자신과 세상을 어떻게 생각하는가), 인구학적 특징(소득, 나이, 교육 수준, 주소지 등)이 무엇인가를 묻는다. 다음 <표 3>은 AIO 조사의 차원과 내용 요소이다.[18]

▌표 3 라이프 스타일의 차원과 내용 요소

차원	내용 요소
활동(Activities)	일, 취미, 사회활동, 휴가, 오락, 클럽이나 지역사회 활동, 쇼핑, 스포츠 등의 분야
관심(Interests)	가족, 가정, 직업, 지역사회, 레크리에이션, 패션, 음식, 미디어, 성취 등
의견(Opinions)	자기 자신, 사회적 이슈, 정치, 비즈니스, 경제, 교육, 상품, 미래, 문화 등에 대한 생각
인구학적 특징 (Demographics)	나이, 교육, 소득, 직업, 가족 수, 주택, 주소

---

16) 센서스(census. 인구주택총조사)는 정부기관이 주관하는 국가 차원에서의 인구, 주택의 전수조사로, 5년마다 실시되며 주요 조사항목은 성별, 나이, 교육, 혼인 상태, 출생지, 직업, 경제 활동, 가족 수, 주택 관련 사항이다. 「인구주택총조사 규칙」 제4조, 제5조 참조.

17) Plummer(1974), p. 33.

18) Plummer(1974), p. 34.

마케터들은 고객 라이프 스타일의 4가지 차원 및 내용 요소에 대한 자세한 정보 수집 및 이해를 바탕으로 마케팅 믹스를 개발한다.

7. 세분화와 차별화

마케터는 시장 세분화로 시장과 상품을 차별화할 수 있다. 고객 중심적 시장 세분화는 고객들이 이질적 욕구를 갖고 있을 때 효과적 마케팅을 위하여 여러 개의 동질적인 작은 집단으로 나누는 과정으로 시장 차별화 전략 수립을 위한 것이다. 상품의 특징이나 용도 기준에 의한 세분화는 상품의 차별화 전략 수립에 요구되는 접근 방법이다. 시장 세분화는 고객의 수요가 다양하게 분산되어 나타날 때, 상품 차별화는 고객의 상품에 대한 수요가 특정 용도나 속성에 집중될 때 선호되는 전략이다.[19] 시장 차별화가 유리할 수도 있고, 그 반대일 수도 있다.

제2절 **표적화**

1. 표적화의 의미

표적화(targeting)는 조직이 상품을 판매하기 위하여 마케팅에서 목표로 하는 시장(target market)의 선정 과정이다. 표적시장은 상품을 판매하고자 하는 목표 세분시장이자, 특정 소비자들의 집단으로 현재 또는 잠재적 고객들로 이루어진다. 표적화는 곧 표적집단(target groups. 마케팅이 목표로 삼는 일단의 사람들) 또는 고객 집단의 선정을 의미한다. 마케팅 노력을 투입할 대상 집단의 선정이고 자원 할당 우선순위의 결정이기도 하다. 마케터는 표적시장의 선정에서 다수의 세분시장들을 두고 수익 창출, 시장 점유율, 시장 개척 등 여러 목적이나 기준을 사용하여, 가장 바람직한 한 개 또는 그 이상의 세분시장을 찾는다. 시장 세분화로 얻어진 많은 세분시장 가운데 다른 경쟁자들과 비교하여 경쟁우위가 있는 곳, 제한된 자원의 투자로 최대의 수익을 창출하고 장기적 수익 잠재력이 있는 곳, 조직의 목적, 마케팅 믹스 능력에 비추어 적합한 곳을 표적시

---

19) Baines et al.(2003), p. 226.

장으로 선정한다. 장소 마케팅에서 산업단지라는 장소상품에 대한 시장의 소비자 모집단은 「산업집적 활성화 및 공장설립에 관한 법률 시행령」 제6조가 정한 입주 자격을 가진 모든 사업자들이다. MICE(Meetings, Incentives, Conferences, Exhibitions) 상품 시장에서 소비자는 비즈니스 미팅, 인센티브 관광, 국제회의, 전시사업 관련 잠재적 방문객들이다. 표적화는 이와 같은 소비자 모집단을 다양한 기준으로 세분화한 후, 상품을 집중적으로 마케팅하기 위하여, 세분시장 가운데 어느 한 곳, 또는 몇 곳을 표적시장으로 선정한다. 다음 <그림 1>은 정부마케팅에서 시장 세분화와 표적화의 관계이다.

▼ 그림 1 **시장의 세분화와 표적화**

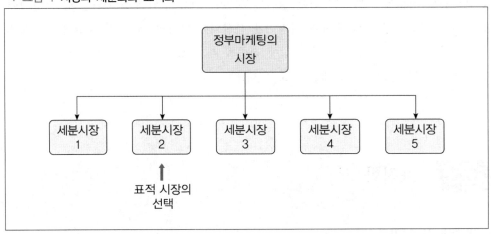

위 그림에서 표적화는 소비자 시장을 5개의 세분시장으로 나누고, 이 중에서 하나의 세분시장(세분시장 2)의 선택이다. 표적화는 시장과 고객이 누구인가를 파악하고, 누구를 대상으로 어떤 상품을 개발할 것인가, 마케팅 메시지를 어떻게 구성할 것인가 등을 위한 선택이다. 조직은 세분화와 목표 집단의 선정을 통하여 고객 집단의 효과적 욕구충족을 위한 상품을 개발하고 맞춤 메시지를 설계하여 판매와 수익을 극대화할 수 있다.

2. 표적시장의 선정 전략과 기준

1) 선정 전략

표적시장의 선정 전략은 크게 세 가지이다.[20]

첫째, 단일 세분시장 전략. 단 하나의 세분시장을 선택하여 판매에 집중하는 전략이다.

둘째, 다수 세분시장 전략. 세분시장 여러 곳을 선정한 후 이들 각각의 욕구를 반영한 상품과 마케팅 믹스 계획을 수립하여 마케팅 하는 전략이다.

셋째, 세분시장 간의 차이를 무시하고, 시장 전체를 또는 대부분의 세분시장을 대상으로 하나의 상품을 판매하는 전략이다.

2) 기준

표적시장을 선택하는 기준은 여러 가지이다.

첫째, 조직 목적과의 일치 여부. 조직의 목적에 비추어 세분시장에서의 마케팅이 효과를 거둘 수 있어야 한다.

둘째, 표적시장의 규모. 수익이나 편익 등 공공가치 창출에 의미 있는 기여를 할 수 있을 만큼 시장의 규모가 충분히 커야 한다.

셋째, 성장 잠재력. 세분시장이 현재는 비록 규모가 작을지라도 미래 성장 잠재력이 크고 수익성이 있어야 한다.

넷째, 경쟁성(competitive position). 조직이 가격이나 품질 등에서 어느 정도 확실한 경쟁우위를 갖고 있어야 한다.

다섯째, 비용. 소요되는 비용을 부담할 수 있고, 조직의 시장 접근을 어렵게 하는 제약 조건이 없어야 한다.

3. 프로파일의 작성

프로파일(profile)은 마케터가 표적 세분시장의 선택 후 마케팅에 영향을 미치는 주요 변수들의 선정, 표본추출, 서베이 실시, 수집된 데이터 분석 후 각 세분시장의 규모와 특성이 무엇인가에 대하여 작성한 개요서이다. 세분시장의 프로파일은 상품을 집

---

20) Proctor(2007), p. 131.

중적으로 마케팅 할 목표고객 집단이 누구인가에 대한 정보의 요약으로, 주요 내용은 표적고객집단의 인구학적 정보(성별, 나이, 학력, 소득 수준 등), 지리적 특징, 고객 행동의 특징 정보(구매, 이용, 방문 횟수 등), 심리 분석적 정보(성격, 가치, 태도, 믿음, 관심, 라이프 스타일 등)이다. 마케터는 프로파일을 토대로 마케팅 전략을 수립하거나 수정한다.

제3절 포지셔닝

1. 의미

포지셔닝(positioning)은 표적시장 소비자들의 마음속에 경쟁상품과 차별하여 상품이 어떤 가치(편익이나 효용, 기대 등)를 가진 것으로 만들어갈 것인가를 선택하는 과정으로, 마케팅 전략 수립의 핵심 단계이다. 상품 컨셉의 설정이자 마케팅 믹스(상품요소의 재구성이나 보완, 품질 대비 저렴한 가격, 접근의 편리성 개선, 표적고객에 초점을 둔 광고와 설득적 메시지 개발 등) 마련을 위한 방향의 선택이다.[21] 포지셔닝은 표적고객 집단의 마음속에 상품을 어떠한 속성(건강, 디자인, 편안함 등)을 가진 것으로 어필할 것인가, 상품의 어떤 편익과 가치를 강조할 것인가, 상품이 시장의 다른 상품들과 비교해 어떤 점에서 어떻게 차별적이고 무엇이 보다 매력적인 것으로 알릴 것인가, 무엇을 고유 이미지로 내세우고 기억시킬 것인가 등의 결정이다. 조직이나 상품에 대한 특정 이미지 또는 메시지를 고객에게 효과적으로 연상시키기 위한 방법으로, 차별적 인식을 촉진하고 경쟁상품에 대한 유혹을 극복하는 데 도움을 준다.[22] 비만 억제 사회마케팅 프로그램(운동, 비만 예방을 위한 식단, 과일 섭취 등을 내용으로 한)에서 포지셔닝은 에너지 부스터(booster, 촉진제)로 어필할 것인가, 건강 프로그램(당뇨병 조절제)으로 알릴 것인가의 선택이다.[23] 마케터는 포지셔닝을 통하여 최적의 4Ps 개발로 나갈 수 있다.

포지셔닝은 의도된(intended) 포지셔닝, 실제적(actual) 포지셔닝, 인지된 포지셔닝(perceived positioning)으로 나뉜다.[24] 의도된 포지셔닝은 조직이 표적고객들로 하여금

---

21) 전경수 등(2002).

22) Proctor(2007), p. 131.

23) Luca & Suggs(2010), p. 125.

24) Fuchs & Diamantopoulos(2010), pp. 1765−1766.

상품을 어떠한 것으로 인지하게 할 것인가의 계획 포지셔닝이다. 조직이 자신의 핵심역량이 무엇인가를 고려한 포지셔닝이고, 세분시장 고객의 마음을 움직이기 위한 목적의 표지셔닝이다. 반면 실제적 포지셔닝은 조직이 마케팅 커뮤니케이션을 통해 실제고객들에게 제공하는 포지션에 관한 정보(고객이 상품을 고가의 명품인가 저가 상품인가 등으로 느끼게 하는)이다. 인지된 포지셔닝은 커뮤니케이션 결과 소비자들이 실제적 포지셔닝 정보에 기초하여 브랜드를 인지하고 자신들의 마음속에 만들어낸 감정으로, 브랜드가 다른 경쟁자들의 그것과 어떻게 다른가의 느낌, 생각, 인상, 믿음 등의 집합이다. 고객마다 똑같은 포지셔닝 정보를 놓고도 다르게 해석할 수 있어, 인지된 포지셔닝은 고객마다 다를 수 있다.

2. 포지셔닝의 절차

포지셔닝은 다음 단계로 이루어진다.

첫째, 소비자들이 상품과 관련하여 무엇을 기준으로 어느 것이 보다 중요하거나 좋다고 생각하는가를 분석한다.

둘째, 고객이 중요시하거나 선호하는 것을 효과적으로 드러내고 강조하는 데 상품의 어떤 편익이나 특징들이 보다 도움을 줄 것인가를 검토한다.

셋째, 이러한 조건을 충족시키는 고유성, 차별성 요소를 선정한다.

넷째, 이에 기초하여 상품의 이미지를 설정한다.

3. 포지셔닝 전략과 구성 요소

1) 전략

포지셔닝 전략 수립에는 상품 정보(속성, 고객 편익, 비교우위 요소 등), 가격, 용도, 이용 환경(상품 이용의 계절이나 상황), 상품 수준(보통과 고급), 문화적 특징, 경쟁상품과의 비교 등 다양한 소재를 활용한다. 소비자들이 누구인가, 그들의 욕구가 무엇인가, 상품이 고객들에게 어떤 의미를 갖는가 등이 중요하다. 포지셔닝 전략은 주로 상품의 유무형의 특징과 고객 편익, 지위나 역할에 관한 것들이라는 점에서[25] 다음과 같이 나

---

25) Fuchs & Diamantopoulos(2010), pp. 1766-1768.

누어 볼 수 있다.

첫째, 상품 속성 전략. 조직이나 상품의 객관적 측정이 가능한 비교우위의 유형적 속성(휴양지 상품에서 자연휴양림, 온천, 바닷가 등)이나 경쟁상품 대비 추상적 속성(품질, 스타일 등)을 부각시키는 전략이다.

둘째, 편익 전략. 상품의 유형적 속성보다는 소비자 자신에 대한 직접적 가치나 구체적 편익(휴식, 마음의 치유, 숲 체험, 산림 교육, 건강, 비용절감, 편리, 안전성 등)을 강조하거나 상품의 소비가 만들어내는 간접적, 추상적 효용(품위, 자기표현, 이미지 창출 등)을 강조하는 전략이다.

셋째, 대위(代位) 포지셔닝(surrogate positioning) 전략. 상품을 대리할 수 있는 외적 요소(개척적 지위, 관광객이 가장 많이 찾는 곳 등)를 통해 소비자가 어떤 결론이나 추론, 선택에 이르도록 하는 전략이다.

국립자연휴양림관리소(산림청 소속기관)는 삶의 질, 사람들의 여가와 휴식을 위한 자연휴양림 서비스를 제공한다. 자연휴양림은 숲속 쉼터, 자연체험, 질 높은 시민 여가 이용 상품으로 바닷가, 온천, 섬, 스키장 등 다른 많은 휴양지, 리조트 등과 경쟁할 수 있는 매력이 필요하다. 휴양림 표적시장 고객이 자연 그대로의 모습이 보존된 상품을 선호한다면 관리소는 포지셔닝에서 이러한 상품의 속성을 강조하여 차별화할 때 고객의 선택을 얻을 수 있다.

2) 구성 요소

포지셔닝 전략은 표적고객의 결정, 경쟁자의 식별, SWOT 분석, 경쟁의 이점 확인, 4Ps활용으로 이루어진다. 다음 <그림 2>와 같다.[26]

첫째, 표적고객의 결정이다. 시장의 고객들은 다양하고 이질적이다. 마케터는 고객들을 몇 가지 기준을 적용하여 비슷한 필요와 욕구, 상품에 대하여 유사한 반응을 가진 여러 개의 집단으로 세분화하고, 이 가운데 특정 고객 집단을 마케팅 대상으로 결정한다.

둘째, 경쟁자의 식별. 시장에서 누가 경쟁자인가의 분별과 판단이다.

셋째, SWOT 분석. 경쟁자 상품과 비교하여 자신의 상대적 강점과 약점이 무엇인가를 분석한다.

---

26) Brooksbank(1994), p. 11. 정부마케팅 맥락에 맞도록 내용을 일부 수정하였다.

넷째, 경쟁 이점의 확인. 경쟁상품과 비교할 때 비교 우위의 요소가 무엇인가에 대한 파악이다.

다섯째, 4Ps. 경쟁 이점에 기초하여 상품의 구성, 가격, 유통, 프로모션에서 경쟁자가 모방할 수 없거나 도전을 뿌리칠 수 있는 전략을 수립한다.

▼ 그림 2 포지셔닝 전략의 구성 요소

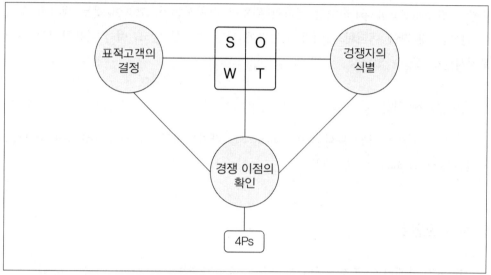

4. 방법

정부조직이나 공공기관이 조직이나 상품을 포지셔닝하기 위하여 사용할 수 있는 방법은 크게 두 가지이다.[27]

1) 인지지도의 작성

인지지도의 작성(perceptual mapping)[28]은 현재 또는 잠재적 고객이 조직이나 상

---

27) Proctor(2007), p. 132.

28) 인지지도 작성은 정신 물리학(psychophysics)에서 사용하는 다차원척도법(multidimensional scaling)을 이용한다. 이 방법은 인지적 요소를 차이와 유사성을 기준으로 하나의 공간에, 그러나 동시에 여러 차원에서 분류, 표시한다. 지리학 분야에서는 cognitive mapping이라고 한다. Gordon, T. F., & Bass, S. B. Perceptual mapping as a method to develop communication messages. pp.

품을 어떻게 생각하는가를 지도나 그래프를 이용하여 시각적으로 표시하는 기법(diagrammatic technique)이다. 인지란 사람이 사물을 보거나 또는 외부로부터 자극을 받았을 때 감각 정보(sensory information)를 조직화하고, 기억, 연상, 수리, 판단, 추리 등을 통하여 의견이나 믿음을 만들어 가는 일련의 정신 과정 또는 능력으로, 인지지도 작성은 인지 평가나 인지 프레임의 모델링 등을 통하여 고객들의 생각이나 인지적 변화를 추적할 수 있는 방법론을 제공한다. 마케터는 이를 통해 상품이나 조직이 고객의 지각 공간(perceptual space)에서 어떠한 위치를 차지하는가, 고객이 갖는 생각과 조직이 원하는 것 간에 어떠한 차이가 있는가에 관한 정보를 얻고, 이를 이용하여 상품의 포지셔닝도 할 수 있다.

2) 통계적 기법

통계적 기법은 군집분석(cluster analysis), 다차원척도법(multidimensional scaling), 요인분석(factor analysis) 등이다.

5. 체크 포인트

다음은 마케터가 포지셔닝에서 실수를 줄이기 위한 몇 가지 질문들이다.[29]

첫째, 포지셔닝이 조직이나 상품, 경쟁자, 시장에 대한 포괄적 상황 분석에 기초하고 있는가?

둘째, 조직의 특별한 강점을 최대한으로 고려한 것인가?

셋째, 표적고객들의 요구 사항을 철저히 이해하고 또 자세하고 확실히 정의하고 있는가?

넷째, 경쟁 전략적 관점에서 표적 경쟁자가 누구인가를 분명하게 정의하고 있는가?

다섯째, 지속 가능한 경쟁적 우위가 무엇인가를 명확히 정의하고 있는가?

여섯째, 실행 가능한가? 마케팅 믹스로 옮길 수 있는가?

1-2, 7. https://cph.temple.edu. 검색일 2019.9.24.

29) Brooksbank(1994), p. 14.

6. 리포지셔닝

리포지셔닝(repositioning)은 포지셔닝 관리의 중요한 일부로 소비자들의 상품에 대한 욕구와 선호가 변하는 경우, 또는 초기 포지셔닝이 맞지 않을 때 마케터가 이를 반영하여 고객의 마음속에 있는 조직이나 상품에 대한 이미지나 연상(associations)을 새롭게 바꾸는 과정이다.[30] 시장의 변화에 대응하기 위하여, 또는 조직이나 상품이 마케팅 전략에서 필요로 하는 목적을 달성하지 못하고 있다고 판단할 때 리포셔닝이 필요하다. 기존 고객을 대상으로 하거나 새로운 고객을 끌어들이는 경우에도 사용된다.

제4절 STP와 마케팅 전략

1. STP의 의미

STP는 마케팅 전략 수립 단계에서의 시장 세분화(Segmenting), 표적화(Targeting), 포지셔닝(Positioning)의 합성이다. STP는 4Ps(마케팅 도구) 개발의 전 단계로, 마케팅 데이터의 수집과 분석에 기초하고, 마케팅 프로그램(마케팅 목적을 달성하기 위한 다양한 활동들의 최적 조합, 진행 방법 및 절차) 개발에 지침을 제공한다.

2. 마케팅 전략의 수립과 관리

마케팅 전략의 수립에서 STP의 목적은 경쟁시장에서의 비교우위 획득이다. 경쟁시장에서 조직이나 상품의 비교우위는 환경 변화나 시간의 흐름에 따라 바뀐다. 따라서 조직은 STP의 강점과 약점을 파악하고 강점을 대표하는 요소의 강화, 약점의 보강 등 지속적 관리가 필요하다.[31]

---

30) Proctor(2007), p. 132.
31) Pike(2017), p. 10.

3. 예시

1) 자연휴양림

1961년 제정 「산림법」 제1조는 목적을 "산림의 보호 육성과 산림자원의 증진을 도모하며 국토의 보존과 국민경제의 발전에 기여함"으로 규정하였지만 1990년 개정법에서는 목적에 '공익 기능의 증진'을 추가한다. 2005년 제정 「산림문화·휴양에 관한 법률」은 목적을 "국민에게 쾌적하고 안전한 산림 문화, 휴양 서비스를 제공함으로써 국민의 삶의 질 향상"이라고 명시한다. 산림관련 이러한 법률의 개정이나 제정은 국가가 과거에는 산림을 목재 생산의 자원이자 관리의 대상으로 인식하던 것을 소득 및 생활수준의 향상, 도시화가 진전되면서 산림자원을 기존의 보호 육성을 넘어 휴식 및 건강을 위한 것으로 접근하고 있음을 보여준다. 산림청은 1980년대 후반부터 국민의 보건, 휴식, 정서함양, 산림 교육, 산림 소유자와 산촌 주민의 소득 향상을 목적으로 자연휴양림, 산림욕장, 숲속 수련장 등 다양한 휴양 시설의 설치, 운영 사업을 한다. 이는 정부가 전통적인 국민의 공통적 필요 충족 기능에 주관적이고 개인적인 욕구충족 역할을 추가한 사례로, 현재 국립 자연휴양림은 42곳, 지자체 자연휴양림 102곳, 개인 휴양림 20곳에 이른다.[32] 휴양림 간의 경쟁뿐만 아니라 다른 휴양지(온천, 해수욕장, 캠핑장, 리조트 등)와의 경쟁도 증가하고 있다.

휴양림 운영팀의 역할과 책임은 자연휴양림 상품을 고객의 필요와 욕구에 기초한 상품요소들(삼림욕장, 산책로, 체육시설, 자연학습장 등)로 구성하고, 이를 통한 소비자들의 선택 촉진, 재방문 의도의 개선이다.

마케팅 전략 수립의 첫 번째 단계는 시장 세분화이다. 마케터가 할 일은 먼저 휴식 공간 상품 시장의 잠재 및 현재적 소비자들의 몇 가지 특성 기준에 의한 세분이다. 다음 단계는 표적화이다. 표적화는 표적시장의 선택으로, 마케팅 목적(방문객 수의 확대, 재방문 의도의 개선 등)을 고려하여 선정한다. 연령, 직업, 거주지 등의 기준을 사용하여 누가 휴양림을 가장 많이 이용했거나 이용 계획 또는 의도를 가지고 있는가, 어떤 편익 기대 때문인가 등에 대한 정보를 수집한다. 만일 조사 결과 소비자 연령이 20대와 30대, 직업은 회사원과 대학생, 거주지는 도시가 가장 많은 것으로 나타났다면, 이러한 조건을 만족시키는 집단을 표적시장으로 선정한다. 다음 설문지 조사나 인터뷰 방법으로 보다 각 표적 세분시장의 인구학적 특징, 지리적 조건, 행동 특성(이용 빈도), 심리

---

32) 산림청. http://www.forest.go.kr. 검색일 2018.10.7. 검색일 기준이다.

분석적 요소(방문 동기와 이유) 등에 관한 자세한 정보를 수집하여, 표적고객 집단이 누구이고 상품 소비 관련 어떤 특성을 갖고 있는가에 대한 프로파일을 작성한다.

포지셔닝은 STP 마지막 단계로, 표적고객, 경쟁자, SWOT 분석, 상품으로서의 편익을 바탕으로, 표적집단의 소비자들에게 산림 휴양림을 어떤 상품으로 알릴 것인가, 무슨 특징을 강조하고 어떤 편익으로 어필할 것인가, 경쟁상품과 비교하여 어떤 차별적 매력을 강조하고 기억시킬 것인가를 결정한다. 분석 결과 소비자들이 자연휴양림 상품을 "삼림욕과 휴식, 기분전환"을 목적으로 구매한다면, 또 방문 동기가 주위 사람들의 추천이고, 이용 형태는 가족 단위의 방문, 체류 기간은 1박 2일 이상 등의 빈도가 가장 높은 것이있다면 포시셔닝의 초섬을 이러한 소비자들에 두고 자연휴양림을 고객이 자신들의 욕구를 충족하는 데 가장 적합한 상품이라는 것을 어필하는 전략의 수립이 필요하다.

2) 의료관광

의료관광 외국인 환자 1명 유치는 국내 환자 진료 7배의 수익을 창출한다.[33] 정부는 외국인 환자 유치의 이와 같은 수익 창출 효과 때문에 의료관광 분야를 차세대 국가 발전의 원동력으로 간주하여 2009년 1월 17대 신성장 동력 산업의 하나로 선정한 바 있다.[34] 한국관광공사(문화체육관광부 위탁집행형 준정부기관)는 보다 구체적 사업으로 2014년 '한국 대표 의료관광 상품 공모전'를 통해 12개 부문, 11개 업체의 12개 상품을 발굴하였다.[35]

해외 의료 관광객 유치 사업의 마케팅 전략 수립에서 1단계는 시장 세분화이다. 한국 방문의 동기(건강 검진과 질병 치료 관련 높은 의료수준 및 시설, 접근 편의성, 비용, 주위 권유 등), 목적(중증질환 수술, 한방치료, 척추관절 치료, 성형미용, 요양, 종합 건강검진, 온천욕, 피부나 비만관리) 등의 기준을 적용한 잠재고객 시장의 범주화이다.

2단계는 표적시장의 선택이다. 조직의 목적, 경쟁우위, 소비자들의 방문 의도, 부가가치 등을 기준으로 표적시장을 선정한다.

3단계는 포지셔닝이다. 표적시장의 욕구와 소득 수준, SWOT 분석, 조직과 상품의 특성, 경쟁자와의 비교 등을 고려한 마케팅 방향의 설정이다. 상품을 표적고객들의 마

---

33) 신재기(2013), p. 572.
34) 정기택(2011). 의료관광산업의 현황 및 활성화 전략. 「법연」, 20, p. 14.
35) 관광공사, 2014 한국 대표 의료관광 상품 12선 선정. 총 2억 1천만 원 판촉 지원금 … 총 100억 원 의료관광 수입 예상. 의료관광신문, 2014.2.4.

음속에 무엇을 위한 또는 어떤 차별적 특징을 가진 것으로 인식시킬 것인가? 첨단 의료기술 중심의 고부가가치 상품인가, 중증질환 또는 종합 건강검진 전문 의료서비스인가, 중저가 상품인가, 의료뿐만 아니라 관광, 쇼핑도 할 수 있는가, 고객들이 가족 단위 또는 배우자 동반 상품으로 생각하도록 할 것인가 등 무엇으로 상품 편익과 가치를 강조하고 어필할 것인가의 선택이다. 마케터는 포지셔닝에 기초하여 마케팅 4Ps(상품요소의 구성, 가격결정, 접근 편리성의 개선, 홍보 및 설득적 커뮤니케이션)의 계획을 수립한다.[36]

---

36) 신재기(2013), p. 572; 박성희·김미경(2011), pp. 482–484.

제6장 마케팅 조사

제1절 서론

1. 마케팅 조사의 의미

마케팅 조사(marketing research)는 시장, 상품, 소비자(선호, 태도, 행동 등)에 관한 체계적인 정보수집, 결과 분석과 해석, 시사점의 유관 부서들과의 공유 활동이다. 미국마케팅학회(American Marketing Association)는 마케팅 조사를 "시장 제품 및 서비스 관련 이슈에 관한 데이터의 체계적인 수집, 기록 및 분석"으로,[1] 유럽여론마케팅조사협회(ESOMAR. European Society for Opinion and Market Research)는 "마케팅 문제 및 기회의 확인과 해결에 관한 의사결정 개선을 목적으로 한 정보의 객관적, 체계적 확인, 수집, 분석 및 보급"으로 정의한다.[2] 전략적 마케팅 기획을 위한 필요 정보의 획득 방법이고, 표적시장, 고객욕구, 경쟁자, 시장의 트렌드, 소비자들의 제품 및 서비스 만족 등에 관한 정보수집 노력이다. 마케팅 조사는 마케팅에 필요한 양적 및 질적 정보의 수집, 분석, 해석뿐만 아니라 조사 결과를 관련 모든 부서에 알리는 활동까지를 포함한다.

마케팅 조사는 효과적 마케팅을 위한 과정이자 수단이다. 마케팅이 고객의 필요와 욕구의 확인에서 출발한다면, 마케팅 조사는 고객의 인식, 가치, 태도, 그들의 필요와 욕구, 행동양식 등에 관한 정보수집 과정이다. 마케팅 전략은 구매촉진을 위한 미래의 행동계획으로 마케터는 조사를 통하여 고객이 요구하는 바가 무엇인지, 어떤 상품을 얼마나 생산할 것인지, 어떻게 고객의 선택 행동을 이끌어 낼 것인지 등에 대한 정보

---

1) American Marketing Association. https://www.ama.org. 검색일 2018.4.9.
2) Marketing Research Glossary(2001). http://webv1ef.ef.uni−lj.si. 검색일 2018.4.9. ESOMAR의 정식 이름은 The European Society for Opinion and Marketing Research이지만 전체 이름으로 표기되는 경우는 거의 없다. 초기에는 Marketing 대신 Market이라는 표현을 사용하였다.

를 얻고 이를 토대로 필요한 선택을 한다.

2. 목적

마케팅 조사는 마케팅의 효과적 관리에 요구되는 정보의 체계적 수집 활동으로 전략 수립 및 믹스의 설계와 수정, 성과의 평가와 피드백 과정을 지원한다. 마케팅 과정의 효과적 관리를 위한 핵심적 절차이다. 마케팅 과정은 전략의 수립(시장 세분화, 표적시장의 선정, 포지셔닝)과 마케팅 믹스(4Ps)의 개발과 실행, 통제로 이루어지고, 마케팅 전략 수립에는 환경(정치적 환경, 관련 법률과 정책, 경제적 조건, 테크놀로지, 사회문화적 변화), 시장과 경쟁자, 소비자, 상품 등에 관한 지식과 정보가 필요하다. 마케팅 믹스의 개발은 성과 개선을 위한 상품, 가격, 유통, 프로모션에 관한 기획 과정으로, 마케터는 상품이 고객의 필요와 욕구를 얼마나 충족하는가? 고객이 상품에 대하여 어떻게 생각하는가? 가격과 결정 요인들은 어떻게 평가하는가? 상품에 대한 고객의 접근이 쉽고 편리한가? 충분한 지식을 얻고 있는가? 등에 대한 정보가 필요하다. 마케팅 조사는 전략의 수립과 마케팅 믹스의 개발에 필요한 이러한 정보의 수집으로 관리자들의 합리적 의사결정을 지원한다.

마케팅 프로그램의 실행 차원에서 마케팅 조사는 의사결정의 불확실성 제거, 상품의 효과적 판매를 위한 것으로, 구체적 목적은 다음과 같다.

첫째, 상품에 대한 고객의 만족도, 욕구의 확인, 미충족 욕구의 파악
둘째, 기존 상품 품질의 개선
셋째, 새로운 상품 수요와 기회의 발견
넷째, 마케팅 활동의 평가, 성과 점검 상의 문제점 확인
다섯째, 시설 도입이나 보수

장소와 지역상품 마케팅에서 마케팅 조사의 목적은 주로 상품판매 촉진과 경쟁시장에서의 지속적 우위 확보이고, 공공서비스 마케팅에서는 고객의 필요와 욕구에 기초한 서비스 상품의 개발, 지속적 혁신과 고객만족, 사회마케팅에서는 사회적 가치나 아이디어 상품에 대한 고객의 수용성 촉진, 태도와 행동의 변화를 효과적으로 이끌어내는데 있다. 마케터는 고객의 욕구, 구매 동기, 패턴, 태도, 반응뿐만 아니라 상품과 시장에 대한 정보수집을 통하여 어떠한 상품을 생산하고 어떻게 공급할 것인지에 대한 통찰력을 얻고 전략도 수립할 수 있다.

마케터들은 마케팅 전략 수립과 마케팅 믹스의 기획 등에 경쟁시장이나 상품에 대한 정보를 반영하기 위하여 구매자나 소비자를 상품개발이나 혁신 과정에 직접 참여시키는 방법을 이용하기도 한다. 이러한 참여자들은 혁신 인력이자, 공동개발자로서의 역할을 수행한다.[3]

3. 시장조사, 시민조사와의 차이

1) 시장조사

시장조사(market research)는 "특정 시장에 관한 데이터의 체계적인 수집, 기록 및 분석"으로,[4] 표적시장의 규모, 고객의 제품과 서비스에 대한 반응과 선호, 최근의 추세, 경쟁상품에 관한 정보 등을 수집, 분석, 해석하는 과정이다. 시장조사는 마케팅의 첫 단계로, 목적은 표적시장의 매력도(market attractiveness. 시장의 수익 및 사업 기회 창출의 잠재적인 힘), 시장에서 상품의 성공 가능성 평가, 소비자 필요와 욕구의 분석이다. 마케팅 조사와 시장조사 모두 시장, 고객의 반응과 선호에 관한 데이터 수집 과정으로, 둘은 자주 교환적으로 사용되기도 하지만 다음과 같은 차이가 있다.

첫째, 조사의 초점이 시장조사는 특정 시장이지만 마케팅 조사는 마케팅 관련 이슈들이다.

둘째, 시장조사의 주요 관심은 특정 시장이나 표적 세분시장의 규모, 트렌드, 시장 고객의 구매행동, 필요와 욕구 등이고, 마케팅 조사의 관심은 주로 상품, 가격, 유통, 프로모션의 문제, 고객의 만족과 불만족 등이다.

셋째, 시장조사는 마케팅 조사에 비해 범위가 좁고, 내용은 보다 더 구체적이다.

넷째, 시장조사의 목적이 표적시장에서 특정 상품의 성공적 판매라면, 마케팅 조사는 마케팅 관리의 전 과정에서 일어나는 문제의 해결로, 조직의 목적 달성을 위한 마케팅 의사결정 지원, 커뮤니케이션 및 통제이다.

다섯째, 시장조사의 분석 단위는 시장이고, 마케팅 조사는 주로 고객 개인이다.

여섯째, 영국은 시장조사를, 미국은 마케팅 조사라는 용어를 보다 선호하는 경향이 있다.

---

3) Ryals & Wilson(2005), p. 347.

4) American Marketing Association. https://www.ama.org. 검색일 2018.4.9.

일곱째, 마케팅 연구자나 실무자들은 시장조사의 정보생산 기능의 중요성을 높게 평가하면서도 시장조사보다는 마케팅 조사 개념을 보다 많이 사용한다. 시장조사라는 용어의 사용은 상대적으로 감소하고 있다.5)

2) 시민조사

시민조사(citizen survey)는 정부가 공공서비스의 추가적 수요나 부족 여부를 파악하고 내용, 공급 방법 등에 문제점을 확인하기 위하여 실시하는 정보수집 활동이다. 주로 실태 조사로 정부는 기초생활 수급자(얼마나 많은 사람들의 소득이 최저 생계비에 미달하는가), 무주택자(누가 또는 얼마나 많은 사람들이 거주할 집이 필요한가) 등의 실태 파악 및 추세 정보를 얻기 위하여 시민조사를 실시한다. 「국민기초생활보장법」은 정부에 국민의 기초생활 보장을 위한 여러 업무를 부과한다. 제6조(최저 보장 수준의 결정 등), 제6조의2(기준 중위소득의 산정), 제6조의3(소득 인정액의 산정), 제7조(급여의 종류) 생계, 주거, 의료, 교육, 해산(解産), 장제(葬祭), 자활 급여, 제20조의2(기초생활 보장 계획의 수립 및 평가), 제28조(자활지원 계획의 수립) 등으로, 정부는 각 급여의 내용과 방법을 결정하기 위해 시민조사를 실시한다. 제24조(차상위 계층에 대한 조사)는 "시장·군수·구청장은 급여의 종류별 수급자 선정 기준의 변경 등에 의하여 수급권자의 범위가 변동함에 따라 다음 연도에 이 법에 따른 급여가 필요할 것으로 예측되는 수급권자의 규모를 조사하기 위하여 보건복지부령이 정하는 바에 따라 차상위 계층에 대하여 조사할 수 있다"고 규정한다.

시민조사가 정책형성과 집행에 필요한 실태 정보의 수집 활동이거나 서비스 만족도 조사라면 마케팅 조사는 비교우위를 위한 욕구 정보의 수집이고 경쟁시장에서의 상품과 고객(만족도뿐만 아니라 상품의 4Ps에 대한 인식, 태도 등)에 대한 조사이다. 시민조사가 정부가 정치적 및 공급자 관점에서 서비스의 내용 구성, 제공 조건이나 절차의 개선을 위한 정보수집이라면 마케팅 조사는 관리적 및 소비자 관점에서 욕구의 확인, 4Ps의 구성, 경쟁자 대비 품질개선, 참여의 확대, 만족도, 지지나 수용성 제고 등을 위한 것이다.

마케팅 조사는 정부조직이나 공공기관 가운데 시장에서 수익 목적의 거래형 상품을 제공하거나 경쟁으로 지속적 서비스 품질개선이 요구되는 경우, 민간부문과의 성과

---

5) Nunan(2016), pp. 505-506, 517. 둘의 의미는 같다는 주장도 있고, 둘 간의 차이는 크게 중요하지 않거나 별 도움이 못 된다는 주장도 있다.

비교, 보다 많은 고객의 유치, 참여, 방문이나 선택, 지지가 필요할 때 수요가 증가한다. 기존 시설의 개조, 새로운 장비의 도입과 서비스 개발 등을 위한 의사결정에 필수적이고, 공공서비스를 민간위탁, 외주, 파트너십을 통하여 공급하는 경우도 고객 중심적 서비스 제공, 보다 큰 공공가치의 생산을 위해 중요하다.

4. 마케팅정보시스템

마케팅정보시스템(marketing information system, MIS)은 마케팅 의사결정자가 필요로 하는 정보를 체계적으로 수집, 분석하고 적시에 배분, 제공하는 사람, 장비, 방법과 절차 등의 집합체이다. 목적은 정보의 수집과 분석을 통한 마케팅 의사결정의 지원이다.

제2절 마케팅 조사의 분류

1. 목적에 의한 분류

마케팅 조사는 목적을 기준으로 문제 확인 조사와 문제해결 목적의 조사 두 가지로 나뉜다. 문제 확인 조사는 표적시장의 성장 가능성, 상품판매나 이미지와 관련하여 현재의 문제가 무엇인가 또는 미래의 위험은 무엇인가 등의 확인, 예측을 목적으로 한 조사이다. 문제해결 목적의 조사는 STP(시장 세분화, 표적집단의 선정, 포지셔닝)나 마케팅 믹스와 관련한 기대와 현실 간의 갭 해소가 목적이다. 마케팅 전략 관련 시장 세분화 기준의 확인, 상품 이미지의 점검, 프로파일링(표적 고객집단 특성에 대한 개요서 작성), 4Ps 등에서의 문제해결을 위한 것이다.

2. 기능적 분류

마케팅 조사는 또 마케팅 관리의 어떤 업무나 역할 분야의 개선에 필요한 정보를 얻기 위한 것인가를 기준으로 다양하게 구분된다.

첫째, 시장과 고객 조사. 시장규모와 성장 잠재력(미래 '구매자의 수×구매력'의 확장 기회와 능력), 고객의 지리적 분포, 선호하는 상품 속성, 편익에 대한 관심, 평가, 구매 동기와 의도, 패턴과 구매력 등에 대한 정보수집 및 분석이다.

둘째, 상품 조사. 기존 상품의 컨셉[6], 디자인, 상품요소, 새로운 상품개발 아이디어에 대한 고객의 태도, 의견 조사이다.

셋째, 가격 조사. 상품판매와 가격 간의 관계, 가격결정에 영향을 미치는 요인, 상품 수요의 가격 탄력성 등에 대한 조사이다.

넷째, 유통과 배포 조사. 상품 배포의 방식, 유통 채널의 구성과 효과성에 관한 정보와 자료의 수집 및 분석이다.

다섯째, 프로모션과 판매 조사. 프로모션의 상품판매 효과, 프로모션 믹스의 적절성, 미디어 채널, 광고, 메시지, 판매원, 판매 기법 등의 효과 조사이다.

여섯째, 환경 조사. 환경(정치, 경제, 사회문화적, 기술적 요인 등)이 상품판매에 미치는 영향, 잠재적 위험과 기회의 조사이다.

제3절 조사의 대상

1) 상품판매 분야

상품판매를 위한 정보수집의 대상은 소비자의 구매 동기, 과정, 영향 요인, 수요의 예측 등이다.

2) 개발 분야

신상품 개발을 위한 정보의 수집은 시장에서의 기회, 상품의 설계, 시장 테스트, 상품의 출시와 수명주기 관리에 대한 것으로, 각 단계에서 의사결정의 불확실성을 줄이는 데 초점을 둔다.[7]

---

6) 상품컨셉(product concept)은 상품설계 시 고객이 무엇을 선호할 것인가에 대한 믿음, 논리적 추론, 아이디어로, 생산자는 컨셉에 기초하여 상품요소를 구성한다.

7) Draganm & Vesna(2010), p. 237.

마케팅 조사의 과정은 다음 단계로 이루어진다.[8]

첫째, 목적의 정의. 마케팅 조사가 무엇을 위한 것인가를 확인하는 단계이다. 조사의 시작 단계로 조사의 목적이 무엇인가? 조사가 현재 제품이나 서비스에 대하여 고객이 어떻게 생각하는가에 대한 보다 정확한 또는 자세한 이해를 얻기 위한 것인가, 신상품에 대한 고객의 수요가 어떤가를 확인하기 위한 것인가 등을 결정한다.

둘째, 표본추출. 고객의 특성을 추정하기 위하여 모집단으로부터 조사대상자를 추출하여 표본을 구성하는 단계이다. 누구로부터 응답을 받을 것인가? 조사의 목적 등을 고려하여 응답자 집단을 구성한다.

셋째, 질문 문항의 개발. 필요한 정보를 얻기 위한 문항의 설계이다.

넷째, 데이터 수집. 이 단계에서 조사자의 할 일은 데이터 수집에 어떤 방법이 가장 적절한가의 선택이다. 데이터 수집 방법은 현지 조사, 대면 설문지 조사, 직접 면접(personal interview), 포커스 그룹 인터뷰, 우편이나 전화, 인터넷 서베이 등 다양하다. 적절한 방법은 조사의 목적(대상의 단순한 기술인가, 설명인가, 추론인가 등), 파악하고자 하는 문제의 성격, 분석 방법, 조사대상의 규모, 예산, 시간이 얼마나 가용한가 등을 고려하여 결정한다. 데이터 수집 방법으로 질적 조사는 심층 직접 면접이나 포커스 그룹 인터뷰 방법이 적절하지만 오랜 시간이 걸리는 만큼, 얼마나 시간적 여유가 있는지를 고려하여 선택한다.

다섯째, 결과 분석. 데이터 분석 및 결과가 무엇을 의미하는가에 대한 해석의 단계이다. 수집된 데이터를 분석하여 결과를 도출하고, 시사점을 파악한다. 질문 항목별 단순한 요약으로부터 복잡한 통계 분석도 이용된다.

---

8) Gershon & Jackson(2003), pp. 152−153.

제5절 | 조사방법

1. 방법의 분류

마케팅 조사방법은 데이터 수집방법, 데이터의 성격 등에 따라 여러 가지로 구분된다. 다음 <그림 1>은 수집 방법을 기준으로 한 분류이다.[9]

▼ 그림 1 **마케팅 조사방법의 분류**

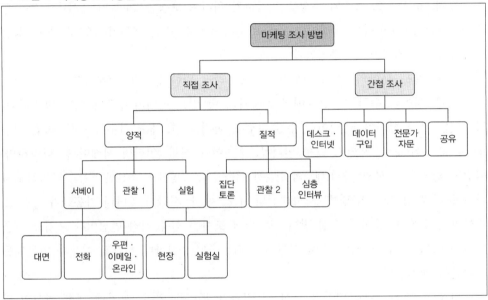

1) 직접조사와 간접조사

직접조사(primary research)는 조사자가 직접 고객들로부터 데이터를 수집하는 방법이다. 서베이, 관찰 1, 2 등이 여기에 해당한다. 직접조사는 고객들이 상품에 대하여 어떻게 생각하는가, 어떤 태도나 의도를 갖고 있는가 등에 대하여 기존 자료들로부터 필요한 정보를 얻을 수 없을 때 사용된다. 반면 간접조사(secondary research)는 다른 기관이나 사람들이 특정 목적을 가지고 수집한 데이터나 작성된 내부 보고서, 통계, 실험

---

9) Bean & Hussey(2011), p. 10의 그림을 재구성하였다.

이나 평가서, 기록, 전문가 의견이나 관련자들과의 대화 자료, 학술지, 신문, 웹사이트 등으로부터 데이터를 얻는 방법이다. 이때 얻는 데이터는 조사대상으로부터 직접 얻은 것이 아니라 전문가나 실무자들이 다른 목적으로 작성 또는 생산한 것을 이용한다는 점에서 2차적 데이터라고도 한다. 조사자 개인이 감당하기 어려운 대규모 조사나 장기간에 걸쳐 이루어지는 조사, 복잡한 조사의 경우 사용되는 정보수집 방법이다. 고객욕구가 과거로부터 현재까지 어떻게 바뀌었는지 변화를 추적하는 경우, 간접조사 방법은 불가피하다. 장점은 조사자가 조사에 들어가는 시간과 물적 자원, 노력을 절약할 수 있다는 점이다. 그러나 데이터가 조사자의 목적에 의해 수집된 것이 아닌 만큼 유용성은 낮고 사용 범위도 제한적이다.

2) 양적 조사와 질적 조사

양적 조사(quantitative research)는 서베이, 관찰 1(양적 관찰. 관찰 결과를 숫자로 기록), 실험 등의 방법을 이용하고, 숫자 데이터를 얻는다. 결과를 막대그래프나 테이블 등으로 표시할 수 있다. 질적 데이터보다 신뢰성이 높고 통계적 분석으로 추론을 할 수 있다. 반면 질적 조사(qualitative research)는 집단 토론, 관찰 2(질적 관찰. 사물이나 현상을 언어로 서술하거나 그림으로 표현), 심층면접, 포커스 그룹 인터뷰, 브레인스토밍, 델파이 기법 등을 사용하고,[10] 문장이나 스토리, 대화, 사진, 기호 등의 질적 데이터를 얻는다. 이러한 데이터는 대상의 특성을 기술(記述)이나 묘사, 그림, 소리 등으로 나타낼 뿐 숫자를 사용하지 않고 통계적 추론도 허용하지 않는다. 하지만 양적 데이터보다 정보의 타당성이 높고 대상을 보다 정확하고 구체적으로 파악하도록 돕는다. 마케터들은 이러한 이유로 빈번히 심층면접, 포커스 그룹 인터뷰 등으로부터 질적 정보를 얻고, 의사결정에 사용한다.

3) 횡단적 조사와 종단적 조사

횡단적 조사(cross-sectional research)는 특정 시점에서 다양한 소스로부터 데이터를 수집하는 방법으로 설문지 서베이, 인터뷰, 2차적 자료(데이터베이스나 기록, 통계, 신문 등)를 사용한다. 조사대상자나 항목이 많을 때, 또는 조사대상자가 지리적으로 흩어져 있을 때 적합하다. 반면 종단적 조사(longitudinal research)는 장기간에 걸쳐 표적집단의 인식, 태도, 행동 등에 어떤 변화가 있었는가에 관한 정보를 다양한 시점에서의

---

10) Murgado-Armenteros et al.(2015), p. 522.

반복 관찰, 서베이(면접이나 설문지) 등으로 수집하고 분석하는 방법이다. 종단적 조사에는 패널조사(panel research)와 코호트 조사(cohort research)가 있다. 패널조사는 연구목적을 고려한 패널 구성 후 일정한 기간을 두고 이들을 대상으로 여러 항목에 대한데이터를 반복적으로 수집하여 변화를 확인하는 방법이다. 패널 참여자는 반드시 특정경험을 공유하는 사람들은 아니다. 반면 코호트 조사는 특정 시기 또는 동일 사건을경험한 사람들(cohorts. 예 전쟁 또는 참전, 특정한 해 출생이나 입학, 졸업한 사람들)을 모집단으로 설정한 후 복수의 시점에서 표본을 추출하고 여러 사항들에 대한 질문을 통하여 정보를 수집하고 어떤 변화가 일어났는가를 파악하는 방법이다. 패널조사는 동일한사람들을 대상으로 반복적 관찰이나 서베이로 정보를 수집하지만, 코호트 조사에서는조사를 할 때마다 모집단으로부터 다시 조사대상자를 추출하기 때문에 응답자는 바뀔수 있고 자주 한 번에 여러 개의 코호트 표본을 사용한다.

4) 추세 조사

추세 조사(trend research)는 과거 데이터에 기초한 미래예측 기법이다. 시계열 조사(time series research) 방법을 가장 많이 사용한다. 시계열 조사는 장기간 시간의 흐름에 따른 상품의 판매량, 소비자에 일어난 변화의 방향이나 패턴, 추세를 조사하는 통계적 기법이다. 종단적 조사와 달리 시계열 데이터(특정 기간 그러나 일정한 시간 간격으로수집된)를 사용하고 대상 기간을 여러 개의 규칙적인 시간 간격으로 구분하여, 몇 가지항목에 대한 단기적 변화, 장기적 추세를 조사한다. 종단적 조사와 달리 동시에 많은항목들을 조사하기 힘든 한계가 있다.

2. 조사방법

다음은 마케터들이 자주 사용하는 주요 조사방법이다.

1) 서베이, 관찰, 실험 방법

서베이(survey)는 설문지 이용이나 인터뷰를 통하여 표적고객들로부터 데이터를수집하는 기법이다. 조사자는 상품구매 경험이나 의도, 상품에 대한 인식이나 태도를묻는다. 설문조사 방법에서는 고객으로부터 응답을 듣기 위하여 대면, 전화, 우편, 이메일, 인터넷을 사용한다. 인터뷰는 조사자가 상대방에게 질문을 하고 답변을 얻는 대화식의 정보수집 방법이다.

관찰은 조사대상에 대한 인위적 간섭 없이 표적집단 사람들의 인식, 태도나 행동, 사회적 특징 등을 주의 깊게 살피어 정보를 얻는 방법이다. 양적 관찰과 질적 관찰 두 가지로, 양적 관찰(<그림 1>에서 관찰 1)은 다양한 형태의 측정 도구, 온도계, 자 (rulers), 저울, 비커(beakers) 등을 이용하고, 관찰 값은 숫자이다. 반면 질적 관찰(<그림 1>에서 관찰 2)은 관찰 대상의 특징이나 속성(냄새, 맛, 소리, 형상 등)을 기술(記述), 소리, 그림, 사진 등으로 기록한다.

실험은 서베이나 관찰과는 달리 조사자가 현장 또는 실험실에서 다양한 방식으로 독립 변수의 조작 후 종속 변수에 일어나는 변화를 확인하여 필요한 데이터를 수집하는 방법이다.[11]

2) 포커스 그룹 인터뷰

포커스 그룹 인터뷰(focus group interview)는 질적 조사방법으로 4~15명의 동일한 경험이나 인구학적 특징을 가진 사람들로 포커스 그룹을 만들고, 여기에 참여한 사람들이 서로 특정 상품, 광고 등에 관한 자신의 인식, 의견, 믿음 등을 집중적으로 교환하도록 하여 정보를 수집하는 방법이다.

3) 심층면접

심층면접은 조사자가 조사 참여자와의 편안함, 친밀, 공감의 분위기를 토대로, 또 어떤 압력이나 부담이 없는 환경에서 추가 및 반복적 질문의 방식으로 특정 주제에 대한 자유롭고 솔직한 생각, 태도, 느낌, 동기 등에 관한 정보를 수집하는 방법이다. 구조화된 면접에서는 사전에 정해진 질문 리스트를 사용하여 질문을 하고 답변을 듣는다.

4) 인터넷 조사

인터넷 조사는 인터넷을 이용한 마케팅 정보수집 방법으로 비용이 거의 들지 않는다는 장점이 있다. 하지만 조사대상을 일반인들이 아닌 인터넷 사용자로 한정하는 문제가 있어 대체로 탐색적 조사에서만 사용된다.

---

11) American Marketing Association. https://www.ama.org. 검색일 2018.4.9.

3. 선택

조사방법들은 각각 장점과 단점이 있다. 어떤 방법을 선택할 것인가는 마케터가 조사의 목적과 각 방법의 장점과 단점을 고려하여 판단한다. 특정 조사설계 또는 단일 종류의 데이터는 조사방법이나 데이터의 성격에 기인하는 한계를 피할 수 없는 만큼 조사자는 어떤 방법을 사용하든 수집 방법이나 데이터의 유형에 따른 한계를 숙지할 필요가 있다. 또 어느 한 조사방법을 사용하거나 특정 유형의 데이터를 수집하는 경우, 한계를 보완할 수 있는 방법의 고려가 바람직하다.

다중 또는 혼합 방법 조사(multi- or mixed method research)는 특정 조사나 데이터가 가진 한계를 극복하기 위한 방법이다.[12] 특정 데이터를 여러(양적, 질적) 조사방법에 의하여 수집하든가(서베이 방법을 사용하면서 부분적으로 심층 인터뷰도 병행하는 식으로), 한 가지 방법을 사용하더라도 다양한 소스로부터 데이터를 수집함으로써 특정 조사방법만의 사용이나 특정 대상만의 조사에서 오는 한계를 보완하는 방식이다. 사회마케팅은 표적고객의 인식이나 태도, 행동변화를 목적으로 하는 만큼, 다중 또는 혼합 방법 조사의 사용 필요가 높다. 표적고객에 대한 심층면접이나 설문지 서베이, 초점집단 인터뷰를 통한 데이터 수집뿐만 아니라 문화기술적 조사(ethnographic research)도 병행하면 개인이 속한 사회나 집단의 사회문화적 조건, 영향도 고려할 수 있다. 특히 문화기술적 조사는 인류학자들이 빈번히 사용하는 정보수집 방법으로 잠재고객들과 실제 생활을 함께 하면서 관찰과 상호 작용을 통하여 데이터를 수집하는 방법이다. 모유수유 사회적 가치 상품개발에서 서베이나 포커스 그룹 인터뷰가 비록 개인의 행동, 동기, 느낌 등에 관한 데이터를 수집하는 데 유용하지만 사회 전체 차원의 영향 요인에 대한 정보는 제공하지 않는다. 하지만 전체사회 문화는 구성원들의 인식이나 행동에 중요한 영향 요인이다. 어떤 사회는 모유수유를 모성애로 규정하여 모유수유를 하지 않는 행동을 어머니의 수치로 간주한다. 따라서 사회마케팅에서 개인의 행동, 사회 전체의 바람직한 문화를 효과적으로 만들어내기 위해서는 사회적 가치나 아이디어 상품 소비자 개인에 대한 조사만으로 충분하지 않고 어떤 사회 관습이나 사회화 과정이 모유수유를 억제하거나 동기를 부여하는 데 어떤 역할을 하는가에 대한 조사도 필요하다. 전체사회에 대한 조사 없이 개인 차원의 정보만으로는 행동이나 의식, 사회의 변화를 만들어내고 새로운 문화로 정착시키는 데 한계가 있는 까닭이다.[13]

---

12) Harrison & Reilly(2011), p. 8.

13) Brennan, Fry, & Previte(2015), pp. 287-288.

1. 마케팅 조사의 유용성에 대한 비판

마케팅 조사는 필수적이나 여러 현실적 한계나 문제점이 있고, 마케팅의 성공을 보장하는 것도 아니다.[14] 다음은 유용성에 대한 비판들이다.

첫째, 마케팅 조사가 제공하는 것은 오늘의 사실에 대한 평범한 증거 자료들이 전부로, 내일을 위해서는 어떤 것도 적절하지 않다.

둘째, 많은 비용이 들고, 시간이 걸리는 과정의 복잡성에 비해 도움은 크게 안 된다.

셋째, 통계 및 방법론적 한계로 조사의 정확성이 떨어진다.

넷째, 과학적 절차에 의하여 결과를 산출한다고 하지만 실제적으로는 자주 정치적이다.

다섯째, 마케팅 조사가 고객을 자세히 알도록 만든다고 하지만 관련 직원이나 조사 기관을 제외하면 직접 고객과의 소통이 없다.

여섯째, 마케팅 조사는 상품의 고유함이나 차별성을 반영한 돌파구를 제공하기보다는 평범한 정보를 제시한다.

일곱째, 마케팅 조사의 이해관계자는 조사자, 응답자, 고객, 일반시민들이다. 이들의 이해관계가 갈등적일 때, 마케팅 조사는 특정 이해관계자의 이익을 과도하게 대변하는 문제를 야기할 수 있다.

2. 현실적 한계

마케팅 조사는 마케팅 전략의 수립이나 의사결정, 고객, 시장에 대한 이해를 개선하기 위해 필수적이지만, 관리자들은 실제 의사결정에서 마케팅 조사보다는 자신의 직관이나 경험에 의한 결정을 선호한다.[15] 관리자들은 마케팅 정보의 유용성을 인식하고 조사에 기초한 결정을 표방하면서도 막상 복잡한 문제, 과도한 정보에 대한 체계적 분석의 필요, 현실적인 정보처리 능력의 한계, 편협한 인지 능력, 문제의 근시안적 인식,

---

14) Harari(1994), pp. 48−50.
15) Tarka(2018), pp. 70, 82.

제한적 기억, 개인 경험에 기초한 확고한 믿음 등으로 실제 문제해결 과정에서는 마케팅 정보의 면밀한 검토보다는 오히려 소홀히 취급하고 결국 비합리적 결정이라는 손쉬운 방법을 선택하는 경향이 있다.[16) 마케팅 조사 정보를 선택적으로 이용하거나 합리적 의사결정이 아닌 자신들의 믿음이나 선택을 뒷받침하는 수단으로 이용하기도 한다. 이러한 관행은 합리적 의사결정이나 문제해결에 부정적 결과를 초래한다.

---

16) Tark(2018), p. 67.

제7장   마케팅 믹스

제1절   서론

1. 마케팅 믹스의 의미

마케팅 믹스(marketing mix)는 마케팅 도구들의 조합으로, 일반적으로 4Ps 믹스를 의미한다. 마케팅 프로그램은 4Ps로 이루어지고 4Ps는 마케팅 이론의 핵심이다. 4Ps는 상품(Product), 가격(Price), 유통(Place or distribution),[1] 프로모션(Promotion)의 단어 첫 글자 P 조합의 두문자어(頭文字語. 낱말 머리글자의 조합)이다. 여기서 P들은 서로 고도로 의존적이다. 상품의 품질을 높이려면 투자가 필요하고 그렇게 되면 가격 상승을 피할 수 없다. 하지만 가격 상승은 판매 저하를 초래한다. 판매촉진을 위해서는 유통을 개선해야 하나 가격 상승을 수반하고 결국 판매 저하를 초래한다. 고품질 상품이라도 프로모션 없이 판매에 성공하기 힘들다. 하지만 프로모션에는 많은 비용이 들고, 가격이 상승한다. 4Ps는 상품의 품질과 편익, 가격, 상품에의 접근성, 구매 설득 커뮤니케이션 활동의 패키지로, 상품의 공급자는 4Ps의 최적 조합을 통하여 판매를 극대화할 수 있다.

4Ps는 제롬 매카시(E. Jerome McCarthy)가 1960년 자신의 책 「마케팅의 기초(Basic Marketing: A Managerial Approach)」에서 처음 제시한 조어(造語)로, 매카시는 마케팅 믹스를 마케팅 의사결정의 개념적 틀이자 마케팅 매니저들이 표적시장 고객을 만족시키기 위하여 고려해야 하는 요소들의 조합으로 설명한다.[2] 마케팅이란 질 좋은 제품을 만들고(상품), 적절한 가격을 책정하여(가격), 편리한 장소에 공급하고(유통), 상품이 주는 편익, 가격, 구매할 수 있는 곳이나 방법, 절차에 대하여 고객들이 잘 알 수 있도록 널리 알리는 활동(프로모션)의 조합이란 뜻이다. 연구자와 실무자들이 1960년대 이래 마케팅 설명에 광범위하게 이용하면서 4Ps는 많은 비판에도 불구하고 여전히 그 유용

---

[1] 유통이라면 일반적으로 Distribution을 말하지만, 연구자들을 4Ps를 만들고자 Place를 사용한다.

[2] E. Jerome McCarthy. https://en.m.wikipedia.org. 검색일 2019.2.28

성을 인정받고 있다.[3]

　　정부마케팅에서 공급자는 상품을 개발할 때 구매자의 필요와 욕구를 고려한다. 상품개발은 주로 고객의 욕구를 바탕으로 한 편익 요소의 선별과 이들의 최적 배합을 만들려는 노력이지만 상품개발 자체가 목적은 아니고, 궁극적 목적은 판매를 통한 수익의 창출이다. 이러한 목적의 달성은 고객의 욕구에 맞는 상품의 개발만으로는 부족하고 구매자들이 살 수 있는 가격이어야 한다. 구매자에 대한 편익은 늘리고 비용은 줄여서, 경쟁자들보다도 편익 대비 적은 비용, 또는 비용 대비 보다 많은 편익의 패키지를 만들 수 있어야 한다. 또 소비자들이 원하는 상품을 어디에서든 또 원하는 때에 살 수 있도록 고객의 상품에 대한 접근성을 고려하여 상품을 배치하고, 손쉽게 살 수 있는 다양한 방법과 절차도 마련해야 한다. 마지막으로 상품의 특성, 가격, 유통에 대한 자세한 정보제공도 필요하다.

2. 개념의 발전

　　제롬 매카시는 마케팅 믹스(4Ps)를 Product, Price, Promotion, Place로 처음 제시한다.[4] 하지만, 네일 보든(Neil H. Borden)은 1953년 미국마케팅학회 학술 대회에서 학회장 연설을 할 때 이미 마케팅 믹스 개념을 언급한다. 네일 보든은 마케팅 매니저를 "(마케팅의) 여러 구성 요소들을 혼합하는 사람(mixer of ingredients)"이라고 정의하고, 마케팅 믹스를 12가지 요소, "상품기획, 가격, 브랜딩, 배포 채널, 인적 판매, 광고, 프로모션, 포장, 디스플레이, 서비스, 취급(physical handling. 운반, 적재와 하차, 쌓기, 보관 등), 확인과 분석"의 믹스로 설명한다. 보든도 마케팅 믹스라는 용어를 사용했지만, 마케팅의 중요한 요소나 성분의 조합이라고만 했을 뿐, 4Ps로 정의한 것은 아니었다.[5]

---

3) Anderson & Taylor(1995)는 4Ps에 대한 집중적 분석 후, 4Ps가 마케팅 관리자들의 문제해결에 있어서의 유용성을 높게 평가하였다.

4) Anderson & Taylor(1995), pp. 1−2; Anitsal et al.(2012), pp. 77−78. 앤서니 맥그래스 (Anthony J. Magrath)는 Schwartz(1964)와 McCarthy(1964)를 인용하면서, 보든이 마케팅 믹스 개념을 1962년에 도입하였고, 매카시가 1964년에 널리 보급했다고 설명한다. 하지만 그가 인용한 McCarthy(1964)는 수정 2판이고, 초판은 1960년이다. Magrath(1986), p. 44 참조.

5) Borden(1965), p. 9; Rafiq & Ahmed(1995), p. 5.

3. 4Ps 믹스

제롬 매카시는 4Ps 믹스를 표적집단을 만족시키기 위하여 조직이 통제할 수 있는 요소들의 집합으로, 표적시장 고객이 원하는 바를 만족시켜야 할 경우 해결책을 만들어내기 위한 도구 세트(tool kit)라고 주장한다.[6] 하지만 1970년대 이후에 오면 연구자들은 다양한 비판을 제기한다. 주로 서비스와 소비자 중심적 마케팅 연구자들에 의한 것으로, 다음은 이러한 비판들이다.[7]

첫째, 4Ps 믹스는 대량생산 시대의 제품판매 관점에 기초하고 있다.

둘째, 마케팅 활동은 소비자 중심의 관리이어야 하는데 마케터 중심적 접근이다.

셋째, 4가지 요소들은 조직 중심적이고, 내부 지향적이다. 즉 조직의 마케팅 관리에 초점을 둔 것이다.

넷째, 소비자가 아닌 제품 중심적 접근이다. 사람 요소, 고객의 의견이나 욕구, 고객과의 상호작용을 고려하는 데 미흡하다.

다섯째, 고객을 수동적 존재로 간주한다.

여섯째, 서비스 마케팅의 주요 요소들을 포함하지 못하고 있다. 소비자들이 구매하는 서비스 경험, 고객과의 관계 구축에 대하여는 말하지 않는다.

일곱째, 제품은 제품 하나만으로 판매되는 것이 아니라 동일한 생산과정에서 나온 제품군의 하나로서, 상품 브랜드에 모든 것들이 연결되어 구매되는데 단 하나의 제품이 독립적으로 구매되는 것으로 인식한다.

여덟째, 커뮤니케이션이 단일 방향으로, 대량판매 마케팅(mass marketing)에서의 접근 방식만을 고려한다.

많은 연구자들이 비판적 관점에서 4Ps에 대한 대안을 제시하였지만 유효성이나 설명력에서 기존의 4Ps를 능가하지 못했다.[8] 고든 브루너(Gordon C. Bruner)는 4Ps 대신 4Cs(Concept, Channels, Costs, Communication)를 제시한다. 연구자들은 또 기존의 4Ps에 다른 여러 P요소들(Position, Public relations, Probe research, Packaging, Power, Plan, Purpose, Perception, People 등)의 추가를 주장했으나 뚜렷한 지지를 받는 데는 실

---

6) 비영리 마케팅(nonprofit marketing) 개념은 1960년대 말에 등장하는데 초기에는 프로모션에만 초점을 두고 마케팅 믹스의 다른 요소들은 무시하였다. Anderson & Taylor(1995), pp. 5−6; Anitsal et al.(2012), p. 78; Kotler & Levy(1969) 참조.

7) Constantinides(2006), pp. 430−431.

8) Anderson & Taylor(1995), pp. 3−6.

패한다. 마케팅 연구자나 실무자들은 그간의 다양한 비판에도 불구하고 4Ps 믹스를 마케팅의 기본 원리이자 지배적인 도구이고 마케팅 의사결정의 실무적 가이드라인이라고 생각한다.9) 1990년대에 들어와서는 소비자 관점이 강조되면서 4Ps 대신 4Cs로의 대체 주장이 설득력을 얻고 있다.

4. 4Cs

1) 의미

밥 로터본(Bob Lauterborn)은 서비스 마케팅 분야에서는 기존의 4Ps 믹스가 부적절하다는점을 강조하면서 4Cs로의 교체를 주장한다.10) 1990년 마케팅 잡지에 '새로운 마케팅 연도11)(New Marketing Litany)'라는 글을 기고하여 제롬 매카시가 제시한 4Ps는 마케팅 환경이 크게 변하면서 낡은 것이 되어 더 이상 적용이 어려운 만큼, 퇴출의 필요를 강조하면서 4Cs를 대안으로 제시한다. 4Cs는 소비자들의 욕구와 필요(Consumer wants and needs), 고객에게 드는 비용(Cost to the customer), 구매의 편리성(Convenience to buy), 커뮤니케이션(Communication)의 첫 글자 조합이다. 로터본은 4Ps 대신 4Cs 믹스가 필요한 이유를 4가지로 설명한다. 첫째, 상품은 이제 옛날과 달리 생산한다고 팔리는 것이 아니다. 소비자들이 구입하고 싶은 것을 만들어야 한다. 단순한 상품이 아니라 소비자 한 사람 한 사람의 필요와 욕구를 충족시킬 수 있는 것이어야 한다. 둘째, 고객이 상품의 소비를 위하여 치루는 돈은 가격이 아니라 소비자가 자신의 필요와 욕구를 만족시키기 위하여 지불하고자 하는 비용이다. 금전적 비용은 소비자가 생각하는 비용의 한 항목일 뿐으로 똑같은 제품이라도 사람마다 그에 대하여 지불하고자 하는 시간이나 기회비용, 심리적 부담 등은 다르다. 셋째, 유통도 고객은 상품이 있다고 구입하지 않는다. 구매가 편리한 것을 구입한다. 넷째, 프로모션은 판매자의 광고가 아니라 소비자들과의 소통이 중요하다고 주장한다.12)

---

9) Constantinides(2006), p. 407.

10) Lauterborn, B. (1990, October 1). New marketing litany: 4P's passe; C−words take over. *Advertising Age*, p. 26.

11) 연도(連禱, litany)는 사제나 인도자가 기도문을 선창하면 신도와 회중(會衆)이 뒤따라 후렴을 반복 암송하는 기도 의식이다.

12) Lauterborn(1990), p. 26.

2) 4Ps와 4Cs의 비교

로터본은 4Ps는 공급자 관점, 4Cs는 소비자 관점으로 설명한다. 다음 <표 1>은 4Ps와 4Cs의 관계 및 비교이다.

┃표 1 4Ps와 4Cs의 비교

4Ps	4Cs
제품(Product)	소비자들의 욕구와 필요(Consumer wants and needs)
가격(Price)	고객의 비용(Cost to the customer)
유통(Place)	구매의 편리(Convenience to buy)
프로모션(Promotion)	소통(Communication)

로터본은 4Ps에서의 제품 대신 이제 4Cs에서의 소비자들의 욕구와 필요를 연구해야 한다고 주장한다. 고객이 구체적으로 무엇을 구매하고 싶어 하는지를 알지 못하면 이제 더 이상 팔 수 없다. 가격도 무시해야 한다고 말한다. 대신 소비자들이 자신의 필요와 욕구를 만족시키기 위하여 지불하고자 하는 비용을 알아야 한다. 가격은 단지 소비자들이 생각하는 비용의 일부일 뿐이다. 레스토랑에서 고객이 고려하는 것은 가격보다는 비용 대비 맛이라고 설명한다. 유통도 공급자 관점에서는 마케팅의 중요한 요소이지만 고객은 알지 못하고 구매의 편리성만을 따진다. 그러나 고객은 실제 전화와 신용카드만 있으면 더 이상 어디 가지 않고도 얼마든지 다양한 상품을 구입할 수 있다. 프로모션도 잊어야 한다고 주장한다. 이제는 커뮤니케이션으로, 기업은 광고가 아니라 구매자들이 알고 싶어 하는 것을 상호 소통으로 알려주어야 한다고 말한다.

제2절 상품

1. 서론

1) 상품의 의미

상품(product)은 고객의 필요와 욕구의 충족을 위하여 공급자가 시장에 거래를 목적으로 제공한 모든 것들로, 재화(physical goods), 서비스, 가치, 아이디어, 지식과 기술, 방법, 정보(특정 상품 생산자 또는 구매자의 리스트, 연락처 등), 노하우(경험으로 터득한 방법이나 기술 정보), 시간 등이다. 사람들에게 가치가 있는 것들이고, 공급자가 시장에서 거래(교환)를 위하여 내놓은 모든 것들이다. 상품에는 물질 형태의 유형적인 것도 있고, 서비스, 정보, 제조 지식이나 방법, 아이디어 등 무형적인 것도 있다. 생산 방법을 기준으로 상품을 대량생산 상품과 고객의 맞춤형 상품으로 구분한다면, 마케팅의 고전적인 상품은 공장의 대량생산 제품이다.[13] 기업은 다양한 유형, 무형(아이디어, 지식과 기술, 노하우 등)의 원재료, 제조과정, 조립 라인을 통하여 비누, 칫솔, 자동차 등의 제품(고도로 표준화된 상품)을 생산하고, 시장에서 낱개로 판매한다. 반면 고객 맞춤형 상품은 소규모 사업자들이 주문을 받아서 제작·판매하는 가구, 구두 등이다. 상품에는 또 가구나 농산물처럼 생산자가 직접 도구를 사용하여 재배하거나 제작한 것도 있고, 플랜트 건설이나 연구 프로젝트처럼 다양한 분야의 전문가들이 참여하여, 또는 여러 종류 상품들의 연결이나 결합으로 생산되는 상품도 있다.

상품의 영어 표기는 products, goods, commodities, merchandises 등으로 다양하다.[14] products는 일반 상품이다. goods가 유형적 상품이고, services는 무형적 상품이라면 products는 둘 모두를 포함한 것이다. products가 고객의 욕구를 반영하여 원재료를 가공하는 방법으로 부가가치를 만들어낸 것으로 최종 사용자(end users)를 위한 상품이라면 commodities는 원재료 상품(raw products. 원료품)으로 구매자도 최종 소비자가 아니라 상품을 생산하는 사업자라는 점에서 다르다. products는 낱개로 가격이 책정되지만, commodities는 곡물(쌀, 보리, 콩, 조, 밀, 옥수수 등)이나 광물(철, 석탄, 금, 은, 구리 등)과 같은 원자재나 원석으로 가공 전 상태의 상품이다. 가격책정과 판매는 낱개가 아닌 대량으로 이루어진다. 구매자도 공장과 같은 제조자·생산자이다. 국가 간에 상품의 생산을 위한 원료로 구매하는 수입·수출용 쌀, 밀가루 등도 여기에 해당한다. merchandises는 상품이지만 주로 소매점에서 판매하는 상품으로 최종 소비자들을 위한 것이다.

---

13) 제품은 공장에서 원료·원자재의 구입과 가공, 조립의 공정을 통해 제작된 완성품이다. 반면 상품은 판매자(예 도매나 소매점)가 소비자들에게 팔기 위하여 시장에 내놓은 것들로 교환의 대상이다. 전시, 진열대의 자동차나 TV, 패션쇼의 의상 등은 견본으로 상품은 아니다.

14) 구미 문화권은 산업혁명 이후 공장, 근로자, 제품, 시장, 고객, 수요와 공급, 가격, 경쟁, 자유교환의 경제, 복잡한 시장 시스템 등을 발전시키면서 상품의 다양한 표현을 만들어낸다.

2) 정부부문과 민간부문 상품 간의 차이

정부마케팅 상품은 비즈니스 상거래의 상품과는 다르다. 다음 <표 2>는 정부부문과 민간부문의 상품 비교이다.[15]

▌표 2 **정부부문과 민간부문 간의 상품 비교**

상품 유형	정부부문	민간부문
물품	토지, 건물, 기계, 골재, 종량제 봉투, 우편봉투 등	자동차, TV, 냉장고, 비누, 칫솔, 가구, 옷 등
장소	산업단지의 ఝ상부시, 도시, 농촌, 국립공원 등	기업이나 개인 운영의 자연휴양림, 놀이공원 등
서비스	국방, 치안, 소방, 교통, 상하수도, 전기, 가스, 쓰레기 수거, 교육, 의료, 문화서비스 등	로펌, 회계법인, 보험회사, 컨설팅회사, 호텔, 항공사, 여행사, 병원, 학원 등이 제공하는 서비스
가치나 아이디어	환경보호, 자원절약, 금연, 비만 예방, 헌혈 등	다양한 지식, 방법, 정보, 노하우, 아이디어 등

정부부문도 물품을 시장에서 판매를 목적으로 생산하지만 주로 공공기관이 그러하고 정부조직의 경우는 매우 드물다. 물품 판매는 직접과 간접 판매, 크게 두 가지 방식을 이용한다. 전자는 국유지 매각, 국가재산이나 압수물품의 경매, 종량제 봉투의 판매 등이다. 국유재산 관리 계획에 따라 재산을 공개경쟁 입찰 방식으로 민간기업이나 개인에 판매한다.[16] 세관(지방관세청 소속 징세기관)은 압수한 불법 수입물품을 일정 기간 경과 후 경매를 통하여 처분한다. 시나 군은 쓰레기 종량제 봉투, 우체국은 카드나 우편봉투를 판매한다. 조달청은 2017년 평창동계올림픽 기간 중 사용한 행사 물품들을 나라장터 종합쇼핑몰을 통해 공공기관에 판매한 바 있다.[17] 정부조직의 물품 판매는 대부분 업무수행 과정에서 발생한 부산물의 처분으로 기업의 제품판매와는 다르다. 판매도 법규와 절차에 따른 처분(공개경쟁 입찰, 수의계약에 의한 매각, 교환, 양여 등)이다.[18] 국민들의 이익을 위한

---

15) Kotler & Lee(2007a), p. 47에 기초하여 상품의 유형을 분류하되, 내용을 한국의 현실에 맞도록 재구성하였다.

16) 「국유재산법」 제2조, 제3조, 「국토의 계획 및 이용에 관한 법률」 참조.

17) 물품재활용센터(민간위탁 기관)를 통한 불용 물품의 판매이다. 정부물품재활용센터 이용하세요. 조달청 나라살림 희망샘터. https://www.pps.go.kr. 검색일 2019.2.28.; 7백 억대 평창올림픽 물품 재활용 … 반값에 공공기관 판매. 연합뉴스 2017.11.14.

18) 정부의 국유재산 소유권 이전 행위는 "처분"(매각, 교환, 양여, 신탁, 현물 출자 등)이라고 한

것이어서 수익이 발생한 경우도 생산비의 보전(補塡), 수익자 부담, 자원절약이나 재활용, 공공가치 생산이나 활용가치 개선이 목적이다. 정부부문이 생산, 판매하는 주요 상품은 장소, 공공서비스, 사회적 가치나 아이디어, 지역 공산품이나 농축수산물이다. 정부부문의 상품판매는 기업과 달리 목적이 공공가치 생산이고, 생산과 판매 방식도 다르다.

2. 정부 상품의 유형

정부 상품은 고객의 필요와 욕구충족을 위하여 정부가 시장과 사회에 교환을 목적으로 제공한 것이다. 교환은 경제적 가치(금액으로 표시되는)뿐만 아니라 정치, 사회, 문화 분야 등에서 물질적, 정신적, 신체적 가치의 교환을 포함한다. 사람들이 가치 있다고 생각하는 모든 것들이다. 정부마케팅 상품은 장소상품(투자, 기업이나 비즈니스, 방문, 거주 목적의 장소), 공공서비스 상품(교통, 상하수도, 전기, 교육, 보건, 문화 등의 서비스), 사회적 가치나 아이디어 상품(환경보호, 자원절약, 헌혈, 비만 예방 등), 지역상품(지역 중소기업 공산품, 농축수산물 등)이다. 장소상품은 빈번히 다양한 재화와 서비스들의 연계, 결합 또는 합성 행태로 존재한다. 비즈니스 마케팅 분야가 알지 못했던 새로운 형태의 상품이다. 사회마케팅 상품은 사회적 가치나 아이디어로 기존의 제품이나 서비스와는 다른 종류의 상품이다. 장소상품의 소비는 주로 용도에 따른 사용, 체험 등을 통해서 일어나지만, 구체적으로 고객이 누구인가에 따라 소비 방법은 다르다. 서비스 상품의 소비는 이용이나 참여 등을 통한 다양한 욕구의 충족, 편익의 향유이고, 사회적 가치나 아이디어 상품은 지식, 이해 증가, 인식이나 태도, 행동의 변화 등을 통해 소비가 이루어진다. 장소와 지역상품이 주로 해외시장의 소비자들을 대상으로 한 것이라면 공공서비스, 사회적 가치나 아이디어 상품의 표적고객은 자국 내 시민들이다.

1) 장소상품

장소마케팅 상품은 장소(places)로 국가, 도시, 농촌, 특정 장소 등이며, 자연경관, 역사적 유물, 전통문화 등의 다양한 유형, 무형의 상품요소들의 집합으로 존재한다. 비즈니스 마케팅 상품과 달리 고도의 복합적 성격을 띤다. 의료 관광객 유치 장소상품에서 상품은 특정 장소 소재의 의료서비스뿐만 아니라 호텔과 숙박, 요식업, 쇼핑과 관광, 교통과 통신 서비스 등 다양한 상품요소의 결합이나 합성의 형태로 나타난다. 정부의 상품개발 과정에

다. 「국유재산법」 제6조, 제41조 참조.

는 병원 등의 의료기관, 의사, 간호사, 의료관광 컨설턴트들 이외에도 상품과 이해관계가 있는 항공사, 전문여행사, 호텔과 레스토랑, 쇼핑센터, 관광서비스 사업자 등이 참여한다. 정부는 이러한 파트너들이 참여하는 네트워크의 개발과 관리, 시장이 공급에 실패하거나 효율적으로 제공하는 데 한계가 있는 의료서비스 통합관리 시스템 개발과 전문인력의 교육, 업무 매뉴얼 작성, 광고, 홍보 등의 역할을 통해 상품생산 과정을 주도한다.[19] 장소상 품 생산의 복잡성은 기업의 공장 제품과는 달리 제조과정에서의 기술적 복잡성이 아니라 거버넌스가 수반하는 다양한 참여자들 간의 합의와 협력 도출 등의 사회적 복잡성이다.

2) 공공서비스 상품

공공서비스 상품은 정부조직이나 공공기관이 판매하는 서비스이다. 우정사업본부 는 과학기술정보통신부 소속기관으로 우편, 택배, 국제 특송, 예금, 보험상품을 민간사 업자들과 경쟁하면서 판매한다. 정부조직 가운데 부처 소속 책임운영기관들은 「책임 운영기관의 설치·운영에 관한 법률」(1999년 제정)이 독립성과 행정 및 재정상의 자율 성을 부여한 조직들로 서비스 상품을 판매한다. 공공기관은 공공서비스 상품 판매 분야 에서 중심적 역할을 한다. 예를 들어 코레일은 국토교통부 산하기관이나 시장에서 기업 들과 동등 또는 유사한 조건에서 교통서비스 상품을 시장에 제공한다.

공공서비스는 형태가 다양하다. 순수 공공서비스는 비배제성, 비경합성이 특징으로, 정부조직의 제공은 법적 의무이다. 국방, 치안, 재판, 수사, 소방서비스 등이 여기에 해당한다. 정부는 이러한 서비스를 통하여 안전, 자유, 평등, 정의, 인권, 질서 등의 가치 를 생산한다. 순수 공공서비스는 시장에서 교환을 목적으로 한 상품이기보다는 정부가 법적 의무로 제공하는 편익이다. 재화나 서비스의 특성 상 시장은 공급에 실패하고, 어 떤 거래도 만들어내지 못한다. 정부의 서비스 공급 목적도 시장에서의 경제적 거래나 수익이 아니다. 정부와 소비자는 주권자와 정치적 대리인의 관계로, 판매자와 구매자, 가격 요구와 지불의 관계가 아니다. 정부기관의 등본이나 여권, 각종 증명서 발급 서비 스는 가격과 유사한 수수료 지불을 요구하지만 시장상품 판매에서와 같이 수익을 창출 하기 위한 가격은 아니고, 사용자 부담 원칙에 따라 최소한의 비용 보전을 위한 것이다. 이러한 서비스 제공은 정부와 고객 간에 상품판매의 외형을 갖지만 정부가 독점적 지위 에서 제공하는 정치적, 법적 서비스로 주민은 어떤 대체제가 없는 가운데 사적 수익을 얻고 대가로 비용의 일부를 부담하는 것일 뿐이다. 시장에서 판매자와 구매자 간의 자

---

19) 심흥보·전인순(2014), p. 215.

유교환과 달리 정부는 법적 책임의 이행이고, 주민은 권리나 의무의 행사이다. 목적이 시장에서의 수익 창출이 아닌 만큼 고객 유치를 위한 적극적 마케팅도 필요하지 않다.

하지만 공공서비스라도 준공공서비스는 다르다. 준공공서비스는 주로 공공기관이 제공 역할을 맡고, 경쟁시장에서 수익 목적의 서비스를 제공한다. 정부조직 가운데 책임운영기관들은 직접 자체수입 증가를 위한 다양한 체험 또는 교육서비스 상품을 판매한다. 코레일은 공공기관(준시장형 공기업)으로 "고객과 지역 특성에 맞춘 여행상품"을 판매한다. 하지만 이들의 공공서비스 상품판매는 공공가치 생산을 위한 것으로 코레일은 오지 주민들을 위한 적자 노선도 운영한다.

지자체의 공공기관으로 서울교통공사(서울시 출연 재단법인)는 서비스 상품을 판매한다. 소비자들의 필요와 욕구를 충족시키기 위하여 교통서비스를 시장에 공급하지만 법률이 판매자와 구매자 간 자유로운 거래의 조건을 제한한다. 「서울교통공사 설립 및 운영에 관한 조례」 제21조 제2항은 공사가 "운임을 결정하거나 변경하는 때에는 시장이 정하는 범위"에서 정하도록 하여, 가격결정을 통제한다. 공사가 적자를 줄이기 위하여 운임을 올리고자 하나 임의로 할 수 없다. 지하철 운임의 원가 보전율이 65%라면 시장 상품으로서의 특징은 원가 보전율 65% 이하이고 35%만큼은 정부가 지원하는 정치적 책임과 의무 서비스이다. 정부가 가격결정에 간섭하여, 지하철 교통서비스는 상품이지만 시장적 교환 상품으로서의 성격은 그만큼 부족하다. 정부는 상품 구성(노선 결정, 지하철 운행시간 등), 유통, 가격, 프로모션 등에도 정치적 논리로 규제한다. 간섭하는 만큼 서비스 상품으로서의 성격도 적다.

또 다른 예로 서울시는 체육(농구, 배구, 축구장), 교육(건강, 역사, 미술, 제작, 체험, 견학), 문화(공연, 콘서트, 전시/관람, 대회), 다목적 활동(캠핑장, 녹화/촬영, 강당, 전시, 회의실) 등을 위한 시설을 유료로 대여한다.[20] 이들은 주민들의 건강과 기본적인 문화적 수요 충족을 위한 것으로, 이용료를 받지만 가격과는 다르다. 이윤 기대보다는 수익자 부담이나 원가 보전을 위한 것이다. 공공서비스가 상품의 자격을 갖는 것은 경제적 거래 이외에도 정부가 보다 많은 사람들의 방문이나 이용을 위한 노력이 필요하거나, 고품질의 서비스 제공을 위한 경쟁의 경우이다.

과학기술정보통신부 소속 우정사업본부는 정부조직이지만 사적 재화와 서비스를 판매한다. 보험상품, 택배, 카드서비스 상품을 생산하고 수익을 극대화하기 위하여 민간사업자들과 판촉 경쟁을 한다.[21]

---

20) 공공서비스 예약. http://yeyak.seoul.go.kr. 검색일 2018.10.31.
21) 우정사업본부는 정부 부처 소속기관이지만 「우정사업 운영에 관한 특례법」 제3조는 조직, 인

3) 사회적 가치 또는 아이디어 상품

사회적 가치나 아이디어 상품은 개인 또는 사회적으로 필요하고 중요한 것들로 에너지 절약, 암 조기검진, 모유수유, 금연 등이다. 정부부문이 상품을 설계하지만 민간부문의 공익이나 비영리조직, 단체들과의 파트너십을 통하여 생산하고 판매한다. 상품의 교환이나 거래는 시장이 아닌 사회 또는 개인의 생활 속에서 일어나고, 잠재적 수요가 필요나 욕구를 의식하지 못하거나 거부하는 경우도 있다. 장소나 지역상품 마케팅이 국민의 경제적 이익을 위한 것이라면 사회마케팅은 개인 삶의 질 개선, 사회적 가치의 생산이 목적이다. 기업들도 이러한 상품의 마케팅을 하지만 주로 판촉과 이미지 개선을 위한 것이고, 프로모션(광고나 홍보) 중심으로 제한적이다.

4) 지역상품

지역상품은 중소기업이나 농축수산물 판매 사업자들이 해외나 자국 내 다른 지역 소비자들에게 공급하는 공산품이나 산출물이다. 장소와 지역상품은 주로 해외시장에서 정부가 다른 나라나 도시들과 경쟁하면서 판매한다.

3. 상품 가치와 품질요소의 차원

1) 상품의 가치

상품의 가치는 상품의 편익과 비용 간의 비율에 관한 고객의 주관적 평가로, "가치(value) = 인지된 편익 / 비용"이다. 고객은 상품의 소비 편익과 비용이 모두 낮거나 모두 높다고 인지할 때, 상품으로서의 가치가 거의 없다고 평가한다. 반면 편익이 비용을 크게 초과한다고 생각하는 경우, 상품 가치를 그만큼 높게 평가하고 구매 의사도 증가한다.

2) 품질

상품의 품질은 상품이 갖고 있는 고객의 욕구와 선호를 만족시키는 능력으로 다양한 품질 요소들(목적과 용도 부합성, 기능적 수준, 디자인, 개성, 사용의 편리성, 신뢰성, 안전성 등)에 의해 결정된다. 품질평가는 고객이 하는 것으로 상품의 품질 요소가 만들어

사, 예산 및 운영 등에 관한 특례를 규정하여 경영의 자율성을 보장한다.

내는 편익 인지의 합이다. 상품은 다양한 품질 요소들로 이루어지고, 고객은 개별 상품 요소들의 중요성을 각기 다르게 평가할 수 있다는 점에서 상품 품질의 인식은 주관적이고 각기 다르다.

3) 품질요소의 차원

상품은 복잡한 품질요소들의 집합으로, 공급자는 이들의 최적 조합을 찾음으로써 소비자 편익을 극대화할 수 있다. 자동차 상품의 품질 차원 및 구성요소들은 편익(안전성, 승차감), 특징(규모, 디자인), 기능(첨단기능 장착, 연비), 용도(다인승용, 스포츠용) 등이다. 국립공원 서비스 상품의 품질요소 차원은 자연경관(폭포, 호수, 원시림), 등산로(제1, 제2 등산로), 이용이나 편의시설(야영지, 간이매점) 등으로 나뉘고,[22] 사회마케팅 에이즈 예방 프로그램에서 보건소 후천성 면역결핍 증후군(HIV/AIDS) 테스트 상품 품질요소들은 정확성, 비용, 테스트에 걸리는 시간, 접근의 편리성 등이 될 것이다. 다음 <표 3>은 교통서비스 상품 품질요소의 차원과 내용 예시이다.[23]

┃표 3 **교통서비스 상품 품질 요소의 차원과 내용**

구분	품질 요소	내용
물리적 차원	신뢰도	운행시간 위반 횟수/ 전체 운행 횟수
	빈도	운행 횟수
	속도	목적지까지 걸리는 시간
	차량 상태	차량의 물리적, 기계적 조건, 고장의 빈도
	접근성	교통서비스 시설까지의 거리나 도달에 걸리는 시간
	환승 거리	환승까지 걸리는 시간
	가격	요금
	정보제공	노선과 환승, 운행시간, 요금 등에 관한 정보의 제공
인지적 차원	편안함	공간 면적, 좌석 이용, 소음, 운전, 에어컨 등이 주는 편안한 느낌
	안전성	승객이 느끼는 교통사고와 관련한 차량 이용의 안전감
	편리성	대중교통 서비스 이용이 주는 이동의 편리성
	미학성	차량, 정거장, 기다리는 시설이나 환경 등의 아름다움

---

22) Kotler & Lee(2007a), p. 47.

23) Redman et al.(2013), p. 121.

교통서비스 상품의 품질요소는 크게 물리적 차원과 인지적 차원으로 구분할 수 있고, 각 차원은 다양한 품질요소들로 이루어진다. 상품의 특징은 이러한 품질요소들 중 어떤 요소를 강조하는가에 의해 결정된다.

4. 유형적 상품과 무형적 상품

유형과 무형적 상품의 구분은 고전적 분류이다. 둘은 분량 계산이나 소비의 방법이 다르다. 유형적 상품은 낱개의 수량으로 셀 수 있지만 무형적 상품(서비스, 사회적 가치나 아이디어, 정보 등)은 낱개로 나타낼 수 없다. 유형적 상품의 소비는 물품의 용도에 따른 사용이고 수량으로 계산된다. 반면 무형적 상품은 체험을 통하여 소비되고 빈도나 횟수로 계산된다. 장소상품은 도시나 지역, 거리, 해변, 호수, 마을 등으로 유형적인 것만을 생각할 수 있으나 대부분은 장소와 무형적 속성(장소가 가진 산업 및 생활 인프라가 제공하는 다양한 편익)의 패키지로, 유형과 무형 상품의 특성을 모두 갖는다. 소비자들도 이들을 물리적 용도뿐만 아니라 무형적 서비스 이용으로 소비한다.

정부 산출물의 대부분은 무형의 서비스(국방, 치안, 소방, 환경, 교통, 전기, 의무교육, 보건, 복지 등)이다. 많은 유형적 재산(토지, 구조물이나 건물, 시설, 장비나 도구 등)도 이러한 서비스 공급을 위한 것이다. 정부가 제공하는 공공서비스가 법적 책임과 의무의 이행이고 시민들도 선택의 자유가 없을 때 상품으로의 특성은 그만큼 줄어든다.

5. 상품의 기능적 수준에 따른 분류

상품은 고객의 관점에서 핵심상품(core product), 실제상품(actual product), 확장상품(augmented product)으로 나뉜다.[24] 이러한 구분은 상품의 기능적 수준(product levels)에 따른 것이다.

1) 핵심상품

핵심상품은 상품의 가치, 편익 등 본질적 요소이다. 고객의 필요와 욕구를 직접

---

24) Smith(2003), p. 23; Kotler & Lee(2009), pp. 229-233. 실제 상품(actual product)을 유형 상품(tangible product), 확장 상품(augmented product)은 부가 상품(additional product)이라고도 한다.

충족하는 역할을 한다. 우체국에서 사람들이 봉투나 카드, 우표를 구매하는 것은 그것들 자체가 목적이 아니라 축하나 안부를 묻는 소식 전달의 편익을 위한 것이다. 금연 마케팅 상품에서 핵심상품은 금연 프로그램 참여 그 자체가 아니라 개인이 금연을 통해 얻는 건강이라는 편익이다. 핵심상품은 구매자가 소비로부터 기대하는 중심적 편익이자 가치이다. 유형적 특징보다는 고객이 소비를 통해 누리고자 하는 무형의 편리나 유익함으로, 공급자가 구매자에게 제공을 약속한 가치이다. 소비자들의 상품구매 이유는 핵심상품의 소비를 통한 욕구충족, 가치의 성취이다.

2) 실제상품

실제상품은 핵심상품을 만들어내는데 바탕이 되는 요소들로, 소비자들이 상품의 핵심적 편익을 얻도록 지원하는 유무형의 요소들이다. 생산자는 실제상품 없이 핵심상품을 만들지 못한다. 실제상품은 상품의 유무형의 구성요소, 디자인, 크기나 색상, 스타일, 포장 등으로, 고객의 상품 구입이 핵심상품을 위한 것이라면 실제상품은 핵심상품의 소비를 위해 기능적으로 요구되는 것들이다. 국민건강보험공단(보건복지부 산하 위탁집행형 준정부기관)의 사회마케팅 상품 가운데 금연치료 프로그램(8~12주 동안 최대 6회 상담, 회당 4주 이내의 처방)은 의사의 전문적인 진료 상담, 의약품 처방, 금연 패치, 금연 껌 등(금연 보조제 비용은 정부가 본인 부담금 환급 방법으로 지원한다)으로 이루어지는데,[25] 이들이 실제상품이다.

3) 확장상품

확장상품은 부가적 상품요소이다. 생산자가 경쟁자의 상품과 차별하고 상품의 부가가치를 높이기 위하여 추가하는 요소이다. 확장상품은 실제상품과 달리 핵심상품 생산에 필수적 요소는 아니나 구매하면 고객이 추가적 편익을 얻을 수 있는 유형, 무형의 물품이나 서비스이다. 고객이 반드시 구매할 필요가 없다는 점에서 옵션이다. 상품의 특징이나 서비스를 확장하여 고객의 상품 소비에 따른 효용, 편익이나 가치를 경쟁상품과 차별하거나 늘리는 역할을 한다. 유형적 상품에서 이러한 확장 또는 부가적 상품은 추가적으로 제공되는 배달 서비스, 무료설치, 반품 정책 등으로 그 자체가 실제상품 요소는 아니다. 공급자의 입장에서 부가 상품은 반드시 제공할 필요는 없는 선택적

---

25) M건강보험. http://m.nhis.or.kr.; 금연치료 프로그램 이수 인센티브 … 흡연 검증 '부실'. 메디컬투데이, 2018.2.10. http://www.mdtoday.co.kr. 참조.

상품요소이다.

공공서비스 상품 중 국공립 대학이나 의료원의 핵심상품은 교육, 환자의 건강 회복이고, 실제상품은 교수, 강의 시설, 의료진, 의료장비와 시설, 도구 등이다. 확장상품은 이들에 덧붙는 방문자나 면회자 휴게실, 아기 놀이방 등이다. 사회마케팅 비만 억제 상품에서 핵심상품이 건강이라면, 실제상품은 교육이나 훈련 프로그램(다이어트 식단의 구성이나 과일, 야채의 섭취에 관한), 관련 책자들이다.[26] 확장상품은 판매자가 소비자, 참여자에게 제공하는 인센티브이다. 암이나 에이즈 예방 사회 프로그램의 목적은 국민들의 태도나 행동을 변화시켜 이러한 질병에 걸리지 않도록 돕기 위한 것으로, 핵심상품은 선상이고, 실제상품은 잠재적 고객들을 대상으로 한 프로그램(암과 에이즈에 대한 인식 변화, 지식 향상을 통해 진단과 치료시기를 놓치지 않도록 하고, 감염 환자에 대한 부정적 편견이나 차별을 줄이기 위한 교육, 토크 콘서트 등), 장애 요인 제거를 위한 정책(암 검진이나 에이즈 테스트 비용의 보조), 조기검진이나 예방 행동의 정착을 위한 노력(주민과 어린이 대상 암과 에이즈 예방 건강생활 교육, 학교 교육과정의 설치와 운영 등)이고, 확장상품은 프로그램 참여, 조기검진이나 테스트를 고무하기 위한 할인 쿠폰, 집단적으로 조기검진을 원하는 사람들에 대한 교통 편리의 제공 등이다.[27] 국민건강보험공단은 금연프로그램 이수자에게 확장상품으로 인센티브 물품(목어께 마사지기, 체중계, 구강 세정기, 가정용 혈압계 등)을 지급한다.[28]

상품의 세 가지 수준의 내용은 상품, 세분시장, 표적집단에 따라 다르다. 상품의 이와 같은 구분은 고객만족을 위한 상품요소의 발굴과 선정, 품질개선 등 마케팅 전략 수립에 중요하다.

4) 예시

다음 <표 4>는 정부조직과 공공기관 서비스 상품의 핵심, 실제, 확장 수준에 따른 분류의 예시이다.

---

26) Henley et al.(2011), p. 700.
27) 보건복지부 '암 예방 캠페인.' http://anti−cancer.kr. 검색일 2018.7.22.
28) 금연치료 프로그램 이수 인센티브 … 흡연 검증 '부실.' 메디컬투데이. 2018.2.10.
    http://www.mdtoday.co.kr. 참조.

┃표 4 **정부 서비스상품의 수준**

구분	핵심상품	실제상품	확장상품
우정사업본부(우체국) 우편서비스	안부인사, 감사의 마음, 민원이나 생활 홍보 정보의 전달	우체통, 봉투, 우표, 엽서, 축하 카드	간편 사전 접수, 주거 이전서비스, 희망일 배달, 나만의 우표 제작 서비스
한국철도공사 기차여행 서비스	기분전환, 해방감, 휴식	플랫폼, 차량, 좌석, 승차권과 발매기, 소방 시설	TV 시청, 셔틀버스 운행, 외국인 전문상담 서비스

우편서비스에서 핵심상품은 안부인사, 감사의 마음 등의 전달이고, 기차여행 서비스에서는 자연경관, 역사 유적지 방문, 낯선 지역 문화, 전통음식 체험, 유흥과 놀이, 여가 시간 등을 통한 기분전환, 해방감, 휴식 등이다. 실제상품은 우편서비스에서는 우체통, 우표, 봉투, 카드 등이고 코레일의 여행 서비스에서는 플랫폼, 차량, 좌석, 승차권과 발매기 등이다. 우편서비스에서 확장상품은 부가 서비스라는 이름으로 제공되는 간편 사전 접수(우편물 접수에 필요한 정보를 사전에 입력할 수 있는 서비스), 주거 이전 서비스(전입, 전출 등으로 주소가 변경된 경우 새로운 주소지에서 우편물을 받을 수 있는 서비스), 희망일 배달 서비스, 나만의 우표 제작 서비스 등이고, 코레일 기차여행 서비스 상품에서 TV 시청, 셔틀버스 운행, 외국인 전문상담, 경품제공 서비스 등이다.

「박물관 및 미술관 진흥법」 제1조는 박물관과 미술관의 설립 목적을 "문화·예술·학문의 발전과 일반 공중의 문화향유(文化享有) 및 평생교육 증진"으로 규정한다. 박물관이 문화재의 보존·관리 외에 일반 국민들의 문화향유와 평생교육의 증진이라는 미션을 수행하기 위해서는 많은 사람들의 관람과 교육 참여 등이 필수이다. 마케팅은 시장에서 상품판매, 고객의 관심과 참여를 이끌어내는데 필요한 전략과 기법을 제공한다. 다음 <표 5>는 국립중앙박물관(문화체육관광부 소속기관)이 제공하는 서비스 상품의 수준 예시이다.[29]

방문자 관람의 가치(문화 및 교육적 효용)가 핵심상품이라면, 소장 문화재, 전시관 등은 실제상품이다. 야외 조형물이나 고객을 위한 무료행사 등은 확장상품이다. 편의시설(푸드 코트, 식당, 찻집, 카페, 편의점), 휴게공간, 유모차, 휠체어 대여소, 물품 보관소 등은 실제상품일 수도 있고 확장상품일 수도 있다. 실제상품인가 확장상품인가의 구분 기준은 고객이 상품요소의 기능적 수준을 어떻게 평가하는가에 달려있다. 고객은 이들을 실제상품(상품의 편익을 완성하기 위한 필수적 요소)으로 볼 수도 있고, 확장상품(부가

---

29) 국립중앙박물관. https://www.museum.go.kr. 검색일 2018.7.22.

구분	핵심상품	실제상품	확장상품
국립중앙 박물관	• 문화유산(문화 · 종교 · 역사적 중요성을 가진 유물, 조각, 공예 등)의 감상과 이해 • 국가 역사 · 문화 · 사회적 정체성과 문화유산의 향유 • 국민으로서의 자부심	• 소장 문화재, 전시관, 도서관, 교육관, 강당, 열람 · 복제 시설 • 국내외 특별전시 이벤트 • 정기간행물 • 전문 해설사 • 교육 프로그램, 소장품 3D 등 강의 자료 • 강사 • 기념품점 • 주차장	• 큐레이터와의 대화 • 무료행사(뮤지컬, 전통극 공연, 재즈, 오케스트라, 구연동화 등) • 고객만족 센터 • 응급 대기실 • 야외 조형물 • 수유실

적 편익 요소)으로 인식할 수도 있다. 장소나 사회적 가치 상품에도 상품 구성요소의 기능적 수준에 따른 구분을 적용할 수 있다.

6. 상품 믹스와 차원

1) 의미

상품 믹스(product mix)는 한 생산자가 공급하는 여러 상품 라인의 총합으로, 판매를 위해 공급하는 상품의 전체 범위를 가리킨다. 정부조직이나 공공기관들이 자신의 미션(mission)과 비전(vision), 전략적 목적의 달성을 위하여 고객에게 공급하는 상품의 조합이자, 상품 라인(product line)들의 전체이다. 상품 라인은 하나의 그룹을 이루는 다양한 상품들의 집합으로 하나의 상품 라인에 속한 상품들은 용도는 비슷하지만 크기나 특징은 모두 다를 수 있다. 조직은 대체로 동시에 여러 개의 상품 라인을 운영한다.

상품 믹스 개념은 이해관계자들의 가치를 극대화할 수 있는 방법을 제시한다. 조직은 특정 분야 한 가지 용도의 상품이라도 다양한 종류로 공급함으로써 서로 다른 욕구를 가진, 그리고 가능하면 많은 고객들의 욕구를 충족시킬 수 있고, 판매를 극대화하며 새로운 고객도 얻을 수 있다. 상품 믹스의 구성이나 설계는 단순히 상품의 종류를 늘리는 것이 아니다. 조직이 미션과 비전, 전략적 목적 관점에서 할 수 있는 최선의 대안 마련이나 선택 과정으로 상품 종류와 생산량의 합리적 조합을 돕는다. 정부마케팅에서는 정부조직이나 공공기관이 공공가치를 극대화하기 위하여 자신들이 수행하는 다양한 사업과 제공하는 서비스 구성에 관한 정보를 제공한다.

2) 믹스의 차원

상품 믹스는 상품 라인의 길이, 깊이, 상품 믹스의 폭, 일관성이라는 4가지 차원으로 이루어진다. 다음 <그림 1>은 각 차원의 예시이다.

▼ 그림 1 **상품 믹스와 차원**

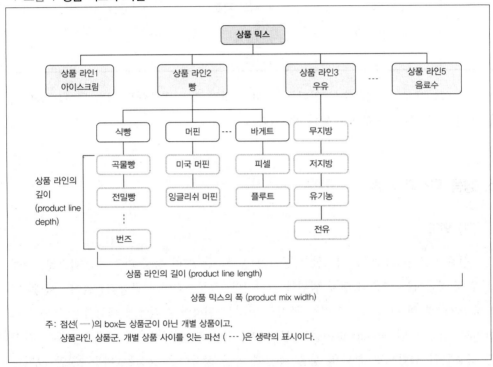

첫째, 상품 라인의 길이(product line length)는 특정 상품 라인 아래에 있는 서로 다른 상품군(群, group)의 개수(個數)이다. 위 <그림 1>에서 식품회사는 식품 상품 믹스 아래 상품 라인 1(아이스크림), 라인 2(빵), 라인 3(우유), 라인 4(과자), 라인 5(음료수)를 운영한다. 상품 라인 2(빵)는 식빵, 머핀, 크루아상, 베이글, 바게트라는 5개의 상품군(商品群)이 있어, 상품군의 개수, 즉 상품 라인 2(빵)의 길이는 5이다. 둘째, 상품 라인의 깊이(product line depth)는 특정 상품 라인 아래 각 상품군에 속하는 개별 상품들의 숫자이다. 식빵 상품군은 곡물빵(옥수수, 보리, 쌀 등의), 전밀빵, 프랑스빵, 쿠퍼빵, 풀먼빵, 번즈를 생산, 공급하여 상품 라인의 깊이는 6이다. 상품 라인 3(우유)은 개별 상품으로 무지방 우유(fat-free milk), 저지방 우유(low-fat milk), 유기농 우유, 전유(whole milk)를 생산하고 상품 라인의 깊이는 4이다. 셋째, 상품 믹스의 폭(product mix width)은 회사가 몇 개의 상품 라인을 갖고 있는가이다. 위 식품회사 상품 믹스의 폭은 5이다. 넷째, 상품 일관성은 상품 라인들 간의 밀접성 정도이다.

장소, 공공서비스, 사회적 가치나 아이디어, 지역상품 별로, 또는 정부조직이나 공공기관은 운영, 제공하는 사업이나 서비스 전체에 대하여 상품 믹스 개념을 적용할 수 있다. 상품 믹스 개념에 기초하여 전체 상품을 구조화(상품 믹스의 폭, 상품 라인의 길이와 깊이 등)하고, 각 라인별 상품군이나 개별 상품의 돈 가치(납세자들이 인식하는 화폐가치)를 계산할 수 있다면, 각 상품의 공공가치에 대한 기여를 분석함으로써 몇 개의 상품 라인이 필요한가, 각 라인에서 얼마나 다양한 형태의 상품을 공급할 것인가, 무엇이 자원의 합리적 배분인가 등에 관한 정보를 얻고 공공가치도 극대화하는 방법을 찾을 수 있다.

3) 예시

장소상품의 믹스는 상품을 투자자, 기업과 비즈니스, 방문객, 거주자 상품 라인으로 구성하고, 방문객 상품 라인 아래 상품 1 관광과 휴가, 여행, 2 컨벤션(크고 작은 회의), 3 전시와 이벤트, 4 친지 방문 등의 상품군을 설정하고, 각 상품군 아래 개별 상품들을 배치하여 조직화할 수 있다. 이러한 접근은 조직 전체적 관점에서 고객가치를 극대화할 수 있는 자원의 배분과 각 상품 라인별 최적의 생산 및 전달방법을 찾는 데 기여한다.

공공서비스 분야에서 우정사업본부의 주요 상품은 우편, 예금, 보험서비스이고, 이들 각 사업 영역은 하나의 상품 라인으로 볼 수 있다. 이 중 우편서비스 상품 라인은 우편(전자우편, 홍보 우편, 내용증명), 택배(창구 소포, 방문접수 요청 택배), 국제(국제, 통상, 특급)의 상품군으로 구분하여 관리할 수 있다. 상품 믹스나 라인 개념은 정부조직이나 공공기관이 서비스 상품의 생산에서 어떤 라인이 가장 큰 경제적 또는 사회적 가치를 창출하는가? 각각의 상품을 얼마나 생산하고 어떤 상품생산에 집중할 것인가 등에 관한 판단을 하는 데 유용한 정보를 제공한다.

지방정부들은 주민들의 쓰레기 자율적 분리배출의 촉진과 수거의 편리를 위하여 쓰레기 분리수거함을 제작하여 판매한다.[30] 이때 수거함 상품의 생산과 공급에 상품 믹스 개념

---

30) 유럽의 도시들 중에는 독일 남동부 바이에른(Bayern)주 로쓰시(Roth city)처럼 쓰레기 분리배출과 수거의 편리를 위해 시정부가 수거함을 제작, 판매하는 곳이 적지 않다.

을 적용하면 상품 라인을 가정용과 식당용으로 구분하고, 가정용 수거함은 용도를 기준으로 재활용품(종이나 박스), 음식물, 일반 쓰레기 수거함 상품군으로 나눌 수 있다. 각 상품군의 개별 분리수거함은 이동형과 고정형, 다양한 크기의 수거함이다. 상품 믹스 개념의 도입은 상품의 체계적 분류, 고객의 수요와 욕구의 파악, 이에 기초한 수거함의 종류와 수량의 합리적 배분, 사업목적 달성을 위한 수거함들의 최적 조합의 추정에 기여한다.

7. 조직 차원의 상품 믹스

필립 코틀러와 낸시 리(Philip Kotler and Nancy Lee)는 미국 캘리포니아주 산타클라라(Santa Clara)시 산하 공기업 실리콘벨리 전력회사(Silicon Valley Power)를 사례로 상품 믹스를 <표 6>과 같이 설명한다.[31]

▌표 6 **실리콘벨리 전력회사의 상품 믹스**[32]

상품 믹스	내용
물리적 상품	백열전구, 형광 전기스탠드, 램프 타이머, 전기 모니터, 저(低)전압 자동 온도조절 장치, 냉장고 온도계, 옥외 벽 전등
프로그램	태양광 전기시스템 설치 사업
서비스	상업 전기 사용량 실시간 점검 및 온라인 모니터링 서비스
이벤트	고객불만 청취 미팅
조직	실리콘벨리 전력회사
장소	전력 시설 부지. 이에 대한 신규 투자와 서비스
사람	미터기 점검원, 고객서비스 상담원
정보	가정용 에너지 절약 가이드북 배포
사회적 가치	전기 절약

이러한 상품 믹스는 전력회사가 서비스 공급 조직이라는 점에서 판매 물품과 프로그램, 서비스, 이벤트, 사회적 가치 등의 상품뿐만 아니라 이들을 생산, 제공하는 조직, 장소, 사람 등의 물적, 인적자원, 정보 등도 상품으로 고려한 조합이다. 전력회사의 상품 믹스 개념의 사용은 다양한 필요와 욕구를 가진 지역 거주자 및 상업용 전기 소비자들을 위하여 자신들이 생산, 공급하는 상품의 분류와 더불어 소비자들의 욕구충

---

31) Kotler & Lee(2007a), p. 48.

32) Kotler & Lee(2007a), p. 47의 상품 유형의 분류를 바탕으로 내용을 다시 구성하였다.

족, 만족도 개선을 위하여 어떠한 상품을 얼마나 더 생산, 전달할 것인가에 대한 체계적 분석과 평가의 기회를 제공한다.

8. 수명주기

수명주기(life cycle)는 제품 또는 서비스가 시장에 출시되고, 판매량이 증가하다가 다른 신제품들이 등장하면서 시장에서 대체되어 쇠퇴하기까지의 전 과정으로, 도입기, 성장기, 성숙기, 쇠퇴기로 구성된다.[33] 관리자는 상품이 수명주기에서 어느 단계에 있는가를 고려하여 광고를 늘릴 것인지, 새로운 시장에 진출할 것인지, 상품의 구성요소를 재구성할 것인지 등을 판단한다. 정부마케팅 상품도 이와 같은 과정을 거친다. 다음 <그림 2>는 상품의 수명주기이다.

▼ 그림 2 **정부 상품의 수명주기**

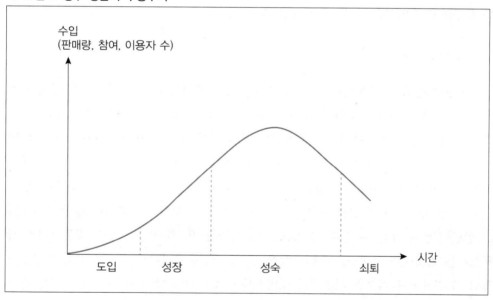

1) 도입 단계

제품 또는 서비스를 개발하여 시장에 공급했으나 표적집단은 아직 충분한 정보가 부족하여 잘 알지 못하는 단계이다. 이 단계의 특징은 판매촉진을 위하여 많은 비용을

---

33) Kotler & Lee(2007a), p. 58.

지출하지만 고객들의 상품구매는 서서히 나타나고 비용 대비 성과가 낮다. 조직은 고객들에게 새로운 상품에 대하여 알리기 위해 인력, 예산, 시간, 노력 등을 프로모션 활동에 집중한다. 고객의 상품에 대한 인지도를 높이고 사용이나 참여, 수용을 고무하는 노력이 중요한 시기이다.

2) 성장 단계

성장단계는 표적시장에서 상품에 대한 수용성이 빠르게 증가하는 단계이다. 그에 따라 수입도 더불어 급하게 증가한다. 상품구매나 참여를 주도하는 고객들이 생겨나고 이들이 상품을 경험해 보지 못한 소비자들에게 상품의 편익에 관한 정보를 널리 퍼뜨리는 역할을 한다. 조직의 프로모션은 초기 상품의 존재를 알리는 것에서 상품의 편익에 관한 정보의 제공과 약속으로 바뀐다. 이 단계에서 마케팅의 목표는 시장에서 브랜드 인지도와 충성도(고객이 상품을 다른 브랜드로 바꾸지 않고 계속 구매, 이용, 참여하는 정도)를 높이는 것이다. 초기 상품개발에 많은 비용이 들었기 때문에 상품판매의 증가에도 불구하고 순이익은 아직 크지 않을 수 있다.

3) 성숙 단계

특징은 장소, 공공서비스, 사회적 가치 상품 등에서의 투자, 방문, 선택, 참여와 이용, 수용성 증가 속도의 둔화이다. 투자 대비 성과는 높지만 고객들은 이미 거의 다 상품을 구매, 이용했거나 프로그램에 참여한 적이 있어 현재의 상품이 새로운 고객을 만들어 낼 가능성이 높지 않다. 비록 상품판매에 따른 수익은 높을 수 있지만, 기존 상품품질 요소의 개선과 새로운 시장의 모색, 가격할인, 유통 채널이나 프로모션 믹스의 혁신을 통한 새로운 고객 창출 노력이 필요하다. 기존 고객의 이용과 참여를 높일 수 있는 방법이 많지 않을 수 있다. 장소상품으로 산업단지, 관광지나 축제, 공공서비스 상품으로는 기차여행 서비스, 택배 서비스, 관람, 책임운영기관의 전시나 교육 프로그램 등이 이 단계에 들어오면 시장에서 소비자들이 소진되어 더 이상 새로운 고객을 만들어내기 어려운 상황에 직면한다. 상품요소의 리뉴얼이나 가격, 유통, 프로모션의 개편으로 어느 정도 판매 수준을 유지할 수 있지만, 신상품 개발이 없는 한 고객을 늘리기 어렵다.

4) 쇠퇴 단계

물품이나 서비스의 구매, 이용, 프로그램의 참여 등이 하향 국면에 진입한다. 새로운 시장을 개척하거나 새로운 고객을 만들기 위한 방법이나 아이디어가 더 이상 없는 상태로, 정부가 예산 지원이나 보조금 등으로 공급을 계속 유지할 수 있지만 그렇지 못한 경우 제공 중단이나 축소 간의 선택이 필요한 단계이다.

수명주기는 개념적 모형이라서 모든 상품이 다 이러한 단계를 순서대로 밟아가는 것은 아니다. 오히려 어떤 상품은 시장에 나오자마자 초기 단계를 생략하고 바로 성숙 단계에 진입하거나 공급의 중단을 맞을 수도 있다. 어떤 상품은 성숙 단계가 다른 상품에 비해 오래 지속될 수도 있다.

9. 정부 상품의 수명주기

모든 상품은 시장에서 각기 나름의 수명주기를 보이면서 탄생과 쇠퇴의 길을 걷는다. 장소상품은 공공서비스나 사회마케팅 상품과 비교해 상품의 개발과 출시, 고객들에게 알려지고 높은 평판을 받아서 수익을 창출하는 데 긴 시간이 소요되고, 퇴출에도 오랜 시간이 걸린다. 장소상품 중에서도 투자나 거주지로서의 도시상품은 수명주기가 긴 반면 이벤트 상품은 짧다. 영국의 런던(London), 글래스고우(Glasgow), 리버풀(Liverpool) 등은 지역경제가 쇠퇴기에 접어들자 위기를 극복하기 위하여 도시마케팅 전략을 선택했던 도시들이다. 한국에서는 2005년에서 2010년 사이 많은 농·산촌 마을들이 두메산골, 오지, 농촌생활, 갯벌, 바다 자원을 체험과 휴식을 위한 상품으로 개발하고, 방송 미디어들도 이들을 소개하여 널리 알리면서 방문객의 유치에 크게 성공할 수 있었다. 하지만 많은 다른 지역들이 방문객 시장에 비슷한 테마와 소재의 상품을 경쟁적으로 공급하면서 기존의 장소상품들은 매력과 차별성을 빠르게 상실하면서 쇠퇴기를 경험한다. 온양, 부곡 온천은 1970-80년대에는 전국적으로 손꼽히는 휴양지였으나 현재는 그렇지 못하다.

공공서비스나 사회적 가치 상품도 경쟁과 시장환경의 급속한 변화 때문에 수명주기가 상대적으로 짧고, 마케터는 시장 수요 변화에 신속한 대처가 필요하다. 해방 이후 정부는 산림자원을 중요한 가치 상품의 하나로 제시하고, 식수(植樹)의 중요성에 대한 국민들의 의식 개선을 위하여 식목일(4월 5일)을 공휴일로 지정, 전국적 행사를 개최한다.[34] 1960－70년대는 식목일을 대통령과 전 국민이 참여하는 국가의 가장 중요한 행사의 하나로 관리한다. 하지만 21세기 들어와서 산림자원 육성은 정부의 적극적 마케팅이 필요한 사회적 가치로서의 지위를 거의 상실한다. 2006년에는 식목일을 공휴일 지정에서 취소하여 현재는 평일이다.

정부 상품의 수명주기는 상품별로 다르고 여러 단계로 이루어진다. 각 단계는 각기 다른 대응 전략이 필요하다. 마케터의 역할은 조직이 상품판매를 통하여 원하는 결과를 얻을 수 있도록 수명주기별 각 단계에 맞는 전략(광고나 가격할인, 시장의 개척, 새로운 상품요소의 추가 등)의 수립과 시행이다.

10. 상품개발

상품개발이란 고객에게 전혀 새롭거나 기존 상품에 편익을 추가한 물품이나 서비스, 사회적 가치나 아이디어 상품의 생산과정이다. 정부마케팅에서 상품개발은 시장환경과 수요의 변화에 따른 또는 문제인식과 해결을 위한 것으로, 코레일은 2018년 한국 7개 고찰(통도사, 부석사, 법주사 등)의 유네스코 세계 문화유산 등재가 확정되자 전통사찰 탐방 기차여행 상품을 출시한다.[35] 국립암센터는 금연 사회마케팅 프로그램에 '금연 종이컵(금연 메시지가 인쇄된 자판기용)' 사업을 추가한다.[36] 전자가 새로운 상품의 생산이라면, 후자는 기존 프로그램의 품질개선을 위한 상품요소의 추가이다.

필립 코틀러와 게리 암스트롱(Philip Kotler and Gary Armstrong)은 기업의 신제품 개발 과정을 다음 다섯 단계로 제시한다.[37]

---

34) 미 군정청은 1946년 식목일을 4월 5일로 지정한다. 산림청. http://www.forest.go.kr. 검색일 2019.2.10.

35) 한국철도공사. http://info.korail.com/mbs.; 코레일, 세계문화유산 등재 전통사찰 탐방 기차여행 출시. 한국일보, 2018.7.20.

36) 국립암센터(보건복지부 산하 기타 공공기관)는 금연 종이컵 사업에서 자판기 종이컵 내부에 "혹시 이 컵에 흡연의 흔적을 남기고 있다면 1544－9030으로 상담해 보세요. 오랫동안 건강하게 커피 한잔의 즐거움을 이어가기 위해"라는 메시지를 적어서 이용자들의 금연 의지를 실천으로 전환하고자 노력한다. 금연길라잡이. www.nosmokeguide.go.kr. 검색일 2018.7.21.; 국립암센터－현대차 등 8개사와 금연종이컵 캠페인. NEWSIS. 2016.10.27.

37) Kotler & Armstrong(2006), pp. 338－353. Kotler & Lee(2007a), pp. 53－57에서 재인용. 원문의 의미를 유지하면서 일부 표현을 수정하였다.

1) 아이디어의 발굴

아이디어 발굴은 새로운 상품 또는 기존 상품의 혁신 아이디어를 얻는 과정이다. 조직은 흔히 브레인스토밍, 제안제도 등의 방법을 이용한다. 새롭거나 혁신에 관한 좋은 생각의 소스는 직원들의 직관, 경험, 전문가 자문, 고객의 생각 등이다. 마케터는 아이디어를 모으고, 조직의 미션과 비전, 전략적 목적과의 부합 여부, 시장의 수요, 상품화[38] 가능성, 아이디어가 구체적이고 현실적인가? 조직의 이익 창출에 얼마나 기여할 것인가 등을 고려하여 최종안을 선정한다.

2) 컨셉 개발과 테스트

상품 컨셉(product concept)이란 상품이 품질이나 상품 요소를 통해 드러내 보이거나 전달하고자 하는 가치이다. 컨셉 개발에는 고객들이 상품으로부터 무엇을 원하는가, 상품이 어떤 특성을 갖도록 할 것인가 등의 질문이 요구된다. 아이디어를 상품의 핵심, 실제, 확장 요소의 수준에 따라 구체화하고 고객들이 각각의 상품 수준에서 무엇을 원하고 얼마나 이들에 만족할 것인가를 분석하여, 컨셉을 구체화한다. 핵심상품 요소에 관해서는 상품이 과연 고객들에게 욕구충족 기회를 줄 수 있을 것인가? 실제상품 요소는 고객들이 상품의 특성을 기존의 또는 경쟁자의 상품과 비교해 보다 낫다고 볼 것인가? 확장 상품적 요소는 고객에 제공할 추가적 옵션은 없는가의 검토이다. 테스트는 표적집단을 대상으로 잠재적 고객들이 상품에 관심이 있는가? 상품을 얼마나 원하는가의 사전 검사이다. 이 단계는 상품의 다양하고 복잡한 편익을 표적집단의 욕구와 연계시키는 마케터의 능력을 요구한다.

3) 시제품 생산과 마케팅 전략의 수립

시제품 생산과 표적고객의 조사 및 포지셔닝을 통한 전략의 수립, 마케팅 믹스의 개발 단계이다. 공공서비스와 사회적 가치 마케팅에서는 사용률, 참여 수준을 예측하고, 상품의 특징과 위험을 고려하여 로드맵을 준비한다.

4) 사업성 분석

사업 타당성의 검토이다. 신규 상품이 고객에게 충분히 어필하고 조직의 미션 이행, 전략적 목적 달성에 기여하는가, 예산은 얼마나 소요될 것인가? 금전 및 비금전적

---

38) 상품화는 상품생산을 위하여 자원에 교환 가치를 부여하는 과정이다.

비용(장비, 웹사이트 개발, 전화 등의 시설, 추가 인력지원, 직원의 새로운 업무처리 교육과 훈련, 업무 매뉴얼 작성 등) 대비 수익(일자리 창출, 이용자 삶의 질 개선, 사회적 가치의 생산 등)이 충분한가의 분석이다.

5) 상품화

신상품 시장 공급의 결정 및 실행 단계이다. 상품 견본 개발 후, 기능성을 테스트하고, 시범 프로그램을 먼저 실제 시장환경에서 시험하여 고객의 구매와 사용에 따른 불편, 상품의 품질, 가격, 유통, 프로모션에 있어서의 문제점을 점검한다. 표적집단의 선호를 고려한 상품요소의 구성, 프로모션 전략의 약점을 보완하여 상품을 시장에 공급하는 단계이다.

제3절 가격

1. 의미

1) 개념 정의

가격(price)은 상품의 가치이자 구매자가 상품의 소비로부터 얻게 되는 편익을 위하여 지불하는 대가이다. 공급자에게는 상품생산과 공급에 대한 보상이고, 소비자에게는 소비가치에 대한 평가이다. 가격은 장소상품의 구매 가격, 공공서비스 프로그램 참가비뿐만 아니라 비금전적 비용(노력이나 시간, 에너지, 위험부담, 시설 이용의 불편), 간접비용(벌칙금, 상품구매를 위한 정보수집 비용), 기회비용 등을 포함한다. 가격은 고객의 상품 선택 행동에 가장 강력한 영향 변수이자 조직이 상품의 마케팅을 위해 사용하는 4Ps 중의 하나이다.

가격은 액면 가격 대 실질 가격, 금전적 가격 대 비금전적 가격, 시장 가격 대 감정 가격(assessed value) 등으로 나뉜다. 액면 가격(nominal, face, book, or dollar value라고도 한다)은 상품판매자가 결정하여 공개하는 장부상의 가격이고 실질 가격(real value)은 구매자가 상품 소비를 위해 실제 지불하는 비용이다. 금전적 가격은 상품의 가치를 화폐 가액으로 나타낸 것이고 비금전적 가격(non-monetary price)은 소비자가 특정 상품의 소비를 위하여 지불해야 하는 금전적 가격 이외의 불편, 수고, 시간, 리스크(상품이 약속한 또는 기대된 편익을 제공할 것인지와 관련하여 고객이 감수하는 위험), 노력 등이다. 조직은 시장에서 최상의 수익(공급자가 교환으로부터 얻고자 하는 이익)을 목적으로 금전 및 비금전적 가격의 최적 배합을 추구한다.[39] 시장 가격이 판매자와 구매자 간의 합의에 따른 거래 가격이라면, 감정 가격은 감정 평가사가 국토의 효율적 이용, 세금 부과 등을 목적으로 상품의 경제적 가치를 평가한 금전적 가액이다.[40]

2) 정부마케팅 상품 가격의 특징

정부마케팅 상품의 가격은 비즈니스 분야 상업적 상품의 가격과 다르고, 상품의 종류에 따라 차이가 있다. 기업 상품의 가격은 첫째, 생산자 결정, 원가 중심적 가격이다. 가격은 제품이나 서비스 생산원가 + 단위당 운영비 + 마진(수익)의 구조이다. 둘째, 고객이 지불하고자 하는 가치에 기초하여 결정한 목표 가격이다. 셋째, 경쟁자 가격 + 조정액이다. 상품생산 또는 공급자가 수익, 관람이나 참여자의 수 극대화 등 다양한 목적을 반영하여 책정하고 경쟁시장에 공개하는 가격이다. 하지만 정부마케팅에서 상품 가격의 구조와 책정 방식은 민간부문과 차이가 있고, 특히 장소상품은 특수성 때문에 가격 구조나 책정 과정이 보다 복잡하다.

다음은 정부마케팅 상품 가격의 특징이다.

첫째, 장소상품 가격은 소비자들이 책정한다. 장소상품은 비즈니스 분야 기존 제품이나 서비스와는 다른 새로운 종류의 상품으로, 공급자가 가격을 책정하여 상품에 부착하거나 발표하는 것이 아니라 소비자들이 다양한 상품요소들의 가치를 종합 평가하여 인식한다. 정부가 상품가격을 결정하고 발표하는 경우는 산업단지의 공장용지와 같은 경우를 제외하면 드물다. 장소상품은 투자, 기업이나 비즈니스, 방문, 주거 목적의 장소로, 목표 상품(공장부지, 관광지, 거주 도시 등), 연계 상품(역사유적, 박물관, 축제 등), 보조 상품(호텔, 레스토랑, 쇼핑몰, 교통, 통신, 교육, 의료, 문화, 생활 시설 등)의 집합적 형태로 존재한다. 소비자들은 자신의 복잡한 주관적 욕구에 기초하여 다양한 장소상품의 장점을 결합이나 연결, 합성하여 자기 맞춤형 상품을 구성한다. 관광객은 역사 유적지, 자연경관, 축제, 공연, 쇼핑센터 등을 놓고 어떤 곳을 방문할 것인가, 입장료나 관람료가 얼마인가, 어떻게 접근(비행기인가 운전인가)하고 며칠 어떤 곳에서 체류(호텔인

---

39) Dinsmore, Dugan, & Wright(2016), p. 228.
40) 「부동산 가격공시 및 감정평가에 관한 법률」 제1조 참조.

가 야영인가)할 것인가 등의 선택과 조합으로 구매 패키지를 만들고 가격도 인식한다.

둘째, 장소상품 가격책정에서 정부의 역할은 부분, 제한적이다. 정부조직이나 공공기관이 산업단지 공장부지의 가격, 관광지 입장료 등을 결정하지만 관광지나 거주지 상품구매에서는 소비자들이 가격 인식을 주도한다. 관광 상품에서는 민간부문의 항공사, 호텔, 레스토랑, 쇼핑센터 등도 자신들의 서비스 상품 가격의 결정으로 장소상품의 가격책정 과정에 참여한다. 거주자 장소상품의 가격도 소비자들은 주택 가격 이외에 보조적 상품요소인 교통비, 의료비, 교육비, 생활용품 가격 등을 중요한 가격구성 요소로 고려한다.

셋째, 장소나 사회적 가치 상품의 가격은 심리적, 주관적이다. 장소상품 가운데 방문객 대상 상품은 액면 가격은 오히려 드물고, 고객들이 심리적 과정을 통하여 가격을 인식한다. 따라서 가격은 소비자가 상품요소를 어떻게 구성하는가, 중요도를 어떻게 평가하는가에 따라 개인마다 차이가 난다. 나라나 도시 간 장소상품의 판매 경쟁이 가격보다는 주로 상품요소의 품질 경쟁으로 나타나는 것도 이러한 이유 때문이다. 사회적 가치 상품 가격도 소비자들이 심리적, 주관적 과정을 통하여 발전시킨다. 정부조직이나 공공기관은 금연 상품판매에서 고객의 흡연 습관을 바꾸기 위하여 바람직한 행동(금연)을 채택할 때 얻게 되는 편익은 늘리고, 부정적 행동을 고수할 때 치러야 하는 비용(본인 건강의 상실, 가족과 주변인 피해, 담배 구매를 위한 경제적 비용 등)에 대한 지식은 증가시키고자 노력한다. 고객이 금연의 편익과 비용을 평가하여 상품의 가격을 인식하는 까닭이다.

넷째, 장소나 사회적 가치 상품 가격은 비용 부담 중심적이다. 정부마케팅 상품의 가격은 생산자가 고려하는 원가 기준이 아니라 소비자가 인식하는 비용 중심적 가격이다. 공급자가 정한 목표 가격이 아니라 소비자가 기꺼이 부담하고자 하는 한계 가격이다. 장소상품에서 공장용지의 분양 가격, 관람료나 입장료 등의 액면 가격이 존재하는 경우라도 이들은 번번히 연계 패키지 상품 가격의 일부이다. 소비자들은 상품의 편익을 위하여 부담해야 하는 다양한 비용(비금전적 비용, 간접비용, 기회비용 등)을 고려하여 상품 가격을 인식한다. 관광상품에서 소비자들은 상품 가격을 입장료뿐만 아니라 교통비, 숙박비, 관광지까지 가는데 걸리는 시간, 불편 비용, 정보수집 비용, 기회비용 등을 포함한 것으로 평가한다. 사회적 가치 상품에서 검진비나 입장료가 있는 경우에도 소비자들은 액면 가격보다는 상품구매를 위해 포기해야 하는 습관이나 기호(嗜好), 지불해야 하는 고통과 불편 등 비금전적 억제 요소들(non-monetary disincentives)의 비용을 보다 더 높게 평가하고 중요한 가격 요소로 고려한다.[41] 소비자 인식 비용은 주관적이

---

41) Kotler & Lee(2007a), p. 70.

고 사람마다 다르게 나타난다.[42]

다섯째, 공공서비스 가격은 법률과 정책의 영향을 받는다. 정부조직이나 공공기관이 제공하는 서비스 상품의 가격은 법적, 정책적 요구를 반영한 가격이다. 기업의 제품, 서비스 상품 가격책정 방식과의 차이이다. 지역상품 마케팅에서는 지역 중소기업이나 농축수산물 공급자들이 상품가격을 결정한다.

3) 사례

남해군은 30년 이내 소멸 가능성이 높은 지자체 가운데 하나이다.[43] 장소마케팅 관점에서 남해군은 방문객 시장 상품이다. 장소상품으로서의 남해군은 정부와 민간부문이 공급하는 장소, 유무형의 재화와 서비스, 유료와 무료, 목표, 연계, 보조 상품들의 조합이다. 첫째, 남해군은 다양한 상품요소들(금산의 보리암, 사천바다 케이블카, 남해대교 유람선, 편백 휴양림 숲속의 집, 양모리 학교, 원예 예술촌 등)의 집합이다. 장소를 구성하는 상품요소들은 모두 독립적인 유무형의 상품들로 방문객들은 소비를 위해 가격을 지불한다. 공공서비스 상품 가격(입장료)은 법과 정책적 요구를 반영하기 때문에 국가 보훈 대상자, 군인, 장애인, 노인들에게는 할인 요금이 적용된다. 둘째, 장소상품을 구성하는 요소 상품들 가운데 유료도 있지만 많은 곳은 무료이다. 독일마을, 다랭이마을, 바람흔적 미술관, 은모래 비치 등은 방문객이 가격을 지불하지 않고도 이용할 수 있다. 셋째, 상품 가운데 일부는 민간부문이 제공하는 상품이다. 남해군의 특산물 죽방멸치는 지역 어민들이 생산하여 공급하는 유형의 상품이다. 넷째, 민간부문이 생산하는 많은 상품들은 장소상품의 편익을 완성시키는 데 필요한 보조 상품들로 장소상품을 구성하는 중요한 요소들이다. 펜션, 음식점, 지역 특산품 판매점 등이 이들이다. 남해라는 장소상품은 이러한 다양한 상품들의 집합이다. 남해군청이 남해라는 장소상품의 가격을 결정하여 공시하지 않는다. 공급자가 가격을 정하여 공개하는 액면가가 있는 상품도 있지만 대부분은 그렇지 않다. 지자체가 일부를 공급하고 또 다른 제품이나 서비스는 민간부문이 제공한다. 남해군은 상품의 생산원가를 고려하여 가격을 결정하지 않는다. 여

---

42) Thackeray & McCormack Brown(2010), pp. 166−167.

43) 남해군 인구는 1998년 6만 3천명에서 현재는 4만 5천명이다. http://stat.namhae.go.kr. 검색일 2018.10.31.; 방문객 수는 2015년 500만에서 2016년 410만 명으로 감소한다. 국가통계포털. http://kosis.kr/. 검색일 2018.10.31. 지자체가 방문객 수를 추정하나 신뢰할 수 있는 객관적 방법은 아직 없다.; 지자체 85곳 30년 내 사라진다 … 전남, 소멸위험 지역 첫 진입. 중앙일보, 2017.9.4.

행사는 장소상품 판매의 중간 거래상 역할을 맡아서 여러 상품요소를 조합하여 1박 2일, 2박 3일, 3박 이상 등으로 패키지 상품을 구성하고 가격을 정하고 판매한다. 하지만 많은 관광이나 여행객들은 가족이나 친목 모임 등으로 어디를 둘러볼 것인가, 며칠이나 머물 것인가, 어떤 교통편을 이용하고 무엇을 먹을 것인가 등을 선택하여 상품을 구성하고 가격을 인식한다. 방문객들은 상품의 가치를 비용에 기초하여 평가한다. 따라서 가격은 소비자가 상품을 어떻게 구성할 것인가에 따라 다르고, 고객은 가격을 입장이나 관람료뿐만 아니라 숙박비, 교통비, 방문지 정보수집 비용, 구매를 위하여 지불해야 하는 불편 비용, 시간, 에너지 등의 희생, 기회비용[44]을 고려하여 주관적으로 인식한다.[45]

2. 가격책정과 고려 요소

1) 정부마케팅 상품 가격의 책정과 고려 요소

정부상품의 구조나 특성은 비즈니스 상품과는 다르다. 가격책정 방식이나 고려요소도 여러 면에서 차이가 난다. 기업의 상품 가격책정은 공급자가 제조나 가공 비용, 상품의 품질, 마케팅 비용, 경쟁자 상품의 가격, 표적시장의 가격 지불 의도 등을 고려한다. 하지만 장소상품의 가격은 자주 생산비와는 무관하다. 가격책정도 공급자 결정보다는 소비자 심리적 차원에서의 주관적 비용 인식으로 이루어진다. 공공서비스 상품은 정부조직이나 공공기관이 생산하여 제공하지만 법률과 정책적 제약을 받는다. 따라서 기업처럼 수익을 극대화하기 위한 침투 가격책정(penetration pricing. 처음에는 낮은 가격을 책정하고 시간의 흐름에 따라 가격을 높여가는 방식)이나 스키밍 가격책정(market-skimming pricing. 처음에는 높은 가격을 책정하고 점차 가격을 낮추는 방식) 등 다양한 가격책정 방법이나 가격 차별화 전략은 사용 여지가 적다. 사회적 가치 상품도 가격책정은 소비자들이 자신의 시간, 수고, 에너지, 다른 선택으로부터 얻을 수 있는 효용의 상실 등과 같은 주로 비용과 희생 인식의 형태로 나타난다.

---

44) 기회비용(opportunity cost)은 고객이 다른 곳을 방문하지 않고 남해군을 방문함으로써 감수해야 하는 잠재적 이득의 손실이다.

45) 비즈니스 스쿨 마케팅 학자들의 연구는 주로 민간부문의 제품과 서비스 상품에 초점을 둔 것으로, 정부부문의 상품 특징이나 가격 구조, 책정 방식 등에 대한 분석은 드물다.

2) 법적 및 정책적 요소

공공서비스 상품의 가격은 법적, 정책적 요구 사항의 적용을 받는다. 기업처럼 생산비, 비용 대비 편익, 경쟁상품 대비 가격 등을 고려한 가격책정의 경우라도 사적 수익 창출보다는 궁극적으로 공공가치 생산을 위한 것이어서 법적, 정책적 제약이 있다. 법률은 노인, 장애인, 국가유공자 등에 대한 공공요금의 감면을 규정한다. 정부조직이나 공공기관은 공공서비스 상품의 가격책정 시 법률이 정한 사람들에 대하여 무료 서비스를 제공하거나 이용 요금을 할인한다. 이에 따른 손실은 정부가 보상한다. 정부는 정책의 효과적 집행을 위하여 정부조직이나 공공기관이 제공하는 서비스의 가격책정, 자율적 상품개발 및 교환을 제한한다. 공공서비스가 상업적 거래 상품의 특징을 갖는 경우라도 궁극적으로 공공의 이익을 위한 것이기 때문이다. 다자녀 고객, 임산부 할인 등이 여기에 해당한다. 재활용품 보급 확대 정책은 정부조직이나 공공기관의 재활용 상품(봉투, 화장지 등) 구매를 의무화한다. 국공립 공연장, 박물관, 미술관, 국악원, 고궁, 능원, 체육시설 등의 관람료나 이용료는 법률이 정한 공공서비스 의무(public service obligation, PSO)와 정책적 요구 사항을 반영한 요금이다. 다음 <표 7>은 코레일 교통서비스 상품 가격의 PSO이다.[46]

철도서비스 상품 가격은 편익 가치, 생산비, 경쟁상품의 가격, 보다 많은 상품판매를 위한 프로모션 이외에 PSO 대상자(독립유공자, 국가유공자, 5.18 민주화 운동 유공자, 장애인, 노인), 정부 정책에 대한 협조 요구(자녀 3명 이상의 고객, 기초생활자 할인)를 고려한 가액이다. 코레일은 이외에도 프로모션 목적으로 다양한 승차요금 할인(4인 동반석,

┃표 7 철도 요금에서의 공공서비스 의무

	대상	근거 법령
1	독립유공자와 동행자 1인	「독립유공자 예우에 관한 법률」 제22조
2	전상(戰傷) 군경, 공상(公傷) 군경[47], 4·19혁명 부상자, 공상 공무원, 특별 공로 상이자(傷痍者) 및 상이 1급, 동행자 1인	「국가유공자 등 예우 및 지원에 관한 법률」 제66조
3	5.18 민주화 운동 부상자 및 장애 등급 1급, 동행자 1인	「5.18 민주유공자 예우에 관한 법률」 제58조
4	장애인 및 중증 장애인과 동행자 1인	「장애인복지법」 제30조
5	65세 이상의 자(노인)	「노인복지법」 제26조

46) 이상철·권영주(2012), p. 4에서 일부 수정, 재인용하였다.
47) 공상군경(公傷軍警)은 국민을 위한 업무수행 중 부상을 당한 군인이나 경찰이다.

단체고객, 정기승차권 고객 등에 대한) 및 부가 서비스를 제공한다.

3) 금전 및 비금전적 가격 요소

정부 상품의 가격은 금전적 및 비금전적 요소로 이루어진다. 필립 코틀러와 낸시 리(Philip Kotler and Nancy Lee)는 소비자의 선택에 영향을 주기 위한 가격 구성요소를 금전적 대 비금전적(non-monetary) 인센티브, 긍정적 대 역(逆)인센티브(disincentive)로 나누어 설명한다.[48]

금전적 인센티브는 구매 의욕을 높이기 위한 물질적, 유형적 보상이다. 정부가 고객의 상품구매와 이용, 참여 촉진을 위하여 가장 중요하게 생각하는 요소로, 조세 감면, 물품의 무료 지급(쿠폰 등에 의한)이나 염가 판매(예 쓰레기 봉투), 보조금이나 장려금 지급 등이다. 장소, 공공서비스, 사회마케팅 등 정부마케팅의 모든 분야가 사용하고, 고객의 물품 구매, 프로그램이나 서비스 이용, 사회적 가치나 아이디어 채택을 위한 동기부여에 효과적 수단이다.

장소마케팅에서 캔자스(Kansas)주 엘스워스(Ellsworth) 카운티는 조세 기반을 확충하고 인구 감소에 따른 폐교를 막기 위하여 대기업 유치 "코끼리 사냥" 전략을 추진했던 바 있다. 하지만 성과를 거두지 못하자 한 번에 한 가구씩 유치하는 "경제적 정원 가꾸기(economic gardening)" 전략으로 바꾸어 누구든 엘스워스로 이주하면 주택 제공, 공과금 면제, 자녀들의 학교 등록에 첫째는 1,500달러, 둘째와 셋째는 750달러씩 지급하는 방법으로 주민 수를 늘리는 데 성과를 거둔다.[49] 공공서비스 마케팅에서 금전적 인센티브 제공의 대표적 사례는 미 연방정부 모병제와 군 입대 자원자 모집 서비스이다.[50] 연방정부는 젊은 사람들의 자발적 군 복무 지원을 늘리기 위하여 대학 교육 기회와 수업료의 지원, 첨단 및 전문분야 교육, 현금 보너스, 면세(식품 구입), 물품 구매 시 할인, 의료 혜택, 주택자금의 융자, 연금 등 다양한 경제적 편익을 제공한다. 2017년 자원입대 혜택은 전문분야 자격증이나 기술을 가진 지원자에게는 4만 달러, 그렇지 못한 경우라도 8천에서 2만 달러 수준에 달한다. 미 육군은 이와 같은 금전적 인센티브 제공을 통하여 부족한 군 인력을 충원한다.[51]

---

48) Kotler & Lee(2007a), p. 74.

49) Kotler & Lee(2007a), p. 76.

50) Military.com. https://www.military.com.; The balance careers. https://www. thebalance careers.com. 검색일 2018.7.20.

51) 정부마케팅의 필요를 주장하는 연구자들은 초기 미 육군의 모병제를 정부가 왜 마케팅 원리와

정부부문은 사회적 가치나 아이디어 상품판매에서도 금전적 인센티브를 적극적으로 활용한다. 국민 건강을 위한 금연 사회마케팅 프로그램은 소비자들의 참여를 고무하기 위하여 금연 성공 축하금, 금연 보조제 등을 제공하고, 암 조기진단 프로그램은 무료 검진, 암 진단을 받은 환자에게는 의료비를 지원한다. 헌혈 프로그램은 헌혈자에게 전화 카드, 영화 티켓을, 출산장려 프로그램은 다자녀 가구 대학생들에게 국가 장학금 지급, 자원봉사 프로그램은 참여자들에게 상해보험 제공, 체육시설 이용료 감면, 교통카드 등을 지급한다. 이들은 모두 정부가 헌혈이나 다자녀 출산, 자원봉사 등 사회적 가치나 아이디어 상품의 구매 장려를 위하여 제공하는 금전적 인센티브들이다.

비(非)금전적 인센티브는 비경제적, 심리적, 사회적 보상에 의하여 상품구매, 이용, 행동의 변화를 촉진하는 수단이다. 표창장 수여, 인증(예 환경마크, 무사고 운전자증, 헌혈증서, 심폐소생술 교육 이수증 등)은 이러한 예이다. 이들은 소비자의 만족, 정신적 가치 실현 등으로 상품구매나 프로그램 참여를 촉진한다. 비금전적 촉진 방법은 가격을 올리지 않으면서도 고객의 상품에 대한 선호를 늘리고 구매 의욕을 증가시키며, 가격은 저렴한 것으로 인식시키는 효과가 있다. 대한적십자사(비영리 특수법인)나 자원봉사센터52)는 헌혈 및 자원봉사자에게 증서를 발급하고, 100회 이상 헌혈자 또는 1만 시간 이상의 자원봉사자들을 '명예의 전당' 회원으로 추대하여 자긍심을 북돋는다.

인센티브는 금전적이든 비금전적이든 구매촉진을 위한 추가적 보상이다. 반면 역(逆)인센티브는 금전적 또는 비금전적 불이익의 부과로 소비자의 상품구매 의욕을 줄이거나 특정 행동을 억제 또는 금지하는 역할을 한다. 정부는 사회마케팅에서 자주 이러한 방법을 사용하여 부정적 행동을 억제한다. 금전적 역(逆)인센티브의 대표적 사례는 부가가치세 부과를 통한 물품(예 담배) 가격 인상, 교통신호 위반, 금연구역에서의 흡연 시 범칙금, 과태료의 부과 또는 증액 등이다. 비금전적 역인센티브는 심리적, 신체적, 사회적 부담, 불이익의 부과로, 법규 위반자에 대한 구금, 사회봉사 명령, 신상 공개, 비바람으로부터의 보호나 냉난방, 의자 등의 편의시설 없는 건물 외부에 흡연구역 지정 등이다.

기법의 도입과 교육이 필요한가를 설명하는데 중요 사례로 제시한 바 있다. Mokwa & Permut (1981), pp. 87-95 참조.

52) 「자원봉사활동기본법」 제19조(자원봉사센터의 설치 및 운영)는 국가기관 및 지자체는 자원봉사센터를 설치할 수 있고, 설치하는 경우 법인을 설립하여 운영하거나 비영리 법인에 위탁하여 운영하여야 한다고 규정한다.

4) 예시

정부가 사회적 가치 상품판매에서 고객의 가격 인식에 영향을 주기 위해 사용하는 금전 및 비금전적 인센티브와 역인센티브적 요소를 예시하면 다음과 같다.

첫째, 금전적 인센티브. 정부의 재정 지원, 민간부문 의료 기관과의 파트너십을 통한 무료 검사(여성 유방암 조기검진이나 청소년 에이즈 예방 프로그램에서의 검사 등)나 검사비 할인, 물품의 무료 또는 할인(말라리아나 청소년 임신 예방 프로그램에서의 모기장이나 콘돔 등의 제공)은 표적고객의 참여를 이끌어내기 위한 가격 요소들이다. 하지만 상품 저(低)가격 인센티브 요소들이 언제나 효과가 있는 것은 아니다. 검사나 물품의 낮은 가격책정은 상품의 질에 대한 고객의 신뢰를 저하시켜 오히려 참여나 사용을 떨어뜨릴 수 있다. 콘돔의 무료 또는 가격할인에 의한 제공이 이용을 줄이는 결과를 초래한다는 지적이 있다.[53]

둘째, 비금전적 인센티브. 비금전적인 사회적, 신체적, 심리적 인센티브 추가는 소비자들로 하여금 프로그램 참여 부담이나 비용을 실제보다 적게 인식하도록 하는 효과가 있다. 당뇨 예방 프로그램은 가족, 친구들의 참여, 유대 강화, 프라이드, 즐거운 시간, 재미 등과 같은 사회적 요소들을 도입한다. HIV 예방 프로그램은 개인 비밀의 보장을 약속한다.

셋째, 비금전적, 역(逆)인센티브. 금연 사회마케팅 프로그램은 흡연과 경쟁하는 금연의 가격을 낮추기 위하여 흡연이 신체에 미치는 다양한 부정적 영향 정보(폐암·구강·식도암 유발, 폐·심혈관계·뇌 질환, 피부 노화, 유산, 발기 부전, 수명 단축 등)를 제공한다. 비금전적, 역인센티브는 소비자들이 흡연 대비 금연의 가격을 상대적으로 싼 것으로 인식하는데 기여한다.

정부의 상품 가격책정에서는 무엇이 소비자들의 가격 인식에 영향을 미치는가에 대한 이해가 중요하다. 마케팅 조사를 통한 잠재적 고객이 상품구매와 편익을 위하여 얼마의 가격을 지불하고자 하는가, 무엇이 가격 인식에 영향을 미치는가, 비용 요소가 무엇인가 등 가격, 고객의 편익과 비용 요소에 대한 철저한 분석이 필요하다.

---

53) Grier & Bryant(2005), p. 323.

3. 가격책정 전략

1) 책정 전략

가격책정은 고객의 상품구매를 촉진하기 위한 금전적 및 비금전적 가격 요소, 인센티브 대 역인센티브 요소의 최적 조합의 선택 행위이다. 다음 <표 8>은 인센티브 유형에 따른 전략이다.[54]

▌표 8 금전 및 비(非)금전적 가격책정 전략

	인센티브: 상품구매의 촉진	역인센티브: 특정 행동의 금지나 억제
금전적 전략	금전적 인센티브 전략. 상품구매의 경제적 편익을 늘려서 결과적으로 가격을 낮추는 전략이다. 예 사은품, 쿠폰 제공	금전적 역인센티브 전략. 상품구매의 경제적 비용을 증가시키는 전략이다. 예 가격 인상
비금전적 전략	비금전적 인센티브 전략. 상품구매의 비금전적(사회적, 신체적, 심리적) 편익을 증가시키는 전략이다. 예 표창장, 감사장 수여, 플래카드(placard)에 의한 이름과 공적 홍보	비(非)금전적 역(逆)인센티브 전략. 상품구매의 비금전적 비용을 증가시키는 전략이다. 예 부정적 행동(흡연이나 음주운전, 인스턴트 식품 섭취)이 본인이나 사회의 건강에 미치는 유해성 정보의 제공

정부는 금전, 비금전적 인센티브 요소를 수단으로 소비자의 상품 가치 평가에 개입하여 구매 의도나 행동에 영향을 미칠 수 있다. 금전적 인센티브 증가는 상품의 가격에 대한 긍정적 인식(가격이 저렴하다는 생각)의 증가를 의미하고, 금전적 역인센티브 증가는 그 반대로 부정적 인식 증가의 효과가 있다. 비금전적 차원에서 인센티브와 역인센티브의 경우도 마찬가지이다. 마케터는 자원, 실현 가능성, 시장의 반응 등을 고려하여, 가격결정 전략을 선택함으로써, 고객의 가격에 대한 인식을 바꿀 수 있다. 하지만 금전적이나 비금전적 인센티브나 역인센티브가 장소나 공공서비스, 사회적 가치 상품의 핵심 또는 실질적 편익이 아닌 부가적인 편익이나 비용 부과에 대한 것일 때 비록 상품의 가격에 대한 긍정적 인식 효과가 있는 경우라도 사람들로 하여금 보상만 쫓아서 행동하게 하거나 비용만 회피하게 만드는 부작용을 낳을 수 있다.

---

54) Kotler & Lee(2007a), p. 85에 기초하여 재작성하였다.

최선의 가격책정은 상품의 금전적, 비금전적 편익과 비용 요소를 찾아서 편익과 인센티브는 늘리고 부정적 가격 인식은 줄이는 방식으로 표적집단의 상품 선택을 고무하는 데 최적 조합을 찾는 일이다.

2) 사례

어린이 비만예방 사회마케팅에서 가격책정 전략의 수립이란 비만 예방의 편익, 경제 및 비경제적 인센티브 요소들을 증가시켜 소비자들이 인식하는 상품의 가치는 크게 하고 소비를 위해 지불해야 하는 비용(금전적 비용, 신체적인 불편과 사회적 비용, 기회비용 등의 합)은 적게 인식하도록 하는 미래 활동 방안의 마련이다. 학생과 부모들은 가격을 비만 예방 프로그램 참여를 위하여 지불해야 하는 금전적 비용뿐만 아니라 시간, 노력, 신체적 불편, 친구들로부터 소외 등의 합으로 인식한다. 어린이는 프로그램 참여 시 규칙적 운동의 불편, 자신이 원하는 식품이나 음료를 마음대로 먹을 때 얻는 쾌감이나 희열, 만족감을 포기해야 한다. 부모는 자녀를 위하여 운동복, 장비, 신발 구입비 등 금전적 비용을 부담하고, 자녀들이 비만 식품이나 음료를 구매하지 못하도록 설득, 권고해야 한다. 가격책정 전략의 수립은 이러한 상황에서 상품의 편익과 인센티브 요소를 증가시켜 상품의 가치가 소비자들이 인식하는 비용과 같거나 충분히 더 크게 만드는 일이다.[55]

금연 사회마케팅에서 금연은 담배를 구매하는 데 따른 금전적 지출은 줄일지 모르나 소비자들은 흡연 습관을 중단하거나 포기할 때 흡연으로부터 누리던 즐거움, 욕구충족 기회의 상실, 흡연 친구들로부터의 소외 등 심각한 정서적, 사회적, 심리적 불편이나 고통을 감수한다. 흡연이 뿌리 깊은 습관일 때 금연에 따른 고통은 그만큼 더 크다. 마케터는 가격책정에서 소비자가 상품구매 시 부담하는 금전 및 비금전적 비용에 대한 자세한 조사를 통하여 금연 상품의 편익과 구매 인센티브를 다양화하고 증가시켜서 소비자들이 인식하는 비용을 충분히 능가하도록 만들 수 있어야 한다.

4. 책정 과정과 가격의 조정

1) 가격책정 과정

상품의 가격책정에서는 생산과 유통 비용뿐만 아니라 표적고객이 상품 가치를 어

---

55) Henley et al.(2011), p. 702.

떻게 인식할 것인가 등에 대한 고려가 중요하다.

다음은 가격책정 과정이다.56)

첫째, 가격책정 목적의 설정. 목적이 직접 또는 간접비용의 보전(補塡. 부족한 부분을 보태어 채움)인가? 수익의 극대화인가? 공공서비스 상품 이용자의 수나 프로그램 참여자의 수를 늘리는 것인가? 가격책정의 목적을 분명히 정한다.

둘째, 고객수요의 분석. 가격과 수요는 역의 관계이다. 가격이 높을수록 수요는 감소한다. 고객들이 기꺼이 얼마나 지불하고자 하는가? 가격에 얼마나 민감한가? 잠재고객을 대상으로 서베이, 가격 실험, 통계적 분석을 실시하여 가격 수준에 따른 수요의 정확한 추정이 필요하다.

셋째, 비용의 추정. 고정 비용과 가변 비용의 고려이다. 생산량이 늘어나면 원자재를 이전보다 낮은 가격에 구입할 수 있다. 또 생산기술이 향상되어 상품 단위당 생산비용이 줄어들 수도 있다.

넷째, 경쟁분석. 경쟁자의 생산비, 가격, 품질에 대한 비교 분석이다. 고객들은 동일 또는 유사한 욕구를 충족시키기 위하여 다른 상품을 선택할 수 있다. 어떤 대체 상품이 있는가? 소비자들이 경쟁상품을 얼마나 구매, 이용하고 있는가? 지하철 교통서비스 상품의 대체재는 버스나 택시서비스이고, 우체국 택배서비스의 대체재는 민간 택배회사들의 서비스이다. 상품 가격의 책정에는 경쟁 서비스 상품의 생산비, 가격, 품질, 새로운 대체재 등장 가능성 등에 대한 검토가 필요하다. 지하철 교통서비스에서는 시장의 수요, 자동차 가격, 주차장 시설, 유류비, 보험료 등과 같은 소비자의 대체재 선택에 영향을 미치는 변수의 고려이다.

다섯째, 최종 가격의 결정. 가격결정의 목적을 효과적으로 달성하기 위한 검토와 분석의 마지막 단계이다. 상품생산과 전달의 비용을 하한으로 고객가치(customer value. 고객이 가격을 지불한 결과 얻을 것으로 기대하는 편익)를 상한으로 가격책정 구간을 설정한다. 마케팅의 목적과 경쟁 서비스의 가격, 상품의 사회적 중요성이나 미래 투자, 재정 지원의 필요, 혹은 제약 요소를 고려하여 하한과 상한 사이에서 가격을 최종 선택한다.

---

56) Kotler & Lee(2007a), pp. 70−72. 여기서는 코틀러와 리의 설명에 비용 추정의 단계를 추가하고 각 단계에 대한 설명을 보충하였다.

2) 조정 전략

가격 조정은 기본 가격의 책정 후 특수한 고객, 상황 등을 감안한 조절이다. 다음 <표 9>는 가격 조정 전략이다.[57]

정부조직이나 공공기관이 공급하는 공공서비스 상품에서는 특정 고객(단체 고객이나 정기 승차권 이용 고객 등)이나 상황(명절 연휴 고궁 입장료와 고속도로 통행료)에 따라 가격을 조정한다. 하지만 공공서비스에서는 법률 규정이나 정책적 요구를 반영해야 하기 때문에 상대적으로 자유로운 조정 폭은 상대적으로 좁다.[58]

┃표 9 **정부 상품의 가격 조정 전략**

	전략	내용	사례
1	특정 목적에 의한 할인 및 우대 가격 적용	공급 확대 목적의 또는 잠재적 가치가 큰 고객 대상의 할인, 환불 등에 의한 가격 인하	하이브리드 자동차에 대한 주차비 인하
2	세분시장에 맞춘 가격 적용	고객, 상품, 장소의 차이를 고려한 가격 조정	저소득 계층, 노인에 대한 요금 인하
3	심리적 반응을 고려한 가격 적용	심리적 효과를 기대한 가격 조정	담배 꽁초 · 껌 · 휴지 무단 투기, 노상 방뇨, 금연 장소에서 흡연 등에 대한 범칙금 인상[59]
4	프로모션 목적의 가격 적용	단기적 판매, 참여 제고를 위한 일시적 가격 인하	쓰레기 분리 수거함을 최초 3천명에 대하여 원가 이하로 제공
5	지리적 위치에 따른 다른 가격의 적용	지리적 위치를 고려한 상품 가격의 조정	농촌 암 조기진단 프로그램 참여자에 대한 진료비 지원

---

57) Kotler & Lee(2007a), p. 73에 기초하여 전략을 구분하고 사례는 한국의 상황을 고려하여 제시하였다.

58) Kotler & Lee(2007a), p. 73.

59) 「경범죄처벌법 시행령」 제2조 참조.

제**4**절	유통

1. 의미

　유통(place)은 고객이 쉽게 접근하여 구매하고, 이용할 수 있도록 편리한 장소와 시간에 상품을 배치하는 과정이다. 상품을 생산자로부터 고객 가까이 옮기는 활동이다. 고객의 접근성 제고, 구매촉진 목적의 상품 배포이자 이를 위한 장소, 시간 및 방법의 관리이다. 구매 기회의 확대와 가능성의 극대화로, 고객과 상품 간의 거리, 상품 구매에 드는 교통비나 시간은 줄이고, 접근 기회와 편리는 늘리려는 노력이다. 공급자는 상품을 소비자가 접근하기 쉬운 곳, 편리한 시간에, 고객이 원하는 방법으로 공급할 때 판매를 늘릴 수 있다. 정부마케팅에서 유통은 상품 공급자와 고객 간의 물리적, 사회적, 시간적 거리를 줄이는 과정이자 활동이다. 유통관리는 장소나 지역상품의 판매 촉진, 공공서비스 프로그램에 대한 고객의 참여 확대, 사회마케팅에서 고객의 긍정적 행동 촉진뿐만 아니라 만족도 개선을 위한 것으로, 물리적 접근의 용이성(상품을 소비자 최근 거리에 배치), 접근방법이나 시설의 편리성(교통 수단의 제공, 주말 또는 24시간 서비스, 웹사이트, 온라인, 우편서비스 등) 등의 개선으로 나타난다.

2. 유통 채널

　유통 채널은 상품을 고객에 전달하기 위한 방법으로, 상품이 무엇인가에 따라 다르다. 기업의 제품 마케팅에서 전형적인 유통 채널은 독점 또는 판매 대리권을 가진 지역 배급 사업자나 도매상, 소매점 등의 중간거래 업체들로 이루어지나 장소, 공공서비스나 사회적 가치 상품의 판매에서는 도·소매상 등의 유통 채널을 해외 출장소, 민간부문의 협력 파트너들이 대신한다. 정부조직이 공공서비스나 사회적 가치 상품을 민간사업자들에 위탁하거나 협력 방식으로 전달하는 경우 유통 채널에는 이들이 위탁 판매 및 중간 전달자의 역할을 담당한다. 어린이 비만 예방 프로그램에서 민간 병원의 의사, 초등학교의 양호 선생님, 급식 영양사, 코치, 지역 체육회, 어린이 급식관리 지원센터 등이 여기에 해당한다.[60]

---

60) Henley et al.(2011), p. 701.

3. 유통관리의 주요 요소

마케터들은 유통관리에서 고객이 상품을 주로 어디에서 어떠한 방법과 시간에 구매 또는 이용하고자 하는지, 상품을 구매하고 소비하기 위하여 지출하는 금전적 비용과 시간, 노력, 방법, 편리 시설 등에 대한 자세한 정보를 필요로 하고 유통 믹스는 이것에 기초하여 구성한다. 다음은 유통관리에서 고객의 상품에 대한 접근과 편리에 영향을 미치는 주요한 요소들이다.

1) 장소와 지리적 위치의 선택

유통 채널의 관리에서 가장 중요한 요소는 장소, 지리적 위치이다. 마케터는 상품과 고객의 직접적인 대면 및 접촉이 일어나는 장소를 식별하고 적절한 관리가 필요하다. 장소마케팅에서 상품은 장소이기 때문에 고객 가까이 이동시키거나 배치하는 것은 가능하지 않다. 반면 사회적 가치 상품판매에서는 표적고객들이 모이는 장소의 선정이 매우 중요하다. 마케터들은 최적의 장소와 지리적 위치의 선택을 통하여 상품의 효과적 교환을 만들어 낼 수 있기 때문이다.

2) 접근 시설과 수단

고객의 상품에 대한 접근시설과 수단은 교통이나 주차장 시설, 자동차, 웹사이트, 인터넷, 전화, 우편 등이다. 정부의 금연 사회마케팅 프로그램은 웹사이트, 인터넷, 전화 등의 수단을 이용하여 표적고객에 접근한다. 국민 체력증진 상품에서 주차 시설 개선은 고객 선택의 촉진, 접근의 불편을 줄이는 주요한 방법이다.

3) 기회와 시간

고객의 상품에 대한 다양한 접근 기회의 제공, 시간의 관리가 중요하다. 청소년 체력 증진 사회마케팅 프로그램에서 운동장, 수영장, 공원 등 운동시설의 추가 공급이나 이용 시간의 연장 등은 접근기회를 확대한다.

4) 절차

참여나 이용 절차의 간편성이다. 고객은 공공서비스 프로그램 등록으로부터 실제 참여까지의 절차, 걸리는 시간을 비용이나 불편으로 생각한다. 복잡한 신청 절차, 오랜 대기시간은 고객의 선택이나 구매를 방해한다.

4. 채널 믹스

유통채널 믹스(distribution channel mix)는 마케팅 목적을 달성하기 위한 유통 채널의 최적 조합이다. 채널은 상품의 생산자와 최종 소비자 간의 간격을 줄이고 상품을 소비자가 수중에 도달시키는 방법으로 생산자, 중개인, 최종 소비자로 이루어진다. 채널은 직접 판매(직영 소매점, 웹사이트, 이메일이나 문자, 우편 등을 이용한)인가, 도소매업자들을 통한 판매인가 등에 따라 다르고, 동시에 여러 채널을 이용하기도 한다. 유통 경로나 방법의 선택 기준은 고객가치의 창출과 비용이다. 고객가치는 클수록, 조직이 상품 전달을 위해 지출해야 하는 비용은 적을수록 좋다. 채널 믹스의 구성 전략은 기존의 유통 채널들을 선택적으로 조합하여 비용을 고정하고 고객가치를 증가시키거나 고객가치를 고정한 채 비용을 줄이는 방법이고 우선순위는 편익에서 비용을 뺀 크기이다.

정부상품은 장소, 공공서비스, 사회적 가치나 아이디어로 유통은 직접 또는 간접 채널의 믹스뿐만 아니라 유통 참여자들의 믹스가 중요하다.

5. 사례

정부 상품은 지리적 이동이 가능한 경우와 그렇지 못한 경우가 있다. 투자, 기업과 비즈니스, 방문객, 거주자 상품은 지리적 이동이 가능하지 않다. 장소 이동성이 없는 상품에서 유통관리는 교통 수단의 제공과 주차장 시설, 절차의 간소화 등으로 개념 적용은 제한적이다. 상품을 최종 소비자 가까이 옮기는 것이 아니라 상품에 대한 고객의 접근성 제고, 구매 기회 확대와 편리성 개선으로 나타난다. 도로, 항만, 공항의 건설, 교통편 개선, 표지판 설치, 여행사 네트워크 개발, 안내 지도 등이 그 예이다. 관광지나 이벤트 상품(예 박람회, 월드컵, 정상회담, 축제) 등에서 전용 항공노선이나 열차 편성, 주말 열차나 무료 셔틀버스 운영 등이 여기에 속한다.

공공서비스 상품의 유통은 민간부문과 큰 차이가 없다. 우정사업본부는 대학교, 병원, 공업단지, 법원, 공항, 고속버스 터미널 등 인구 밀집 지역에 우편취급국[61]이나 출장소를 설치하여 서비스에 대한 이용자들의 접근성을 높인다. 지자체들의 민원출장소, 직장인 대상 주말 또는 야간 민원실 설치 운영, 원거리에 위치한 주민, 신체장애인,

---

61) 위편취급국은 우정사업본부가 민간사업자에게 우편 및 택배 업무를 위탁, 허가한 순수 우편업무 취급 간이우체국이다. 「우체국창구업무의 위탁에 관한 법률 시행규칙」 제3조 참조.

노인 등 직접 방문 이용이 어려운 고객들을 찾아가는 이동도서관 운영 등도 서비스 이용 기회와 시간의 확장 노력이다. 국립박물관의 문화재 국외 전시나 전시센터 설치 등도 유통관리 활동이다. 이들은 모두 서비스상품 판매에서 전달 과정, 전달자, 물리적 환경 개선 노력이자 서비스 접근 기회를 향상시키기 위한 노력들이다.[62]

사회마케팅에서 유통관리는 추가적 장소 개발과 제공, 접근 가능성, 편리성, 기회, 이용 환경의 개선 활동이다. 고객이 원하는 상품을 선택하고, 필요한 보조 상품(물품이나 검사 서비스 등)의 구입이나 실천 행동을 어디서나 또 언제든지 쉽게 할 수 있도록 접근 기회, 실천 장소, 필요 시설의 확대이다. 선택이나 실천을 촉진하는 이용 절차, 물리적, 사회적 조건(이용이나 방문 시간대)의 개선, 장애요소의 제거 활동도 여기에 해당한다. 유통관리는 사회적 가치 프로그램의 참여, 행동변화를 촉진하는 효과가 큰 만큼[63] 표적고객의 행동 패턴, 생활공간, 목표 행동이 개시되는 곳, 바람직한 행동을 위해 필요한 물품이나 서비스가 무엇인가 등에 대한 조사가 필요하다.

국민건강 증진 사회마케팅에서 유통관리는 농구장, 테니스장, 공원, 체육센터나 시설 등 운동 장소, 시설의 확대, 다양한 프로그램 개발을 통한 참여 기회의 제고이다. 고객이 쉽게 접근, 이용할 수 있도록, 장소 이용 시간의 연장, 주차장 설치나 대중교통으로부터의 접근성 개선, 간이매점 설치 등이 여기에 속한다. 어린이 비만예방 사회마케팅에서 유통은 경쟁 행동(패스트푸드, 과지방 과자, 탄산음료 섭취 등)의 억제를 위하여 학교, 수영장, 스포츠 센터, 구내식당, 매점, 자판기 등에 비만식품이나 음료 판매를 금지하고 대신 건강식품, 음료를 배치하여 어린이들이 손쉽게 구입할 수 있도록 하는 조치이다.

순수 공공서비스는 법률에 따른 의무나 책임의 이행으로, 법률이 유통 채널을 규정한다. 따라서 행정기관의 고객 편리를 고려한 자체적인 유통 채널 구성의 자유는 그만큼 제한적이다. 정부의 닥터헬기[64]를 이용한 의료 취약지역 응급 환자들에게 신속한 이송 및 처치 서비스 제공은 고객보다는 국민의 의료서비스 접근 평등권 보장을 위한 노력으로, 「응급의료에 관한 법률」 제46조의 3이 규정한다. 정부부문에서 유통 개념의 유용성은 조직의 자체 수익사업 상품에서 보다 온전히 나타난다.

---

62) Booms & Bitner(1981), Anitsal et al.(2012), p. 80.

63) Lee & Kotler(2015), p. 315. Kotler & Zaltman(1971) 참조.

64) 닥터헬기 서비스는 정부 응급 의료서비스에 대한 접근이 어려운 도서(島嶼)나 산간지역 환자들의 신속한 이송을 위한 서비스이다.

제5절 | 프로모션

1. 의미

프로모션(promotion)[65]은 표적집단의 의식, 태도, 행동변화의 유도, 설득을 위한 정보, 인센티브의 제공이다. 상품 속성과 편익, 가격, 구입 장소, 방법, 절차와 시간, 경쟁자 상품 대비 비교우위 정보 등의 제공을 통하여 상품구매, 이용, 참여, 수용을 설득하고 유인하는 활동이다. 많은 사람들은 프로모션을 강매, 적극적이고 끈질긴 제품의 판촉 활동(hard selling)이거나[66] 단순히 매스 미디어를 통한 상품의 장점, 조직의 공적(功績) 등의 광고나 자랑으로 생각하지만 오해이다. 이들도 프로모션의 한 방법인 것은 맞지만 프로모션은 이들보다 더 넓은 개념이다. 가장 넓게 정의하면 프로모션은 구매촉진 설득적 커뮤니케이션뿐만 아니라 조직이나 상품의 장·단기적인 관점에서의 포지셔닝, 브랜딩을 포함한 활동이다.

프로모션 관리에서는 어떤 고객이 무슨 정보를 원하는가, 이들에 대하여는 어떤 방법의 사용이나 도구에 의한 커뮤니케이션이 필요한지 등이 중요 이슈이고, 전략 수립은 이들의 최적의 배합을 찾는 일이다. 프로모션 방법은 표적고객에게 조직이나 상품에 대한 메시지를 전달하는 형식으로 유료 대 무료, 직접 대 간접, 다중(mass) 대 개별, 전통적 대 뉴미디어, 동시 대 여러 다른 시점에서의 프로모션 등으로 나뉜다. 방법 결정 후에는 적절한 도구의 선택이 필요하다. 언어적 도구는 전화, 편지, 뉴스 레터, 이메일, 문자, 전화 등이고 비언어적 도구는 이벤트나 직접 대화, 표정, 제스처, 음악, 디자인, 행동 등이다. TV 광고는 대표적인 프로모션 방법으로 유료, 간접, 다중, 전통적, 동시 메시지 전달의 수단이다.

프로모션과 유통 채널 간에는 중첩 지대가 존재한다. 유통 채널이 고객이 상품에 접근할 수 있는 상품 배포 장소, 시설, 기회 제공 등의 방법이라면, 프로모션은 고객을 대상으로 마케팅 믹스에 관한 메시지 전달과 구입을 권고, 설득하는 커뮤니케이션의

---

65) 프로모션(promotion)은 판촉이라고도 한다. 하지만 판촉은 판매의 촉진(sales promotion)으로 프로모션의 범위를 지나치게 협소하게 정의할 우려가 있다. 프로모션은 판촉보다 일반 또는 상위 개념(generic or umbrella concept)으로 넓게는 브랜딩, 이미지 개선 활동도 포함한다는 점에서 번역 없이 그대로 사용한다.

66) Kotler & Zaltman(1971), p. 8.

관리이다.[67] 유통 장소나 시설에 흔히 광고나 홍보 책자, 인쇄물 등을 비치하지만 이 것은 유통 보다는 프로모션 활동이다.

정부마케팅 상품의 프로모션도 기업과 마찬가지로 마케팅 믹스에 관한 정보, 구매 설득 커뮤니케이션으로 이루어진다. 하지만 장소, 공공서비스, 사회적 가치 상품의 마 케팅은 목적이나 고객이 다른 만큼 프로모션도 초점이나 내용에서 차이가 있다. 장소 마케팅은 목적이 투자, 기업이나 비즈니스, 방문객, 거주자의 유치를 통한 일자리 창 출, 소득증가, 지역경제의 발전으로, 프로모션은 주로 글로벌 시장을 지향하고 상품의 차별성, 이미지를 알리는데 초점을 둔다. 공공서비스 마케팅의 목적은 서비스 제공을 통한 고객가치의 생산이고, 대상은 주로 자국 국민들이다. 초점은 프로그램 참여의 설 득과 고무이다. 사회마케팅 상품인 환경보호나 헌혈 프로그램의 목적은 개인 삶의 질 개선, 사회 발전으로 표적고객의 인식 개선, 지식의 증가, 태도나 행동의 변화를 위한 교육, 설득 커뮤니케이션에 초점을 둔다. 특히 사회적 가치나 아이디어 상품 마케팅에 서는 마케팅 믹스 가운데 프로모션이 상대적으로 보다 더 중요하고 효과의 상당 부분 도 프로모션 의존적이다.[68]

2. 메시지의 개발

프로모션은 커뮤니케이션의 목적 확인, 메시지의 개발과 형식의 결정, 전달자 선 정, 전달 방법/도구의 선택으로 이루어진다. 목적 확인은 메시지 개발에 앞서 목적이 상품 속성이나 구입 방법에 대한 정보의 제공인가, 구매 설득인가? 고객의 브랜드에 대 한 인식 개선, 상품판매의 촉진, 교육, 인식이나 태도, 행동의 변화 등 다양한 목적 가 운데 구체적으로 무엇을 위한 것인가를 확인하는 단계이다. 메시지의 개발은 이성과 감성, 두 영역의 자극을 통하여 소비자 행동에 영향을 미치기 위한 것으로, 정확하고 효율적 전달을 위해서는 목적이 분명해야 한다. 메시지의 개발은 표적집단이 듣거나 보고 이해하고 기억하기를 원하는 정보의 내용과 형식의 결정으로 고객이 상품 소비를 통해서 얻거나 체험하고 싶고, 알고 싶어 하는 정보들로 구성해야 한다. 표적집단의 구 매, 자각과 참여에 대한 관심을 제고하기 위한 메시지는 상품 구매가 최선의 선택이라

---

67) Edgar, Huhman, & Miller(2015), p. 231. Thackeray & McCormack Brown(2010) 참조.
68) Thackeray, Fulkerson, & Neiger(2012). 하지만 사회적 가치나 아이디어 상품 마케팅에서 커뮤 니케이션에 대한 지나친 의존은 마케팅의 효과를 저하시킬 수도 있다.

는 점을 드러낼 수 있어야 한다. 마케터는 이를 위해 표적고객이 누구이고 어떤 특성을 가지고 있는가에 관한 충분한 정보가 필요하다.

다음은 정부마케팅에서 효과적 프로모션 메시지의 조건들이다.[69]

첫째, 메시지는 단순해야 한다.

둘째, 고객의 편익에 초점을 두어야 한다. 공공서비스나 사회마케팅에서 메시지의 내용은 사람들이 행동하지 않으면 무엇을 잃게 되는 것인지를 알도록 구성한다.

셋째, 생생한 이미지를 만들어내는 단어를 사용한다.

넷째, 기억하기 쉬워야 한다. 건강위험 정보를 제공할 경우, 무엇을 하고, 어떻게 해야 하는가, 언제 할 것인가를 기억하기 쉽게 만들어야 한다.

다섯째, 브랜드에 맞는 표현을 사용한다.

마케터는 표적집단을 겨냥한 맞춤형 메시지를 개발하고, 개발이 끝나면 전달자와 전달 방법/도구의 선택, 사전 테스트를 거쳐 사용한다.

3. 전달자

메시지 전달자는 정부조직이나 공공기관, 대변인, 민간부문의 파트너, 유명 인사(정치인, 운동선수, 배우, 가수 등)나 오피니언 리더 등이다. 사회적 가치나 아이디어 상품 마케팅에서는 대중적 인지도가 높고 표적집단의 행동에 가장 영향을 미칠 수 있는 사람을 전달자로 선택할 때 정보 전달 및 확산 효과를 높일 수 있다. 전달자 선정 시 누가 표적집단으로부터 호의적 이미지를 갖고 있는가, 누가 상품에 대한 전문성을 갖고 있는가, 누가 고객들로부터 높은 신뢰를 받고 있는가 등의 질문을 사용한다. 무엇보다 신뢰할 수 있는 조직이나 사람에 의한 전달이 중요하다. 어린이 비만예방 사회마케팅 프로그램에서는 의사나 선생님, 코치 등에 의한 비만의 위험, 프로그램 소개, 메시지 전달이 가장 효과적인 이유이다.

4. 프로모션의 방법

정부조직이나 공공기관은 상품판매, 이미지 개선, 사회적 지지의 획득을 목적으로 다양한 프로모션 방법을 사용한다.

---

69) Kotler & Lee(2007a), pp. 142-146.

1) 광고

광고(advertising)는 광고사를 통한 프로모션 활동으로, 설득적 커뮤니케이션의 중심적 방법이다. 광고주가 광고 계획(목적 확인, 컨셉의 설정, 예산 배정 등)을 수립하고 광고사를 선정, 광고를 의뢰하면, 고객의 관심과 선택, 수용성을 높이기 위한 광고사의 설득적 메시지의 개발과 미디어(TV, 라디오, 신문, 잡지, 인터넷, 광고판 등)의 믹스를 통한 전달이다. 광고주가 광고비를 지불한다. 광고는 똑같은 메시지의 반복적 전달이지만 표적고객이 아닌 일반 불특정 다수를 대상으로 한 대중적 커뮤니케이션이다. 정부마케팅 가운데 장소상품에 대한 이미지 구축에 중요한 방법이고 고객이 지리적으로 흩어져 있고, 고객 접촉에 필요한 정보가 없는 경우에 사용하는 효과적인 메시지의 구성과 전달 방법이다. 또 다른 장점은 경쟁상품 대비 비교우위의 편익만 선택적으로 편집한 메시지의 구성과 전달을 통하여 표적고객들에게 상품의 구매나 사용에 따른 편익 정보를 극적으로 확대하여 전달할 수 있다는 점이다. 반면 직접 고객 접촉에 의한 맞춤형 프로모션과 비교하면 광고는 고객을 특정하지 않고 일반인을 대상으로 한 것이어서 효과는 떨어진다.

정부마케팅에서 광고주는 정부조직, 공공기관, 특수법인[70])이다. 「정부기관 및 공공법인 등의 광고시행에 관한 법률」은 광고의 공정성, 국민의 보편적 접근성 보장을 위하여 광고주가 직접 광고를 할 수 없고 문화체육관광부에 의뢰하도록 규정한다.[71]) 절차는 한국언론진흥재단(문화체육관광부 산하 기금관리형 준정부기관)이 광고주의 광고 계획과 희망 매체, 예산 등을 토대로 미디어 믹스 전략의 수립과 효과 분석을 한다. 다음 광고 제작사를 선정하고 광고 시안을 받은 후 방송(TV, 라디오), 인쇄(신문, 잡지), 인터넷(인터넷, SNS), 옥외 매체(교통 전광판) 등 매체 사업자를 선택하여 집행하고, 광고주가 마지막으로 재단에 광고료를 지급한다.

2) 홍보

홍보(publicity)는 정부조직이나 공공기관이 상품 정보를 직접 전달하는 것이 아니라 TV, 라디오, 신문, 잡지 등 미디어 매체들의 관점과 판단에 의존한 메시지 전달 방법이다. 정부가 장소상품의 설명, 공공서비스나 사회적 가치 상품의 내용이나 참여 절

---

70) 특수법인은 공공법인, 법정 법인이라고도 한다. 「상법」, 「민법」을 제외한 개별법에 의하여 설립된 법인이다. 제1장 참조.

71) 「정부기관 및 공공법인 등의 광고시행에 관한 법률」 제5조, 제6조 참조.

차의 소개, 행사개최, 후원 등의 발표, 토론회, 기자회견, 업무성과 평가 결과의 공개 등을 하고, 홍보는 미디어의 취재, 방송이나 기사화를 통해 이루어진다. 정부부문이 뉴스를 제공하면, 미디어가 보도를 할 것인가 말 것인가를 결정한다. 홍보는 광고와 마찬가지로 일반인 대상의 대중적 커뮤니케이션이지만, 홍보 정보(정부마케팅 상품에 대한 뉴스, 소개, 편익이나 판매성과의 비교, 추세 분석 등)는 광고주가 요청하여 광고사가 작성한 것이 아니라 미디어가 독립적으로 자신의 관점에서 선정하고 보도나 기사화도 결정한 것으로 뉴스 리포트, 평가, 내용 분석, 관심과 인식의 표현이다. 장점은 광고와 비교해 비용이 거의 들지 않는다. 홍보는 객관적이고 미디어가 정보의 정확성을 보증하기 때문에 정보 신뢰도는 더 높다. 상품 인지도의 개선, 편익에 대한 이해, 선택과 구매, 상품의 포지셔닝 등에 대한 긍정적 효과가 크다. 특히 상품에 대한 고객의 신뢰도를 높이는 효과적 방법이다. 그러나 미디어가 메시지의 내용, 전달 시점이나 방법을 결정하기 때문에 마케터가 직접 자신이 전달하고 싶은 메시지를 구성하지 못한다는 한계가 있다. 또 전달 방법이나 시점도 자유롭게 선택할 수 없다.

다음은 광고와 홍보의 차이점이다.

첫째, 광고가 판매자의 주장이라면, 홍보는 미디어에 의한 소개이다. 홍보는 사람들이 상품을 어떻게 생각하는가에 관한 정보의 제공이다.

둘째, 광고주는 광고를 위해 많은 비용을 부담해야 한다. 하지만 홍보에는 최소한의 비용만 든다. 광고나 홍보 모두 결과가 TV, 라디오의 방송, 신문의 기사로 나타나지만, 광고에서는 정부가 비용을 지불한 것이나 홍보에서는 정부가 어떤 비용도 부담하지 않는다.

셋째, 광고에서는 정부가 자신이 알리고 싶은 내용만을 선택하여 메시지를 구성할 수 있지만 홍보에서는 그렇게 할 수 없다.

넷째, 광고가 상품구매를 고무하는 효과적 수단이라면, 홍보는 정보를 전달받은 사람들의 인식, 이해나 태도를 바꾸는데 보다 효과적이다.

다섯째, 광고는 과장이나 왜곡의 의심을 받기도 한다. 하지만 홍보는 전달 정보의 내용을 제3자가 구성하기 때문에 신뢰성이 높다.

3) 직접 판매

직접 판매(direct marketing)는 마케터가 중간 매개자 없이 직접 고객에게 상품을 설명하고 구매를 설득하는 활동이다. 도구는 웹사이트, 인터넷, 모바일, 전화, 편지, 상품 소개 책자, 포스터, 뉴스레터 등이다. 직접 상품의 경쟁상품 대비 비교우위에 관한 정보를 전달하는 프로모션이다. 직원이 고객과의 직접 접촉과 더불어 다양한 도구를 활용하여 상품에 관한 정보를 전달한다. 장소마케팅 상품판매에서는 판매자와 구매자 간의 커뮤니케이션이 장시간에 걸쳐 이루어지고 불확실성이 높고 리스크도 상당하다. 따라서 고객과의 직접 접촉 및 지속적 커뮤니케이션, 신뢰관계 구축이 중요하다. 장소 상품의 직접 판매 프로모션에서 마케터는 유력한 투자자, 기업가, 잠재적 방문객이나 거주자들을 대상으로 개별적으로 직접 상품을 설명하고, 고객의 욕구를 확인할 수 있다. 상품이 고객의 요구를 충족시키지 못하는 경우, 상품의 내용을 고객의 요구에 따라 수정하는 기회도 가질 수 있다. 기업이나 거주자 유치 마케팅에서 마케터들은 설명회를 개최하고, 참석자들의 연락처를 구한 다음 이를 통하여 장소상품의 편익, 다른 장소 대비 비교우위 정보를 제공하고 추가적 질문에 답변하고 지속적 커뮤니케이션을 위한 네트워크를 구축하고 신뢰도 만들어 간다. 이러한 프로모션의 장점은 직접 정보제공과 고객과의 신뢰 구축이다. 또 고객의 반응을 확인하고 이를 상품에 반영할 수 있다는 점이다. 하지만 많은 비용 지출이 발생한다.

소셜 미디어(Social Media. Social Network Service or Site)는 트위터(Twitter), 페이스북(Facebook), 유튜브(You Tube), 카카오톡(Kakao Talk), 밴드(Band), 링크드인(LinkedIn), 플리커(Flicker) 등 정보통신 기술(Information and communications technology, ICT) 기반 온라인 플랫폼으로 직접 판매의 중요한 수단이다. 이들은 웹 기반 테크놀로지를 이용하여 정부기관과 소비자 간의 메시지 전달, 구매촉진 역할을 한다.[72] 전통적 매체가 TV, 라디오, 신문 등이라면 뉴 미디어는 블로그(blog), 인터넷, 팝캐스트(podcast), e-북(ebook) 등이고, 소셜 미디어는 뉴 미디어의 새로운 하위 분야 또는 보다 발전된 형태의 커뮤니케이션 도구이다. 소셜 미디어는 최근 가장 빠른 확장력을 보이는 매체로 정부 상품 가운데서도 사회적 가치나 아이디어 상품의 구매촉진에 효과적이다. 다음은 커뮤니케이션 수단으로서의 특징이다.

첫째, 고객과 상호 소통의 온라인 수단이다. 반면 전통적 마케팅 커뮤니케이션 수단(TV, 라디오, 신문 등)은 오프라인이고 정부기관이 원하는 정보만 시민들에게 일방적

---

72) Mills & Plangger(2015), pp. 522−524. 각국 모든 정부들이 소셜 미디어를 커뮤니케이션 도구로 활용한다. 종류에만 다소 차이가 있을 뿐이다. 영국 연방정부(The Commonwealth)는 Twitter, Facebook, You Tube, LinkedIn, Flickr를, 대한민국 정부는 Blog, Twitter, Facebook, Kakaostory, 서울 시청은 Facebook, Twitter, Instagram, Kakaostory, You Tube, Blog를 사용한다. https://thecommonwealth.org, http://www.korea.kr, https://www.seoul.go.kr. 검색일 2019.10.7.

으로 전달하는 매체이다.

둘째, 특정 분야 또는 주제에 관심 있는 고객들과의 관계, 참여, 상호 의견 교환의 공간이자 수단이다. 특정 분야의 사람들, 유사한 이해관계나 관심을 갖고 활동하는 사람들과 정보나 서비스 경험 등을 공유하고 사회적 연결과 관계를 구축할 수 있는 기회와 공간을 제공한다. 이 점에서 일반 웹사이트와 다르다.

셋째, 특정 정보 수요자들을 대상으로 맞춤형 정보를 제공할 수 있는 수단이다. 매스 미디어와 다른 점이다.

소셜 미디어는 정부마케팅 상품에 대한 표적 소비자들의 긍정적 인식을 만들어내는 주요 온라인 공간이자 도구이다. 소셜 미디어를 통하여 소비자와의 네트워크 형성과 관리, 소비자들 간의 연결도 만들 수 있다.

4) PR

PR(public relations. 공중 관계, 대민 관계라고도 한다)은 정부조직이나 공공기관의 미디어 및 일반 국민과의 관계 관리 활동이다. 프로모션의 한 방법으로, 언론에 대한 대응이나 이벤트 등을 통한 조직이나 상품에 대한 긍정적, 호의적 이미지 생성, 이해관계자, 잠재고객, 오피니언 리더들과의 우호적 관계의 형성 및 유지를 위한 노력이다. 정부조직이나 공공기관은 PR에서 조직의 비전과 사회적 책임, 고객과의 약속 이행을 알리고자 성공 스토리 제공, 자원봉사, 사회지원 프로그램의 운영, 사회적 가치나 아이디어 캠페인, 공익 이벤트 등을 개최하고, 이에 대한 정보를 웹사이트, SNS, 미디어 인터뷰, 뉴스기사 제공, 신문 기고 등으로 공유를 시도한다. PR의 대상은 광고나 홍보와 달리 고객보다는 주로 이해관계자들이다. 직접적인 상품판매량의 증가보다는 조직의 장기적 성장이나 상품판매에 영향을 미치는 언론, 이해관계자들(NGO, 지역사회 주민, 이익집단, 노동조합, 공익 또는 비영리조직이나 단체 등)과의 우호적 관계 구축, 긍정적 이미지 형성에 초점을 둔다. PR은 광고나 홍보와 달리 조직의 비전, 철학의 소개, 이웃돕기와 같은 공익적 이벤트, 봉사 등으로 나타난다. 사회적 지지의 획득 이미지 개선 등을 위한 장기적, 전략적 커뮤니케이션으로 상품판매에 대한 효과는 간접적이나 조직이나 상품에 대한 신뢰 증진에는 효과적이다. 고객들은 미디어의 평가나 일반인들이 갖고 있는 이미지를 더 정확하고 믿을만하다고 생각하는 경향이 있다는 점에서 PR은 일반인들의 인식, 태도 개선과 더불어, 조직이나 상품을 악의적 루머로부터 보호하는 데 기여한다.

다음은 PR의 장점이다.

첫째, 사람들은 광고에 비하여 PR의 메시지를 더 신뢰한다. 이러한 측면에서 설득적 효과가 뛰어나다.

둘째, 이해관계자들의 태도 변화에 대한 효과가 크다.

셋째, 비용이 많이 들지 않는다.

정부 마케터들의 PR 활동은 평판과 이미지 관리, 이해관계자들의 오해와 부정적 태도 교정, 정책 수용, 지지와 신뢰 개선 등을 위한 것이다. 한계는 광고와 달리 전달 메시지의 효과적 통제의 어려움이다. 많은 예산이나 노력을 투입한다고 하여도 비례하는 보상을 받는다는 보장이 없다. 얼마나 효과를 거두었는가의 평가도 어렵다. 최선의 PR은 조직과 상품에 영향을 줄 수 있는 이해관계자들의 인식, 태도에 대한 체계적 분석과 이를 토대로 한 프로그램의 운영이다.

5) 판촉

판촉(sales promotion)은 고객을 대상으로 한 설득적 정보제공보다는 이벤트(공연), 특별 전시나 혜택(콘테스트, 경품, 선물, 제한된 기간 동안 할인, 인센티브, 사은품, 쿠폰 등), 교육 훈련 프로그램, 워크숍, 세미나 참여자에 대한 무료 교통서비스 제공 등의 방법으로 단기적 수요 창출과 잠재적 고객들의 상품구매를 자극하는 과정이다. 마케터들은 일시적으로 많은 사람들의 관심과 주의를 끌거나 상품에 대한 인지도를 제고하고 구매도 늘리기 위하여 자주 특가품, 미끼 상품(loss leader), 샘플의 무료 배부, 체험이나 시식 기회 등을 제공한다. 장점은 고객의 관심을 끄는 만큼, 비록 일시적이긴 하지만 효과적인 구매욕구 창출, 고객의 직접적이고 빠른 반응 촉진이다.

6) 인적 판매

인적 판매(personal selling)는 판매원을 채용하고 교육시킨 다음 잠재적 고객들을 직접 방문하거나 인터넷이나 우편, 전화 등을 통한 개별적 접촉으로 상품의 편익, 성공 스토리 등을 제공하고 구매를 설득하는 활동이다.

5. 방법 선정의 기준

1) 선정 기준

프로모션에서는 표적고객에 메시지를 유효하게 도달시켜 상품의 편익, 바람직한 행동의 이익에 대한 노출을 극대화할 수 있는 방법 선택이 중요하다. 어떤 방법이 보다 효과적인가는 표적집단의 특성, 상품과 메시지의 종류, 예산, 마케팅의 목적, 가격, 유통 방법 등에 따라 다르다. 다음은 프로모션에서 어떤 방법이 보다 나은 지의 결정을 위해 우선적으로 고려해야 할 질문들이다.[73]

첫째, 표적집단은 주로 어떤 미디어를 통하여 상품에 대한 정보를 얻는가? 표적집단이 지리적으로 넓게 분포되어 있는가? 잠재고객에 대한 직접적 커뮤니케이션이 가능한가?

둘째, 상품의 종류와 특징이 무엇인가? 이들에 따라서 어떤 프로모션 방법이 가장 적합한가가 달라질 수 있다.

셋째, 어떤 메시지를 전달하고자 하는가? 미디어를 통한 광고 방법으로는 고객이 요구하는 구체적이고 자세한 정보를 전달하기 힘들다.

넷째, 예산이 얼마인가?

정부마케팅에서도 광고나 홍보는 가장 중요한 프로모션의 방법이다. 하지만 상품에 따라 필요한 프로모션 방법은 다르다. 투자, 기업이나 비즈니스, 거주자 유치에는 직접 판매가 효과적이고, 방문객 유치에는 광고, 홍보 방법이 보다 많이 사용된다. 공공서비스 상품의 프로모션 방법은 광고나 홍보, 소셜 미디어 등으로 비즈니스 분야에서의 그것과 큰 차이가 없다. 사회마케팅은 상품판매를 위해 판촉(인센티브, 경품, 이벤트 등) 방법을 중요한 수단으로 사용한다.[74]

2) 믹스

프로모션 믹스(promotional mix)는 마케팅 효과를 극대화하기 위한 표적고객별 프로모션 방법(광고, 홍보 등)과 도구(TV, 라디오, 신문 등)의 최적 조합이다. 프로모션 믹스 전략의 수립은 제한된 예산으로 최고의 판매 효과를 얻기 위한 노력으로, 프로모션 방

---

73) Kotler et al.(2002), p. 281.

74) Kotler & Zaltman(1971), p. 7.

법과 도구들에 대한 효과 평가와 중요성 기준에 기초한 예산의 할당으로 이루어진다. 금연상품 마케팅에서 광고, 홍보 분야 프로모션 믹스 전략의 수립은 잠재고객(일반 국민, 노년층, 여론 주도층, 청소년층 등)을 대상으로 프로모션 도구(국영 방송 등 전통 매체, 종편, 신문이나 잡지, 모바일 플렛폼과 뉴미디어 등)75)가 각각의 잠재고객들에게 메시지를 도달시키는데 얼마나 효과적인가, 마케팅 목적에 비추어 얼마나 중요한가를 고려하여 최적의 조합을 구하고 이에 기초한 예산 배분 및 실행계획의 작성이다.

---

75) 보건복지부(2017). 2017년 금연 홍보 및 캠페인. 국가금연지원센터. https://smcncad.com. 검색일 2019.10.7.

제8장 브랜딩

제1절 서론

1. 브랜딩과 정체성, 이미지, 브랜드의 관계

브랜딩(branding)은 조직이나 상품을 브랜드로 만드는 과정이다. 브랜드는 조직의 중요한 무형적 자산의 하나로, 조직이나 상품이 어떠하다는 소비자들의 이미지(느낌, 생각이나 기억, 일단의 연상)이고, 브랜딩은 조직이 고객, 이해관계자들과의 커뮤니케이션을 통하여 브랜드를 만들어내는 과정이다. 브랜딩의 목적은 조직이나 상품에 대한 차별적 느낌이나 연상의 창출과 이를 통한 소비자들의 인지도 개선, 호의적 인식과 태도, 기억의 생성이다. 브랜딩은 브랜드를 만들기 위한 전략의 수립, 브랜드 요소의 선정과 조합, 시각적 디자인이나 언어적 메시지 개발, 커뮤니케이션으로 이루어진다. 하지만 브랜드 요소들의 단순한 집합 그 이상으로 소비자들의 선택 촉진, 충성도와 수익 창출, 상품 가치 개선을 위한 전략적 활동이다. 브랜딩이란 용어는 비즈니스 분야 연구자와 실무자들이 만들어냈지만, 정부부문에서도 광범위하게 사용한다.[1]

브랜딩은 조직이나 상품이 무엇인가, 정체성 인식으로부터 출발한다. 정체성 요소는 조직이나 상품의 고유한 특징이나 속성, 또는 원하는 이미지 생성에 필요한 기본적 성분들이다.[2] 조직은 자신 및 상품의 이미지를 정체성 요소들의 확인이나 식별, 이들의 조합, 커뮤니케이션을 통해 만들어낸다.

---

1) 정부조직이나 공공기관 실무자들의 브랜딩 용어 사용은 이제 더 이상 특별하지 않다. 정부 혁신 BI(Brand Identity). 행정안전부. https://www.mois.go.kr. 검색일 2019.10.8.; 문화체육관광부·문화관광연구원(2015). 「국가브랜드 개발을 위한 기초연구: 전통문화를 기반으로 한 한국다움을 중심으로」. 연구보고서 참조.

2) Saeaeksjaervi & Samiee(2011), p. 170.

브랜드 이미지는 소비자들이 스스로 자신들의 마음속에 만들어낸 생각과 느낌, 기억, 연상(聯想)의 패키지이지만 조직의 고도로 계산된 이미지 요소들의 전략적 조합과 커뮤니케이션의 결과이다.

2. 정부와 민간부문의 차이

기업들은 1970년대 이후 품질뿐만 아니라 이미지도 시장에서 비교우위를 차지하는데 필수적 요소라고 인식하고, 개발에 많은 비용의 지출을 시작한다.[3] 그러나 정부는 독점적 서비스 분야로 국가나 지방정부가 정체성, 영토 확인과 추구하는 가치의 표방, 커뮤니케이션의 수단으로 비록 오래전부터 상징 요소들을 만들어 사용하기는 했으나 시장에서 경제적 경쟁을 위한 것은 아니었다. 정부조직과 주민 간의 관계 역시 정치적 수탁과 위임의 관계로 상업적 거래에서의 브랜드 개념은 발전시키지 못하였다. 반면 기업들은 시장경쟁에서 고객의 선택을 얻어야 수익을 창출하고 생존도 할 수 있다. 비즈니스 분야에서의 조직이나 상품 이미지 요소의 개발, 커뮤니케이션, 브랜딩에 대한 관심과 활발한 연구는 이러한 현실의 반영이다.

정부의 이미지, 브랜드와 브랜딩에 대한 본격적 관심은 신공공관리 개혁, 장소마케팅 발전 이후부터이다. 1980년대 후반 정부에 경쟁, 정체성과 커뮤니케이션, 이미지에 대한 관심이 증가한다. 영국과 유럽 국가들이 신공공관리 개혁을 먼저 시작하면서,[4] 정부부문에서는 기업, 제3섹터들과의 경쟁을 위한 정체성 개념, 기업식 관리 기법의 도입, 이미지 개선 등에 대한 관심이 증가한다. 민영화로 정부가 전기, 가스, 수도, 통신, 철도, 항공 등 많은 분야의 국영 기업들을 매각하자 새로 태어난 민간기업들 또한 정체성의 전환과 이에 필요한 새로운 이미지 구축에 나서고, 국가나 도시 간 경쟁의 지속적 증가는 이미지가 중요한 경쟁 수단이라는 인식을 촉진한다.[5]

정부는 1990년대에 들어와서야 장소, 공공서비스, 사회적 가치 마케팅 분야에서 본격적으로 상품개발과 판촉에 브랜딩 개념과 기법을 채택한다. 한국은 김대중 정부(1998~2003) 때 지자체들이 경쟁적으로 브랜드마크, 슬로건[6] 등의 개발을 시작한다.

---

3) Margulies(1977), p. 15; Melewar & Saunders(2000), pp. 541−542, 539.
4) Balmer & Gray(1999), pp. 172−173.
5) Balmer & Gray(1999), p. 173.
6) 브랜드 슬로건은 주의, 주장의 짧은 어구이다. 표적시장의 소비자들을 대상으로 한 것이라는 점에서 전통적 행정에서의 지역주민 대상의 캐치 프레이즈(방침, 표어, 광고나 선전 문구), 동

노무현 정부(2003~2008)부터는 정책이나 서비스에 대한 인지도 개선, 정책 가치의 효과적 전달, 표적집단의 호의적 이미지 창출 등을 목적으로 정책, 혁신, 사업, 서비스 등에도 브랜드나 브랜딩 개념을 도입한다. 정부 정책(산림정책에서 '숲에온'[7])이나 캠페인,[8] 행정혁신(조달서비스에서 '나라장터'[9]), 박근혜 정부의 브랜드 '정부3.0'(정부 부처들은 행정서비스 혁신을 '정부3.0'이라는 이름으로 발표한다)[10] 등에서 많은 브랜드 개발 사례들이 나타난다.

21C 이후는 각국 정부, 도시들 간 투자, 기업이나 비즈니스, 방문객, 거주자들의 유치를 위한 경쟁이 본격화하는 시기로, 이미지, 브랜드, 브랜딩 등에 대한 관심도 급증한다. 각국 정부들의 브랜딩 전략 채택은 이미 보편적이지만 정부부문에서는 연구가 부족하고, 용어 사용에서의 혼란도 적지 않다.

제2절 브랜딩

1. 브랜딩의 의미

브랜딩은 브랜드를 만들기 위한 활동으로, 조직이나 상품의 차별화된 느낌이나 가치, 연상, 기억을 만들고, 고객의 호의적인 생각, 구매, 사용, 수용 등을 촉진하는 과정이다. 브랜딩은 이미지 요소들의 선정과 디자인, 브랜드 슬로건의 개발과 커뮤니케이션으로 이루어진다. 고객의 상품 선택에 품질이나 기능적 효용만이 영향을 미치는 요인은 아니고 이미지도 이들 못지않게 중요하다. 브랜딩은 품질이나 기능보다는 차별적, 우호적 이미지를 만들어내기 위한 노력이다. 고객은 차별적 느낌과 연상을 통해 상

원 구호 등과는 다르다.

7) '숲에On'은 산림청 산림휴양정책팀이 개발한 휴양·문화서비스의 대표 브랜드이다. 산림청. '숲에온' 브랜드란. http://www.forest.go.kr. 검색일 2018.11.16.

8) 대구시는 2014년 금연 캠페인에서 브랜드 슬로건('금연엔 금연'), 로고, 캐릭터(금이, 연이)를 사용하여 금연 의식 확산과 실천, 시민참여, 계몽운동을 전개한다. 담배 퇴치 나선 대구시 … 금연 브랜드 개발. 국민일보, 2014.3.17.

9) '나라장터'는 조달청이 운영하는 국가 종합전자조달시스템 브랜드이다. 조달청. 나라장터란. http://www.g2b.go.kr. 검색일 2018.11.16.

10) 사라진 '정부3.0' 명칭…'박근혜 색깔' 빼기? 아시아 경제, 2017.4.10.

품을 기억하는 경향이 있고, 이미지는 오래 남아서 상품 선택에 영향을 미친다. 마케터들이 과거에는 상품 품질의 개선과 기능적 수월성(秀越性. 뛰어난 성질)을 추구했다면 브랜딩에서는 차별적 이미지, 긍정적인 감정의 표출을 강조한다.

2. 포지셔닝과의 차이

브랜딩과 포지셔닝(positioning)은 밀접한 관계이지만 서로 다르다. 포지셔닝은 마케팅 전략 수립을 위한 것으로 브랜딩의 이전 단계이다. 포지셔닝은 브랜딩을 어떻게 할 것인지를 위한 조직의 마케팅 전략 수립 및 커뮤니케이션 방향의 설정 과정이다. 초점은 조직이 자신의 상품을 어떤 기능이나 속성으로 경쟁자의 것과 차별화시킬 것인가, 시장에서 고객들이 자신의 상품을 어떤 것(고가품이나 저가품, 사치품인가 생활용품인가 등)으로 느끼고 기억하도록 할 것인가의 선택이다. 반면 브랜딩은 이러한 포지셔닝에 기초한 활동으로 표적고객들이 상품에 대하여 원하는 우호적 감정이나 태도를 유발하기 위한 노력이다. 정부마케팅에 적용하면 포지셔닝은 정부조직이나 공공기관이 자신들의 장소, 공공서비스, 사회적 가치 상품을 시장에서 소비자들이 경쟁상품과 비교하여 어떤 차별성을 느끼도록 만들 것인가의 전략적 선택 과정이다.

반면 브랜딩은 포지셔닝이 끝난 후 조직이 이미지 요소나 마케팅 믹스(상품, 가격, 유통, 프로모션)를 활용하여 고객의 내면에 조직이나 상품의 개성, 비교우위, 차별적 느낌 등을 만들어 가는 과정이다. 포지셔닝에서의 결정을 고객들의 마음속에 실제 생각이나 느낌으로 구현하는 활동이다. 포지셔닝이 브랜딩을 어떻게 할 것인가에 관한 내부 차원의 전략적 결정 단계라면 브랜딩은 소비자 대상 상품의 속성, 가격, 유통, 커뮤니케이션을 통한 원하는 느낌의 창출이다.

브랜딩은 프로모션과도 다소 중복된다. 차이는 브랜딩이 긍정적이고 고유하고 차별적인 느낌, 연상의 생성과 이들의 관리라면 프로모션은 소비자들의 구매 결정을 자극하는 데 필요한 상품, 가격, 유통 등에 관한 정보의 효과적 전달, 수요 창출, 구매행동 촉진 목적의 설득적 커뮤니케이션이다.

1. 서론

1) 개념 정의

정체성(identity)은 사회적 존재(조직이나 단체, 개인 등)가 생각하는 자신이 누구인가, 무엇인가라는 질문에 대한 답이고, 자기 해석이다. 독립적 존재로서의 본질, 고유의 특성이나 차별적 성분이며, 자신이 누구인가에 관한 본인의 의식 및 개념화이다. 정체성은 장래 무엇이 되고자 하는가를 포함한다. 반면 이미지는 사물이나 사회적 존재가 무엇이고 어떠하다는 사람들의 생각이나 느낌이다. 조직이나 단체, 개인이 사람들에 주는 일반적 인상이다. 조직의 정체성이 구성원들이 공유하는 '조직으로서 우리는 누구인가'에 대한 일괄된 해석이나 인식으로 조직의 뿌리 깊고 고유한 속성, 다른 조직과 다른 성질이라면,[11] 이미지는 표적시장의 고객이나 이해관계자들이 조직이나 상품을 실제 무엇이고 어떠하다고 생각하거나 느끼는 것들이다. 조직은 제품이나 서비스의 마케팅 믹스 기획에서 뿐만 아니라 다양한 상징(symbols)을 이용한 커뮤니케이션(광고, PR 등)을 통하여 표적집단의 내면에 자신들이 원하는 차별적, 우호적 이미지를 생성하고자 노력한다.[12]

다렌 콜맨(Darren A. Coleman)은 정체성을 조직 정체성(organizational identity)과 기관 정체성(agency identity)으로 구분하여,[13] 조직 정체성은 "우리가 누구인가?"이고 기관 정체성은 "우리가 무엇을 하는가?"에 관한 것으로, 전자는 내부 지향적인 것이고 후자는 초점을 시장과 고객에 둔 외부 지향적 개념으로 설명한다. 정부조직과 공공기관에 이러한 구분을 적용하면 조직 정체성은 법률이 규정하고, 구성원들의 조직이 무엇이고 누구인가의 인식이라면, 기관 정체성은 정부조직이나 공공기관의 자신의 역할에

---

11) Snihur(2016), p. 261.

12) Karaosmanoglu & Melewar(2006), p. 198. 상징(symbol)은 대상이 무엇인가에 대한 정보의 압축, 요약적 표현이자 공공 커뮤니케이션(public communication)과 의사 전달의 수단이다. 마케팅에서는 조직이나 단체가 선호하는 이미지를 만들고 특정 경험, 기억, 느낌을 자극하여 선택을 촉진하는 도구이다. 관념이나 추상적 존재(국가, 조직이나 단체, 사회, 개인)뿐만 아니라 물건, 현상, 관계 등을 지시(指示)하고 보여주는 단어(이름 포함), 마크(기호나 문자, 문양), 디자인에 의한 표시, 소리, 제스처, 의례, 칼라(예 red = 금지), 숫자 등이 이러한 예이다.

13) Coleman(2010), pp. 44–46.

대한 인식이 될 것이다. 사회정체성 이론(social identity theory)은 정체성을 조직의 본질, 자신의 조직이 다른 조직들과 어떻게 다른가에 대한 구성원들의 인식일 뿐만 아니라 조직이 사회적 과정을 통하여 자신이 누구이고 무엇인가를 만드는 것으로 설명한다.[14] 이러한 관점에서 조직의 정체성은 구성원들이 조직을 무엇이라고 생각하는 것뿐만 아니라 조직이 다양한 방법으로 구축해 가는 것임을 의미한다. 율리야 스니허(Yuliya Snihur)는 조직의 정체성 구축 방법을 스토리텔링, 비유물의 사용, 사회적 평가의 획득, 제휴 관계의 수립, 4가지로 제시한다.[15]

2) 정체성과 이미지, 평판

정체성은 조직이 정의하고 구성원들과 공유하는 조직이 무엇인가에 대한 인식이다. 기업은 정체성의 체계적 관리를 통해 고객과 이해관계자들에게 자신들이 누구이고 어떤 가치를 추구하는가, 누가 상품의 제조자인가를 표출하고, 시장은 이를 통해 조직과 상품을 인식한다.[16] 정체성은 뿌리 깊고 지속적으로 존재하고 거의 변하지 않는다. 반면 이미지는 고객들이 내적으로 생성하는 생각이나 느낌이다. 평판(reputation)은 이미지와 유사한 뜻의 용어이지만 정부조직이나 공공기관의 정책, 성과, 사회적 책임, 태도 등에 기초한 지역사회나 일반인들의 평가나 인상이다. 이미지는 사람들이 각자의 경험을 통해 또는 서로 다른 메시지를 받아들이고 해석하는 과정에서 개인이 발전시킨 주관적 인식으로 개인마다 다르고, 장소, 시간, 상황에 따라서도 차이가 난다. 반면 평판은 사회의 일반적 평가나 인식이고, 지배적 의견으로 단기적으로는 큰 변화가 없다. 평판이 일반적이고 안정적이며 장기적이라면 이미지는 개인마다 차이가 나고 존재나 내용의 변화가 크며 상대적으로 단기적이다.

톰 브라운(Tom J. Brown) 등은 정체성, 두 가지 종류의 이미지, 평판 간의 차이를 다음 <그림 1>과 같이 설명한다.[17]

'1'은 정체성으로 구성원들이 생각하는 조직이자 우리는 누구인가에 대한 자기 해석이다. '2'는 의도된 이미지로 조직이 이해관계자들에게 자신이 누구인가 말하고 싶은 것이다. '3'은 화살표가 가고 오는 ⇄ 과정으로 이해관계자의 이해나 해석에 기초한 이

---

14) Snihur(2016), pp. 261－262.

15) Snihur(2016), p. 269.

16) Topalian(2003), pp. 1119, 1121; 박흥식(2005). 지방정부 정체성 마크의 이미지 요인: 감성공학적 접근을 중심으로. 한국지방자치학회보, 17(1), p. 134.

17) Brown, Dacin, Pratt, & Whetten(2006), p. 100.

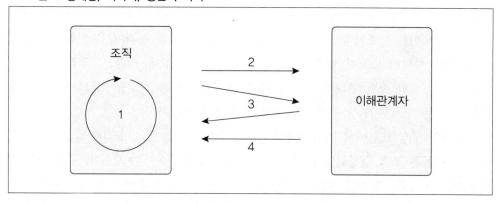

미지이다. 조직이 이해관계자에게 자신을 무엇이라고 표현하고, 이해관계자가 그것을 이해, 해석하여 조직을 무엇이라고 생각하는가를 가리킨다. '4'는 평판으로 이해관계자들이 조직의 커뮤니케이션과 관계없이 실제 조직을 무엇이라고 생각하는가에 관한 것이라는 점에서 이미지와 다르다.

2. 정체성 요소

정체성 요소는 조직의 본질을 구성하는 고유한 성질이다. 정부조직이나 공공기관의 정체성 요소들은 미션, 비전, 핵심 가치와 믿음, 속성 등 여러 가지이다. 국가나 지자체가 추구하는 철학이나 신조, 행동 규범, 자연 지리적 특징, 상징물(태양이나 산), 특징적인 동식물(곰이나 용, 독수리, 나무, 꽃), 광물, 어류, 역사, 유적지와 유물, 인문적 유산, 생활양식, 특산물 등도 여기에 속한다. 이들은 조직을 차별 짓고, 조직이 무엇인가에 대한 구성원들의 자기 해석을 만들어 낸다.

3. 이미지 요소

조직은 의도된 이미지 생성을 위하여 정체성 요소를 사용한다. 조직이 원하는 이미지를 만드는 방법은 정체성 요소의 상징적 표현이나 상징물의 사용이다. 상징을 도구로 자신이 누구인가를 드러내고 조직이나 상품이 무엇이고 어떠한가에 대한 정보, 고객에 대한 약속을 전달한다. 상징은 이름, 마크, 표의적 문자나 기호, 디자인, 노래, 특징적인 자연이나 사물, 동식물 등으로 형태가 고도로 다양하다. 미나 본(Mina A.

Vaughn)은 조직의 상징을 스토리, 의식(儀式), 특정 언어적 표현(전문 용어, 슬로건, 캐치 프레이즈, 문구, 구호, 노래 등), 물리적 표시(비유물, 제복, 증표, 서비스 환경 등), 4가지로 구분한다.[18] 이들은 조직의 철학이나 이념, 가치, 믿음, 문화 등과 같은 일반적, 추상적 속성들뿐만 아니라 조직이 제공하는 제품이나 서비스의 상태, 형용, 감각적 특징(품위, 차가움, 우아, 세련, 모던, 클래식 등)이나 매력 등으로 무형적 정보를 전달하고, 기억 촉진이나 복원, 필요한 연상 등을 만들어내는 효과가 있다.[19]

조직의 상징 표현에서 가장 일반적 요소는 이름과 정체성 마크(identity mark), 로고이다. 이들은 조직 구성원이나 시장의 소비자들에게 조직이 누가인가, 무슨 또는 어떤 서비스의 공급자인가의 식별, 이해와 판단을 위한 정보를 전달한다. 국가 이름과 국기는 나라가 누구인가를 드러내는 정체성의 상징이다.[20] 맥도날드(McDonald)의 황금 아치 M이나 나이키(NIKE)의 스우시(Swoosh, 부메랑 모양) 등도 상징으로 이미지를 만들어내는 핵심 요소이다. 워드마크(word mark)나 로고타입(logotype), 시그니처(signature), 엠블럼(emblem)[21] 등도 원하는 이미지의 효과적 생성을 위한 상징들이다. 로고는 조직이 사용하는 이미지 요소 가운데 가장 대중적 형태로 일반 소비자들의 식별, 인지도 개선을 목적으로, 의도한 이미지를 만들거나 극대화하고자 이름, 표어, 기호, 문양 등 다양한 정체성 요소들을 표집, 디자인한 것이다.[22]

다음은 영국 중앙정부 환경, 식품·농업부(Department for Environment, Food and Rural Affairs, DEFRA)의 로고이다.[23]

---

18) Vaughn(1999), p. 223.

19) Gray & Balmer(1998), p. 696; Coleman(2010), p. 46; Melewar & Saunders(2000), p. 538. 사람들은 조직이나 상품을 기능이나 품질보다는 이들의 이름, 로고, 제복, 캐치 프레이즈 등 다양한 상징 표현에 의하여 기억하는 경향이 있다.

20) Wiltgren(2014), p. 25.

21) 엠블럼은 이름과 모토, 상징물 등의 조합 + 디자인 형태로, 주로 배지(badge)로 사용된다. 구성원들에 의한 이들의 옷이나 모자에 부착은 소속감, 자부심의 표현이다.

22) 로고는 비주얼 방식에 의한 이미지 생성의 핵심 수단이다. 자주 브랜드나 상표와 같은 뜻으로 사용된다.

23) Department for Environment, Food & Rural Affairs. http://www.defra.gov.uk. 검색일 2019.2.18.

부처 명칭의 약자(defra. 두문자어) + 기술어(부처의 정식 이름) + 정체성 마크의 조합과 디자인이다.

전용 글자체(typography), 전용색,[24] 패턴 등도 이미지 요소들이다. 이들은 정체성 표현의 보조적 요소로 그 자체로서는 메시지나 이미지를 완성하지 못하고, 기본적 이미지 요소를 도와 조직이나 상품이 무엇인가에 대한 느낌이나 생각을 강화한다. 캐릭터, 마스코트는 이벤트와 같은 특정 환경이나 장소에서의 응용 요소들이다.

4. 비교

정부에서 정체성 요소가 자신이 누구인가를 표방하고, 주민, 구성원들로 하여금 같은 생각의 공유, 소통을 위한 것이라면 이미지 요소들은 고객이나 이해관계자를 대상으로 원하는 느낌 창출과 전달이 목적이다. 정체성 요소가 고유성이나 주체성, 구성원들의 소속감 구축 목적의 정적(static) 요소라면 후자는 시장 고객이나 이해관계자들의 내면에 조직이나 상품에 대한 주관적, 개인적 느낌이나 연상 형성 목적의 상시 변하는 동적(dynamic) 요소이다. 정체성 요소는 주로 고도로 추상적인 반면, 이미지 요소들은 상징을 이용하여 소비자들에게 구체적 느낌의 전달을 추구한다. 국가나 지자체들은 정체성 요소 + 원하는 느낌 생성을 위한 이미지 요소의 개발, 이들의 조합과 그래픽 디자인(문양 개발, 색상, 도안 등을 활용한),[25] 스타일(형태나 모양) 변형, 커뮤니케이션으로 자신들이 목적으로 하는 이미지를 만든다.

---

24) 런던 비즈니스 스쿨(London Business School)은 파란색을 전용색으로 사용한다. 전용색은 색상을 통한 자기표현이자 특정 느낌의 자극 수단이다.

25) 그래픽 디자인(graphic design)은 조직이나 상품의 이름, 부호, 문장, 상징물 등의 조합, 도안(모양, 색채, 배치 등에 의한 메시지 표현), 사진(photography)이나 활자술(typography) 등을 이용한 가치, 의미, 감정, 아이디어의 시각적 표현 기법이다.

1. 서론

1) 개념 정의

브랜드 개념 정의는 고도로 다양하다. 민간부문에서는 이미 1980년대 중반부터 브랜드에 대한 집중적 관심이 시작되었지만, 연구자와 실무자들의 광범위한 사용에도 불구하고, 개념에 대한 합의는 아직 없다. 이것이 브랜드의 해석과 관리에 혼란을 초래하고 있다.[26] 미국마케팅학회는 브랜드를 "판매자가 자신의 상품(제품과 서비스)을 고객들이 식별하고 다른 판매자의 것과 구분 짓게 하려는 의도로 만든 이름, 말(terms. 단어, 구, 문장), 기호, 상징이나 디자인, 또는 이들의 조합"으로 정의한다.[27] 반면 많은 연구자나 실무자들은 브랜드를 고객들이 마음속에서 발전시킨 특정 조직이나 상품에 대한 이미지, 퍼스낼리티(개성이나 성격)라고 생각한다. 또 어떤 사람들은 브랜드를 등록상표[28]와 같은 법적 소유권의 표시로 이해하고 조직 그 자체라고도 말한다. 브랜드가 무엇인가를 놓고 이처럼 정의가 다양하다. 가장 일반적 정의는 크게 두 가지이다. 하나는 브랜드가 이름, 기호, 디자인, 로고, 상표(trademark), 브랜드 슬로건, 전용 폰트(fonts. 고유 또는 지정 서체) 등이라는 정의이다. 또 다른 하나는 고객의 조직이나 상품에 대한 이미지(생각이나 느낌, 기억이나 연상 등)라는 것이다.

브랜드의 핵심은 개성과 차이이고,[29] 목적은 고객이나 이해관계자의 조직이나 상품이 누구의 것이거나 어떠한가에 대한 인식, 조직이 원하는 느낌이나 연상(소비자들이 브랜드를 보았을 때 떠올리는 것들), 기억의 촉진이다. 브랜드는 이름이나 기호, 상징, 디자인, 이들의 조합 등이 표적고객의 마음속에 만들어 내는 느낌이나 기대, 기억, 경험

---

26) Maurya & Mishra(2012), pp. 122, 128.

27) American Marketing Association. https://www.ama.org. 검색일 2019.1.17.

28) 상표(trademark)는 제조자 또는 상품을 구별하기 위한 표장(標章. 기호, 문자, 도형, 소리, 냄새, 입체적 형상, 홀로그램, 동작 또는 색채 등)으로, 등록상표는 법률이 지적 재산권으로 보호한다. 「상표법」 제2조 제1항 참조.

29) 이미지는 조직이나 상품에 대한 고객 인식의 총합으로, 따뜻하거나 모던하다는 등의 생각이나 느낌, 연상이나 기억이다. 조직의 이미지 관리란 긍정적, 호의적 이미지를 만들어내기 위한 노력이다. 브랜드의 관심은 여기서 한 걸음 더 나아가 경쟁 조직이나 상품과의 차이나 개성, 이를 통한 고객 선호의 획득이나 생성이다.

이나 관계, 스토리 등 인식의 종합이나 패키지이다. 브랜드는 비록 이미지 요소들에 의하여 생성된 일련의 생각과 느낌들이지만 조직이나 상품의 이름, 상표 그 이상으로 고객이 상품과 제공자를 다른 경쟁 조직이나 상품과 차별하여 인식할 수 있도록 돕고,[30] 특정 상품의 구매를 촉진한다.

　　브랜드를 투입, 산출, 결과의 관점으로 나누어 설명할 수도 있다.[31] 다음 <표 1>은 관점에 따른 브랜드의 의미다.

▌표 1 관점에 따른 브랜드의 의미

투입	산출	결과
로고, 상표 등 조직의 정체성 요소	이미지, 퍼스낼리티(personality), 관계, 부가가치	조직의 발전

　　투입 관점에서 브랜드는 로고나 상표 등과 같은 조직의 정체성 요소이다. 산출의 관점에서는 고객 내면에 형성된 이미지, 퍼스낼리티, 고객과 상품 간의 관계나 부가가치로, 상품의 용도에 따른 효용을 넘어 고객이 조직이나 상품에 대한 경험을 통해서 얻는 기능 외적인 편익을 포함한다. 결과의 관점에서 브랜드는 조직의 목적 달성과 긍정적 변화, 궁극적 발전이다. 이러한 설명은 투입에서는 브랜드가 로고, 상표, 조직의 정체성 요소이지만 산출 차원에서 볼 때는 기능적 편익을 넘는 고객들에게 정서적으로 어필하는 개성이나 차이라는 것, 결과는 조직의 발전이라는 입체적 인식으로, 조직에서 소비자로 브랜드 인식의 이동을 나타낸다.

2) 상품과 브랜드

　　상품이 곧 또는 모든 상품이 브랜드인 것은 아니다. 브랜드는 시장에서 소비자들의 집중적, 지속적 선택을 얻은 상품이다. 다음 <표 2>는 둘 간의 차이이다.

　　상품이 정부부문이나 기업이 시장에 출시한 물품과 서비스, 가치라면 브랜드는 고객이 이들을 경쟁자의 다른 상품과 차별적으로 인식(지각, 해석과 판단, 연상, 기억, 추리)하도록 만들어주는 이름, 로고 등이다. 상품은 필요 충족이지만 브랜드는 욕구, 선호(preferences. 공통적 필요가 아닌 특별히 더 원하는 것) 충족이 목적이다. 브랜드는 생산의 주체가 상품 생산자가 아니라 고객이다. 상품은 조직이나 공공기관이 생산하지만 브랜

---

30) Ghodeswar(2008), p. 4.
31) de Chernatony & Riley(1997), pp. 90-93에 기초하되 일부를 수정하였다.

▌표 2 상품과 브랜드의 차이

구분	상품	브랜드
개념 정의	판매 목적으로 출시한 물품과 서비스, 가치이다.	조직이나 상품의 고유하고, 개성적 이미지, 차별적 감정의 전체 또는 특유의 인식을 만드는 이름, 로고, 디자인이다.
	필요(need) 충족에 기여한다.	욕구(want, 선호), 감정, 약속과 기대를 충족시킨다.
생산의 주체	상품 생산자	고객
특징	경쟁자들의 상품에 의하여 대체될 수 있다.	고유하여 대체가 불가능하다.
	주어진 용도를 갖고 기능을 수행한다.	가치를 추가한다.
	유형 또는 무형적이다.	고객 마음속에 존재하여 겉으로 보거나 형체로 느낄 수 없다.
	한시적이다.	고객의 기억 속에 존재하여 시간이 경과하여도 잘 변하지 않는다.

드는 고객이 구매와 소비 경험을 통하여 내면에서 만들어내는 인식, 생각, 느낌이나 기억, 기대 등이다. 우정사업본부가 택배, 예금이나 보험서비스를 브랜드 상품으로 개발한다는 계획이라면 똑같은 택배서비스라도 오직 우체국만이 할 수 있는 서비스를 제공하겠다는 일단의 선택이고, 고객이 시장에서 서비스 구매와 이용 등을 통하여 차별적 느낌을 갖고, 똑같은 상품이라도 보다 큰 부가가치(가격을 초과하는 편익이나 선호의 충족)를 제공하기 위한 시도이다.

3) 중요성

브랜드는 고객과 이해관계자에게 상품의 존재와 제조자, 품질의 차이에 관한 정보를 전달하는 방법이고, 상품의 정체성과 이미지 구축, 심리적 경험 공유의 수단이다. 브랜드는 인지도 개선을 넘어 가격 프리미엄을 제공하고 직접적으로 보다 많은 수익 창출에 기여한다. 소비자들은 브랜드 이름을 가진 상품을 그렇지 못한 상품보다 더 우수한 것으로 평가한다. 또 가격 비탄력적 반응을 강화하여 품질이 같아도 생산자는 보다 높은 가격을 받을 수 있다. 정보경제학(information economics. 정보가 경제와 경제적 의사결정에 미치는 영향을 연구하는 분야)은 강력한 브랜드 이름은 불완전한 정보를 가진 구매자들에게 상품의 품질을 신뢰할 수 있다는 신호로써 작용하여 가격 프리미엄을 만들어낸다고 말한다.[32]

2. 개념의 발전

브랜드 개념의 발전은 고객의 학습과 브랜드를 얼마나 소중하고 가치가 있는 것으로 생각하는가라는 관점에서 6단계로 나뉜다.[33]

1단계 브랜드 이전의 상품. 상품 공급자들이 자신의 상품을 경쟁자들의 그것과 차별하려는 노력을 거의 하지 않는 단계이다.

2단계 준거(차이나 행동의 기준)로서의 브랜드(brand as reference). 공급자는 제품과 서비스의 차별화 압력을 받고 품질개선을 통한 차별을 시도한다. 소비자들은 상품의 존재에 대한 인식을 넘어서 품질을 비교하고 상품을 선택할 때 차이를 고려하며 브랜드 이름을 사용하기 시작한다.

3단계 개성으로서의 브랜드(brand as personality). 상품을 더 이상 기능적으로 차별화하기 힘들어지고, 마케터들은 상품에 개성을 부여하여 차별화를 시작한다. 비누에 "아이보리 비누(Ivory soap)"라는 이름을 붙여 우유 빛 미백색(creamy–white colour)의 피부라는 연상을 판매한다. 상품 경험과 평가의 과정에 소비자가 원하는 감정 주입의 시도이자 정서적 유대를 만들기 위한 노력이다. 상품은 전 단계에서의 외형이나 기능적 차별을 넘어 이제부터는 소비자의 자기표현 기회를 제공한다. 소비자도 자신의 상품 이용 경험을 바탕으로 브랜드의 이미지 구성에 참여한다.

4단계 아이콘[34]으로서의 브랜드(brand as icon). 소비자들이 브랜드를 자신이 원하는 물품, 특정 의미를 갖는 소유의 대상으로 생각한다. 소비자들은 브랜드를 자기 정체성(self identity), 상징, 표현의 수단으로 간주한다. 아이콘으로서의 브랜드는 소비자들의 기억을 통하여 1차적, 2차적 연상을 만들어낸다. 브랜드 커뮤니케이션은 조직이 소비자들의 이러한 연상을 확장하고 강화하기 위한 것이다.

5단계 회사로서의 브랜드(brand as company). 브랜드는 곧 회사로 소비자는 브랜드 상품과 회사를 같은 것으로 인식한다. 커뮤니케이션도 다양한 측면뿐만 아니라 공급자와 소비자 간 양방향으로 일어난다.

6단계 정책으로서의 브랜드(brand as policy). 마케팅의 포스트모던 단계이다. 브랜드는 복잡한 정체성을 갖는다. 소비자들은 브랜드를 회사가 얼마나 윤리적, 사회적, 정치적 코즈(causes. 공공규범 또는 가치)와 일치하는가의 관점에서 평가하고 판단한다. 또 상품구매를 통하여 회사가 추구하는 주의나 방침에 대한 지지를 표시하는 식으로 브랜

---

32) Pinar et al.(2016), p. 530.

33) McEnally & de Chernatony(1999), pp. 1–3.

34) 아이콘(icon)은 떠받들거나 드러내기 위한 또는 사랑의 대상으로서의 우상 또는 상징을 뜻한다.

드를 소유한다.

1에서 3단계까지는 소비자들이 브랜드를 선택이나 소비의 대상으로, 그 이후부터는 자신의 가치 실현 방식으로 받아들인다. 브랜드 개념의 발전단계에 대한 이러한 설명은 제품의 반복적 구매에 국한된 것이다. 정부마케팅에서 상품이나 고객은 다양하고 구매도 반복적이기 보다는 1회적이거나 제한적 횟수로 나타난다는 점에서 발전단계 설명도 이러한 차이의 고려가 필요하다.

3. 브랜드 정체성과 이미지

브랜드 정체성(brand identity, BI)은 경쟁 조직이나 상품과 차별되는 일단의 느낌, 기억이나 연상을 만들어내는 가치나 철학, 속성 등으로, 조직의 미션, 비전, 전략적 목적을 반영한다.[35] 브랜드가 조직이나 상품에 대한 차별적 느낌이나 연상의 집합이라면, 브랜드 정체성은 이들을 만들어내는 소스이다. 진 노엘 카퍼러(Jean Noel Kapferer)는 브랜드 정체성을 보다 자세히 물리적 요소(브랜드의 물리적 특징이나 속성), 퍼스낼리티(개성과 성격), 문화(상품이 추구하는 가치. 예 고품격, 고급, 빈티지, 장인정신, 고객의 안전 등), 관계(브랜드가 상정하는 사람들 간의 관계. 예 연인, 엄마와 아이 간의 관계), 진지한 고려(reflection. 브랜드가 자신의 표적시장을 누구로 생각하는가, 누가 자신의 전형적 소비자들인가를 생각하게 하는 요소), 자기 이미지(self-image. 브랜드 소비자들은 자신을 누구라고 보는가, 브랜드가 다른 사람들로 하여금 자신을 어떤 사람인가로 생각하게 만드는 요소), 6가지 요소의 프리즘 구조로 설명한다.[36] 물리적 요소와 퍼스낼리티는 판매자가 브랜드 이미지를 만들기 위하여 사용하는 요소이고 진지한 고려와 자기 이미지는 사람들의 브랜드 구매에 의하여 만들어지는 정체성 요소이다. 관계와 문화는 둘 사이를 매개하는 브랜드 메시지의 외면 및 내면적 요소이다. 모두 브랜드 정체성을 구성하는 유형, 무형의 요소들로, 브랜드 정체성이 단면이 아니고 다차원적인 요소들의 합이라는 것을 보여준다.

브랜드 이미지(brand image)는 잠재적 고객들이 조직이나 상품을 무엇이고 어떠하다고 보는 인식이다. 소비자들은 실제 경험이나 획득 정보에 기초하여 조직이나 상품에 대한 느낌, 태도, 생각, 기억, 인상 등 일련의 지각이자 연상들을 만들어낸다. 브랜

---

35) Kapferer(1991), p. 68.
36) Kapferer(1992), p. 38; Berrozpe, Campo, & Yagüe(2017), p. 1038.

드 이미지는 고객 중심적으로, 조직이 브랜드 정체성을 선택한다면, 이미지는 고객이 만든다. 정체성이 조직의 투입이라면, 이미지는 산출이다. 브랜드 이미지는 조직이나 상품에 대한 이해를 개선하고, 우호적 생각이나 태도를 만들어 가격 민감도를 낮추는 역할을 한다. 가격책정에서는 프리미엄 제공으로 판매와 수익의 증가에 직접적으로 기여한다. 나아가 참여나 수용성을 촉진한다. 브랜드 이미지는 상품의 기능적 속성보다 오래 변하지 않고 남는 경향이 있다. 이미지가 눈에 띄고 높은 신뢰를 창출할수록 강력한 설득적 메시지 전달 효과가 있다. 조직은 이러한 이유로 다양한 요소들을 활용, 조직이나 상품의 원하는 이미지를 만들어 선택과 수용을 촉진하고 새로운 고객을 끌어들이거나 기존 고객을 뺏기지 않고자 노력한다.[37]

4. 브랜드의 역할

1) 역할

조직이나 상품판매자의 관점에서 브랜드는 여러 가지 긍정적 역할을 한다.[38]

첫째, 조직이나 상품의 식별과 인지도 제고이다. 브랜드는 소비자들의 상품 식별의 수단이다. 소비자들은 브랜드를 통해 짧은 시간에 자신이 원하는 상품을 찾고, 시간과 에너지도 절약할 수 있다.

둘째, 다른 조직 또는 상품과의 차이 정보제공이다. 브랜드 요소들(이름, 로고, 마크, 디자인, 상징 등)은 생산자와 상품에 관한 정보제공의 효과적 수단이다.[39] 조직은 브랜드를 통해 자신이 제공하는 상품의 차별적 가치, 내용, 편익에 관한 정보를 전달하고, 소비자들은 이를 통해 상품들 간의 차이를 식별한다.

셋째, 상품의 차별적 이미지 구축이다.

넷째, 우호적 감정 창출이다. 브랜드 요소인 로고, 슬로건, 노래 등은 따뜻하거나 부드러운 느낌, 진취성 등의 원하는 감정을 창출한다.

다섯째, 상품 품질의 보증이다. 브랜드는 상품의 품질을 보증하는 역할을 한다. 많은 사람들은 브랜드 상품이 그렇지 못한 상품보다 품질이 뛰어난 것으로 생각하고, 구

---

37) Kotler & Lee(2007b), p. 12.
38) de Chernatony & Riley(1997), pp. 93-94; Balmer & Gray(2003), p. 973; Briciu(2016) p. 142.
39) Ghodeswar(2008), p. 4.

매 시 기꺼이 보다 비싼 값을 지불한다.

여섯째, 고객 충성도 제고이다. 좋은 이미지는 고객의 상품에 대한 충성도를 높이고 지속적인 지지, 협력, 참여를 촉진한다.

일곱째, 고객의 만족도와 신뢰도를 제고한다. 이름이나 로고는 고객에게 만족과 신뢰의 가치를 전달한다.

여덟째, 자기표현 수단으로서의 역할이다. 고객들은 브랜드를 자신이 누구인가를 표현하는 데 사용한다.

아홉째, 자산 가치의 형성이다.

2) 예시

지역상품 마케팅은 중소기업의 공산품, 주민들의 농축수산물을 해외시장에서 판매촉진하는 활동이다. 농축수산물 브랜드 개발과 상품판매 마케팅에서 브랜드의 역할은 본질적, 파생적, 크게 두 가지 차원으로 나뉜다. 다음 <표 3>은 각 차원별 브랜드의 역할과 내용이다.[40]

❙표 3 농축수산물 상품 브랜드의 역할

구 분		내 용
본질적	식별과 인지도 제고	경쟁 국가 및 지자체 상품과의 차별화, 판매 시 우월한 협상 지위의 획득
	표시	생산자 표시, 신용 축적
	보증	품질에 대한 약속
	자산	자산가치 형성
파생적	충성도	만족도, 우호적 감정, 신뢰 제고, 자기표현의 기회 제공으로 지속적 구매 유도
	광고와 판매촉진	상품 편익 및 기능적 차이 정보제공, 구매욕구 자극에 의한 동기 유발
	제조사와 상품 내용 정보의 전달	소비자들에게 제조사와 상품 원료, 특징, 기능적 차이 등에 관한 정보의 제공

브랜드는 이러한 역할을 통하여 판매자와 소비자 모두에게 상품 이름이나 로고, 상표 그 이상의 판매촉진 기회를 제공한다.

---

40) 임기홍(2008), p. 66의 설명을 표로 재구성하였다.

제5절 | 브랜드 가치와 브랜드 자산

1. 의미

브랜드 가치(brand value)는 브랜드의 지명도(知名度)가 만들어내는 현재 및 미래 예상 수익이고, 브랜드 이름값이다. 브랜드 가치는 브랜드 역할과 인지도, 고객의 브랜드에 대한 가격 프리미엄(브랜드가 없을 경우보다 또는 장부가격보다 더 높은 가격) 지불 의사로 이루어진다. 브랜드 가치는 무형의 자산이자 금전적 가치로 브랜드가 추가적으로 만들어내는 순익의 화폐 가치이다. 평가 방법은 크게 마케팅적 방법과 재무적 방법, 두 가지이다. 마케팅적 방법은 브랜드 인지도, 충성도, 소비자가 브랜드 상품 구입에 얼마나 추가적으로 더 지불할 의도가 있는가 등을 질문하고, 재무적 방법은 브랜드 자산의 평가로, 특정 상표명으로 판매된 모든 상품의 매출액에서 브랜드 기여의 화폐 금액으로의 환산이다. 단점은 전자는 주관적이고, 후자는 브랜드 가치가 무형의 자산이어서 이를 재무제표나 주식 등과 분리하여 측정이 어렵다는 점이다.

브랜드 가치가 큰 상품은 그만큼 큰 프리미엄을 제공한다. 브랜드는 가치가 클수록 원가와 판매가 간의 더 큰 차액을 보장하고, 고객들은 상품의 기능적 소비로부터 누리는 것보다 더 많은 만족과 편익을 얻을 수 있다. 인지심리학(cognitive psychology)[41]은 브랜드 가치가 브랜드 특징 및 관련 요소들에 대한 고객의 자각에서 나온다고 설명한다.

브랜드 자산(brand equity)은 브랜드에 대한 고객 충성도(customer loyalty),[42] 브랜드 인지도, 이미지, 제품과 서비스의 질에 대한 고객의 지각 등으로 이루어진 무형의 재산이다.[43] 브랜드 자산이란 소비자들이 얼마나 계속하여 상품을 구매하고자 하는가, 얼마나 브랜드 이름이나 상품의 특징을 뚜렷이 기억하고 호의적으로 생각하는가, 애착을 갖는가, 조직이나 상품의 품질을 얼마나 높게 평가하고 긍정적 연상을 만들어내는가 등에 관한 것이다. 브랜드 이름의 부가가치 외에 상표, 특허, 유통채널 등의 가치도 포함한 개념이다. 조직의 마케팅 활동뿐만 아니라 고객의 조직이나 상품과의 상호 작용이 생성한 지식,

---

41) 인지심리학은 실재 및 비실재적 대상에 대한 인간의 인식, 사고, 주의, 기억, 추론, 언어, 문제 해결 과정 등을 연구하는 학문 분야이다.

42) 고객 충성도(customer loyalty)는 고객이 브랜드 상품을 경쟁상품의 유혹에도 불구하고 미래에도 또 다시 구매하고자 하는 마음이나 기분이다.

43) Kotler & Lee(2007a), p. 114; 한국지방행정연구원(2009), pp. 10-14.

분별, 판단, 느낌들이다. 특징은 무형적이고 고객의 믿음에 의존하지만 금전적 가치를 갖는다. 브랜드 자산은 고객의 인지(지식과 느낌, 연상), 태도(선호도)나 의도(충성도), 행동 등으로 존재하고, 효과는 상품 가치의 개선(똑같은 제품이나 서비스라도 높은 가격 프리미엄, 낮은 가격 탄력성), 시장점유율이나 매출액의 지속적 증가 등이다. 성공적 브랜딩은 브랜드 자산 규모의 증가로 나타난다. 이때 자산은 기능적 효용뿐만 아니라 정서적 가치를 포함한 것으로, 브랜드가 강력하다는 것은 곧 브랜드 자산의 규모가 그만큼 크다는 뜻이다.[44] 또 자산이 많다는 것은 그것을 부착한 상품이 그렇지 않은 것보다 판매량, 수익성, 고객 선호도가 더 높다는 것을 의미한다. 브랜드 자산이 클수록 가격 프리미엄도 증가한다.

2. 브랜드 가치와 자산

브랜드 가치와 브랜드 자산 모두 브랜드가 얼마나 가치 있는가를 보여주는 척도이다. 하지만 브랜드 가치는 조직의 재무적 차원에서의 가치이다. 브랜드가 조직에 추가하는 경제적 부가가치이고 매출액과 대차대조표 상의 기록으로 나타나는 금전적 성과 개념이다. 브랜드가 만들어내는 가격 프리미엄과 매출을 통하여 발생한 추가적 순이익이다. 반면 브랜드 자산은 브랜드 가치에서 한 걸음 더 나간 것으로 브랜드를 조직의 장기적 성과 창출 관점에서 본 전략적 재산의 개념이다. 브랜드 자산은 고객들이 생각하는 브랜드의 중요성 그 이상이다. 브랜드의 현재의 상품판매 성과뿐만 아니라 브랜드 지명도(제품이나 서비스 이름이 널리 알려진 정도), 고객의 충성도, 제품이나 서비스의 품질에 대한 인식, 연상 효과, 유통시스템, 나아가 한계나 부채도 고려한 개념이다. 브랜드 가치가 마케팅의 관심이라면 브랜드 자산은 조직의 비즈니스 전략적 관심이다. 따라서 브랜드 자산 측정은 브랜드 가치의 측정보다 더 어렵다.[45]

일부 연구자들은 브랜드 가치와 브랜드 자산을 표현은 다르지만 둘 모두 가치에 관한 것으로 이해한다. 브랜드 가치는 브랜드 생산자의 관점에서 본 것으로 브랜드가 얼마의 금전적 가치를 갖고 있는가라고 한다면 브랜드 자산은 소비자들이 내면에 형성한 조직이나 상품에 대한 비금전적 순수 가치(equity)라는 해석이다.[46]

---

44) 브랜드 파워(brand power)는 브랜드가 소비자들의 내면에 바람직한 감정이나 연상을 만들고 상품에 대한 매력을 창출하는 힘이다.

45) 한국지방행정연구원(2009), pp. 64, 74. 구자룡·이정훈(2008), 박성호·김완배(2009)는 질문지법으로 도시브랜드 자산을 평가하고, 농산물브랜드 자산 가치를 측정한 바 있다.

46) Benedek(2017), p. 44.

3. 브랜드 확장

브랜드 확장(brand extension)은 브랜드 가치가 큰 상품의 브랜드를 그렇지 못한 새로운 상품이나 상품군에서도 사용하는 마케팅 전략이다. 목적은 상품 라인이나 상품 군의 확장, 브랜드 자산의 증가, 인지도 제고와 수익 개선 등이다. 나이키(NIKE)는 스포츠 용품을 제작·판매하는 미국의 스포츠 분야 상품 브랜드로, 신발 브랜드로 개발 되었으나 현재는 골프나 야구, 농구, 축구, 테니스 등의 클럽, 볼, 가방, 모자 등에도 확장하여 사용한다.

제6절 브랜드 이미지의 개발

1. 브랜드 요소

브랜드 요소(brand elements)는 브랜드 이미지를 만들어내는 성분들이다. 이들은 표적고객이나 이해관계자들이 브랜드를 인식하고 경쟁 조직이나 다른 상품들과 구별 할 수 있도록 만들어주는 것들로, 브랜드 상품이 무엇인가, 어떤 것인가 등에 관한 이 미지 생성 역할을 한다. 브랜드 이미지 요소는 조직이나 상품의 이름, 로고, 상표, 상 징, 디자인, 브랜드 슬로건, 노래, 캐치 프레이즈[47], 신조(motto), 고유 문양이나 색상, 소리, 향기, 맛, 운동(movements. 특정 목적을 달성하기 위한 활동) 등으로 다양하다. 로 고, 마크, 디자인, 고유색, 캐릭터, 마스코트 등이 시각적 요소라면 음악이나 노래, 멜 로디 등은 청각적 요소이다. 조직은 자신이나 상품의 정체성 요소를 브랜드 요소로 활 용하고, 필요한 경우 개발하여 사용한다.

브랜드 요소는 고객이 특정 상품을 소비할 때 무엇을 얻을 수 있을 것인지에 관한 기대를 효과적으로 자극한다. 또 고객의 조직이나 상품에 대한 경험이나 느낌을 분명 하고 오래 지속시키는 역할을 한다. 이미지 요소들은 서로 상호작용을 통하여 브랜드 의 고유한 특성, 차별적 느낌을 강화한다.

---

47) 캐치 프레이즈(catchphrase)는 광고나 선전에서 사람들의 이목을 끌기 위해 반복적으로 사용하 는 짧은 문구나 표어, 구호이다.

2. 브랜드 퍼스낼리티

브랜드 퍼스낼리티는 조직이나 상품을 마치 사람인 것처럼 간주하여 브랜드에 부여한 성격 특성이다. 따듯하다, 세련되다, 젊다, 이국적이다, 밝다, 품위가 있다, 부드럽다, 여성스럽다 등에 의한 브랜드의 표현이 그 예다. 브랜드의 정체성, 이미지 표현의 한 방법으로, 브랜드는 물리적 요소들의 조합이지만 퍼스낼리티에 의한 의인화는 브랜드를 마치 살아있는 것처럼 묘사한다. 다음은 브랜드 퍼스낼리티가 이미지 구축에서 갖는 이점이다.[48]

첫째, 브랜드 상품의 속성에 대한 풍부한 감성적 정보의 이용과 이를 통한 상품의 특성, 차이의 세밀한 표현이다.

둘째, 사람에 비유함으로써 편하고 친밀한 느낌을 만들어 낼 수 있다. 고객은 브랜드의 특징을 마치 사람의 개성, 성격처럼 인식한다. 따듯하다, 부드럽다 등의 표현을 사용하여 상품을 설명하고 또 이를 통해 일련의 원하는 느낌을 만들고 소비자들과 브랜드 간의 거리도 좁힐 수 있다.

셋째, 소비자들의 브랜드를 통한 자기표현을 돕는다. 소비자들은 상품을 통해서 자신이 누구인가를 외부에 표출하고 싶어한다. 퍼스낼리티는 구매 고객에게 이러한 자기 표출의 기회를 제공한다.

넷째, 소비자가 브랜드와 의미 있는 감성적 관계를 형성할 수 있는 토대를 제공한다. 브랜드 퍼스낼리티는 개성이나 성격에 기초한 감정이나 생각 표현으로 고객과의 감성적 관계 형성과 생각의 공유에 기여한다.

다섯째, 브랜드를 개발할 때 어떤 특성을 보다 더 고려할 것인가에 대한 정보를 제공한다.

여섯째, 브랜드 퍼스낼리티는 상품의 기능적 특징이나 편익과 달리 시장의 경쟁자들이 모방하기 쉽지 않다.

브랜드 퍼스낼리티는 고객의 상품구매 결정에 중요한 영향 요소이다. 마케터는 브랜드를 개발할 때 표적고객이 원하는 상품의 퍼스낼리티가 무엇인가에 대한 집중적 분석이 필요한 이유이다.

---

48) Coleman(2010), pp. 148−149.

3. 이미지 개발 전략과 과정

1) 개발 전략

브랜드 이미지의 개발 전략에는 두 가지가 중요하다. 하나는 브랜드 이미지와 정체성의 일치이다. 정체성이 이미지를 리드한다. 브랜드 이미지는 브랜드 정체성 요소들에 기초한 것으로, 둘 간의 갭은 조직이 의도한 이미지와 고객이 느끼는 조직이나 상품에 대한 느낌, 생각, 감정 등에 차이가 있다는 것으로, 브랜드 이미지 개발의 첫 번째 전략은 둘 간 불일치의 극소화이다. 또 다른 하나는 브랜드 조건의 충족이다. 브랜드 조건은 상품의 기능과 감성, 두 가지 차원으로,[49] 다음 <그림 2>는 이들에 대한 설명이다.

▼ 그림 2 **브랜드의 조건**

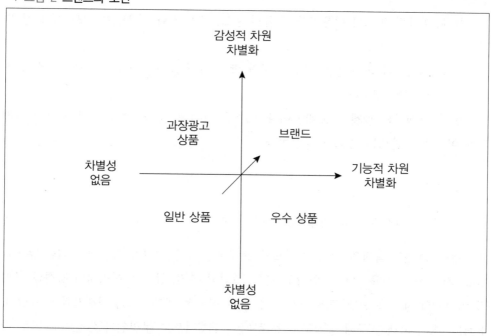

상품은 고객들의 기능적 욕구뿐만 아니라 감성적 차원의 주관적 욕구충족에 성공할 때 브랜드로 태어난다. 일반 상품은 브랜드가 되기 위한 두 가지 조건 모두에 미달한 상품이다. 우수 상품은 기능적 우수성이 뛰어나지만 감성 차별화를 만들지 못한 상

---

49) Goodchild & Callow(2001), p. 37.

품으로, 브랜드로서의 역할을 하지 못한다. 그 반대는 과장광고 상품이다. 과장광고 상품은 감성적 차별화에 성공했지만 기능적 차별성이 없는 경우이다. 브랜드 이미지 개발 전략에서 브랜드 가치를 극대화하기 위해서는 상품의 품질개선과 감성적 차별화, 두 가지 차원의 고려가 필요하다.

2) 이미지 개발 방법

조직이 브랜드 이미지를 개발하는 방법은 여러 가지이다.[50]

첫째, 이미지 요소(이름, 정체성 마크, 로고, 브랜드 슬로건, 워드마크, 시그니처, 엠블럼, 캐릭터 등)의 개발과 커뮤니케이션이다. 이미지 요소들을 홈페이지, 광고나 홍보, 사무용품, 소개나 안내 책자, 포장지, 직원 복장(제복이나 유니폼), 건물이나 시설, 인테리어, 버스 정거장, 소속 차량, 공공시설(공원 벤치, 휴게소, 공중전화, 쓰레기통) 등에 활용하는 방법이다.

둘째, 마케팅 믹스의 이용이다. 상품의 품질, 가격 전략, 유통, 프로모션에 의한 원하는 이미지의 생성이다.

셋째, 전략이나 의사결정, 업무 추진의 방식, 구성원들의 행동이나 태도, 언어, 조직문화 등에 의한 것이다.

넷째, 고객과의 관계, 상호작용이다. 이것은 간접적, 소극적이고 오랜 시간이 걸리지만 이미지를 만드는 중요한 방법이다.

3) 과정

브랜드 이미지의 개발 과정은 다음과 같다.[51]

첫째, 브랜드 목적의 결정. 브랜드를 통해서 무엇을 얻고자 하는지 목적을 분명히 한다. 기존 또는 신규 고객의 인지도 개선, 기억의 촉진, 긍정적 이미지의 강화와 부정적 이미지의 제거를 통한 고객과의 보다 깊은 정서적 관계 구축, 경쟁자와의 차별화, 신뢰도 제고, 고객의 구매 동기부여 등 목적이 구체적으로 무엇인가를 정하고 이들 간의 우선순위 리스트를 작성한다. 목적이 분명해야 브랜드 이미지 요소의 개발과 효과

---

50) Otubanjo & Melewar(2007), p. 421; Melewar & Saunders(2000), p. 538; van Riel & Balmer (1997), pp. 340－341; 박흥식(2010). 지방정부 정체성 프로그램 '상징' 요소의 차이: 한·미·일 간 및 시차적 변화의 비교. 한국거버넌스학회보, 17(2), p. 172.

51) Ghodeswar(2008), pp. 6－7; Kotler & Lee(2007a), pp. 118－124, 131.

적 프로모션도 할 수 있다.

둘째, 표적고객 식별. 대상이 누구인가? 브랜드 노출이 이루어질 1차적 표적고객이 누구인가를 확인한다. 잠재고객의 이목을 끌고 행동의 변화를 자극하기 위한 메시지는 표적고객이 누구인지 분명하고 구체적이며 그들의 관심과 성향, 소비패턴, 생활양식 등을 정확히 반영할 때 성공할 수 있다.

셋째, 브랜드 정체성의 명료화. 브랜드 정체성의 확인이다. 브랜드 이미지의 표출은 정체성 요소들의 선택과 구성을 통해서 이루어진다. 고객이 브랜드로부터 무엇을 느끼고 어떻게 생각하길 원하는가를 분명히 한다.

넷째, 브랜드 약속. 브랜드를 통해 소비자에게 어떤 편익을 제공한다고 약속할 것인가를 결정한다.

다섯째, 포지셔닝. 표적시장에서 고객들의 마음과 의식 속에 조직이나 상품의 중요한 가치를 어떤 것으로 차별화할 것인지, 고유 요인, 차이점을 정한다. 조직은 이 단계에서 경쟁자가 제공하지 못하는 어떤 편익을 약속할 것인가, 고객을 위하여 무엇을 더 잘할 수 있는가 등을 선택한다.

여섯째, 정체성 요소의 개발. 브랜드 목적, 표적고객이 누구인가 등을 고려하여 표적집단의 태도나 행동변화에 가장 영향력이 있는 정체성 요소들(이름, 로고, 마크, 노래, 슬로건, 캐릭터, 고유색, 전용 무늬 등)을 선정하여 최적 조합을 만든다. 브랜드 정체성 요소들은 조직, 상품의 특성, 문화와 일치해야 한다. 조직문화는 조직의 가치, 믿음, 원칙, 업무 추진의 방식이나 직원들의 행동 등의 총합으로 조직문화의 지지를 받지 못하는 브랜딩은 성공하기 어렵다.[52] 보건복지부는 사회적 가치 상품 금연 마케팅 프로그램의 브랜딩에서 정체성 요소로 NO SMOKING 로고, 금연 송(노래), 캐릭터, 홍보 대사, 슬로건("흡연은 질병, 치료는 금연") 등을 사용한다.[53]

일곱째, 브랜드 메시지 커뮤니케이션. 표적시장을 대상으로 브랜드 차별화, 고객의 관심과 선택을 얻기 위하여 무엇을 어필할 것인가를 고려하여 메시지 유형(동영상, 음악, 텍스트, 디자인 등)과 내용을 구성하고, 커뮤니케이션 채널(광고와 홍보 등)과 도구(소셜 미디어, 인터넷, TV, 라디오, 신문 등)를 선택하여 전달한다.

여덟째, 모니터링과 시정. 판매량, 고객의 브랜드 인지, 브랜드가 고객에게 어떻게 어필하고 있는가, 브랜드 파워 등에 대한 모니터링이다. 이미지 개발의 마지막 단계로

---

52) Proctor(2007), p. 141.
53) 보건복지부(2017). 2017년 금연홍보 및 캠페인. 내부자료. http://m.fingerband.kr. 검색일 2018.10.28.

브랜드가 약속한 차별적 느낌이나 호의적 감정, 연상을 만들어내고 있는가에 대한 점검, 계획과 실제 간에 갭이 있는 경우 이를 시정하는 단계이다.

4) 사례

브랜드 이미지 개발은 브랜드 정체성, 추구하는 가치, 원하는 느낌의 결정, 디자인에 의한 이미지 요소의 개발, 커뮤니케이션, 소비자들 내면에 느낌, 기억과 연상의 형성으로 완성된다. 다음 <그림 3>은 이러한 과정이다.

▼ 그림 3 **브랜드 이미지의 개발**

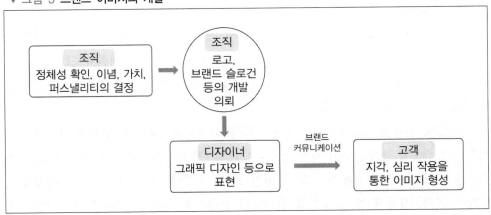

마케터는 먼저 브랜드 정체성(이념, 가치, 퍼스낼리티 등)을 결정한다. 다음은 브랜드 이미지 요소(로고, 브랜드 슬로건 등)의 개발, 커뮤니케이션을 통한 메시지의 전달이다. 이미지는 표적고객의 지각, 심리 작용의 결과로 나타난다.

4. 커뮤니케이션

브랜드 이미지는 상품과 이미지 요소 커뮤니케이션에 의해 생성된다. 커뮤니케이션은 1차적(primary. 기본적) 커뮤니케이션, 2차적(secondary. 보조적) 커뮤니케이션, 그리고 제3(tertiary)의 커뮤니케이션의 구조이다.[54] 다음 <그림 4>는 도시상품의 예이다.

---

54) Kavaratzis(2004), p. 67 Figure 1: City image communication을 독자들의 이해를 돕기 위하여 내용의 일부 표현을 수정하였다.

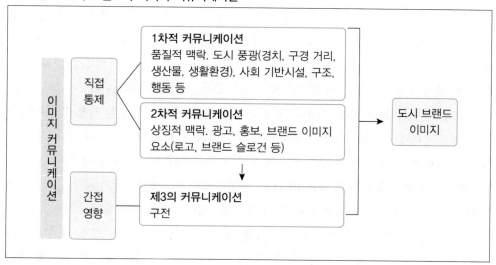

▼ 그림 4 도시 브랜드의 이미지 커뮤니케이션

제1차적 커뮤니케이션은 도시의 실제적 요소들에 의한 도시가 무엇이고 어떠한가에 대한 메시지 전달이다. 도시의 풍경, 사회 기반시설, 구조, 생활환경 등 도시 모습(속성과 기능들)은 도시 브랜드 이미지를 생산, 전달하는 기본적 요소들이다. 다음 제2차 커뮤니케이션은 도시 광고, 홍보, PR과 브랜드 이미지 요소(로고, 브랜드 슬로건 등)가 만들어내는 감정, 느낌, 기억, 연상의 형성이다. 제3의 커뮤니케이션은 도시 거주자, 브랜드의 표적고객들의 구전(口傳)이 생성하는 메시지이다. 앞의 두 가지 커뮤니케이션에서는 도시정부가 직접 자신이 원하는 이미지를 구성하고 통제할 수 있지만 제3의 방법에 대한 정부의 역할은 제한적이다.

5. 관리

브랜드 이미지의 개발은 지속적 과정이다. 개발뿐만 아니라 개발 후의 지속적 관리가 중요하다. 브랜드 이미지는 조직이나 상품에 대한 고객의 경험, 평가나 다른 상품과의 비교, 기억 등을 통해 구축된다. 조직은 고객의 상품구매 및 소비 경험에 대한 정보수집을 통하여 이미지의 끊임없는 교정 노력이 필요하다. 다음은 이미지 개발 후 관리에서 중시해야 할 점들이다.[55]

---

55) Kotler & Lee(2007a), p. 124.

첫째, 상표권이나 특허 등록 등을 통한 표절이나 무분별한 모방으로부터의 브랜드 이미지 보호이다. 지자체들은 지역 상징(브랜드 이름, 캐릭터 등)이나 특산물의 상표 출원과 특허청에 등록을 늘려 왔다. 강원도의 "푸른 강원," 제주도의 "한라산 눈꽃축제," 금산군의 "금산인삼 페스티발," 영주시의 "소백산 영주고추," 청송군의 "청송사과," 순창군의 "순창전통 고추장," 안성시 "안성맞춤" 등은 이러한 사례들이다.

둘째, 브랜드 요소 사용 지침의 개발이다. 브랜드 정체성 요소와 사용 기준(로고나 워드마크의 칼라와 사이즈, 슬로건 폰트의 종류 등), 배치와 용도, 사용 시 주의할 점 등을 작성, 공표하여 무단 사용으로 브랜드 메시지를 희석하거나 고객에 혼란을 주는 것을 방지한다. 「정부기에 관한 공고」(2016.3.29. 대통령공고 제264호)는 국기(태극기), 국가(애국가), 국화(무궁화), 나라 도장(국새)의 제작이나 사용 방법을 규정한다.

셋째, 커뮤니케이션 방법의 최적 조합을 통한 프로모션, 브랜드 접촉 지점의 관리이다. 접촉점은 브랜드와 고객 간의 상호작용 지점으로, 조직이나 상품의 고객에 대한 친밀감, 헌신이나 약속, 애정, 믿음 등 우호적 감정을 만들어내는데 중요하다. 접점 관리에서는 고객들이 언제, 어디에서 브랜드를 만나는가, 메시지가 어떻게 전달되는가, 어떤 방법이 가장 중요한가를 점검하고, 브랜드 포지션도 효과적인지 확인한다. 브랜드가 의도된 결과를 만들지 못할 때 어떤 접점 또는 방법에서 실패가 일어나는가를 체크한다. 문제가 누구와의 관계에서 발생하는가, 프로그램의 참여자들인가, 파트너들인가, 어떤 전달 수단에서인가, 온라인인가 오프라인인가를 식별하고, 조직이나 상품의 이미지가 마케팅 의도, 목적에 적합하게 전달되지 않고 있다면 원인이 무엇인가를 추적한다. 원인이 고객의 선호가 바뀌거나 시장에 새로운 경쟁자의 등장 등 마케팅 환경 변화 때문이라면 브랜드 요소의 교체를 검토하여 브랜드가 의도된 이미지를 생성하도록 한다.

넷째, 브랜드 이미지의 강화이다. 브랜드의 영향력을 늘리기 위한 보다 적극적 관리로, 방법은 브랜드 개발 과정의 평가와 개선, 브랜드 자산의 확충, 시장에서 인지도가 높은 다른 브랜드 요소와의 통합 등이다.

정부부문은 브랜드 이미지 커뮤니케이션 도구로 과거에는 주로 전통적 미디어(TV, 라디오, 신문), 인쇄물, 게시판 등을 이용했으나 21세기 이후는 홈페이지, SNS가 이들을 대신하고 있다. 정부조직이나 공공기관은 홈페이지를 통해 정체성 마크, 모토, 노래, 브랜드 슬로건 등을 소개한다. 지방정부 가운데는 정치적 관점이 아닌 마케팅적 관점에서의 홈페이지 메뉴 구성도 적지 않다. 텍사스주 델라스시(City of Dallas)는 홈페이지 메인화면 메뉴를 마케팅 관점에서 거주자(Resident), 방문객(Visitor), 비즈니스(Business), 정부(Government), 뉴스(News)로 구성한다.[56] 마케팅 표적고객과 상품 중심의 핵심 메뉴구성과 배치이다. 이를 통해 표적집단이 누구인가에 따라 필요 상품과 편익을 소개하고 구매를 유도한다. 장소, 공공서비스, 사회적 가치나 아이디어, 지역상품 등 거의 모든 분야가 웹사이트(websites)를 핵심적 커뮤니케이션 수단으로 사용한다. 최근의 변화는 소셜 미디어(social media) 사용의 급증이다. 소셜 미디어는 뉴미디어(new media. 디지털 미디어)에서도 가장 발전된 형태로 대중적 메시지 전달(mass communication)보다는 수요자 맞춤형을, 일방적, 수직적 통보보다는 교환적 대화형 전달에 효과적 수단이다.

제7절 정부부문의 정체성과 이미지, 브랜딩

1. 서론

국가나 지자체, 공공기관들은 존엄, 독립과 자주성의 표시, 식별을 위하여 정체성 요소들을 개발 또는 지정하여 사용한다. 이름, 마크, 기(旗), 꽃(花), 노래(歌), 복장, 색깔 등이 예이다. 유럽 국가나 도시, 종교조직, 가문 등은 문장(紋章, coat of arms)[57]사용의 오랜 전통을 갖고 있다. 성벽이나 기사의 복장, 방패 등에 부착하여 신분과 소속을 나타내었다. 오늘날은 국가나 정부기관, 기업, 대학, 단체(예 축구 구단) 등이 정체성 마크, 로고(logo), 브랜드 슬로건 등 다양한 상징들(symbols)[58]을 브랜드 이미지 요소로

---

56) Welcome to the City of Dallas, Texas. https://dallascityhall.com. 검색일 2018.10.31. 홈페이지에 관한 한 한국 지자체들은 마케팅적 관점을 알지 못한다. 정치적 관점에서의 홈페이지 구성으로 공통적인 메뉴는 정보공개, 민원, 참여, 소통 등이다. 커뮤니케이션 대상도 지역 주민, 주권자, 납세자로 알권리, 참여, 권리 주장의 자격을 가진 사람들이다. 반면 마케팅적 관점에서의 관심은 고객(기업과 비즈니스, 방문객, 거주자)과 상품 소개이다.

57) 문장(紋章)은 중세 유럽의 왕실, 도시나 성(城), 가문이 사용하던 정체성 표식의 전통이다. 권위와 소속, 차별의 상징이다. 반면 로고는 기업이 발전시킨 식별과 차별적 느낌 전달 목적의 표현으로, 빠른 인식, 기억, 관심, 바람직한 연상을 위한 수단이다.

58) 상징(symbol)은 커뮤니케이션 수단의 하나로 국가, 조직, 개인 모두가 사용한다. 정부기관의 명칭, 정체성 마크는 핵심적 상징 표현이다.

사용하면서 고객과 이해관계자에게 자신이 누구이고 누가 상품(장소나 공공서비스, 사회적 가치 등)의 공급자인가를 알리고, 상품의 식별과 기억, 차별과 호의적 연상을 만들고자 노력한다.

정부조직이나 공공기관의 브랜딩은 자신이나 상품(정책, 프로그램, 서비스 혁신 등)의 브랜드 정체성 요소의 조합과 커뮤니케이션에 의한 것으로, 고객이나 이해관계자와의 정서적 관계 관리의 필수적 과정이다.[59] 21세기에 들어 정부부문이 가장 빈번히 사용하는 상징 요소는 브랜드 슬로건이다. 브랜드 슬로건은 짧은 문구, 구어적 표현의 그래픽 디자인으로, 정부기관들은 이것을 사용하여 자신이 원하는 이미지를 표출하고, 강화하거나 구체화한다. 시장 경쟁에서 필요한 바람직한 이미지의 창출 노력이자 기업이 발전시킨 브랜드 개발 기법의 도입이다.

2. 정체성과 이미지 요소의 발전

1) 정체성과 이미지 요소

한국은 1990년대에 지방의회 의원과 단체장을 투표로 선출하여 주민 주권과 직접민주주의의 실천을 확대한다. 정부가 단체장을 임명하던 것을 주민들의 직접선거에 의한 자유 선택으로 전환한다. 또 다른 변화는 글로벌 시장의 출현과 국가와 도시들 간 시장적 경쟁의 시작이다. 정부마케팅에서 이 두 가지 변화는 지자체에 경쟁환경과 경제적 고객의 등장을 의미한다. 지자체들은 종래의 정치적 정체성과 권위를 넘어서 지역경제의 자주적 발전, 주민과 고객에게 친근한 느낌 창출, 지역 산출물의 판매촉진에 나서고 새로운 이미지 요소들을 개발한다. 다음 <그림 5>는 지자체들이 채택하고 있는 정체성과 이미지 요소들의 기본형과 응용형, 권위와 친근함이라는 두 가지 축에 의한 배치이다.

박스 안 가로와 세로 점선은 1990년대 이전과 이후 구분선이다. 지자체들은 이전에는 정체성의 기본적 요소로 이름, 마크, 기(旗), 화(花, 꽃), 조(鳥, 새), 목(木, 나무)만을 사용했으나 본격적으로 기업처럼 전용서체와 색, 패턴, 브랜드 슬로건, 마스코트, 캐릭터 등의 응용 요소를 새로 개발하여 추가한다. 전통적인 정체성 표출 방식에 만족하지 않고 권위보다는 지역경제의 활성화, 경쟁, 고객들과의 정서적 관계 구축에 초점을 둔 친밀감 생성의 전략적 시도이다.

---

59) Proctor(2007), p. 146.

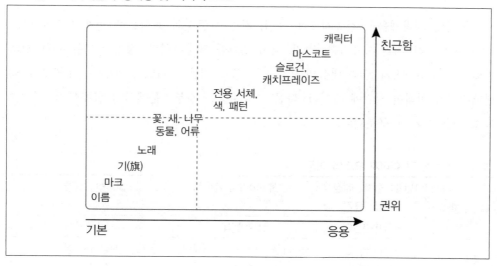

충청남도 정체성 마크는 아름드리나무 이미지를 표현한 사례이다. 충남을 중심에 두고 나무줄기와 잎, 말풍선, 각 이미지 요소들의 배치와 색상, 조형 등에 의한 "화합과 공생, 풍요와 평안, 행복과 미래, 믿음과 소통"이라는 가치의 시각적 표현이다. 일본 홋카이도(北海道)는 정체성 마크('道章'이라고 부른다)를 "엄중한(견디기 어려운) 바람과 눈을 견딘 선조들의 개척 정신," "강인하게(雄々しく) 성장," "미래로 약진"하는 느낌을 그래픽 디자인으로 전달한다.[60]

정체성 요소들의 이미지(가치, 의미, 느낌, 연상 등) 구현이나 전달은 주로 그래픽 디자인이나 스타일 변형의 방법으로 이루어진다. 로고타입, 워드마크, 시그니처 등도 그러한 예이다.[61] 브랜드 슬로건은 정체성 요소들의 조합과 디자인이다. 충청남도는 연합 브랜드 '충남 O' gam'(오감)은 Organic(유기농), Origin(원산지), Only(단 하나), Oh!(감탄), 즉 의미, 느낌의 합성으로 친환경 이미지, 자연의 맛과 향기, 고유, 만족의 느낌을 전달한다.[62]

---

60) 北海道章. http://www.pref.hokkaido.lg.jp. 검색일 2018.12.26.

61) 로고타입이 브랜드 이름(활자체)의 디자인이라면 워드마크는 스타일 변형이다.

62) '충남 O'gam' 충남 대표 원예 브랜드로 선정. 도정 뉴스, 2013.10.8. 농산물 브랜드의 경우 충청남도는 광역 지자체 통합 브랜드 '청풍명월 골드'를, 기초단체 공주시는 자신들의 고유한 '고맛나루쌀,' 부여군은 '굿뜨레쌀' 브랜드를 개발하여 사용한다.

2) 발전의 단계

국가와 지자체들은 전통적으로 독립, 자주적 존재의 표식으로 정체성 요소(이름, 마크, 깃발, 노래 등)를 사용하고, 권위, 역사 정보를 제공하였다. 정치적 커뮤니케이션의 방법으로 경쟁시장과 고객 대상의 이미지 창출 노력은 아니었다. 한국은 대체로 1980년대까지가 이러한 시기에 속한다. 다음 <표 4>는 정부부문에서의 정체성 및 이미지 요소 이용의 시대 구분이다.

▮표 4 **정체성 및 이미지 요소의 이용**

구분	1단계: 정치 · 행정적 정체성 표기	2단계: 이미지 개발의 시작	3단계: 브랜딩
	~ 1980년대	1990년대	21세기
경쟁 유형	지자체들 간 경쟁 없음	지자체들 간의 정치 · 경제적 경쟁	글로벌 시장에서 장소 간의 시장적 경쟁
정체성 요소의 역할	행정적 단위의 표시	일반적 이미지(generic image)의 생산	차별적 이미지 창출
배경	전통적 행정의 시대	민주화와 지자체 간 경쟁의 시작 [1991년 시 · 군 · 구 의원 선거, 1995년 단체장 선거]	글로벌 경제적 경쟁의 시대 김대중 정부 [국가이미지위원회(2002), 이명박 정부 국가브랜드위원회(2009)]

1단계는 정치 · 행정적 정체성 표기의 시대이다. 1980년대까지 지자체들의 정체성 요소는 권위, 주체성, 자신이 누구인가를 드러내기 위한 것으로, 이름, 정체성 마크, 기(旗), 노래 등 종류가 단순하였다. 비록 지자체들이 정체성 마크, 노래 외에 추가적으로 동식물을 상징물로 지정하였으나 중앙정부의 지시에 따른 타율적인 것으로, 획일적, 행정적 선정이었다.

2단계는 이미지 중요성의 인식, 개발의 시기이다. 지자체들은 두 가지 경쟁에 직면한다. 하나는 단체장들의 주민들로부터 선택을 받기 위한 정치적 경쟁이고, 또 다른 하나는 지자체 간 지역경제 발전 경쟁이다. 기존의 정치적 정체성 요소들을 디자인을 통해 이미지 요소로 바꾸는 시기이다. 지자체들은 원하는 이미지를 위하여 새로운 정체성 요소들을 개발하고, 미래 지역발전의 비전 제시, 믿음과 신뢰, 지지, 고객의 호의적 느낌을 만들어내고자 노력한다. 정부부문 마케팅 필요와 관심의 등장 시기이다.

3단계는 국가와 지자체들의 경쟁적 브랜딩의 시대이다. 글로벌 시장에서의 경쟁, 고객 의존적 발전의 시대로, 정부와 도시들은 일자리, 주민소득, 지역경제의 발전을 위한 적극적 브랜딩(차별적 이미지 개발)을 시작한다. 마케팅 전략과 기법으로 투자, 기업과 비즈니스 유치, 관광, 이벤트, 지역상품을 판매한다.

3. 각국의 예

정부부문의 이미지 마케팅 발전은 국가 및 개별 조직 간 차이가 크다. 여전히 정치적 패러다임이 지배적인 곳부터 정체성 프로그램이 있고, 표적고객에 초점을 맞추면서 공격적으로 이미지 마케팅, 브랜딩을 하는 곳도 적지 않다. 북미보다는 유럽 도시들 중에서, 특히 장소상품 분야에서 두드러진다.

1) 영국

국가 상징은 United Kingdom(이름), Union Flag(국기), 브리타니아(Britannia. 국가의 상징 여성상. 투구를 쓰고 방패와 삼지창을 들고 있다), 사자와 불독(동물), Royal Coat of Arms(문장), God and my right(군주의 신조), God Save the Queen(노래)이다. 영국은 법령이 아닌 관습법으로 국가 정체성 요소(상징)의 지위와 사용을 관리한다.[63] 영국의 잉글랜드, 스코틀랜드, 웨일스, 북아일랜드 지방은 각각 자신의 상징을 정하여 운영한다.[64] 잉글랜드는 정체성 요소로 England(이름), Saint George's Cross(旗), St. George(수호성인), Tudor Rose(꽃), Lion(동물), Royal Arms of England(문장), God and my right(신조), God save the Queen/King(노래)을 사용한다.

2) 미국

연방정부와 주정부, 지방정부 간에 차이가 크다. 연방정부는 국가 정체성 요소를 법으로 관리한다. 미 연방법은 미국의 상징을 성조기(星條旗. Stars and Stripes), Great Seal(국새), 독수리(Bald Eagle), 엉클 샘(Uncle Sam. 중절모를 쓴 흰 수염의 남자), 컬럼비아(Columbia),[65] 자유의 모자(Phrygian cap), 제너럴 세쿼이아(General Grant. 나무),

---

63) List of national symbols of the United Kingdom. https://en.wikipedia.org.; United Kingdom: Use and Status of the Flag. https://www.crwflags.com. 검색일 2019.7.19.

64) 예 북아일랜드는 기(旗) 규정(Flags Regulations)에서 기의 작도, 사용 방법 등을 규정한다.

65) 자유와 계몽 사상의 의인화로, 로마 시민의 전통 복장, 올리브 화환, 자유의 모자(Phrygian cap)를 쓴 사람이다.

American's Creed(신조), 국기에 대한 맹세(Pledge of Allegiance), 장미, 오크나무, 아메리카 들소, 노래, 자유의 여신상(Statue of Liberty)으로 명시한다. 주정부들도 정치적 관점에서 상징 요소들을 발굴, 선정하여 관리한다. 코네티컷(Connecticut) 주의 상징은 32개이다. 주(州)의 문장(紋章), 수도(首都), 깃발(旗), 실(seal), 신조, 음악(cantata), 주 이름의 기원, 닉네임, 항공기, 동물(고래), 새, 작곡가, 공룡, 어류, 기함(flagship), 꽃, 민속무용, 화석, 영웅(군인), 여성 영웅(여성 투표권, 흑인의 권리를 주창하였던 여성), 곤충, 광물, 계관 시인, 폴카(체코 댄스음악), 갑각류, 배, 흙, 양키 송(song), 코네티컷 왈츠, 직물무늬, 나무, 음유 시인(이곳저곳을 떠돌아다니면서 시를 읊는 사람)이다.[66] 콜로라도 주는 28개의 상징을 지정하고 있다.

한국과 비교하면 정체성 요소의 수가 압도적으로 더 많고, 기(旗), 문장(紋章), 자연물이나 동식물 외에 많은 역사, 인문 사회적 요소들도 포함시키고 있다. 지속적 선정으로 수가 계속하여 늘고 있다는 점도 특징이다. 하지만 고객들을 대상으로 한 원하는 느낌이나 기억, 연상을 만들기 위한 그래픽 디자인 사용의 로고, 마크, 브랜드 슬로건 등 인위적 이미지 요소들은 거의 없다. 국가나 주정부가 정체성 요소를 선정, 관리하고, 하위 정부기관들은 투자유치나 관광 등 실무 분야에서 필요한 로고, 브랜드 슬로건을 개발하여 사용하는 체제이다. 지방정부들의 정체성 요소는 주로 실(seal)과 기(flag)이다. 반면 장소마케팅 상품 분야에서는 경쟁적으로 원하는 이미지 연출과 고객의 유치에 브랜드 슬로건을 이용한다.[67]

3) 캐나다

국가 상징은 문장, 국가(國歌. "O Canada"), 국기, 비버(beaver. 동물), 신조, 단풍잎 타탄(무늬), 단풍나무, 국가 말(馬), 국가 스포츠(ice hockey), 국가 고유색(red and white)이다.[68] 국가의 지리, 자연환경, 인문 사회적 활동이 발전시킨 특징이자 고유한 것들이다. 정치적 관점에서의 권위, 식별, 자신이 누구인가의 표현으로 경쟁시장에서 고객의 주의를 끌거나 원하는 느낌을 만들기 위한 것은 아니다. 연방정부는 정체성 프로그램

---

66) 문장(coat of arms)이나 실(seal), 기(flag)는 국가나 정부조직의 정체성 표식으로, 목적이나 용도가 서로 다른 상징들이다.

67) New York unveils new tourism slogan 'True York City.' https://news.yahoo.com. 검색일 2019.3.6.

68) https://www.canada.ca. 검색일 2018.10.18. 법률(National Symbol of Canada Act)이 각각의 요소들을 상징으로 규정한다.

(Federal Identity Program)을 설치하여 정부가 누구이고 무엇을 하는가를 대외적으로 공시하고 무단 이용에 따른 혼란도 통제한다.[69] 다음 <그림 6>은 프로그램의 구성 요소들이다.

▼ 그림 6 캐나다 연방정부 정체성 프로그램의 구성 요소

Canadä	캐나다 정부 로고이다. 국가 이름(Canada word mark)과 국기(정체성 마크)의 조합으로 캐나다 모든 정부기관 및 시설들이 사용한다.
Government of Canada Gouvernement du Canada	국기와 두 가지 언어 캐나다 정부 이름의 조합. 정부 부처, 소속기관, 위원회 등 연방정부의 조직이나 활동의 표식에 사용된다.
Government of Canada Gouvernement du Canada	문장(Coat of Arms)과 두 가지 언어 캐나다 정부 이름의 조합. 정부, 의회, 준사법 기관들이 사용한다.

연방정부 정체성 프로그램은 세 가지 형태의 표기로 이루어진다. 하나는 캐나다 정부의 로고이다. 모든 연방정부의 기관 및 시설에 적용된다. 또 다른 두 가지 표기는 캐나다 정부라는 영어와 불어 이름이 들어간 연방정부 조직이나, 의회 등의 표식이다. 연방정부는 이들을 사용하여 무엇이 자신의 재산, 소유 및 관리인가를 밝히고 공공서비스나 활동은 누구의 생산, 제공인가를 표시한다. 정체성 프로그램은 정체성 요소를 사용할 경우 어떻게 표시하고 사용 방법은 무엇인가를 규정한다. 연방정부의 160여 개의 기관, 2만여 개 시설들이 이들을 문구류, 서식, 차량 표기, 표지판/신호, 광고, 간행물, 전기, 통신, 시청각 제품, 전시물, 신분증, 상장, 명판, 라벨, 포장, 빌딩, 장비 등에 이용한다.

주정부들 또한 자체적으로 정체성 요소들을 제정하여 운용한다. 온타리오주(Ontario province)의 정체성(상징) 요소들은 문장, 신조, 기(flag), 실(seal), 새, 나무, 보석의 원석, 꽃, 타탄(직물 바둑판 무늬), 부지사의 엠블럼(문장의 한 형태)과 기(旗), 프랑스 온타리오기, 워드마크, 2007년 워드마크, 자동차번호판 슬로건(Your to Discover), 칼라(그린, 황금색, 노란색), 총 16개이다.[70]

---

69) https://www.canada.ca. 검색일 2018.10.18. FIP 주무 부서는 Treasury Board of Canada Secretariat이고, 법적 근거는 Financial Administration Act, Section 7(1)(a)이다.

70) https://www.canada.ca. 검색일 2018.10.31.

4) 일본

국가 상징은 기(flag), 문장, 국왕의 옥새, 너구리(raccoon dog), 새(꿩, 두루미), 노래, 비단잉어, 벚꽃나무이다. 도(道)나 현(県)도 자신을 상징하는 정체성 요소를 정하여 이용한다.[71] 장(章, 휘장이나 마크), 기(旗), 꽃, 새, 나무, 동물, 어류들이다. 특징은 바다어류가 많다는 점이다. 국가와 달리 지자체들은 브랜드 슬로건, 마스코트, 캐릭터 등과 같은 브랜딩(인위적으로 디자인 한) 요소들을 개발하여 사용한다. 하지만 한국의 지자체들과 달리 숫자는 적고 획일성도 높지 않다.

5) 한국

국가 정체성 요소는 법령이나 조례로 관리한다. 국가 상징은 현재 국기(태극기), 국가(애국가), 국화(무궁화), 도장(국새), 문장[72], 국민의례(공식행사에서의 국기에 대한 경례, 애국가 제창, 순국 선열과 호국 영령에 대한 묵념 등 시행 절차와 방법), 국호, 연호, 정부의 기(旗)이다.[73] 태극기는 「대한민국국기법」이 "국기의 제작·계양 및 관리 등에 관한 기본적인 사항"을 정하고, 자세한 이용 방법은 「국기의 계양·관리 및 선양에 관한 규정」(국무총리훈령)이 밝히고 있다. 애국가는 「국민의례 규정」(대통령훈령 제368호)이 사용법을 명시한다. 국새는 국가의 권위를 상징하고 정부가 임명장, 외교문서, 훈장 등에 사용하는 도장으로, 대통령령 「국새규정」이 정한다. 이러한 상징들은 국가의 정체성, 즉 주체, 권위, 소유 등의 표시이거나 구성원들의 소속감이나 자부심, 일체감 형성을 위한 것이고 국가가 역사를 통해 발전시킨 것들이다. 브랜딩에서처럼 국가가 경쟁시장의 고객을 대상으로 원하는 이미지 구축을 목적으로 개발한 것이 아니다.

정부의 이미지 요소 개발은 글로벌 시장에서 국가나 도시 간의 시장적 경쟁이 증

---

71) 홋카이도(北海道)는 홈페이지 綜合案內> 北海道の槪要> シンボル(심볼)에서 道章, 道旗, 鳥, 木, 花, うた(行進曲), 体操(체조)를 소개한다. http://www.pref.hokkaido.lg.jp.; 나가사키현(長崎県)은 홈페이지 長崎県の紹介>長崎県のシンボル에서 県章, 花, 花木, 林木, 鳥, 獣, 歌, さかな(생선 12種)를 제시한다. https://www.pref.nagasaki.jp. 검색일 2018.11.4.

72) 서구는 국가나 단체 또는 가문의 정체성 표지(標識)로 문장(紋章)을, 동양은 인장(印章. 도장)을 각각 사용하여 왔다. 조선의 국왕 고종은 1897년 10월 대한제국을 선포하고, 국가 경축일에 주한 외교관, 외국인 고문, 선교사 등을 연회에 초청하기 위하여 서양의 의례에 따라 초대장을 보내면서 처음으로 황실 문장인 이화문을 사용한다. 현재는 '나라문장 규정'(1963)이 대한민국의 상징인 '국장(국가 문장)'에 대하여 규정하고 정부는 국가 중요 문서, 훈장, 시설, 물자, 재외공관의 건물 등에 이를 사용한다.

73) 국가 상징. https://www.mois.go.kr. 검색일 2019.7.22.

가하면서 나타난다. 국가상징 조사와 활용, 브랜드 이미지 창출, 지자체와 정부기관의 정체성 표기 및 의도된 이미지 만들기 노력 등이 그 예이다.[74] 김대중 정부는 2002년 국무총리 소속 국가이미지위원회를 설치한다. 이명박 정부는 2009년 보다 적극적으로 대통령 직속 국가브랜드위원회를 만들고 브랜딩(국가 이미지 개발)에 대한 체계적 관리 업무를 시작하였다. 국가 차원에서 정부가 개발한 첫 브랜드 슬로건은 2002년 FIFA 월드컵 대회 개최를 앞두고 만든 '다이내믹 코리아(Dynamic Korea)'이다. 문화체육관광부는 2016년 국가 이미지를 새로운 시대 감각에 맞도록 정하여 해외에 알린다는 목적 하에 '다이나믹 코리아'를 '크리에이티브 코리아(Creative Korea)'로 대체한다.[75]

지자체들의 브랜딩은 1995년 지자체장 선거 이후부터이다. 서울시가 먼저 2002년 브랜드 슬로건 'Hi Seoul'을 채택하고,[76] 이후 다른 지자체들도 경쟁적으로 그래픽 디자인을 이용하여 브랜드 슬로건, 캐릭터, 마스코트, 로고타입, 워드마크 등을 개발한다.[77] 마케팅의 관점에서 보면 앞선 것이었지만 많은 지자체들이 브랜딩의 필요나 이용에 관한 충분한 검토 없이 획일적으로 도입하면서 똑같은 종류와 스타일의 이미지 요소들을 양산하는 결과를 초래한다.

한국에서 이미지 개발은 1970년대 초부터이다. 산업디자인이나 응용미술 연구자들이 주도하고, CI(corporate image. 기업 이미지) 개념도 도입한다. 당시는 한국에서 비즈니스 분야조차도 아직 CI를 잘 알지 못했던 때이다. 일본에서는 나카니시 모토오(中西元男)가 미국에서 CI 공부를 하고 돌아와 회사를 설립하고 1971년 「데코마스: 경영전략으로서의 디자인 통합(DECOMAS: Design Coordination as a Management Strategy)」이라는 책을 발간한다. 데코마스는 두문자어(De + Co + Ma + S)로, 이 책은 다양한 상징 이미지 요소의 개발, 조정 통합 및 일관된 표현 방법 등을 제시한 기업의 CI 개발서이다. 일본 기업들은 이 책을 CI 개발의 교과서로 사용한다. 한국의 미술, 공예 전공 산업 디자이너들은 나카니시 모토오가 주도하여 펴낸 이 책으로부터 이미지 요소, 용어,

---

74) 문화체육관광부(2015). 「국가상징 소재 의미 연구」 참조. 한글·한복 등 대한민국 국가 상징 활용 디자인 작품 공모. 뉴스1, 2019.6.30.

75) '크리에이티브 코리아' 한국 새 국가브랜드로 확정. 한겨레, 2016.7.4.

76) 유재웅(2008), p. 166.

77) "전국 250여 개 지방자치단체 대부분이 브랜드 슬로건을 개발했거나 현재 검토 중으로, 내년 쯤 모든 지자체가 브랜드 슬로건을 갖게 될 것." 지자체 '브랜드 슬로건' 열풍. 문화일보, 2004.8.16. 10면.; 박흥식(2010). 지방정부 정체성 프로그램 '상징' 요소의 차이: 한·미·일간 및 시차적 변화의 비교. 한국거버넌스학회보, 17(2), p. 168.; 박흥식(2005). 도시브랜드 슬로건의 개발: 국내 및 해외 도시간의 비교. 한국거버넌스학회보, 12(2), p. 4 참조.

개발 방법 등을 공부하고 국내 기업들의 CI 개발에 적용한다. 21세기 들어와 정부와 지자체들이 경쟁을 시작하고 브랜드 개발에 대한 수요가 급증하자, 데코마스 방법과 용어를 그대로 가져와 브랜딩을 지원한다.[78]

6) 비교와 문제점

국가의 정체성 요소 관리는 나라 간에 큰 차이가 없다. 미국 연방정부나 주정부는 대외적 독립성 표지(標識), 역사적, 인문 사회적 유산, 지역에 고유한 동식물이나 광물 등을 정체성 요소로 지정하여 자신이 누구인가를 표방한다. 캐나다도 이와 같다. 한국과 일본은 미국과 비교하면 정체성 요소의 수는 더 적은 반면 비록 21세기에 들어와 나타난 현상이기는 하지만 인위적 개발 이미지 요소의 수는 더 많다. 지방정부의 경우는 주로 고유 또는 차별적 이미지 요소들을 활용한 장소마케팅에 치중하고 이것은 나라마다 큰 차이가 없다. 국가나 연방정부와 비교할 때 정체성보다는 시장 지향성, 고객 유치를 위한 이미지 개발에 초점을 두고, 목적도 지역경제의 발전, 주민소득 증가, 일자리 창출 등으로 구체적이다. 유럽 도시들은 이미지 요소의 개발로 관광객, 비즈니스, 거주자 등의 유치를 위한 디자인 도시, 건축이나 미술, 축제의 도시, 패션의 도시 등 테마 중심의 장소 이미지를 발전시키고 있다.

한국 지자체들의 정체성 요소 공식적 채택은 1980년대 초이다. 내무부(현 행정안전부) 지시로 지자체 전체가 일괄적으로 정체성 마크, 꽃, 나무, 새(花, 木, 鳥)를 지정한다. 형식과 내용은 일본의 단순 모방으로 현재까지도 대부분의 지자체들은 과거의 정체성 요소(마크, 꽃, 나무, 새)의 체계를 그대로 유지하고 심벌마크라는 일본식 영어 표현까지도 똑같이 사용한다.[79] 정체성 마크를 심벌마크, 상징마크, 마크, 심벌, 상징, 로

---

78) DECOMAS 委員会(1971). DECOMAS - 経営戦略としてのデザイン統合. 東京, 日本: 三省堂.; New DECOMAS 委員会(1993). New DECOMAS - デザインコンシャス企業の創造. 東京, 日本: 三省堂.; 디자인 칼럼, 조영제(1935~). http://www.designdb.com.; 'Hi Seoul' DECOMAS(서울 슬로건) 레포트. https://www.happycampus.com. 검색일 2019.7.22 참조.

79) Symbol mark とは何? Weblio 辞書. www.weblio.jp. 검색일 2020.1.28. 경북, 경남, 전북, 충남 도청은 심벌마크 또는 상징마크라고 한다(2019.3.2 기준). 정체성 마크가 상징마크라면 기는 상징기, 브랜드 슬로건은 상징 브랜드 슬로건으로 모든 이미지 요소를 앞에 '상징'이란 말을 붙여야 할 것이다. 상징 표현은 그 방법이나 형태가 고도로 다양하고 정체성 마크도 그 하나이다. 일본 지방정부들은 개요나 소개란에 상징 요소로 마크를 포함 다양한 요소들을 제시한다. '심벌마크'는 잘못된 표현이다. 중앙일보, 2004.7.29.

고, 엠블럼, 문장, CI(corporate identity. 기업 정체성),[80] BI(brand identity. 브랜드 정체성) 등 같은 것의 서로 다른 호칭으로 혼란이 심각하다. 지자체들은 홈페이지에서 로고타입, 전용서체, 전용색, 시그니처, 전용패턴 등도 게시한다. 한국만의 특징으로 이론이나 필요, 유용성, 효과 어떤 것도 고려되지 않은 것들이다. 문장, 실(seal),[81] 타탄(tartan)이나 패턴[82] 등은 유럽사회의 고유 역사와 문화를 반영한 것으로 정체성 요소이지 이미지 표출을 위한 디자인은 아니다. 일본식 접근과 표현의 단순 모방으로,[83] 산업디자인이나 응용미술 연구자들이 정부가 무엇이고 어떤 역할을 하는가에 대한 기초적 이해나 의식 없이 지자체 브랜드 이미지 개발에 데코마스 표현을 그대로 적용하면서 나타난 결과이다.

지자체들은 홈페이지 소개란(紹介欄)의 '상징' 아래 정체성과 이미지 요소들을 공시한다. 1차적 목적은 주권자인 주민들을 대상으로 한 자신이 누구인가와 가치 표방, 발전 방향 등의 제시와 공유이다. 정체성 요소들은 재산이나 상품의 소유, 제조, 규제나 행위자, 서비스 공급자, 행사 주최자 등이 누구인가를 표시하기 위한 상징이고, 브랜드 이미지 요소는 고객 대상의 2차적인 것으로, 지자체가 경쟁시장에서 효과적 상품판매를 목적으로 준비한 것이다. 지자체의 커뮤니케이션에서 정체성 요소가 주권자 관점의 정치·행정적인 것이라면 상업적 이미지 요소는 시장에서 고객 대상의 상품판매 촉진, 고객 유치, 시장개척 등을 위한 접근이다.

---

80) 정체성 영어 표기는 기업은 CI(Corporate Identity)이고, 국가는 NI(Nation Identity), 정부조직은 GI(Government Identity)이다. 공공기관은 GI와 CI의 중첩 분야이다. 대학은 UI(University Identity)라고 한다. 공기업은 CI이지만 준정부기관이나 기타 공공기관은 기관의 성격을 고려하여, 예를 들어 국립대학이라면 UI가 보다 적절할 것이다. Government identity and branding. https://gcs.civilservice.gov.uk. 검색일 2018.12.26 참조. 한국에서는 1990년대 초 정부의 분권화 추진을 배경으로 지자체들이 지역 정체성 표출을 위한 적극적 로고 개발과 커뮤니케이션을 시작하였다. 신호창(신문방송학과 교수)은 「지방자치」의 "행정도 'PR'"이라는 기획 기사에서 CI, CIP(Corporate Identity Program)를 소개하고, 도시나 행정기관의 정체성 개발의 필요를 주장한다. 신호창(1994). 자치시대의 CI 전략, 「지방자치」, 11월호, pp. 97－102.

81) 실(seal)은 서구 국가나 지방정부들이 소유, 인증, 봉인의 표시로 건물, 시설, 문서, 편지, 봉투 등에 사용하는 상징 표식(表式)이다. 국새와는 용도가 다르다.

82) 타탄이나 패턴은 다양한 색상의 문양과, 밴드 교차의 반복 및 집합으로 만든 직물의 특징이고, 유럽의 목장, 양털 문화의 산물이다.

83) 조병호(1995, 1996) 참조. 조병호(PR 광고 전공으로 동방기획 이사와 지방자치경영연구소 상임 연구원 역임)가 1996년 「지방자치 경영연구」에 발표한 '지방지자체 CI의 비전과 전략'은 小野 昇(「自治體 CI 비전과 전략」. 교세이. 1989)을 주로 참고한 것이었다. 조병호(1996), p. 76.

4. 브랜딩

1) 브랜딩 프로그램

브랜딩은 정부조직이나 공공기관이 표적시장 고객의 마음속에 자신들이 선호하는 차별적 이미지(차별적 느낌이나 기억, 우호적 연상)를 만들어내는 과정이고, 프로그램은 이를 위한 이미지 요소들의 체계적 관리 및 커뮤니케이션 시스템이다.[84] 프로그램은 브랜드 이미지 요소들과 이들의 사용방법 및 절차들로 이루어진다. 프로그램은 비주얼 정체성 요소들을 중심으로 한 것이지만 언어적, 청각적 요소(슬로건이나 신조, 노래나 사운드), 구성원들의 행동이나 문화 등도 중요한 역할은 한다.[85] 프로그램은 이들의 최적 조합을 통하여 시너지 효과를 추구한다. 방법은 이미지 요소들을 활용하여 원하는 느낌, 기억, 연상 등의 형성에 필요한 메시지의 일관된 투사이다.[86]

장소마케팅 브랜딩 프로그램의 핵심 요소들은 첫째, 이름, 정체성 마크, 로고, 브랜드 슬로건 등이다.[87] 이들은 장소의 역사나 문화, 비전이나 전략 등에 기초한 것으로 인지도를 개선하고 원하는 차별적 연상을 효과적으로 생성하는 데 기여한다.[88] 둘째, 경승지, 고유한 동식물, 역사유적, 인문적 유산 등 장소를 대표하는 특징들이다. 장소를 상징하는 건축이나 조형물 등도 여기에 속한다. 끝으로 장소가 원하는 이미지 요소가 없거나 있더라도 강화나 보충이 필요한 경우, 랜드마크의 건축, 디자인, 고유색, 제복, 이벤트 등의 방법으로 만들어낸다.

2) 사례

도시들이 브랜딩에서 가장 많이 사용하는 방법은 비주얼 정체성 이미지 요소(로고나 브랜드 슬로건 등)의 개발, 랜드마크(상징 건축물) 건설이나 조형물 설치, 축제와 같은

---

84) 동해시는 '도시정체성 프로그램(City Identity Programs, CIP)'을 상징(다양한 이미지 요소들)을 활용한 다른 도시와의 차별적 이미지 디자인 프로그램이라고 설명한다. 동해시 상징물. http://www.dh.go.kr. 검색일 2019.7.22.

85) Melewar and Saunders(1998), p. 291.; Kotler & Lee(2007), pp. 115-116. CM song (commercial music song)은 광고시간 동안 짧은 소절의 노래로 소비자에게 메시지를 전달하여 상품 선택을 촉진하는 프로모션 방법이다.

86) Melewar and Saunders(2000), p. 539.

87) Kotler et al.(2002), p. 241.

88) de Chernatony & Riley(1997), p. 90.

이벤트의 개최이다.[89) 브랜드 슬로건으로는 스페인 바르셀로나(Barcelona)의 '가우디의 도시(Gaudi city),' 미국 워싱턴 디시의 '도시의 삶, 디시 스타일(City Living, DC style),' 영국 브래포드(Bradford)의 '브래포드, 경이로움이 있는 곳(Bradford: A Surprising Place),' 이탈리아 토리노(Torino)의 '창의적 도시(Creative City)' 등이 있다.[90) 서울시의 2009년 '디자인 서울'도 그 하나이다. 도시들은 시장의 수요 변화에 맞추어 여러 가지 슬로건을 동시에 사용하거나 기존 정체성 요소들의 조합이나 새로운 이미지 요소를 추가하는 방식으로 원하는 상징적, 경험적, 사회적 가치나 느낌, 생각을 창출한다.[91) 뉴욕시는 '빅 애플(The Big Apple)'과 '잠들지 않는 도시(The City That Never Sleeps)'를 사용했으나, 2005년 새로이 '월드 제2의 고향(The World's Second Home)'을 개발하여 상표로 등록했고, 2017년 말에는 여행 및 서비스 분야 상품판매 지원을 목적으로, 또 다시 '진정한 도시(True York City)'라는 브랜드 슬로건을 제작하여 발표한다.[92) 도시들은 로고, 브랜드 슬로건 등과 같은 이미지 요소들을 개발한 후 정부 건물, 공원, 교통시설, 표지판, 공중전화 부스, 버스 정거장, 휴지통, 문서와 편지지, 포스터, 명함 등에 부착하여 브랜드 가치를 창출하고자 노력한다.[93)

도시들은 랜드마크나 조형물 건설 방법을 자주 이용한다. 서울시는 '디자인 서울' 프로젝트를 추진하면서 광화문 광장을 조성하고, 한강의 세빛둥둥섬을 수익형 민자사업으로 건설한다. 또 브랜드 슬로건 'Hi Seoul,' 'SOUL OF ASIA,' 상징 색, 캐릭터(해치), 서울서체의 개발, 공공시설물과 간판 교체(조례 제정에 의한)를 통한 고유 경관, 색채 정체성의 창조 등으로 이미지 차별화를 시도한 바 있다.[94) 상징적 구조물의 설치는 장소의 브랜드 이미지를 만들고, 인지도 개선을 위한 효과적 방법으로, 김포시 지상 지하철 BRT(Bus Rapid Transit. 대중교통 버스 기반 환승시스템) 건설 사업도 그러한 예이다.[95)

다음은 이벤트이다. 부천시의 문화도시, 함평군의 나비축제 등이 여기에 해당한다. 부천시는 영화 영상 도시로의 발전을 목적으로 1997년 국내에서는 처음으로 국제

---

89) Kavaratzis(2007), pp. 695, 703.

90) Rantisi & Deborah(2006), Gibson(2005), Trueman, Klemm, & Giroud(2004), Vanolo(2008), Jansson & Power(2010), Zhang & Zhao(2009) 참조.

91) Kavaratzis & Ashworth(2005), p. 508.

92) Forget 'Big Apple.' N.Y. wants a new slogan. NBC news. April 14, 2005.; New York unveils new tourism slogan 'True York City.' https://news.yahoo.com. 검색일 2019.3.8.

93) Melewar & Saunders(2000), p. 541.

94) 이진영 · 김영주(2009), p. 168.

95) 김인(2003), p. 1.

판타스틱 영화제를 만들고, 필하모닉 오케스트라 창단, 영상 테마파크 개발, 박물관 건립, 관련 전시회, 워크숍 등을 개최한 바 있다.[96]

사회마케팅에서 브랜딩은 사회적 가치나 아이디어 상품 정보의 강력한 전달 효과를 기대한 것이다. 미국 산림청(U.S. Forest Service)은 스모키 베어(Smokey Bear)라는 캐릭터로 산림보호의 필요에 대한 인식 개선과 설득, 주민참여를 성공적으로 이끌어낸다. 미국 텍사스 주정부 교통부(Texas Department of Transportation)는 쓰레기를 도로에 함부로 버리지 못하게 하는 사회마케팅에서 "텍사스를 지저분하게 만들지 맙시다(Don't mess with Texas)," "담배꽁초를 창밖에 버리지 않습니다(Keep your BUTTS IN THE CAR!)"라는 브랜드 슬로건으로 큰 효과를 거둘 수 있었다.[97] 보건복지부는 금연 사회마케팅에서 '흡연, 스스로를 죽이고 타인도 죽음에 이르게 합니다'라는 슬로건을 사용한다.[98]

제8절 국가 브랜딩

1. 서론

국가 브랜딩(nation branding)은 국제사회 또는 글로벌 시장에서 국가의 이미지를 긍정적인 것(친밀하고, 우호적이며, 신뢰할 수 있는 등의)으로 만들어가는 활동이다. 브랜딩에서 국가는 하나의 상품이다. 국가 브랜딩은 국가가 이미지 요소의 전략적 관리와 커뮤니케이션을 통해서 자신이 원하는 방향으로 글로벌 고객들이 국가를 인식하도록 촉진, 유도하는 노력이다. 목적은 국가나 자국 내 기업이 생산한 상품에 대한 해외 고객들의 선호와 지지, 긍정적 이미지, 수용성의 개선 등이고,[99] 궁극적으로는 이를 통한

---

96) 박난순·이석환·주효진(2005), pp. 349-355.

97) 텍사스주는 이러한 사회마케팅으로 10년이 채 안 되어 담배꽁초 도로 무단투기를 52% 감소시킬 수 있었다. Kotler & Lee(2007b), pp. 15-16.

98) 금연길라잡이. http://www.nosmokeguide.go.kr. 검색일 2018.7.20.; '흡연, 타인도 죽음에 이르게 합니다' … 복지부, 금연 슬로건 공개. 중앙일보, 2018.5.30.

99) Brand Fiance는 국가 브랜드 평가 컨설팅 회사로 2017년 한국 국가 브랜드 가치 등급을 10위로 발표한 바 있다. Fiance, B.(2017). *Nation Brands 2017*. The annual report on the world's most valuable nation brands. https://brandfinance.com. 검색일 2019.3.8.

국가의 평판 개선, 경쟁력 향상, 정치, 경제적 이익의 증진이다.

국가 브랜딩은 1996년 사이먼 안홀트(Simon Anholt)가 제시한 개념이다.[100] 국가 브랜딩은 글로벌 시장에서 국가나 도시 간 상품 수출, 투자나 방문객 유치 등 경쟁이 치열해지는 환경에서 연구자와 실무자들로부터 큰 주목을 받으며, 중요한 마케팅 개념의 하나로 자리 잡는다. 기업이 상품의 브랜딩을 통하여 소비자들의 선택을 촉진하고 부가가치를 효과적으로 창출하듯이 국가 브랜딩도 자국 상품의 구매촉진과 부가가치의 증대, 해외 투자와 관광객 유치, 고급인력의 유입을 자극하고, 국민 소득 증대, 일자리 창출에도 기여한다고 보았다.[101]

국가의 관심은 전통적으로 긍정적인 외교, 정치적 이미지 구축이었으나 글로벌 시장에서는 브랜딩으로 바뀌고 있다. 해외 직접투자(Foreign Direct Investment, FDI)의 시장규모가 빠르게 늘어나면서 각국의 투자유치를 위한 경쟁도 치열하게 전개되고 국가 브랜딩 노력도 크게 증가하고 있다.[102] 각국은 브랜딩이 국가 경쟁력의 향상, FDI 유치 마케팅이나 수출에서 중요한 요소라는 생각하에,[103] 국가 브랜드의 전략적 관리에 힘을 쏟고 있다. 이명박 정부(2008~2013)가 2009년 1월 국가 품격, 이미지의 향상, 가치 제고라는 목표 하에 국가브랜드위원회를 설치, 운영한 바 있다.[104]

2. 국가 정체성과 이미지, 브랜딩

국가 정체성(nation identity)은 자신의 나라가 어떤 나라이고 다른 나라와 어떻게 다른가에 대한 국가 구성원들의 집합적 인식이다. 정체성 요소들은 국가의 정치, 경제, 사회, 지리, 문화 등의 분야에서 다른 나라와 차별 짓는 성분들로, 국가 이름, 파워, 정치체제, 역사, 전통문화, 지리적 특징, 국기(國旗), 국가(國歌), 상징 등의 유·무형적 요소 또는 이들의 조합이다. 반면 국가 이미지는 글로벌 소비자들의 마음속에 형성된 국가에 대한 느낌, 믿음, 태도이다.[105] 다차원적 구조로 전통, 역사, 정치체제 등에 대한 총합적 인식과 감정이다. 국가 브랜딩은 국가의 정체성 요소, 브랜드 이미지 요소의 발

---

100) Fan(2010), p. 97; Anholt(2013), p. 1.

101) Anholt(1998, 2010) 참조.

102) Papadopoulos, Hamzaoui—Essoussi, & El Banna(2016), p. 615.

103) 예 Papadopoulos, Hamzaoui—Essoussi, & El Banna(2016).

104) 박흥식(2005), p. 168.

105) Fan(2010), p. 97.

굴이나 개발, 커뮤니케이션을 통하여 국가가 원하는 긍정적 이미지(기능적, 정서적, 관계적 기억과 믿음, 연상 등)를 고객, 이해관계자들의 내면에 생성하는 과정이다.

국가 브랜드는 국민들의 시민성(시민들이 공유하는 가치관, 생각이나 태도, 행동양식, 기질 등), 정치체제, 정부, 경제, 기업과 상품, 사회, 문화, 언어, 역사, 풍속, 음식, 환경, 지리, 자연경관 등을 포함한 다양한 이미지 요소들과 이들의 커뮤니케이션을 통해 만들어진다.106) 마케터는 브랜딩에서 어떠한 정체성 요소, 이미지의 어떤 측면을 보다 강조할 것인가의 판단이 필요하다.

3. 국가 브랜드

1) 의미

국가 브랜드(nation brand)는 국가 이름, 또는 특정 국가에 대한 글로벌 소비자들의 차별적 이미지이다. 포괄적 브랜드로서 모든 분야를 망라한 이미지이다.107) 잉 환(Ying Fan)은 국가 브랜드를 "글로벌 사회 이해관계자들이 마음속에서 발전시킨 특정 국가의 사람, 장소, 문화/언어, 역사, 음식, 패션, 유명인사, 기업이나 상품의 글로벌 브랜드 등 모든 것에 대한 인식의 총합"으로 정의한다.108) 국가 이름도 브랜드이지만 국가 브랜드는 국가의 이름 그 이상으로, 사람들이 특정 국가와의 관계 및 상호작용을 통하여 내면에 구축한 일단의 느낌, 기억과 연상 등 전체이다. 국가는 이름뿐만 아니라 이미지도 함께 보유한다. 국가의 브랜딩 노력 없이도 사람들은 이미 특정 국가에 대한 느낌이나 인식을 발전시킨다.109)

국가 브랜드는 기업 브랜드 개념의 차용이다. 마케팅 분야 브랜드 연구자나 실무자들의 관심은 초기 기업의 상품 브랜드(product brand)로 제한되었으나, 기업 브랜드(corporate brand)로 발전하고, 국가 브랜드는 여기서 한 걸음 더 나아간 개념의 확장이다.110)

---

106) Fan(2010), p. 98; 장영혜·박명호·김상우(2012), pp. 144-146, 159.

107) Fan(2006), p. 8.

108) Fan(2010), p. 98.

109) Fan(2006), p. 5; Fan(2010), p. 98.

110) Rojas-Méndez(2013), p. 462.

2) 역할

국가 브랜드는 수출시장에서 자국 상품의 광고와 인지도, 신뢰도의 개선, 판매량 증가 등에 기여한다.[111] 정치적으로는 국가의 대외 협상력을 높이고, 경제적으로 자국 기업 상품의 판매촉진과 구매 의도 개선, 경쟁력 강화, 마케팅, 기업이나 제품의 브랜드 가치 개선의 역할을 한다.[112] 브랜드 파워가 클수록 소비자들의 기업이나 상품에 대한 태도, 제품구매 의도 등에 대한 후광효과가 크다.[113] 강력한 국가 브랜드는 기업 브랜드 가치를 동반 상승시켜, 마케팅, 수출 증대를 촉진한다. 특히 기업 상품의 부가 가치를 증대시킨다. 관광이나 휴가 장소, 투자처 등의 선택, 정치적 지지(특정 국가 원조) 등에도 영향을 미친다.

글로벌 시장에서는 제품의 품질만이 전부가 아니다. 소비자들은 제조국을 확인하고 중요시한다. 국가명, 제조국 자체가 가격을 결정하는 중요 요소이다. 브랜드 가치가 떨어지는 나라의 제품은 품질이 우수하더라도 그에 상당한 가격, 평가, 가치를 누리지 못한다. 기업들이 글로벌 시장에서 높은 기업 브랜드 가치를 만들어냈더라도, 국가 브랜드 이미지가 오히려 기업의 성과를 저해할 수 있다. 정부마케팅에서 국가 브랜드는 투자자, 기업이나 비즈니스, 관광객, 거주자 유치, 지역 중소기업 제품과 주민들의 농축수산물 수출을 촉진하고, 자국민의 자긍심 고취에도 기여한다. 사회적으로 국민 결속, 통합의 효과도 뛰어나다.

3) 기업 브랜드와의 차이

국가 브랜드는 여러 가지 점에서 기업 브랜드와 다르다. 다음 <표 5>는 국가 브랜드와 기업 브랜드의 차이다.[114]

국가 브랜드는 목적이 국가 평판이나 경쟁력 개선 등으로 광범위하다. 기업 브랜드의 목적이 단일 또는 몇 가지 상품의 판매촉진인 것과 다르다. 국가 브랜드는 기업 브랜드와 달리 표적고객 집단이 투자자, 기업이나 비즈니스, 방문객, 거주자, 지역 상품 소비자 등으로 고도로 다양하며, 브랜드 정체성 요소들의 구조도 그만큼 복잡하다.

---

111) Gnoth(2002), pp. 262, 276.
112) 김유경·이창현·손산산(2008), p. 48.
113) 진용주 외(2015). 후광효과(halo effect)는 인지 편향(認知 偏向)으로, 개인이 특정 사람, 장소, 사물 등의 첫인상이나 일부 긍정 또는 부정적 특징만을 보고 이에 기초하여 전체도 그렇다는 인식에 이르는 현상이다.
114) Fan(2010), p. 99, 100. 내용을 축약, 재해석하되 일부는 맥락을 고려하여 수정하였다.

┃표 5 국가 브랜드와 기업 브랜드의 비교

구 분	국가 브랜드	기업 브랜드
적용 대상	국가	제품과 서비스
속성	복잡, 다양하고, 정의하기 어려움	간단하고 명료하게 정의됨
이미지	다중적이고, 모호함	단순하고, 명료함
목적	국가 경쟁력, 정치적, 경제적 이익, 이미지, 평판 개선, 신뢰도 제고	판매촉진, 이미지, 평판 개선, 관계의 발전
연상	간접적, 추상적이고, 종류 또한 다양하고 많음	직접, 구체적이고 종류가 제한적임
차원	정치, 경제, 사회, 문화 등 모든 분야	기업의 자산가치 제고, 수익
고객	이해관계가 있는 전 세계 모든 사람들	표적시장, 고객
관리	통제나 관리의 한계. 이미지 형성에 민간부문의 역할 중요	통제 가능

국가 이미지도 다중적이고 모호하다. 이미지가 한 가지가 아니라 여러 가지이고, 분야나 표적집단에 따라 다르다. 기업과는 달리 정부가 통제 불가능한 부분도 적지 않다. 국가 브랜드 만들기에는 정부, 기업, 민간단체, 개인 등 모든 구성원, 이해관계자들이 참여하기 때문이다. 또 분단 국가나 역사 등이 만드는 이미지는 브랜딩을 통하여 바꾸기 어렵다.

4) 둘 간의 관계

국가 이미지와 상품의 원산지 또는 제조국(country-of-origin or made in labels) 표기는 글로벌 시장에서 소비자들의 제품 평가와 구매결정에 직접적인 영향을 미치는 중요한 외재적 요소이다.[115] 국가 이미지 연구자들은 1980년대부터 일관되게 국가의 이미지가 부정적일 때 소비자들이 기업의 상품품질과 무관하게 가치를 실제보다 낮게 평가하는 경향이 있다는 점을 지적해 왔다. 국가 이미지의 영향은 상품이 아무리 글로벌 브랜드이고 평판이 높은 아울렛에서 판매되며 소비자들이 상품의 품질이 뛰어나다는 것을 경험한 경우에도 좀처럼 줄어들지 않는다. 소비자들이 제품에 대한 지식이 적고 친숙도가 낮을 때 이러한 현상은 두드러지고, 비표준화 상품에서 특히 부정적 효과가 크게 나타난다.[116]

---

115) Kotler & Gertner(2002), pp. 250, 258.
116) Tse & Lee(1993), p. 25.

한국은 과거 긍정적 이미지가 많지 않고, 해외 소비자의 인지도 또한 높지 않아서 한국이라는 국가 브랜드는 기업의 비즈니스에 대한 긍정적 기여도가 낮았다. 2009년 한 연구소는 국가 브랜드 가치를 미국은 GDP 대비 143%, 일본은 224%인 데 비하여 한국은 30% 미만으로 추정한 바 있다.[117] 한국산 상품의 가격은 같은 품질의 제품이라도 미국산에 비해 크게 낮게 평가된다는 의미이다. 이명박 정부의 2009년 국가브랜드위원회 설치는 이러한 이유를 반영한 것이었다.

4. 브랜딩 전략과 방법

국가 브랜딩 전략은 정부가 국가 이미지 개선을 목적으로 설계한 정책이자 플랜으로, 핵심은 브랜드 이미지 프로그램(이미지 요소들과 커뮤니케이션의 믹스)이다. 전략은 국가 상위 수준에서의 포괄적 계획으로 추상성과 불확실성이 높고 기간도 장기적이지만, 프로그램은 전략적 결정에 기초한 단기적 시행 계획으로 국가의 이름, 국기, 국화, 노래, 전용색, 상징(개발과 발굴), 디자인, 브랜드 슬로건 등과 활용 가이드라인으로 이루어지고 구체적이다. 업무는 국가 이미지 형성을 위한 정체성 요소들의 관리와 새로운 요소 발굴이나 개발, 커뮤니케이션, 민간부문과 협력을 통한 일관된 메시지의 지속적 투사이다. 정체성과 이미지 요소들을 국가의 차별성을 보여주는 상징 코드로 활용하면서 정치, 경제, 문화, 사회 등 다양한 분야에서의 원하는 이미지를 생성하는 활동이다. 나라 이름, 국기뿐만 아니라 언어(한글), 역사나 민속(태권도, 아리랑, 한복이나 한식) 등의 시각적 표출을 통한 특정 느낌, 기억, 연상의 자극 노력이다.[118] 기업이 브랜딩에서 원하는 이미지를 만들기 위하여 이름과 로고뿐만 아니라 직원의 복장이나 행동, 조직문화 등을 이용하는 것과 같다. 국가 브랜딩에는 민간부문도 중요한 역할을 한다. '붉은 악마'(Red Devils)는 시민들이 월드컵 축구라는 메가 이벤트 동안 자발적 참여를 통해 만들어진 응원팀이지만 사람들은 이를 통해 한국을 평가하고 기억한다.

이명박 정부의 국가브랜드위원회는 국가 브랜드 가치의 전략적 관리를 위한 중장기 계획을 수립하고, 커뮤니케이션 전략 및 가이드 개발, 브랜드 평가 지수의 관리, 디자인(국가브랜드 로고, 슬로건 등), 해외봉사단, 국가와 기업 브랜드 연계 사업, 광고, 문

---

117) 김유경·이효복(2009). 공적개발 원조가 국가브랜드에 미치는 영향 연구. 한국광고학회 Annual Conference 자료집, p. 128에서 재인용; 현대경제연구소(2008). 소득 만 달러 시대 한국의 국가브랜드 현황. VIP REPORT 참조.

118) 최원주·홍장선(2017), p. 5.

화콘텐츠 개발 등을 한 바 있다.[119]

5. 한계

국가 브랜딩은 정체성을 이미지 요소로 활용하여 국가에 대한 긍정적 이미지를 만드는 노력인데 기존의 외교, 선전, 홍보와 무슨 차이가 있는가라고 의문을 제기하는 사람들이 있다.[120] 또, 정부가 국가 이미지의 개선을 위하여 브랜딩 전략을 추진하는 것이 과연 적절한가의 논란도 있다. 이러한 문제의 진원은 국가 브랜딩이 갖고 있는 다음과 같은 한계 때문이다.

첫째, 국가 브랜딩은 기업의 상업적 브랜딩과 달리 정부가 브랜드 요소 선택에 대한 통제권을 갖고 있지 않다. 국가 정체성이나 정체성 요소들은 정부가 특정 목적 하에 임의적으로 개발하거나 새롭게 선정할 수 있는 것이 아니어서 브랜드 가치를 단기간에 의도한 방향으로 개선하기 어렵다.

둘째, 국가 브랜딩의 국가 경쟁력 향상에 있어서의 역할은 그렇게 크지 않다. 비즈니스 환경에서는 브랜드가 경쟁우위를 차지하는 데에 이익을 줄 수 있으나 기업의 혁신 노력이 있을 때 유효하고, 그렇지 않은 경우 효과의 장기적 지속은 어렵다. 국가 브랜딩에서도 이것은 그대로 적용된다. 국가 혁신이나 테크놀로지 발전 없이 정부가 브랜딩만으로 국가의 지속적인 경쟁력을 만들어 낼 수 없다. 브랜딩으로 호의적인 국가 이미지를 만들고 이로부터 어떤 산업 분야가 이익을 얻을 수 있으나, 그것이 곧 국가 전체 차원에서의 이익을 의미하는 것도 아니다.

셋째, 국가의 브랜딩을 통한 사실과 다른 이미지 창출 활동은 비윤리적이다. 잉환(Ying Fan)은 이러한 이유로 국가 브랜딩보다는 '국가 이미지 관리'라는 표현이 적절하다고 주장한다.[121] 국가 이미지 관리는 표적시장에서 국가 평판도를 향상시키기 위하여 새로운 이미지를 만들거나 부정적인 이미지를 바꾸는 등 선제적 관리 과정이자, 국가에 대하여 잘못 알려진 것을 바로잡거나 부당한 이미지 손상을 복구하는 활동이므로, 국가 이미지 관리라는 용어를 사용하면 국가 브랜딩에 대한 비판이나 회의적 시각을 극복할 수 있다고 주장한다.

---

119) 국가브랜드위원회는 이명박 정부가 2009년 「국가브랜드 가치 제고에 관한 규정」(대통령령)의 제정으로 설치하였으나 2013년 정권교체와 더불어 폐지되었다.

120) Papadopoulos, Hamzaoui−Essoussi, & El Banna(2016), pp. 616, 618.

121) Fan(2010), p. 101.

PART **3**

세부 분야

제**9**장 장소마케팅

제**1**절 서론

1. 장소마케팅의 의미

1) 개념 정의

장소마케팅(place marketing)은 장소상품의 마케팅으로, 장소의 부가가치 창출과 판촉 활동이다.[1] 국가나 도시 등이 다른 장소들과 경쟁하면서 정치, 경제, 사회, 문화적 자원을 상품화하고 투자자, 기업과 비즈니스, 방문객, 거주자 등을 대상으로 판매하는 활동이다. 장소상품의 개발, 대기업 본사나 공장, 놀이공원(디즈니랜드, 에버랜드 등), 대학, 이벤트(올림픽 게임이나 월드컵 대회 등), 방문객이나 거주자의 유치 노력 등이 모두 여기에 해당한다. 크리스 필로와 게리 컨스(Chris Philo and Gerry Kearns)는 장소마케팅을 "공적 및 사적 주체들이 (장소를) 기업과 관광객 심지어 거주자들에게 매력적인 곳으로 만들기 위한 다양한 노력"으로 정의한다.[2] 하지만 장소마케팅은 단순한 장소의 매력 개발 그 이상으로, 마케팅 이론과 기법을 적용한 장소의 체계적 상품화, 브랜딩, 세일즈 활동이다.

정부는 장소를 오랫동안 물리적 거주의 공간으로만 생각했고 상품으로서 인식하지 못했다. 장소마케팅의 등장 이전에도 도시들은 선전, 광고 등으로 자신을 외부에 알리려는 노력을 했지만,[3] 목적은 좋은 이미지를 만들고 주민들의 자긍심을 높이기 위한 것이

---

1) Budnikevych & Gavrysh(2017), p. 11. 장소마케팅은 territorial marketing(관할 영토/구역 마케팅, Renigier−Bilozor & Bilozor, 2015), 장소 판촉(김형국, 2006)이라고도 한다. 판촉(sales promotion)은 마케팅 믹스 중 프로모션의 한 방법이기도 하여, '장소마케팅 = 장소 판촉'은 장소마케팅의 범위를 지나치게 좁게 해석할 위험이 있다.

2) Philo & Kearns(1993), pp. 1−2.

3) Kavaratzis(2004), p. 59; Kavaratzis & Ashworth(2006), p. 183. Ward(1998) 참조.

었다. 국가나 도시들은 정치, 행정적 경계가 뚜렷하고, 역사적, 지리적 또는 문화적으로 장소에 구속되어, 장소를 자유롭게 판매하는 상품이라는 인식을 만들거나, 지역발전을 위한 판촉의 필요를 깨닫지 못했다. 장소상품 개발과 마케팅의 필요에 대한 인식은 미국에서는 대도시들을 중심으로 1970년대에 대규모 도시재개발(urban redevelopment) 사업을 시작하면서,[4] 유럽에서는 1980년대에 도시재생(urban regeneration) 사업과 지역의 장기적인 경기침체를 극복하기 위하여 외부로부터 제조업이나 비즈니스를 끌어들이기 위한 경쟁적 노력을 하는 가운데 나타난다. 이후 1990년대에 오면 전 세계 모든 나라와 도시들이 전략적으로 장소를 상품으로 개발하고 경쟁적으로 마케팅하는 단계에 이른다. 또 많은 연구도 이루어진다.[5]

　본격적 장소마케팅의 계기는 유럽 국가 간 경계의 해체가 낳은 거대한 단일 시장의 출현이다. 유럽통합 후 국가나 도시들은 글로벌 시장에서 서로 고객을 뺏기지 않거나 적극적 유치를 위한 치열한 경쟁을 시작한다. 장소 소비자들(투자자, 기업과 비즈니스, 방문객, 거주자 등)이 국가나 도시 간 경계를 자유롭게 이동하고, 기업이나 비즈니스, 거주 등을 위한 장소의 자유로운 선택 또한 가능하게 되면서, 각국은 투자, 비즈니스, 일자리, 관광, 여가 및 주거의 공간을 찾는 사람들을 고객으로, 그리고 장소는 이들의 욕구충족을 위한 자원으로 인식한다. 또 장소마케팅을 지역발전을 위한 전략적 수단으로 채택한다.[6] 각국 정부나 도시들은 장소상품의 판매를 통한 사회 경제적 지표 개선, 일자리 창출, 소득증대, 주민들 삶의 질 향상 등을 목적으로 전담 조직을 설치하고, 체계적 커뮤니케이션으로 투자, 기업과 비즈니스, 방문객 등을 유치하기 위한 노력을 본격화한다.[7]

　유럽은 많은 나라, 도시들이 밀집한 곳이고, 서로 다른 언어를 사용하는 고도로 다양한 문화들로 이루어진 시장이다. 이러한 환경은 장소마케팅에 대한 보다 높은 관심, 복잡한 이론과 기법을 발전시키는 기회를 제공한다.[8] 장소마케팅은 이후 확산되어 현재는 북미와 남미, 아시아 국가와 도시들도 투자, 기업과 비즈니스, 관광과 여행, 은

---

4) 도시재개발은 urban renewal이라고도 한다. urban redevelopment, urban renewal 모두 도시 재개발이지만 전자는 도시 기능의 회복, 상권 활성화를 목적으로 기존의 건물들을 철거하고 재건축, 비즈니스와 주거 환경의 개선, 가로 정비 등으로 원래의 구조와 기능 자체를 바꾸는 프로젝트이고, 후자는 도심의 비즈니스와 거주 환경 개선의 소규모 노력으로 구분하기도 한다.

5) Ashworth & Voogd(1990), Ashworth & Goodall(1991), Ahmed(1991) 참조.

6) Kavaratzis & Ashworth(2006), p. 184.

7) Romanova, Brachun, & Dmitrieva(2015), p. 245.

8) Cutler(1990), p. 38.

퇴 후 생활, 축제, 쇼핑, 스포츠 행사 등 광범위한 분야에서 지역 발전을 위한 경쟁 전략으로 채택하고 있다.[9]

　　장소마케팅은 장소상품의 단위, 용도 등에 따라 도시마케팅, 관광이나 여행지 마케팅(destination marketing), 국가 마케팅(country marketing), 지역 마케팅(regional or local area marketing), 로케이션 마케팅(location marketing. 특정 장소, 위치 등의 마케팅) 등 다양한 분야로 나뉜다.[10] 장소마케팅 연구는 그동안 주로 관광과 여행, 도시계획이나 지역개발, 지리, 도시 연구, 전통적 비즈니스 마케팅 분야가 발전을 이끌었다.[11] 정부가 상품개발을 주도하고 지역경제의 발전, 주민소득, 일자리 창출업무를 맡고 있음에도 불구하고 행정학 분야의 관심은 적었다.

2) 특징

　　장소마케팅의 특징은 다음과 같다.

　　첫째, 정부 주도 장소상품의 개발과 판매이다. 정치적 리더(대통령, 도지사, 시장이나 군수)가 비즈니스 분야 CEO들과 더불어 전략 수립, 사업계획의 작성(내용과 방법의 선택)과 시행에서 구심적 역할을 한다.[12]

　　둘째, 목적은 일자리 만들기, 소득증대, 지역경제의 발전이다. 전 세계 점점 더 많은 나라나 도시들이 장소마케팅 전략을 채택하여 글로벌 시장에서 장소의 인지도를 높이고 상품을 판촉한다.

　　셋째, 고객은 투자자, 기업이나 비즈니스, 방문객, 거주자들이다.

　　넷째, 장소마케팅은 고객과 시장 중심적 시각에 기초한 장소경영(place management) 전략이다.[13]

　　다섯째, 거버넌스 과정이다. 정부가 주도하지만 지역 기업과 비즈니스, 주민들과

---

9) Whitson & Macintosh(1996), Wiezorek(2010), Warnaby et al.(2002), Lamberti et al.(2011), Smith & Strand(2011), Lee(2007), Bennett & Koudelova(2001), Metaxas(2006), Wiezorek(2010), Goulart Sztejnberg & Giovanardi(2017) 등.

10) Romanova, Brachun, & Dmitrieva(2015), p. 245; Kavaratzis & Ashworth(2006), p. 183. Ashworth & Voogd(1990), van den Berg, Klaassen, & van der Meer(1990) 참조.

11) 박난순·이석환·주효진(2005), p. 345.

12) Eshuis, Klijn, & Braun(2014), p. 166. Bennett & Savani(2003), Kavaratzis & Ashworth(2007) 참조.

13) Eshuis, Klijn, & Braun(2014), p. 152; Eshuis, Braun, & Klijn(2013), p. 507.

의 협력을 통해 상품을 생산, 판매한다.[14]

3) 장소 의미의 다중성

장소는 지리적 공간 개념이다. 하지만 장소마케팅에서 장소는 단순한 물리적, 지리적 공간만의 의미를 갖는 것은 아니다. 정치 행정적 공간일 뿐만 아니라 기업이나 비즈니스, 거주자들이 가치와 이해관계, 역사와 운명 등을 공유하고, 사회, 경제적 활동, 생활공간의 구축과 설계, 관계를 만들어 가는 곳이다. 장소는 구성원들이 이해관계(경제, 사회적 기회와 위험)를 공유하는 하나의 공동체 개념으로, 행정구역이나 지리적 경계와 반드시 일치하는 것은 아니다. 다음은 장소의 의미이다.[15]

첫째, 장소는 국가, 도, 시·군, 읍이나 면, 동뿐만 아니라 지역이나 농촌, 마을 등의 정치 행정적, 지리적, 경제적, 사회적 단위이다. 장소는 이외에도 어촌, 산촌, 마을(부산 사하구 감천 문화마을, 행궁동 벽화마을, 서래마을 등), 섬(제주도, 남이섬 등), 시장(남대문시장, 부산 자갈치시장, 대구 약령시 등), 구역(부천 문화산업 진흥지구), 거리(혜화동 대학로), 길[16](울산 십리대밭 은하수길, 동해 논골담길, 계족산 황톳길, 제주도 올레길) 등으로, 규모와 형태, 기능 등에 따라 이름이 다양하다.[17]

둘째, 역사적 유산, 전통문화, 자연경관이 실재하는 공간이고, 공항과 정거장, 물류, 금융, 노동, 과학과 기술 등과 같은 자원과 이들의 상품화를 위한 기회들이 모인 곳이자 성장과 발전을 위한 사회적 요소들의 집합체이다.[18]

셋째, 주민 거주와 생활, 경제, 사회, 문화 생활의 근거지이고, 기업의 제품이나 서비스 생산, 비즈니스 활동의 기지이다.

넷째, 경제적 이해, 사회적 정체성을 공유하는 지역이다.

다섯째, 문화, 역사적 전통, 언어, 인종 등의 경계를 가진 공간이다.

---

14) Eshuis, Klijn, & Braun(2014), p. 166.

15) Kotler et al.(2002), p. 4; Warnaby & Medway(2013), p. 348.

16) 한국관광공사 추천 10월 걷기 여행길, 벽화마을 따라 훌쩍 떠나는 가을 걷기 길. http://korean.visitkorea.or.kr. 검색일 2018.9.28.

17) Kotler et al.(1993, 1998, 2002), Anholt(1998), Olins(2002), Moilanen & Rainisto(2009), Fan(2010), Papadopoulos et al.(2016), 강병수·우소영(2016), 윤영득(2013), 김종인·장광집(2004), 유기현·김진아(2015), 이철우·박순호·최정수(2005), 정미강(2010) 등. 지역(regions)은 communities와는 다르다. 아시아에는 60만 개의 communities가 있고, 지역은 500~600개, 국가(nations)는 47개이다. Kotler et al.(2002), pp. 47, 78, 139, 140.

18) Romanova, Brachun, & Dmitrieva(2015), p. 245. Kotler et al.(1993) 참조.

여섯째, 사회적 활동, 의미의 공간이다. 장소는 역사, 전통, 풍습 등이 소재한 사회적 공간일 뿐만 아니라 개인의 고향이자 경험, 기억, 의미의 원천이다. 사람들은 이곳에서 사회적 활동이나 관계를 만들어간다. 생활을 통하여 장소와의 다양한 형태의 유대, 감정, 의존성, 애착(떠나지 않고 계속하여 남아 있고자 하는 심리)을 발전시키고, 정서적 반응을 만든다. 장소마케팅은 상품개발에서 물리적인 장소보다도 경험이나 느낌, 추억이나 기억 만들기를 더 중요시한다.[19)]

일곱째, 장소의 의미는 이해관계자에 따라 다르고, 고정되어 있지도 않다.[20)] 해당 장소의 거주자인가, 투자자인가, 관광이나 여행객인가, 거주지를 찾는 사람들인가에 따라 다르다. 관광객이 생각하는 장소와 주민이 일상생활에서 경험하는 장소 간에는 차이가 있다. 마케팅 커뮤니케이션, 물리적 환경의 변화나 이벤트 등은 끊임없이 장소의 해석과 의미를 재구성한다.

4) 장소의 위기

모든 장소는 성장과 쇠퇴를 경험한다.[21)] 장소 성장기에는 새로운 기업과 투자자, 거주자들이 몰려들고 비즈니스도 번창한다. 이들은 일자리를 만들고 주민들의 삶도 풍요롭게 한다. 정부는 재정수입의 증가로 사회적 수요에 대처할 넉넉한 여력을 갖고, 인프라를 개선하게 되면서 이미지도 좋아진다. 하지만 동시에 장소의 쇠퇴를 촉진하는 부정적 요소들도 수반한다. 기업과 비즈니스, 주민, 방문객들이 늘어난 결과 부동산 가격이 상승하여 새로운 투자의 유입을 가로막는다. 장소에 많은 인구의 집중은 교통, 전기, 수도, 안전 등의 인프라를 빠른 속도로 낙후시키면서 기업이나 비즈니스, 거주자들의 이탈을 촉진하는 요인으로 작용한다. 이렇게 되면 정부의 재정수입은 빠른 속도로 줄고 실업률이나 범죄는 급증한다. 장소가 매력을 잃고 위기가 가시화될 때 정부는 적극적 투자를 통해 노후화된 인프라를 대체, 개선함으로써 기업이나 비즈니스하기 좋은 환경을 만들고, 일자리를 창출하면서 지역경제에 활력을 불어넣어야 하나 재원이 부족하여 투자할 여력은 없고, 투자의 부족이나 지연은 장소의 매력을 저하시키는 악순환으로 나타난다. 정부가 쇠퇴 원인들을 적절히 관리하는 데 실패할 때 장소는 급속히 위기에 빠질 수 있다.

장소에 대한 수요는 계속해서 변하고, 정부가 경쟁시장에서 어떻게 장소의 매력을

---

19) Warnaby & Medway(2013), p. 348; Florek(2011), p. 347.
20) Chen & Chen(2017), p. 10.
21) Kotler et al.(2002), pp. 33−36.

유지하는 가는 지역발전을 위한 큰 도전이다. 장소마케팅은 장소의 위기극복 전략을 제시한다.

　유럽의 많은 도시들은 기존의 산업과 제조업 분야 쇠퇴로 위기에 빠지자 장소를 관광 상품화하여 탈출을 시도한다. 스페인 동북부의 도시 빌바오(Bilbao)는 1970년대 이후 기반산업이던 철강산업이 붕괴하면서 실업이 급증하고, 주민들의 이탈이 늘면서 위기에 직면하자 도시를 예술관광 산업 도시로 바꾸고 관광객들을 끌어들여 침체에 빠진 지역경제를 부흥시킨다는 전략을 세운다. 1997년 빌바오 구겐하임 미술관(Guggenheim Museum Bilbao)을 짓고, '구겐하임 빌바오(Guggenheim Bilbao)'라는 브랜드 슬로건으로 마케팅하여, 국제적 인지도를 높이고 방문객도 크게 늘면서 지역발전에 성공한다. 이것을 '구겐하임 효과(Guggenheim Effect)'라고 부른다.[22] 문화 주도형 도시재생(urban renewal)의 대표적 성공 사례이다.[23] 미국은 1980년대 초 전통적인 광산, 목재, 에너지 산업이나 농산물 기반 제조업이 쇠퇴하자 일부 농촌들은 깨끗한 환경 자원을 상품화하고 관광객을 유치함으로써 지역경제의 위기를 극복한다. 장소 위기의 관광 상품화를 통한 극복이자 지역경제를 부흥시킨 사례로, 1990년대 들어서는 많은 농촌 마을들이 가세하면서 중요한 지역발전 전략의 하나로 주목받는다.[24] 아시아에서는 일본 홋카이도(北海道) 유바리시(夕張市)가 1970년대까지 석탄 도시로 크게 발전하다가 석탄산업의 사양화로 위기에 빠지자 기반산업을 관광산업으로 바꾸어 지역 재생을 시도한 바 있다. 초기에는 민간자본을 끌어들여 박물관, 야외극장, 놀이시설 등에 집중적으로 투자하고 또 성과를 거두면서 지역경제를 발전시킨 모범사례로 꼽히고 벤치마킹 사례로 주목받는다. 하지만 과도한 부채를 견디지 못하고 실패하면서 2006년 일본의 지자체들 가운데 처음으로 파산을 맞는다.

---

22) Franklin(2016)은 'Bilbao Effect'는 구겐하임 미술관 하나가 만들어낸 것이 아니어서 다른 도시들도 미술관 건축으로 빌바오의 성공을 복제할 수는 없다고 말한다.

23) 양윤서(2017), p. 49. 이 연구는 빌바오의 장기적인 경제적, 사회적 효과가 반드시 긍정적인 것만은 아니라고 주장한다.

24) Cai(2002), p. 730.

5) 정부와 주민의 관계

장소마케팅과 지역상품 마케팅에서 주민은 경제적 주주(株主)이고,[25] 국가나 지자체의 장은 대표이사(Chief Executive Officer, CEO)이다. CEO의 역할은 전략수립, 장소 브랜드 상품의 개발과 마케팅 믹스에 의한 판매이다. 또 성과는 의회(이사회. board of directors)에 보고해야 한다. 1차적 역할은 주주가 원하는 가치의 창출이고, 상품판매로 이익을 내고 주주에게 배분하는 일이다. 이익 배당은 일자리 창출과 지역경제의 활력, 주민소득의 증대이다.

6) 디마케팅

디마케팅(demarketing)은 필립 코틀러와 시드니 레비(Philip Kotler and Sidney J. Levy)가 도입한 용어로,[26] 기업이 자신의 상품에 대한 수요가 공급을 초과할 때 또는 다른 어떤 이유로 일시적 또는 영구적으로 일반 고객 또는 특정 세분시장 소비자들의 상품구매 의욕을 의도적으로 저하시키는 활동이다. 장소마케팅에서는 특정 집단이 장소상품에 대하여 관심을 갖거나 투자나 방문하는 것을 막거나 지연시키고자 할 때 디마케팅 전략을 사용한다. 주요 이유는 장소의 지속 가능한 발전(방문객의 수가 수용 능력을 초과하여 상품의 품질, 브랜드 가치를 저하시키는 것을 막기 위하여), 시장 세분화와 원하는 표적시장에의 집중, 계절적 효과의 조절(특정 계절에 방문객의 집중을 막기 위하여), 위험 예방이나 관리(구제역 등의 전염병 발생 시) 등이다.

방법은 마케팅 활동의 중단, 다른 장소의 마케팅(방문 수요의 분산, 특정 관광지에 관광객 집중에 따른 문제를 완화하고자 단체 수학여행 신청을 다른 지역으로 안내하기), 장소이용 안내정보의 제공(무질서, 혼란, 안전 위험을 막고자 또는 대규모 항의집회 참석자의 유입에 따른 문제를 완화하고자 할 때), 접근 통제(입장 시간의 제한), 가격 인상(입장료 인상, 학생이나 노약자에게 성인 요금의 적용) 등이다.[27]

---

25) 장소마케팅, 지역상품 마케팅에서는 국민이나 주민은 주주인 반면 공공서비스 마케팅과 사회마케팅에서는 주로 고객이다.
26) Kotler & Levy(1971), pp. 75, 79.
27) Medway, Warnaby, & Dharni(2011), pp. 129-135.

7) 용어의 혼란

장소마케팅에서는 용어 사용에 상당한 혼란이 있다. 다양한 분야(관광이나 여행, 투자나 산업의 유치, 도시재개발, 지역연구 등)의 연구자들이 각자 자신의 관점에서 적합한 용어를 채택하거나, 학술지가 원하거나 요구하는 용어를 사용하는 데 따른 결과이다.[28] 장소마케팅 연구는 투어리즘 마케팅 분야로부터 시작되었고, 여전히 관광·여행 분야가 중심적 역할을 한다. 투어리즘 마케팅 연구자들은 장소상품을 장소(place)가 아니라 관광이나 여행 목적지(destinations)라고 부른다. 1990년 이후 장소 간 경쟁이 본격화되고 장소마케팅이 고객을 관광객뿐만 아니라 투자와 산업 입지를 찾는 조직이나 개인 사업자들로 넓혀가면서 장소가 기존에 투어리즘 분야가 사용하던 목적지를 대체하는 경향이 나타난다. 하지만 투어리즘 분야 연구자들은 여전히 목적지라는 용어를 고수하고 있다. 용어 사용의 혼란은 연구분야 간에서 뿐만 아니라 관광과 여행 분야 내에도 존재한다. 도시마케팅은 도시를 투자, 기업이나 비즈니스, 관광이나 여행, 거주지 상품으로 판매하는 활동이지만 연구자들은 도시마케팅을 관광이나 여행에서의 목적지 마케팅(destination marketing), 로케이션 마케팅(location marketing)이라고도 한다.[29] 장소마케팅 연구자들도 지역 마케팅(region marketing)이나 국가마케팅(country marketing)이라는 용어를 목적지 마케팅이나 장소마케팅과 함께 사용한다.[30]

2. 도시마케팅

1) 의미

도시마케팅(city marketing)[31]은 장소마케팅에서 도시가 장소의 단위인 경우로, 지방정부가 도시를 상품화하고 판매하는 활동이다. 도시정부가 목표 고객의 필요와 욕구

---

28) Skinner(2008), p. 924.

29) 학술지가 특정 용어를 선호할 때 이러한 문제가 나타난다. 그레이엄 핸킨슨(Graham Hankinson)은 장소상품의 브랜딩 연구를 하면서 Hankinson(2005)에서는 장소를 목적지(destinations)라고 하고, Hankinson(2001)에서는 로케이션(locations)이라는 용어를 사용한다.

30) Skinner(2008), p. 920. state와 country는 둘 모두 독립적이고 주권을 가진 국가인 반면 nation은 같은 언어와 문화를 공유하는 사람들로 이루어진 국가를 뜻한다. 따라서 nation marketing이라는 말은 사용하지 않는다.

31) Urban marketing이라고도 한다. Oguztimur & Akturan(2016: 357)은 urban은 도심(downtown) 및 사회적 차원의 개념이고, city는 정치, 경제, 사회, 문화 등 모든 차원을 아우르는 개념으로 구분한다.

를 확인하고, 이에 기초한 장소상품의 개발과 고객의 선택을 끌어내는 과정이다. 도시마케팅은 투자자, 기업과 비즈니스, 방문객, 거주자 등의 유치를 위한 마케팅 전략(시장세분화, 표적시장의 선정, 포지셔닝, 시장조사를 통한 고객의 니즈 확인)의 수립, 마케팅 믹스와 실행으로 이루어진다. 목적은 지역경제의 부흥, 주민소득의 증가, 일자리 창출로, 전통적 행정에서의 주택, 교통, 교육, 범죄 예방, 저소득층 생활 지원 등과는 다르다.

　도시마케팅은 글로벌 시장과 도시 간 경쟁의 산물이다.[32] 정부가 기업가적 접근을 통해 도시를 발전시키려는 접근으로,[33] 기존의 지방정부들이 하던 일반인 대상 도시 광고나 선전과는 다르다. 도시의 경영전략으로, 도시마케팅에 대한 실무자나 연구자들의 관심은 도시의 효과적 마케팅을 위한 전략 수립과 마케팅 조사, 마케팅 믹스 방법 등의 개발이다.[34] 장소마케팅 가운데서도 가장 많은 연구가 이루어진 분야이고,[35] 다양한 학문 분야가 연구에 참여하고 있다.

　도시마케팅과 유사 개념의 하나로 타운센터 경영(town centre management)을 들 수 있다. 타운센터 경영은 1980년대 이후 영국에서의 도심 상권과 생활환경 개선 목적의 도시재생 노력을 가리킨다. 도시마케팅과 타운센터 경영은 모두 위기에 대한 장소의 대응이고, 도시 발전을 위한 전략적 노력이지만, 도시마케팅은 외부 세계에 도시의 인지도를 높이고 기업, 비즈니스나 방문객을 유치하기 위한 활동인 반면, 타운센터 경영은 도심의 민관 합동 개발, 관리 및 프로모션이다. 후자는 장소마케팅의 한 형태이지만 도시의 전체가 아닌 도심 구역의 경제적 부흥 노력이다.[36]

2) 역사적 등장과 발전

　도시마케팅의 발전은 유럽이 주도한다. 유럽 대륙의 특수한 환경(많은 작은 규모의

---

32) de Elizagarate(2011), p. 56.

33) Paddison(1993), pp. 339－340.

34) Bradley(2011), pp. 21, 27. 이 연구는 관리적 접근 외에 텍스트와 새로운 도시 이미지의 기호론적 해체, 도시 이미지＝허위 의식(false consciousness)이라는 점을 보여 주기, 후기 산업도시들 간의 불평등, 전통적 도시의 기업가적 도시 거버넌스로의 구조 변화, 포스트모더니즘에서의 장소 프로모션, 생산자와 소비자 간의 도시 이미지의 차이, 도시마케팅의 영향 등을 도시마케팅 연구 주제와 접근 방법으로 제시한다.

35) Berg & Braun(1999), p. 987.

36) Page & Hardyman(1996), pp. 154, 162. 이 연구는 도시마케팅과 타운센터 경영을 장소상품이 도시(cities) 전체인가 도시의 한 구역(towns)인가로 구분한다.

그러나 서로 다른 언어, 지리, 문화적 환경을 가진 40여개 주권국들[37]이 인접하여 이루어진 국가군), 글로벌 자유 경쟁시장의 형성, 경제적 위기와 극복 전략에 대한 시대적 수요 등을 배경으로 유럽은 도시마케팅의 본격적 채택과 확산뿐만 아니라, 연구에서 중심적 역할을 담당한다.

하지만 도시를 하나의 상품으로 보는 정책적 접근과 표적집단을 대상으로 한, 장소의 개발 및 판촉 활동은 미국이 먼저이다. 미국 대도시들은 1970년대에 낙후된 도심을 대규모 재개발 방식으로 복원하는 과정에서 먼저 마케팅 이론과 전략을 채택한다. 거대 도시들은 인구 집중에 따른 사회 기반시설의 낙후, 교통체증, 대기오염, 범죄율 증가 등으로 회사, 비즈니스, 중산층 등이 도심을 포기하고 시내 외곽 지역으로 이주하는 경향이 심화되면서 공동화 위기를 경험한다. 기존에 도심 경제를 구성하던 생산 및 소비 활동 단위들이 떠나고 난 빈자리를 외국 이민자들이 메우면서 도심 생활환경은 급속히 악화되고 악화된 환경은 추가적 이탈을 부추기는 악순환이 나타나면서 위기가 심각한 수준에 이르자, 대도시들은 도심을 재개발한 후 회사, 중소 상인, 거주자를 다시 불러들여 도시의 기능과 경제를 회복시키기 위한 전략을 수립한다.[38] 도시재개발 프로젝트는 표적집단을 설정하고, 이들의 욕구가 무엇인가를 고려한 재개발과 효과적 프로모션을 내용으로 하는 마케팅 전략과 방법을 채택한다.

유럽 국가들은 대부분 1970년대까지 경제적 침체로 고통을 겪는다. 전통적인 제조업은 더 이상 지역발전을 위한 동력을 만들지 못했고, 그렇다고 지역에는 대신할 새로운 투자나 기업이 없었다. 도시들은 근본적 개혁의 필요를 절감하고,[39] 지역경제의 발전 동력을 밖으로부터의 투자, 기업의 유치에서 구하는 경제 기반의 복원 전략을 모색한다. 1970년대 중반 영국 일부 도시들이 도시 광고나 선전을 통하여 외부로부터 비즈니스를 끌어들이고자 노력하지만,[40] 지역경제의 부흥과 고용 촉진 효과는 제한적이었다.[41] 유럽은 1980년대가 되면서 미국의 주요 도시들이 1970년대에 추진했던 성공적 도심 재개발 사례를 본받아서 민관파트너십, 중앙정부의 지원을 통한 재개발 사업을 추진한다.[42] 하지만 미국과 달리 도시들의 역사적 의미, 문화적 가치 때문에 대규

---

37) List of European countries by area. https://en.wikipedia.org/. 검색일 2019.10.18.

38) Smyth(1994), p. 8.

39) Paddison(1993), p. 339.

40) Cheshire, Carbonaro, & Hay(1986), p. 131.

41) Harvey(1989), p. 3.

42) Ashworth & Voogd(1990), pp. 133–134.

모의 인위적 재개발은 하지 못한다. 대신 역사가 오래된 낙후된 산업 도시들을 재생하고 제조업을 유치하는 데 힘쓴다. 또 누가 더 싼값의 토지, 낮은 임금 조건을 제공하는가, 보조금을 얼마나 지급하는가 등의 재정적 인센티브 경쟁을 통하여 기업 유치를 위한 도시마케팅을 시작한다.

도시마케팅은 이후 유럽통합, 국가나 도시 간의 시장적 경쟁, 자유로운 장소 간 이동을 배경으로 빠르게 발전한다. 대부분의 도시들이 마케팅 이론과 기법을 적용한 마케팅 전략의 수립, 투자, 기업과 비즈니스, 방문객, 거주자 유치 활동을 전개하면서 도시마케팅은 중요한 지역발전 전략으로 자리 잡는다.

3) 도시 환경 및 관심의 변화, 도시마케팅의 확산

도시마케팅은 1990년대에 오면 전 세계로 확산된다. 다음 <그림 1>은 도시의 환경 및 관심의 변화, 도시마케팅의 확산을 나타낸다.[43]

▼ 그림 1 **도시마케팅의 확산**

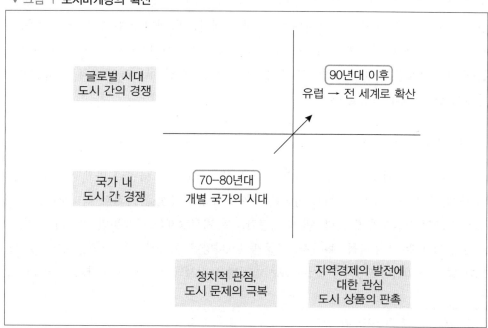

특정 국가 내 도시 간 경쟁은 1990년대 이후부터는 글로벌 시장에서의 국가 및 도시 간 시장적 경쟁으로 전환된다. 도시정부의 관심도 초기의 전통적인 정치적 관점,

---

43) 박흥식(2000). 도시마케팅의 전략과 의미. 중앙행정논집, p. 242.

도시 문제의 해결에서 자본이나 기업, 비즈니스의 유치를 통한 지역경제의 부흥, 일자리 창출, 소득증대로 바뀌고,[44] 전 세계 각국과 도시들은 도시마케팅을 경쟁 전략적 수단으로 채택한다. 이러한 과정을 통해 도시마케팅은 지역발전 분야에서 하나의 일반적 용어로 자리 잡고, 대부분의 지방정부들은 도시마케팅 전략을 통해 지역경제의 발전과 주민소득 증대를 추구한다.[45]

4) 도시재생

도시재생(urban regeneration)[46]은 도심 경제 재부흥 사업으로, 낙후된 도심 빈민, 우범지역 공공시설(철도 역사나 부두 등)의 재개발, 주거 및 상업 지역의 환경 개선을 위한 대규모 투자(재건축 프로젝트)로 퇴락 현상을 막고, 이탈 주민과 회사, 비즈니스들을 다시 불러들이는 노력이다. 도시마케팅 전략의 하나로 도시재생의 기대 효과는 지역경제의 활성화뿐만 아니라 이미지 개선을 포함한다. 영국의 리버풀(Liverpool. 인구 50만의 북서부 지역의 도시)은 도시재생 사업에서 목적을 '문화의 수도(Capital of Culture)' 개발로 정하고, '크리에이티브 커뮤니티(Creative Communities)' 및 지역사회의 문화 활동 촉진을 위한 다양한 사업을 수행하여,[47] 인지도 개선뿐만 아니라 문화 자산의 구축, 관광객의 만족 향상, 잠재적 투자자나 방문객 대상 도시로서의 매력을 높이는 효과를 거둔다. 도시마케팅은 재생 사업에서 표적고객의 식별, 사업 내용과 방법의 선택, 브랜딩 등에 관한 지식과 기법을 제공한다.

5) 각국 간 인식 차이

각국 대부분의 도시들이 마케팅 전략을 채택하고 있으나 도시마케팅이 무엇인가에 대한 생각은 조금씩 다르다. 영국은 도시마케팅의 목적을 사회적 의미보다는 경제구조의 조정이나 부흥에 둔다. 반면 네덜란드는 지역경제의 부흥뿐만 아니라 복지, 도시에 살고 있는 거주자들, 투자자, 방문객 등 다양한 이용자들의 만족을 위한 것으로 보다 넓게 정의한다.[48] 미국에서는 도시마케팅을 경제발전을 위한 전략적 수단으로 인

---

44) 하선미 · 김주연(2007), p. 332.

45) Stefko, Bačík, & Fedorko(2017), p. 244.

46) 도시재생(urban regeneration)을 영국은 urban renewal, 미국은 urban redevelopment라는 용어를 사용한다. Urban renewal. https://www.wikiwand.com. 검색일 2019.11.6.

47) Kokosalakis et al.(2006), p. 395.

48) Paddison(1993), p. 340.

식하지만 초기에는 주로 장소의 프로모션, 민관파트너십에 의한 도시재개발 사업의 형태로 나타난다.[49] 한국, 일본, 중국 등 아시아 국가들도 도시마케팅을 광범위하게 채택하고 있다. 하지만 도시 쇠퇴 문제의 해결보다는 글로벌 경쟁환경에서 도시의 판매, 장소 CEO의 경영 마인드, 마케팅 기법의 도입, 도시 브랜드의 개발, 장소 소비자들의 선택 촉진 등을 위한 것으로 이해한다.[50] 도시를 세계적 상품으로 만들기 위한 성장 전략적 관점에서의 접근이다.

6) 예시

글래스고(Glasgow)는 영국 스코틀랜드 지방에 위치한 인구 60만이 넘는 최대의 항구 도시로 심각한 인구 감소, 경제 위축을 경험했던 도시이다. 산업혁명으로 화학, 섬유, 엔지니어링, 조선 및 해양산업이 번창하고 한때 인구와 경제가 급격한 성장을 보이면서 스스로를 "대영 제국 제2의 도시(the Second City of the British Empire)"라고까지 칭한다. 1961년에는 인구가 1백만 명이 넘었으나 이후 지속적으로 감소하기 시작하여 1991년에는 66만 명으로 줄어든다.[51] 글래스고시는 1980년대 초 위기 극복을 목적으로 도시마케팅 전략을 채택한다. "글래스고, 정말 좋다(Glasgow's Miles Better)"라는 브랜드 슬로건으로 도시 이미지를 바꾸고,[52] 도시를 비즈니스 컨퍼런스, 이벤트, 축제 및 스포츠 도시로 상품화하여 판촉 한다. 프로 축구 및 럭비팀과 같은 스포츠 팀, 국제 기준 경기장 등을 자산으로 구축한 후, 축구, 럭비, 아이스하키, 수영, 농구, 체조, 테니스 경기를 통한 방문객 유치 사업을 추진한다. 2005년에는 방문객 유치 마케팅 전담조직으로 글래스고시 마케팅 뷰로(Glasgow City Marketing Bureau, GCMB. 시의회 문화 및 레저 업무를 위탁받아서 수행하는 Glasgow Life사의 전액 출자 회사)를 설립한다. GCMB의 업무는 도시 브랜드 개발과 커뮤니케이션, 여행과 방문객 유치 전략의 수립과 실행, 이벤트 관리 등이다. '사람들이 글래스고를 만든다(People Make Glasgow)'라는 도시 브랜드를 개발하고 공식 홈페이지를 통해 글래스고를 "세계적인 문화와 스포츠의 도시," 방문객들이 뽑은 "세계에서 가장 정다운 도시," "유럽에서 가장 활기차고 다이내믹한 도시," 투자와 비즈니스를 위한 세계적 도시, 살기 좋고 일하고 만나고 레저 활동을 하는데 가장 좋은 곳으로 광고한다. 2023년까지 관광객을 1백만 명 이상 늘리고, 매년 6,600개의 일자리를 추가한다는 계획이다.[53]

---

49) Paddison(1993), p. 340.

50) 王志欣(2005) 참조.

51) Paddison(1993), p. 343.

52) Paddison(1993), p. 346.

53) https://peoplemakeglasgow.com/; Glasgow City Marketing Bureau Operational Service

3. 이벤트 마케팅

　　이벤트 마케팅(event marketing)은 장소 기반 이벤트 상품의 마케팅이다. 이벤트[54]는 개최자가 특정 목적 하에 고도의 기획과 연출로 일정한 장소에서 평상시에 보기 힘든 눈길을 끄는 활동으로 불특정의 사람들을 불러 모으는 대중적 집회이자 행사이다. 제한적 기간 동안 존재하지만 일회 또는 반복적으로 개최되고, 많은 사람들을 특정 공간에 일시적으로 집합시켜 관심, 호기심의 충족, 기쁨, 즐거움, 웃음거리 등을 제공한다. 목적, 분야, 형태, 소재 등이 고도로 다양하다. 정부가 주최하는 이벤트는 전통적으로 국가 권위나 국민 통합, 지역주민의 화합과 소속감, 정체성 의식의 고양, 교육이나 문화적 목적의 행사 위주로, 경축, 기념식, 개막식, 문화 전승, 복원이나 재현, 체험의 형태이다. 민간부문도 대회나 전시회, 축제나 공연, 스포츠 경기 등의 이벤트를 개최한다. 이벤트는 분야가 전통 문화, 일상생활, 엔터테인먼트, 환경, 산업, 예술, 체육, 과학 기술 등으로 무한하고, 이름도 축제, 박람회, 문화제, 예술제, 스포츠 경기, 대회, 전시회, 공연, 연극, 콘서트, 영상제 등 고도로 다양하다.[55]

　　장소상품으로서의 이벤트는 목적이 전통적 행정에서 정부가 개최하던 이벤트와는 사뭇 다르다. 전통적 행정에서 정부 개최 이벤트는 목적이 기념이나 축하 등의 의례, 지역 전통문화의 전승, 주민의 단합, 소속감 고양, 교육, 기초적인 문화서비스의 제공 등인 반면 장소마케팅의 목적은 주민의 소득증대, 일자리 창출, 지역경제의 발전, 재정수입의 증가이다.[56] 이벤트 상품은 정부가 잠재적 소비자들을 한 자리에 불러 모아 지역상품을 판촉하거나 장소의 인지도를 개선하기 위하여 개최하는 고도의 전략적 의도를 가진 행사로,[57] 관객은 이벤트 상품을 관람이나 참여, 체험 등으로 소비하고, 정신

　　Report. https://www.glasgow.gov.uk/. 검색일 2019.10.18.

54) 이벤트는 "important or unusual(중요하거나 색다른, 특이하고 드문)" 것으로 대중의 사회적 집합을 이끌어내는 상품이다. Cambridge Dictionary. https://dictionary.cambridge. org. 검색일 2019.1.5.

55) 단소염·전종우(2013), pp. 93-94; 김정하(1996), pp. 59-60; 이정록·추명희(1997), p. 68.

56) 서울시 주관 '정조대왕 능행차길 체험 순례'는 교육(역사적 의미의 이해), 문화(효 문화의 재조명) 등을 목적으로 한 순례(체험) 행사로, 장소마케팅 상품으로 개발된 것은 아니다. 목적도 관객 유치를 통한 장소의 인지도 개선, 판촉, 일자리 창출이나 지역경제의 활성화가 아니다. 정조대왕 능행차길 체험 순례. http://www.suwonsarang.com. 검색일 2019.10.7.

57) 박흥식(2001). 정부 이벤트 마케팅의 이해: 2002년 월드컵 축구를 중심으로. 한국정책학회 하계학술대회 발표논문집, pp. 459-476.; Steinbrink, Haferburg, & Ley(2011), Lamberti et al.(2011) 참조.

적 해방, 스트레스 해소, 일체나 동질감, 소속감 등의 복합적 편익을 얻는다. 대표적인 이벤트 상품은 메가 이벤트(엑스포, 월드컵이나 올림픽 게임), 축제(에딘버러 프린지 축제, 화천 산천어축제), 공연 등이다.

이벤트는 그 자체가 하나의 관광 상품일 뿐만 아니라[58] 장소 브랜드의 구축, 지역 경제의 활성화, 일자리 창출, 지역 특산품 판매촉진 등에 기여한다. 지방정부들이 개최 하는 축제는 지역경제의 발전, 일자리 확대, 지역의 고유한 이미지 구축, 인지도 개선 등을 위한 것이다.[59] 이벤트는 관람객 유치, 지역 비즈니스(특산물 판매점, 숙박 시설, 음 식점, 쇼핑, 레저, 여행사 등)의 이익 증대, 지역 상권의 호황 촉발 등 긍정적 효과가 뛰어 나다. 지역상품과 고객 간의 대면 접촉, 판매자와 구매자 간의 직거래 기회를 제공함으 로써, 생산자가 직접 유통 업체 및 소비자들을 만날 수 있도록 돕는다. 이벤트의 편익 은 정부가 구체적 목적을 갖고 기획한 것일수록 효과가 크고 또 즉시 나타난다. 규모가 클수록 판촉, 이미지 개선과 지역의 브랜드 가치 제고 효과도 크다.[60]

이벤트 마케팅은 초기 관광, 여행, 스포츠, 지역개발, 민속학 분야의 관심이었으나 21세기에 들어와 방문객 시장이 급성장하고 정부가 이벤트를 장기 또는 단기적 지역 발전 전략으로 간주하면서 장소마케팅의 핵심 분야로 성장한다.

4. MICE 마케팅

MICE는 Meetings(다양한 형태의 소규모 회의), Incentives(인센티브 여행, 포상휴가), Conventions(정부, 기업, 협회, 학회 등이 주최하는 컨퍼런스), Exhibitions(상품의 소개, 선 전, 전시 이벤트)의 두문자어(頭文字語)이다. 정부와 민간부문의 기업, 협회, 학회(세미나, 포럼, 심포지엄, 특강 등), 비영리 단체 등이 기획하고 개최하는 크고 작은 회의, 보상이 나 기획(특정 목적을 가진) 관광, 국제 행사, 전시나 전람회는 이해관계자들의 참석과 체 계적이고 조직화된 일정을 통하여 많은 방문객들을 끌어들인다. 방문객은 크게 관광이

---

58) 신윤창·안치순(1999), p. 54; 정경희(2002), p. 132. 조명환 등(1998), 남택영(1999) 참조.

59) Berg et al.(2002) 참조. 차동욱(2006), p. 827. 금산군 인삼축제(주민 화합 축제였으나 현재는 특산물 판촉, 지역 인지도 개선 목적의 이벤트), 김제시 지평선축제(특산품인 지평선 쌀 홍보 및 판매 행사), 무주군 반딧불이축제(지역 이미지 개선, 주민소득 증대, 경제의 활성화를 목적 으로 한 생태체험 행사) 등은 이러한 사례들이다.

60) 이정록·남기범·지상현(2015), p. 101.

나 레저 여행자,[61] 친지 방문자와 비즈니스 목적의 방문자 두 그룹으로 나뉘는데, MICE 산업의 주고객은 단순한 관광이나 레저, 친지 방문보다는 비즈니스 여행, 업무 목적의 참여자들이다. 참여자들은 비즈니스가 1차적 목적이지만 업무를 끝낸 후 관광과 여가의 시간을 갖는 사람들이다. 글로벌 시대에 들어와 외국인 투자, 다국적 기업의 증가, 국제회의, 세미나, 컨벤션, 기업 비즈니스 미팅이 크게 늘면서 참여자들의 관광, 엔터테인먼트, 유흥 상품에 대한 소비 지출도 빠르게 증가하고 있다. 특히 대규모 그룹 단위의 여행 및 관광은 "고용 창출 효과가 크고, 연관 산업에 미치는 경제적 파급 효과도 높다."[62] MICE 산업이 고용 창출에 미치는 영향이 빠르게 증가하면서, 각국은 이를 국가 발전을 위한 전략적 주력 분야로 인식한다. 국가와 도시들 간의 마케팅 경쟁도 치열하다.

MICE 마케팅의 특징은 다음과 같다.[63]

첫째, 부가가치와 고용 창출, 경제적 파급 효과가 크다. 관광산업처럼 국제회의라는 상품 자체가 만들어내는 수익보다는 주변 산업에 미치는 부가가치 증대 효과가 압도적이다.[64]

둘째, 비즈니스 거래 촉진 환경을 만든다.

셋째, 다양한 비즈니스 네트워크 생성에 기여한다. MICE는 정부 각 부처, 공공기관, 기업, 민간단체 등이 연계하여 시장에 공급하는 상품이다.

넷째, 회의, 전시, 컨벤션 산업 + IT 산업 + 관광산업 등의 융복합 산업이다.

다섯째, 지식 기반 서비스산업이다.

전통적 컨벤션 산업이 국내 기업들의 회의 서비스나 보상 관광 중심이었다면, MICE 산업은 국제적 비즈니스 미팅, 컨퍼런스 산업에 초점을 둔 것으로, 지식경제부(현재의 산업통상자원부와 미래창조과학부) 신성장동력기획단은 2009년 3대 분야(녹색 기술, 첨단 융합, 고부가 서비스), 17개의 신성장 동력 산업을 지정하면서, MICE 산업을 신성장 동력 사업의 하나로 선정한 바 있다.[65]

---

61) 관광(tourism)이 유람(집을 떠나 돌아다니면서 하는 구경) 여행이라면, 레저(leisure)는 직장이나 가사 일, 책임, 긴장으로부터 벗어나 갖는 휴식이나 자유 시간이다.

62) 이창현(2018), p. 20.

63) 안경모 외(2008), p. 10.

64) 한신자 · 김유석(2009), p. 103.

65) 김윤종 · 정상기(2009), p. 62.

1. 장소마케팅 등장과 발전의 영향 요인

1) 글로벌 시장의 출현

장소마케팅의 등장은 1993년 유럽 국가들의 마스트리흐트 조약(Maastricht Treaty, 유럽공동체 회원국들이 유럽 경제 통화의 단일화 추진 일정 및 참여 조건에 합의한 조약이다)을 통한 정치 경제의 통합, EU(European Union) 단일 시장의 출현 등에 힘입은 바 크다. 냉전 종식 이후 국가 간 장벽의 붕괴는 재화와 서비스, 노동력, 자본 이동의 자유를 초래한다. 종전에는 국가 간 정치, 지리적 경계가 기업, 방문자, 거주자들의 이동을 제한했으나 국가 간의 장벽이 무너지면서 투자, 생산 요소들의 자유로운 이동이 급증한다. 특정 국가나 도시의 관점에서 이동의 자유는 기업이나 비즈니스, 거주자들의 유출에 따른 정치적, 경제적 침체나 위기의 증가이고, 장소의 매력 상실은 경제의 위축, 일자리, 인구, 정부 재정수입의 감소를 의미한다. 각국 정부들은 관심을 종전의 군비 경쟁에서 글로벌 시장에서의 투자, 기업과 비즈니스, 방문객, 거주자 유치 경쟁으로 전환한다. 정부는 전통적 행정에서는 알지 못했던 시장에서 고객(기업이나 비즈니스, 방문객, 거주자) 유치를 위한 활동을 요구받는다. 이는 장소마케팅 수요 증가로 나타난다. 국가나 도시들은 전략적 마케팅 기획과 고객 지향적 사고로,[66] 기업이나 비즈니스 이윤 창출에 유리한 환경, 관광이나 거주에 매력적인 장소의 개발과 마케팅, 이를 통한 지역경제의 발전, 주민소득과 일자리 창출, 재정수입 증대, 정체성의 구축, 문화적 성장과 사회 교육, 구성원들의 자긍심, 위기의식의 극복 활동을 시작한다.[67]

2) 민주주의의 발전과 지방 분권

장소마케팅은 고객의 욕구, 시장 수요를 반영한 독립, 자율적인 상품 개발의 자유를 전제한다. 민주주의 발전과 지방 분권화는 지방정부, 보다 작은 행정 단위들이 독립, 자율적 노력으로 장소상품의 개발, 일자리 창출, 주민소득 증가, 삶의 질 향상을 위하여 서로 경쟁하는 환경을 제공한다.

---

66) Ortiz-Moya(2015), Hospers(2011b) 참조.
67) Kotler et al.(2002), p. 4.

3) 교통, 통신의 발달

교통·통신의 발달은 장소상품 시장을 활성화한 주요 변수이다. 교통은 생산 요소와 고객의 이동성을 개선하고, 통신의 발달은 투자와 비즈니스에서 거리 문제를 해소한다. 인터넷과 SNS는 판매자와 구매자 간의 자유로운 정보교환을 획기적으로 확대하고 저가 항공은 방문고객의 상품에 대한 접근비용을 줄이는 데 기여한다.

4) 소득 증가

개인의 가처분 소득 증가는 관광과 여가상품 수요 증가의 핵심요인이다. 소득증가는 문화의 시대, 주 5일 근무제 등을 가능하게 하고 관광 및 여가 욕구를 장소상품에 대한 유효 수요와 행동으로 전환한다. 관광과 여행산업의 팽창은 이러한 환경 변화의 산물이다. 관광과 여행산업은 오늘날 전 세계 GDP의 10.4%, 313백만 개의 일자를 만들어내는 최대 규모의 산업이다.[68] 2016년 기준 세계 총투자의 4.4%, 총고용의 9.6%를 차지한다.[69] 관광과 여행산업이 10개의 일자리 가운데 하나를 창출하는 셈이다. 한국은 2016년 정부 기초통계조사를 보면, 관광업 분야의 여행, 숙박, 국제회의, 카지노, 유원(游園) 시설 관련 사업체 수가 2만 7천개, 종사자 26만 명, 연간 총매출액은 25조 360억 원 규모에 이른다.[70] 장소상품 시장과 고객욕구의 분석, 마케팅이 중요한 이유이다.

1990년대 이후 지자체들의 경쟁적인 랜드마크(land mark. 지역상징 건축이나 조형물), 레포츠 타운, 테마파크, 케이블카, 모노레일, 유람선 관광, 레일 바이크, 자연휴양림 등의 건설, 축제 개최, 각종 대회 유치 등은 개인 가처분 소득이 늘어나면서 폭증한 관광, 여가상품 수요를 겨냥한 지역발전 노력들이다.

2. 확산

장소마케팅의 확산은 유럽이 주도한다. 장소마케팅은 1980년대 후반 유럽 국가들에서 시작되고 1990년대에 와서는 각국 정부들이 경쟁적으로 도입한다. 국가나 도시들

---

68) Travel & Tourism Economic Impact 2018. WTTC. https://www.wttc.org. 검색일 2018.8.10.

69) World Travel & Tourism Council(WTTC)(2017). Travel & Tourism Economic Impact 2017, p. 1 참조. WTTC는 여행과 관광산업 분야 CEO들로 구성된 민간기구이다.

70) 문화체육관광부(2017.10.19.). '2016년 기준 관광사업체 기초통계조사 결과' 참조. http://www.mcst.go.kr/. 검색일 2018.11.11.

은 장소를 하나의 상품으로, 투자자, 기업과 비즈니스, 방문객, 거주자들은 고객이자 구매자, 소비자로 인식한다.[71] 관련 연구도 폭발적으로 증가한다. 정부는 마케팅 전략과 기법을 채택하여 자기 지역 내 투자자, 기업과 비즈니스, 거주자들의 이탈을 막고, 장소를 더욱 매력적인 곳으로 만들어 밖으로부터 적극적으로 유치하고자 노력한다. 정치나 경제 연구소, 자문기관, 컨설팅 회사, 미디어들은 국가나 도시들의 기업과 비즈니스, 주거 공간으로서의 품질 수준, 관광지로서의 매력도 등에 대한 순위 정보를 쏟아내고, 도시마케팅에 대한 관심을 자극한다.[72]

미국의 주(州) 및 지방정부들도 도심 재개발 후 비즈니스 유치를 위하여 또는 지역발전 전략으로서 마케팅을 도입하고 있다.[73] 특히 1990년대 이후 대기업 공장이나 본사 유치를 위한 주나 지방정부 간 치열한 경쟁이 나타난다.

일본은 1980년대 후반 유럽과 거의 같은 시기에 장소마케팅을 도입한다. 지방도시와 농촌들은 노령화, 저출산으로, 또 젊은이들이 유학이나 일자리를 찾아 대도시로 빠져나간 후 다시 돌아오지 않으면서 지역경제 공동화 위기에 직면한다. 이들은 장소마케팅과 '마치즈쿠리(まちづくり, 마을 만들기)'로 위기 극복을 시도한다.[74] 일본 유바리시(夕張市)는 에너지 소비 환경의 변화로 석탄 소비가 줄자 '탄광에서 관광으로'라는 브랜드 슬로건을 개발하고, 테마파크 건설, 유바리 국제영화제 개최 등으로 기업을 유치하고, 고용 창출로 지역의 경제위기를 극복하고자 하였다.[75]

한국에서 장소마케팅에 대한 본격적 관심은 1995년 지자체장 선거 이후부터이다. 지자체장을 종래 중앙정부가 임명하던 것에서 지역 유권자들의 투표에 의한 선출로 전환되면서 지자체들은 독립적인 경제 주체로서 장소상품의 개발과 판촉, 이를 통한 지역경제의 발전, 일자리 창출, 소득증대 경쟁을 시작한다.[76] 해외 마케팅 사무소를 설치하여 공격적으로 투자나 방문객 유치, 특산물 판매에 나서고 단체장들은 세일즈맨을 자처한다. 많은 장소마케팅 연구도 이루어진다.[77]

71) Ashworth & Voogd(1990), p. 32.
72) Ashworth & Voogd(1995), pp. 4−6.
73) Symth(1994) 참조.
74) 김한수(2008), pp. 232, 234. 梅澤 昌太郎(1992), 전동진·황정현(2014) 참조.
75) 유바리시. https://ko.wikipedia.org. 검색일 2018.8.10.
76) 박난순·이석환·주효진(2005), p. 343.
77) 강인원(1998), 염명배(1999) 참조.

제3절 장소상품

1. 서론

1) 장소상품의 의미

장소마케팅 상품은 일정한 장소에 기반을 둔 상품으로, 장소가 만들어 내는 물리적, 경제적, 사회문화적 편익 요소의 패키지이다. 장소상품은 공업단지, 관광지, 거주지역, 컨벤션 센터, 박물관, 공공기반 시설, 이벤트, 민간부문의 전통시장, 호텔, 레스토랑, 쇼핑센터, 공연장 등 다양한 상품 요소들의 집합으로 존재한다.[78] 상품요소들 중에는 자연적 또는 역사적으로 물려받은 것도 있고 사회적, 인위적 개발에 의한 것도 있다. 유형적인 것일 뿐만 아니라 무형적인 것을 포함한다. 국가나 도시도 장소상품이고 이들을 구성하는 다양한 분야 및 종류의 장소 기반 유가물(有價物)이나 서비스 또한 장소를 구성하는 상품이다.[79] 국가나 도시는 동일 장소 기반 다양한 개별 상품들의 연계 또는 결합(복합) 상품이다. 많은 장소상품들은 같은 종류의 여러 상품들을 관계 지은 것이거나 정부와 민간부문의 다양한 분야, 여러 종류 상품들의 결합에 의한 것이다.[80] 복합상품은 민간부문에서의 플랜트 상품과 같다. 플랜트 상품은 일반적인 토목, 건축 분야의 건설 상품과는 다르다. 대규모 발전소나 생산 시설, 인공 섬, 초고층 빌딩 등 플랜트 상품은 다양한 분야에서 각기 다른 목적으로 만들어지고 각각 고유 기능이 있는 상품들의 집합이고, 특정 목적 하에 전기, 통신, 기계, 장비, 건축과 디자인, 원자재, 엔지니어링, 소프트웨어, 지식과 기술, 아이디어 등 유무형 상품요소들의 결합으로 이루어진 복합상품이다.

공장부지와 같은 산업이나 기업 유치 상품은 단순히 일정 구역 토지만으로 존재하는 것은 아니고 기업 환경, 교통과 통신, 교육과 의료, 복지, 문화시설 등이 모여 만

---

78) Madsen(1992), p. 633.

79) 예 Yoon, Lee, & Chang(2017), DiMartino & Jessen(2016), Dinnie(2009) 등.

80) 연계상품이 동종 관련 상품들 간의 의미 있는 관계 구성에 의해 존재하는 상품이라면 결합(복합)상품은 서로 다른 종류와 기능을 가진 상품들을 결합하여 만든 하나의 새로운 상품이다. 결합상품(bundle product)은 휴대폰처럼 여러 다른 종류, 기능의 상품들(전화, 인터넷, TV, 라디오, 카메라, 녹음기 등)을 한군데 묶어 단일 상품화한 것으로, 기업들은 서로 다른 상품들을 결합 또는 합성하여 보다 저렴한 가격으로 판매하고, 고객은 단 하나의 상품 구입으로도 다양한 제품들의 가치를 소비한다.

들어진 상품이다. 판매도 정부와 지역사회의 공동 또는 협력의 형태로 이루어진다. 관광이나 여행 상품에서 관광 요소(역사적 유물, 뛰어난 자연경관, 전통문화 등)가 하나의 상품인 것은 맞지만 고객이 이들만 구매하는 것은 아니다. 장소를 구성하는 다양한 관광 상품, 민간부문의 호텔이나 레스토랑, 쇼핑센터, 교통이나 통신 시설 등이 모여 고객이 구매하는 하나의 장소상품을 완성한다. 풍습, 주민들의 삶 자체도 상품의 구성 요소이다. 서울이라는 관광 상품은 문화재청이 관리하는 문화재(경복궁, 한양 도성, 경희궁 등), 문화체육관광부 소속 국립중앙박물관뿐만 아니라 지역사회와 역사가 만들어낸 북촌 한옥마을, 남대문 시장, 신사동 가로수길, 명동, 인사동, 그리고 민간부문의 N서울타워, 코엑스(Convention & Exhibition. 한국 MICE 산업의 핵심상품이자 회의, 전시, 쇼핑의 명소), 맛집, 카페, 산업이나 생활 인프라[81], 최첨단 IT 서비스 등 정부와 민간부문이 생산, 공급하는 유형, 무형 상품요소들의 연계나 결합상품이다. 거주자 유치 상품도 학교, 쇼핑센터, 의료, 복지, 체육과 문화시설(경기장, 공원, 극장, 미술관 등), 사회기반 시설(도로, 통신, 수도, 전기 등), 행정서비스, 저렴한 생활비 등의 집합이다. 장소상품은 이러한 특징 때문에 이론 발전이 늦은 분야이다.

제주 국제 자유도시도 정치적 관점에서는 분권과 독립, 자치행정의 단위이지만 정부마케팅에서는 하나의 장소상품이다. 「제주특별자치도 설치 및 국제자유도시 조성을 위한 특별법」 제1조는 목적을 국가발전으로 규정하고, 방법을 "제주도의 지역적·역사적·인문적 특성," "자율과 책임," "고도의 자치권" 부여와 "실질적인 지방분권"의 보장으로 규정한다. 또 제2조는 국제 자유도시를 "사람, 상품, 자본의 국제적 이동과 기업활동의 편의"를 최대한 보장하는 "지역적 단위"로 정의한다.

2) 생산

장소상품의 생산은 대부분 정부와 민간부문(기업, 소상공인, 주민 등)의 협력에 의하여 이루어진다. 생산은 정부가 지역경제, 사회 조직과 단체, 주민들과 더불어 상품화 아이디어를 내고, 시장의 욕구를 고려하면서 공장 입지적 조건, 자연경관, 문화유산, 교통이나 통신 인프라 등과 같은 장소 자원을 발굴, 또는 연계나 결합의 방법으로 시장에서 상품 가치를 가진 것으로 만드는 과정이다. 장소상품 생산에서 지역사회는 하

---

81) 인프라(infrastructure)는 정부가 공급하는 생산이나 소비 활동에 필수적인 공공 또는 사회 기반 구조물이나 시설이다. 하나는 산업 인프라로 공항, 항만, 철도, 교량, 터널, 전기, 댐 등이고, 또 다른 하나는 생활 인프라로 대중교통, 통신, 가스, 상·하수도, 청소, 주택, 공원, 교육, 보육, 의료, 복지, 문화시설 등이다.

나의 공장과 같다. 정부, 기업과 비즈니스, 주민 등 모두가 각자 생활을 통하여 생산과정에 참여한다. 상품의 생산은 지속적, 상시적 과정이고, 지역경제, 사회 참여자들은 각각의 역할에 따라 다양한 형태로 판매에 따른 수익을 배분 받는다. 접객산업[82]은 숙박료, 입장료, 관람료이고, 교통이나 통신 분야는 요금, 주민들은 취업의 기회, 부동산 가격의 상승 등이다. 장소는 주소나 거주지이고 정치, 사회적 단위이지만, 정부와 지역 사회가 표적시장을 정하고 시장의 욕구충족을 위한 상품 구성을 시작하는 순간 지리적 공간이나 행정구역을 넘어 상품의 의미를 취득한다. 장소상품의 개발은 장소정체성의 변화를 초래하고 보존과 개발 간의 갈등을 야기하기도 한다.[83]

3) 거래와 소비

장소상품의 거래와 소비의 특징은 복잡성이다. 장소상품은 다면적 용도(투자, 기업과 비즈니스, 관광, 거주)를 가진 상품이다. 상품의 종류가 다양한 만큼, 고객이 누구인가에 따라 거래나 소비도 각기 다른 방식으로 이루어진다. 기업 본사나 공장부지, 거주지 등과 같은 장소상품의 거래는 대량생산 제품과 비교해 복잡성이 훨씬 높고 소비도 보다 장기간에 걸쳐 일어난다.

2. 특징

1) 상품

장소상품은 시장이 알지 못했던 새로운 유형의 상품으로 기존의 제품이나 서비스 상품과 다르다. 정부마케팅 상품이라고 할지라도 공공서비스나 사회적 가치 상품과도 차이가 있다.[84]

첫째, 장소상품의 핵심 요소는 지리적 공간이다. 공간성은 장소상품을 공공서비스나 사회적 가치 상품과 차별 짓는 핵심 성분이다. 만년설(萬年雪)이나 콜로세움은 특정 공간에 위치한 상품으로, 자연이 오랜 시간에 걸쳐 만들거나 역사가 남겨 놓은 것들이

---

82) 접객산업(hospitality industry)은 호텔과 레스토랑, 이벤트사, 놀이공원, 유람선 서비스 등으로, 관광산업의 한 분야이다. https://en.wikipedia.org. 검색일 2018.7.27.

83) Alexander & Hamilton(2016), pp. 1122, 1132.

84) Hankinson(2007), pp. 241-242. 내용을 맥락에 맞도록 수정하였다.

다. 국제 박람회, 올림픽 게임, 월드컵 등도 정부 유치[85]로 특정 기간 존속하는 이벤트형 장소상품이다.

둘째, 장소상품은 다양한 상품요소들의 믹스나 패키지이다.[86] 정부는 직접 또는 민간부문이 생산한 상품들의 연계나 결합, 유형(물리적 공간)과 무형 상품(분위기, 거리의 안전, 일자리 기회 등)의 합성 등, 독립된 여러 요소들을 조합하여 결국 시장에서 거래의 가치를 가진 하나의 의미 있는 상품을 완성한다. 정부가 생산, 공급하는 공장부지 상품은 물리적 공간뿐만 아니라 부동산 임대료, 인건비, 정부 규제, 공항이나 항만, 교통과 통신, 교육, 의료시설, 쇼핑, 생활 기반시설, 거리 안전과 청결함 등의 합성 상품이다. 사업가는 공장 건축부지를 단순히 토지 가격만으로 인식하지 않는다. 인접 시장 규모나 접근성, 정치 경제적 안정성, 정책적 지원, 근로자 임금, 세금, 통신, 교통 등의 기반시설, 교육과 주거 시설, 생활비, 삶의 질, 문화 등의 전체로 평가한다. 구매자들이 선택하는 관광 상품은 자연경관, 다양한 역사 유적지, 박물관, 회의 시설, 호텔이나 레스토랑, 교통과 통신, 거리의 안전, 이벤트, 공연 등의 연계나 결합의 패키지이다.

셋째, 다층, 다면성이다. 장소상품은 생산자가 다층(국가나 도시, 지역, 조직, 단체, 개인)이고, 분야나 대상(투자, 기업이나 비즈니스, 방문, 주거 등)도 각기 다른 다면성의 특성을 갖는다.[87] 소비자들도 지리적 공간, 자연경관, 역사, 경제, 문화 등을 투자나 기업, 비즈니스, 관광이나 여가, 거주 등 다양한 용도와 방식으로 소비한다. 미국 테네시주 멤피스(Memphis, Tennessee)는 인구 60만의 도시로, 관광시장에서 하나의 장소상품이다. 방문객들은 멤피스를 1960년대 저명한 민권운동가 마르틴 루터 킹 목사(Dr. Martin Luther King, Jr.)가 암살된 로레인 모텔(Lorraine Motel), 로큰롤(rock'n'roll)의 황제라고 불리는 엘비스 프레슬리의 저택(Home of Elvis Presley), 민권운동박물관(National Civil Rights Museum), 바비큐 요리 콘테스트(Barbecue Cooking Contest), 비글거리 음악 축제(Beale Street Music Festival), 피바디 호텔(Peabody Hotel)의 '오리들의 행진(Duck March)' 등의 명소(名所) + 이벤트(축제)의 합으로 인식한다. 장소 방문 고객들은 관광객, 여행자, 비즈니스, 여가나 오락, 연구나 조사 목적의 사람들로 멤피스의 구매는 로큰롤, 인권운동의 자취, 축제, 음식, 진기하고 색다른 볼거리 등에 대한 관람이나 체험, 학습 등을 통해 소비하고 기쁨, 즐거움, 재미, 추억, 연구, 비즈니스 가능성 조사, 일자리, 교육 등의 욕구를 충족한다.

---

85) 「국제경기대회지원위원회규정」(대통령령 제14405호, 시행 1994.10.21.); 정부, 세계박람회 유치 총력 지원. 한국경제, 2001.7.16. 참조.

86) Ward(1998), p. 6.

87) Allen(2011), p. 76.

넷째, 변동성(variability)이다. 장소상품은 가변적이다. 장소는 물질성과 의미성, 두 가지 요소의 구조로, 전자가 유형적이라면, 후자는 무형적이다. 장소는 지리적 위치인 동시에 사람들이 행동하고 느끼고 생각하면서 개인적 및 사회적 의미를 만들어 가는 공간이다. 장소는 고정적이나 후자는 역동적 변화가 특징이다. 후자의 관점에서 장소를 정의하면, 장소란 공식 및 비공식적 경험과 기억, 사회 관계를 끊임없이 만들어내는 하나의 현장이자 무대이다. 사람들은 장소상품을 이 두 가지 요소를 통하여 소비하고, 가치도 인식한다.[88]

다섯째. 경계성이다.[89] 장소상품은 국가, 도시, 시·군 등 법적, 행정적, 지리적, 사회적 경계를 갖는다. 지방정부들은 시장에서 보다 경쟁력 있는 상품을 만들기 위하여 서로 연합하여 하나의 지역이라는 장소상품을 만들기도 한다. 요크서 해변(Yorkshire Coast)은 영국 바닷가 마을 세 곳(Scarborough, Filey, Whitby)이 공동으로 개발한 브랜드 장소상품이다. 장소상품에서 행정권역 중첩은 상품개발 과정에서 갈등 요인이 되기도 한다.

여섯째, 복잡성이다.[90] 장소상품의 가장 중요한 특징 가운데 하나는 높은 복잡성이다. 장소상품의 종류, 성격, 생산과정, 고객의 다양성과 소비의 방식 등이 모두 복잡성을 증가시키는 요인이다. 상품 종류가 고도로 다양하고 성격도 서로 다르다. 상품 간에는 생산과 고객, 소비하는 방식에도 차이가 있다. 투자, 기업과 비즈니스, 방문객, 거주자를 위한 상품은 내구적이다. 상품 소비도 1회로 끝나는 것이 아니라 한 가지 상품은 장시간 존재하면서 기능적 욕구충족에 기여한다. 생명 주기도 길거나 주기를 반복하고 패턴이 불분명한 경우도 많다. 반면 올림픽이나 월드컵과 같은 메가 이벤트는 정부가 국제적 경쟁 입찰, 심사과정에 참여, 선정을 통해 제공하는 일회적 상품이다. 장소상품 가운데는 경계가 불분명하고, 행정구역과 일치하지 않는 경우도 많다. 물리적으로는 단순하고 분명하지만 여러 가지 상품요소들이 얽혀 있고, 경계는 자주 구분조차 분명하지 않다. 관광상품의 경우 장소 전체가 하나의 상품이기도 하지만 대체로 정부와 민간부문의 독립적인 여러 개별 상품들의 연계나 결합 형태로 존재한다. 장소상품에서는 산업, 생활 인프라가 상품의 품질을 결정하는 중요한 공통적 성분이다. 하지만 상품들은 핵심상품의 요소가 다르고, 이해관계도 다르다. 똑같은 장소에 사는 사람

---

88) Warnaby & Medway(2013), pp. 348-349.

89) Hankinson(2007)은 장소상품의 특징으로 '경계의 법적 규정'을 제시하지만 장소상품 중에는 법적으로 경계 짓기가 힘든 경우도 있다.

90) Hospers(2011b), p. 371.

들일지라도 해당 도시를 의류, 신발과 피혁, 바이오 의약 등 어떤 도시로 상품화할 것인가를 두고 극단적으로 충돌하기도 한다. 장소상품은 누가 소비자인지와 소비 방식에 따라 상품의 성격도 다르다. 장소상품의 이러한 특징과 성격들은 모두 상품의 복잡성을 증가시키는 요인들이다.

2) 가격

가격은 기능적, 심리적, 사회적 편익의 대가로, 명목가격(nominal price. 정가표상의 가격), 실제가격(actual price), 심리적 가격으로 나뉜다. 장소상품 가운데 산업단지 내 공장부지의 분양가는 명목가격이다. 판매자가 받기를 기대하여 제시하는 희망 가격, 이상적 가격(ideal price)이다. 실제가격은 구매자가 실제 지불한 가격으로 판매 과정에서 정부의 다양한 정책적 지원 등에 의한 타협, 조정을 반영한 가격이다. 심리적 가격은 구매자가 인식하는 상품의 가치로, 정책적 지원, 교통과 통신, 전기, 학교와 병원, 문화시설 등 산업 및 생활 인프라의 질 등이 고려된 가격이다. 장소상품의 가격은 기업 제품이나 서비스 가격과는 다른 여러 가지 특징이 있다.

첫째, 장소상품 가격은 구매자들이 상품 소비를 위하여 자신이 지불하지 않으면 안 되는 것으로 인식하는 비용이다. 기업이 제품이나 서비스 가격을 원가나 생산비를 고려하여 결정하고 소비자들이 구매 시 지불하는 가격과는 다르다. 방문객은 관광 상품 가격을 유적지나 박물관의 입장료, 관람료뿐만 아니라 관광을 위하여 개인이 지불해야 하는 교통이나 숙박비, 식사비, 시간이나 노력, 에너지 등을 포함한 것으로 인식한다.[91] 액면 가격들도 있지만 불편이나 기회비용 등도 포함한 가격이다.

둘째, 구매자들이 구성하는 상품의 가격이다. 관광이나 여행객은 상품을 자신이 방문하고 싶은 곳, 숙박, 교통편, 시기 등을 조합하여 가치를 극대화할 수 있는 상품(패키지)을 구성하고 비용도 인식한다. 이때 가격은 방문객이 마음속에서 발전시킨 상품의 소비를 위한 지출이나 희생이다.[92]

셋째, 혼합가격이다. 정부 및 민간부문이 생산한 상품요소들의 가격의 합이다. 정부가 생산하여 공급하는 상품 요소의 가격은 흔히 공급자 결정이 아니라 구매자들이 인식하는 비용이다. 반면 민간부문 상품요소의 가격은 공급자가 원가와 수익률, 경쟁

---

91) Fine(1992), p. 7. 신고전주의 경제학(neoclassical economics)에서는 사회적 비용(social cost)을 비록 판매자가 청구하지 않았더라도 소비자들이 상품구매와 소비를 위하여 지불해야 하는 개인적 비용의 의미로 사용한다.

92) Warnaby & Davies(1997), pp. 206–207.

상품의 가격, 시장점유율 등을 고려하여 책정한 가격이다. 이와 같은 특성 때문에 정부의 장소상품 가격책정에서의 역할은 제한적이다.

3) 유통

장소상품의 특징은 장소 의존성이다. 유통은 상품을 최종 구매자가 쉽게 구입할 수 있도록 상품과 구매자 간의 거리를 줄이거나 구매의 편리를 개선하는 활동이고, 기업은 주로 상품을 소비자가 있는 곳으로 이동시키는 방법을 택한다. 하지만 장소상품은 장소가 상품의 핵심 요소로 장소를 이탈하는 순간 상품 가치를 상실한다. 따라서 장소상품의 유통은 소비자들의 장소 접근성, 편리성의 개선 등으로 이루어진다. 상품을 고객이 있는 곳으로 배포, 이동시키는 것이 아니라 교통 서비스를 제공하거나 접근시설을 개선하고 이용 시간대를 늘리는 방법을 사용한다. 주말을 이용한 지방정부들의 투어버스 운영이 그 예이다.[93]

4) 프로모션

장소상품의 프로모션은 표적시장의 고객들을 대상으로 한 경쟁상품 대비 우위의 4Ps 정보제공, 바람직한 이미지 구축 등의 판매촉진 활동이다.[94] 상품 공급자가 하는 마케팅 커뮤니케이션으로, 궁극적 목적은 표적고객의 주의를 끌고, 상품의 편익 정보를 제공하고 설득하여 구매를 자극하려는 노력이다. 장소 이미지 커뮤니케이션은 주로 잠재적 표적고객을 대상으로 장소에 대한 긍정적 이미지를 강화하거나 새로운 시장이 요구하는 이미지 창출을 추구하지만 또 다른 한편에서는 부정적 이미지의 교정 활동으로 이루어진다.[95] 장소마케팅에서는 프로모션에서 한 걸음 더 나간 브랜딩 전략을 사용한다.[96] 투자자, 기업이나 비즈니스, 방문객, 거주자 중 어느 한 종류의 고객만을 위

---

93) 과거와 미래 공존 … 인천은 입도 눈도 배불러. 인천 시티투어 버스 여행. 대한민국 정책 브리핑. http://www.korea.kr. 2018.11.10. 안성시는 매주 토요일 서울 시청 앞에서 출발하는 시티투어버스 서비스를 제공한다.

94) Gold & Ward(1994), p. 2.

95) Ahmed(1991), p. 24.

96) Boisen et al.(2018), pp. 6, 8. 장소 프로모션과 브랜딩 모두 마케팅 활동이지만 후자는 프로모션보다 상위의 개념으로 상품의 판매촉진 목적의 4Ps 정보제공 외에도 상품의 정체성, 표적고객의 선정, 이미지 요소의 개발과 커뮤니케이션을 포함한다. 목적도 고객들의 상품 선택의 촉진뿐만 아니라 차별성, 우호적 느낌과 연상, 기억을 자극하기 위한 정서적 영역(affective domain)의 구축, 인지도, 고객 충성도, 가격 프리미엄 등의 창출이다.

한 프로모션은 지역의 반발과 적대감을 야기하고 특정 고객의 장소상품 구매도 가로막을 수 있다. 따라서 장소의 정체성에 기초한 전략적 브랜딩이 중요하다.

3. 장소상품의 분류

장소상품은 여러 가지 유형으로 나뉜다.

첫째, 유형적 상품과 무형적 상품의 구분이다. 자연경관이나 역사적 유적이 전자라면, 메가 이벤트, 축제나 공연 등은 후자의 예이다.

둘째, 핵심상품(core products)과 주변상품(periphery products)이다. 핵심상품은 장소상품의 필수적 요소로 구매의 본질적 이유이고, 문제의 직접적 해결 역할을 하는 상품이다. 반면 주변 상품은 핵심상품의 용도, 편익, 기능 등의 보완이나 확장을 통하여 상품 가치, 완성도를 높이는 데 기여하는 상품이다. 관광이나 여행상품에서 자연경관이나 역사적 유적이 핵심상품이라면 숙박, 식당, 쇼핑 시설, 교통이나 통신 서비스는 주변상품이다. 산업이나 생활 인프라는 장소상품의 공통적인 상품요소이다. 주로 정부가 공급하는 주변상품으로 장소상품의 부가가치를 높이고 완성도 제고, 고객의 수용성 촉진에 기여한다.

셋째, 상속상품과 개발상품이다. 상속상품은 자연경관, 역사유적, 전통문화 등 자연적, 역사적, 인문적으로 주어진 상품이다. 장소상품은 상당수가 상속 상품이다. 반면 개발상품은 정부가 표적시장을 선정하고 고객의 욕구를 고려하여 인위적으로 만들어낸 상품이다.

넷째, 관광상품에서 체험과 비체험 상품의 구분이다. 체험상품은 관광객이 행동의 주체로서 직접 자극과 반응의 체험(참여와 행동)을 통하여 소비하고, 비체험 상품은 관객으로서 객체나 주어진 상품을 단순히 관람, 시청, 지각하여 소비한다. 다음 <그림 2>는 상속과 개발, 체험과 비체험, 두 가지 기준을 적용한 장소상품의 분류이다.[97]

광주 비엔날레는 강릉의 정동진과는 달리 정부가 인위적으로 개발한 장소상품이다. 무주 자연휴양림도 정부가 인위적으로 개발한 것이지만 광주 비엔날레와 달리 소비자들이 주체가 되어 직접 체험을 통하여 소비하는 상품이다. 강원도 강릉시 정동진리에 있는 일출 명소 정동진은 자연적 상속의 비체험 상품이다. SBS-TV 인기드라마

---

97) 박홍식(2005). 토고미 마을의 도전: 그 성공을 말한다. 「지역혁신사례집」, p. 48.

▼ 그림 2 **장소마케팅 방문객 상품의 분류**

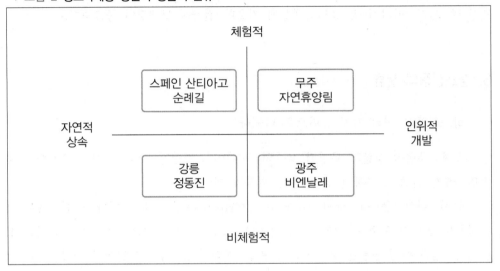

'모래시계'(1995)를 통해 전국적 지명도를 얻었고[98] 많은 사람들이 바다와 일출을 보기 위하여 방문하면서, 서비스 업소(호텔, 리조트, 펜션, 모텔, 카페, 횟집 등)가 생겨나고 일자리를 만들고, 지역소득 증대를 이끈 경우이다.[99] 스페인 산티아고 순례길은 전통과 역사가 만들어낸 상품이고 무주군의 자연휴양림과 마찬가지로 방문객들이 체험을 통해 소비하는 상품이다.

다섯째, 1차 상품, 2차 상품의 분류이다.[100] 핵심과 주변 상품에서처럼 관광 상품에서 1차 상품은 관광객에게 즐거움, 기쁨, 흥미, 호기심, 학습 등의 기회를 제공하는 자연경관, 역사적 유적, 박물관 등이다. 반면 2차 상품은 1차 상품의 소비 가치 충족을 보조하는 호텔, 레스토랑, 선물 가게 등이다.

4. 종류

1) 산업과 기업의 입지

국가나 도시 간 경쟁에서 산업[101]이나 기업유치 마케팅은 장소마케팅에서 가장

---

98) 춘천시 남이섬도 KBS2-TV 인기드라마 '겨울연가'(2002)를 통해 관광 명소로 알려진 사례이다.

99) JungDong.com. http://www.jungdong.com. 검색일 2018.12.29.

100) van den Berg & Braun(1999), p. 994.

101) 산업(industry)은 특정 분야에서 상품의 제조, 생산 활동을 하는 기업들의 집합을 말한다.

중요하고도 핵심적 분야이다. 산업과 기업입지 상품은 장소기반 경제활동 편익과 지원의 패키지이고 고객은 투자자, 기업이나 비즈니스, 벤처 사업자, 사업을 시작하고자 하는 사람들이다. 상품개발은 지역 내 공간과 시설을 기업 활동에 적합하도록 만들고 규제나 제도(자금, 입지, 조세 및 부담금 관련) 개선을 통하여 경쟁 지역보다 수익 창출에 유리한 장소로 만드는 것으로, 산업단지 공급, 공장 설립 등 생산 활동에 필요한 시설 및 인프라의 체계적 제공이 핵심이다. 1차적 표적시장은 해외 투자자, 하이테크나 지식기반 산업, 서비스 산업, 클린 산업 등이다.

가. 외국인 투자 지역

외국인 투자 지역은 정부가 외국인의 투자 촉진을 목적으로 일정한 장소를 특정하여 개발한 곳이다. 외국인 직접투자는 고용 창출, 기술이전, 첨단 산업의 유입 효과가 크기 때문에 각국 정부는 특정 지역을 외국인 투자 지역으로 지정한 후, 조세, 임대료 감면 등 인센티브, 행정규제 완화 혜택 등을 제공한다.[102] 「외국인투자 촉진법」(1998년 제정)은 외국인 투자지역 지정 후 법인세, 소득세, 취득세, 등록세, 재산세 및 종합 토지세 등의 감면을, 지자체는 투자지역 개발 시 외국인 투자 기업에 임대할 용지 매입비의 융자, 토지 등의 임대료 감면, 분양가 인하, 교육훈련 보조금 지원, 외국인 투자 기업에 고용 보조금 지급, 공장 신축 자금의 현금 지원, 외국인 투자 지원센터 등의 설치를 규정한다.[103]

나. 자유무역 지역

자유무역 지역은 정부가 자유로운 제조, 물류, 유통 및 무역 활동의 보장을 목적으로 지원과 규제완화 혜택을 제공하는 장소이다. 목적은 외국인 투자유치를 통한 수출의 진흥, 일자리 창출, 국민경제의 발전이다. 정부는 1970년 「수출자유지역설치법」을 제정, 처음으로 마산과 익산에 수출자유 지역을 지정하였다. 주요 내용은 자유무역 지역 입주 기업에 대한 규제완화, 지원의 강화이다. 이후 2000년 1월 「자유무역 지역의 지정 및 운영에 관한 법률」을 만들어 종전의 제조 중심의 수출자유 지역 개념을 공업단지 개발과 자유로운 제조, 물류, 유통 및 무역을 보장하는 자유무역 지역으로 확대한다. 입주 기업 공장이 생산한 제품은 수출을 전제로 「관세법」 적용의 전부 또는 일부를 면제한다.

---

102) Rondinelli & Burpitt(2004), p. 181.

103) 외국인 투자는 외국인이 한국 국민의 법인 또는 기업의 경영에 참여할 목적으로 주식 또는 지분을 소유하는 행위이다. 「외국인투자 촉진법」 제2조 4항, 제14조~제17조 참조.

다. 경제자유 구역

경제자유 구역은 외국인 투자 촉진을 위한 또 다른 장소상품이다. 정부는 외국인 투자 촉진을 목적으로 2002년 「경제자유 구역의 지정 및 운영에 관한 특별법」을 제정하였다. 제1조는 목적을 "외국인 투자 기업의 경영 환경과 외국인의 생활 여건" 개선, 국가 경쟁력 강화로 규정한다. 부산, 진해, 인천, 광양의 경제자유 구역이 여기에 해당한다.

라. 산업단지

산업단지는 정부가 개발하는 장소상품의 전형적 형태이다. 목적은 특정 분야의 관련 기업이나 시설들을 한 곳에 집적시키는 방법에 의한 일자리와 경제발전의 시너지 효과 창출이다. 정부는 1990년 「산업 입지 및 개발에 관한 법률」을 제정, 장소의 개발과 공급방법 및 절차에 관하여 규정한다. 이 법의 제2조 7항의 2는 산업시설 용지를 공장, 지식, 문화, 정보통신, 재활용 산업 관련 시설, 자원 비축, 물류, 교육·연구 시설 등을 위한 토지로 규정하고, 8항은 산업단지를 산업시설 용지 및 이와 관련한 "교육·연구·업무·지원·정보 처리·유통 시설 및 이들 시설의 기능 향상을 위하여 주거·문화·환경·공원 녹지·의료·관광·체육·복지시설 등을 집단적으로 설치하기 위하여 포괄적 계획에 따라 지정·개발되는 일단(一團)의 토지"라고 정의한다. 산업단지는 결국 산업 용지와 이것의 기능을 돕는 시설의 조합이다. 파주출판문화정보산업단지는 정부가 1997년 지정한 산업단지로, 목적은 경기도 파주시 출판, 인쇄, 디자인, 출판 유통 중심의 지식 정보 기업 집적지대 구축이다. 1단계의 성과는 입주 업체 300개사, 연간 매출액 1조 7천억 원, 고용 인원 약 8천명이고, 유발 효과는 출판, 인쇄 관련 사업체, 상업시설 유입에 따른 생산, 소득, 고용의 창출이다.[104]

마. 국제자유도시

국제자유도시(또는 제주투자진흥지구)는 정부가 종전의 지자체를 폐지하고 자치 조직, 인사권, 재정권을 보장한 장소상품이다. 「제주특별자치도 설치 및 국제 자유도시 조성을 위한 특별법」 제1조는 목적을 '고도의 자치권,' 실질적인 지방분권의 보장 및 행정규제의 폭넓은 완화, 국제적 기준의 적용 등을 통한 자유도시의 조성으로 규정하

---

104) 파주출판문화정보산업단지 사업협동조합. http://ibookcity.org. 검색일 2018.7.20. 사업협동조합은 사업의 영세성으로 개별적으로는 기술과 판매, 수익창출에 한계가 있는 중소기업자 간 개발, 판매에서의 공동, 협동을 통한 규모의 경제, 수익개선, 지위 향상을 위한 조합이다. 「중소기업협동조합법」 제3장(제78조 ─ 제87조) 참조.

고 제2조는 '국제자유도시'를 "사람·상품·자본의 국제적 이동과 기업 활동의 편의"를 최대한 보장한 지역적 단위로 정의한다. 이를 위해 지방분권과 자치권 보장에 관한 특별 규정을 두고 있다.[105] 장소마케팅의 관점에서 자유도시 조성은 정부가 글로벌경쟁 시장에서 해외 투자, 기업과 비즈니스, 방문객, 거주자 등의 유치를 위한 장소상품의 개발 노력이다.

바. 산업 클러스터

산업 클러스터(industrial cluster)는 정부가 상품시장, 테크놀로지, 정보, 지식, 기술 인력 등을 공유하는 유사제품 생산기업, 기계나 부품 공급자, 대학, 연구소, 컨설팅 회사 등을 인위적으로 한 곳에 군집시켜 입주기업들 간의 경쟁을 촉진하고, 산학협력을 통한 기술혁신, 전문인력의 양성, 부품 조달, 정보교류 등 서로 필요한 자원 공유에 의하여 시너지 효과를 거두도록 만든 지역이다. 궁극적 목적은 일자리 창출, 지역경제의 발전으로, 「산업집적 활성화 및 공장설립에 관한 법률」(2003년 제정. 산업통상자원부 소관)[106] 제1조는 목적을 산업의 집적(集積), 공장설립 지원, 관리를 통한 "산업발전 및 균형 있는 지역발전," 국민경제의 발전으로 규정한다. 클러스터는 미국 영화 산업의 중심지 할리우드, IT 분야의 실리콘 밸리, 한국의 울산 자동차 클러스터처럼 자연 발생적으로 생겨나기도 하나 대덕 밸리, 파주 출판문화산업단지처럼 정부가 일정 지역을 산업단지로 지정하고 유사기업을 집중시켜 개발하기도 한다.

사. 테크노파크

테크노파크는 산업기술 단지이자 지역기업의 인큐베이터이다. 정부와 민간부문이 공동출자 방식으로 개발하는 장소상품이다. 「산업기술단지 지원에 관한 특례법」(1998년 제정) 제1조는 목적을 "기업·대학·연구소 등의 인적·물적·자원을 일정한 장소에 집적(集積)시켜 기술을 공동으로 개발하고 그 성과의 사업화"를 통하여 "일자리를 창출하고 지역경제를 활성화하여 국가 경쟁력을 높이는" 것으로 명시한다. 정부는 테크노파크를 서울, 경기, 인천 등 도(道)와 광역시에 설치하고, 첨단 장비를 확보하여 기업의 이용을 돕고, 제품의 시험 생산, 컨설팅, 해외 마케팅 및 진출, 창업 등을 지원한다. 또, 첨단기술 기업의 유치, 혁신기술 개발, 신기술 교육 등을 한다.[107]

---

105) 「제주특별자치도 설치 및 국제 자유도시 조성을 위한 특별법」 제2편 지방분권, 교육 자치, 자치경찰제 관련 부분 참조.

106) 이 법은 1990년 제정 「공업배치 및 공장 설립에 관한 법률」을 개정한 것이다.

107) 한국테크노파크진흥회. http://www.technopark.kr. 검색일 2018.7.20.

2) 자연경관, 유적지와 문화유산

자연경관, 유적지, 문화적 유산은 중요 장소상품들이다. 유럽의 알프스, 북미의 로키산맥과 만년설, 노르웨이 송네 피오르(Sogne fjord), 이집트 피라미드, 영국 그리니치 천문대(Royal Observatory Greenwich), 캄보디아 앙코르 와트, 한국의 불국사나 첨성대 등이 그 예이다. 유적지가 고고학적 보호 가치가 있는 선사시대 주거지, 고대 도시, 왕궁터, 전적지 등이라면 문화유산은 유무형의 계승, 상속의 가치를 지닌 유물, 문화 양식으로 고궁, 왕릉, 산성, 불교 사찰, 조각, 공예품, 서적, 회화로부터 국악, 춤, 전통 공예 공연, 음식, 혼례 등이다. 이들은 그 자체로서 이미 하나의 장소상품이거나 상품화를 위한 주요 자원이다. 많은 초기 투자 없이도 고객을 창출하는 효과 때문에 정부는 장소상품의 개발에서 이들을 1차적으로 고려한다.

3) 메가 이벤트

메가 이벤트(mega events)[108]는 이벤트 중에서도 국제 올림픽, 월드컵 축구, EXPO, ASEM 회의, 국제 기능올림픽 등 대규모이고 상징성이 뛰어난 행사이다. 메가 이벤트는 주요 장소상품의 하나로 국가 브랜드 가치의 제고, 개최 국가나 도시의 획기적인 인지도, 이미지 개선 효과뿐만 아니라 새로운 이미지 창출의 기회를 제공한다. 긍정적 효과는 관광뿐만 아니라 경제적, 사회문화적, 심리적 측면 등 거의 모든 분야에 걸쳐 광범위하게 나타나고,[109] 효과도 장기적, 지속적이다. 장소는 메가 이벤트 준비 과정에서 국제기준의 경기장이나 관련 시설, 인프라, 랜드마크의 건설 등 장소 자체의 물리적 재개발, 새로운 이미지 창출을 경험한다.[110] 메가 이벤트는 전 세계 사람들의 이목을 집중시키는 파워가 있어 개최국은 각국의 참여와 많은 사람들의 방문, 미디어들의 방송, 다국적 기업들의 브랜드 인지도 개선을 위한 후원과 협찬, 광고와 홍보 등을 통하여 자국의 위상을 세계적 수준으로 높일 수 있다.[111] 각국 정부들은 이러한 효과 때문에 개최 자격의 획득을 장소 브랜딩의 기회로 생각하고 메가 이벤트의 유치를 위하여 치열하게 경쟁한다.[112]

---

108) 메가(mega)는 1백만을 뜻한다. 마틴 뮐러(Martin Müller)는 메가 이벤트의 기준으로 방문객의 수, 미디어의 보도, 비용 규모, 주최 장소에 미치는 영향을 제시한다. Müeller(2015), p. 634.
109) 한진영·김흥렬(2013), p. 28.
110) Steinbrink, Haferburg, & Ley(2011), Lamberti et al.(2011) 참조.
111) Zhang & Zhao(2009), p. 247.
112) De Carlo et al.(2015), p. 9.

국제 올림픽은 대표적인 메가 이벤트 상품이다. 비록 단 16일간의 이벤트지만 국제적 행사로 경제 발전에 대한 기여, 방문객 유치, 광고 효과가 공인된 상품이다. 현대경제연구원은 2018년 평창 동계올림픽의 직접적인 경제 효과를 21조 1천억 원, 올림픽이 끝나고 향후 10년 동안의 관광 효과를 32조원으로, 삼성경제연구소는 국가 브랜드의 제고, 기업 이미지 상승 등 3천 2백억 원의 홍보 효과, 그에 따른 10조 3천억 원의 내수 및 수출 증대 효과를 추정했던 바 있다.[113] 호주 시드니 올림픽 유치위원회(Olympic Bid Committee)는 2000년 올림픽대회 유치 마케팅에서, 올림픽 개최를 통해 얻을 수 있는 수익(광고, 미디어, 티켓 판매 등)을 5천만에서 160억 달러(호주 달러)로, 관광업계는 효과를 1993년에서 2000년까지 방문객 1천 5백만 명 증가와 46억 달러의 일자리 창출로 예측하였다.[114] 월드컵 축구 또한 세계적인 이벤트 상품으로, 한국개발연구원은 2002년 월드컵 개최를 앞두고 경제 효과를 GDP의 1%에 해당하는 5조 3천억 원, 생산 활동 유발 효과를 11조 5천억 원, 고용 창출은 35만 명, 외국인 방문 수는 80만 명으로 추정하였다.[115]

4) 축제

축제(festivals) 상품은 지방정부가 지역의 문화자원을 소재로 기획, 개발한 대중적 상품으로, 주민소득 증대, 일자리 창출, 지역경제 발전을 위한 것이다.[116] 원래 축제의 의미는 크게 두 가지로, 하나는 특정 사건이나 시기(추수 감사절 등)의 기념이나 감사 표시 의식이다. 지역사회는 경축, 풍요와 태평의 기원, 추수감사 등의 행사를 통하여 주민들의 만남, 통합과 결속, 소속감, 동질성 확인, 의사소통의 기회를 갖는다. 또 하나는 인간 본능적 욕구 해방의 양식이다. 지자체들은 오래전부터 전통문화의 전승과 보존, 단합, 정체성 확인, 주민들의 최소한의 문화적 욕구의 충족, 여가를 즐길 기회 제공 등을 위한 축제를 개최한다. 많은 축제들은 지자체가 문화 행정적 관점에서 제공하는 서비스이거나 자연 발생적인 것들이다. 하지만 장소마케팅에서 축제는 전통적인 축제

---

113) 평창동계올림픽 경제 효과 최대 65조 원. YTN, 2011.7.8.

114) 박흥식(2000). 도시마케팅의 전략과 의미. 중앙행정논집, pp. 251-252.

115) 대외경제정책연구원(2006). 「2014 인천 아시아경기 대회의 경제적 파급 효과와 타당성 분석」, p. 8에서 재인용. 한국개발연구원(1998). 「2002년 한·일 월드컵 축구대회의 국가 발전적 의의와 경제적 파급 효과」, 연구보고서 참조.

116) 함평 나비축제는 함평군이 1999년 이래 '농특산물 판매로 지역경제 활성화와 군민 소득 증대,' '지역 홍보'를 위하여 개최하는 행사이다. http://www.hampyeong.go.kr. 검색일 2019.2.25.

와 달리 지역발전을 목적으로 기획과 문화 자원의 상품화 과정을 통하여 만들어낸 상품이다. 엔터테인먼트 형식을 빌려 고객들을 불러 모으고 전통과 스토리의 공유, 즐거움, 웃음거리, 스트레스 해소 등의 기회를 제공하는 동안 특산품의 판매, 인지도 개선, 지역경제와 비즈니스의 활성화 등을 추구한다. 축제는 지역의 전통문화를 활용할 수 있어 상품화가 상대적으로 용이하고 단기간에 적은 비용과 시간으로도 개발이 가능하다. 그러면서도 일시에 많은 사람들의 이목을 집중시키는 효과가 뛰어나 지자체들은 지역발전의 기회로 활용한다.[117]

영국 스코틀랜드 지방의 에딘버러 프린지 축제(Edinburgh Festival Fringe)는 대표적인 산업형 장소상품이다. 프린지 축제는 세계적인 규모로 약 3주 동안 300개 이상의 다양한 장르의 예술 공연(연극, 춤, 비주얼 아트, 코미디, 뮤지컬, 오페라, 서커스 등)과 전시회 개최로 이루어진다. 축제는 예술산업 분야 제작자, 프로그래머, 연구자, 교육 종사자들 간의 교류 네트워크로서의 역할을 수행하고, 새로운 작품과 재능 있는 예술가들에게 자신의 작품을 평가받는 기회를 제공한다. 역사가 오래고, 명성도 최고로, 수백만의 관객을 동원하면서 예술산업 분야의 발전을 주도한다는 평가를 받고 있다. 에딘버러시는 이 축제로 연간 6천개의 일자리를 제공한다.[118]

런던시 8월 노팅 힐 카니발(Notting Hill Carnival)은 1백만 명 이상이 참여하는 거리 축제로, 지방의회가 비용을 지원한다.[119] 지역경제에 대한 기여를 표방하지만 프린지 축제와 비교하면 지역사회의 축제로 문화적 전통의 복원이나 정체성 확인, 주민 소속감 고취, 최소한의 문화적 욕구충족 등에 초점을 맞추고 있다. 축제는 화려한 퍼레이드, 춤과 노래, 다양한 음식과 볼거리(가장행렬, 댄스, 묘기 등) 등으로 방문객과 주민들에게 긴장과 갈등의 해소, 휴식, 해방의 시간을 제공한다. 지역경제에 대한 기여는 축제가 끌어들이는 많은 인파와 이들의 상품구매, 지역 비즈니스에 대한 수요, 인지도 개선 등이다.

한국의 지자체들도 많은 축제들(화천 산천어축제, 보령 머드축제, 안동 국제 탈춤축제, 제주 유채꽃축제 등)을 개최한다. 대부분은 1~2일 체류형 상품이며 목적은 농축특산물

---

117) 오남현(2008), p. 288. 안혜원·류상일(2008) 등.

118) 2017년 프린지축제 티켓 판매량은 2,696,884장이었다. Record numbers attend Edinburgh Fringe and International Festival. https://www.bbc.com. 검색일 2018.8.8.

119) 축제는 런던 시청(Greater London Authority)과 지방의회들(Westminster City Council, Royal Borough of Kensington and Chelsea Council)이 후원한다. How this year's Notting Hill Carnival will be different to in previous years. https://www.getwestlondon.co.uk. 검색일 2018.8.10.

등의 판촉으로 다른 지역 주민, 외국인 등 많은 방문객을 유치하여 인지도를 개선하고, 지역상권을 활성화하는 것이다.

5) 공연

공연은 21세기에 들어와 중요한 장소상품의 하나로 자리 잡는다. 공연은 전통적으로 민간부문 극단의 상품이었으나, 지자체들이 공연이 지역발전에 미치는 긍정적 효과를 발견하고, 고유한 문화적 자원을 활용하여 상품화에 나서면서 주요 장소마케팅 상품의 하나로 주목받는다. 중국의 '임프레션 프로젝트(Impression Project)'는 오지마을, 지역의 자연환경을 무대로 55개 소수 민족들의 다양한 문화와 전설을 소재로 한 뮤지컬이다. 특징은 지역주민들도 직접 공연에 출연한다는 점이다. 많은 관광객들이 이 공연을 보러 몰려들면서, 종전에는 하나 있던 4성급 호텔이 8개로 늘어나고 지역 GDP도 2% 증가한다.[120] 문화공연이 일자리 창출, 지역주민 소득의 증대, 경제발전에 어떻게 기여하는가를 보여주는 상징적 사례로,[121] 이후 많은 지자체들도 공연상품을 개발하고 있다.

5. 상품개발과 예시

1) 상품개발

장소상품의 개발은 자원의 상품화나 기존 상품의 부가가치를 높이는 과정이다. 방법은 거시적 차원에서 도시 전체의 상품화부터 지역 일부만의 상품화에 이르기까지 다양하다. 도시디자인 정책이 전자라면 자연휴양림, 올레길, 벽화마을, 예술촌, 테마파크, 수목원 등은 후자에 속한다.[122] 상품개발의 단계는 전략적 분석(경쟁시장분석과 시장조사, 고객욕구의 파악, 목표 고객의 선정, 포지셔닝) → 아이디어 발굴 → 컨셉 결정(품질, 가격 등의 차별화) → 상품 기획과 개발(품질과 기능 테스트, 수익성 분석) → 상품화(마케팅 전략의 수립. 유통 및 프로모션 방법의 선택, 테스트 마케팅) → 출시이다. 장소가 가진 강점과 약점, 고유성, 시장의 수요, 고객욕구 등을 고려하면서 아이디어를 찾고 상품화하여 출시하는 과정으로, 목적은 고객과 사회가 원하는 가치의 생산이다. 기업의 상품개발

---

120) 정주영·김용범(2010), pp. 7, 18.
121) 정주영·김용범(2010), p. 7.
122) 박흥식(2000). 도시마케팅의 전략과 의미. 중앙행정논집, p. 247.

이 수익 창출인 것과 다르다. 성공적 상품개발은 정치적 리더들의 장소마케팅 전략에 대한 이해, 아이디어, 필요 자원이 무엇인가를 알아보는 안목, 기획, 실행 능력과 의지, 이해관계자들과의 합의 등을 요구한다.[123]

2) 캐나다 '커머스 디자인 몬트리올'

캐나다 몬트리올(인구 17만 명. 공식 언어는 불어이다)은 1995년 '커머스 디자인 몬트리올(Commerce Design Montreal)'이라는 도시 디자인 정책을 채택한다.[124] 디자인 정책은 건축이나 내부의 뛰어난 디자인으로 상업 및 거주 환경의 품질을 개선하고 도시를 관광 및 여행객들이 찾고 싶어 하고 한 번 방문을 하고 나면 오래도록 잊지 못하고 마음속에 간직하는 곳으로 만든다는 계획이다. 목적은 지역경제의 활성화, 일자리 창출, 주민소득의 증대이다. 몬트리올시는 민간부문의 자율적인 디자인 경쟁을 촉발하고자 매년 상점, 레스토랑 등의 새로운 디자인을 심사하여 베스트를 선정, 상을 수여한다. 또 도시의 외관, 거리 조명, 표지판, 플래카드(placard), 전광판, 안내 표시, 프로모션(로고 개발과 도시 스카이라인의 광고)에 많은 투자를 한다.[125] 커머스 디자인은 초기 패스트 브랜딩 정책(fast branding policy)[126]으로 도시의 경관과 가로 풍경 등의 이미지 개선, 매력도 제고에만 초점을 둔 것으로 비판받았으나 이후 한계를 극복하고자 상업 시설(부티크, 레스토랑, 바 등)뿐만 아니라 문화시설(박물관, 극장 등)의 물리적 및 상징적 속성들도 고려한 하드 브랜딩(hard branding) 방법을 추가한다. 지방정부가 종래의 도시계획적 접근에 의한 발전 전략에서 자신의 역할을 기업가적 역할(이익 창출을 위한 비즈니스, 재정적 리스크 감수)로 전환한 사례이다. 몬트리올시 디자인정책은 전 세계 도시들로부터 주목받고, 현재는 유럽, 북미 등 다수 도시들에서 채택하고 있다.

3) 서울시 '디자인 서울'

서울시는 2008년 '디자인 서울(Design Seoul)' 정책을 채택하여 서울시를 세계 디자인의 수도로 만든다는 계획하에 문화디자인관광본부를 설치한다. 서울의 중심축인 광화문·세종로 거리를 광화문 광장으로 조성하고 한강 르네상스 프로젝트 등을 추진한다. 건축물, 간판디자인 가이드라인 등에 관한 조례를 제정하여 스카이라인과 거리 미관을 개선하고

---

123) Kotler et al.(2002), p. 46.
124) Commerce Design Montreal, https://designmontreal.com. 검색일 2018.12.30.
125) Rantisi & Leslie(2006), pp. 365-367, 374.
126) Rantisi & Leslie(2006), p. 367.

서울서체(서울남산체, 서울한강체) 폰트를 개발하여 안내판 등에 사용한다. 국제디자인연맹 (International Design Alliance)과 국제산업디자인단체협의회(International Council of Societies of Industrial Design)가 서울시를 '2010년 세계 디자인 수도(World Design Capital)'로 지정하고, 서울시는 2008년 디자인문화 종합축제라고 불리는 서울디자인올림픽(Seoul Design Olympiad. 이후 Seoul Design Fair로 명칭 변경)을 개최한다. 디자인을 통하여 서울을 문화와 디자인의 도시로 상품화하고 브랜딩하여 부가가치를 창출하며, 국제 경쟁력, 글로벌 인지도 를 가진 최고의 '디자인의 도시(city of design)'로 만든다는 것이 목표였고 도시의 경쟁력 개선에 일정한 성과를 거두었으나 정책이 승계되지 못하면서 추진력을 상실한다.[127]

4) 기타

장소상품의 개발은 아이디어와 많은 비용이 요구되고 오랜 시간이 걸리는 일이다. 상속 상품이 아닌 경우 상품화에 성공하기가 쉽지 않다. 또 한 가지 고려해야 할 점은 민간부문 이해관계자와 주민들 참여의 중요성이다.[128] 민간부문은 공공가치가 아닌 자 신의 이익 관점에서 장소상품의 생산과 마케팅에 참여하지만 장소의 성공적 상품화에 직접적인 영향을 미치는 단위들이다. 주민들은 장소상품의 구성요소인 동시에 자신들 의 지식과 경험을 바탕으로 장소 브랜딩, 홍보대사 역할도 한다.[129] 특히 방문자와의 우호적 관계 형성 및 소통에 기여한다.

가. 토고미 마을 상품의 개발

토고미 마을은 강원도 화천군 상서면 소재 산촌 마을이다. 평범한 시골 마을로 역 사 유적이나 이렇다 할 자연경관도 없는 곳이다. 하지만 자연과 농촌이라는 자원을 상 품화하는데 성공하여 크게 주목을 받았던 사례이다.[130] 1990년대 말 대부분의 농촌 마 을들은 고령화, 농산물 수입개방, 쌀값 하락, 젊은이들의 도시로의 이탈 등으로 심각한 위기에 처한다. 토고미 마을 리더들은 이때 도시인들은 소득 증가와 여가 시간이 늘어 나면서 믿고 먹을 수 있는 안전한 농산물, 자신이 성장했던 농촌생활에 대한 추억과 자연체험 관광에 대한 관심의 증가, 일본 농촌들은 1990년대 초부터 그린 투어리즘을

---

127) Lee(2015), pp. 1, 6. 디자인 서울. https://namu.wiki. 검색일 2019.11.3.

128) Ownbey(2017), p. 369. Goulart Sztejnberg & Giovanardi(2017) 참조.

129) Vollero(2018), p. 88.

130) 토고미(土雇米. 흙 토, 품팔 고, 쌀 미)라는 마을 이름은 땅에 농사 품을 팔고, 쌀로 품삯을 받 는다는 뜻에서 유래한다.

통한 소득증대 사업을 시작하였다는 것,[131] 그리고 김대중 정부(1998~2003)가 21세기를 '문화의 시대'로 규정하고 '문화산업의 획기적 진흥'을 표방[132]한다는 점에 착안하여, 마을을 친환경 농산물 시장과 농촌체험 소비자들을 대상으로 한 유기농산물과 자연, 농촌문화 체험 등의 판매로 위기를 극복한다는 아이디어를 내고 사업계획을 수립한다.

마을 리더들은 주민들을 설득하고, 정부의 지원을 받아서 2000년 '토고미 환경 농업 작목반'을 구성한 다음 무농약 쌀을 친환경 오리농법으로 생산하여 토고미 쌀이라는 브랜드로 출시한다. 상품판매를 시작한지 3년 만에 판매량이 5배로 급증하는 것에 크게 고무되어 우렁이쌀 축제, 농작물 수확체험 등 다양한 자연, 농촌, 문화체험 프로그램들을 추가한다. 2005년부터는 '논두렁 재즈페스티벌'도 개최한다. 토고미의 실험적 노력이 성공하자 미디어들은 토고미 마을의 장소상품 개발과 판매, 과거 농촌이 알지 못했던 새로운 방법에 의한 지역발전, 산골 외진 마을의 이례적 소득증대 등을 경쟁적으로 보도하면서, 방문객 수가 연간 2만 명이 넘고, 전국의 많은 공무원, 마을 지도자, 연구자뿐만 아니라 일본, 베트남, 중국 등의 농촌지역 리더들도 학습 방문을 오는 명소로 각광을 받았던 바 있다.[133] 다음 <그림 3>은 당시 마을 리더들이 택했던 마을의 상품화 과정이다.[134]

▼ 그림 3 **토고미 마을의 상품화 과정**

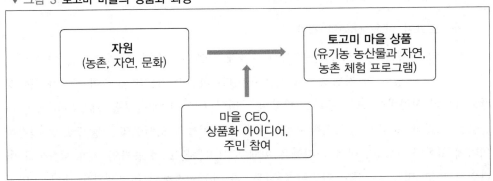

---

131) 김상윤(2001), pp. 53-55.

132) '국민의 정부' 출범 이후, 문화정책의 변화와 2001년 문화정책의 방향. 한국문화예술위원회. http://www.arko.or.kr. 검색일 2019.3.24.

133) 해외까지 소문난 한국의 선진 마을, 토고미. '나눔의 농사 가족' 제도 도입, 안정적 판매망 구축 한상렬 대표 "지금 마을 만들기 전환기다." 제주의 소리. 2007.6.3.; 토고미 마을의 희망. 한겨레 경제 헤리리뷰, 2008.6.26.

134) 박홍식(2005). 토고미 마을의 도전: 그 성공을 말한다. 「지역혁신사례집」, p. 45.

토고미 마을의 장소상품화는 농촌의 자연환경과 문화, 주민 삶을 자원으로 한 친환경 농산물 생산과 농촌체험 상품화 아이디어, 주민참여와 협력에 기초한 것으로 마을 리더들은 도시민의 유기농과 무농약 농산물, 농촌체험 등에 대한 수요, 정부의 지원, 외국의 사례들을 보고 토고미가 가진 자연, 농산물, 문화를 자원으로 인식한다. 또 이들의 상품화 아이디어 성공 가능성을 믿는다. 이러한 믿음을 주민들과 공유하고 협력을 얻어내면서 오리농법의 쌀, 유기농 농산물을 생산하고 도시 소비자들을 표적고객으로 직거래, 자연과 농촌체험 판매 등을 시작한다. 결과는 마을 상품(친환경 농산물과 농촌 체험 프로그램)의 성공적 판매로 나타난다. 다음 <그림 4>는 토고미 마을 상품개발 과정에서 정부부문의 역할을 보여 준다.

▼ 그림 4 **토고미 마을 상품화 과정에서 정부부문의 역할**

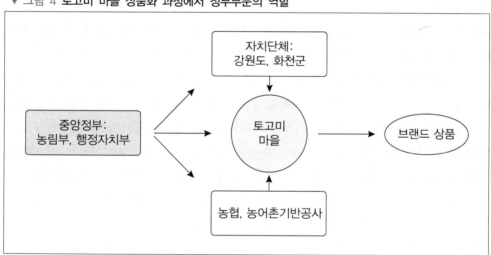

정부 부처와 지자체, 공공기관, 특수법인 등은 토고미 마을의 상품화 유도, 촉진, 지원의 역할을 한다. 방법은 예산지원, 리더 양성, 정보제공 등이다. 농림부(현 농림축산식품부)와 농업기반공사(현 한국농어촌공사. 농림축산식품부 산하 위탁집행형 준정부기관)는 녹색농촌 체험마을 사업(2002), 행정자치부(현 행정안전부)는 정보화마을 사업(2003)과 농촌마을 종합개발사업(2004), 강원도는 지역발전 자금지원 사업(새 농어촌 건설 운동 프로그램)을 통하여 농촌 마을의 지역발전 사업을 지원하였고, 토고미 마을은 사업 참여자 공모에 계획서 제출과 선정 심사에 통과하여 장소상품 개발에 필요한 예산을 확보한다. 농림부는 농촌 CEO 양성 사업, 행정자치부와 농협(특수법인) 마을 지도자들을 대상으로 한 다양한 선진 농촌 교육프로그램 운영, 해외견학 기회를 제공한다. 토고미 마을 CEO도 영농 후계자로서 정부 부처와 공공기관 지원 프로그램으로 일본, 대만 등 선진 농촌 사례들을 견학할 수 있었다. 정부부문의 또 다른 지원은 판로 개척, 기업의 참여 유도이다. 화천군은 토고미 마을이 도농 교류, 파트너십, 1社 1村 운동 등으로부터 도움을 받도록 지원한다.[135]

나. 의료관광 상품

의료관광 상품은 의료서비스와 관광의 결합상품이다. 의료관광 상품 마케팅은 정부가 민간부문의 의료 기관, 여행사 등과 더불어 도시 의료기관과 서비스, 관광 자원을 고객의 욕구에 맞도록 상품화하고, 해외 환자의 구매를 촉진하는 활동이다. 해외 관광시장의 규모가 빠른 속도로 팽창하고 의료 관광이 늘면서 각국 정부들은 의료 관광 상품을 일자리와 지역경제 발전의 주요 수단으로 인식한다. 마케팅 활동은 경쟁시장 환경의 분석, 진료 분야별 표적시장의 선정, 상품개발(잠재적 고객의 선호를 고려한 서비스 최적 조합의 구성), 서비스 품질의 관리, 의료의 우수성과 이미지 제고를 위한 해외 광고와 홍보, 국제적 신뢰도 개선 노력 등으로 이루어진다.[136]

상품개발의 1단계는 전략수립의 과정으로 시장 세분화와 표적시장 선정, 포지셔닝의 과정이다. 먼저 표적시장의 선택과 고객조사이다. 해외 잠재적인 의료 시장을 조사하여 주요 관광객들은 누구이고, 어떤 나라 누구를 목표고객으로 할 것인가를 선택한다. 또 표적고객은 왜, 어떤, 그리고 무엇을 선호하는지 등에 대한 자세한 정보를 수집한다. 포지셔닝은 상품이 경쟁시장과 고객들의 마음속에서 다른 나라 또는 도시들이 제공하는 의료상품과 비교해 어떤 차이가 있고 고객들에게 어떤 편익이 보다 큰 것으로 호소할 것인가의 결정이고, 경쟁시장에서의 상품 위치의 설정이다. 2단계는 전략 실행을 위한 상품개발이다. 표적시장과 고객에 대한 수집 정보를 바탕으로 상품요소들의 최적 배합을 모색한다. 먼저 상품의 핵심요소가 무엇인가를 식별한다. 핵심적 상품요소가 의료서비스의 질, 진료 시스템의 편리성, 의료 시설의 안전성, 의료 사고 시 분쟁 처리 및 신속한 서비스를 위한 외국인 전담 카운터의 설치 등이라면 관광서비스, 교통, 통신, 언어, 숙박 시설, 음식, 주변 쇼핑센터 등은 주변적 상품요소이다. 전략적 관점에서 고객욕구충족을 위해 필요한 상품요소들을 선정하고 각 상품요소의 비교우위를 평가한다. 이에 기초하여 표적고객들이 부담할 수 있는 비용 수준을 고려하면서 고객가치를 극대화할 수 있는 맞춤형 상품을 구성한다.

---

135) 박흥식(2005). 토고미 마을의 도전: 그 성공을 말한다.「지역혁신사례집」, p. 46.
136) 정진수(2009), pp. 35－39.

상품개발 후에는 표적고객이 상품에 접근할 수 있는 교통, 상품의 4Ps에 대한 정보제공 방법의 마련이다.[137] 상품의 개발은 정부 단독으로 할 수 없고 정부의 주요 역할은 이해관련자들과의 수익 창출을 위한 협력적 노력이다. 「의료법」 등 관련 법률의 개정, 의료관광지 상품 공동생산 네트워크의 형성과 거버넌스에 참여하는 전문분야 의료기관, 사회, 경제, 문화 분야 사업자들과 협력을 통한 상품품질의 지속적 개선, 프로모션 전략의 수립 및 시행이다.

다. 문화상품

문화상품의 개발은 문화자원의 상품화 과정이다.[138] 지역발전을 목적으로 한 전략적 상품판매 관점에서의 문화에 대한 접근이다. 문화상품은 지방정부가 글로벌 시대에서 지역성장을 위하여 개발, 판매할 수 있는 상품 가운데 가장 성장 잠재력이 큰 상품 중 하나이다. 장소마케팅에서 지역은 역사와 전통이라는 고유 요소, 상징성을 가진 주요 문화자원이다. 상품개발은 이러한 자원을 투자, 발상과 아이디어, 상품화 기획을 통하여 교환가치가 높은 상품으로 만드는 과정이다. 지자체들이 지역의 장소성에 기초하여 개발한 전통문화 상품들은 부가가치가 높다. 고객은 주로 관광객과 여행자들로 문화체험, 관람을 통한 몰입이나 감동, 학습, 레저 등으로 상품을 소비한다. 21세기에 들어오면서 글로벌 시장의 성장, 국민들의 소득과 여가 시간의 증가, 저가 항공 등으로 문화상품에 대한 수요가 폭발적으로 늘고 있다. 각국 지방정부들도 지역의 문화적 정체성 요소들을 자원으로 한 경쟁적 상품의 개발, 판매에 나서고 있다.[139] 다음 <그림 5>는 글로벌 시장에서 마케팅의 목적과 문화자원의 유형, 및 상품 개발의 관계이다.[140]

문화마케팅의 목적은 지역경제의 발전, 일자리 창출, 주민소득 증가, 지역 특산물 판매촉진, 기초적인 문화적 욕구충족, 전통문화의 홍보로, 지자체가 지역의 다양한 문화자원(문화유산, 문학과 예술, 대중문화, 생활문화 및 여가 활동)을 문화상품으로 개발하여 글로벌 사회에 판촉하는 활동이다. 문화자원은 지역의 문화유산, 역사, 전통, 문화·예술 활동, 주민들의 생활 양식뿐만 아니라 자연경관 등 거의 모든 인문사회, 자연 지리적 조건들을 포함한다. 문화상품의 개발과 판매는 지역의 문화적 정체성과 고유 이미지 구축, 전통문화의 현대적 복원과 보호, 일체감 고취 등도 함께 추구한다. 다음

---

137) 심홍보·전인순(2014), p. 215.
138) 권갑하·공정배·김대범(2014), 윤영득(2013) 참조.
139) 전신욱·신윤창(2004), p. 27.
140) 박홍식(2003). 「글로벌시대 지방정부의 문화마케팅 전략」, p. 58.

▼ 그림 5 **마케팅의 목적, 문화자원의 유형 및 상품의 개발**

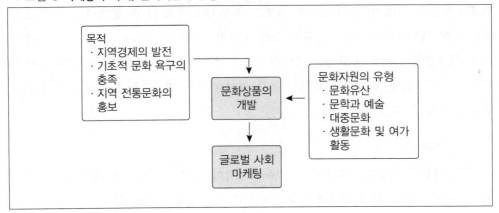

<그림 6>은 문화상품의 개발과 소비 과정을 보여준다.

상품개발은 거버넌스 과정으로 지자체는 먼저 지역의 문화 전문가, 예술가, 지역 주민들과 협력하여 문화자원에 대한 연구, 체계적인 정보를 수집한다. 다음 이에 기초하여 상품성 요소들을 발굴하고, 지식과 창의적 발상, 독창적 아이디어 도출로 상품화(고객욕구충족을 위한 상품으로서의 가치 부여)를 한다. 상품화는 고객의 감동, 체험, 재미, 레저, 교육 등의 욕구를 충족시키기 위하여 극적, 오락적 요소를 가미하는 제작 및 생산의 과정이다. 상품개발 후 커뮤니케이션을 하고, 마지막 단계는 소비자들의 상품구매와 소비이다.

▼ 그림 6 **문화상품의 개발과 소비의 과정**

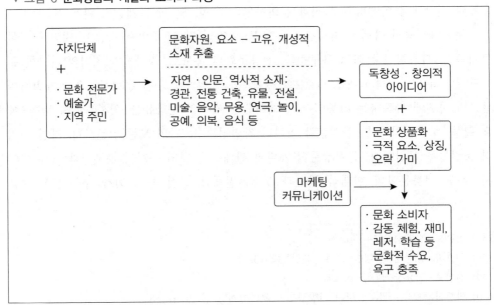

문화상품의 개발은 지자체가 처음부터 직접 개발을 하거나(축제, 문화나 영상 산업 단지, 문화의 거리 등), 드라마 세트장과 같이 이미 고객들에게 잘 알려진 상품요소를 활용한다. 부안군 영상 테마파크, 문경군 문경새재 드라마 세트장, 옹진군 '풀 하우스,' 울진군의 SBS TV 드라마 '폭풍 속으로'의 세트장 등은 후자의 사례들이다.[141] 직접 개발은 지자체와 지방의회의 리더십, 대학, 문화예술 연구자, 향토사학자, 비영리 문화예술 단체나 동호회, 이벤트 기획사, 주민 등의 참여로 이루어진다. 개발의 단계는 문화자원 상품화 기획단(팀 또는 네트워크)의 설치(문화예술 담당 공무원, 지역 문화예술 단체, 문화 전문가, 예술가, 주민 등의 참여) → 문화상품 SWOT 분석 → 상품화 타당성(수익성) 평가 → 문화 및 환경 영향 평가 → 사업확정 → 집행과 성과평가이다.[142] 지자체가 문화상품을 개발할 때 부딪히는 한계나 문제는 주민과 이해관계의 충돌, 환경 파괴, 지역 이미지 왜곡, 전통문화의 훼손 등이다.

라. 김광석 거리

'김광석 거리'(김광석 다시 그리기 길)는 대구광역시가 가수 김광석이 태어나고 살았던 대구 대봉동 방천시장의 한 골목길을 그의 삶과 음악을 추억하는 공간으로 상품화한 곳으로 지자체가 주도하여 장소상품으로 개발한 사례이다. 김광석은 노래뿐만 아니라 작사, 작곡도 직접 하던 통기타 싱어송 라이터로 33세의 젊은 나이에 자살하기까지 극적인 삶을 살았던 인물이다. 생전에 많은 사람들이 그의 노래를 애창했고, 팬덤은 그가 죽은 후에도 추모 콘서트를 이어가고 많은 사람들이 모이는 현상이 나타난다. 대구광역시 중구청은 여기에서 아이디어를 얻어 전통시장의 위기를 극복하고 지역경제 부흥을 목적으로 그가 태어난 곳을 2010년 '방천시장의 문전성시 사업'을 통해 상품화한다. 작가들의 도움으로 방천시장 골목길 벽면 350m을 그의 삶과 노래를 주제로 조형물, 공연장을 만들고, 사진, 벽화, 만화, 노래 가사 등을 그려 넣어 '김광석 거리'를 만든다. 매년 가을 '김광석 노래 부르기 경연 대회'도 개최하면서 많은 방문객들이 찾는 명소로 자리 잡는다.

마. 대한제국 황제의 식탁

'대한제국 황제의 식탁'은 문화재청(문화체육관광부 소속기관) 궁능유적본부 덕수궁 관리소가 덕수궁 석조전에서 공공가치의 생산을 위하여 일정 기간(2019.9.21.–11.24.) 동안 개최한 이벤트 장소상품이다. 특별전은 관람 + 체험 상품으로 참가비(3만원)를 받

---

141) 장미현 외(2007), pp. 3–4; 이준성·남수현·장미현(2006), p. 241.
142) 박흥식(2003). 「글로벌시대 지방정부의 문화마케팅 전략」, pp. 71–73.

는다.[143] 덕수궁관리소가 전통음식 분야 전문가들의 연구와 고증, 웨스턴 조선호텔 셰프들에 의한 궁중한식의 재현을 통해 전통문화 자원을 상품화한 것으로, 컨셉은 궁중의 초기 서양 식문화의 소개이다. 주요 내용은 황제 수라상, 황실의 탄신이나 경축일 잔칫상, 황제가 개최하고 서구 외빈들이 참석한 연회의 식탁과 음식 관람, 해설＋쿠킹클래스로, 주요 상품요소는 관람(음식, 관련 유물과 사진, 문헌 기록, 영상물), 음식 만들기 체험이다. 황제의 식탁은 프로그램을 '개항, 새로운 물결,' '식문화의 변화,' '황제의 잔칫상,' '외국인을 위한 서양식 연회,' '대한제국 황제의 오찬,' '황국의 만찬장 석조전 대식당'으로 구성하여 고종이 베푼 '한식' 연회 음식 총 17종, 주안상, 면상(麵床. 국숫상), 다과상, 고종과 미국 26대 대통령 루스벨트의 딸이 함께 한 전통 한식오찬을 소개한다. 방문객들은 궁중의 전통 한식요리를 관람하고 체험하면서, 조선의 왕 고종이 1897년 대한제국을 선포하고 서양의 신문물을 받아들이면서 외국인이 참석하는 연회를 어떻게 개최했는가를 비롯하여, 궁중 음식은 어떤 것이었는가에 대한 호기심 충족, 전통문화의 학습과 자긍심 함양, 정체성 인식, 일상의 이탈, 여가를 즐길 기회를 통해 이벤트 상품을 소비한다.

제4절 장소마케팅 시장과 고객

1. 서론

장소마케팅 시장은 판매자와 구매자 간 장소상품의 거래가 일어나는 공간이고 이를 지원하는 시스템이다. 각국과 도시들은 여기서 고객을 대상으로 상품의 판매를 위하여 경쟁한다. 장소마케팅 시장은 고객이 누구인가를 기준으로 크게 투자자, 기업이나 비즈니스, 방문객, 거주자 시장으로 나뉜다.[144]

---

143) 2019년 10월 행사 기준이다. 114년 전, 대한제국 한식 국빈 연회음식 재현. 서울문화 IN. http://www.sculturein.com. 검색일 2019.10.26. '대한제국 황제의 식탁'은 앨리스 루스벨트(Alice Roosevelt Longworth)의 자서전 「Crowded Hours(혼잡의 시간들)」(New York, NY: Charles Scribner's Sons, 1933)과 대한제국의 국빈을 위한 오찬 메뉴판 기록(미국 뉴욕 공공도서관 소장)에 기초한 당시 궁중 음식문화의 재현이다.

144) Kotler et al.(2002), pp. 4, 46, 55. 필립 코틀러는 장소마케팅에 수출시장을 추가하여 설명한

2. 투자, 기업과 비즈니스

투자유치 시장은 크게 단기적 투자(주식, 채권 등) 시장과 장기적 투자(회사 설립이나 합작, 인수) 시장, 두 가지이다. 장소마케팅의 관심은 주로 후자로 기업과 비즈니스 시장은 국가나 도시들이 장소를 생산이나 판매, 수익 창출에 유리한 곳으로 상품화한 후 다른 국가나 도시의 기업이나 비즈니스를 자신의 지역에 끌어들이고자 경쟁하는 공간이다. 기업이나 비즈니스는 수익 극대화를 위하여 인건비, 물류비, 제조 및 재료비, 세금, 규제 등이 적고 생산과 상품판매에 유리한 곳을 찾는다. 투자, 기업과 비즈니스의 유치는 지역경제의 발전, 고용 증대, 기술이전 등 효과가 큰 만큼, 국가나 도시들 간의 장소상품의 매력을 높이기 위한 경쟁이 치열하다.[145] 반면 특정 국가 내 투자, 기업과 비즈니스 시장에서 장소상품 개발과 유치경쟁은 국가 전체적 관점에서 제로 섬 게임이고, 성과도 지역 간 소득의 재배분 효과에 그친다. 과도한 경쟁은 오히려 갈등을 유발한다. 이 때문에 경쟁도 제한적이다.

해외 직접투자(Foreign Direct Investment, FDI) 유치 분야가 경쟁이 가장 치열하다. FDI 시장에서 상품은 산업이나 기업의 입지이고, 고객은 전 세계 투자자나 새로운 공장부지를 찾는 기업들이다. 상품은 공업단지, 정부 규제, 행정처리 절차나 제도, 서비스, 사회적 분위기 등으로 이루어진 복합 상품이고, 고객의 상품구매는 자본의 국내 유입, 공장 이전 등의 형태로 나타난다. FDI 유치 시장에서 투자 자본은 하나의 생산 요소이다. 일회 사용으로 소멸되지 않고, 지역경제를 활성화하고 일자리를 만들어내는 사회적 자본으로 기능한다. FDI는 국가나 지역사회에 고용 효과, 기술이전 및 확산, 수출 증가와 수입 대체, 소비 수요 창출 등으로 경제성장, 국제수지 개선, 안정적 세입 기반 확충 등에 기여한다. 또 사회 기반시설, 규제 환경, 근로자 노동의 질 개선 효과가 있다. 지역 산업이 글로벌 수준의 관리기법과 비즈니스 노하우를 학습할 수 있는 기회도 제공한다.[146] 1990년대에 글로벌 시장이 출현하고 각국이 자본, 서비스, 노동 시장을 개방하면서 전 세계 모든 나라들이 FDI 유치 마케팅을 시작하고, 시장규모도 경이적 성장을 보이고 있다.[147]

다. 하지만 장소 특산품이 아닌 지역 중소기업이나 주민들이 생산한 공산품, 농축수산물은 대부분 장소가 상품의 핵심적 요소가 아닌 일반 상품이다. 정부가 비록 이들의 판매를 위하여 공동 또는 협력 마케팅을 하더라도 장소상품의 판매는 아니라는 점에서 이 책에서는 장소마케팅과 구분하여 지역상품 마케팅으로 분류하여 설명한다.

145) Wells & Wint(1990), Graham & Krugman(1995).

146) Bonetti & Masiello(2014), p. 6. Sivalogathasan & Wu(2014), Wiechoczek(2009) 참조.

147) Chadee & Schlichting(1997), Young(2005) 참조.

FDI 유치 마케팅은 4단계로,[148] 1단계는 표적시장의 선택과 포지셔닝이다. 잠재적 투자 고객의 욕구, 기대 조건을 확인하고 무슨 업종의 어떤 기업을 유치할 것인가를 선택한다. 중앙정부 차원에서는 대한무역투자진흥공사(KOTRA. 이하 코트라)가 관련 업무를 담당한다. 투자유치실이 신산업, 기간산업, 서비스 산업과 기업들을 대상으로 투자유치 상담, 계획의 수립, 협상 등을 지원한다. 2단계는 산업 입지 상품의 개발이다. 다국적 기업들은 투자지 선택에 문화적 차이, 시장규모와 지리적 인접성, 임금, 생산성, 비즈니스 환경, 정치적 안정성, 정부지원 등을 중시한다. 상품개발은 기업 및 비즈니스에 우호적 환경의 구축, 경상비 절감 정책, 기능 인력의 양성, 조세 감면, 규제 해제, 원 스톱 행정서비스(외국인 투자, 공장 설립에 필요한 인허가 등 행정절차의 지원) 제공 등으로 이루어진다. 3단계는 프로모션이다. 광고, 홍보 책자의 발간, 투자 환경 및 유치 설명회, 사절단 파견, 해외 투자사무소 운영, 인센티브, 상담 서비스 제공 등이다. 4단계는 마지막 사후 관리이다. 국내 진출 외국 투자 기업을 존속시키고 투자의 확대를 위한 애로 청취와 해결, 만족도 제고이다. 하지만 FDI 상품의 특수성 때문에 투자유치 마케팅에 기업상품 마케팅의 적용은 한계가 있다.

　　유럽이나 북미 국가들의 FDI 유치 마케팅은 이미 1980년대 후반부터이다. 아시아에서는 일본이 자본과 기술력을 갖춘 기업들이 다른 나라로 빠져나가고 산업 공동화 현상의 우려가 제기되자 외국 투자유치 서비스(투자 타당성 조사, 입지 선정, 투자 컨설팅 등) 제공을 시작했고, 중국은 상하이(上海) 푸동(浦東) 지구를 1990년 외국인 특별 경제지역으로 지정, 기업 소득세, 토지 사용세, 수출 관세, 부동산세 등 다양한 세제 감면 및 우대 조치, 파격적 인센티브를 제공하면서 FDI 유치에 성공한다. 한국은 1997년 IMF 외환위기를 계기로 FDI 시장에 참여한다. 투자유치를 달러 부족 위기 극복을 위한 수단으로 인식하여, 1998년 「외국인투자촉진법」을 제정, 본격적인 투자유치 경쟁에 착수한다. 이 법은 지자체의 자율적, 경쟁적인 투자유치 활동에 대한 규정으로, 외국인 투자규제에서 적극적 촉진과 지원으로 방향을 전환한다. 지자체들도 이후 직접 전담 조직 등을 설치하면서 FDI 유치 활동에 나선다.[149]

　　외국의 한국 기업 유치 마케팅도 활발하다.[150] 영국은 가장 공격적 마케팅을 하는

148) 권영철(2001), pp. 4-22.
149) 경기개발연구원(1998, 1999) 참조.
150) Bradsaw et al.(1992), Fisher & Peters(1998), Hanson(1993) 참조. "외자유치 위해서라면 …" 州 정부·의회·대학 다 뛴다. '현대車 공장 유치 발 벗고 나선 美 州정부들. 중앙일보, 2001.10.24.; [미국 주정부 한국사무소 인터뷰 연재 1] 펜실베이니아 주정부 한국사무소

나라 가운데 하나이다. 1980년대 대처 수상 집권 후 통상산업부(Department of Trade and Industry) 소속으로 투자유치국(Invest in Britain Bureau)을 설치하고, 지방정부들도 각자 투자개발청을 두고 운영한다. 한국에는 웨일스와, 아일랜드의 개발청, 스코틀랜드 투자개발청이 사무소를 운영한 바 있다.[151]

3. 방문객

방문객(관광, 여행, 레저, 비즈니스 방문자) 유치시장 또한 국가나 도시 간 경쟁이 치열한 장소마케팅 시장이다. 관광은 다른 장소의 경치나 유적, 제도나 풍속, 생활 모습을 둘러보고 즐기고 학습하고 생각하는 행위로, 관광객 시장은 각국의 경제성장과 개인 가처분 소득 증가, 주 5일 근무, 문화적 욕구팽창, 저가 항공의 증가 등으로 규모가 급팽창하는 추세이다. 각국이나 도시들은 모두 방문객 시장을 국가나 도시 발전을 위한 중요한 공간으로 인식하고, 상품개발에 투자를 늘리고 있다.

방문객은 크게 두 부류로, 하나는 비즈니스 방문객이다. 비즈니스 방문객은 제품 생산 과정을 살펴보거나 물품이나 서비스의 판매나 구매를 목적으로, 컨벤션(대규모 전시회, 회의, 모임)이나 비즈니스 미팅에 참석하기 위해, 또는 교육, 연구나 조사, 선교 등의 목적으로 장기 또는 단기적 방문을 하는 사람들이다. 또 다른 하나는 관광이나 여행, 친지를 만나기 위한 방문객들이다. 방문객들의 장소상품 소비는 방문 목적에 따른 이용이고, 소비는 지역 상권의 부흥, 일자리 창출, 주민소득 증가에 대한 기여뿐만 아니라 새로운 비즈니스, 거주자 유입촉진 효과도 있다. 장소마케팅에서 관광이나 여행자들은 장소상품의 소비자일 뿐만 아니라 방문이나 참여 외에, 소비 성향, 지식, 에너지, 시간과 비용 지출 등을 통하여 장소상품이 어떤 상품이고 장소가 고객들의 어떤 가치를 만족시키는가를 정의한다는 점에서 단순한 소비자 그 이상의 역할을 한다. 환언하면 지역사회와 더불어 상품가치를 만들어내는 또 하나의 공동 생산자로서의 의미를 갖는다.[152]

방문객 시장은 장소마케팅에서도 가장 부가가치가 높은 분야이다. 투자 비용에 비

(2012.8.24.). 한미경제협의회(Korea−U.S. Economic Council). https://kusec.tistory.com. 검색일 2019.2.24.

151) 웨일스는 1990년대 후반 세계 각국에 34개 외국인 투자유치 사무소를 운영하고 서울에만 5곳의 사무소를 두었다.

152) Eletxigerra et al.(2018), p. 72.

하여 수익성은 높고, 환경 파괴에 따른 부담은 적다.[153] 더 나아가 외국인 여행객의 체류는 2차적으로 숙박, 음식, 오락 서비스업, 쇼핑, 전통시장 등에서의 소비를 통해 많은 일자리를 창출한다. 방문객 시장의 이러한 특징 때문에 각국이나 도시 간의 경쟁은 갈수록 치열하다.[154] 국가 발전에서 차지하는 비중도 커지고 있다. 캄보디아는 2017년 기준 인구가 1천 6백만 명이지만 외국인 여행객은 총 560만 명에 달했고, 이들의 평균 체류일은 6.6일이었다. 공항입국 외국인 비자 발급비 30달러, 국가 상징적 유적인 앙코르와트 입장료만도 62달러, 전체 관광수입은 36억 3천만 달러로 이는 GDP의 16%를 차지한다.[155]

4. 거주자

거주자 유치 시장의 규모나 중요성도 지속적 증가 추세이다. 인구통계 자료나 보고서들에 따르면 유럽은 2050년까지 출생자보다 사망자 수가 많아서 인구가 5천만 명, 즉 현재 거주자의 10%(폴란드와 그리스 인구를 합친 것에 해당하는)가 줄고, 대부분의 나라들은 이민자를 받아야 인구성장이나 안정을 유지할 수 있을 것이라는 전망이다.[156] 인구 감소는 지역경제의 침체를 수반하는 심각한 문제이다. 정부와 민간부문 모두가 축소와 위축, 경제 불황, 주택가격 하락, 노인부양 능력이나 관심의 저하를 경험한다. 따라서 유럽에서는 각국, 도시 간의 거주자 유치경쟁이 갈수록 고도화되고 있다. 주요 대상은 새로운 비즈니스를 시작하고자 하는 사업가나 어린 자녀가 있는 가정이다.[157]

---

153) 로마 트레비 분수(Trevi Fountain)에 관광객들이 던져 넣는 동전은 하루 4천 유로(515만원)로, 1년 약 150만 유로(19억 2천만 원)에 달한다. Coins in Trevi Fountain will go to Rome city council rather than Church charity. The Telegraph, 14 January 2019. '재정난' 로마, 결국 트레비 분수 동전까지 쓴다 … 연간 19억 원. 아시아 경제, 2019.1.14.

154) Buhalis(2000), p. 113. 방문객 유치는 장소마케팅 중 관광이나 여행지 마케팅(destination marketing) 분야이다.

155) 코트라 해외시장 뉴스. 지난해 캄보디아 관광 수익 36억 3,000만 달러. https://www.kotra.or.kr. 검색일 2018.8.20.

156) Klingholz(2009), p. 62.

157) Eimermann(2015), p. 412.

거주자 유치 시장의 고객은 일자리를 만들어내는 자산이나 능력을 가진 사람, 사회나 경제발전에 필요한 전문인력, 특정 분야 고급 기술자, 시장수요를 만들어내는 은퇴 후 연금 생활자[158] 등이다. 많은 나라들은 일자리를 창출할 수 있는 자본이나 사업계획을 갖고 있는 이민자들을 선호하고 영주권을 발급한다. 인적 자원(CEO, 엔지니어, 과학자)에 대하여도 마찬가지이다.[159] 거주자를 유치하기 위한 방법도 일반 고객을 대상으로 장소가 쾌적하고 안전하고 생활이 편리한 환경, 삶의 질 등에서 다른 도시들과 비교해 어떤 우위가 있는가에 관한 정보(필리핀의 "English is taught in all local schools")를 제공하는 것부터[160] 특정 분야 또는 라이프 스타일을 가진 사람들을 표적고객으로 한 마케팅까지 다양하다.

한국의 많은 지자체들도 고령화, 저출산, 젊은 인구의 대도시 선호 등으로 심각한 인구 감소 위기에 직면해 있다. 인구감소나 유출은 지역사회와 경제의 발전을 위한 노동력 상실이자 세원의 수축을 의미한다. 인구감소를 중단시키지 못할 경우, 지역 상권의 위축, 부동산 가격 하락, 부정적 이미지 확산으로, 결국은 존립 자체가 힘들어진다. 전통적 행정의 강제나 명령으로는 저(低)출산과 젊은 인구, 특히 가임 여성의 대도시로의 유출을 막을 수 없고 재정적 지원(출산비 지원이나 양육비 혜택)은 지자체 간 제로섬 게임이라는 한계가 있다. 장소마케팅 전략은 지역경제의 발전, 일자리 창출, 주민소득 증가를 통한 인구유입의 촉진 노력이고, 방법은 기업, 비즈니스, 방문객, 거주자 유치이다. 적극적 전략은 신규 기업, 비즈니스 스타트업(start-up) 지원, 관광이나 여행상품 개발 등을 통한 일자리 창출, 방문객 증가, 지역 상권의 부활, 인구유입의 촉진이다. 반면 소극적 전략은 기존 투자자, 기업과 비즈니스, 주민들의 장소 이탈 억제이다.

장기적이고 근본적인 전략은 기업, 대학 유치 등에 의한 일자리 창출, 취업 기회의 확대이고 지속적 방문객 유치를 통한 지역 상권의 부활, 주민소득의 증가이다. 후자는 인구증가에 실패할지라도 소득증가 효과가 있다. 모두 장소의 상품화와 마케팅을 통한 문제의 해결이다.

---

158) 은퇴 부부, 동남아서 한 달 200만원이면 가정부 두고 골프도 즐겨. 매일경제, 2006.5.6.

159) Australia to introduce new visa to boost economy, jobs. https://www.sbs.com.au.; New Zealand launches new Entrepreneur Visa to attract techies. https://www.nwivisas.com. 검색일 2019.2.23.

160) '필리핀 은퇴 이민' 묻고 따진 뒤 떠나야 실패 없다. 경향신문, 2009.2.4. 필리핀 은퇴청(PRA) 발표에 따르면 한국인 50~60대 은퇴이민 비자 신청자 수는 2004년 219명, 2005년 371명, 2006년 1,178명, 2007년 1,255명으로 증가한다.

거트 잔 호스퍼스(Gert-Jan Hospers)는 거주자들이 다른 곳으로 떠나지 못하도록 다양한 지원을 하는 마케팅을 따뜻한 마케팅(warm marketing. 기존 고객, 친구, 친지들 대상의 관계 마케팅), 다른 지역의 기업이나 비즈니스, 거주자를 끌어들이는 마케팅을 차가운 마케팅(cold marketing. 면식이나 비즈니스 관계가 없는 잠재 또는 표적고객을 만들어 내는 마케팅)으로 구분한 후,[161] 인구감소를 막기 위한 1차적 전략으로 기존의 주민들이 떠나지 않도록 하는, 기존 거주자나 기업의 정서, 사회적 관계의 발전에 초점을 둔 따뜻한 마케팅을 제시한다.[162] 호스퍼스는 그 이유로 방문 고객은 장소 이동성이 높지만 거주자나 기업은 이동성이 낮다는 점을 든다. 또 대부분의 거주자들은 장소 선택으로 이익 극대화보다는 생활환경에 대한 만족을 추구한다는 점을 지적한다. 거주자들은 이웃과의 유대, 기억, 관계 등 주관적 경험, 감정이나 개인적 요소들을 중시한다.[163] 기업도 특정 지역에서 상품을 생산하는 동안 원료 공급 업체 및 고객들과의 관계를 발전시키고, 지역환경에 맞는 유통망을 구축하면서 이들이 주는 편익을 훨씬 능가하는 이익이 없는 한 이동을 꺼린다. 장소에 대한 관성은 시간이 지날수록 증가하여, 결국 거주자나 기업들은 장소와의 경제 사회적 네트워크, 감정적 유대 때문에 장소를 이동하더라도 전혀 다른 나라나 도시로는 거의 옮겨가려 하지 않는다. 따라서 차가운 마케팅은 장소를 알리는데 많은 비용이 들지만 막상 성공은 좀처럼 기대하기 어렵다고 주장한다. 호스퍼스는 네덜란드 동남부의 림버그(Limburg) 주(州)(33개의 지방정부들로 이루어짐)가 인구 감소 위기에 직면하여 '라이프의 양지(陽地, The Bright Side of Life)'로, 독일 북부에 위치한 도시 뮌스터(Münster)는 '세상에서 가장 살기 좋은 도시(The World's Most Liveable City)'로, 스웨덴 남부의 백조(Växjo) 시는 '유럽의 그린 도시(The Greenest City in Europe)'라는 브랜드 슬로건을 내걸고 무성한 녹지를 강조하면서 인지도를 높이고 거주자를 유치하고자 노력하지만 얼마나 성공할지 의문이라고 말한다.[164] 거주자 시장에서 어떤 마케팅이 보다 유효한가는 잠재고객들의 욕구와 행동패턴, 사회경제적 이해관계에 의존적이고, 마케팅은 고객의 특성을 반영할 때 성공할 수 있다.

---

161) Hospers(2010a) 참조.
162) Hospers(2011b), pp. 372-373. 거트 잔 호스퍼스(Gert-Jan Hospers)는 네덜란드 Universiteit Twente 교수로 도시와 농촌인구 감소 분야 대표적 연구자이다.
163) Hospers(2011b), p. 372.
164) Hospers(2011b), p. 372. Hospers(2010a, 2010b, 2011a) 참조.

많은 연구자들은 장소마케팅에서 전통적인 제품 마케팅 믹스 4Ps의 적절성에 대하여 의문을 제기한다. 장소마케팅에서는 상품의 특성상 고객의 욕구를 반영한 상품의 자유로운 개발이나 가격책정, 유통이 어렵기 때문에, 프로모션에 집중하는 경향이 있다.[165] 존 힐리(John Heeley)도 관광이나 여행지 마케팅 연구나 실무자들이 4Ps 패러다임을 사용하지만 4Ps는 제품의 판매를 위해 개발되었던 것으로 장소마케팅에서는 한계가 있고 장소의 고유성과 차별화를 통한 비교우위의 정보제공이 다른 어떤 것보다 중요하다고 주장한다. 4Ps보다는 장소상품을 포지션하고 표적고객들에게 차별적 요소를 온·오프라인을 통하여 광고하는 인지도 제고 전략이 보다 효과적이라고 말한다.[166]

장소마케팅에서는 시장, 고객과 상품의 다면성, 복잡성 때문에 전통적 마케팅 믹스인 4Ps만으로는 충분하지 않다. 기존의 4Ps 외에도 브랜딩(Branding), 파트너십(Partnership), 정책(Policy. 투자, 기업과 비즈니스, 방문객, 거주자 유치 정책), 과정(Process), 물리적 환경이나 시설(Physical environment. 전기, 도로, 병원이나 학교 등의 산업 및 생활 인프라), 사람(People. 마케팅전략 수립, 상품개발 참여자와 지역주민)에 대한 추가적 고려가 필요하다. 장소마케팅은 거버넌스 과정이고 관광이나 여행지 상품시장에서는 고객이 장소의 고유성, 차별성을 중시하는 만큼 브랜딩이 중요하다. 장소상품의 개발과 판촉에는 민간부문도 공동 생산자로 참여하여 파트너십이 요구되고, 정책적 지원도 필수적이다. 기업과 비즈니스, 거주자 유치 시장에서 고객의 상품선택은 판매자와 고객과의 장기적 신뢰관계에 기초하여 일어난다는 점에서 과정의 관리, 환경이나 주민들도 모두 중요한 마케팅 요소들이다.

---

165) Parker, Roper, & Medway(2015), p. 1091.
166) Heeley(2016), pp. 95-96.

1. 서론

장소마케팅 전략은 국가나 지방정부가 표적시장을 선정한 후 고객의 욕구에 맞는 상품의 개발과 인프라 개선 등으로 장소의 매력을 높이고 마케팅 믹스를 통해 판매를 촉진한다는 계획이다. 전략수립은 미션의 확인, 비전과 전략적 목표의 설정, 목적 달성을 위해 필요한 주요 활동의 식별과 우선순위 결정, 자원과 에너지의 배분, 시행 계획 등으로 역량을 조직화하는 과정이다.

전략은 방법과 기간에 따라 적극 대 소극, 장기 대 단기로 나뉜다. 적극적 전략은 투자, 기업이나 비즈니스, 방문자, 거주자의 유치를 위하여 경쟁 관계에 있는 장소상품 대비 비교 우위의 상품을 개발하고 고객을 유치하는 전략이다. 반면 소극적 전략은 기존 기업이나 주민들이 다른 지역으로 이주하는 것을 막는 방법이다. 단기적 전략은 1년 단위의 계획이고, 장기적 전략은 5년 이상의 계획수립과 시행으로 이루어진다.[167]

2. 장소마케팅과 지역발전 전략

1) 지역발전 전략의 유형

필립 코틀러(Philip Kotler) 등은 지방정부가 채택하는 전략을 4가지 유형으로 구분한다.[168]

첫째, 지역사회 서비스 발전 전략

전기, 수도, 교통, 교육, 보건, 육아, 복지 등 서비스 품질개선, 거주 환경이나 삶의 질 개선을 통한 지역발전 전략이다.

둘째, 도시 기획 및 재설계 전략

도시의 높은 인구밀도, 교통혼잡, 주차난, 생태환경 악화 등의 문제를 건축, 토지

---

167) Kotler et al.(2002), pp. 41-43. 중단기적 전략(medium-term strategy)은 단기와 장기 전략의 중간에 해당한다. 필립 코틀러는 장기와 단기 전략의 통합으로 전략적 마케팅 기획(strategic marketing planning)을 제시한다.

168) Kotler et al.(2002), p. 147.

및 공간 개발, 도로 재배치 등으로 해결하여 지역을 발전시킨다는 전략이다. 전략의 초점은 도심 고층빌딩, 도로, 공원 등의 효율적 배치, 부동산 개발, 주차장이나 보행자 안전을 위한 시설, 깨끗한 도시, 공기의 질 개선 등이다.

셋째, 경제발전 전략

지방정부에 지역경제 발전 전담조직의 설치, 경제 활성화를 위한 다양한 프로젝트 개발과 시행을 통한 발전의 추진이다.

넷째, 전략적 장소마케팅

지역이 비교 우위를 갖는 틈새시장의 확인, 지역 특화상품, 산업 클러스터의 개발 등에 의한 지역발전 전략이다.

2) 전략의 변화

지방정부의 전략은 전통적인 지역사회 서비스 발전 전략, 도시 기획 및 재설계 전략, 경제발전 전략에서 전략적 마케팅 전략으로 이동하는 추세이다.[169] 다음 <그림 7>은 이것을 보여준다.

<그림 7>에서 A면은 지방정부들의 지역발전 전략의 분포를, B는 발전전략의 이동 방향을 가리킨다. 지역발전을 위한 전략수립에서 지방정부들은 전통적으로 공공서비스 품질개선, 도시 재설계, 지역경제의 발전 등에 초점을 두었으나 점차 전략적 장소마케팅 전략으로 이동하고 있다. 전략적 장소마케팅 개념은 구미 선진국에서 크게 3단계의 발전을 보이고 있다.[170] 1단계는 장소마케팅 개념의 등장 이전이다. 지방정부들은 낮은 부동산 가격, 값싼 노동력, 조세 인센티브 등으로 지역이 얼마나 비즈니스나 거주하기 좋은 곳인가를 선전한다. 2단계는 1970－80년대 도심 재개발 시대이다. 지방정부들은 기업이나 비즈니스의 유치를 원했고, 마케팅 이론과 기법을 채택하여 부분적 활용을 시작하는 시기이다. 고객 세분화, 표적시장의 선택, 포지셔닝을 하고, 투자자, 비즈니스, 거주자의 욕구 파악, 고객정보에 기초한 장소개발과 판촉의 시기이다. 3단계는 1990년대 이후 전략적 장소마케팅 시대이다. 지방정부들은 장소의 성장과 발전을 목표로 니치적 사고(niche thinking)에 의한 표적산업 분야의 선정, 경쟁적 포지셔닝과 비교우위 차별화 전략의 수립, 민관 파트너십을 통한 장소 정체성의 개발, 브랜딩 등을 이용하여 마케팅 한다.

---

169) Kotler et al.(2002), pp. 147－154.

170) Kotler et al.(2002), pp. 151－154.

▼ 그림 7 장소마케팅과 지역발전 전략의 변화

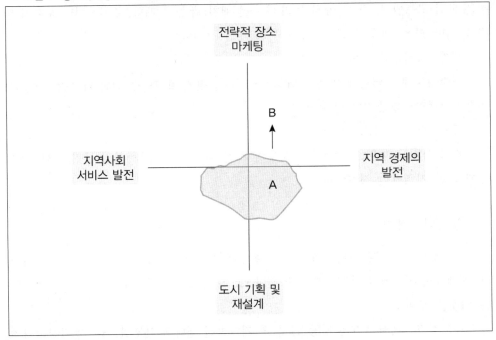

3) 방향

전략 변화의 방향은 차원 및 접근 방법을 기준으로 개별 국가인가 글로벌 차원인가, 전략적 접근이 정치 행정적인가, 경쟁 시장적인가로 나눌 때 변화는 글로벌 사회, 시장경쟁을 지향한 것으로, 다음 <그림 8>이 이것을 나타낸다.

장소마케팅 관점에서 지역발전 전략은 개별 국가 차원, 정치 행정적 접근에 의한 균형발전 전략에서 글로벌 사회 차원, 경쟁 시장적 접근으로 이동하는 추세이다. (A)가 이러한 방향이다. (D)는 글로벌 사회 차원이나 전략은 정치 행정적 접근이고, (B)는 접근방법은 경쟁 시장적이나 차원은 개별 국가 내이다. 장소마케팅에서 지역발전은 글로벌 시장의 투자, 기업과 비즈니스, 방문객, 거주자들을 목표고객으로 한 장소상품의 개발과 다른 나라나 도시들과 경쟁을 하면서 판매하여 주민소득의 증가, 일자리 창출, 지역경제를 활성화하는 것으로, 경쟁전략이자 시장적 접근이다. 특정 국가 내 정치 행정 패러다임하의 균형성장 전략과는 다르다. 지방정부가 하는 일은 경쟁과 고객욕구 충족의 기업가적 역할이다.

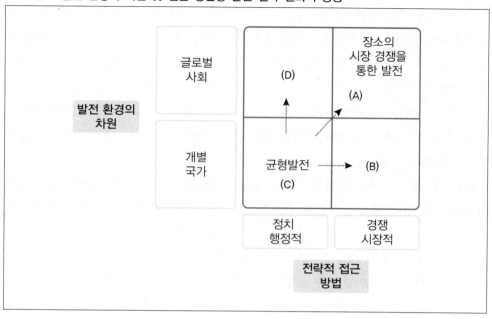

3. 전략적 장소마케팅 과정

전략적 장소마케팅은 전략개발, 실행계획의 수립, 실행을 통한 상품의 마케팅이다. 다음 <그림 9>는 전략적 장소마케팅의 과정이다.

▼ 그림 9 **전략적 장소마케팅의 과정**

1단계, 미션의 확인. 전략적 마케팅의 1단계는 조직이 존재하는 이유, 미션의 확인이다. 미션은 주권자들이 정치적 과정을 통하여 설정한다. 장소마케팅으로 누구를 위하여 어떤 고객가치를 만들어 낼 것인가의 결정 단계이다.

2단계, 상황 분석. 경쟁시장과 지역사회의 조건, 정부가 동원 가능한 자원 등에 대한 조사와 분석(place audit)이다. SWOT 분석으로 강점(Strengths)과 약점(Weaknesses),

기회(Opportunities)와 위협(Threats)을 평가한다. 정부 매니저는 이러한 분석을 통하여 조직이 마케팅을 위하여 동원할 수 있는 내부 자원을 확인하고 외부 도전이 무엇인가를 파악한다. 공급측면에서는 정부가 갖고 있는 환경, 업무역량 등 공급자로서의 조건을, 수요측면은 경쟁시장의 변화, 표적소비자 집단의 행동과 욕구, 변화를 분석한다.

3단계, 비전과 전략적 목표의 설정.[171] 전략적 목표는 장소조사와 분석결과에 기초하여 장소의 성장과 발전에 영향을 주는 외부요인을 식별하고 내부의 역량·장, 단점을 파악하여 설정한다.

4단계, 전략 개발과 실행계획의 수립. 시장 세분화, 표적시장의 선정, 포시셔닝에 기초한 전략 및 실행계획 수립의 단계이다. 정해진 기간 동안 성취 가능하고 측정할 수 있는, 분명한 하나 또는 그 이상의 구체적 목표를 정한다. 표적고객의 욕구, 경쟁시장의 변화, 상품수요에 대한 트랜드, 정치 경제적 환경 등을 분석하여, 마케팅 믹스, 실행, 평가와 환류의 기본 방침을 결정한다. 마케팅 믹스 설계는 고객들의 욕구를 만족시킬 수 있는 상품의 생산, 고객들이 상품에 편리하게 접근할 수 있는 방법의 마련, 상품의 비교 우위에 관한 정보의 제공, 이미지 개발 등을 통하여 고객의 상품 인지를 촉진하고 구매, 사용을 고무하는 방법의 개발이다. 실행계획 수립은 전략의 실현을 위한 구체적 행동절차 및 방법, 일정의 작성이다.

5단계, 실행 및 통제. 실행은 행동 계획의 적용, 실천 활동이고 통제는 계획이 의도된 바대로 추진되고 있는가와 목표달성 여부의 점검으로, 그렇지 못한 경우 문제점을 확인하여 수정하는 과정이다. 누가, 언제, 어떻게 마케팅 성과를 모니터하고 평가하여 개선할 것인가를 계획하고 절차를 마련한다.

4. 마케팅 전략

장소마케팅의 전략은 장소상품의 판매촉진을 위한 체계적 접근이자 방법으로 다양한 유형 구분이 가능하다. 필립 코틀러 등은 소재를 기준으로 장소상품의 마케팅 전략을 다음 네 가지로 제시한다.[172]

---

171) 미션(mission)이 조직이 무엇을 해야 하는가에 관한 것이라면 비전(vision)은 조직이 되거나 이루고자 하는 미래의 바람직한 상태이다.

172) Kotler et al.(2002), p. 183.

1) 장소 이미지

이미지 마케팅 전략은 장소를 역사와 전통의 도시인가 현대적 건축과 문화의 도시인가, 패션의 도시인가, 따뜻하고 살기 좋은 도시인가 등 장소가 어떤 곳인가에 대한 차별적 인상, 미적 느낌을 만들어 판촉하는 전략이다.[173] 지방정부가 가장 많이 사용하는 방법은 브랜드 슬로건을 통한 이미지 커뮤니케이션이다.[174] 브랜드 슬로건은 장소의 전체 모습을 상징하는 짧은 구절 또는 문장의 슬로건을 정한 후 그래픽 디자인으로 시각화한 것으로 원하는 이미지를 투사한다. 필립 코틀러 등은 장소의 이미지 마케팅에서 브랜드 슬로건의 중요성을 강조하면서, 성공적인 이미지 창출을 위한 슬로건의 조건을 타당한가(근거가 있는가, 현실과 부합하는가), 믿을 만한가(그럴듯한가, 수긍할 만한가), 간단한가(뜻이 분명한가, 이해하기 쉬운가), 관심을 끄는가(눈을 뗄 수 없게 하는가, 흥미를 돋우는가), 독특한가(다른 것과 다른가, 특별한가), 5가지로 제시한다.[175]

미국 뉴욕주의 브랜드 슬로건은 "I Love New York," 닉네임은 "The Empire State"(자동차번호판에 사용)이다. 덴버(Denver) 시는 마케팅 전문가들의 브레인스토밍과 주민 투표로 "Denver, The Mile High City"[176]라는 브랜드 슬로건을 개발하여, 프로모션에 이용한다. 프랑스 파리는 "City of Light," 이탈리아 로마는 "Eternal City," 일본 도쿄는 "Tokyo Tokyo Old meets New"이고, 싱가포르는 "New Asia Singapore"를 사용하다가 "Uniquely Singapore"와 "Your Singapore"로 바꾸었고, 2017년부터는 "Passion Made Possible"을 사용한다. 서울시는 2015년 브랜드 슬로건으로 "I·SEOUL·YOU," "함께 서울"을 채택하였고, 부산광역시는 "Dynamic Busan"이다. 영월군은 "박물관 마을"을 주제로 20여 개의 박물관들을 설립하여 이미지 마케팅을 한다.[177]

또 다른 방법은 상징물과 이벤트의 사용이다. 랜드마크 건축, 지역의 고유 동식물 등 상징물을 이용한 이미지 커뮤니케이션이다. 랜드마크의 조건은 규모, 디자인 등에서 고유하고 특별하여 사람들의 이목을 끌고, 기억을 촉진하는 상징성이다. 축제나 올림픽과 같은 이벤트도 장소상품으로서의 이미지를 만들어내는 효과적 수단이다. 대구

---

173) Kotler et al.(2002)의 제7장은 "Designing A Place's Image"이다.

174) Kotler et al.(2002), p. 241.

175) Kotler et al.(2002), pp. 238−239.

176) Mile High City는 덴버(Denver)가 고도가 1마일인 데서 붙여진 별칭이다.

177) 영월에는 박물관이 살아있다. '젊은 피'들, 민화, 곤충, 책, 사진 박물관 세워 … '문화 + 청정 영월' 일궈. 시사저널 2007.3.5.; [And 여행] 영월엔 박물관이 살아 있다. 20개의 테마 박물관이 곳곳에 자리. 호야지리박물관, 동강사진박물관, 세계민족악기박물관 …. 국민일보, 2018.8.30.

광역시는 패션산업 이미지 창출을 목적으로 패션도시를 선포(1999)하고, 캐릭터 제작, 섬유패션 축제와 광고, '섬유의 날' 행사, 국제섬유 박람회를 개최해 오고 있다.

2) 매력

매력(attractions)은 사람들이 좋아하거나 관심과 흥미를 자극하고, 마음을 사로잡는 특성이다. 매력 마케팅 전략은 장소가 가진 강력한 유혹 특성을 활용한 방문객 유치 방법이다. 매력 요소는 크게 자연, 역사유적, 인위적 공간(박물관이나 놀이 시설), 이벤트의 4분야로, 소비자에게 아름다움, 역사나 문화적 가치, 레저나 즐거움 등의 경험을 제공한다. 매력 마케팅 전략의 초점은 장소가 가진 매력을 통한 다른 경쟁 장소상품과의 차별화이다.

3) 사회 기반시설과 서비스

산업 및 생활 인프라와 공공서비스의 품질을 내세운 마케팅 전략이다. 사회 기반시설과 공공서비스 품질은 모든 종류 장소상품의 핵심 요소이다. 기반시설 구축, 서비스 품질개선에는 막대한 투자가 요구되고 오랜 시간이 걸리지만, 장소상품의 고객을 유치하는 데 중요한 역할을 한다.

4) 사람

필립 코틀러는 장소마케팅 전략의 하나로 사람 마케팅(people marketing)을 제시한다. 대중적 인기가 높은 명사(名士), 역사적 기여, 뛰어난 재능으로 세상에 널리 알려진 사람들을 이용하여 장소의 인지도를 높이고 고객의 선택을 촉진하는 전략이다.[178] 스페인 바로셀로나시의 건축가 안토니 가우디(Antoni Gaudi i Cornet), 노르웨이 오슬로시의 화가 에드바르 뭉크(Edvard Munch) 마케팅이 전형적인 사례이다. 빈센트 반 고흐가 마지막 작품 생활을 했던 작은 마을 오베르 쉬르 우아즈(Auvers-sur-Oise)도 사람 마케팅으로 잘 알려져 있다. 지자체들은 마케팅 전략으로 역사적 인물을 이용하거나 유명 작가, 시인, 연예인, 예술가들에게 주거지를 제공하여 장소를 판촉 한다. 마케팅 효과는 인지도, 인기도에 비례한다. 대중적 인기를 이용한 사람마케팅은 박물관, 작품, 스토리가 없을 때 효과는 지속적이지 못하고 제한적이다.

---

178) Kotler et al.(2002), pp. 78, 92-98.

5. 분야별 사례

1) 투자, 기업과 비즈니스

장소마케팅 전략은 분야마다 다르게 나타난다. 투자, 기업과 비즈니스 분야에서의 전략은 첫째, 이탈을 막고 성장을 촉진하기 위한 전략이다. 본사나 공장의 해외 이전, 기존 비즈니스가 다른 지역으로 떠나는 것은 신규 투자나 새로운 직원 채용의 중단, 실업률 증가 등을 의미한다. 기업들이 과도한 규제, 법인세, 인건비 인상, 강성 노조 등으로 사업에 유리한 새로운 환경을 찾아서 공장을 옮기고자 할 때, 1차적 전략은 이들이 떠나지 않도록 잡아 두는 방법이다.[179] 텍사스 주정부는 매년 지역기업의 성장이나 비즈니스 활동의 촉진을 위한 감세, 인프라 확충, 인센티브 제공에 190억 달러 이상을 지출한다.[180] 둘째, 벤처와 창업(중소기업의 설립)의 지원이다. 정부는 다양한 법률과 프로그램 개발을 통하여 정책 자금, 시설과 공간의 제공, 창업교육, 멘토링과 컨설팅, 해외판로 개척과 마케팅을 지원한다.[181] 셋째, 외부로부터 새로운 투자, 비즈니스의 유치 전략이다. 글로벌 기업의 본사, 쇼핑몰과 도·소매업 등의 유치는 지역경제 발전과 일자리 창출 기회를 제공한다. 정부는 2013년 「출입국관리법시행령」을 개정하여 우수한 기술력을 가진 외국인에게 창업 비자(D−8 체류 자격)를 발급하는 제도를 도입하고, '창업이민 인재양성 프로그램'도 운영하고 있다.[182] 국내 창업과 일자리 창출을 위한 노력이다. 다음은 투자, 기업과 비즈니스 유치 마케팅 사례이다.

영국 웨일스(Wales)[183]

웨일스 정부의 투자유치 마케팅은 가장 성공적 사례로 꼽힌다. 웨일스 정부는 지역기업 및 비즈니스의 성장과 일자리 창출을 목적으로 1976년 투자개발청(Welsh Development Agency)[184]을 설립한다. 투자개발청은 1990년대 후반 침체에 빠져있던 지

179) 한 CEO의 고백 "한국을 떠납니다 … 홀가분하게 사업하려고." 중앙일보, 2018.3.15.

180) Ownbey(2017), p. 352.

181) K−startup. https://www.k−startup.go.kr. 검색일 2018.12.20.; 관련법은 「중소기업창업지원법」, 「벤처기업육성에 관한 특별조치법」, 「조세특례제한법」 등이다.

182) 글로벌창업이민센터. http://oasis.e−kpc.or.kr. 검색일 2018.12.20.; 「출입국관리법시행령」[별표 1의2] 장기체류 자격(제12조 관련) 11. 기업투자(D−8) 참조.

183) 박흥식(2000). 도시마케팅의 전략과 의미. 중앙행정논집, p. 250.

184) 투자개발청은 집행기관(executive agency. 한국의 책임운영기관)이다. 정부로부터 독립하여 사업을 하는 비(非)정부 또는 반(半)정부조직이다. 정부가 하위 조직을 자신으로부터 분리 독립시킨 후 투자유치의 권한을 양도하고 자율적 사업 추진을 허용한 조직이다. 반(半)자율적 조직으

역경제의 부흥을 목적으로 민관합동의 팀 웨일스(Team Wales)를 구성하여 집중적인 해외 투자유치 마케팅을 전개한다. 공장설립의 기획, 계약 절차부터 건물 물색, 인력 충원과 훈련 등에 이르기까지 해외 투자에 필요한 모든 절차를 지원, 자문한다. 또 각국에 직접 해외지사를 설치, 운영하면서 웨일스의 비즈니스 기반 시설(넓은 땅, 높은 노동생산성, 고급인력)과 환경(EU라는 세계 최대 단일시장에 대한 접근의 용이성, 항공기, 철도, 항만 이용 등의 낮은 물류비용), 정부의 다양한 지원프로그램, 투자 성공사례, 성과 등 비교우위 정보를 공격적으로 제공한다. 한국에도 서울과 경기도 지역에 사무소를 개설, 운영한다. 그 결과 1998부터 1999년까지 미국, 유럽, 아시아 등으로부터 수백 개의 기업을 유치하고, 고용 창출에 큰 성과를 거둔다.[185]

미국 빙햄튼시(Binghamton City) 투자유치 마케팅[186]

빙햄튼시는 뉴욕주 중심부에 위치한 지방정부로, 경제개발과(Department of Economic Development)가 비즈니스 창업, 성장, 거주자 유입정책을, 시정부 빙햄튼 지역개발회사(Binghamton Local Development Corporation)가 고용증가와 비즈니스 기회창출 업무를 담당한다. 이들은 거주자 유치, 고용창출, 지역경제의 발전과 시 재정의 확충을 목적으로 지역 내 신규 비즈니스 스타트업, 기존 기업의 발전과 창업, 호텔, 식당과 같은 관련 서비스 산업의 성장을 위한 전략을 수립하고 실행한다. 투자자에게 3만 5천 달러당 전일제 근로자 일자리 1개를 만들어내는 조건으로 총 사업비의 40%까지 시중 우대금리의 75%로 지원한다. 빙햄튼 대학 소규모 비즈니스 개발센터, 써니 브룸 커뮤니티 칼리지(SUNY Broome Community College)의 기업지원센터 등과 협력관계를 통해 비즈니스 스타트업을 돕는 교육 과정을 설치, 운영하고, 창업지원 컨설팅, 광고, 전단지 제작 등을 지원한다.

2) 방문객

방문객 유치 마케팅전략은 시장의 분할(방문 목적이 무엇인가, 장기인가 단기인가), 표적시장(장소 선호 방문객은 누구인가)의 선정과 SWOT 분석, 포지셔닝, 마케팅 믹스의

로, 예산은 의회가 지원한다. 유럽, 북미, 오스트레일리아, 뉴질랜드 국가들은 이와 같은 조직을 QUANGO(QUasi-Autonomous Non-Governmental Organization)라고 부른다.

185) 하지만 웨일스 정부의 투자개발청은 21세기에 들어와 투자유치 성과를 내는 데 실패를 거듭하다가 2006년 폐지된다.

186) City of Binghamton. http://www.binghamton-ny.gov. 검색일 2018.12.15. 박흥식(2000). 도시마케팅의 전략과 의미. 중앙행정논집, p. 249 참조.

개발, 실행으로 이루어진다. 방문객 유치를 통한 기대효과는 방문객들의 지출에 의한 지역경제의 활성화, 주민소득 증가, 일자리 창출이다. 방문객 상품은 높은 부가가치로 판촉경쟁이 치열하다.[187] 관광, 여행, 휴가, 비즈니스 회의, 의료서비스의 이용, 문화 행사, 연구나 정보수집, 성지 순례, 선교나 자원봉사, 대회나 전시회의 참석 등이 늘면서, 관광과 여행 산업은 글로벌 경제에서 가장 규모가 큰 산업 가운데 하나로 자리잡았다. 2015년 기준 전 세계 해외 관광객의 수는 10억 명, 관광 수입은 1조 달러가 넘고 있다.[188]

홀랜드의 컨셉 마케팅(concept marketing)[189]

미시간주 홀랜드(Holland)는 미시간 호숫가 인구 3만 2천의 소도시로, 장소를 네덜란드풍의 도시로 상품화하여 방문객 유치에 성공한 사례이다. 홀랜드시는 지명이 네덜란드 국가 이름과 같다는 점, 20세기 초 건립된 등대가 있고, 미시간 호숫가 리조트의 지명도가 높은 점 등을 바탕으로, 마케팅 컨셉[190]을 네덜란드인들의 북미 초기 정착지로 정하고 네덜란드의 고유하고 차별적인 전통문화, 역사 등을 상품화하여 판촉한다. 브랜드 슬로건은 "홀랜드. 당신은 패스포트가 필요없다(Holland – You don't need a passport)"이다. 네덜란드로부터 직접 250년 된 풍차를 들여오고, 튤립을 심어서 북미 개척 시대 네덜란드인 정착지로서의 풍경과 역사성을 연출한다. 봄에 튤립 6백만 송이가 개화할 때 페스티벌도 개최한다. 축제 동안 퍼레이드, 음악회를 열고, 네덜란드 전통 복장의 투어, 농장, 정원, 박물관, 선물 상점(컵, 티셔츠, 모자 등), 전통 춤 공연 등을 판매한다. 표적고객은 방문객들로 호텔과 숙소, 레스토랑, 놀이시설 이용, 축제 참가, 특산물, 선물구매 등으로 장소상품을 소비한다.

---

187) Nykiel & Jascolt(1999) 참조.

188) Statista – The Statistics Portal. Global travel and tourism industry. https://www.statista.com. 검색일 2018.11.9.

189) Phillips(2002), pp. 134–140. Tulip Time, May 4–12, 2019 – Holland, Michigan. 축제는 1929년에 시작되어 2019년은 90주년이다. 미국에서 최고의 소도시 축제라는 평가를 받고 있다. https://www.tuliptime.com. 검색일 2018.12.15.

190) 마케팅에서 컨셉(concept)은 조직이 무엇으로 어떻게 고객의 욕구를 충족시키고, 선택을 받고자 하는지에 관한 아이디어나 믿음이다.

3) 거주자

거주자들은 자본, 전문 지식과 기술 등을 가진 사람들로 지역사회의 경제발전에 핵심적 단위이다. 하지만 유럽 각국, 북미, 오스트레일리아, 뉴질랜드 등의 적지 않은 지방정부들은 출산율 감소, 고령화 등으로 인구감소 위기를 맞고 있다. 지역 인구의 감소는 부동산 가격 하락, 조세기반 상실뿐만 아니라 소비감소, 재정 위기는 물론이고 건물 임대, 학교, 병원, 음식점, 상점, 택시, 택배 등 거의 모든 생활 상권의 붕괴를 의미한다.191) 지방정부들은 이러한 위기 극복과 지역발전을 위한 전략 수립, 거주자 유치에 온 힘을 집중하고 있다. 거주자 시장의 고객은 과학자, 전문가,192) 숙련 노동자, 유학생이나 일반 주민 모두를 포함한다. 미국 농촌지역들은 학생들이 고등학교를 마치고 대도시로 나간 후 취업하여 다시 돌아오지 않으면서 젊고 높은 교육 및 소득 수준을 가진 인구의 감소, 지역경제 위축 등의 어려움에 부딪히자 주민 수를 늘리기 위해 적극적인 토지, 주택, 교육지원 전략개발에 나서고 있다.193) 아이오와의 마른(Marne)시, 네브라스카 커티스(Curtis)시는 거주자 유치를 위해 새로 집을 짓는 사람들 모두에게 땅을 무상으로 제공한다. 미네소타의 하모니(Harmony)시는 집을 지으면 일정한 금액을 현금으로 환불하고, 메릴랜드 볼티모어(Baltimore)시는 주택을 구매하는 사람에게 5천 달러를 인센티브로 제공한다.

일본 농촌은 1980년대부터 젊은 사람들이 대도시로 빠져나가면서 심각한 농촌 공동화를 경험한다.194) 위기 극복을 위하여 지역 특성을 살린 장소의 상품화, 일촌일품운동(一村一品運動) 등 지역경제의 복원, 일자리 창출, 인구 유입을 위해 다양한 노력을 기울인다. 중국 산시성(陝西省) 시안시(西安市)는 지역대학 졸업자에게 시에서 영구적으로 살 수 있고 학교나 병원 등 의료 시설의 이용, 주택도 구매할 수 있는 후커우(戶口, 거주 허가증) 발급으로, 인구를 50만 명 이상 늘리는 데 성공한다. 인구가 증가하자 대기업 알리바바와 JD 닷컴이 지역 본부를 설치하고, 화웨이와 하이크도 연구센터 설치

---

191) Nebraska, Illinois, Arkansas states 등도 이러한 문제로 어려움을 겪고 있다.
192) 대한무역투자진흥공사(KOTRA) 설립 목적의 하나는 해외 전문인력의 유치 지원이다. 「대한무역투자진흥공사법」 제1조는 목적을 "무역진흥과 국내외 기업 간의 투자 및 산업기술 협력의 지원, 해외 전문인력의 유치 지원, 정부 간 수출계약 등에 관한 업무" 수행을 통한 국민경제의 발전으로 규정한다.
193) Varady(1995) 참조.
194) 増田寬也(2014) 참조.

계획을 발표하는 등의 성과를 거둔다.[195] 아시아 지역 일부 지방정부들의 해외 명문 대학 캠퍼스나 유명 놀이시설의 유치 노력도 같은 맥락의 접근이다.[196] 하지만 다양한 시도에도 불구하고 지방정부의 거주자 유치를 위한 전략과 투자가 성공한 사례는 많지 않다.[197]

한국에서도 저출산, 젊은 인구의 도시 유출, 고령화 등으로 지방의 소멸위기는 단순한 예측이나 우려가 아닌 지자체가 당면한 현실 문제이다.[198] 지자체는 정원기준 인구 하한선을 2년간 연속 유지하지 못할 경우 조직을 축소해야 한다.[199] 이에 따라 지자체들의 인구 유치 정책도 과감해지고 있다. 인구증가 전략은 크게 두 가지이다. 하나는 투자, 기업이나 비즈니스, 주민유치를 위한 장소상품 개발 전략이고 또 다른 하나는 프로모션 전략이다. 전자가 장기적 접근이라면 후자는 장소개발을 생략한 단기적 인센티브 제공 전략이다. 지자체 간 인구증가를 위한 출산 장려금 증액 경쟁은 후자에 속한다.[200] 강원도는 출생률 급감, 청년인구 감소 등에 대한 대책으로 육아기본수당 지원사업에서 아이 출산 시 만 3세까지 월 30만원을 지급한다. 삼척시도 자체적으로 산모에게 출산 장려금 200만원, 출생아 지원금 36만원을 준다. 중앙정부 보건복지부도 아동 수당(월 10만원), 가정 양육 수당(12개월 미만 20만원, 12개월 이상~24개월 미만 15만원, 24개월 이상~86개월 미만 10만원)을 지원한다. 충청북도 보은군은 셋째 아이 이상 자녀 출산 산모에게 60세부터 매월 일정 금액을 연금으로 받을 수 있게 매월 10만원씩 20년간 연금 보험료를 지급하는 연금보험 지원사업을 시행한다.[201] 강원도 강릉시는

---

195) 중국 2선 도시, 인구 늘리기 경쟁 … 대졸자에 주민증 발급도. 연합뉴스, 2018.7.21.

196) Kotler et al.(2002), p. 389.

197) 5 strategies to attract youth in rural communities. https://peoriamagazines.com. 검색일 2018.8.10.

198) [지방소멸 보고서] ① "30년 내 84개 시·군 사라져" … 인구감소 공포 확산. 연합뉴스, 2017.7.11.

199) 「지방자치단체의 행정기구와 정원기준 등에 관한 규정」 제7조 제3항은 인구가 기구 설치 기준 최소 인구수의 100분의 90에 2년간 연속 미달하는 경우 기구 감축을 명시한다.

200) 다자녀 아닌 첫째만 낳아도 출산 축하금 1,670만원 주는 동네. 중앙일보, 2019.8.14.; "셋째 축하금 무슨 소용" … 첫째 낳으면 1,440만원 주는 동네. 중앙일보, 2019.8.15.

201) 셋째 아이 출산 땐 연금 탄다 … 보은군 '산모연금보험' 첫 시행. 뉴스1, 2018.3.5. 전라남도 해남군은 출산장려팀을 두고, 첫째 자녀는 양육비 300만원, 둘째 350만원, 셋째 600만원, 넷째 720만원을 각각 지급한다. 난임 부부의 시술비 중 본인 부담금을 지원하고, 미혼모가 아이를 낳거나 12개월 미만의 영아를 입양해도 양육비를 제공한다. '출산 쇼크' 한국 … 출산율 1위 해남군 비결은? 머니투데이, 2018.8.23.

대학교 신입생 주소이전 사업, 홍천군, 횡성군은 귀농, 귀촌 지원사업을 추진하고, 영월군, 정선군은 전입신고 장려금을 지급한다.

　　지자체들이 인구감소 추세를 중단 또는 반전시키고자 결혼 장려, 임신 축하금, 청년 수당 등으로 현금지원을 확대하고 경쟁적으로 지원금액의 규모를 키우면서 여러 비판이나 우려가 증가하고 있다. 장소상품의 개발이 아닌 장려금이나 수당 등 현금 복지에 기초한 거주자 유치나 출생률 증가 경쟁은 단기적 인센티브로 재원 낭비의 위험이 있고, 주민등록만 옮기는 경우도 많아서 실제 인구증가 효과는 없거나 낮고, 오히려 지자체 재정만 악화시킬 수 있다.

6. 한계

　　장소마케팅을 통한 지자체들의 지역사회 발전전략은 경쟁 시장적 접근으로 전통적 행정의 권력적 강제나 획일의 한계를 극복하고, 장소가 처한 위기를 극복하는데 기여한다. 하지만 다음과 같은 한계가 있다.

　　첫째, 장소상품 개발 시 시민사회 단체의 반대이다. 시민단체들은 빈번히 자연이나 환경, 전통 등의 보존과 보호, 자연성 회복 등을 이유로 장소상품(물류 단지, 관광지, 테마파크, 놀이공원 등)의 개발에 반대한다.[202]

　　둘째, 정치적 목적의 개입이다. 단체장이 장소상품을 자신의 치적을 위하여 개발하는 경우 단체장 교체 시 사업승계가 어렵다.

　　셋째, 리스크를 수반한다. 장소마케팅은 시장적 접근으로 투자가 성공을 보장하지 않는다. 지자체가 막대한 예산을 투입하여 산업단지를 건설하거나 축제를 개최한 경우라도 시장에서 고객의 선택을 받는데 실패하여 예산 낭비로 비판 받는 사례가 적지 않다.

　　넷째, 이미지 개발의 한계이다. 장소상품의 브랜딩에서 정부는 자신이 원하는 상징이나 이미지의 자유로운 선택이 어렵다. 지역의 역사, 문화, 고유한 전통과 배치되는 이미지는 주민들의 저항을 초래한다.[203]

---

202) 시민단체 등쌀에 … '선유도 보행교' 4분의 1토막. 매일경제, 2019.7.29.; "레고랜드 중단하라" 시민단체 무기 단식농성. 강원일보, 2019.7.25.; 부산 둔치도 개발 호시탐탐 … 시민단체 "보존하자." 연합뉴스, 2016.1.18.

203) Philo & Kearns(1993), p. 29.

1. 서론

장소상품의 프로모션에서는 소비자가 누구인가에 따라 메시지 전달의 방법이나 도구를 달리한다. 관광객이나 여행객일 때는 전통적인 매스미디어(TV, 라디오, 신문, 잡지 등. old media라고도 한다)를 통한 광고, 홍보나 PR이 효과적이다. 하지만 투자자, 기업이나 비즈니스, 거주자들은 직접 마케팅(투자유치 사무소의 설치, 설명회)을 선호한다. 최근에는 소비자들의 뉴 미디어 사용이 급증하면서 마케터들은 프로모션 도구로 웹사이트, 인터넷 배너광고나[204] 소셜 미디어를 선호한다.

2. 직접 마케팅

직접 마케팅(direct marketing)은 마케터가 고객을 직접 접촉하여 상품의 편익을 설명하고 구매를 설득하는 활동이다. 광고나 홍보와 비교하면 마케터가 표적고객을 선정하여 직접 상품정보를 전달하고, 질문에 답하면서 반응, 구매 의도를 확인할 수 있다는 장점이 있다.

1) 마케팅 사무소의 설치

미국 플로리다 주정부 감귤국(Florida Department of Citrus)은 주에서 생산된 감귤류의 판촉 및 홍보를 위해 1989년부터 한국 사무소를 운영하고 있다.[205] 중국 지방정부들도 2000년대 초반 투자, 공장 유치를 목적으로 서울과 수도권에 사무소를 설치하고 안산 반월과 시화공단, 인천 주안과 남동공단 입주 중소기업들을 대상으로 직접투자 권유, 파격적 인센티브 제안 등을 하였다.[206] 한국은 코트라가 전 세계 각 지역에 무역관 설치를 통해 지자체들의 해외 투자유치 업무를 지원한다.

---

204) 배너광고(banner advertising)는 인터넷 사이트 방문자들을 대상으로 한 웹사이트 광고이다. 화면의 위나 아래, 옆면의 직사각형 그래픽 광고이다. 텍스트(논리적 글이나 문자 메시지)보다는 시각적 이미지 자극 광고이다.
205) 미국 주정부들은 장소상품 마케팅 사무소를 대부분 민간위탁의 형태로 운영한다.
206) 중국, '한국 공장' 쓸어간다. 한겨레21, 2004.8.5.

2) 설명회

설명회는 각국 정부들이 투자, 기업이나 비즈니스, 거주자 유치에 가장 많이 사용하는 방법이다. 장소상품 소비자들은 구매결정 시 상품 공급자로부터 직접 자세한 설명을 듣고 또 확인하고 싶어 한다. 경험자의 구전, 성공 스토리를 선호한다. 설명회는 잠재적 고객의 욕구를 반영한 것으로 판매자의 상품소개, 경험자들의 체험 정보를 고객들에게 전달한다. 중국 지방정부들이 한국 중소기업을 대상으로 한 투자유치 마케팅이나, 동남아 국가들의 한국 은퇴이민 희망자 모집은 주로 설명회 방법을 이용한 것이다.[207]

3. 웹사이트

웹사이트는 장소상품 프로모션에 필수적 수단이다.[208] 국가나 지방정부들은 예외 없이 웹사이트에 장소상품을 소개하고 이미지 정보를 제공한다. 소비자들은 광고, 잡지를 통해 상품정보를 얻은 경우라도 다시 웹사이트를 방문하여 추가적으로 자세한 내용을 확인하고 싶어한다. 많은 지방정부들은 웹사이트의 경쟁력이 곧 방문자의 선호도, 재방문이나 다른 사람에 대한 권고 효과를 결정한다고 생각하고, 이들의 개선을 통하여 e-충성도(e-loyalty. electronic loyalty) 향상을 추구한다. 웹사이트 운영자들 또한 고객이 적은 비용과 노력으로, 단시간에 자신이 원하는 정보를 얻을 수 있도록 품질개선에 치중한다.

특히 관광 및 여행객 유치업무를 담당하는 기관들은 웹사이트를 프로모션의 핵심적, 효과적 수단으로 간주한다.[209] 유럽여행위원회(European Travel Commission, ETC)는 회원국가들의 관광이나 여행상품을 마케팅 하는 통합 웹사이트를 운영한다.[210] 특히

---

207) 말레이시아 은퇴 이민 '행복한 2막 인생.' 여행신문, 2007.6.20.; [신성장 정책] 필리핀, 은퇴이민 수용으로 의료관광 활성화. 코트라 뉴스, 2011.8.5.

208) Eimermann(2015), pp. 398, 412. 웹사이트가 웹 페이지들의 집합이라면, 홈페이지는 웹사이트의 메인 또는 시작 페이지를 가리킨다.

209) 한국관광공사, 서울관광재단, 미국의 컨벤션 관광국(Convention and Visitors Bureau) 등은 모두 웹사이트를 프로모션의 주요 수단으로 활용한다.

210) Therkelsen & Gram(2010) 참조. ETC은 유럽 각국 관광 및 여행 마케팅 플랫홈으로서의 역할을 맡고 있다.

웹페이지 디자인과 온라인 관계를 중요시한다.[211] 디자인 품질은 정보의 유용성, 정서적 차원에서의 미적 매력, 상징적 차원에서의 사회적 실재감(상호작용, 인간적 감정의 현실적이고 세밀한 묘사)을 증가시키고, 온라인 관계는 만족과 신뢰를 결정하기 때문이다. 장소 마케터들은 소셜 미디어, 웹 앱(web app. 웹 브라우저에서 쓰는 응용프로그램)도 광범위하게 사용한다.[212]

지방정부들은 자주 웹사이트 첫 페이지를 마케팅적 관점에서 구성한다. 홈페이지 메뉴를 고객이 누구인가를 기준으로 거주자(Residents), 비즈니스(Businesses), 방문객(Visitors)으로 제시하고 상품을 소개한다.[213] 영국 런던시청은[214] 홈페이지 메인 메뉴를 서비스(Services), 비즈니스(Business), 할 수 있는 일(Things to do)로 구성하고, 소통수단을 페이스북, 트위터, 유튜브 등으로 제시한다.

4. 매거진

매거진(magazine)은 마케터들의 장소상품 광고, 홍보의 주요 수단이다. 반면 잠재적 소비자들은 매거진을 전문가들이 평가하는 상품의 순위 정보, 고객의 체험 스토리 등을 수집하는 주요 소스로 활용한다.

---

211) Tsai(2017), p. 275.

212) Grodach(2009), Boyne & Hall(2005), Guidry, Waters, & Saxton(2014), Sanchez Martínez et al.(2017) 참조.

213) 2018.10.31일 기준, 마케팅 관점에서 홈페이지 메뉴를 구성하고 있는 지방정부는 City of Los Angeles, City of San Antonio, City and County of San Francisco, City of Atlanta, Oklahoma City, City of Columbus, City and County of Denver, City of Minneapolis, City of Binghamton 등이다.

214) 공식 명칭은 2006년부터는 City of London Corporation이다. https://en.wikipedia.org. 검색일 2019.1.2.

1. 서론

1) 장소 브랜딩의 의미

장소 브랜딩(place branding)은 장소상품을 브랜드로 만드는 과정으로, 지역경제 발전에 중요한 역할을 한다.[215] 브랜드는 장소의 이름이나 부호, 문자, 상징 등 그 자체이기도 하지만 로고나 브랜드 슬로건 등 기호 엔진들이 소비자들의 마음속에 만들어낸 의미나 감정, 연상이다.[216] 브랜드는 단순한 이미지 전달을 넘어 고객의 심리 속에 경쟁상품 대비 차별적이고, 긍정적인 느낌을 생성하고 이를 구매행동으로 연결시킨다.[217] 브랜딩은 주로 정체성 이미지 프로그램을 이용한다.[218] 정체성 이미지 프로그램은 원하는 브랜드를 만들기 위한 이미지 요소들과 정보의 일관되고 효과적인 전달 방법들로 이루어진 시스템이자 이미지를 생성하는 자원이다. 장소 브랜드 이미지 요소들은 주로 지역의 경관이나 역사, 문화적 매력, 경제 및 교육기회, 산업 및 생활 인프라, 생활 조건(거리 안전, 주민들의 개방적이고 친절한 태도 등) 등에 관한 상징 표현들로 이루어지고 브랜딩은 이들을 이용한 상품의 개성과 편익, 기억, 연상의 촉진 활동이다.

지방정부들은 브랜딩을 통하여 전략적으로 부정적 이미지는 바꾸거나 줄이고 원하는 이미지를 만들어, 투자, 기업이나 비즈니스, 방문객, 거주자 유치에 활용한다. 브랜딩은 이때 장소상품의 프로모션 그 이상의 효과를 발휘한다.[219]

장소 브랜딩에 대한 관심은 관광 및 여행 분야가 가장 먼저이다.[220] 관광이나 여행 분야에서는 1970년대 초부터 관심이 나타난다.[221] 1990년대에 오면 연구자나 실무자들이 관심을 구체화하면서 유럽의 각국과 도시들은 장기적 경기침체에 따른 경제적 토대의

---

215) Metaxas(2010), pp. 238−239.
216) Aitken & Campelo(2011), p. 914.
217) Cai(2002), p. 722; Kavaratzis & Ashworth(2005), p. 507.
218) Sevin(2014), p. 47.
219) Kavaratzis & Ashworth(2005), pp. 510−513. 이 연구는 정부의 장소상품 브랜딩과 기업의 상품 브랜딩 간의 차이를 자세히 설명한다.
220) Cai(2002), p. 721.
221) Parkerson & Saunders(2005), p. 243.

붕괴나 약화, 위기 극복을 목적으로 장소마케팅과 브랜딩 전략을 경쟁적으로 채택한다. 특히 2000~2010년 동안은 전 세계 각국, 지역, 도시, 마을들도 유행처럼 장소마케팅과 브랜딩을 도입하면서 장소 브랜딩의 광범위한 확산이 일어난다.222) 현재는 국가, 지역, 도시, 관광·여행·휴가지 모두가 자신을 브랜딩 하고, 브랜딩은 장소마케팅의 핵심 부분을 차지한다. 21세기에 들어와 국가, 지역, 도시들은 글로벌 시장에서 장소상품의 경쟁적 우위를 위하여 브랜딩에 대한 투자를 늘리고,223) 도시개발, 장소 경영, 관광, 마케팅, 행정학, 사회학, 지리학 등 다양한 학문 분야들도 브랜딩 연구에 참여하고 있다.224)

2) 특징

장소 브랜딩은 장소상품 마케팅에 민간부문이 발전시킨 브랜딩 개념의 적용이다. 국가나 도시들도 브랜딩 개발과 운영에 기업의 상업적 브랜딩 모델이나 기법, 관리 전략을 적극적으로 도입하여 사용한다.225) 하지만 장소 브랜딩은 기업의 브랜딩과는 여러 가지 점에서 다르다.226)

첫째, 목적이 다르다. 기업의 브랜딩 목적은 시장에서 특정 상품의 판매량 증가, 시장점유율 개선, 궁극적으로 수익 창출을 위한 것이지만 국가나 도시들의 장소상품 브랜딩은 지역경제의 발전이다.

둘째, 장소 브랜딩은 투자, 기업과 비즈니스, 방문객, 거주자들을 끌어들이기 위한 것으로 기업보다 복잡하고 주민들도 참여한다. 이는 정부조직의 자유로운 결정을 그만큼 제약한다.

셋째, 지명(地名)의 이용이다. 장소상품은 흔히 역사나 지리적으로 상속받은 공간으로, 기업 제품과 달리 고도로 장소 의존적이다. 지명 자체가 브랜드 이미지 핵심 요소이어서 브랜딩도 지명을 중심으로 이루어진다.

넷째, 장소는 여러 브랜드를 갖는다. 장소의 다면적 정체성 때문이다. 장소는 투자, 기업과 비즈니스의 공간이고, 관광이나 레저의 대상이면서 동시에 거주나 생활의 공간이다. 시장과 고객이 누구인가에 따라 상품의 소비 용도가 다르다. 그러므로 국가

---

222) Gertner(2011), p. 91. Dinnie(2008), Govers & Go(2009), Ashworth & Kavaratzis(2010) 참조.

223) Sevin(2014), p. 47; Muñiz Martinez(2011), p. 390.

224) Martin & Capelli(2017), pp. 820−822.

225) Parkerson & Saunders(2005), p. 242. 예 de Chernatony & Riley(1998), LaForet & Saunders(1994) 등.

226) Kavaratzis & Ashworth(2005), p. 511.

나 도시들은 시장마다 다른 브랜드를 사용한다. 분야마다 소비자들의 장소 브랜드 이미지도 다르다. 연구자들은 이를 두 가지로 해석한다. 하나는 장소가 다양한 정체성을 갖는다는 해석이고, 또 다른 하나는 장소가 단일 정체성을 갖고 있으나 다양한 측면을 가진 것이라는 설명이다.[227] 인천시는 송도를 새로운 장소상품으로 기획하면서 정체성을 '동북아시아의 관문,' '국제 비즈니스의 허브,' '글로벌 경제의 플랫폼,' '서비스 산업의 허브,' '관광 레저 복합 도시,' '그린 도시,' 'U-life Space' 등으로 다양하게 제시한다.[228] 장소의 다면적 정체성을 보여주는 대목이다.

3) 효과

브랜딩 효과는 브랜드 요소들의 시너지 작용의 결과이다. 다음은 조직이 브랜딩으로부터 기대할 수 있는 효과들이다.[229]

첫째, 장소나 장소상품에 대한 고객들의 느낌, 연상, 기억을 신속하게 호출하고 복원한다.

둘째, 소비자들의 인지도 제고이다. 장소나 장소상품의 빠른 식별, 공급자와 상품의 내용 및 품질 정보의 제공, 인식개선의 효과이다.

셋째, 상품의 차별화, 소비자의 감각, 이성과 감성에 대한 효과적 어필로 상품 가치 및 상품에 대한 신뢰도 제고이다.

넷째, 퍼스낼리티를 통한 고객과의 정서적 관계 형성이다.

다섯째, 소비자 평가나 선택 과정의 단축이다.

2. 브랜드 지수

사이먼 안홀트(Simon Anholt)는 브랜드 자산의 측정 도구로 도시브랜드 지수 (Anholt-GMI City Brands Index)를 개발한 후, 세계 30개 도시들을 대상으로 한 온라인 설문조사로 실제 지수를 측정한 바 있다. 안홀트의 도시브랜드 지수는 다음 6가지 요소로 이루어진다.[230]

---

227) Skinner(2008), pp. 921-922.
228) Kim(2010), pp. 15-18.
229) Parkerson & Saunders(2005), p. 243; Blain, Levy, & Ritchie(2005), p. 329.
230) Anholt(2006), p. 19-20. 안홀트는 브랜드 지수 설명에서 브랜드의 가치와 자산을 구분하지

첫째, 도시의 지위와 위상(presence). 응답자들에게 30개 도시를 놓고 각 도시들과 얼마나 친숙한가? 실제 방문한 적이 있는가, 각 도시들의 이름이 얼마나 잘 알려져 있다고 생각하는가, 도시들이 지난 30년 동안 문화, 과학 등에서 얼마나 세계에 기여하고 있다고 보는가를 물어서 측정한다.

둘째, 장소(place). 도시의 물리적인 측면이다. 응답자들에게 당신이 생각하기에 각 도시가 여행이나 야외 활동하기에 얼마나 쾌적한가, 얼마나 아름다운가, 기후는 어떠한가 등을 묻는다.

셋째, 잠재력(potential). 잠재력은 도시가 방문자, 비즈니스, 이주자들에게 얼마나 경제적 기회(일자리를 찾고 비즈니스를 할 수 있는), 교육 기회를 제공하는가 등의 질문으로 측정한다.

넷째, 활기(pulse). 도시가 얼마나 생기 넘치는 곳이라고 생각하는가, 얼마나 신나고 재미있는 일들이 많은 곳인가 등의 질문이다.

다섯째, 사람들(people). 도시의 거주자들이 어떤 사람들이라고 생각하는가? 따뜻하고 친절한가, 다정한가, 외부인에게 편견을 갖고 있는가, 지역사회에 들어가 어울리기 쉽다고 생각하는가 등을 묻는다.

여섯째, 필요 조건(prerequisites). 도시가 사람들이 살기 위한 기본적 조건들을 얼마나 충족하거나 갖추고 있다고 생각하는가? 만족스럽고 저렴한 숙박 시설이 있는가? 생활 편의시설(학교, 병원, 교통, 스포츠 시설 등)은 일반적 기준을 충족한다고 믿는가 등을 질문한다.

이 연구는 도시브랜드 지수를 사용하여 글로벌 방문객, 투자자, 고객, 미래의 시민들이 특정 도시를 어떻게 생각하는가를 수치로 산출하였다. 이를 바탕으로 긍정적 이미지가 가장 높게 나타난 것이 어떤 항목들 때문인가, 다른 도시들에 비하여 이것이 어떤 의미를 갖는가에 대한 정보를 수집한다.

3. 브랜딩 참여자와 역할

장소 브랜딩에서는 정부마케터들뿐만 아니라 주민, 이해관계자(호텔이나 레스토랑, 여행사, 쇼핑몰 등)를 포함한 지역의 모든 경제, 사회적 활동 단위들이 중요한 역할을 한다. 주민들은 장소 공급자이자 납세자, 장소 브랜드의 공동 생산자로 브랜딩에 직접

않고 서로 교환적으로 사용한다.

참여한다. 주민들은 브랜드의 소유권을 주장할 수 있는 사람들로,[231] 장소 브랜드와 커뮤니케이션의 직접적인 구성요소이기도 하다. 브랜딩의 파트너이자 수혜자이고, 지역사회의 물리적, 인문적 특징, 역사, 문화 등과 더불어 장소 이미지를 생성하는 핵심 요소이다. 주민들의 생활양식, 풍습 자체가 이미지를 만들어내는 성분이다. 주민들은 이해관계자나 방문자들에게 장소를 홍보하는 역할도 수행한다.[232] 장소상품 소비자들도 경험을 통하여 브랜드 이미지를 강화하거나 수정한다. 브랜드는 정태적 의미에서 단순히 장소에 사는 사람들과 고객이 공유하는 인식이 아니고, 주민, 이해관계자, 소비자들이 집합적 상호작용을 통하여 지속적으로 수정하고 발전시키는 동태적 의미이자 가치이다.[233]

4. 과정과 요소

장소마케팅에서 브랜딩은 필수적이나 문제는 어떻게 할 것인가이다. 장소는 기업의 제품과는 달리 고유한 역사나 전통, 이미지 등을 갖고 있어 상업적 브랜딩 방법의 단순 적용에는 한계가 있다. 다음 <그림 10>은 기업 브랜딩의 과정 및 요소를 장소

▼ 그림 10 **장소 브랜딩 모형**

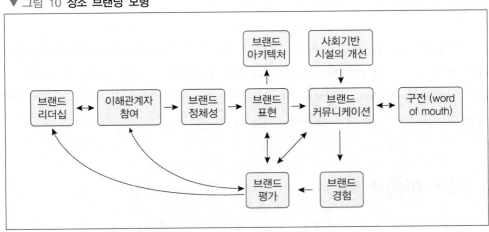

---

231) Aitken & Campelo(2011), pp. 915−916.
232) Braun, Kavaratzis, & Zenker(2013), pp. 18−19, 20−22.
233) Martin & Capelli(2017), p. 823.

상품에 적용한 장소 브랜딩 모형이다.234)

첫째, 브랜드 평가. 장소상품 브랜딩은 기존 브랜드의 개선이든 새로운 브랜드 개발 작업이든 브랜드에 대한 평가로부터 시작된다. 브랜드 평가는 브랜드 경험으로부터 피드백 정보의 수집에 기초한 것으로, 브랜드의 현재 상황에 대한 조사, 분석과 기대한 수준의 충족 여부의 판단으로 이루어진다. 장소 브랜드의 관리가 얼마나 기대한 성과를 거두었는가의 확인이자 장소 브랜드가 어느 정도 브랜드 약속을 실천하고 있는가의 점검이고 이를 지키기 위한 활동이다. 브랜드 평가는 브랜딩 과정에서 브랜드 리더십, 이해관계자의 참여, 브랜드 정체성, 브랜드 표현, 브랜드 커뮤니케이션 등 모든 단계에 대한 종합적 점검의 성격을 띤다.

둘째, 브랜드 리더십. 브랜드 리더십은 이해관계자들의 참여를 이끌어 내고 브랜드의 초점을 설정하고 약속을 제시하는 능력이다. 리더십은 브랜드 관리 과정에서 이해관계자들의 참여, 브랜드 정체성 수정 등에 영향을 미친다.

셋째, 이해관계자의 참여. 이해관계자 참여는 이해관계자 식별, 이해관계 확인, 장소와 이해관계자들 간 상호작용의 관리까지 포함한다. 브랜딩 프로그램의 설계와 구축에 이해관계자들의 생각의 반영은 필수적이다. 장소 브랜드는 장소와 그곳에 있는 사람들에 속하고 브랜드 정체성은 장소와 사람들 간의 상호작용, 집합적 경험을 통해 생성된다. 조직은 브랜딩에서 이해관계자들의 장소상품에 대한 의미의 공유, 정서적 공감을 만들어낼 수 있어야 하고, 이들의 브랜드 정체성에 대한 수용, 소속감, 동의와 지지는 필수적이다. 브랜드 개발은 이해관계자들의 장소에 대한 관심과 정서적 지지가 무엇이고 어떤 수준인가에 대한 정보 없이는 앞으로 나갈 수 없다. 이해관계자의 생각을 모르면 이들의 참여를 이끌어 낼 수 없고, 고객이 무엇을 원하는지 모르면 브랜드 정체성 결정과 표현 또한 성공적으로 할 수 없다.

넷째, 브랜드 정체성. 브랜드 정체성(brand identity, BI)은 브랜드가 누구이고 무엇인지를 가리키는 본질적 속성 요소로, 고객들에게 장소상품이 누구이고 무엇인가를 정의한다. 정체성 개발이나 결정은 브랜딩 과정에서 중심적 부분을 차지한다. 브랜드 리더십, 이해관계자의 관심과 참여, 사회 기반시설은 브랜드 정체성을 만드는 단계 또는 과정에서 중요한 요소로, 서로 상호작용하여 정체성을 정의한다.

---

234) Hanna & Rowley(2013), p. 1795의 Figure 2에 기초하여 작성하였다. 장소마케팅 실무자 관점의 브랜딩 단계별 주요 요소들과 이들 간의 관계이다.

다섯째, 브랜드 아키텍처. 브랜드 아키텍처(brand architecture)는 장소 브랜드 이미지 요소들의 목록, 범위 등의 결정 및 이들의 관리 시스템이다. 장소 브랜딩은 장소 이미지 생성을 위한 것으로 브랜드 이미지 요소와 장소 간의 이해관계와 상호작용을 통하여 이루어진다. 아키텍처는 이들 간의 상호작용 관리 시스템이다.

여섯째, 브랜드 표현. 브랜드 표현은 정체성의 비주얼 및 청각적, 행동적 표출이다. 브랜드 정체성의 이름, 로고, 상징 색상, 기호, 디자인, 슬로건, 노래, 시엠(CM. commercial messages, 상업적 메시지 광고), 신조(motto) 등에 의한 표현이다. 이들은 브랜드 정체성과 커뮤니케이션을 연결하는 매개체 역할을 한다.

일곱째, 사회 기반시설의 개선. 사회 기반시설은 장소상품의 주요 요소이다. 모든 장소상품에서 인프라는 공통적인 요소로 존재하고, 장소상품의 이미지 표출에 기여한다. 성공적 브랜딩을 위해서는 사회 기반시설의 조건(기능, 접근 가능성, 충분성 등)을 적정한 수준으로 유지, 관리할 필요가 있다. 장소 브랜딩에서 사회 기반시설의 역할이나 이해관계자의 참여는 기업의 제품 브랜딩과 가장 큰 차이점이다.

여덟째, 브랜드 커뮤니케이션. 브랜드 커뮤니케이션은 이해관계자들을 대상으로 한 브랜드 정체성의 의미와 메시지 전달 활동을 말한다. 마케터들은 이름, 정체성 마크, 상징, 기호, 그림, 텍스트, 디자인 등을 이용하여 원하는 느낌이나 연상을 만든다. 의미와 메시지 전달은 주로 프로모션 믹스를 통해 일어나고, 고객의 인식에 직접적 영향을 미친다.

아홉째, 브랜드 경험. 브랜드 경험은 소비자들에 의한 장소상품의 소비이다. 소비자들은 브랜드 경험이나 만남을 통하여 이미지를 만들어간다. 경험은 브랜드 정체성에 대한 지식이나 해석을 낳고, 소비자들은 장소상품을 감각이나 지각 작용에 의하여 어떤 것인지에 대한 자신의 생각을 발전시킨다. 따라서 브랜딩에서는 소비자들과의 접촉점 관리가 중요하다. 소비자들의 브랜드 경험과 사회 기반시설은 브랜드 평가에서 고려해야 할 중요한 요소이다.

열째, 구전. 구전(口傳)은 장소상품이 어떤 것인가에 관한 소비자들 간의 비공식적 커뮤니케이션이다. 조직의 브랜드 커뮤니케이션과 달리 소비자들 간의 브랜드 소비 경험에 기초한 자유로운 정보의 전달과 공유이다. 제3의 커뮤니케이션으로, 브랜딩에서 문제는 조직이 직접 통제하기 어렵다는 점이다.

5. 관리

장소 브랜딩은 원하는 장소의 이미지 창출을 위한 지속적 과정이다. 브랜드는 개발뿐만 아니라 고객의 욕구를 반영한 지속적 관리가 중요하다. 다음은 장소상품 브랜드 관리의 중요 원칙이다.[235]

첫째, 비전과 강력한 리더십. 브랜딩에서 정부부문은 장소상품의 정체성 요소와 이미지 커뮤니케이션을 통해, 민간부문은 호텔, 레스토랑, 극장, 게임 시설 등으로 이미지 생성에 참여한다. 서로 다른 이해관계를 가진 조직이나 단체들이 참여하기 때문에 브랜딩의 성공에 정부의 비전, 강력하고 효과적인 리더십이 중요하다.

둘째, 브랜드 가치와 문화의 구축. 브랜딩에 참여하는 조직이나 단체들의 네트워크 구축과 관련 활동의 조정, 통합이다. 정부는 먼저 구성원들의 교육을 통하여 브랜드 가치에 대한 믿음을 만들고, 미팅, 워크숍 등으로 공유, 지지를 유도한다.

셋째, 관련 부서 간 협력과 업무의 조정. 브랜드 가치를 구체화하는 데 초점을 둔 업무 배분, 인력 배치, 교육, 보상 등이다.

넷째, 일관된 커뮤니케이션. 표적시장의 소비자, 브랜드 이미지에 영향을 미칠 수 있는 집단들에 대한 PR, 홍보 등을 통한 일관된 메시지 전달이다.

다섯째, 강력한 파트너십. 정부와 민간부문 간의 파트너십은 장소 브랜딩의 기획과 집행 단계에서 공통적으로 요구되는 요소이다.

6. 교훈

장소 브랜딩은 실패도 적지 않다. 지자체가 브랜딩을 위해 자주 사용하는 방법은 랜드마크의 개발이다. 랜드마크는 강력한 이미지 요소로, 규모, 조형, 디자인 특이성, 고유성 등으로 사람들의 이목을 끌고 기억을 만들어내는 데 효과적이다. 하지만 철저한 타당성 조사 없이 추진하면서 자연환경이나 역사성, 지역의 전통문화를 왜곡하거나 주민 여론의 수렴 미흡, 예산 낭비로 비판받고, 또 의도한 장소 브랜드 이미지의 창출에도 성공하지 못하는 사례가 적지 않다.[236] 브랜딩에서 실패하지 않기 위해서는

---

235) Hankinson(2007), pp. 246−251.
236) 외면받는 랜드마크 … 예산 낭비 논란. MBC 뉴스, 2016.8.2.; 철강도시 랜드마크 vs 예산 낭비 … 300m '포항 에펠탑' 논란 가열. 중앙일보, 2016.11.23.; 4억 '싸이 말춤' 동상, 랜드마크? 예산 낭비? 서울신문, 2015.11.7.; 예술이냐 흉물이냐 … 지자체 공공 조형물 애물단지 전락. 연합뉴

개발 단계에서 목적, 용도, 대상을 분명히 하고 충분한 타당성 검토를 거치는 것이 중요하다. 누구를 대상으로 한 어떤 느낌의 창출인가 등에서 혼란이 없어야 한다. 관리 단계에서는 정치적 한계 극복이 과제이다. 지자체들은 1990년대 이후 브랜드 슬로건을 개발했으나 단체장 교체 때마다 슬로건도 바뀌면서 일관된 이미지를 만드는 데 어려움을 겪고 있다.

스, 2017.6.25.

제10장 공공서비스 마케팅

제1절   서론

1. 공공서비스 마케팅의 의미

1) 개념 정의

공공서비스 마케팅은 정부조직이나 공공기관이 마케팅 개념과 기법을 활용하여 공공서비스 상품을 생산, 판촉하는 활동으로, 마케팅 전략(시장 세분화, 표적화, 포지셔닝, 시장조사)의 수립, 고객의 필요와 욕구에 기초한 상품개발, 마케팅 믹스, 통제의 과정이다. 고객은 주로 자국의 주민, 기업이나 비즈니스들이다. 정부부문은 이들의 욕구를 토대로 서비스 상품을 개발하고 판촉한다.

공공서비스 마케팅 분야는 연구 자체가 많지 않고 발전도 느리다.[1] 민간부문에서 마케팅 연구는 초기 농산물 판매촉진에 대한 것에서 시작되어 차츰 제품마케팅으로 발전한다. 현재 마케팅 연구의 압도적 다수는 기업제품 마케팅에 대한 조사, 분석이다. 미국의 경우 1940년대가 되면 서비스 경제가 자리를 잡지만 시장 활동은 여전히 제품의 상업적 거래가 지배하고 서비스 산업(회계, 은행, 보험, 교통 등)은 오랫 동안 제품의 생산, 판매를 보조, 지원하는 지위를 벗어나지 못한다. 이것이 민간부문에서 제품 마케팅에 비해 서비스 마케팅 연구가 늦은 이유이다. 대학에서 서비스 마케팅 연구는 1950년대 초 박사학위 논문에서 처음으로 나타난다.[2] 미국 아이오와 대학(University of Iowa)의 맥도웰(W. J. McDowell)이 1953년 쓴 「소비자 서비스의 마케팅(The Marketing of Consumer Services)」 박사학위 논문이 그 예이다. 1960년대에는 소비자 행동 연구가 증가하고 특정 서비스 분야 마케팅 연구도 등장하지만 여전히 서비스 마케팅은 독립적

---

1) Fisk et al.(1993), p. 66.
2) Fisk et al.(1993), p. 67.

인 연구 분야는 아니었고 1970년대가 되어서야 비로소 서비스 마케팅에 대한 본격적인 연구들이 이루어진다. 연구자들은 서비스 마케팅의 중요성, 제품 대 서비스 마케팅의 차이, 연구의 필요 등에 관한 논의를 시작으로 서비스 마케팅을 점차 기존의 제품마케팅과는 다른 독립적인 하나의 학문분야로 인식한다.[3] 비즈니스 스쿨 마케팅 연구자들은 이 시기 학회 발표, 학술지 논문을 통하여 정부도 공공서비스 제공에 마케팅이 필요하다는 주장을 시작한다.

순수 공공서비스는 정부의 법적 의무와 책임의 이행에 관한 것이어서 광고나 홍보, PR과 같은 일부 프로모션 기법을 제외하면, 상업적 이익을 목적으로 한 마케팅 전략과 기법의 적용 여지는 제한적이다. 하지만 정부와 국민 간 관계를 정치 또는 사회적 교환의 관점에서 접근하면 마케팅 지식은 필요하고 유용하다. 정부는 서비스를 국민에 제공하고, 국민은 서비스 소비에 따른 대가로 정부에 신뢰, 지지, 믿음을 지불한다. 국민들은 자신의 기대에 비추어 공공서비스 품질이 기대 이하일 때 불신과 불만을 표출한다. 경쟁도 존재한다. 국민들은 비록 심리적 차원이기는 하지만 공공서비스를 기업의 서비스와 비교하고, 비교와 평가에서 기업은 정부의 주요 경쟁자이다. 정부가 국민들로부터 원하는 지지나 신뢰, 믿음을 누리고자 한다면 기업에 뒤지지 않는 서비스를 제공할 수 있어야 한다. 신공공관리 개혁에서 정부는 국민을 고객으로 정의하고, 마케팅을 통하여 기업과 견줄 만한 높은 품질의 서비스 제공을 추구한다.

2) 공공서비스와 상품

정부조직은 주로 순수 공공서비스를 제공하지만, 공공기관은 준공공재나 사적 서비스 상품을 판매하는 곳이 적지 않다.[4] 공공서비스가 상품으로서의 특성을 갖는 것은 사적 서비스, 준공공서비스, 순수 공공서비스의 순이다. 순수 공공서비스는 비경합성, 비배제성의 공공재로 정부가 독점적 지위에서 법률과 정치적 합의, 법적 의무나 책임

---

3) Berry & Parasuraman(1993), pp. 13−14, 50; Fisk et al.(1993), p. 62.

4) 공공기관은 자주 거래적 서비스 상품을 제공하지만 서비스가 얼마나 상업성을 갖는가는 기관별로 다르다. 주식회사 강원랜드는 시장형 공기업으로 2019년 1/4분기 기준 정부부문의 지분은 한국광해관리공단 36.27%, 강원도개발공사 5.25%, 정선군 4.99%, 태백시 1.30%, 삼척시 1.29%, 영월군 1.02%, 강원도 0.90%이다. 매출액이 1조 이상으로, 카지노 외에 호텔, 콘도, 스키, 골프 등의 사업을 하고 총수입액 중 자체 수입액이 차지하는 비중도 85%가 넘는다. 반면 한국도로공사(준시장형 공기업)처럼 재무 지표상 서비스 영업 이익률(매출액 대비 영업 이익의 비중)이 10%를 넘지 못하는 곳도 있다. 공공기관경영정보공개시스템(ALIO). http://www.alio.go.kr. 검색일 2019.8.23.

에 기초하여 제공한다. 국가안보, 통일, 외교, 법원, 교정, 경찰, 소방 서비스 등이 그 예이다. 의회가 입법 과정을 통하여 서비스의 종류와 양, 생산과 전달의 방법, 즉 누가 무엇을 언제, 어떻게 얻는지 등을 결정한다.5) 이들은 시장이 공급에 실패한 분야에서 정부가 제공하는 전형적 공공서비스이다. 목적은 수익이 아닌 법적, 정치적 책임의 이행이고, 시민들은 권리 또는 의무로 소비한다. 국민 개인은 서비스 선택의 자유가 없다. 행정기관도 서비스의 내용을 고객욕구를 고려하여 임의로 구성하지 못한다. 가격 지불 여부와 관계없이 제공하고, 정부 독점이어서 판촉이나 경쟁도 불필요하다. 사용료를 받는 경우라도 수익자 부담이나 생산비 보전(補塡. 부족한 부분을 보태어 채우는) 차원이다. 판매자와 구매자 간 자유교환이 일어나지 않는 만큼, 시장이나 가격이 형성되지 않는다. 마케팅 개념은 고객가치의 생산에 중요하지만, 4Ps의 적용 범위는 제한적이다. 하지만 절대적인 것은 아니어서 군 복무 서비스라도 모병제에서는 정부가 판매하는 서비스 상품이다.

우정사업본부는 과학기술정보통신부 소속기관으로 정부조직이지만 택배, 금융, 보험 등 사적 서비스 상품을 경쟁시장에서 판매한다. 책임운영기관도 준공공서비스(비경합, 배제성의 클럽재)나 사적 서비스를 판매한다. 국립극장(문화체육관광부 소속 책임운영기관)은 공연예술의 국가 브랜드화, 문화예술의 보존 등을 목적으로 상품을 개발하고 자체 수익의 증대나 고객유치 마케팅을 한다.6)

공공기관은 주로 준공공서비스와 사적 서비스를 제공한다. 코레일(국토교통부 산하 공기업)은 수익구조 개선을 목적으로 서비스 상품을 개발하여 판매한다. 하지만 공공기관의 서비스상품 마케팅은 수익증대를 목적으로 한 경우라도 정부가 상품개발, 가격 결정 등에 지도·감독권을 행사한다. 코레일은 주말 '눈꽃 기차여행,' '환상의 해안선 기차여행' 등의 수익 상품을 마케팅 하지만, 벽지 적자노선의 운영도 감수한다. 국립중앙의료원이나 국립암센터(보건복지부 산하 기타 공공기관), 국립대학 병원, 서울교통공사 등도 서비스 상품을 마케팅하지만 마케팅 전략이나 4Ps 활용은 제한적이다.7)

한국은 IMF 외환위기 이후 정부부문에 경쟁과 자율성, 기업의 관리기법을 광범위하게 도입하고, 정책 설계와 집행, 공공서비스 생산자와 전달자를 분리하는 신공공관리 개혁을 시작한다. 개혁은 마케팅 수요촉진 요소의 도입이다. 「책임운영기관의 설치·운

---

5) Lasswell(1936) 참조. 책 제목이 「정치 - 누가 무엇을 언제, 어떻게 얻는가(Politics: Who Gets What, When, How」로 정치가 무엇인가를 정의하는 데 자주 인용된다.

6) 국립극장. https://www.ntok.go.kr. 검색일 2019.7.30. 공식 명칭은 국립중앙극장이다.

7) 「국립중앙의료원의 설립 및 운영에 관한 법률」, 「지하철도의 건설 및 운영에 관한 법률」 참조.

영에 관한 법률」(1999년 제정) 동법 제1조는 "책임운영기관의 조직·인사·예산·회계 등에 관한 특례"를 규정하고, 제2조는 "정부가 수행하는 사무 중 공공성(公共性)을 유지하면서도 경쟁 원리에 따라 운영하는 것이 바람직하거나 전문성이 있어 성과관리를 강화할 필요가 있는 사무에 대하여 행정안전부 장관은 기획재정부와 해당 중앙행정기관과 협의하여 책임운영기관의 장에게 행정 및 재정상의 자율성"을 부여한다고 명시한다. 주된 업무가 "사업적·집행적 성질의 행정서비스" 제공이거나 "기관운영에 필요한 재정수입의 전부 또는 일부를 자체적으로 확보할 수 있는 사무"에 대하여 책임운영기관을 설치할 수 있도록 규정한다.[8] 「공공기관의 운영에 관한 법률」(2007년 제정) 제3조도 "공공기관의 책임경영 체제를 확립하기 위하여 공공기관의 자율적 운영"을 보장한다. 2006년에 제정된 「정부업무평가기본법」 또한 전 부처 업무성과의 매년 평가와 그 결과에 합당한 인센티브 부여를 규정한다. 정부부문에 경쟁과 자율성을 늘리기 위한 노력들이다. 경쟁과 자율, 책임 운영의 보장은 마케팅 철학, 전략, 기법의 적용 허용이거나 기회의 확대를 의미한다.

3) 특징

공공서비스 마케팅은 정부마케팅의 다른 하위 유형(장소나 사회마케팅 등)과는 다음의 몇 가지 점에서 다르다.

첫째, 공공서비스 마케팅의 목적은 고객만족, 생산효율이나 서비스 품질개선 등으로 서비스 고객가치의 생산을 위한 것이다.

둘째, 고객은 주로 자국의 국민들이다. 장소나 지역상품 마케팅에서 글로벌 시장의 소비자들과는 다르다.

셋째, 경쟁은 준경쟁시장에서의 경쟁이다. 공공서비스 공급자들 간의 경쟁은 주로 민간위탁 분야 또는 사회서비스 전달자들 간의 경쟁이다. 다음은 정부조직 간, 또는 정부부문과 민간부문 사업자 간(동종 상품이 아닌 유사 서비스 공급자 간) 경쟁으로 간접적이고 심리적 차원에서의 경쟁이다.

---

8) 「책임운영기관의 설치·운영에 관한 법률」 제4조.

2. 서비스와 마케팅

1) 서비스와 제품의 차이

서비스는 조직이나 단체, 다른 사람들을 위한 일로 주로 노무(육체적 노력)의 제공 행위이다. 제품의 운반·배급, 전달도 서비스라고 한다. 공공서비스는 정부부문의 필요 시설(건물과 장비)의 설치, 운영 등을 포함하여 국민들이 원하는 활동, 가치 생산을 위한 노력을 의미한다. 공공서비스 마케팅에서 서비스는 제품처럼 고객의 필요와 욕구충족을 위하여 시장에 공급한 상품이지만 둘은 서로 다르다. 제품이 제조 공정을 거쳐 만들어진 유형의 물품(자동차, 휴대폰, 식료품, 옷, 모자 등)이라면, 서비스는 사람들의 욕구충족, 문제해결, 필요한 일의 지원 활동(교육, 컨설팅, 진료, 자동차나 컴퓨터 수리 등)으로 무형의 편익이다.[9] 다음은 제품 대비 서비스의 특징들이다.

첫째, 무형성이다. 서비스는 재화와 달리 물질적 형체가 없다. 조직(정부기관, 병원, 로펌, 여행사, 금융기관, 컨설팅 회사, 학원, 교회 등), 집단이나 개인의 행위로 고객의 필요와 욕구를 충족시키기 위한 것이지만 무형으로 정해진 형상이 없다. 정부부문이 생산하는 자유와 안전, 소방, 사회적 정의, 질서, 교통, 교육, 복지, 환경보호 등은 모두 서비스로 국민이 필요하고 원하는 가치이고 편익이지만 눈에는 보이지 않는다.

둘째, 소멸성이다. 서비스는 사용 즉시 소멸된다. 한 번 사용 후 똑같은 서비스의 반복적 사용이 불가능하다. 생산과 소비가 동시에 일어나기 때문에 저장이나 재고도 없다. 제조, 저장, 운송을 거쳐 판매되는 제품과는 다르다.

셋째, 비분리성이다. 서비스는 생산과 소비가 동시에 일어난다. 공공서비스에서는 공급자가 상품의 일부로 서비스와 분리되지 않는다. 하지만 제품은 공장이 제품을 생산하고 고객의 소비는 그 다음 순서로 분리되어 나타난다.

넷째, 이질성이다. 제품의 품질은 누구에게나 동일하지만 서비스 품질은 소비자 의존적으로 소비자가 누구인가에 따라 다르다. 서비스의 효용은 소비자의 참여, 기여를 통하여 발생하고, 소비자의 역할에 따라서 내용과 질도 달라진다.

다섯째, 가변성이다. 서비스 품질은 매 순간마다 달라진다. 똑 같은 욕구의 충족을 위한 것이라도 소비 시간이 언제인가에 따라 동일하지 않다.

---

9) 레스토랑 음식은 식자재＋고객 개인의 욕구에 따른 조리＋전달 행위의 결과로 서비스라고 하지만 맥도날드나 버거킹의 햄버거는 고객 개인의 욕구를 고려하지 않은(주문을 받지 않는) 고도로 표준화된 것으로 제품에 가깝다.

여섯째, 적시성이다. 서비스의 가격을 결정하는 중요한 상품요소의 하나는 제공시간이다. 소방 서비스는 얼마나 적시에 제공하는가가 고도로 중요하다. 적정 시간을 놓치면 효용이 급감한다. 두었다가 필요할 때 다시 쓸 수 없다. 지체(delay)는 고객의 만족도를 떨어뜨리는 중요한 하자이다.

일곱째, 서비스는 구매 후에도 소유권의 이전이 일어나지 않는다.

2) 마케팅의 차이

토니 프록터(Tony Proctor)는 제품과 서비스 마케팅을 다음 5가지 차원에서 구분한다.[10]

첫째, 관계. 제품과 달리 서비스 마케팅은 판매자와 구매자 간 관계 구축에 의존한다.

둘째, 신뢰와 믿음. 서비스 마케팅은 상대에 대한 신뢰, 서비스를 이행할 수 있는 능력에 대한 믿음의 판매이다.

셋째, 시간. 서비스 상품은 시간을 투자하지 않으면 제공될 수 없다는 점에서 서비스 마케팅은 제공자 시간의 판매이다.

넷째, 전달 가능성. 서비스 마케팅에서 중요한 것은 주어진 시간에 기대한 품질의 서비스를 실현 또는 전달할 수 있는 정도이다.

다섯째, 필요와 욕구. 서비스 고객은 계획된 구매를 하는 사람들이다. 충동적(필요나 욕구가 없었는데 우연히 눈에 띄어서, 갑작스런 기억으로, 또는 누군가의 권고에 의한) 구매는 거의 없다. 제품과 달리 충동적 구매 마케팅은 효과를 기대하기 힘들다.

3. 수명 주기

서비스 상품의 수명 주기(life cycle)는 시장에서 처음에는 상품판매가 점차 증가하지만 일정한 시점이 지나면 고객이 소진되거나 수요가 줄어서 판매가 부드러운 종(鐘) 모양의 분포를 보이면서 감소하는 현상이다. 테크놀로지 발달에 의한 경우 소비 감소는 보다 급격하게 일어난다. 우정사업본부는 시장에서 택배, 예금과 보험, 금융서비스 상품을, 코레일은 관광철도 서비스 상품을 판매한다. 국립중앙극장, 국립현대미술관, 국립중앙과학관은 책임운영기관으로서 "민족예술의 정통성과 정체성의 확보 및 문화

---

10) Proctor(2007), p. 3.

의 다양성 확산," "일반공중의 문화향유(文化享有) 및 평생교육 증진," "청소년의 과학에 대한 탐구심을 함양하며, 국민의 과학기술에 대한 이해 증진"을 목적으로 공연이나 교육서비스 상품을 개발하여 판매한다.[11] 정부조직이나 공공기관이 소비자의 필요와 욕구에 기초하여 시장에 제공하는 이러한 서비스 상품들은 수명 주기라는 특징을 갖고 있다.

　지자체들은 1990년대 초반 고객만족 마케팅 개념을 받아들여 대형 쇼핑센터에 간이 민원실, 연중무휴 민원실 등을 설치, 운영한 바 있다. 해당 서비스는 민원실 이용자 대부분이 주부라는 사실, 쇼핑센터에 민원실을 설치하면 주부들이 쇼핑도 하고 민원서비스도 이용할 수 있다는 점(특히 필요 서류를 신청하고 기다릴 필요 없이 쇼핑 후 찾을 수 있는 편리성)을 감안하였고, 또 직장인들은 평일에 민원서비스를 이용할 수 없는 만큼 주말과 공휴일에도 서비스를 제공하기 위한 것이었다. 처음은 고객의 편리와 공공서비스에 대한 접근성을 확대한 혁신으로 크게 주목 받는다. 민원인들로부터 호응이 좋았고, 전국적으로 확대되면서 전화로 민원서류 발급 신청을 받아 4시간 이내에 발급하여 직접 및 우편으로 배달하는 '콜 서비스,' 김포공항 국내선 청사 내, 등산로 입구 매표소 옆, 지하철역 현장민원실 설치도 등장한다.[12] 하지만 지속적으로 증가하다가 정부가 2002년부터 인터넷 민원 신청, 처리 조회, 발급 서비스를 제공하면서 중단된다. 사회적 수요 감소보다는 테크놀로지 발달이 대체 서비스를 만들어내면서 서비스 수요가 사라지고 공공서비스 상품의 수명이 다한 사례이다.

　법률이 서비스의 종류, 시기, 방법, 분량 등을 정하는 경우는 다르다. 정부기관이 자율적으로 고객욕구를 반영하여 자유롭게 서비스를 생산하고 전달할 수 있는 여지가 적고, 소비자들도 대체재가 없어 자유선택을 할 수 없는 상태에서 권리나 의무로 소비하는 순수 공공서비스에서는 수명 주기가 존재하지 않는다.

---

11)「국립극장직제」,「국립중앙극장 기본운영 규정」제3조,「박물관 및 미술관 진흥법」제1조,「과학관의 설립·운영 및 육성에 관한 법」제1조 참조.

12) 쇼핑센터서 초본 발급. 과천시 간이민원실 첫 운영. 조선일보, 1992.11.16.; 출장민원실·콜서비스로 민원서류 발급 쉬어진다. 중앙일보, 1999.4.5.

1. 1970년대 - 도입 필요 인식의 등장

공공서비스 마케팅의 필요에 대한 인식은 1960년대 말이다. 필립 코틀러와 시드니 레비(Philip Kotler and Sidney J. Levy)가 1969년 자신들의 연구에서 공공서비스 제공에 마케팅 개념과 전략 및 기법의 유용성과 적용 필요를 주장하고 도입을 권고하면서부터이다.[13] 미국의 경우 교육, 건강이나 의료, 사회복지, 문화 등 사회서비스 분야는 1970년대에 들어와 공익 및 비영리조직 또는 단체들[14] 간에 경쟁이 치열해지면서 마케팅 기법을 채택한다.[15] 교육기관은 우수한 학생들의 모집, 종교 조직이나 단체들은 교리 전파와 신도 수 증가, 자선단체는 활동 재원의 모금, 보다 많은 후원자 유치에 마케팅 기법을 사용한다.[16] 정부부문도 같은 시기 교육, 의료, 레저, 공공주택, 푸드스탬프 프로그램,[17] 보육시설, 아동입양, 직업훈련, 노인요양 등 사회서비스 분야에서 민간 공익 및 비영리부문과 사업 목적을 공유하는 정부기관들이 서비스 기획, 개발과 혁신 등에 마케팅 개념, 소비자 욕구 조사, 시장 분할, 표적화, 포지셔닝, 광고, PR 등과 같은 마케팅 전략과 방법을 채택한다.[18] 경쟁환경에 대응, 이미지 개선, 재정 압박 해소

---

13) Kotler & Levy(1969) 참조.

14) 「공익법인의 설립·운영에 관한 법률」 제1조는 목적을 "법인의 설립·운영 등에 관한 「민법」의 규정을 보완하여 법인으로 하여금 그 공익성을 유지하며 건전한 활동을 할 수 있도록 함"으로 규정한다. 제2조는 공익법인을 "재단법인이나 사단법인으로서 사회 일반의 이익에 이바지하기 위하여 학자금·장학금 또는 연구비의 보조나 지급, 학술, 자선(慈善)에 관한 사업을 목적으로 하는 법인"으로 정의하고, 제15조는 조세 감면의 대상으로 규정한다. 또 「비영리 민간단체 지원법」 제2조는 비영리 민간단체를 "영리가 아닌 공익 활동을 수행하는 것을 목적으로 하는 민간단체"로 명시한 후, 제10조는 조세 감면, 제5조는 공익 활동에 참여하는 비영리 민간단체에 대한 행정 및 재정적 지원에 대하여 규정한다.

15) Kotler(1979), p. 37. 이 시기에 미국에서는 민간 비영리부문(voluntary sector)이 제3섹터(third sector)라고 불리면서 경제의 상당한 부분을 차지한다.

16) Kotler & Zaltman(1971), p. 5.

17) 푸드스탬프 프로그램(Food Stamp Program)은 미국에 살고 있는 수입이 없거나 저소득 계층 사람들을 위한 식품 구매 지원 프로그램이다. 1964년 「푸드스탬프법(Food Stamp Act)」에 기초한 것으로, 1960~1970년대에 획기적으로 확대된다. 현재의 이름은 저소득층 영양보충지원 프로그램(Supplemental Nutrition Assistance Program)이다.

18) Stoner(1986), p. 51. Kaye(1994) 참조.

등을 위한 것이었다.[19]

미국, 캐나다의 정부 실무자, 마케팅 연구자들은 정부 프로그램이나 서비스의 개발, 정책형성, 표적고객의 수용성 개선 등에 마케팅의 필요를 주장한다.[20] 당시는 제품 대비 서비스 상품의 중요성에 대한 인식이 늘고 시장에서 서비스 공급자들 간의 판매 경쟁이 증가하던 시기로, 연구자들은 서비스는 고유한 특성을 갖고 있어 서비스 상품의 마케팅에서는 제품마케팅 이론이나 방법만으로는 충분하지 않다고 생각한다.[21] 또 공공서비스에 마케팅의 필요도 주장한다. 마틴(A. J. Martin)은 미 국방성이 모병제를 택하면서 징집명령 권한을 상실하여 병력 충원이 어려워지자, 마케팅을 통해 어떻게 젊은이들로 하여금 군 입대를 자원하도록 만들 수 있었는가를 설명하면서 마케팅의 유용성을 강조한다. 국방성은 병역 서비스를 복잡한 자격 조건과 각각에 따른 차별적 대우를 내용으로 한 상품으로 개발한 다음, 전국에 병력충원 담당 인력의 배치, 대대적인 광고와 설득 커뮤니케이션으로 1980년에 825백만 달러를 사용, 65만 건의 현역 및 예비 병력 자원입대 계약을 체결하여, 필요한 병력 수요를 충족시켰다는 점을 강조하면서 마케팅 성공의 증거로 발표한다.[22]

2. 1980년대 - 관심과 채택

영국은 신공공관리 개혁을 추진하면서 공식적으로 공공서비스 제공에 마케팅 개념과 기법을 광범위하게 도입하여 서비스 품질과 능률성 개선을 추구한다.[23] 대처 정부는 1979년 집권 이후 정부관료제의 무능과 비능률 제거 목적으로 신공공관리 개혁을 시작한다. 기업가적 정부를 이념으로 제시하고, 정부부문에 경쟁 및 시장적 접근 방법을 통한 공공서비스 공급을 선언한다.[24] 기업가적 정부의 본질은 경쟁시장에서 고객의 선택을 얻기 위한 끊임없는 혁신과 마케팅으로 마케팅적 사고가 최종 소비자, 즉 고객에게 최고의 이득을 줄 것으로 생각한다. 개혁의 기본 가정은 경쟁이 없으면 정부 조직은 기존 방법을 고수하면서 서비스를 공급하고 단위당 생산비용을 낮추거나 능률

---

19) Stoner(1986), pp. 41, 44.

20) Ritchie & LaBreque(1975), p. 18. Wilkie & Gardner(1974).

21) Kaye(1994), p. 69.

22) Martin(1981), pp. 87-95.

23) Walsh(1989) 참조.

24) Hood(1991), pp. 4-5.

성 개선을 위한 새로운 방법을 찾지 않게 되어 X−비능률성[25]을 초래한다는 것이다. 이러한 가정에 기초하여 공공서비스 제공에 마케팅 방법을 도입한다.[26]

전통적 행정은 공공서비스를 법률, 규정, 지침이나 절차의 단순한 집행으로 이해하고,[27] 정치적 중립, 점증적 예산 편성, 관료제와 전문성 개선 등 조직 관리를 통하여 서비스를 개선하고자 했다면, 신공공관리 개혁은 민간부문 관리기법의 도입과 경쟁을 통하여 서비스 품질을 높일 수 있다고 생각한다.[28] 행정을 경영 가치(managerial values)의 추구로, 공공서비스 제공을 정부조직의 미션과 비전, 전략적 목적의 실현 과정으로 간주한다. 당시 정부 공공서비스 연구자들도 기존의 정부 관료제에 의한 서비스 제공은 실패했고, 전통적 의미에서의 행정학도 이제 "더 이상 회복하기 어려운 학문 분야(terminal decline as a discipline)"라고 비판하면서 개혁의 필요를 뒷받침한다.[29]

영국 대처(Margaret Thatcher. 1979~1990) 보수당 정부는 1980년 「지방정부기획토지법(Local Government, Planning and Land Act)」을 제정하여 처음으로 의무경쟁입찰제도(Compulsory Competitive Tendering, CCT)를 도입한다. 이 법의 주요 내용은 지방정부의 공공서비스 제공에 개방과 경쟁, 민간위탁의 채택이다. 정책결정 부서를 제외한 공공서비스의 광범위한 분야(운영, 지원, 보조적 서비스. 예 건축, 건물의 관리, 고속도로 건설 등)를 대상으로, 정부가 직접 제공하던 서비스(in−house services)를 완전 개방하여 민간사업자들의 서비스 공급에 참여를 보장한다. 정부기관들이 기존에 자체적으로 제공하던 서비스를 민간사업자와 동등한 입장에서 경쟁하고 품질과 비용 면에서 그들보다 우수할 때 서비스를 제공할 수 있게 한다. 영국은 이후 의무적 경쟁 입찰 대상 서비스 범위를 계속하여 확대한다. 1988년에는 「지방정부법(Local Government Act)」의 제정으로 CCT의 적용(의무적 경쟁에 의한 공공서비스 공급) 범위를 경기장과 차량 관리, 체육과 레저시설의 운영, 케이터링(음식의 공급), 거리 및 건물 청소, 폐기물 처리, 세탁, 물품 운반 서비스 등에까지 확대한다. 1994년에는 지방정부의 주택 관리, 법률, 건설 및 부동산 등 전문적 서비스 분야까지 적용을 확장하고, 1995년에는 정보 테크놀로지, 재정

---

25) X−비능률성(X−inefficiency)은 경쟁이 부족할 때 공공서비스 생산과 비용 절약 차원에서 발생하는 비능률성이다.

26) McLaughlin, Osborne, & Chew(2009), pp. 36−37.

27) Osborne, Radnor, & Nasi(2013), pp. 137−138. 미국 행정에서 전문가(professionals)는 전문 직업분야 종사자나 특정 분야 지식과 경험을 가진 관리자로 1960년대의 일반 행정가(generalist administrators)를 대체한 개념이다.

28) Chandler(1991), p. 39.

29) Osborne(2006), p. 378.

및 인사 분야도 포함시킨다. 그 결과 지방정부기관들은 그동안 직접 수행했던 대부분의 공공서비스들을 의무적 경쟁 입찰을 통해 제공한다.

지방정부 실무자들은 민간사업자와 서비스 제공 경쟁을 하게 되면서 마케팅에 대한 필요를 인식한다. 국방, 의료, 보건서비스 분야의 비본질적 업무에도 실무자들은 서비스 공급비용의 절감, 고객에게 가격 대비 더 많은 가치 제공을 위하여 마케팅 전략과 방법을 도입한다.[30] 국민의료보험(National Health Service) 산하 지역 병원들(trust hospitals)은 민간부문 개인 병원들과의 경쟁에서 마케팅 전략과 기법을 채택한다. 이러한 과정에서 개인 병원들은 환자 진료보다 재정 수익과 생존에 초점을 두고 서비스 제공 여부를 결정한다는 비판이 나온다.

잉글랜드와 웨일즈는 1988년 「교육개혁법(Education Reform Act)」을 제정하여, 의무교육 시스템에 경쟁시장의 원리를 도입한다. 부모와 학생들에게 어느 학교를 다닐 것인지 선택의 권리를 주고, 교육 자원도 고객의 선택에 기초하여 배분한다.[31] 영국, 미국, 캐나다 등의 교육 분야 책과 매뉴얼들도 이 시기 민간부문이 발전시킨 마케팅 모델에 기초하여 교육기관이 어떻게 마케팅해야 하는가를 이론적, 규범적으로 제시한다. 교육기관들은 고객욕구가 무엇인가를 확인한 후, 교과목 개정, 시설 개선, 여름학기 강의, 평생교육 과정의 개발, 다양한 워크숍 등 여러 가지 방법을 통하여 고객유치와 만족을 위하여 경쟁하고 정부나 민간부문의 비영리 법인 병원들도 의료서비스 공급에 마케팅 전략 기법의 도입으로[32] 지역사회로부터 수용과 지지를 얻고자 노력한다.

미국 비즈니스 스쿨 마케팅 연구자들은 정부기관의 서비스 마케팅 원리와 기법 도입의 필요, 적절성, 어떻게 적용할 수 있는가 등에 대한 다수의 책을 출판하고,[33] 서비스 마케팅 프로그램의 기획과 개발, 프로모션 등에 관한 체계적 연구도 발표한다. 마이클 모카와 스티븐 펄뮤트(Michael P. Mokwa and Steven E. Permut)는 1981년 「정부마케팅: 이론과 실제(Government Marketing: Theory and Practice)」를, 크리스토퍼 러브록과 찰스 와인버그(Christopher H. Lovelock and Charles B. Weinberg)는 1984년 「공공 및 비영리부문 매니저들을 위한 마케팅(Marketing for Public and Nonprofit Managers)」이라는 책을 각각 출판한다. 또 존 크롬프턴과 찰스 램(John Crompton and Charles W. Lamb)은

---

30) Day, Reynolds, & Lancaster(1998), p. 585.

31) Stokes(2002), p. 398.

32) 한국에서 의료기관은 정부, 비영리 법인, 의사나 조산사(助産師)만이 개설할 수 있다. 영리법인은 의료서비스를 공급할 수 없다. 「의료법」 제33조 제2항.

33) Crompton & Lamb(1986), Smith(1988) 등.

1986년 「정부와 사회서비스 마케팅(Marketing Government and Social Services)」을 출간한다. 이 책은 정부 및 비영리 마케팅의 성장을 배경으로 정부조직(공원과 레크레이션 부서)과 사회서비스 기관의 마케팅에 초점을 둔 이론과 방법론 개설서로, 마케팅 전략과 기획, 시장 세분화와 표적시장의 선정, 마케팅 믹스, 상품의 개발과 관리, 가격, 프로모션(광고와 인센티브) 등에 대하여 자세히 설명한다. 매들린 스토너(Madeleine R. Stoner)는 학술 논문에서 비영리 병원이나 사회사업가의 판촉활동을 사회서비스 마케팅이라고 분류하면서 마케팅 과정을 상황 분석, 전략의 탐색, 창의적 접근, 미디어 선택과 비용지출 방법의 개발, 평가로 제시한다.[34]

3. 1990년대 - 확산

영국은 1990년 「국민건강보험과 커뮤니티 보육법(National Health Service and Community Care Act)」을 제정하여, 지방정부 사회복지 서비스를 기존에 정부가 보조금으로 재정을 지원하던 방식에서 혼합경제(정부와 민간부문에 의한 서비스)와 경쟁을 통한 공급으로 전환한다. 사회보장 제도도 기존에는 정부가 독점하고 클라이언트를 의무적 고객으로 간주하고 서비스를 제공하였으나 사회보장 서비스 대상자를 수당 청구자가 아닌 고객으로 보고 이들이 원하는 서비스를 개발하여 공급하는 정책으로 바꾼다. 경찰서비스 분야도 고객만족과 생산성 향상을 목적으로 마케팅을 포함한 다양한 비즈니스 모델과 개념을 채택한다. 하지만 초기 단계여서 마케팅의 수준이나 인식은 높지 않았다. 랍 모비와 스티브 워딩턴(Rob C. Mawby and Steve Worthington)의 2001년 조사를 보면 영국 경찰청들은 마케팅 개념 정의를 가진 곳과 없는 곳, 그 중간이 각각 똑같은 비율이고 아직 마케팅이 무엇인가에 대한 합의조차 갖고 있지 않았다. 개념 정의를 가진 곳들은 마케팅을 크게 4가지 방식으로 이해한다. 첫째, 고객 기대와 서비스 간 갭의 관리, 둘째, 고객의 필요와 수요의 평가, 고객만족 서비스로의 전환 수단, 셋째, 오디언스의 의견을 확인하기 위한 사전적 커뮤니케이션, 넷째, 고객 맞춤형 서비스 전달을 위한 조사와 평가, 고객과의 커뮤니케이션이다.[35] 이후 경찰 분야는 서비스 마케팅의 원리와 기법의 실질적 채택을 구체화한다.

영국 존 메이저(John Major. 1990~1997) 보수당 정부는 1991년 시민헌장(Citizen's

---

34) Stoner(1986), pp. 45-50.
35) Mawby & Worthington(2002), pp. 864-865.

Charter) 정책을 채택하여 고객을 위한 공공서비스 제공을 공식화한다. 목적은 책임 행정, 투명성, 시민을 위한 서비스 제공, 이해관계자의 고려, 서비스 제공자와 클라이언트 모두의 시간 절약 등으로,[36] 보수당 정부는 시민헌장을 정책 기조로 서비스 제공 비용은 줄이고 적극적으로 민간기법을 도입하면서 성과를 강조하고 양적 측정을 추구한다. 선거에서 표를 의식한 정책이라는 많은 비판을 받지만 시민헌장은 공공서비스 제공의 원칙으로서 노동당의 고든 브라운(Gordon Brown, 2007~2010) 정부가 2008년 이를 폐지하고 2010년 '거대 사회(Big Society)' 정책을 채택하기까지 존속한다.

연구자들은 이 시기 신공공관리 개혁의 실험, 지방정부 공공서비스 제공에서의 마케팅 지식, 개념과 기법의 적용, 의무적 경쟁에 의한 공공서비스 공급분석을 통하여, 민간사업자들과의 경쟁이 비용을 낮추는 결과를 낳고 마케팅 전략과 기법의 필요에 대한 인식을 증가시켰다는 사실을 확인한다.[37] 수잔 벌튼(Suzan Burton)은 마케팅에서의 이해관계자 분석(stakeholder analysis)[38]이 정부 매니저들의 프로그램의 성공적 운영에 도움을 주고, 프로모션 전략 수립에도 기여한다고 주장한다.[39] 리오넬 티트만(Lionel G. Titman)은 1995년 정부 공무원과 비영리조직의 직원들 대상 마케팅 강의 교재를 출판하고,[40] 대학들은 정부와 비영리 분야 마케팅 강의를 개설한다. 피터 그레이엄(Peter Graham)과 키론 월시(Kieron Walsh)의 정부마케팅이 기업마케팅과 다른 점, 범위와 제약에 대한 연구도 이 시기에 발표된다.[41]

4. 21세기 현재

영국은 2000년부터 공공서비스 제공에 베스트 가치(Best Value) 정책을 실시한다. 토니 블레어(Tony Blair, 1997~2007) 노동당 정부는 이전 보수당 정부가 시행하던 기존의 의무경쟁입찰제도가 경쟁을 의무화하고 강제하면서 공공서비스를 개선하고자 했으나 고용 불안을 초래하고 유연성이 낮아서 문제가 많았다고 비판하면서, 1999년 「지방

---

36) Citizen' s Charter. https://en.wikipedia.org. 검색일 2019.11.14.
37) Day, Reynolds, & Lancaster(1998), pp. 592−593.
38) 이해관계자 분석(stakeholder analysis)은 마케팅에서 이해관계자가 누구인가, 이들의 관심, 기대, 프로그램에 미치는 영향 등에 대한 검토이다.
39) Burton(1999), pp. 374, 384.
40) Titman(1995) 참조.
41) Graham(1994, 1995), Walsh(1991, 1994) 참조.

정부법」을 개정하여 잉글랜드(England)와 웨일스(Wales) 지방에 베스트 가치 정책을 도입한다. 목적은 공공서비스 제공 비용의 절약(경제성), 품질개선으로, 이전과 달리 우선순위를 경쟁보다는 고객가치(value to customers)에 둔다. 의무경쟁입찰제가 경쟁을 최고의 가치로 추구하는 동안 나타났던 부작용을 줄이고자 민간부문과 파트너십의 중요성을 강조한다. 영국정부는 베스트 가치 정책을 사회복지 서비스, 환경 위생, 주택, 도시계획과 주택공급 분야 등 지방정부의 거의 모든 공공서비스에 확대 적용한다.[42]

각국 정부들도 영국 시민헌장을 벤치마킹하여 고객헌장을 제정하고 민간위탁의 확장으로 민간사업자들과 경쟁을 늘리고 공공서비스 개선과 고객가치의 생산을 지향한다. 고객가치는 국민의 가치이자, 정부부문이 공공서비스 제공을 통하여 전달하고자 하는 사회적 가치이다. 정부부문에서는 국민을 고객으로 보는 시각, 고객 중심적 사고, 서비스 품질의 지속적 혁신, 공공서비스가 고객만족을 통한 고객가치의 창출 노력이라는 인식이 자리 잡는다. 공공서비스 마케팅은 정부부문의 이러한 노력의 효과적 추진을 위한 전략과 방법으로 등장한다.

이 시기 공공서비스 중 일부는 국가나 도시 간의 글로벌 경쟁상품으로 나타난다.[43] 미국은 2006년 '전자교육 박람회(Electronic Education Fair)'를 개최하여 글로벌 시장에서 교육서비스 상품을 판촉한다.[44]

공공서비스의 여러 하위 분야 가운데 도서관은 서비스 제공에 가장 적극적으로 마케팅을 도입한다. 연구자들[45]은 공공도서관이 고객가치의 창출을 통하여 보다 많은 사람들의 방문과 지적 자극, 지역사회에 문화서비스의 제공이 필요하다고 판단한다. 공공도서관 마케팅을 "도서관 업무의 과정과 서비스 전반에 걸쳐 가치를 창출하고 고객과 소통"하는 것, 이를 위한 "도서관 상품 및 서비스의 개발, 적용, 홍보, 배포를 계획하고 실행하는 과정"으로 정의하고, 전략을 미션과 비전, 고객의 세분화(영·유아와 부모, 학교생활 부적응 청소년, 가족, 구직자, 중소 사업자, 수감자 등의 그룹으로 분류), 상품개발(표적집단의 욕구에 특화된 프로그램의 개설),[46] 프로모션으로 설명한다. 또 발전 방향을 지역사회의 욕구충족을 위한 고객 지향적 도서관, 지속적 서비스 개발로 제시한다.

---

42) Best Value. https://en.wikipedia.org. 검색일 2019.11.14.

43) Hemsley-Brown & Oplatka(2006), pp. 318−319; Donovan & Lakes(2017), p. 275. Anast−May et al.(2012), Pettinga et al.(2015) 참조.

44) Donovan & Lakes(2017), p. 276.

45) 이용재(2012), p. 135.

46) 이용재(2012), p. 130.

1. 고객가치 창출

공공서비스 마케팅은 고객과 서비스 상품의 교환관계를 만들어내기 위한 과정으로, 고객가치의 창출에 기여한다. 고객가치는 고객이 상품소비를 통해서 얻는 순편익으로 마케팅은 고객중심적 서비스의 생산과 경쟁에서의 지속적 품질 혁신으로 공공서비스의 공공가치 생산을 촉진한다. 먼저 정부조직 분야에서 과학관과 박물관을 예로 들면, 「과학관의 설립·운영 및 육성에 관한 법률」 제1조는 목적을 "과학기술 문화를 창달하고, 청소년의 과학에 대한 탐구심을 함양하며, 국민의 과학기술에 대한 이해 증진"으로 규정한다. 「박물관 및 미술관 진흥법」 제1조는 목적을 "문화·예술·학문의 발전과 일반 공중의 문화향유(文化享有) 및 평생교육 증진"으로 명시한다. 행정안전부 지정 책임운영기관 중 국립중앙과학관이 제공하는 과학 연구, 체험, 탐구 서비스, 국립중앙박물관의 전시, 교육 서비스는 보다 많은 고객을 유치해야 하는 서비스 상품이다. 정부조직의 서비스 마케팅 채택은 고객이 원하는 과학적 지식과 탐구 욕구의 충족, 문화유산의 보존, 관람의 기쁨이나 이해, 소양 등 고객가치의 생산, 경쟁상품 대비 고객의 서비스 이용 촉진을 통하여 조직의 목표달성에 기여한다.

공공기관의 경우, 「공공기관의 운영에 관한 법률」 제1조는 목적을 "공공기관의 대국민 서비스 증진"으로, 「지방공기업법」 제1조는 "지방자치의 발전과 주민복리의 증진"을 목적으로 제시한다. 서비스 마케팅은 조직의 목표 달성, 고객 가치를 창출하는 효과적 전략과 방법을 제시한다.

2. 생산성 및 품질의 제고

마케팅 사고와 기법의 도입은 서비스의 생산성 및 품질 향상에 기여한다.[47] 마케팅 지식은 서비스 상품 개발과 전달에 있어서의 지속적 비용절약과 품질개선으로 업무성과 제고에 도움을 준다. 필립 코틀러와 낸시 리(Philip Kotler and Nancy R. Lee)는 마케팅의 기여를 서비스 전달을 위한 비용 절약, 고객만족도 개선, 이용 촉진, 시민들로

---

[47] Kotler & Lee(2007a), p. 6; Kotler & Lee(2007b), p. 13; Grier & Bryant(2005), pp. 320, 324; Serrat(2010a), p. 4.

부터의 지지, 정부 재정수입의 증대, 법규 준수의 촉진, 공중보건 및 안전의 개선, 환경보호를 위한 시민 행동의 고무, 산출물 판매의 증가, 9가지로 제시한다.[48]

　「책임운영기관의 설치·운영에 관한 법률」은 목적을 "행정 운영의 효율성과 행정서비스의 질적 향상"에 둔 것으로,[49] 책임운영기관(국립병원, 국립과천과학관, 국립현대미술관 등)의 독립성과 자율성, 경쟁 원리에 따른 운영을 보장한다. 동법은 또 교육부, 행정안전부 및 지자체의 설치 노력을 권장한다. 책임운영기관 제도는 정부조직에 경쟁과 마케팅 환경의 촉진 효과를 가진 노력이다. 서비스 마케팅의 핵심은 고객 중심적 사고, 경쟁(비용절감, 지속적 서비스 품질의 혁신), 시장과 사회지향성으로 공공서비스 생산 및 공급의 효율성, 품질개선에 기여한다.

3. 만족도 개선

　마케팅의 가장 중요한 기여 중의 하나는 고객만족이다. 마케팅은 고객 중심적 사고, 필요와 욕구의 충족, 서비스 품질의 지속적 개선으로 만족도를 높이고 고객만족은 고객의 충성도 제고, 반복적 구매촉진을 통해 성과 향상에 기여한다.

4. 정책 고객의 설득과 지지, 수용의 촉진

　규제 서비스에서 고객의 설득과 지지, 수용성 제고이다. 이해관계자(피규제자, 수혜자를 포함 규제로부터 직접 이익을 얻거나 손해를 보는 사람, 규제 과정에 참여하여 영향을 미치는 모든 사람들)의 필요와 욕구 파악, 이를 통한 정책수단의 모색, 대화와 설득 등을 통한 수용성 개선이다. 새로운 정책의 도입 시 표적집단이 필요로 하는 정보의 제공으로 이해 부족에 따른 오해나 반대, 시행착오를 줄이고, 태도나 인식의 개선으로 목표의 효과적 달성에 기여한다.

---

48) Kotler & Lee(2007a), p. 13. 정부마케팅 하위 분야가 무엇인가에 따라 기여의 종류도 다르다. 정부 재정수입의 증가는 주로 장소마케팅의 기여이고, 법규 준수의 촉진, 공중보건 및 안전 의식의 개선, 환경보호를 위한 시민 행동의 고무는 사회마케팅의 주요 효과이다. 산출물 판매의 증가는 지역상품 마케팅에 의한 것이다.
49) 「책임운영기관의 설치·운영에 관한 법률」 제1조~제3조 참조.

5. 정부에 대한 신뢰 향상

공공서비스 품질개선, 고객 중심적 서비스 제공을 통하여 정부는 시민들과의 거리를 줄이고 신뢰도를 개선할 수 있다.

6. 재정수입 증가

마케팅은 정부조직(우정사업본부, 국립중앙극장 등) 또는 공공기관(한국철도공사, 한국수자원공사, 국립병원, 그랜드코리아레저, 강원랜드, 한국마사회 등)[50]의 서비스 상품 판매를 통한 자체 사업의 수입 증대를 돕는다. 마케팅은 경쟁형(전력, 가스, 석유, 지역난방, 체신 서비스 판매 등), 독점형(경마, 경륜, 카지노, 복권 판매 등) 사업수입과 입장료, 수수료 등 수입 증가의 필수적, 효과적 방법이다.[51]

제4절 공공서비스 마케팅과 신공공관리 개혁 운동

1. 연구자들의 시각

정부부문에 공공서비스의 생산과 전달에 마케팅 이론과 기법이 필요하다는 주장과 이에 대한 본격적 논의는 1970년도 후반까지 거슬러 올라간다.[52] 미국마케팅학회가 정부마케팅을 주제로 학술 대회를 개최하고, 일단의 마케팅 연구자들이 미국행정학회 연례 학술 대회에 참석하여 정부도 공공서비스 제공에 마케팅이 필요하다는 논문들을 발표하면서부터이다. 모카와 펄뮤트(Mokwa and Permut)는 1981년 이들이 발표한 논문들을 묶어서 「정부마케팅: 이론과 실제」라는 책을 출판한다.[53] 이 책은 비즈니스

---

50) 주식회사 강원랜드는 산업통상자원부 산하 시장형 공기업이고, 그랜드코리아레저(주)와 한국마사회는 각각 문화체육관광부와 농림축산식품부 산하 준시장형 공기업이다.

51) 온-나라 정책연구(2006). 「공공기관 유형 구분 기준 마련 연구」. pp. 27-28 참조. 온-나라 정책연구. http://www.prism.go.kr. 검색일 2019.8.2.

52) Mokwa(1978).

53) Mokwa & Permut(1981), p. iv.

스쿨 마케팅 연구자들이 정부에 마케팅의 도입 필요와 방법을 제시한 것으로 정부마케팅 분야 가운데서도 주로 공공서비스의 마케팅(군 지원병 모집과 우편서비스, 복지 프로그램)에 관한 것으로, 구체적 기법(프로그램의 기획, 소비자 조사 등)도 제시한다. 일부는 정부마케팅의 한 분야로 사회마케팅(사회적 가치 상품의 마케팅)의 필요도 주장하였으나 장소마케팅이나 지역상품 마케팅은 아직 알지 못했다. 정부 스스로의 마케팅에 대한 수요나 필요 인식의 표출도 아니었다. 마케팅 연구자들은 민간 조직이든 정부의 조직이든 모든 조직은 마케팅이 필요하다고 말한다. 그럼에도 불구하고 정부부문은 아직 마케팅 이론과 기법을 모르고 있다는 관점에서 마케팅 지식의 필요와 유용성, 이론과 기법의 이용 및 평가 방법, 사례를 제시하였다.[54] 정부마케팅에 대한 개념정의, 정부 산출물과 기업 상품과 차이 등도 분석한다.[55] 시민을 정부 공공서비스의 소비자로 간주하고, 마케팅을 통한 정부의 생산성 개선 효과를 강조한다. 마케팅 연구자들은 정부부문이 마케팅 이론과 기법을 확장할 수 있는 주요 잠재적 영역으로 인식한다.[56]

모카는 정부부문에서의 마케팅이 필요하고 중요한데 "마케팅의 기여는 제약받고 있고 미미"하다. 그것은 실무자들이 "마케팅을 오해하거나 충분한 이해를 갖고 있지 못하기 때문"이고, 마케팅 연구자들이 행정학자나 실무자들에게 마케팅 개념을 소개하고 설득하는 데 충분한 노력을 기울지 않았기 때문이라고 주장한다.[57] 마케팅 연구자들은 정부가 공공서비스 공급에 마케팅을 도입하면 고객의 필요와 욕구를 보다 더 잘 충족시킬 수 있다고 믿는다. 그러나 행정학자들은 정부의 공공서비스 제공에서는 소비자가 주권자이고, 환경은 경쟁이 아닌 독점이며, 상품구매의 동기 또한 경제적인 것이 아닌 정치적, 사회적이라는 등의 이유로 이들의 주장을 외면한다.[58]

공공서비스 제공에 마케팅의 채택은 영국이 먼저로 1980년대에 신공공관리 개혁에서 공식적으로 마케팅을 도입한다. 영국정부는 마케팅을 전통적 행정을 대신하는 행정의 새로운 철학, 서비스 제공의 방법으로 인식한다. 정치 리더들과 정부 실무자들은 관료제 개혁의 필요에 대한 강력한 의지를 바탕으로 정부조직과 공공기관의 서비스 제공에 마케팅을 도입한다. 다음 두 연구자는 각각 영국 정부마케팅과 미국 비즈니스 마케팅 교수로 당시 두 나라의 서로 다른 상황을 대변한다.

---

54) Mokwa & Permut(1981), p. xiii.
55) Mokwa(1981), p. 17.
56) Mokwa(1981), pp. 23, 29.
57) Mokwa(1981), p. 32.
58) Graham(1994), p. 366.

1) 월시(Walsh). 새로운 형태와 방법의 마케팅이 필요하다

키론 월시(Kieron Walsh)[59]는 정부부문에서 공공서비스 관리 및 고객의 중요성에 대한 인식의 변화, 마케팅에 대한 관심과 수요 증가에 비추어 마케팅 이론이나 기법의 도입이 필요하다. 하지만 공공서비스 제공은 정치적 과정, 정부와 시민 간 관계라는 특수성 때문에 수익창출 목적의 기업마케팅 이론과 기법을 그대로 적용하기 어렵고, 정치적 환경이나 목적을 고려한 공공서비스에 적합한 새로운 형태의 마케팅 기법 개발이 필요하다고 주장한다. 월시는 정부부문에 공공서비스 마케팅의 등장과 발전 이유를 다음 세 가지로 설명한다.[60]

첫째, 소비자 운동(consumerism)[61]의 성장이다. 소비자 운동은 소비자들의 집단적인 정치적 권리주장 활동이다. 소비자들은 자신들의 이익 보호를 위하여 제조자, 판매자들을 대상으로 상품의 제조 및 서비스 전달 방법, 품질 보증, 광고와 포장, 안전 기준 등에 대한 책임을, 정부에 대하여는 규제정책 강화를 요구한다. 소비자 운동은 기업의 상품판매뿐만 아니라 공공서비스 전달에도 큰 영향을 미친다. 소비자 운동의 일부는 자신이 공공서비스의 이용자이자 빠른 서비스를 받을 권리를 가진 사람들이라는 자각과 목소리로 나타난다. 정부에 대하여 분권화를 통한 소비자 욕구에 대한 보다 책임 있고 신속한 대응, 소비자 주권에 대한 인식 개선과, 소통의 강화, 소비자에게 보다 나은 선택 기회의 제공, 보상 시스템 도입 등을 요구한다. 공공서비스 소비자로서 정치적 권리에 대한 자각이 증가하면서 시민들은 정부가 공공서비스 생산자로서 시민들의 필

---

59) Walsh(1991), p. 9. 키론 월시(Kieron Walsh)는 영국 버밍엄 대학교(University of Birmingham), 사회과학대학(College of Social Sciences. Business School, Education, Government, and Social Policy), 지방정부연구소(Institute of Local Government Studies) 소속으로, 공공관리 (Public Management)를 강의했다. 의무경쟁입찰제, 시민헌장, 정부부문에서의 마케팅, 시장성 테스트(market testing)를 연구했고, 관심은 공공서비스의 품질, 경쟁, 공공서비스 관리에 있어 서의 시장(markets in public service management)이었다. 「지방정부 마케팅(Marketing in Local Government)」(Longman, 1989), 「지방정부 서비스의 경쟁입찰에 의한 제공(Competitive Tendering for Local Authority Services)」(HMSO, 1991) 등의 저서가 있다. 학부에서는 경제학을 공부했고, 석사 학위는 University of Kent에서 사회학으로 받았다. 영국 정부가 신공공관리 개혁을 시작하고 공공서비스 제공에 경쟁, 시장적 방법, 마케팅을 도입하던 시기에 관련 연구를 주도했던 연구자이다.

60) Walsh(1994), pp. 63−65.

61) 소비자 운동은 소비자들이 전개한 자신의 권리와 이익의 보호 활동으로, 소비자 보호 운동 또는 소비자 행동주의라고도 한다.

요와 요구에 느리게 반응하고 비능률적이라는 점을 강도 높게 비판하고, 자신들이 고객으로서 보다 질 좋은 서비스를 받을 권리가 있고, 정부는 고객을 만족시킬 의무와 책임이 있다고 주장한다.

　영국 정부는 공공서비스 소비자들의 권리 주장을 배경으로, 1991년 시민헌장(Citizen's Charter) 정책을 채택한다. 시민헌장은 영국 정부가 국민들에게 책임있는 서비스를 제공할 것이라는 정치적 선언이자 약속으로, 국민은 세금 납부나 직접 요금지불을 통해서 공공서비스의 가격과 비용을 지불한 소비자이고, 자신들의 욕구를 충족시키기 위하여 높은 품질의 서비스를 받을 자격이 있고, 정부는 능률적이고 질 높은 서비스로 납세자들의 요구에 대응하고 만족시킬 의무가 있다고 공표한다. 시민헌장의 목적은 이용자들에게 보다 나은 품질의 공공서비스, 보다 넓은 선택의 기회, 사전에 서비스 기준, 보상 수단에 관한 정보의 제공이다. 측정 가능한 서비스 기준을 사전에 제시하여 국민들로 하여금 자신이 어떤 수준의 서비스를 받을 수 있는가를 미리 알고, 서비스의 품질을 다른 서비스 공급자들과 비교하고, 정부가 기준 달성에 어떤 성과를 거두고 있는가를 판단할 수 있도록 보장하였다.[62] 시민헌장은 공공서비스 생산과 공급을 마케팅적인 시각, 즉 시장가격, 교환, 경쟁의 관점에서 접근한 것으로, 이후 각국이 채택하면서 전 세계적 확산이 일어난다.[63]

　둘째, 전략적 마케팅 접근이다. 영국의 신공공관리(New Public Management, NPM) 개혁 운동은 정부조직들도 공공서비스를 더 이상 독점적 지위에서가 아니라 기업과 경쟁을 통하여 제공할 것을 요구하고,[64] 정부에서는 시장경쟁에 기초한 공공서비스의 개발과 제공을 목적으로 시장 세분화, 포지셔닝, 마케팅 믹스 등의 전략적 마케팅 방법의

---

62) Parliament of the United Kingdom. *The Citizen's Charter Research Paper*. 1995.5.25, p. 2. https://www.parliament.uk. 검색일 2018.7.29.

63) 각국은 영국의 시민헌장을 다양한 명칭으로 도입한다. 벨기에는 공공서비스 이용자 헌장(Public Service Users Charter, 1992), 프랑스는 서비스헌장(Service Charter, 1992), 스페인은 품질 감시(Quality Observatory, 1992), 포르투갈은 공공서비스 품질 헌장(Quality Charter in Public Services, 1993), 말레이시아는 클라이언트 헌장(Client Charter, 1993), 캐나다는 서비스 기준 이니셔티브(Service Standards Initiative, 1995), 미국은 고객서비스 기준(Customer Service Standards, 1995), 오스트레일리아는 서비스 헌장(Service Charter, 1997) 등이다. Drewry, G.(2003, 8−9 December). United Kingdom: Whatever happened to the Citizen's Charter? http://unpan1.un.org/intradoc. 검색일 2019.8.8. 한국도 영국의 시민헌장(Citizen's Charter)을 본받아 행정서비스 헌장 제도를 채택한다.

64) Walsh(1994), p. 64.

도입이 이루어진다.

셋째, 프로모션 활용이다. 공공서비스 제공에 정부조직들의 프로모션(광고나 홍보)의 광범위한 채택이 나타난다. 상업적 특성을 가진 레저 분야가 먼저 도입하지만 이후 지방의회도 주민세 납부 설득에 활용한다.[65]

2) 램(Lamb). 정부의 서비스 마케팅은 다르다

찰스 램(Charles W. Lamb, Jr.)[66]은 정부도 기업처럼 클라이언트(clienteles)의 확인, 서비스 상품의 개발, 가격책정, 배분과 전달 시스템 설계, 상품의 유효성과 고객이 어디에서 어떻게 서비스를 이용할 수 있는가의 조사, 프로모션 등의 활동을 하지만 기업의 마케팅과 여러 가지 면에서 차이가 있다고 주장한다. 또 이러한 차이점들이 정부가 서비스 제공에 마케팅 도입을 어렵게 만든다고 말한다. 램은 정부의 공공서비스 마케팅에 대한 관심 촉발의 원인을 다음과 같이 설명한다.[67]

첫째, 정부가 전통적인 수입원인 조세에 의한 재원 마련에 어려움을 겪는다. 1978년 미국 캘리포니아주 유권자들은 2/3의 찬성으로 '납세자들의 반란(taxpayers'revolt)'이라고 불리는 주(州) 헌법 개정안(Proposition 13. 재산세 부과 제한 주민발안)을 통과시킨 것이 그 예이다. 이러한 조세 저항은 주민들의 막대한 주정부 지출에 대한 거부의 시작을 의미한다.

둘째, 정부업무 성과에 대한 고객 불만족의 증가이다. 정부는 공공서비스 이용자들의 욕구충족을 위한 노력의 필요를 인식한다.

셋째, 납세, 투표, 참여율의 저하이다. 조세 저항과 정치적 무관심 증가는 공공서비스 품질의 향상과 만족도 개선 압력으로 작용한다.

넷째, 경쟁 증가이다. 정부가 독점적 환경에서 운영하던 시설들이 민간사업자들과 경쟁하는 환경에 놓이면서 이용자가 줄어 운영에 어려움을 겪는다. 민간부문의 상업적 수영장이 늘면서 공공수영장 이용객이 급감하고, 의회는 이용객 감소를 이유로 보조금을 줄인다. 정부기관과 시설들은 위기를 인식하고, 이용자를 늘리기 위한 방법, 조직 스스로 비용을 마련할 수 있는 길을 모색하면서 마케팅 마인드, 기법을 도입한다.

---

65) 예 노스리 자치구 의회(Knowsley Borough Council)이다.

66) 찰스 램(Charles W. Lamb, Jr.)은 미국 Texas A&M University의 조교수, 부교수를 지냈고, 1982년부터는 Texas Christian University의 비즈니스 스쿨에서 마케팅을 강의한다. 미국 대학 비즈니스 스쿨의 전형적인 마케팅 교수이다.

67) Lamb(1987), pp. 56−57.

다섯째, 재정 핍박이 커지는 상황에서 정부기관들은 시설 운영비를 고객의 수수료, 이용 요금 등에 점차 더 많이 의존한다.

키론 월시는 공공서비스 마케팅 성장의 배경을 소비자 운동, 영국정부의 신공공관리 개혁, 시민들의 서비스 개선요구 등에서 찾았고, 찰스 램은 미국의 1980년대 후반 정부 관료제가 제공하는 공공서비스에 대한 시민들의 불만 증가, 재정 핍박, 조세 저항, 경쟁 증가 등으로 인식한다. 두 가지 설명의 공통점은 공공서비스에 대한 납세자들의 불만족이다.

2. 신공공관리 개혁 운동

신공공관리 개혁은 정부 관료제 실패의 극복을 위한 것으로, 핵심은 경쟁, 고객 중심적 사고, 시장적 접근 등이다. 마케팅의 채택은 신공공관리 개혁에서 중요한 접근방법의 하나로 나타난다.[68] 신공공관리 개혁은 민영화, 민간위탁 등에 의한 정부 규모 축소를 시작으로 비즈니스 철학과 시각(고객 중심적 사고, 필요와 욕구충족, 시장지향성, 지속적 혁신), 경쟁과 시장적 관리기법, 비즈니스 언어(고객, 고객만족, 매니저, 생산성), 생산자와 공급자의 분리, 마케팅(시장 분할, 표적집단의 선정, 시장조사, 포지셔닝, 4Ps)을 채택한다. 성과평가와 인센티브를 도입하고, 고객만족은 성과평가의 최고 척도로 자리 잡는다. 각국 정부들이 신공공관리 개혁에 참여하면서 공공서비스 제공에서 혁명적 변화가 일어난다.[69]

비록 신공공관리 개혁으로 정부가 마케팅을 도입하지만 1990년대 초반까지는 "관광이나 경제개발 분야에서의 프로모션(광고나 홍보 등)을 제외하면 매우 제한된 범위"에 그친다.[70] 마케팅 개념의 도입 수준으로, 4Ps까지 포함한 것은 아니었다. 마케팅 과정 전체의 적용보다는 마케팅 기법 중 주로 프로모션 도입 정도로 미미하였다. 그러나 교육이나 보건 서비스 분야를 시작으로 점차 광범위하게 확산된다.[71]

---

68) Butler, Collins, & Fellenz(2007), p. 99.

69) Walsh(1994), p. 63.

70) Walsh(1994), p. 63.

71) Walsh(1991), pp. 63, 65. 키론 월시(Kieron Walsh)는 영국 정부의 공공서비스 관리에서 마케팅 채택노력을 1980년대 말까지도 주변적이고 미미하였던 것으로 평가한다. 그 이유를 그때까지는 아직 신공공관리 개혁이 구체적인 모습으로 나타나기 전이어서 정부부문에 마케팅에 대한 호의적인 환경이 충분히 발전하지 못했기 때문이라고 설명한다.

영국이 신공공관리 개혁에서 마케팅 기법을 본격적이고 체계적으로 도입을 추진했다면,[72] 미국에서는 1980년대 의회가 정부기관이나 기존의 서비스 프로그램들에 대한 예산지원을 축소하자 정부기관들(박물관, 미술관, 체육 시설 등)이 각자 자구책으로 자체 수입을 늘리기 위한 방법으로 마케팅을 도입한다. 영국과 비교하면 개별적, 임의적인 채택이다. 하지만 정부부문에 마케팅의 도입은 공공서비스의 전통적인 정치적 관리(political management) 차원에 의한 제공에서 경쟁, 시장적, 사업적 관리로의 전환을 의미한다.[73]

3. 영국의 베스트 가치(Best Value) 정책

베스트 가치 정책은 영국 토니 블레어(Tony Blair, 1997~2007) 노동당 정부가 1999년 「지방정부법(Local Government Act)」 개정을 통해 기존의 의무적 경쟁입찰 정책을 폐지하고 도입한 정책이다. 베스트 가치 정책은 6가지 원칙에 기초한다.[74] 첫째, 지방정부가 제공하는 모든 서비스는 「지방정부법」이 정한 품질과 비용 기준을 충족해야 한다. 둘째, 모든 서비스는 지역사회의 욕구에 대한 대응이어야 한다. 셋째, 지역사회 구성원들은 누구나 서비스에 접근할 수 있어야 한다. 넷째, 지방정부는 서비스를 지역사회를 위하여 지속적으로 혁신해야 한다. 다섯째, 지방정부는 서비스 제공과 관련하여 정기적으로 지역사회와 협의하는 프로그램을 만들어야 한다. 여섯째, 지방정부는 이상의 원칙들과 관련한 성과를 지역사회에 정기적으로 보고한다. 호주도 베스트 가치 정책을 채택하고, 호주 빅토리아주의 「지방정부법」은 이러한 원칙을 적용할 때 고려해야 할 요인들로 정부와 민간부문 중 누가 보다 더 나은 서비스를 제공할 수 있는가, 서비스 전달의 돈의 가치(value for money)[75]가 얼마인가, 지역사회의 기대와 가치는 무엇인가, 지역사회 서비스의 접근 가능성과 그에 대한 지불 능력 간의 균형점은 어디인

---

72) Bouzas-Lorenzo(2010), p. 113.

73) Walsh(1994), p. 63.

74) Local Government Act 1999. www.legislation.gov.uk. 검색일 2019.11.16.

75) 'value for money(돈에 합당한 가치)'는 마크 무어(Mark H. Moore)가 1994년 논문 '전략의 초점으로서의 공공가치(Public Value as the Focus of Strategy)'에서 처음 공공가치 개념을 도입하면서 사용한 표현으로 미국에서는 충격적으로 받아들일지 모르지만 공공가치가 납세자들이 공공서비스를 과연 돈을 낼만한 가치가 있는 것으로 보는가는 오스트레일리아 정부부문(public sector)에서는 특별하지도 않다고 말한다. 베스트 가치 정책이 공공가치의 제도적 구현이라는 것을 시사하는 대목이다. Moore(1994), p. 296.

가 등으로 제시한다.[76]

　베스트 가치 정책은 기존 의무경쟁입찰제도의 문제점을 수정하기 위한 노력이다. 노동당 정부는 존 메이저(John Major, 1990~1997) 보수당 정부가 공공서비스 품질경쟁을 의무적으로 도입했지만, 경쟁 도입에만 집중하면서 초점을 품질이 아닌 경쟁에 두어 정작 정책이 목표로 한 품질개선에는 충분한 주의를 기울이지 못했다고 주장한다. 또 경쟁 업무에 많은 비용이 소요되어 능률성 개선 효과가 크지 않았고, 의무적으로 경쟁을 도입하여 융통성이 낮았다. 결과적으로 서비스 공급기관이나 서비스 공급에 참여한 민간사업자들 모두 기대한 편익을 얻지 못했다고 비판한다. 노동당 정부는 이러한 문제점을 개선하고자 베스트 가치 정책에서 공공서비스 제공의 경제성, 능률성, 효과성을 강조한다.

　영국의 베스트 가치 정책에서 공공서비스 제공 기관들은 자신의 서비스 공급과 민간사업자에 의한 공급 간의 차이를 검토하고, 지역 주민, 비즈니스 업체들과의 협의와 더불어, 공급자 경쟁이 있는가, 그럴 이유 및 방법이 있는가를 확인한다. 지방정부 기관들은 첫째, 전략적 목표를 수립한다. 이 단계에서 주요한 질문은 왜 서비스가 존재해야 하는가? 서비스 전달 성과를 달성하기 위하여 무엇을 해야 하는가? 서비스 생산과 전달을 얼마나 잘 해야 하는가이다. 둘째, 지속적 품질개선 노력이다. 서비스는 이용자의 경험에 기초해야 한다. 셋째, 공정한 접근의 보장이다. 고객은 누구라도 서비스 이용에 불편과 차별을 받지 않아야 한다. 넷째, 집행으로 서비스의 전달이다. 지방정부 각 부서는 회계 연도 시작에 맞추어 매년 다음 해를 위한 베스트 가치 성과지표(Best Value Performance Indicators, BVPIs)를 설정한다. 지방정부들은 BVPIs에 따라 자신들의 서비스를 평가하고, 중앙정부 감사원(Audit Commission)은 이들이 제출한 결과를 확인한다.

　베스트 가치는 지방정부 서비스에 대한 고객의 만족이고, 베스트 가치 정책은 모든 서비스의 초점을 고객과 고객만족에 둔다.[77] 영국이나 호주는 공공서비스 제공에 현재도 이 시스템과 정책을 시행하고 있다.[78]

---

76) Local Government(Best Value Principles) Act 1999. Act No. 59/1999.
　　http://www.legislation.vic.gov.au. 검색일 2019.11.16.

77) Wisniewski(2001), p. 380. Best Value. https://en.wikipedia.org. 검색일 2019.1.3.

78) Best Value Statutory Guidance. https://assets.publishing.service.gov.uk. 검색일 2019.11.14.

4. 정부조직 및 공공기관의 개혁

1) 영국 정부의 개혁

신공공관리 개혁의 골자는 경쟁과 시장적 접근을 통한 성과(능률성과 서비스 품질)의 개선이다. 영국 정부는 개혁을 통하여 기업과 같은 수준의 능률성과 서비스 품질을 추구한다. 다음은 개혁의 주요 내용이다.

첫째, 국영기업의 매각과 독점적 서비스 분야에 민간사업자 참여의 허용이다. 국영기업들은 독점적 서비스로 생산성, 소비자 만족도가 모두 낮았다. 대처 정부 (Thatcher Government, 1979~1990)는 민영화를 선거 공약으로 집권 후 1990년까지 국영항공사를 비롯한, 통신, 철강, 가스, 발전, 수도 등의 기업 40개를 매각하여 산업 분야 고용에서 국영기업이 차지하는 비율을 9%에서 2% 이하로 낮춘다.[79] 국영기업은 비능률적이고 성과도 낮은 반면 민간기업은 비용절감, 서비스 품질개선, 혁신 등에 뛰어나다는 믿음에 기초한 것으로, 민영화 추진은 침체에 빠진 경제 위기를 극복하기 위한 시장 지향적 개혁이었다. 정부가 민영화(privatization)에 성공하면서, 민영화는 일반인들에게도 친숙한 용어로 자리 잡는다. 또 유럽뿐만 아니라 전 세계 각국의 민영화 추진을 자극한다.[80]

둘째, 민간위탁으로 정부가 정책설계의 역할은 유지하되 공공서비스의 전달에는 민간사업자들의 참여를 허용하고 경쟁을 도입한다. 정책결정과 집행자, 공공서비스 생산자와 전달자의 분리이다. 정부조직들이 기존에 공공서비스를 생산에서 전달까지 독점하던 것을 전달에 민간사업자들이 참여하고 상호 동등한 입장에서 품질과 비용의 경쟁을 통하여 서비스를 제공한다.

셋째, 조직 간 경쟁의 도입이다. 정부업무의 성과평가와 인센티브 부여로 조직 간에 경쟁을 유도한다.

넷째, 정부조직에 독립성과 자율성을 부여한다. 영국 중앙정부는 1988년 넥스트 스텝(Next Steps) 프로그램을 도입한다. 이 프로그램은 정부 부처조직 가운데 단순 집행 또는 서비스 전달 기관을 책임집행기관(executive agency)[81]으로 지정한 다음 부처

---

79) Center for Public Impact. https://www.centreforpublicimpact.org. 검색일 2019.8.3.; Edwards(2017), p. 90.

80) Edwards(2017), p. 89.

81) 넥스트 스텝 기관(Next Steps agency)이라고도 한다. 정부 부처조직의 일부나 업무와 예산에서 부처 통제를 받지 않는 조직이다.

로부터 업무와 예산을 분리하여 기관장이 자유로운 의사결정을 할 수 있게 한 것으로, 목적은 조직의 집행 기능이나 서비스 전달 업무를 부처의 통제로부터 독립시키고 준자율성(semi-autonomous)을 부여함으로써 경쟁을 통한 업무의 능률성, 효과성을 제고하고 보다 높은 품질의 서비스, 고객만족의 성과를 얻기 위한 것이었다. 부처가 특정 조직을 책임집행기관으로 지정하면 해당 기관의 장은 성과 목표를 정하고, 예산 및 관리상의 자유를 부여 받는다. 제도를 도입하고 10년이 지난 1998년에 이르면 책임집행기관은 "특허청, 운전면허사업소, 여권관리청, 국가통계사무소, 사회보장급여사무소, 토지등기사무소, 공무원대학, 왕립공원사무소, 기상대 등 총 142개"에 달하고, "전체 공무원의 78%"가 이곳에서 근무한다.[82] 책임집행기관제도는 영국 정부가 관료제 폐해를 극복하기 위한 선택으로 이전에 없던 대담한 개혁이라는 점에서, 행정조직과 관리에서 '조용한 혁명(quiet revolution)'으로 불린다.[83]

다섯째, 공공기관에 대한 경쟁, 자율성, 책임성의 보장이다.

2) 한국의 도입

한국도 신공공관리 개혁에 참여하지만 유럽 국가들과는 몇 가지 점에서 차이가 있다. 첫째, 1990년대 후반으로 상대적으로 상당히 늦다.[84] 둘째, 목적이 유럽은 정부 관료제의 비효율성 극복이라면 한국은 국가부도 위기로부터의 탈출이었다. 셋째, 개혁은 짧은 시기 동안 급격하고 대폭적이었다. 정부는 IMF 체제(1997.12~2001.8.) 동안 광범위한 개혁에 착수한다. '구제금융의 위기' 극복을 내세우면서 짧은 기간 동안 주요 공기업들을 매각 또는 분할하고 공공서비스 생산과 전달의 체제, 철학과 언어, 방법을 바꾼다. 정부와 시민 간의 관계도 다시 정의한다. 경쟁원리에 따른 운영과 성과관리를 강화하고자 책임운영기관제도를 도입하여 행정 및 재정적 자율성을 부여하고, 정부조직(중앙행정기관)을 공공기관(공기업)으로 바꾸거나 공공법인으로 전환하는 법인화 작업을 추진한다. 개혁의 보다 구체적 내용은 다음과 같다.

---

82) Butcher(1995), p. 61.

83) Butcher(1995), p. 61.

84) 「행정서비스헌장 제정 지침」(대통령훈령 제70호) 발표는 1998년이다. 공공기관에 대하여는 2008년 「공기업·준정부기관 경영 및 혁신에 관한 지침」 및 「기타 공공기관의 혁신에 관한 지침」 참조. 정부부문은 이를 통해 고객 헌장, 고객만족 경영, 고객 조사를 제도화한다. 현재 「행정서비스헌장 규정」(대통령훈령 제257호. 2009.9.4.)이 있고, 인사혁신처는 민원행정서비스 분야에 별도의 「인사혁신처 민원행정서비스헌장 운영규정」(인사혁신처훈령 제36호, 2016.2.3.)을 제정하여 운영한다.

첫째, 정부는 1999년 「책임운영기관의 설치·운영에 관한 법률」을 제정한다. 제1조는 목적을 "행정 운영의 효율성과 행정서비스의 질적 향상"으로 규정하고, 제2조 제1항은 책임운영기관을 "정부가 수행하는 사무 중 공공성을 유지하면서도 경쟁 원리에 따라 운영하는 것이 바람직하거나 전문성이 있어 성과관리를 강화할 필요가 있는 사무에 대하여 책임운영기관의 장에게 행정 및 재정상의 자율성을 부여하고 그 운영 성과에 대하여 책임을 지도록 하는 행정기관"이라고 정의한다. 제6조는 "교육부장관, 행정안전부장관 및 지방자치단체의 장은 이 법의 취지에 따라 지방자치단체에 책임운영기관에 관한 제도를 도입하도록 노력"할 것을 규정한다.

한국은 책임운영기관을 영국의 집행기관(executive agency)을 모델로, 기업형 조직으로 설계한다.[85] 책임운영기관은 기존의 정부조직과는 달리 신공공관리 개혁의 철학과 사고에 기초하여, 경쟁원리에 기반한 성과 지향적 운영, 고객만족과 생산성 개선을 지향한다. 목적은 공공가치의 창출이고, 설치 기준은 결정이 아닌 집행이나 단순히 서비스 제공 업무를 취급하는가, 비즈니스처럼 사업적 운영이 필요한가, 독립 채산제에 의한 운영이 가능한가(수익자 부담 원칙을 적용한 사용료나 수수료 등 자체 수입이 있고 이것으로 운영비의 전부 또는 일부를 충당할 수 있는가) 등이다. 기관의 장은 공무원 또는 민간인을 대상으로 공개 모집하고, 부처는 기관장과 임기, 실적 계약을 맺고 업무수행에 필요한 조직, 인사, 예산, 회계 등에 관한 자율권을 부여한다.[86] 부처 조직과 기관장은 수평적 계약에 기초한 제한적 감독 관계로 정부는 1년을 단위로 기관장의 경영 실적을 평가하고, 연봉, 재계약으로 책임을 묻는다. 직원은 공무원으로 공공기관이나 민간위탁 사업체의 직원들과는 다르다. 책임운영기관은 2019년 현재 조사 및 품질관리 분야 11개, 연구 12개, 교육 훈련 5개, 문화 8개, 의료 9개, 시설관리 4개, 기타 2개이고, 성과는 행정안전부가 자체 사업(리더십 및 전략, 조직운영, 고객만족도)과 성과(사회적 가치구현, 서비스 혁신, 개선사항 반영)로 나누어 평가한다.[87]

둘째, 「공공기관의 운영에 관한 법률」(2007)을 제정하여 공공기관의 자율 및 책임경영을 보장한다. 동법 제1조는 목적을 "자율 경영 및 책임경영 체제의 확립"과 "대국민 서비스 증진"으로 규정한다. 공공기관(공기업, 준정부기관, 기타 공공기관)은 정부가

---

85) 김국현(1999), pp. 26-27. 영국의 책임집행기관제도는 먼저 캐나다와 뉴질랜드가 1990년, 1992년 각각 벤치마킹하고 이후 세계 각국으로 확산된다.

86) 「책임운영기관의 설치·운영에 관한 법률」 제1조 참조.

87) 국민중심 서비스기관으로 진화한 책임운영기관은? 정부24. https://www.gov.kr/portal. 검색일 2019.8.5.

직접 설립, 출연했거나 지원하는 기관으로, 이 법률은 자율, 책임 경영의 보장으로 효율성 개선, 고객중심 서비스 전달을 요구한다. 공공기관 가운데 시장형 공기업은 정부 예산 의존성이 낮다. 시장에서 상품으로 민간기업이나 사업자들과 경쟁하고 마케팅은 필수적이다. 준시장형 공기업(그랜드코리아레저, 한국마사회, 한국도로공사 등)이나 기타 공공기관(국립중앙의료원, 국립암센터, 국립대학교 병원)[88] 등도 정도의 차이는 있으나 시장에서 상품을 제공하고 마케팅 한다. 시장에서 수입창출 목적이 아니라 수익자 부담 차원에서 입장료, 사용료, 임대료, 기부금 등을 받는 경우도 마케팅 개념(marketing concept. 고객 중심적 사고, 필요와 욕구조사, 부서 간 시장수요 정보의 공유, 고객가치 생산의 중요성 인식)은 공공가치의 생산에 필수적이다.

셋째, 법인화의 추진이다. 정부는 경영 효율성(전문성 확보, 수익성 제고), 시장지향성과 경쟁력, 책임 경영, 재정 자립도 개선, 서비스 품질 향상, 고객만족도 제고 등을 목적으로,[89] 기존 중앙행정기관의 소속기관들을 특별법 제정이나 「민법」 관련 조항을 근거로 공공기관이나 정부 유관 기관(공공 법인)으로 전환한다. 정부 관료제 조직의 비능률성과 낮은 성과를 자율성과 독립성의 확대로 해결하기 위한 시도이다. 한국철도공사(KORAIL, 코레일)는 철도청으로 중앙행정기관이었으나 2003년 「한국철도공사법」을 제정하여 국토교통부 산하의 공기업(현재 준시장형 공기업)으로 전환한다. 또 보건의료서비스를 확대하면서 2009년 「국립중앙의료원의 설립 및 운영에 관한 법률」을 제정하여 국립중앙의료원을 보건복지부 산하 기타 공공기관으로 지정한다. 서울시는 세종문화회관을 산하기관으로 운영했으나 1999년 「민법」상 재단 법인으로 전환하여 독립시킨다. 하지만 국립과천과학관(과학기술정보통신부 소속기관)은 정부가 법인화하여 자체 사업 수익으로 서비스 품질을 개선하려는 정책을 확정했으나 노동조합의 반대로 성공하지 못한다. 노동조합은 법인화하면 수익 극대화를 목적으로 관람료를 무리하게 인상하여 공공성(국민의 과학체험, 교육과 대중화, 창의적 과학인재의 육성 등)이 훼손될 것이라고 주장한다.[90]

넷째, 성과평가와 인센티브제의 채택이다. 정부는 2006년 「정부업무평가기본법」 제정으로 정부조직과 공공기관의 성과관리 체계를 구축한다. 이 법률은 "정책 등의 계획 수립과

---

88) 근거 법률은 「서울대학교병원 설치법」으로, 제1조는 목적을 "의학 발전을 도모하고 국민 보건 향상에 기여"라고 규정한다.

89) 한국조직학회(2010). 「국립과천과학관을 법인화하여 공공기관으로 전환」, pp. 8-9, 10, 37, 39 참조.

90) 국립과학관 법인화 논란 '수면위.' 디지털타임스, 2008.12.21.

집행 과정에 대하여는 자율성"을 보장하고, "정부업무의 성과·정책 품질 및 국민의 만족도"를 제고하기 위한 것으로, 평가결과에 따른 "소속 부서·기관 또는 공무원에게 포상, 성과급 지급, 인사상 우대 등"을 규정한다. 평가결과의 공개, 예산·인사 등과의 연계, 우수 기관 또는 개인에게 보상 등으로 경쟁을 촉진한다.

기타 민간위탁의 확대이다. 민간위탁은 1980년대 미국, 영국 등이 정부 관료제의 비효율, 재정 위기의 극복, 작은 정부를 위한 개혁에서 선호하였고, 한국에서는 김영삼 정부, 김대중 정부가 민간위탁을 통하여 행정에 민간 참여를 크게 확대한다.91) 경쟁, 독립 및 자율적 운영과 책임, 성과평가, 민간위탁 등은 정부부문에 마케팅 환경과 도입의 기회를 크게 늘린다.

5. 새로운 관리 기법

각국은 신공공관리 개혁 동안 기업으로부터 다양한 관리기법을 도입한다. 공공서비스 제공의 경제적 능률성 개선을 넘어 성과 개선, 책임성 향상을 위한 것이었다.92) 한국도 1990년대 말 중앙정부 부처, 지자체, 공기업, 기타 공공기관들이 조직의 미션과 비전, 전략적 기획, 고객 중심적 서비스, 고객만족을 표방하면서, 성과관리와 생산성 개선, 책임성 향성 등을 위하여 다양한 민간 관리기법을 채택한다. 총체적 품질관리(Total Quality Nanagement, TQM), 목표관리제(Management By Objective, MBO), 시민헌장, 성과평가와 인센티브제, 아웃소싱, 비즈니스 프로세스 리엔지니어링(Business Process Reengineering, BPR), e-정부, 학습조직, 균형성과평가제도(Balanced Score Card,

---

91) 한국법제연구원(2007), 「행정권한의 민간위탁의 범위와 사후 관리방안에 관한 연구」(연구보고서), p. 15. 법적 근거는 「정부조직법」 제6조 제3항으로, 민간위탁을 권한의 위임 및 위탁과 구분하여 "행정기관은 법령으로 정하는 바에 따라 그 소관 사무 중 조사·검사·검정·관리 업무 등 국민의 권리·의무와 직접 관계되지 아니하는 사무를 지방자치단체가 아닌 법인·단체 또는 그 기관이나 개인에게 위탁할 수 있다"고 규정한다. 「행정권한의 위임 및 위탁에 관한 규정」은 제3장에서 민간위탁의 구체적 기준과 절차를 규정한다.

92) Kotler & Lee(2007a), p. 8. TQM(Total Quality Management. 종합적 품질관리라고도 한다)은 1997년 제주도, 경기도 이천시, 서울시 강동구가 처음 채택하고, 목표관리제(Management By Objectives)는 1998년 행정자치부(현 행정안전부)의 시범 실시를 거쳐 1999년 중앙부처 23개 기관과 광역시·도가 도입한다. 성과평가와 인센티브에 따른 보수, 학습조직 등의 채택도 광범위하게 이루어진다. 박세정(1999), p. 164.

BSC)93) 등이 그 예이다. 정부와 광역자치단체 공무원 교육기관들이 먼저 교육과정에 공공서비스 마케팅을 포함시켜 실무자들의 교육을 시작한다.

상품시장과 마케팅 믹스

1. 공공서비스 상품의 시장

정부조직이나 공공기관이 제공하는 서비스 상품의 시장은 다음 <그림 1>과 같이 나누어 볼 수 있다.94)

▼ 그림 1 **공공서비스 상품 시장의 유형**

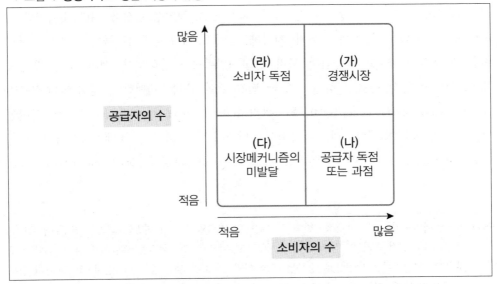

---

93) 균형성과평가제도는 조직의 비전과 전략 목표의 달성을 위한 활동을 재무(판매 성장, 현금 흐름, 수입 등), 고객(고객과 이해관계자에게 무엇이 중요한가), 내부 프로세스(고객 접촉부터 서비스 공급까지의 시간 단축 등), 학습과 성장(직원들이 어떻게 지속적으로 개선, 혁신하고, 고객과 이해관계자의 가치를 창조해 낼 것인가), 4가지 차원의 성과지표에 의하여 평가하고 관리하는 전략적 성과관리 제도이다.

94) National Audit Office(2013). *Deciding prices in public services markets: principles for value for money*, p. 5. 그림 1의 수정. https://www.nao.org.uk. 검색일 2018.8.25.

정부조직이나 공공기관이 어떤 시장에서 공공서비스를 제공하는가에 따라 서비스 성격, 제공하는 방법은 달라진다. (가)는 경쟁시장으로 공급자와 소비자의 수가 모두 많은 시장이다. 정부조직의 일부(예 우정사업본부), 공공기관 중에서는 시장형 공기업이 이러한 시장에서 서비스를 제공한다. 서비스는 상업적 상품의 성격을 갖는다. 마케팅 개념이나 전략 및 기법의 적용이 필수적이다. (나)는 공급자가 하나이거나 소수인 독점 또는 과점 시장이다. 정부가 공급하는 순수 또는 준공공서비스가 여기에 속한다. 정부가 법률에 기초하여 제공하는 서비스이다. 정부부문이 제공하는 순수 공공서비스는 법적 책임이고, 국민들의 소비는 권리 또는 의무로, 시장 상품으로서의 성격은 매우 적다. 마케팅 개념은 필요하지만 4Ps의 적용에는 어려움이 있다. 반면 과점시장에서 공공기관이 제공하는 준공공서비스는 상대적으로 보다 시장 상품에 가깝다. (라)는 공급자는 많은데 소비자가 적은 소비자 독점 시장이다. 정부가 공급자 보호를 위하여 개입하는 시장이다. 공공서비스는 정부의 규제와 보호로 상품보다는 법적, 정치적 책임서비스이다. 농수산물의 과도한 또는 일시적 집중 출하에 따른 가격 폭락 시 농민의 피해를 막기 위한 수매(收買) 서비스가 그 예이다. (다)는 상품 공급자도 수요자도 없어 시장이 형성되지 않는 시장 미발달의 영역이다. 정부가 서비스를 제공하지만 시장적 거래의 상품은 아니다.

2. 마케팅 믹스

1) 제품마케팅 믹스에 대한 비판

서비스마케팅이나 비영리마케팅, 산업마케팅[95] 분야 연구자들은 전통적인 마케팅 믹스 4Ps는 기업이 1960년대 대량생산 제품 마케팅을 위해 만든 것으로 자신들의 분야에서는 부적절하다고 비판한다.[96] 기업은 수익 개선, 성장의 기회 모색, 시장점유율 제고 등의 목적을 달성하기 위하여 4Ps를 주요한 마케팅 도구로 이용하지만, 은행, 항공사, 로펌, 여행사, 보험 회사, 레스토랑 등의 서비스 분야에서는 고객들이 신뢰와 민

---

95) 산업마케팅(industrial marketing)은 비즈니스 대 비즈니스 마케팅으로 기업은 완제품 생산을 위하여 원료, 산업 용품을 구매하는데, 산업마케팅은 기업을 대상으로 한 산업 용품(재화와 서비스)의 마케팅으로, 제품마케팅과 달리 일대일 대면 거래이다. 고객은 공급자의 능력을 평가하고 신뢰에 기초하여 상품을 구매한다. 구매 과정에 고도의 전문적 지식을 가진 사람들이 참여하고, 복잡한 단계(제안서 제출, 입찰, 선정, 협상, 계약)를 거치며, 또 오랜 시간이 걸린다.
96) Rafiq & Ahmed(1995), pp. 4-5.

음에 기초하여 구매하기 때문에, 마케팅 방식이 다르고, 그만큼 마케팅 믹스 요소도 달라야 한다고 주장한다.[97] 연구자들은 서비스나 산업마케팅 상품의 생산과 구매 과정은 공장 제품과 비교해 복잡성과 판매자와 구매자 간의 상호 의존성이 훨씬 더 높고, 마케팅에서 고객과의 관계와 상호작용, 개인 간 접촉의 중요성도 더 크다고 말한다. 특히 서비스 상품은 무형성, 소멸성, 불가분성, 이질성 등이 특징인데,[98] 기존 4Ps는 규격화된 제품의 판매를 위한 것이어서 이러한 특징을 고려하지 못한다. 서비스는 상품과 비즈니스 환경 자체가 다른 만큼 고전적인 4Ps 믹스로는 충분하지 않고, 새로운 마케팅 믹스가 필요하다는 주장이다.

버나드 붐과 메리 비트너(Bernard H. Booms and Mary J. Bitner)는 서비스마케팅에서는 4Ps로 충분하지 않다면서 3개의 P(Process, Physical evidence, Participants)를 추가한 7Ps 믹스를 제시한다.[99] 앨런 맥그래스(Allan J. Magrath)도 4Ps가 대량생산 제품의 마케팅에는 적절하지만 서비스상품 마케팅에는 그렇지 못하다고 말하면서, 3P(Personnel, Physical facilities, Process management)를 추가한다.[100] 맥그래스는 산업마케팅 분야는 4Ps에 포장(Packaging)이나 인적 판매(Personal selling)를 다섯 번째 P로 추가해야 한다고 주장하지만 서비스마케팅 분야는 산업마케팅과 달리 상품을 최종 상품 사용자에 판매하는 것인데, 포장과 인적 판매는 단지 4Ps의 상품(Product)과 유통(Place)의 개념을 확장할 뿐이라는 점을 들어 반대한다.[101] 대신 서비스마케팅 기획과 프로그램 개발에 4Ps 외에 자신이 제시한 3Ps의 중요성을 강조하고 추가를 주장한다. 많은 서비스마케팅 연구자들이 서비스의 품질과 고객의 만족도를 결정하는 추가적 요소로 서비스를 제공하는 직원(전문적 지식, 친절 등의 호의적 태도), 물리적 환경(건물이나 시설의 쾌적성이나 청결한 분위기), 서비스 제공 과정(적시에 공급)을 주장하고, 다른 연구자들도 동의하면서,[102] 서비스마케팅 믹스는 기존의 4Ps에 과정(Process), 직원(Personnel), 물리적 환경(Physical environment)을 추가한 7Ps로 자리 잡는다.[103]

---

97) Magrath(1986), p. 47.
98) Rafiq & Ahmed(1995), p. 5; Anitsal et al.(2012), p. 78.
99) Booms & Bitner(1981) 참조.
100) 버나드 붐과 메리 비트너는 3Ps로 process, physical evidence, participants를 제시하고 앨런 맥그래스는 전통적 4Ps에 3Ps로 personnel, physical facilities, and process management를 추가한다. 하지만 내용은 같고 표현만 다를 뿐이다. Booms & Bitner(1981), Magrath(1986) 참조.
101) Magrath(1986), p. 45.
102) Booms & Bitner(1981), Magrath(1986), Rafiq & Ahmed(1995), Anitsal et al.(2012).
103) 직원이나 인원(personnel, person) 또는 참여자, 사람(participants, people)이라고 하거나, 물

2) 추가적 3Ps

첫째, 과정(Process). 과정은 서비스마케팅의 중요한 요소이다. 서비스는 저장할 수 없고 재고(在庫)의 대상이 아니며, 전달과정에서 소비도 일어난다. 과정은 고객이 서비스를 소비하는 데 필요한 절차, 방법, 수단, 기다리는 시간 등으로 이루어진다. 조직이 얼마나 적시에 서비스를 전달하는가, 과정은 얼마나 간단하고 편리한가 등은 모두 고객만족에 영향을 미친다. 과정관리에는 특정 시간에 업무의 과도한 집중을 막고 고객들의 다양한 욕구에 적절히 대응하기 위한 업무스케줄 마련, 수요예측과 물품 준비, 역할 배분, 루틴(서비스 제공을 위한 일련의 절차나 동작)과 매뉴얼 준비, 교육과 훈련, 감독 등이 필요하다.

둘째, 직원(Personnel). 직원(공무원, 교사, 간호원, 은행원, 승무원 등), 서비스를 받고 있는 고객, 순서를 기다리는 이용자 모두가 고객만족에 영향을 미치는 요소들이다.[104] 서비스 상품은 직원들의 무형의 행동과 노력의 패키지로, 둘은 분리가 어렵다. 고객은 직원들의 업무 지식, 행동이나 태도 등을 조직이나 서비스의 품질로 인식한다. 고객과의 접촉 빈도가 높은 서비스마케팅(구청 민원실, 코레일, 우체국, 자동차등록사업소, 보건소, 주민센터 등)에서는 직원들이 얼마나 직무 훈련이 잘 되어 있는가, 책임을 다하는가, 표정 관리를 잘 하는가 등이 중요하다. 직원뿐만 아니라 고객(참여자나 관람자)과, 고객들 간의 관계도 서비스마케팅에서 중요하다. 교육 프로그램 운영에서 고객인 참여자, 전시회, 박물관이나 공연 서비스에서 관람객들은 서비스마케팅에서 구전을 만들어내는 사람들이고, 이들의 행동 또한 다른 고객의 만족에 영향을 미친다.[105]

셋째, 물리적 환경(Physical environment). 물리적 환경은 서비스의 전달과 소비가 일어나는 건물, 시설뿐만 아니라 인테리어, 생산과 전달에 수반된 직원 복장, 업무용 차량, 장비나 도구, 사무 용품, 웹사이트, 자격증이나 허가증, 수료증서, 이름표 등으로 이루어진다. 영수증도 서비스의 브랜드 네임, 가격, 수량, 특징, 주소, 홈페이지, 연락처, 이용 시간 등의 마케팅 믹스 정보, 품질 보증, 포지셔닝 메시지(예 "100% 고객만족,

---

리적 환경을 물리적 시설(physical facilities), 물리적 자산(physical assets), 물리적 증표 (physical evidence. 영수증도 여기에 포함된다)라고 표현하고, 과정(process)은 과정관리 (process management)라고도 한다. 이는 서비스 생산과 전달의 여러 다른 상황(근로자 역량 강화 프로그램, 극장, 커피 전문점, 피트니스 센터 등)을 가정했기 때문이다.

104) Rafiq & Ahmed(1995), p. 6; Anitsal et al.(2012), p. 79. Magrath(1986), Booms & Bitner(1981) 참조.

105) Rafiq & Ahmed(1995), p. 7.

100% 품질 보장")를 전달하는 물리적 환경의 일부이다.[106) 고객은 이러한 환경과 조건을 보고 서비스의 품질을 인식한다. 물리적 환경은 상품의 품질처럼 고객의 만족이나 기분에 영향을 주는 만큼 품질이 우수해야 한다. 가격을 낮추어도 물리적 환경의 질이 저급하면 판매 성과를 만들지 못하고 고객도 만족시키기 어렵다. 물리적 환경의 영향은 상품이 서비스처럼 무형적일 때 증가한다.

3) 7Ps

다음 <표 1>은 7Ps와 구성 요소들에 대한 설명이다.[107)

▌표 1 **7Ps와 구성 요소**

7Ps	구성 요소
상품(Product)	품질, 특징과 옵션, 스타일, 브랜드 네임, 서비스 종류, 품질 보증, 성능, 부속물
가격(Price)	가격, 할인이나 면제, 고객이 인식하는 가치, 지불 조건, 품질과 가격의 상호작용, 가격 차별화
유통(Place)	장소, 접근성, 배포 채널과 범위, 직판점, 판매 지역, 운송 수단
프로모션(Promotion)	광고, 홍보, 직접 소통, 판촉(콘테스트, 쿠폰, 사은품 행사 등), 판매원
과정(Process)	서비스 제공 절차, 자동화, 업무 배분, 고객 참여, 고객 이동, 활동의 흐름
직원(Personnel)	직원, 훈련, 직무 역량, 몰입, 인센티브, 외모, 태도, 고객과의 상호작용
물리적 환경 (Physical environment)	환경, 건물, 시설, 장비, 가구, 칼라, 레이아웃(layout), 인테리어, 소음 등

유럽 비즈니스 분야 마케팅 연구자들을 대상으로 한 4Ps와 7Ps에 대한 태도나 인식의 연구에 따르면 응답자들은 추가적 3Ps 중 직원, 사람, 참여자를 가장 광범위하게 수용한다. 다음은 과정, 물리적 환경을 중요한 요소로 평가하였다.[108) 서비스마케팅에서 사람의 중요성을 보여준다. 서비스마케팅 연구자들은 정도의 차이만 있을 뿐 모든 상품들은 서비스 요소를 갖고 있고, 공장이 무엇을 생산하든 구매자들이 시장에서 사

---

106) Anitsal et al.(2012), pp. 79−80.

107) Anitsal et al.(2012), p. 81로부터 재작성하였다. 원문에서는 사람(People), 물리적 시설(Physical facilities)로 기술하지만 공공서비스의 특성을 반영하여 이 책에서는 표현을 직원(Personnel), 물리적 환경(Physical environment)으로 바꾸었다.

108) Rafiq & Ahmed(1995), pp. 13−14.

는 것은 사실상 서비스라는 점을 강조하면서,[109] 7Ps 믹스를 4Ps 대신 마케팅 모든 분야에 적용할 것을 주장한다.[110]

3. 4Ps와 7Ps의 비교

다음 <표 2>는 전통적 마케팅 믹스 4Ps와 서비스마케팅 연구자들이 주장하는 7Ps의 차이, 강점과 약점에 대한 비교이다.[111]

▮ 표 2 4Ps와 7Ps의 비교

	4Ps	7Ps
강점	• 단순하고 이해하기 편리하고, 기억하기 쉽다 • 마케팅 입문적 교육에 좋은 마케팅 도구이다. • 유용한 개념적 틀이다. • 간결성이 높다. • 다양한 마케팅 문제에 적용할 수 있다.	• 포괄적이고 자세하다. • 4Ps의 약점을 보완하였다. • 시각이 넓다. • 직원, 사람, 참여자, 과정, 환경을 고려한다.
약점	• 너무 간단하여 충분히 포괄적이지 못하다. • 직원, 사람, 과정, 물리적 환경, 관계 마케팅, 서비스의 고려에 미흡하다. • 마케팅 믹스 요소 간의 연결이나 통합이 부족하다. • 정적(靜的)이다.	• 복잡하다. • 추가적 3Ps는 4Ps에 비해 상대적으로 조직이 통제하기 어렵다.

마케팅 분야 많은 연구자들이 4Ps보다는 7Ps가 보다 적절하다는데 동의하면서 서

---

109) Rafiq & Ahmed(1995), pp. 6-7.

110) 모하메드 라히크와 펄바이즈 아메드(Mohammed Rafiq and Pervaiz K. Ahmed)는 유럽 마케팅 연구자들을 대상으로 한 4Ps에 대한 불만족과 7Ps를 마케팅 전반에 적용하는 것에 대하여 어떻게 생각하는가를 묻는 질문지 서베이에서 응답자들의 4Ps 믹스에 대한 높은 불만족, 4Ps는 마케팅 입문 과정이나 제품 마케팅에 보다 적합하다는 생각, 7Ps 믹스에 대한 높은 수용 태도를 발견한다. 이러한 결과를 근거로 7Ps가 전통적 4Ps보다 이점(利點)이 명백한 만큼, 서비스마케팅 이외에 다른 마케팅 분야도 4Ps보다 7Ps의 사용이 필요하다고 주장한다. Rafiq & Ahmed(1995), pp. 5, 9, 13.

111) Rafiq & Ahmed(1995), p. 13의 Table Ⅶ를 다시 작성하였다. 이 연구는 직원이 아닌 사람, 참여자만을 3Ps의 하나로 설명하나 대상을 비즈니스 분야 서비스 상품에 초점을 두어서 그런 것이라는 점에서 여기서는 직원을 추가하였다.

비스 분야에서 마케팅 믹스는 7Ps로 자리 잡는다. 하지만 8Ps를 주장하는 연구자도 있다.[112] 멜레워와 존 사운더(T. C. Melewar and John Saunders)는 7Ps에 출판(Publication. 인쇄물을 통한 정체성의 전달)을 추가하여 8Ps를 주장한다. 기업의 비주얼 정체성 프로그램의 주요 요소는 그래픽 디자인을 이용한 로고, 이름, 상징, 글씨체, 슬로건 등이고, 커뮤니케이션은 출판물(Publications. 문방구, 서식, 책자 등)을 이용하는데, 기존의 7Ps에서 물리적 환경이나 증표는 출판이라는 서비스 상품의 핵심 이미지 표출 수단을 누락하고 있다고 말한다.

제6절 상품개발과 품질의 관리

1. 공공서비스 상품의 개발

상품개발은 기존 서비스에 새로운 편익요소의 추가나 이전에는 없었던 새로운 종류의 서비스를 만들어내는 과정이다. 주로 시장의 개척, 수요나 환경의 변화에 대응하기 위한 전략으로, 문제 인식 → 고객욕구의 분석 → 창의력 기반 혁신 아이디어의 도출 → 컨셉 개발과 테스트 → 사업성 분석(조직 미션과 비전, 전략적 목적에 기초한 적합성 판단, 시장 수요, 기대 비용과 수익의 검토) → 베타 버전(beta versions. 시제품) 개발과 시장성 테스트(패널 구성, 실제 상황에서의 공개 테스트, 결과에 기초한 결함의 확인 및 보완) → 상품생산과 마케팅 믹스의 개발 → 론칭(출시)의 단계로 이루어진다. 공공서비스 상품개발은 서비스의 성격에 따라 차이가 있다. 순수 공공서비스는 정부와 국민과의 관계가 법적 책임, 권리나 의무에 관한 것이어서 의회가 서비스 개발 과정을 주도하고, 정부 역할은 집행으로 제한적이다. 반면 준공공서비스나 사적 서비스상품 개발에서는 정부조직이나 공공기관의 역할이 크게 증가한다. 산림청은 산림복지 분야 다양한 준공공서비스를 제공한다. 국회가 입법을 통해 복지 서비스의 종류, 범위, 내용, 방향 등 상품을 설계하면,[113] 산림청이 미션, 비전, 전략적 목표에 기초하여 사업 또는 시행계획(자

---

112) Melewar & Saunders(2000), pp. 538, 543.

113) 「산림기본법」은 산림복지를 "산림 문화·휴양, 산림 교육 및 치유 등의 서비스"로, 산림청장의 임무는 "산림복지의 증진에 관한 기본 계획 수립·시행"으로 규정한다. 「산림문화·휴양에 관한

연휴양림, 산림욕장 등 설치 및 운영을 위한)의 수립 및 매뉴얼을 마련하고, 소속기관(지방산림청)은 개별 사업의 설계와 시행을 통하여 계획을 상품으로 전환한다.[114] 이 과정에서 상품개발은 개별 사업의 종류, 위치 선정, 시설의 규모와 배치, 내용(숙박, 편익, 위생시설, 체험과 교육, 레크리에이션 시설 등)의 구성, 관리 및 운영 방법 등의 결정으로,[115] 문제확인, 고객욕구의 분석, 아이디어 도출과 컨셉 개발, 사업성 분석 등이 필요하다.

반면 강원랜드는 산업통상자원부 산하 시장형 공기업으로 공공기관이지만 주식회사이다. 그랜드코리아레저도 문화체육관광부 산하 준시장형 공기업으로 사행(射倖) 시설을 관리 및 운영하는 상법상의 주식회사이다. 경쟁시장에서 사적 서비스 판매 수익 사업을 하지만 정부는 공익을 목적으로 법률 규정, 지분에 기초한 "임원 임명권한 행사 등을 통하여 이들의 정책 결정에 사실상 지배력"을 행사한다.[116] 따라서 비록 정부조직보다는 자유롭지만 민간기업에 비하면 제한이 있다.

2. 품질 척도

공공서비스의 품질관리는 품질 요소의 식별, 유지 및 개량의 과정으로, 품질 수준의 측정을 전제하고 척도는 측정의 수단이다. 서비스 산업 분야는 품질 측정에 파르수파라수라만(A. Parsu Parasuraman) 등이 개발한 SERVQUAL(SERV + QUAL) 척도를 가장 광범위하게 사용한다. 특히 미국에서 연구자나 실무자들이 소비자 만족의 크기에 대한 양적 정보를 얻는데 자주 이용한다. 서브퀄(SERVQUAL)은 서베이 설문지로, 응답자에게 서비스의 중요한 요소들에 대하여 기대하는 이상적인 수준(Expectations score, E. 기대 점수)과 자신이 최근에 직접 경험한 수준(Perceptions score, P. 지각 점수)이 무엇인지 표시하도록 요청한 후, 만족도(Satisfaction, S)는 S = E−P로 계산한다. 또 응답자들에게 어떤 차원이 상대적으로 얼마나 더 중요한가를 묻고, 각 차원에 응답자들이 부여한

법률」은 제4장 '자연휴양림 및 산림욕장 등의 조성 등'에서 산림복지 서비스 제공 방법, 절차를 정하여 제시한다. 「산림기본법」제3조 제3항, 제11조 제8항, 「산림문화·휴양에 관한 법률」제2조 참조.

[114] 국회는 입법을 통하여 산림청(농림축산식품부 소속기관)에 미션을 부여하고, 산림청은 미션 수행을 위한 비전, 전략적 목표와 과제를 설정한다. 비전은 조직이 지속적 노력으로 미래 어느 시점에서 무엇이 되고자 또는 이루고자 하는 희망적인 상태로, 전략적 목표의 수립 및 구체적 사업 수행의 방향 제시 역할을 한다.

[115] 산림청 「자연휴양림 조성·운영 매뉴얼」. https://www.forest.go.kr. 검색일 2019.8.7.

[116] 「공공기관의 운영에 관한 법률」제4조.

가중치를 곱하여 척도 점수를 산출한다. SERVQUAL는 고객의 인식에 기초한 것으로 다음 5가지 차원으로 구성된다.[117]

첫째, 유형적 요소. 서비스를 제공하는 물리적 환경과 시설, 장비, 직원, 커뮤니케이션 도구 등이 얼마나 우수한가이다.

둘째, 신뢰성. 고객에게 약속한 서비스를 신뢰할 수 있고 정확하게 전달하는 능력이다.

셋째, 대응성(responsiveness). 고객을 기꺼이 돕고 즉각적이고 적시에 서비스를 제공하고자 하는 태도나 행동이다.

넷째, 확실성(assurance). 직원들의 서비스 전달 능력(지식과 예의)에 대한 신뢰이다.

다섯째, 공감성(empathy). 고객 개인에 대한 배려와 관심이다.

SERVQUAL 점수는 고객이 5가지 차원을 통해 인식한 서비스 품질지수이다. 이 척도에서 신뢰성 차원은 서비스 결과(전달받은 서비스에 대한 고객의 인식)이고, 나머지 차원들은 생산과 전달 과정에 관한 것이다. 서비스 품질은 '고객이 서비스 공급에 대하여 갖고 있는 기대' – '고객이 실제 서비스를 전달받은 경험'이다.[118] 이 척도의 장점은 서비스 생산의 품질뿐만 아니라 전달의 품질도 측정하고, 나아가 고객의 서비스 품질 인식 측정에서 고객이 기대한 바대로 서비스를 생산하여 전달하였는가, 얼마나 고객가치를 실현하였는가의 정보도 제공한다는 점이다.

제7절   가격책정

1. 공공서비스 상품 가격의 책정

공공서비스 가격은 소비자가 서비스 구매와 이용을 위해 지불해야 하는 금액 또는 비용으로, 공급자 입장에서는 가격이고, 구매자에게는 비용이다.[119] 공공서비스 가격은 경제적 요소(수익이나 비용의 보전)와 정치적 요소(법률이나 정치적 고려)의 믹스이

---

117) Parasuraman, Zeithaml, & Berry(1988), p. 13; Parasuraman, Berry, & Zeithaml(1991), p. 41.

118) Parasuraman, Berry, & Zeithaml(1991), p. 41.

119) Proctor(2007), p. 153.

고, 형태는 요금, 관람료, 참가비, 이용료, 수수료, 통화료, 시청료, 납입금 등 다양하다. 가격책정은 서비스상품 가격의 결정과정으로 목적은 사업이나 재정수입의 증대, 비용의 보전, 수익자 부담 원칙의 적용 등이다.

가격책정 개념의 온전한 적용은 정부조직이나 공공기관이 서비스를 기업처럼 상업적 목적으로 판매할 때이다. 하지만 순수 공공서비스는 주권자, 납세자, 공동체 구성원들을 위한 것이어서 안보, 통일, 외교, 치안이나 소방, 환경, 복지 분야 등의 많은 서비스들은 정부가 어떤 금전적 대가도 받지 않고 제공한다. 의무교육(초등교육 6년, 중등교육 3년)은 무료이다.[120] 사용료를 받는 경우도 가격책정보다는 사용자 부담 원칙의 적용이다. 각종 증명서 발급 수수료, 시설 이용료, 입장료, 공영주차장 주차료 등도 서비스 생산과정에서 발생한 비용의 일부 충당이나 수익자 부담 차원의 대가로 비용 보전(補塡)이나 형평성 실현이 목적이다. 순수 공공서비스는 정치적 이유가 경제적 요소를 압도하는 경우로, 가격 개념의 온전한 적용 여지는 그만큼 줄어든다. 하지만 순수 공공서비스를 상업적 거래가 아닌 정치적 또는 사회적 거래로 인식하는 경우, 가격은 시민들이 정부에 지불하는 평가나 지지, 신뢰이다.

공공기관은 정부조직에 비해 상대적으로 많은 상업적 거래 서비스를 제공한다. 정부조직이라도 우정사업본부, 책임운영기관 등은 재정수입 목적의 사업을 하지만 공공기관들은 흔히 자체 사업으로 비용을 충당하고, 특히 시장형이나 준시장형 공기업들은 상업적 목적의 서비스를 판매하고 가격을 책정한다. 상업적 서비스의 비중이 클수록 가격책정은 시장적 요소가 지배한다.

2. 특징

다음은 공공서비스 상품 가격책정의 특징이다.

첫째, 목적은 공공가치의 창출이다. 시장형이나 준시장형 공기업이라고 할지라도 서비스는 궁극적으로 국민들을 위한 것이다.

둘째, 정치적 과정이 주도적 역할을 한다. 민간부문에서 상품의 가격은 경쟁시장에서의 수요와 공급이 결정한다. 수요가 늘면 가격이 오르고 줄면 내린다. 하지만 순수 공공서비스 상품의 가격책정에서는 정치적 과정이 수요를 판단하고 공급도 결정한다. 공공기관이 제공하는 상업적 서비스도 의회와 정부가 정치적 주주들의 이익 관점에서

---

120) 「교육기본법」 제8조.

가격책정 과정에 간섭한다.

    셋째, 법률과 정책의 영향을 받는다.

3. 가격책정의 영향 요인

    공공서비스 상품 가격책정에 영향을 미치는 요인은 정치적, 경제적, 사회적 조건이나 이유 등으로 다양하고, 상품의 종류에 따라 다르다.

    첫째, 법률과 정책, 정치적 요인이다. 정부는 법률이나 정책을 통하여 공공서비스 상품의 가격책정을 규제한다. 정치적 과정이 경쟁시장의 수요와 공급의 역할을 대신한다. 정부, 의회, 이해관계자, 이익집단과, 서비스 이용자 등이 가격책정 과정에 영향을 미친다. 정부와 의회가 지배적 역할을 한다.

    둘째, 공공서비스 가격이 경제에 미치는 효과, 낮은 소득 계층에 대한 영향, 서비스에 대한 사회적 수요 등이다.[121]

    셋째, 수요의 가격 탄력성(수요 변화율 대비 가격 변화율로 가격 변화에 따라 서비스에 대한 수요가 얼마나 민감하게 반응하는가의 정도)이다.[122] 공공서비스 수요의 가격 탄력성이 낮으면 가격을 큰 폭으로 인상하더라도 소비자를 잃지 않고 수입을 증가시킬 수 있다.

    넷째, 공공서비스 가격이 서비스의 지속적 공급과 서비스 질에 미치는 영향이다.

    다섯째, 조직 목표, 시장경쟁과 경쟁서비스 상품의 가격, 서비스 품질, 비용, 손익분기점 등이다.

    이 밖에도 비금전적 요소(사회적, 도덕적 이슈), 이용자들의 기회비용, 이용자가 얼마나 새로운 가격을 기꺼이 지불하고자 하거나 할 수 있는가 등이다.[123]

---

121) National Audit Office(2013). *Deciding prices in public services markets: Principles for value for money*, pp. 9−11. https://www.nao.org.uk. 검색일 2018.8.25.

122) Proctor(2007), pp. 154−155.

123) Proctor(2007), pp. 155−157.

4. 전략

가격책정에서 무엇을 가장 중요하게 고려할 것인가라는 관점에서 전략은 다음 5가지로 나뉜다.

첫째, 생산비 중심 전략. 조직이 공공서비스 단위당 생산에 지출한 비용에 기초하여 가격을 책정하는 방법이다.

둘째, 손익분기점 분석 전략. 서비스 상품의 총수입과 총비용이 같아서 이익도 손실도 발생하지 않는 점이 어디인가를 고려한 가격책정이다.

셋째, 기회비용 분석 전략. 기회비용은 특정 서비스의 편익을 위하여 포기한 다른 서비스의 소비 기회나 편익의 가치로, 경제적 금액뿐만 아니라 소비자가 상품구매를 위하여 지불한 시간, 정보수집 비용, 교통비, 대기 시간 등의 기회비용을 반영한 서비스 상품 가격의 책정이다.

넷째, 사회적 비용 중심 전략. 법적, 윤리적 이슈로 인하여 서비스 품질이 떨어질 위험 등의 비용을 고려한 가격책정이다.

다섯째, 정치적 고려 전략. 가격 변동에 대한 국민들의 인식을 기준으로 한 가격책정 전략이다.[124] 국민들이 자신이 지불한 돈보다도 더 큰 편익을 얻고 있다고 생각하는가? 기대한 것보다 가격이 더 높다고 보는가 등의 고려이다.

민간부문의 가격책정 전략은 동태적 가격책정(dynamic pricing. 시장 수요 변화에 맞추어 실시간 가격의 결정), 가격 차별화 또는 초기 높은 가격책정(price skimming. 조직이 독점적 지위에 있거나 소비자의 가격 탄력성이 낮을 때 처음 높은 가격을 책정하고 이후 낮추어 수익을 극대화하는), 침투 가격책정(penetration pricing. 처음에는 가격을 낮게 책정하여 많은 소비자들의 주목을 받고 선택을 이끌어내어 시장 점유율을 올리는) 등 다양하다. 특징은 핵심 기준이 국민의 이익이 아니라 수익, 판매량, 시장 점유율의 증가 등 사적 이익의 고려라는 점이다. 반면 공공서비스 상품가격의 책정은 정치, 경제, 사회적 조건 등 다양한 요인들을 고려하여 이루어진다. 특히 가격을 올리는 경우, 그 이유를 소비자들이 납득할 수 있어야 한다.

---

124) Proctor(2007), p. 157.

5. 책정 방법

다음은 공공서서비스 상품 가격책정의 방법이다.

첫째, 단일 요금제(flat-rate charges). 모든 서비스 소비자들에게 단일 가격을 적용하고, 경제, 사회, 신체적 조건 등을 감안하지 않는다. 판매량, 시장점유율, 수익 구조 등의 개선을 목적으로 하지 않고, 고객의 욕구나 대상이 누구인가도 고려하지 않는다. 기초생활 수급자, 장애인, 어린이 등이라고 감면하지 않는다. 단일 요금제의 예는 택배 요금, 우표 가격, 증명서 발급수수료, 주차장 요금 등이다.

둘째, 차등 요금제. 크게 두 가지로 하나는 재정적 지원을 받을 자격 기준(자산이나 소득 등)을 조사하여 차등 요금을 부과(means-tested charges)하는 방식이다. 소득이 일정 수준 이하일 때 낮은 요금을 부과한다. 또 하나는 수익 극대화를 목적으로 한 차등 요금(단체 승객 할인)의 부과이다.

셋째, 할인 또는 면제. 사회적 취약 계층(노인, 장애인, 어린이 등 도움과 보호가 필요한 사람들), 저소득층이나 소득이 없는 학생들, 국가를 위해 희생이나 봉사를 한 사람(독립 유공자, 참전 용사) 등에 대한 보호나 예우 차원에서 요금을 받지 않거나 일부를 감면한다.

6. 과정

공공서비스 상품판매에서 가격책정은 마케팅 믹스의 핵심 부분을 차지한다. 가격책정은 정부조직이나 공공기관이 서비스를 얼마에 제공할 것인가의 결정으로, 다음 일련의 단계를 걸쳐 이루어진다.[125]

1) 목적 확인

가격책정의 1단계는 서비스 목적의 확인이다. 목적은 가격책정에서 가장 중요한 요소이다. 목적이 무엇인가에 따라 책정 방법도 달라진다. 목적이 수익 극대화인가 투자비용의 회수인가, 무엇인지 분명할수록 가격책정은 용이하다. 방문객, 참여자 수를 늘리는 것이라면 가격을 최대한 낮게 책정해야 한다. 국립과천과학관(과학기술정보통신부 소속기관. 2009년 책임운영기관 지정)은 다양한 서비스 제공 프로그램을 운영한다. 상

---

125) Kotler & Lee(2007a), pp. 70-72.

설 전시관, 특별 전시관, 천체 투영관, 관측소, 스페이스 월드 등에는 입장 요금을 받는다. 또 교육비를 받고 과학교육을 위한 현장체험, 희망캠프, 창의과학 아카데미 등을 운영한다. 수강생, 참가자도 적극적으로 모집한다. 이러한 서비스 가격의 책정 1단계는 목적이 공익 증진인가 수익 창출인가, 둘 간의 비중을 어떻게 설정할 것인가의 비율 결정이다. 프로그램의 목적이 수익 극대화인 경우 입장료나 교육프로그램 참가비의 책정에서는 서비스의 수요와 품질, 경쟁서비스의 가격, 시장 경쟁력 등을 고려한 가격 결정이 필요하다.

2) 시장수요의 평가

가격책정에는 시장의 수요와 가격 탄력성에 대한 정보가 중요하다. 잠재적 고객의 상품구매, 이용의 의도나 관심은 어느 정도인가? 상품에 대한 시장수요 추정으로부터 가격의 최고점을 계산할 수 있다. 수요가 많다면 가격은 낮게 책정해도 기대한 수입 목표를 달성할 수 있다. 가격 탄력도는 어떠한가? 가격에 둔감하다면 가격을 높여도 수요는 크게 줄지 않을 것이다.

3) 직접 및 간접 비용의 고려

서비스상품 생산에 소요되는 직접 및 간접비 계산을 통하여 상품을 얼마의 가격으로 공급할 것인가, 즉 최저점을 산정한다. 가격책정에서 비용이 얼마나 중요한가는 서비스상품 마케팅의 목적에 따라 다르다. 수익 사업에서는 생산비[126]가 가격책정의 가장 중요한 요소의 하나이지만 목적이 공익인 경우는 아니다. 공공기관이 제공하는 많은 서비스들은 비율 차이는 있으나 공공성과 수익성이라는 두 가지 목적을 모두 갖고 있어, 생산비의 중요성에 대한 인식도 차이가 난다. 정부는 비용을 고려하면서도 국민의 이익 관점에서 공공서비스의 요금을 규제한다. 공공서비스를 민간부문이 제공하는 경우라도 정부는 서비스 가격을 규제한 후 손실을 보전한다.[127] 다음 <표 3>은

---

[126] 생산비(production cost. 생산원가라고도 한다)는 제품 생산이나 서비스 전달을 위하여 지출한 비용으로 고정 자산비(유형 자산 건물, 토지, 구축물(構築物), 기계나 장비, 공구와 기구 등의 매입비, 감가상각비, 무형 자산인 특허권, 상표권 등의 사용료), 원자재나 원료비, 노무비, 간접비(사무실 임대료, 전기, 가스 요금, 보험, 소모품 비용) 등을 포함한다.

[127] 「여객자동차운수사업법」 제50조는 자동차의 고급화나 터미널의 현대화, 수익성이 없는 노선의 운행, 안전시설의 확충 등을 위하여 사업자에게 자금의 일부를 보조나 융자할 수 있다고 규정한다. 정부는 또 「여객 자동차 운송사업 운임·요율 등 조정 요령」(국토교통부 훈령 제775호)

공공요금의 구분에 따른 결정 주체와 내용이다.[128]

공공서비스 요금은 기본적으로 충분한 수입을 보장하는 수준에서의 책정이 필요하지만, 공공성 충족도 동시에 요구되어, 정부가 원가 보상과 투자 보수(사업의 발전을 위한 최소한의 수입 보장)를 기준으로 결정하되, 공공 요금의 안정성, 부담의 공평성(서비스 이용자의 이익과 사업의 건전한 발전 간의), 경영성과, 물가변동, 경제상황 등을 고려하여 산정한다.[129]

▌표 3 **공공요금의 결정 주체와 내용**

구분	결정 주체	내용
중앙공공요금 (중앙부처 결정)	기획재정부	전기, 도시가스, 우편 요금
	국토교통부	기차, 시외버스, 고속버스 요금, 국제 항공, 도로 통행료, 광역상수도 요금
	방송통신위원회	통신 요금, 방송 수신료
지방공공요금 (지자체 결정)	지자체 직접 운영	지하철, 상·하수도 요금, 쓰레기 봉투의 가격
	민간 운영, 지자체 승인	도시가스, 시내버스, 택시 요금, 정화조 청소비, 문화 시설 입장료, 공연예술 관람료, 고교 납입금

자료: 「공공요금 산정기준」. 기획재정부 훈령 제345호. 2017.8.7.

4) 경쟁분석

경쟁분석은 경쟁자 식별과 경쟁자 제공 서비스 상품 대비 강점과 약점을 구성 요소별로 나누어 파악하는 과정으로, 가격결정에서 중요한 단계이다. 경쟁시장에서는 서비스 상품이 다양하고 경쟁이 치열할수록 고객은 가격이 조금만 높아도 쉽게 다른 서비스를 선택한다. 우정사업본부는 정부조직(과학기술정보통신부 소속기관)이면서도 시장에서 민간사업자와 경쟁하면서 택배나 금융(예금, 보험) 서비스를 제공한다. 반면 공공기관이 제공하는 많은 서비스들(전기, 가스, 상·하수도 등)은 독점적이다. 경쟁분석은 전자에서 필수적이다. 택배시장에는 이미 많은 브랜드가 경쟁하는 만큼, 우정사업본부가 서비스 가격을 경쟁상품보다 조금만 올리더라도 고객은 쉽게 다른 브랜드 서비스를 선택할 수 있기 때문이다.[130] 반면 독점적 서비스 가격책정에서는 정치, 경제, 사회적 영향(소비자

에 따라 버스, 택시 요금의 기준 및 요율을 결정·조정한다.

128) 이상철·권영주(2012), p. 4에서 일부 수정 재인용하였다.

129) 「공공요금 산정기준」. 기획재정부 훈령 제345호, 2017.8.7.;「물가안정에 관한 법률」제4조 4항. 동법 시행령 제6조 참조.

130) 7월 택배 브랜드 순위 … "우체국 1위, CJ 대한통운 2위." 중앙일보, 2016.8.2.

들의 가격 지불 능력, 물가에 미치는 영향, 시민들의 불만 등) 분석을 더 중요시 한다.

5) 최종 가격의 선정

최종 가격의 선정은 이상의 단계를 거쳐 가격의 범위를 좁히고 마지막으로 하는 기본 가격의 결정이다.

6) 조정

가격조정은 기본 가격 결정 후의 다양한 사정을 고려한 조정으로, 판촉전략에 따라 일시적 할인, 단체 이용에 따른 할인, 정책에 근거한 차별적인 가격책정 등의 결정이다. 다음 <표 4>는 정부부문에서의 가격조정 전략이다.[131]

▎표 4 공공서비스 상품 가격의 조정 전략

전략	내용	예시
가격할인	세금 감면, 할인 쿠폰, 집단 구매 할인, 환불 등을 활용한 가격책정	전기·수소차 보급 확산을 위한 세금 감면, 통행료, 공영주차장 요금의 할인
세분 시장에 따른 가격 차별화	시장을 고객, 상품 기준으로 분할하고 서로 다른 가격의 책정	국가유공자, 저소득층, 노인, 어린이 관람객, 승객 등에게 할인 가격 적용
심리적 가격책정	심리적 효과를 고려한 가격 결정	국립공원이나 고속도로 담배꽁초 무단 투기자에 대하여 심리적 부담이나 압박을 주기 위한 고가의 범칙금 부과
프로모션 목적의 가격책정	단기적 판촉을 목적으로 일시적으로 낮은 가격의 책정	최초 고객 3천명 한정 경쟁상품이나 원가보다 저가의 저수통(貯水桶) 판매[132]
지리적 위치 기준 가격책정	서비스 제공 지역에 따른 가격 차등	일반 도로인가 교통 약자 보호 구역인가에 따른 속도위반 범칙금 차등 부과

전기·수소차 보급 확산, 담배꽁초나 쓰레기 투기억제 정책에서 보조금 지급, 단속과 범칙금 또는 과태료 부과는 법적, 정치적 책임과 의무 이행 서비스로, 가격책정에서 행정기관의 전략적 선택의 범위는 제한적이다.

---

131) Kotler & Lee(2007a) p. 73의 표 4.1의 일부 수정이다.
132) 미국, 캐나다의 많은 지방정부들(예 City of Durham, Markham City, City of North Vancouver 등)은 물 자원 관리를 위하여 빗물통(rain barrels)을 도매나 소매, 온·오프라인으로 판매한다. https://durhamnc.gov, https://rainbarrel.ca, https://www.cnv.org. 검색일 2018.7.20.

1. 의미

브랜딩은 서비스상품의 이름, 마크, 상징, 브랜드 슬로건 등 브랜드 정체성 요소의 디자인을 통한 이미지 개발과 커뮤니케이션으로 고객의 마음속에 차별적 감정, 호의적 기억과 연상을 만들어내는 과정이다. 목적은 서비스상품 시장에서 인지도 제고, 부가 가치 개선, 고객의 충성도 향상이다. 서비스마케팅에서 브랜드와 브랜딩은 대량생산 제품의 경우 보다 더 중요하다. 서비스상품은 공장 제품과 달리 생산과 서비스의 비분리성이 특징이고, 또 무형성이라는 특성 때문에 소비자들은 상품요소와 편익을 직접 경험하기 전까지는 품질을 인지하기 어렵다. 따라서 공공서비스 상품 마케팅에서는 브랜딩을 통한 상품의 인지도, 브랜드 가치의 제고 등을 통해 상품의 품질에 대한 믿음을 만들고 강화하는 노력이 중요하다.

노무현 정부(2003~2008)는 정책이나 공공서비스에 브랜드 개념을 처음으로 도입한다.[133] 산림청은 법률이 규정하는 미션의 하나가 산림복지(산림 문화·휴양, 산림 교육 및 치유 등의 서비스) 창출이다.[134] 산림청은 비전을 "휴양 생활의 품격 제고"로 정한 후, 수목원, 휴양림, 산림생태방 등의 서비스를 제공하면서, 2006년에는 산림 휴양 서비스 브랜드로 '숲에on'을 개발하여 상표로 등록하고,[135] 브랜드 약속을 "산을 찾고 즐기고 알게"로 정하여 산림복지 서비스 마케팅을 시작한다.[136]

2. 브랜딩 과정과 요소

브랜딩은 경쟁상품과는 다른 공공서비스의 차별적 이미지와 감정적 어필을 만들어 내는 체계적 접근이다. 과정은 목적 확인, 표적시장의 결정, 브랜드 정체성(경쟁서비스 상품과의 차별화 요소, 컨셉) 선택, 브랜드 요소(로고, 마크, 기호, 상징, 브랜드 슬로건 등)

---

133) 盧대통령 "정책 브랜드는 혁신에서 나온다." 머니투데이, 2006.4.12. 산림청, 대기업식 정책 브랜드 '숲에on' 상표로 등록. 뉴시스, 2006.8.28.

134) 「산림기본법」 제3조, 제6조, 제20조.

135) 숲에온 브랜드란? http://www.forest.go.kr. 검색일 2018.11.21.

136) 브랜드 약속(brand promises)은 정부조직이나 공공기관이 현재 또는 미래 고객들에게 상품을 소비할 경우 어떤 내용과 수준의 편익을 얻게 될 것인가의 사전적 제시이다.

의 개발, 커뮤니케이션으로 이루어진다. 브랜딩은 조직의 브랜드 약속과 직원들의 실천 활동으로,[137] 조직은 브랜드 약속을 제시하고, 직원들의 서비스를 통하여 소비자들의 기능적 만족, 정서적 가치를 창조하고 호의적 관계를 발전시킨다. 소비자들은 서비스 품질, 경쟁 서비스와 차이 등으로 브랜드 가치를 인식한다.

3. 기업 제품 브랜딩과의 차이

서비스 브랜딩은 제품과는 여러 가지 점에서 다르다. 가장 큰 차이는 서비스의 특성과 서비스 품질의 직원 행동 의존성이다.

첫째, 서비스는 특성상 브랜드 가치의 전달이 소비자들이 서비스를 경험하는 즉시 일어나고, 이것이 구매와 고객의 만족을 결정한다. 제품 브랜딩에서는 생산과정 통제에 의한 품질관리와 전달 시스템이 중요하지만 서비스 상품에서는 고객의 품질 인식이 생산과 전달과정으로 분리되지 않는다.

둘째, 품질의 직원 행동 의존성이다. 직원이 브랜드 이미지를 만드는 중요한 요소이다. 기업제품은 품질이 고객의 만족을 결정하지만 서비스 상품에서는 직원의 서비스 전달 과정 그 자체가 중요한 품질 요소이다. 직원은 서비스 제공과정에서 브랜드에 관한 메시지를 지속적으로 전달한다.

셋째, 서비스 상품은 제품에서보다 브랜드와 이해관계자와의 접촉이 훨씬 더 많다. 따라서 서비스상품 브랜딩은 단순히 생산에 초점을 두는 경우 성공하기 어려울 수 있다.[138]

4. 관리

브랜드 관리에는 서비스 품질의 일관성, 브랜드가 추구하는 가치에 대한 공유가 중요하다.[139] 첫째, 브랜딩 과정에 모든 직원들의 참여가 필요하다. 직원훈련 프로그램은 성공적인 서비스 브랜드 관리의 중요 요소이다. 둘째, 고객 중심적 조직문화의 창출이다. 브랜드는 특정 경험을 약속한 기능적, 정서적 가치의 결합으로 직원의 고객 중심적 태도나 행동 등의 조직문화가 브랜드 가치를 만든다.

---

137) Pinar et al.(2016), pp. 531−532, 534.
138) de Chernatony & Segal−Horn(2003), p. 1100.
139) de Chernatony & Segal−Horn(2003), p. 1115.

1. 찬성의 시각

공공서비스 마케팅 필요의 주장은 크게 두 가지이다. 하나는 마케팅은 서비스 공급자와 수요자 모두에 이익을 주는 가치의 교환이라는 주장이다.[140] 마케팅이 정부나 국민 모두의 가치생산에 효과적 방법이라고 생각한다. 찬성의 시각은 전통적 행정의 공공서비스 생산과 전달은 여러 가지 문제가 있다고 비판한다. 예산 낭비와 절차적 비능률로 생산성이 낮다. 납세자들이 고액의 세금을 납부하고 있음에도 정부가 제공하는 사회적 기반 시설(도로, 철도, 교량 등)은 늘 노후 상태이고, 공공서비스는 질이 낮고 충분하지도 않다. 또 정부의 서비스 공급은 관료적이다. 업무처리의 경직성, 규정과 절차에 얽매인 업무수행, 고객요구에 늦장 대응, 무책임한 일처리 등을 심각한 문제로 지적한다. 마케팅 도입 주장자들은 마케팅의 고객 중심적 사고, 필요와 욕구의 충족, 경쟁과 시장지향성, 지속적 혁신 등이 관료제의 문제를 해결하고, 정부가 고품질과 저비용의 고객만족 서비스를 제공하는 데 기여할 것이라고 주장한다.[141] 주권자, 납세자들도 시장의 주주들처럼 마케팅의 이익에 대한 인식이 필요하다고 생각한다.[142]

또 다른 하나는 환경의 변화이다. 정부는 전통적으로 공공서비스 영역에서 서비스 공급을 독점하였으나 이제 그런 곳은 드물다고 말한다.[143] 정부의 전형적인 순수 공공서비스 분야라고 할 수 있는 치안 서비스조차도 민간부문의 보안서비스 사업자들이 급격히 증가하면서 더 이상 과거와 같은 독점은 아니고, 주민들은 이제 경찰과 민간부문이 제공하는 보안서비스 가운데 어느 하나를 선택할 수 있다. 지방정부들도 거주자, 기업과 비즈니스, 쇼핑객, 관광객을 붙잡아두거나 새로 끌어들이기 위하여 경쟁하지 않으면 안 된다고 생각한다. 정부도 시장에서 경쟁해야 하는 상황이 빠르게 늘고 있다는

---

140) Kotler & Levy(1969), p. 10; Mokwa & Permut(1981), p. 3.

141) Sethi(1981), p. 96.

142) Martin(1981), pp. 90−94.

143) Benest(1996), pp. A6−A7. 정부가 공공서비스 제공에 민간사업자의 참여를 허용하면서 준시장(quasi−market)이 등장한다. 영국은 「국민건강보험과 커뮤니티 보육법(National Health Service and Community Care Act 1990)」 제정으로 지역에서 의료서비스를 제공하는 병원들 간에 경쟁을 도입한다. 한국전력공사(산업통상자원부 산하 시장형 공기업)가 전기 서비스 생산과 판매를 독점하였으나 많은 민간 태양광 발전 사업자들이 등장하면서 시장이 생겨난다.

주장이다. 정부조직들도 조직들 간, 더 나아가 민간부문 사업자와의 경쟁에서 보다 낮은 비용, 보다 높은 고객만족을 위한 경쟁은 피할 수 없다. 정부부문에서 강제할 수 있는 영역 보다도 시민들의 자발적 수용, 참여가 중요한 서비스 영역이 크게 늘고 있다. 정부가 이러한 환경에서 시민들의 주의를 끌고, 마음을 사로잡고 선택이나 지지, 협력을 얻기 위해 마케팅이 필요하다고 생각한다. 정부가 더 이상 자동판매기처럼 누구에게나 똑 같은 서비스를 제공하는 것은 바람직하지 않고, 이용자들의 기대가 다른 만큼, 다양한 욕구를 반영한 서비스 제공이 필요하다고 주장한다.[144]

2. 반대와 주요 이유

마케팅 분야의 주류적 시각은 공공서비스 마케팅의 필요에 동의하지만 그렇다고 포괄적이고 절대적 지지까지는 아니다. 필요하거나 유의미하다는 것은 인정하지만 한계가 있다는 입장이다.[145] 피터 그레이엄은 정부 실무자들은 1990년대 이래 마케팅에 엄청난 관심을 보였지만 실제 업무에 적용해 본 결과, 비록 전적으로 부적절한 것까지는 아니었더라도 적어도 많은 어려움이 있었고, 마케팅의 온전한 적용은 어렵다고 지적하면서, 그 원인을 정부조직의 목적과 업무 환경의 차이로 지목한다.[146] 찰스 램도 "정부조직도 기업과 마찬가지로 클라이언트(clienteles)를 식별하고 서비스를 개발하고, 가격을 결정하고 배포하고 전달하며, 서비스의 이용과 편익을 커뮤니케이션을 한다."[147] 하지만 공공서비스와 기업의 서비스는 목적이 공익과 영리로 서로 다르다는 점, 서비스 내용과 전달 방법, 표적집단의 차이 등으로 정부가 공공서비스를 전달하는데 마케팅 개념과 수단의 온전한 적용은 여러 가지로 한계가 있다고 주장한다. 정부조직은 특별히 보다 높은 수준의 청렴성, 공정성, 대응성, 책임성을 유지할 수 있어야 한다는 점을 강조한다.[148]

적극적 반대 시각도 있다. 영국 공공정책 연구자 중 폴 스피커(Paul Spicker)는 유럽식 신공공관리 정책의 경쟁 또는 능률적 생산의 압력을 통한 공공서비스 공급은 잘

---

144) Benest(1996), p. A7.

145) Lamb(1987), p. 57; Graham(1994), p. 365; Lamb(1987), Walsh(1994) 참조.

146) Graham(1994), pp. 374–375.

147) Lamb(1987), p. 56.

148) Lamb(1987), pp. 56–60.

못된 것이라고 비판한다.[149] 정부가 공공서비스를 공급하는 것은 관례적인 것으로 단순히 시장실패 때문만은 아니라는 입장이다. 공공서비스는 정부가 하는 정책의 집행이고, 국민에 대한 것이며, 재분배적 성격을 갖고 있고, 신뢰로서 제공한다. 목적도 공익으로 기업의 수익과는 다르고 가치, 우선순위, 비용의 계산, 역량, 및 산출물도 다르다. 공공서비스가 바람직한가를 경제적 비용 개념의 단가만으로는 판단할 수 없다. 공공서비스는 기업의 서비스와 다른 만큼, 상업적 방식에 의한 전달은 적절하지 않다고 반대한다.

많은 연구자들은 정부조직은 민간기업과는 서비스 생산과 전달 시스템에 있어서 근본적이고 구조적인 차이가 있어 기업의 마케팅 방법과 기법의 도입을 어렵게 한다는 데 동의한다. 연구자들이 말하는 정부조직의 마케팅 개념과 수단의 채택을 제한하는 요인은 다음과 같다.[150]

1) 공공서비스의 생산 및 공급 환경

첫째, 독점시장. 정부의 공공서비스 생산과 공급은 자연독점이나 공공재의 외부효과로 말미암아 경쟁시장이 존재하지 않는 분야에서 이루어진다. 국민들이 서비스를 이용하는 것은 가격이 낮아서가 아니라 다른 곳에서는 구할 수 없기 때문이다. 시장이나 기업은 서비스를 공급하지 않기 때문에 정부는 민간부문과 서비스 품질의 경쟁을 할 필요가 없다. 지자체장 선거에서 후보자 간의 공공서비스 공급 확대 공약 경쟁을 제외하면, 정부는 서비스 품질을 두고 주민들의 선택을 얻기 위한 경쟁이나 위협을 못 느끼고, 원가 의식도 희박하다. 경쟁을 하는 경우라도 매우 제한적이다. 기업이 시장에서 생존을 위하여 치열하게 경쟁하면서 품질개선을 위해 노력하고, 고객의 불만에 극도로 민감하게 반응하는 것과는 정반대이다. 피터 그레이엄은 오스트레일리아 공공서비스를 대상으로 1982년부터 1991까지 10년 동안 마케팅 이용에 대한 조사 결과, 정부의 마케팅 개념과 전략 및 기법의 도입이나 활용은 민간부문과 같은 상업적, 경제적 경쟁환경에 있거나 그것과 유사한 환경에 있는 조직들은 성공적이고 성과도 거두었으나, 정치적, 사회적 지향성의 조직은 그렇지 못했다고 말한다.[151]

둘째, 정치적 과정. 정치적 과정이 정부조직이나 공공기관의 서비스 생산 및 공급의 내용, 절차, 및 방법을 결정한다. 기업이 서비스상품의 생산과 공급을 상품에 대한

---

149) Spicker (2009), pp. 988−989. 폴 스피커(Paul Spicker)는 영국 스코틀랜드 지방 Robert Gordon University의 public policy(social policy) 전공 교수이다.

150) Pasquier & Villeneuve(2017), pp. 5−6; Sethi(1981), pp. 96−98; Walsh(1994), p. 67.

151) Graham(1995), p. 85.

시장의 수요에 의하여 결정하는 것과는 다르다. 공공서비스의 제공은 정치적 합리성 기준(예 인간으로서의 존엄, 자유, 평등, 공정성)과 절차(참여, 합의)에 따른 것이고, 민간부문에서의 서비스 상품 공급은 경제적 합리성(예 비용 대비 수입의 극대화)을 위한 것이다.[152] 정부의 생산과 공급에서 서비스의 종류와 내용, 전달 방식의 결정은 정치적 과정을 통하여 이루어진다. 이해관계자들은 이러한 과정에서 각자 이익을 극대화하고자 서로 다투고 합의를 통해 균형을 찾는다. 반면 기업은 수익을 기준으로 상품의 종류를 선택하고 고객의 필요와 욕구를 고려하여 상품을 개발하고 선택을 설득, 촉진한다. 정부의 분배와 재분배, 규제, 구성적 서비스는 국민의 정치적 합의 과정에 기초한 것으로 시장이 그 역할을 대신할 수 없다. 어떤 서비스를 얼마나 생산하고 어떻게 전달할 것인가의 의사결정을 경쟁시장이 대체할 수 없다. 공공서비스의 제공은 정부의 정치적 책임이고 시민들의 소비는 권리이거나 의무로 마케팅이 이를 대신할 수 없다.

셋째, 법률의 집행. 공공서비스 생산과 관리시스템은 법률에 기초한 것으로 행정기관의 관리자들이 시장의 수요와 소비자의 욕구를 고려하여 상품의 종류나 제공 방법을 임의적으로 구성할 수 없다.

넷째, 권위적 결정. 공공서비스는 정부 권위적 결정의 산물이다. 시장에서는 가격이 자원의 배분과 생산을 결정하지만 공공서비스 전달에서는 정부가 권위적 결정을 통하여 이러한 역할을 한다.

다섯째, 주권자. 공공서비스는 주권자를 위한 것이다. 주권자는 시장의 고객과는 다르다. 주권자는 납세자이자 유권자로서 참여와 알 권리를 갖고, 공공서비스의 종류, 생산과 공급의 결정 과정에 참여한다. 가격을 지불하지 않고 서비스를 이용할 권리가 있고, 동시에 규제 서비스의 대상이기도 하다. 국민들은 서비스상품 선택의 자유가 없다. 불만족하거나 원하지 않을 때에도 거절할 수 없다. 주권자를 대상으로 한 마케팅의 세분화와 표적집단의 선정, 서비스 제공은 차별과 배제의 위험이 있다.

여섯째, 책임. 정부는 국민의 세금으로 공공서비스를 제공하고 책임도 국민들에 대한 것이다. 책임은 표적집단의 고객이나 공공서비스 소비자를 넘어 국민 전체에 대한 법적, 정치적 의무의 부담이다. 투명성, 정직성, 공정성, 이해관계가 있는 모든 개인과 집단의 관심 및 이익의 고려, 요구에 대한 즉시적 대응의 의무 등을 포함한다. 책임은 정치적인 것으로 무한하다. 반면 기업의 책임은 주로 경제적 책임이고, 시장의 표적집단과 고객, 해당 서비스에 대한 제한적 책임이다.

일곱째, 고객과의 관계. 정부의 공공서비스 제공은 기본적으로 주권자와의 정치적

---

152) Sethi(1981), p. 98; Buurma(2001). p. 1295.

관계에 기초한 것이지 시장에서의 경제적 교환이나 거래가 아니다. 정부는 서비스를 제공하지만 주민들의 세금 납부에 대한 대가로 서비스를 공급하는 것이 아니라 권력 수탁자로서의 정치적 책임과 임무의 수행이다. 마케팅 과정의 핵심이 판매자와 구매자 간 자유계약적 교환의 관계라면 정부와 주민 간의 관계는 주권자와 정치적 대리인의 관계이다. 따라서 공공서비스는 세금을 납부하지 않은 사람이라도 이용에서 배제되지 않는다. 세금을 납부하지 않더라도 기초생활 수급자의 조건을 충족시키면 오히려 생계비 지원을 받을 자격을 갖는다. 정부와 서비스 이용 고객과의 이와 같은 관계는 마케팅 지식의 적용을 제한한다.[153]

2) 조직의 특성

첫째, 권력적, 독점적 지위. 정부는 독점적으로 공공서비스를 공급하고 권력에 의하여 소비를 강제하는 조직으로, 경쟁시장에서 자유로운 교환관계에 기초하여 서비스를 제공하는 기업과는 다르다.

둘째, 낮은 자율성. 마케팅은 공급자의 자율성이라는 조건의 충족을 요구한다. 기업은 상품생산에 있어 자율성을 갖고 판매에서도 고객의 사정과 형편을 고려할 수 있지만, 정부조직은 자율적 결정의 범위가 매우 좁다. 기업은 고객의 필요와 욕구를 반영하여 독자적 판단에 따라 상품을 만들고 경쟁시장에 공급한다. 시장 분할, 표적집단의 선정, 상품개발과 가격책정, 유통, 프로모션에서 자유롭다.[154] 하지만 정부조직은 법률이 정한 서비스의 종류, 내용, 공급 대상, 방법과 절차 등을 자신이 원하는 방식으로 임의로 바꿀 수 없다.

셋째, 정치적 영향. 정부조직은 사회나 여론의 지지를 중요시 한다. 선거 결과나 이익집단의 압력, 여론의 지지 등은 정부조직의 공공서비스 제공 우선순위나 자원 배분 등에 직접 영향을 미친다. 반면 기업은 시장의 수요, 고객선택에 의존적이다.

3) 목적

첫째, 정부조직은 기업과 목적이 다르다. 정부조직의 목적은 공익이고, 일차적 역할은 사회 기반시설의 구축, 자유시장 가치를 훼손하는 행위의 규제, 시장으로부터 경제 및 사회적 필요 서비스를 충분히 공급받지 못하거나 소외된 사람들을 위한 최소한

---

153) Lucio(2009), pp. 883-884.
154) Walsh(1994), pp. 66-68. 이 연구는 정부의 상품생산과 공급의 환경이 비즈니스 마케팅에서의 그것과 어떻게 다른가를 여러 가지 방식으로 설명한다.

의 서비스 제공이다. 정부가 하는 일은 주권자 가치의 생산, 국민 이익을 위한 것이다. 하지만 기업의 목적은 개별 조직의 사익이고, 투자자들의 경제적 이익이다. 서비스상품의 개발도 전체 사회가 아닌 표적시장 고객의 욕구충족을 위한 것으로 공익이 아닌 사적 수익창출이 목적이다.

정부조직이 시장에서 경제적 수익창출을 목적으로 서비스를 생산, 판매하는 경우는 많지 않다. 정부는 강이나 하천 준설로 생겨난 모래를 판매하거나 세관 압수 물품을 처분하고, 국유지를 불하하기도 한다. 또 서비스 수수료, 도서관, 주차장 이용료, 도로 통행료, 하천부지 임대료 등을 받는다. 하지만 이들은 순수 공공서비스 제공 과정에서 발생한 부수적 물품의 처분이거나 수익자의 부담 원칙, 생산비 보전을 위한 것으로 본래의 목적이 아닌 이차적 산물이다.

둘째, 정부조직의 목적은 다양하고, 주로 비금전적이며, 우선순위는 불분명하다. 때로는 목적들 간에 서로 갈등적이다. 반면 기업의 목적은 경제적 수익으로 단순하고 금전적이며 우선순위도 분명하다.[155]

셋째, 목적이 정치적 과정을 통하여 주어진다. 서비스 제공에서 정부조직의 역할은 법률과 정치적 결정을 집행하기 위한 사업 또는 시행 계획의 작성과 실천으로, 자유롭고 독립적인 결정의 기회는 제한적이다. 반면 기업은 자체적으로 목표와 전략을 수립하고, 최고 관리자가 의사결정 과정에서 중심적 역할을 한다.

4) 업무

공공서비스 생산과 제공 업무도 기업과 여러 면에서 다르다.

첫째, 정부의 순수 공공서비스 제공은 서비스의 특징(비경합성, 비배제성), 외부효과의 존재 등에 따른 시장공급 실패의 결과이다. 정부조직은 시장이 공급에 실패한, 하지만 국민들이 공통적으로 필요로 하는, 또는 최소한의 욕구충족을 위한 서비스를 제공한다.

둘째, 공공서비스 생산과 전달은 정치적 과정이다. 정치적 과정은 기업과 고객 간의 단선적인 상업적 거래와 달리 서로 다른, 자주 갈등적 이해를 가진 사람들이 참여하여 합의를 도출하는 복잡한 타협과 설득의 절차로 이루어진다.

셋째, 공공서비스 가격의 결정도 정치적 합의 과정이 지배한다. 기업이 상품의 가격을 시장 공급과 수요, 생산비, 경쟁서비스의 가격, 수익, 서비스의 포지셔닝 등을 고

---

155) 목적(goal)이 정부조직이 성취하고자 하는 궁극적, 추상적 상태라면 목표(objective)는 목적의 달성을 위한 단기적, 양적, 객관적 지표들이다.

려하여 결정하는 것과는 다르다.

넷째, 정부는 다수의 추상적 목표, 때로는 갈등적인 목표들을 동시에 추구하기 때문에 업무성과를 객관적이고 정확하게 평가하기가 어려우나 기업은 성과지표가 수익, 판매량, 시장 점유율 등 숫자로 분명하게 나타난다.

다섯째, 정부 매니저들의 성과평가 기준은 다양하고 복잡하다. 하지만 기업의 그것은 수익이나 판매량 기준으로 단순하다.

일부 연구자들은 공공서비스의 이러한 특징 때문에 상업 마케팅 대신 관계 마케팅(relationship marketing)을 제시한다.[156] 공공서비스 마케팅은 기업의 상업적 마케팅을 모델로 하여 정부와 시민 간의 관계를 거래로 파악하지만 이러한 접근으로는 정부업무의 다원적 관계의 성격을 다루는 데 한계가 있다는 지적이다. 관계마케팅은 정부와 의회, 기업, 주민들 간의 복잡한 관계를 거래나 경쟁보다는 공동생산이나 협력활동으로 간주한다. 주민/고객을 최우선시하며, 우선순위와 세분화 개념을 사용하고, 교환을 경제 및 비경제적 거래를 포함하는 것으로 해석하며 거래가 아닌 관계의 중요성을 강조한다. 따라서 공공서비스의 마케팅은 상업적 마케팅이 아닌 관계 마케팅을 적용하여야 한다는 주장이다.

5) 요약

정부조직의 공공서비스 제공에 기업마케팅 개념과 도구의 채택을 방해하는 요인들은 정리하면 다음 <표 5>와 같다.[157]

정부조직과 기업의 차이점은 곧 정부부문의 공공서비스 제공에서 마케팅 개념, 전략 및 기법의 적용을 제한하는 요인들이다. 공공서비스 마케팅은 정치적 영향이 클수록 적용하기 어렵다. 국가와 시민과의 관계, 정치적 과정이 정부조직의 미션을 결정하고, 서비스도 정부가 독점적으로 생산, 전달한다는 점에서 마케팅의 여지는 그만큼 적다.[158] 또 이런 점에서 비영리조직의 마케팅과도 다르다.[159]

---

156) May & Newman(1999), p. 29; McLaughlin, Osborne, & Chew(2009), pp. 37, 40.

157) Kotler & Lee(2007a), pp. 8-9 참조.

158) Walsh(1994), p. 68; Walsh(1991), p. 9.

159) Sargeant(2009) 참조.

구 분		정부	기업
공공서비스 생산과 공급의 환경		독점시장	경쟁시장
		국가의 권위적 생산과 제공	개별 기업의 자율적 생산과 전달
		시장실패 분야의 서비스	시장 수요에 기초한 서비스
		정치적 과정을 통한 서비스 생산의 결정, 정치적 합리성 기준, 자율성 제한	경제적 합리성, 자유로운 교환의 환경
		정치적 책임	경제적 책임
		주권자, 유권자는 서비스 생산과정의 참 여자이자 소비자	구매자는 소비자이자 고객
조직 특성		권력적, 독점적 지위	경쟁적 지위
		다양하고 갈등적 목표 자율성과 독립성 모두 낮음, 느린 결정	분명한 목표, 자율적이고 빠른 결정
		정치적 결정, 합의 이행. 이익 집단의 압 력, 여론 의존적	시장 수요 의존적
목적		공익	투자자들의 수익 극대화
		다양하고 비금전적이며 우선순위 불명료	단순하고 경제적이며 명료
		정치적 결정	경제적 결정
업무	상품생산	공공재. 정치적 과정이 서비스 종류와 생산량 결정	사적재. 상품생산의 독자적, 자율적 결정
		필요와 최소한의 욕구충족 서비스	시장 수요와 가격에 따른 서비스
	가격결정	정치적 과정을 통한 결정	생산 비용, 경쟁 서비스, 수익 기준을 고려한 결정
	성과평가와 기준	객관적이고 정확한 평가의 한계. 다양하 고 자주 갈등적인 기준	객관적이고 정확한 평가. 판매량, 수익 등의 단순하고 분명한 기준

제10절 **마케팅의 적용 범위**

1. 연구자들의 주장

정부마케팅 연구자들은 정부의 공공서비스에 마케팅 개념과 전략, 기법의 적용을
긍정적으로 평가하면서도 제한적인 것으로 인식한다. 한계와 관련하여 키론 월시는 마

케팅이 정부조직과 시민들이 참여하는 정치적 토론과 합의 과정을 대체할 수 없고, 정부의 공공서비스 제공은 본질적으로 다양한 가치가 충돌하는 영역에서의 활동인데 마케팅은 분쟁이나 갈등을 해결하는 데 한계가 있다고 주장한다.[160] 피터 그레이엄도 마케팅은 정부조직의 업무수행에 시장원리가 지배적인 상황에서는 적절하지만 그렇지 못한 분야에서의 적용은 제한적이고 마케팅 믹스 중에서 프로모션 정도가 필요한 것으로 이해한다.[161] 따라서 정부가 마케팅 원리를 적용하고자 한다면 공공서비스 가운데 적절한 서비스를 찾고, 필요한 기법을 설계하여 접근할 필요가 있다고 말한다.

하지만 이러한 주장은 행정을 정부조직에 한정하고, 공공기관과 이들이 제공하는 공공서비스는 고려하지 않은 것이다. 정부부문은 정부조직과 공공기관, 특수법인의 구조이고, 공공기관은 정부조직과 더불어 공공서비스 제공에서 중요한 한 축을 담당한다. 정부조직은 주로 순수 공공서비스의 설계와 직접 전달을 맡고, 공공기관은 정부조직의 통제 아래 준공공서비스, 사적 서비스 등 주임무가 위탁 서비스 전달이라는 점에서 마케팅 적용 범위의 판단에서 이들에 대한 고려가 중요하다.

2. 마케팅의 분류

키론 월시는 공공서비스 마케팅에 대해 논의하면서 마케팅을 기법으로서의 마케팅(시장 분할, 표적시장의 선정, 시장조사, 포지셔닝, 4Ps), 아이디어(고객존중, 고객 중심적 사고나 고객만족, 시장지향성, 경쟁, 교환, 수익의 창출)로서의 마케팅, 언어나 담론으로서의 마케팅, 세 가지로 구분하고,[162] 마케팅은 공공서비스 제공에서 "관리기법의 집합 그 이상의 가치를 갖는다"고 주장한다. 또 정부조직은 "행정서비스의 능률성 및 수요에 대한 대응에 도움을 줄 수 있는 일단의 기법"을 찾을 필요가 있다는 점을 강조한다.[163] 월시가 말한 기법으로서의 마케팅은 마케팅 전략과 4Ps이고, 마케팅 아이디어는 마케팅 철학과 가치에 해당한다. 각국 정부들은 공공서비스 제공에 이 두 가지와 더불어 마케팅 언어를 채택하고 사용한다.

---

160) Walsh(1994), p. 68.
161) Graham(1994), p. 375.
162) Walsh(1994), p. 69.
163) Walsh(1994), p. 70.

3. 적용 범위

마케팅의 적용 범위는 마케팅을 정부부문의 어떤 서비스에 적용하는 것이 필요한 가로 마케팅 대상이 무엇인가와 그에 따른 차이의 이해에 중요하다. 공공서비스에 대한 마케팅 지식의 적용 방법은 크게 세 가지이다. 첫째, 적용 대상을 정부조직만이 아니라 공공기관까지 확장하는 방법이다. 정부조직과 비교해 공공기관은 마케팅 이론이나 기법의 적용 필요성이 더 높다. 둘째, 마케팅을 마케팅 개념과 4Ps로 구분하여 적용하는 방법이다. 마케팅 개념은 순수 공공서비스라고 할지라도 중요하고 필요하다. 셋째, 공공서비스 마케팅을 경제적 교환뿐만 아니라 정치적 및 사회적 교환의 관점에서 인식하는 것이다. 이런 경우 순수 공공서비스라도 마케팅 지식의 적용은 중요하다. 다음 <그림 2>는 마케팅을 마케팅 개념(철학과 가치), 전략과 기법(시장 세분화, 표적시장의 선택, 시장조사, 포지셔닝, 4Ps)으로 구분하고, 서비스는 순수 공공서비스, 준공공서비스, 사적 서비스로 나누어, 공공서비스에 대한 마케팅의 적용 범위(전체인가 부분인가)와 수준(필수적인가 선택적인가)의 제시이다.

▼ 그림 2 **공공서비스에 대한 마케팅의 적용 범위와 수준**

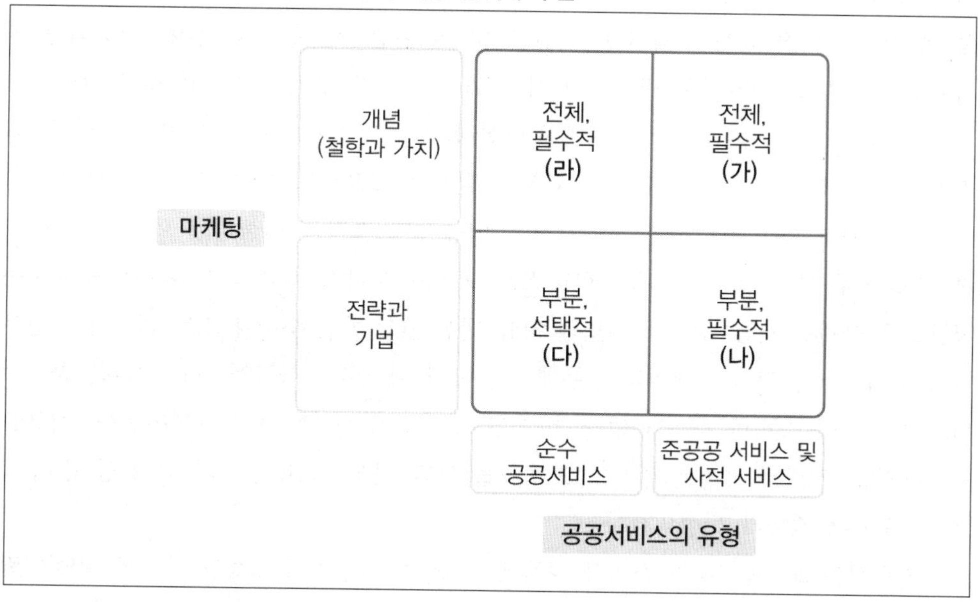

마케팅 개념은 (가)와 (라) 정부부문이 제공하는 서비스 모든 분야에 적용이 필수적이다. 고객 중심적 사고, 필요와 욕구에 기초한 비교우위 서비스, 경쟁과 사회지향

성, 지속적 혁신 등은 고객만족과 공공가치 생산을 위하여 필수적이다. 정부조직과 공공기관들은 이미 이러한 마케팅 개념에 입각하여 서비스를 제공한다. 반면 (나)는 준공공 서비스 및 사적 서비스 분야로, 마케팅 전략과 기법의 일부 그러나 적용이 필수적인 영역이고, (다)는 순수 공공서비스 분야로, 일부 및 선택적 적용 분야이다.

(나)는 정부조직 가운데 일부 조직(소속기관이나 책임운영기관)과 주로 공공기관에 의한 서비스 제공 분야로, 서비스에 배제성, 보다 많은 고객 유치 경쟁 등이 존재하는 영역이다. 마케팅 전략과 기법 적용이 필요하고 중요하다. 하지만 기업이 상업적 거래에서 채택하는 수준의 마케팅 전략이나 기법까지는 아닌, 전체보다는 부분적 적용의 영역이다. 교육, 의료, 주거, 사회복지, 레저나 스포츠 등 사회서비스가 여기에 해당한다. 정부부문은 민간부문과 경쟁하면서 서비스를 제공한다. 조직은 서비스 생산과 공급에 어느 정도 자율성을 갖고, 고객의 보다 많은 참여, 선택을 이끌어낼 필요가 있다. 소비자들도 다양한 상품 가운데 선택의 자유가 있는 분야이다. 하지만 정치적 통제로 적용 범위는 제한적이다.

(다)는 공공서비스 제공에 정치 또는 사회적 교환 개념이 지배하는 분야이다.[164] 순수 공공서비스는 상품의 필수적 속성인 배제성이 없어, 시장 또는 상업적 거래 관점의 마케팅 전략과 기법(시장 분할이나 표적집단의 선정, 포지셔닝, 4Ps) 활용이 가장 어려운 분야로, 선택적 적용 영역이다. 인간으로서의 존엄, 자유, 평등, 참여, 사회적 형평성, 약자의 보호 등과 같은 민주적 가치와 충돌 여지가 많고, 국방, 외교, 통일, 법무, 경찰, 소방 서비스 등이 주로 여기에 해당한다. 공공기관이 적은 분야이기도 하다. 하지만 이러한 분야들도 광고, 홍보, PR 등의 활용은 필요하고 실제 사용도 일반적이다.

존 알포드(John Alford)는 공공서비스 이용자를 가격을 지불하고 이용하는 고객, 수혜자, 의무자(obligatees)로 구분한다.[165] 고객은 서비스 상품을 자유선택 구매하는 사람들로 마케팅 개념, 전략과 기법의 적용 대상이다. 반면 수혜자 또는 의무자는 정부가 공공서비스를 정치적 책임과 의무에 기초하여 제공하는 사람들이다. 이들은 공공서비스의 선택적 소비의 자유가 없다. 마케팅 개념(고객 중심적 사고, 고객만족 등) 적용은 필요하지만, 전략과 기법은 주로 정보제공을 통한 인식 개선, 설득과 참여 등(광고, 홍보, PR 등)제한적이라고 설명한다.

지광석은 2016년 '지역 소비자 정책에서 공공마케팅의 필요성과 정책적 제언'이란

---

164) 정부와 국민 간의 관계를 정치적 또는 사회적 교환의 영역으로 볼 때, 교환은 정부 공공서비스와 국민의 신뢰, 지지 간의 주고받음으로 마케팅 전략이나 기법도 적용이 가능하다.

165) Alford(2002), p. 340.

연구에서 마케팅 기법 도입 이유를 행정서비스의 낮은 품질, 주민과 이해관계자에 대한 이해와 인식 미흡, 소비자 시설(여기서는 소비생활센터) 및 서비스의 낮은 이용률, 낮은 정책 순응과 만족도 개선으로 제시한다.[166] 마케팅은 고객 중심적 사고, 시장 세분화와 포지셔닝, 마케팅 믹스로, 주민들의 적극적 참여와 지지를 이끌어낼 수 있는 효과적 방법이라고 주장한다. 가격은 서비스에 대하여 시민들이 기꺼이 지불하고자 하는 비용이고, 유통은 전달 체계의 편리성과 접근성이며, 프로모션은 전체 국민을 대상으로 한 장기적이고 지속적인 상호작용이라는 점에서, 정부가 시민 중심적인 서비스 전략을 채택하고 서비스를 상품이라는 관점에서 가치와 편익을 마케팅 하면, 참여와 수용성을 높이는데 도움을 줄 것이라고 말한다.

마케팅은 고객 중심적 사고의 실천으로, 고객이 있는 곳이면 어디나 필요하다. 「행정서비스헌장 제정 지침」(대통령훈령 제70호, 1998) 제1조는 국민을 행정의 고객으로 명시한다. 정부는 국민이 공공서비스 품질을 기업과 비교, 평가하는 잠재적, 심리적 경쟁의 환경에서 서비스를 제공한다. 행정기관은 공공서비스를 제공하고 납세자들은 가격(비용이나 희생) 대비 얼마나 가치가 있는가를 평가하고, 정부의 과거 서비스, 민간부문이 제공하는 동종이나 유사 서비스와 비교하면서 소비한다. 이것은 공공서비스 제공에 마케팅 적용 범위의 확대와 필요를 시사한다.

4. 확장

존 클랙스턴 등(John D. Claxton)은 1978년 「미시간대학 비즈니스 리뷰(University of Michigan Business Review)」에 발표한 '정부 프로그램도 마케팅 매니저가 있어야 하는가(Should Government Programs Have Marketing Managers)'라는 논문에서 마케팅을 조직과 고객 간 교환과정으로 정의한다.[167] 상업적 마케팅에서 교환은 판매자와 구매자 간 제품과 가격의 교환이다. 하지만 반드시 경제적, 상업적 교환만이 있는 것은 아니다. 정부와 국민 간에는 경제적 교환보다는 오히려 정치적, 사회적 교환관계가 더 중요하다. 순수 공공서비스의 경우, 교환은 정부의 법적, 정치적 서비스 제공, 국민들의 세금, 지지, 수용, 신뢰의 지불로 나타난다. 정치적, 사회적 교환에서는 정부가 공공서비스를 통해 필요와 욕구충족 노력을 하고 국민들은 지지, 믿음, 신뢰 등의 대가를 제공

---

166) 지광석(2016), pp. 2-7, 11-12.
167) Claxton, Kinnear, & Ritchie(1978), pp. 10-11.

함으로써 교환을 완성한다. '행정 = 정부부문의 국민과의 교환' 활동의 구조에서 둘은 서로에게 중요한 가치의 교환 관계에 있다. 정부는 국민들로부터 보다 많은 지지, 신뢰, 믿음을 원하고 이를 얻기 위해서는 적극적인 마케팅적 사고가 필요하다. 다만 공공서비스의 분야나 유형에 따라 마케팅 도입의 범위나 수준은 다를 수 있다.[168] 서비스가 상업적 성격을 갖는 경우라면 마케팅 이론이나 기법은 기업마케팅과 같은 수준의 필요성을 갖는다. 하지만 정치적 관점, 명령과 지시, 법적 책임을 중심으로 한 순수 공공서비스라면 경제적 교환보다는 정치적이나 사회적 교환의 관점에서 마케팅 지식의 적용이 필요하다.[169] 거버넌스 환경에서는 이해관계자들의 설득, 정서적 교류가 중요한 만큼 정부와 시민 간의 정치적, 사회적 교환의 중요성은 오히려 더 크다.

---

168) Graham(1995), p. 107.
169) Mintzberg(1996), p. 82.

제11장 사회마케팅

제1절 서론

1. 개념 정의

사회마케팅(social marketing)은 사회적 가치 또는 아이디어(social values or ideas) 상품의 판촉으로, 표적고객의 지식의 증가, 의식이나 태도의 변화, 바람직한 행동을 이끌어내기 위한 체계적 노력이고, 부정적인 믿음이나 인식, 태도, 행동 등을 중단시키거나 긍정적인 것으로 바꾸기 위한 활동이다. 사회적 가치가 구성원들이 삶에서 소중하고, 얻고자 하는 바람직한 상태이거나 정신, 신체, 도덕, 미학적으로 추구하는 것이라면, 아이디어는 이들을 구체적으로 실현하는 노하우(방법이나 수단)에 해당한다. 사회마케팅은 안전, 건강, 문맹 퇴치 등 사회 최대 다수 사람들에게 이익을 주는 가치나 아이디어의 생산, 채택, 확산 과정으로, 나라 사랑, 자연보호, 자원절약 등 국민 생활의 거의 모든 분야가 수요 영역이다.

사회마케팅은 필립 코틀러와 제럴드 잘트만(Philip Kotler and Gerald Zaltman)이 1971년 '사회마케팅: 계획적 사회변화를 위한 하나의 접근방법(Social Marketing: An Approach to Planned Social Change)'이라는 연구에서 처음 소개한다.[1] 사회마케팅을 "사회적 아이디어의 수용성에 영향을 미치기 위한 상품의 기획, 가격책정, 커뮤니케이션, 배포(distribution) 및 마케팅 조사를 고려한 계산된 프로그램의 설계, 집행과 통제"라고 정의하고,[2] 상업적 마케팅 원리의 적용을 통하여 바람직한 행동을 촉진하는 일련의 활동으로 기술한다. 미국마케팅학회는 사회마케팅을 "마케터가 행동의 편익이 자신이 아니라 오디언스(audience) 또는 사회에 생기도록 표적 오디언스의 행동에 영향을 주고자

---

1) Henley et al.(2011), p. 697.
2) Kotler & Zaltman(1971), p. 5.

설계한 마케팅"으로 정의한다.[3] 세이머 화인(Seymour Fine)은 사회마케팅을 금연, 출산 장려, 야생 동물의 보호, 질병관리, 암 예방, 에너지 절약, 카풀(car pool)과 같은 사회 적으로 필요하고 이익을 주는 가치나 아이디어의 보급에 마케팅 방법을 적용한 프로그 램의 개발 및 시행 활동으로,[4] 앨런 안드레아센(Alan R. Andreasen)은 복지의 관점에서 개인과 사회복지 개선을 목적으로 표적 오디언스의 자발적 행동에 영향을 주고자 상업 적 마케팅 기법을 적용한 프로그램의 기획, 분석, 시행 및 평가로 정의한다.[5] 또 스티 븐 댄(Stephen Dann)은 "사회적 목적의 달성을 위하여 일시 또는 영구적으로 표적 오 디언스의 행동변화를 유발하기 위한 수단으로서 사회적 맥락이나 조건에 맞춘 상업적 마케팅 활동, 제도 및 과정의 적용이자 채택"으로 기술한다.[6]

　　다양한 사회마케팅 정의가 있지만 대체로 1970년대 초 코틀러와 잘트만이 제시한 개념정의의 반복이거나 이를 크게 벗어나지 않는다. 요약하면 사회마케팅은 "사회적 가치나 아이디어에 대한 표적집단의 수용성을 증가시키기 위한 마케팅 프로그램의 설 계, 집행 및 통제"이고,[7] 기업의 상업적 마케팅 이론과 기법의 응용이다. 정부조직과 공공기관이 상업적 마케팅 프로그램의 개발과 시행에 관한 지식을 활용하여 개인이나 단체, 조직이 자신 및 사회에 부정적 영향을 미치는 행동을 자발적으로 중단하거나 바 람직하고 가치 있는 행동으로 바꾸도록 함으로써 개인의 삶의 질, 사회의 진보를 위한 체계적인 노력이다.[8]

2. 특징

　　정부기관은 사회마케팅의 주체이다. 민간부문의 영리, 비영리조직이나 단체들도 주요 마케터들이지만,[9] 정부의 사회마케팅은 전략수립과 마케팅 믹스에 의한 부정적

3) American Marketing Association. https://www.ama.org. 2019.1.20. 오디언스(audiences)는 청 중으로, 사회마케팅의 일반적 대상자를 가리킨다.

4) Fine(1991), p. xiv.

5) Andreasen(1994, 1995) 참조.

6) Dann(2010), p. 150.

7) Kotler(1975), p. 283; Grier & Bryant(2005), p. 319. 연구자들은 사회마케팅 상품을 사회적 가 치 또는 사회적 아이디어로 설명한다. 건강 증진, 환경보호, 자원절약이 사회적 가치라면, 암 조기진단이나 재활용은 가치구현 목적의 아이디어이다.

8) Grier & Bryant(2005), p. 319.

9) Bloom & Novelli(1981), p. 79.

행동의 체계적이고 지속적인 예방이나 중단 노력으로, 민간부문보다 체계적이고 보다 광범위한 분야에 걸쳐 이루어진다. 장소마케팅, 공공서비스 마케팅뿐만 아니라 민간부문의 사회마케팅과도 여러 가지 점에서 다르다.

첫째, 사회마케팅의 목적은 주민 개인 삶의 질 개선, 사회적 가치의 생산이다.[10] 개인 복지뿐만 아니라 가족, 더 나아가 사회 전체의 이익, 사회발전이 목적이다. 마케팅을 통한 행동의 변화는 1차적으로 고객 개인을 위한 것이지만 2차적으로는 가족과 사회 모두의 이익 증진이다. 암 조기검진이나 어린이 전염병 예방접종, 쓰레기 분리수거 마케팅의 목적은 주민 개인만이 아니고 지역사회 전체의 이익이다. 음주운전이나 과속금지 마케팅도 운전자 자신뿐만 아니라 다른 운전자와 그들의 가족, 사회의 안전을 위한 것이다. 정부의 사회마케팅이 기업의 사회적 책임 마케팅과 다른 점이다. 기업의 사회적 책임 마케팅은 비록 사회를 위한 것이고 결과도 전체 사회의 이익에 기여하지만 궁극적 목적은 기업 자신의 이미지 개선이나 장기적 수익의 극대화이다.[11] 반면 민간부문의 공익 또는 비영리조직이나 단체들이 하는 사회마케팅(자선, 구호, 자연이나 동물 보호, 헌혈, 교통질서 캠페인 등)은 정부의 사회마케팅과 같이 사회적 가치실현, 공공의 이익을 위한 운동이다. 목적이나 방법도 정부의 사회마케팅과 큰 차이가 없다. 따라서 정부는 이들과 파트너십을 구축하고, 세제나 보조금 등으로 지원한다.

둘째, 상품은 사회적 가치 또는 아이디어이다.

셋째, 상품생산은 거버넌스 과정으로 구성원들의 적극적 참여와 노력을 요구한다. 사회마케팅은 참여와 노력을 통한 변화의 촉진이다.

넷째, 소프트 마케팅(soft marketing. 행동변화의 자극 마케팅)으로, 기업의 하드 마케팅(hard marketing. 제품 판매량 증가 마케팅)과는 다르다. 사회마케팅은 가치나 아이디어의 수용, 참여 유도, 대화와 설득, 상호작용, 자각, 태도 변화를 추구하지만 제품마케팅의 관심은 물품이나 서비스 판매, 수익 창출이다.

다섯째, 체계적인 마케팅 프로그램과 방법의 이용이다. 기업도 사회마케팅을 하지만 기업의 사회마케팅은 단순한 광고나 캠페인, 이벤트에 의존하고 주로 단기적인 데

---

10) Proctor(2007), p. 179. 사회재(social goods)는 어떤 사회가 갖고 있는 유무형의 가치 있는 모든 것들이다. 많은 사람들에게 이익을 주는 청정 공기, 깨끗한 물뿐만 아니라 건강, 평화, 나아가 자원절약, 거리질서 등의 행동을 포함한다. 구성원들이 자각, 참여, 행동을 통하여 만들어내는 것들이다. Wikipedia. https://en.wikipedia.org. 검색일 2019.8.9.

11) McDermott, Stead, & Hastings(2005), p. 546.

비하여 사회마케팅은 보다 체계적, 장기적이다.[12] 정부의 사회마케팅은 개인이나 사회의 건강, 환경보호, 사회질서 유지 등을 목적으로 마케팅 프로그램을 개발하고, 상품, 가격, 유통, 프로모션의 믹스를 통하여 표적집단의 참여와 의식 고취, 행동변화를 만들어 내고자 하는 지속적이고 계획적인 노력이다. 기업도 다양한 미디어 채널을 이용하여 특정 사회적 가치나 아이디어의 확산을 위한 광고나 캠페인을 전개하지만 주로 단기간의 사회적 홍보중심의 활동으로 마케팅의 전 과정이 아닌 마케팅 믹스, 그 중에서도 특정 프로모션 방법의 활용이다.[13]

　　여섯째, 경쟁은 공급자 간의 경쟁이 아니다. 사회적 가치 상품은 거래 상품이 아닌 개인의 심리적 수용 상품이어서 경쟁은 정부와 대체 상품(사회적 선에 역행하는 제품 판매는 금지된다) 공급자 간의 경쟁이 아니라 오디언스가 갖고 있는 기존의 부정적인 인식, 태도, 행동과 정부의 사회적 가치 상품 간의 경쟁이다. 금연 상품 마케팅의 경우 잠재적 상품 소비자 마음속에서 금연의 의지와 기존의 흡연 습관, 욕구 간의 다툼이다.

　　사회마케팅은 정부의 전통적인 캠페인과도 다르다. 정부는 오래전부터 주민들의 인식을 바꾸거나 주의를 환기하는 데 캠페인 방법을 사용해 왔다. 전통적 행정에서의 캠페인은 목적이 주민들의 행동변화이고 강제가 아닌 설득적 간섭이다. 또 표적집단의 자발적 참여를 통하여 사람들의 행동 패턴에 의도적으로 간섭하여 변화를 이끌어내려는 노력으로 사회마케팅과 같다. 그러나 전통적 행정에서의 캠페인은 정부가 사회적 수요가 있는 경우에만 또는 계절적 수요(예 산불 예방)에 대응하기 위하여 채택하였던 주민동원 이벤트, 선전,[14] 교육, 홍보 등의 주로 일회성 행사들이다. 반면 사회마케팅은 국민들의 지식, 인식이나 태도, 행동의 변화, 이들의 사회적 확산을 목적으로 한 장기적, 전략적 접근이다. 정부가 목표를 설정하고, 마케팅 전략과 믹스의 개발, 집행을 통하여 표적집단이나 개인의 의식, 행동 등에 바람직한 변화를 만들어내려는 고도의 계획된 활동이자, 체계적, 지속적 문제해결 방식이라는 점에서 다르다.

---

12) Smith(2000), p. 11; Kotler & Zaltman(1971), p. 5.

13) McDermott, Stead, & Hastings(2005), p. 546. Andreasen(1994), Stead, Hastings, & McDermott(2007).

14) 선전(propaganda)이 특정 정치적 목적이나 관점에서 대중의 생각과 태도에 영향을 미치고자 필요 정보를 체계적으로 조합하여 전달하는 활동이라면, 홍보는 긍정적 결과를 알려서 사람들로 관심과 호의적 감정을 불러일으키기 위한 노력이다.

3. 기업 제품 마케팅과의 차이

사회마케팅은 정부가 사회적 가치나 아이디어 상품판매에 마케팅 전략과 기법을 적용한 것으로 기업의 제품 마케팅과는 목적, 방법, 성격이나 효과, 영향이나 성공 요인 등에서 다르다.[15]

첫째, 정부 사회마케팅의 목적은 사회적 가치 생산, 삶의 질 개선이다. 공익이 목적으로 사익을 추구하는 기업마케팅과 다르다.

둘째, 영향 관계의 복잡성이다. 사회적 가치 상품은 많은 분야와 관련되어 복잡성이 기업 제품 마케팅에서보다 훨씬 높다. 자연보호라는 사회적 가치 상품의 생산은 폐기물, 대기 및 수질 오염물질 배출 규제, 환경오염 감시, 매립장 건설, 자동차 배기가스 배출 규제, 태양광 및 풍력발전 산업지원, 원자력 발전소 건설과 핵폐기물 처리, 수입품에 대한 탄소관세 부과, 녹색소비 실천 등으로 이루어지고, 빈번하게 논쟁(개발과 보전, 국가의 수출지원 정책과 기업에 대한 규제 등에 관한)을 야기한다. 상업적 마케팅에서보다 이해관계자들이 고도로 다양할 뿐만 아니라 자주 첨예한 손익 다툼이 벌어진다.

셋째, 상품 소비의 효과가 오랜 시간에 걸쳐 나타난다.

넷째, 효과적인 보상 방법이 많지 않다. 사회마케팅에서는 표적집단의 상품소비(지식 습득, 인식이나 태도의 개선, 행동변화)에 따른 직접적 보상이 어렵다.

다섯째, 관계와 신뢰 중심적 마케팅이다. 사회마케팅은 기업과 비즈니스 상품의 단기적 거래 마케팅과는 다른 장기적인 관계 마케팅[16]이다.

여섯째, 고객에 대한 심층적 정보와 이해를 필요로 한다. 고객의 사회적 가치나 아이디어 상품의 구매는 상당한 심리적 비용(고통과 희생 등)을 수반한다. 사회마케팅은 고객의 이해, 자각, 믿음, 태도나 행동의 변화를 목적으로 한 장기적 노력으로, 개별 고객의 욕구, 라이프 스타일에 대한 자세한 정보가 필요하다.

일곱째, 고객이 사회적 가치 상품을 구매(선택, 수용)하도록 동기를 부여하는 데 금전보다 비금전적 편익이 더 큰 영향을 미친다.

---

15) McDermott, Stead, & Hastings(2005), p. 546; Smith(2000), p. 17. Weinreich(2006) 참조.

16) 관계 마케팅(relationship marketing)은 1회성 제품판매 또는 특정 상품의 광고나 구입 설득 메시지 전달보다는 고객과의 다양한 상호작용의 기회 및 방법 개발을 통한 장기적이고 강력한 유대 관계의 유지를 중시한다.

4. 사회마케팅의 목적과 기대효과

1) 목적과 기대효과

사회마케팅의 목적은 의식이나 태도, 행동의 변화, 궁극적으로는 개인과 사회의 건강성 회복, 사회적 가치의 실현이다. 표적고객을 대상으로 개인 또는 사회적으로 유익한 행동의 채택, 부정적이고 위험한 행동 억제를 통해 삶의 질, 사회의 발전을 성취하기 위한 노력이다. 행동변화뿐만 아니라 믿음이나 태도, 지식의 증가를 포함한다. 주로 공중보건이나 사회적, 환경적 문제 등의 해결이 목적이다. 가족계획, 금연, 비만이나 에이즈 예방, 안전운전, 환경보호 등이 여기에 해당한다. 쓰레기 분리배출 사회마케팅의 목적은 주민들의 분리수거가 옳다는 믿음, 필요한 이유와 지식의 학습, 분리수거의 실천, 생활 패턴의 생성, 사회적 확산, 궁극적으로는 주민생활 속에 하나의 생활 문화로 정착시키는 것이다.

목적을 단계별로 구분한다면, 1단계는 문제의 자각, 바람직한 행동의 필요, 중요성 인식, 편익에 대한 지식의 증가, 2단계는 태도와 행동의 변화, 3단계는 긍정적 행동의 사회적 확산과 자치규범화, 4단계는 개인과 사회의 복지, 삶의 질 향상이다. 쓰레기 분리배출 사회마케팅에 적용하면 쓰레기 분리배출의 필요성 인식과 지식의 증가 → 실천 → 제도화(위반 행위자에 대한 과태료 부과) → 생활 문화로의 정착, 삶의 질 개선의 단계이다. 목적은 마케팅 대상이 무엇인가에 따라 다르다. 소비자들의 자각, 인식의 개선, 지식의 성장이 최종 목적일 수도 있다. 다음 <표 1>은 대상(단위)이 누구인가에 따른 사회마케팅의 장기 및 단기적 목적이다.

▌표 1 **사회마케팅의 목적**

구분		개인	조직	사회
시간의 단위	단기	긍정적 행동변화	행동 규범의 채택	정책(규정과 법률) 도입
	장기	바람직한 가치, 라이프 스타일의 삶	제도와 근무 환경의 변화	건강한 사회문화의 창달

사회마케팅의 기대 효과는 여러 가지이다.[17]

첫째, 사회적 가치 창출이다. 모유수유, 금연, 보행 중 휴대폰 사용 억제, 자전거 타는 사람들의 헬멧 착용, 운전자들의 구급차에 길 양보 등의 촉진은 보건과 안전가치

---

17) Kotler & Lee(2007b), p. 13; Kotler & Lee(2007a).

생산에 기여한다.[18]

둘째, 법률이나 정책의 준수, 수용의 촉진이다. 쓰레기 분리배출, 운전자 안전띠 착용, 음주운전 금지, 보행자 횡단보도 이용, 건설현장의 안전조치 등은 입법이나 정책 결정만으로는 한계가 있다. 사회마케팅은 개인의 의식, 태도나 습관을 바꾸어 법률이나 정책의 준수와 수용을 촉진한다.

셋째, 특정 사회적 문제의 효과적 해결이다. 마케팅 전략과 기법(고객의 필요와 욕구 조사, 시장 세분화, 표적시장의 선정, 포지셔닝, 컨셉 개발, 마케팅 믹스)은 출산장려, 다이어트, 흡연이나 자동차 공회전의 금지[19] 등과 같은 권력적 강제(명령과 지시)로 성과를 얻기 어려운 사회적 문제해결에 효과적이다.

넷째, 생산성 개선이다. 주민들의 자발적 협조는 공공서비스 제공 비용을 최소화하고 효과는 극대화한다. 주민들이 쓰레기를 분류하고 정해진 용기에 모은 후 지정된 장소에 배출은 서비스 생산 비용절감과 성과개선에 기여한다.

2) 경험적 성과

많은 연구들이 사회마케팅의 긍정적 효과를 제시한다. 성공적 사례는 공중보건 분야에서 특별히 많다. 흡연, 과도한 음주, 불법적 약물 이용, 비만 등의 분야에서 지식의 증가, 태도나 인식개선 효과가 뚜렷한 것으로 발견되었다.[20] 연구자들은 사회마케팅이 지역이나 집단 간의 건강 및 의료서비스 수준의 불평등에 대한 자각을 높이고, 문제해결에도 효과적인 정책도구라고 말한다.[21] 하지만 효과는 대상이 누구인가, 무엇을 위한 것인가에 따라 다르고, 단기적인 경우 더 크다.[22]

5. 사회마케팅의 내용

1) 상품과 소비

사회마케팅 상품은 사회적 가치나 아이디어로, 바람직한 믿음, 의식이나 태도, 행

---

18) Novelli(2007) 참조.

19) 김성준·이준수(2004), p. 75.

20) Gordon et al.(2006), Stead et al.(2007).

21) Williams & Kumanyika(2002), Rienks & Oliva(2012).

22) Luca & Suggs(2010), p. 144.

동, 생활습관, 그리고 이들을 보조하는 물품 등의 패키지로 존재한다. 기본적 상품요소가 사회적 가치나 아이디어라면, 보조적 요소는 기본적 상품요소의 기능을 완성하는데 필요한 조건이나 성분들이다. 사회마케팅 상품이 청소년들의 원하지 않은 임신 예방일 때 기본적 상품요소는 임신 예방이라는 사회가 추구하는 가치이고, 보조적 요소는 교육이나 광고 등이다.

상품 수준(product levels)에 따른 분석은 고객 관점에서 상품을 기능적 역할 수준에 따라 핵심상품, 실제상품, 확장상품으로 구분하는 방식으로,[23] 상품의 내용과 기능에 대한 보다 자세한 정보를 제공한다. 켈리 맥코맥 브라운(Kelli McCormack Brown)은 건강 분야 사회마케팅 상품의 구조를 다음 <표 2>와 같이 설명한다.[24]

▍표 2 사회마케팅 건강 상품의 구조

상품의 수준 / 마케팅 상품	핵심상품 가치, 편익	실제상품 바람직한 행동	확장상품 물품이나 서비스
유방암 조기검진	건강과 마음의 평화, 조기발견과 완치, 치료비 절감	정기적 유방 암 X선 검진	저렴하고 이용하기 편리한 검진시설의 마련과 안내
감귤 노동자의 눈 건강[25]	눈의 보호	보안경 착용	브랜드 보안경의 무료제공
어린이 건강	건강	저단백질의 건강 식단	건강 식단 가이드북과 식단 개발 교육 프로그램 운영
모유수유	엄마와 아기 간의 정서적 유대, 산모의 빠른 회복, 아기 면역 체계의 발달	모유수유	산모와 아기를 위한 맞춤형 교육

---

23) Smith(2003), p. 23.
24) Brown(2006), pp. 385−386. TABLE 1 Product Level Example의 내용을 일부 수정하여 재구성하였다.
25) Citrus Worker Health− University of South Florida. https://health.usf.edu. 검색일 2018.11.22. 플로리다 농장노동자조합(The Farmworker Association of Florida)과 University of South Florida는 감귤 농장에서 일하는 남미 노동자들이 하루 수입을 최대한 늘리기 위해 무리하게 감귤을 수확하는 과정에서 눈 부상 사고가 빈발하여 이를 예방하기 위한 눈 건강 프로그램을 운영한다.

핵심상품은 고객이 상품구매로부터 얻을 수 있는 가치와 편익이다. 유방암 조기검진 사회마케팅 상품에서 핵심상품은 건강과 마음의 평화, 암 조기발견과 완치, 치료비 (뒤늦게 발견 시 부담해야 하는) 절감이다. 실제상품은 핵심적 편익을 얻기 위한 바람직한 행동으로 여기서는 정기적 유방 암 X선 검진이다. 감귤 노동자의 눈 건강 사회마케팅 상품에서 실제상품은 보안경 착용으로 감귤 수확에서 노동자들이 눈에 상처를 입는 것을 방지하기 위한 행동이다. 확장상품은 반드시 필요한 것은 아니지만 고객을 위한 추가적 상품요소이다. 모유수유 사회마케팅에서 산모가 아기를 위한 맞춤형 교육이 여기에 해당한다. 무엇이 핵심, 실제, 확장 상품인가는 고객 관점에 의한 것으로, 상품개발 시 소비자 조사가 필요한 이유이다.

사회마케팅 상품구매와 소비의 특징은 바람직한 행동의 필요에 대한 인식이나 지식을 갖추더라도 반드시 행동 선택으로 이어지는 것도 아니고 상품 구입(바람직한 행동의 선택) 후에도 포기와 재구매를 반복한다는 점이다. 상품의 성공적 소비는 바람직한 행동의 일상 생활화, 제도나 사회적 문화화로 완성된다. 사회마케팅 상품의 소비가 장소나 공공서비스 마케팅 상품과 다른 점이다.

2) 고객

고객은 사회마케팅 상품의 현재 및 잠재적 구매자들로 사회적 가치나 아이디어의 채택이 필요한 사람들이다. 사회적 가치와 부합하지 않는 태도나 믿음, 행동을 가진 사람들이 모두 수요자들이다. 사회마케팅 고객은 제품판매 시장에서 단일 품목의 상품을 일회 또는 반복적으로 단순 구매하는 고객과는 다르다. 고객의 특징은 첫째, 표적집단의 규모가 크고, 규모의 정확한 파악이 어렵다. 둘째, 고객집단의 구성원들이 고도의 이질적인 행동 특성을 가진 경우가 많다. 셋째, 일부는 부정적 행동이 기호이거나 오랜 습관(예 흡연)이어서 바람직한 행동에 대한 필요나 욕구를 발전시키지 못하고, 오히려 행동변화에 강력하게 또는 집요하게 저항한다. 따라서 바람직한 행동의 촉진과 채택을 위해서는 시장 세분화를 통하여 금연이 필요한 사람들을 여러 하위 집단으로 분류하고, 이들 중 몇몇 집단을 표적집단으로 선정한 후 지속적 관계 유지, 장기적 대화와 설득적 커뮤니케이션이 필요하다.

사회마케팅에서는 상품 수요자의 특징을 반영하여 고객(customers)보다는 자주 오디언스(audiences), 클라이언트(clients)라는 용어를 사용한다. 오디언스는 마케팅 프로그램 참여자, TV, 이벤트 등을 관람하거나 시청하는 관객이나 시청자들이다. 사회적 가치나 아이디어 상품이 필요하거나 관심을 가진 사람들로 설득 커뮤니케이션의 대상이자 메시지를 듣거나 읽는 사람들이다. 단순히 불특정 다수의 모든 사람들과는 다르다. 마케터가 고객으로 선정하여 장기간의 접촉, 교육, 상담과 인터뷰 등에 의한 정보제공, 권고, 자문, 조언을 하는 상대이다. 클라이언트는 정부가 장기간 지속적 관계, 신뢰를 바탕으로 바람직한 행동 상품을 개인에 특화된 서비스나 솔루션의 형태로 제공하는 대상이다. 병원이나 학교, 사회복지 기관 등이 개별 맞춤형 서비스를 제공한다.

3) 시장

사회마케팅에서 시장은 정부 마케터와 오디언스 간에 사회적 가치나 아이디어 상품을 두고 바람직한 행동의 편익과 비용에 관한 정보교환, 고객의 행동변화가 일어나는 일상생활이다. 정부는 사회적 가치나 아이디어를 상품으로 제시하고 고객은 기존 행동의 중단과 새로운 행동의 채택을 두고 비용 대비 편익을 비교하여 어느 하나를 선택한다. 표적시장은 정부가 마케팅 메시지 전달을 목표로 하는 현재 및 잠재 고객들이 있는 곳으로, 정부는 비용 효과적 마케팅을 위하여 1차적으로 마케팅 목적(예 모유수유, 청소년 성병 예방 등)에 따라 표적 분야를 정하고, 소비자 조사를 통하여 시장을 세분화하고 세분시장 가운데 표적집단을 선정한다. 표적시장은 주로 목표로 하는 집단의 일상생활 영역이다.

4) 교환

사회마케팅은 판매자와 구매자 간 자유교환에 기초한 행동변화의 촉진이다. 정부는 바람직한 가치나 아이디어 상품(가치나 편익의 패키지)을 제공하고, 고객은 가격(비용과 희생)을 지불하고 상품을 소비(수용, 채택과 실천)한다. 가격은 고객이 인식하는 비용으로 고객이 이전의 부정적인 행동을 포기하고 바람직한 가치 상품의 편익을 얻기 위하여 지불해야 하는 불편, 고통, 희생, 다른 행위로부터 얻을 수 있었던 효용 포기에 따른 기회비용의 합이다. 고객이 흡연이나 안전벨트 미착용처럼 이전의 기호나 습관 때문에 받아들이기 어렵고 불편하다고 생각한다면 그만큼 상품 가격을 비싼 것으로 인식한다는 뜻이다. 교환은 소비자들의 바람직한 행동의 수용이나 선택으로 완성된다. 기업의 상업적 제품마케팅에서 교환이 즉각적이고 명시적 보상 형태의 거래로 나타난다면 사회마케팅에서는 소비자가 비용과 희생을 치르고 개인 또는 사회적으로 유익한 행동을 선택하는 것으로, 과정은 시행착오의 반복으로 복잡하고 효과는 장기간에 걸쳐 나타나며, 상품과 가격 간의 교환관계도 덜 분명하다.

6. 법률과 정책, 교육과의 차이

1) 법률과 정책

법률과 정책은 표적집단의 행동을 고객의 의도와 관계없이 강제하거나 보조금 등을 통해 유도한다. 부정적인 행동은 신체자유의 제한이나 금전적 불이익인 과태료(행정법상 신고, 등록 등의 질서 의무 위반에 대한 금전적 처분), 과징금(행정법상의 의무 불이행에 의해 발생한 경제적 이익의 환수) 부과로 억제하고 긍정적 행동은 보조금 등으로 지원한다. 과속이나 음주운전, 쓰레기 무단투기에 대한 과태료 부과에서 대상자는 선택의 자유가 없다. 반면, 사회마케팅은 고객들의 바람직한 행동에 대한 개별적, 자발적 선택의 자유를 보장한다. 자유로운 교환을 통하여 지식의 증가, 의도나 인식, 태도, 행동의 변화를 추구한다. 커뮤니케이션, 인센티브 제공으로 바람직한 행동을 유도하고 보상을 통해 촉진한다. 법률과 정책은 행동의 변화에 직접적 효과를 초래하고, 특히 부정적 행동을 강제 중단시키는 데 강력한 힘을 발휘한다. 억제 효과도 즉각적이고 확실하다. 하지만 사회마케팅의 효과는 덜 명확하고 시간이 걸린다.

2) 교육

교육은 표적집단으로 하여금 자발적으로 특정한 방식으로 행동하도록 정보를 제공하고 지식을 늘리는 활동으로, 바람직한 행동변화를 만들어내는 효과적 수단이다.[26] 표적집단은 스스로 긍정적 행동의 방법을 찾고, 대가도 자신의 노력으로 얻는다. 하지만 교육의 주목적은 어디까지나 무엇이 어떠하다는 지식, 정보의 전달이고, 행동의 변화나 실천까지는 아니다.[27] 반면 사회마케팅은 행동의 변화가 목적으로 바람직한 행동을 선택하도록 상품을 구성하고 마케팅 믹스의 관리를 통하여 변화를 이끌어내고자 노력한다. 고객 행동변화에 대한 영향을 평가하고 프로그램의 수정(상품요소의 배합을 바꾸거나 새로운 상품요소의 추가 등)으로 변화를 유도한다. 사회마케팅이 교육도 커뮤니케이션의 방법으로 이용하지만 어디까지나 행동의 변화를 촉진하기 위한 것이다.

사회마케팅은 교육과 더불어 대상 집단에 선택의 자유를 허용하면서 정보를 제공함으로써, 법률과 정책의 효과를 강화, 보완하는 효과가 있다. 특히 법과 규제 정책에 의한 간섭이 어려운 행동 영역에서 유력한 수단이다.[28] 단점은 바람직하지 않은 행동을 확실하게 통제하기 어렵고, 효과도 낮고 느리다는 점이다.

---

26) Rothschild(1999), p. 24.

27) Smith(2000), p. 11.

28) Grier & Bryant(2005), p. 326.

사회마케팅의 대상과 적용 분야

1. 사회마케팅의 대상

사회마케팅의 대상은 개인과 집단, 조직, 사회이다. 개인은 일반인뿐만 아니라 전문가를 포함하고, 집단이나 사회 전체도 대상이다. 사회마케팅에서 정부는 의사들을 대상으로 사후 진료보다는 예방에 보다 적극적으로 나서도록 동기를 부여하고, 소매업자들을 대상으로는 청소년들에게 담배나 술을 팔지 않도록 설득하고 고무한다. 또 입법자들 대상의 사회마케팅은 미성년자를 상대로 한 담배 광고와 판매금지 정책의 강화를 촉구한다.[29]

2. 적용 분야

사회마케팅이 가장 큰 효과를 발휘하고 또 가장 먼저 발전한 분야는 법률이나 정책에 의한 직접적 간섭이 어렵거나 효과가 높지 않은 곳이다. 정책 소비자들의 자발적 참여, 자각과 의식 변화가 중요한 영역으로 보건, 환경, 경제, 사회 질서, 교육, 교통안전 등이다. 이 중에서도 보건분야는 사회마케팅의 고전적 영역으로, 효과가 뚜렷하고 성공 사례도 많다.[30] 사실 사회마케팅의 주요 적용대상은 건강 관련 부정적 행동들로, 흡연, 암 조기진단의 실패, 비만, 당뇨나 심장 질환, 말라리아, HIV(에이즈), STD(성병) 등의 예방 소홀이었다. 이들은 시민들 참여 없이는 궁극적으로 해결이 불가능한 이슈로 연구자들은 사회마케팅을 통한 시민들의 참여, 자각, 인식과 태도, 행동의 변화를 대안으로 제시한다.[31] 교통질서, 납세, 재활용 가능 자원의 회수, 작업장 안전, 성평등의식, 화재 예방, 부패 방지 등도 국민 의식 개혁과 실천이 중요한 업무로 사회마케팅의 기획과 시행은 성과 개선에 기여한다. 다음은 사회마케팅 적용 분야 및 사례의 예시이다.[32]

---

29) Stead, Hastings, & McDermott(2007), p. 190.

30) French et al.(2010) 참조.

31) Bloom & Novelli(1981), Kindra & Stapenhurst(1998) 참조.

32) Taylor & Muller(1992), McKenzie-Mohr(1994), Shrum, Lowrey, & McCarty(1994, 1995), Ludwig et al.(2005), Wright, Friestad, & Boush(2005), Goldberg & Gunasti(2007), Pratt(2008),

첫째, 보건 위생. 사회마케팅의 핵심 분야이다.[33] 정부는 사회마케팅을 비만 예방, 콜레스테롤 낮추기, 금연, 약물 오남용 금지, 마약 사용의 억제, 알코올 중독 예방, 신체운동과 체력증진, 에이즈, 말라리아 예방 접종, 암 조기진단, 치과 위생, 모유수유, 출산장려, 기형아 출산 예방 등에 사용한다.

둘째, 권리 보호와 인도주의 실천. 아동학대나 남녀 성차별 금지, 장애인 고용, 게이와 레즈비언의 권리 개선, 이웃사랑, 생명존중, 봉사와 기부, 헌혈 등이다.

셋째, 공중 질서. 거리질서(무단 횡단, 낙서, 노상 방뇨와 침 뱉기, 흡연의 금지), 놀이시설과 피서지 시민의식, 깨끗한 화장실 문화 등이다.

넷째, 환경보호. 자연보호, 폐기물 처리, 맑은 공기와 물 보존, 쓰레기 무단 투기억제, 산불예방, 야생동물, 고래의 보호 등이다.

다섯째, 산업과 경제. 자원, 에너지 절약, 자원 재활용, 직업 기술과 훈련 장려 등이다.

여섯째, 교육. 폭력과 따돌림 예방, 문맹퇴치, 자퇴방지, 청소년기 학생들의 원하지 않는 임신과 미혼모 예방, 유해 환경으로부터 보호, 학령 아동의 건강 등이다.

일곱째, 교통. 과속, 갓길 및 음주운전 금지, 안전벨트 착용, 전동차 이용 시 헬멧착용 등이다.

제3절   등장 배경

1. 50년대 – 사회마케팅에 대한 관심의 등장

마케팅 연구자들은 사회마케팅에 대한 관심의 시작을 게르하르트 위브(Gerhart D. Wiebe)가 1951년 발표한 'TV를 통한 상품과 시민권의 판매(Merchandising Commodities and Citizenship on the Television)'라는 논문으로 꼽는다.[34] 위브는 여기서 "인류애는 왜 비누를 파는 것과 똑같이 팔 수 없는가?(Why can't you sell brotherhood like you sell

---

Hansmann, Loukopoulos, & Scholz(2009) 참조.

33) Goldberg(1995), p. 347.

34) Andreasen(2002), p. 3; Wiebe, 1951. 많은 사회마케팅 연구자들은 이것을 사회마케팅의 발전에 있어서 최초의 공식적 관심의 등장으로 해석한다. Stead, Hastings, & McDermott(2007), p. 189. Kotler & Zaltman(1971), Rothschild(1979) 등 참조.

soap?)"라는 매우 도전적인 질문을 제기한다.[35] 많은 사람들에게 편익을 주는 문맹 퇴치, 건강, 깨끗한 물 만들기 등도 제품처럼 마케팅 할 수 있는 것 아닌가라고 묻는다. 또 실제 4가지 유형의 사회 캠페인 사례를 선정한 다음, 마케팅을 힘(force), 방향(어디에서부터 동기를 부여해야 하는가), 메커니즘, 국가기관의 충분성과 양립성, 거리(보상과 희생 및 비용 간의 거리)로 나누어 어떻게 효과적으로 마케팅을 할 수 있는가 분석한다. 첫째 사례는 제2차 세계대전 당시 정부의 국채 판매 캠페인이다. 국가가 전쟁에서 승리하도록 국민들에게 국채를 사달라는 운동으로 애국심(힘), 국채 구매(방향), 우체국이나 은행, 전화 주문(메커니즘), 국채를 구매할 수 있는 많은 곳(충분성과 양립성), 구매 편이성(거리)에 의해 크게 성공할 수 있었다고 평가한다. 둘째 사례는 민방위 지원자 모집 캠페인으로 사람들의 호응은 컸지만 그것을 다룰 수 있는 메커니즘이 갖추어져 있지 못해 덜 성공적이었다. 지원 방법을 알려주는 사람, 매뉴얼, 장비, 등록과 행정관리 절차 등도 부적절했다고 지적한다. 셋째 사례는 청소년 비행 억제 캠페인으로 메커니즘이 없어 성공하지 못했다고 말한다. 넷째 사례는 키포버(Kefauver) 위원회의 청문회 개최 캠페인이다. 이것은 오히려 시민들로 하여금 "자기들의 일, 처신부터 먼저 잘하라(set their house in order)"라는 분노를 야기하고 누구에 대한 것인지의 방향성 부족, 낮은 충분성과 양립성, 메커니즘 부재, 심리적 거리도 커서 가장 실패한 것으로 결론을 내린다.

위브는 사회적 가치는 환경이 다르기 때문에 공장이 생산하는 제품처럼 시장에서 마케팅 하는 데는 한계가 있다. 하지만 사람들의 행동변화를 목적으로 하는 캠페인도 환경이나 조건이 시장과 같다면 마케팅이 효과적일 수 있다고 주장한다. 사회적 가치도 담배나 비누처럼 환경과 조건만 상업적 마케팅에서와 비슷하다면 마케팅을 적용하여 효과적으로 판매할 수 있다는 것으로, 비영리 분야의 사회적 문제해결에 상업 마케팅의 적용 가능성을 확인한다.[36] 당시는 아직 사회마케팅(social marketing)이라는 용어를 알지 못했으나 정부도 마케팅을 통하여 사람들의 행동을 바꿀 수 있다는 인식의 출발점을 제공한다.[37]

---

35) Wiebe(1951), p. 679.

36) Serrat(2010c), p. 1.

37) McDermott, Stead, & Hastings(2005), p. 546.

2. 60년대 - 연구 필요의 인식

필립 코틀러와 시드니 레비(Philip Kotler and Sidney J. Levy)는 1969년 '마케팅 개념의 확장(Broadening the Concept of Marketing)'이란 논문을 발표한다. 이 연구에서 마케팅은 모든 조직의 보편적 활동으로, 전통적 마케팅 원리는 조직과 사람, 사회적 가치나 아이디어의 마케팅에 적용할 수 있고, 비영리 분야의 사회문제 해결이나 정부부문의 공공서비스 제공에도 사용할 수 있다고 주장한다. 마케팅 이론과 기법은 모든 분야가 사용할 수 있는데도 불구하고 연구자들이 마케팅을 PR이나 홍보로 매우 제한적으로 정의한다고 비판하면서, 영역의 확장 가능성을 강조한다.[38] 그러나 논문 발표는 1960년대가 거의 끝나갈 무렵으로 사실 사회마케팅에서 이렇다 할 진전을 만들지 못한다. 필립 코틀러와 제럴드 잘트만(Philip Kotler and Gerald Zaltman)도 1971년에 발표한 사회마케팅 연구에서 1960년대를 대부분의 연구자들이 행동변화에 마케팅 개념의 적용을 회의적으로 보았던 시기로 기술한다.[39]

3. 70년대와 80년대 - 정부부문의 도입과 본격적 연구의 시작

미국 연방정부는 이 시기 보건 의료, 교육, 문화, 사회복지 등 사회서비스 분야에 먼저 마케팅을 채택한다. 사회마케팅에 대한 본격적 연구도 시작된다. 코틀러와 잘트만은 1971년 '사회마케팅: 계획적 사회변화를 위한 하나의 접근 방법(Social Marketing: An Approach to Planned Social Change)'이란 연구에서 '사회마케팅'이라는 개념을 처음 도입하고, 개념정의, 내용 구성 등을 통해 사회마케팅 이론의 전체적인 틀을 제시한다.[40] 위브(Wiebe)가 1951년 제품을 넘어 사회적 가치도 마케팅할 수 있는 것 아닌가라는 문제를 제기하고 코틀러와 레비가 1969년의 "마케팅 개념의 확장"이란 논문에서 정부도 공공서비스 제공에 마케팅을 적용할 수 있다는 주장을 했다면, 코틀러와 잘트만은 이전의 마케팅 도입 가능성과 영역 확장을 위한 시도에서 한 걸음 더 나아가 정부도 사회적 가치의 확산을 위하여 마케팅, 즉 상업적 마케팅 이론과 기법을 적용할 수 있다는 본격적 주장과 더불어 이를 뒷받침하기 위한 이론 구성을 시도한다.[41] 사회

---

38) Kotler & Levy(1969), pp. 10-11. Kotler, P.(2005) 참조.

39) Kotler & Zaltman(1971), p. 3.

40) Kotler & Zaltman(1971) 참조.

41) Kotler & Zaltman(1971), p. 3. 필립 코틀러(Philip Kotler)는 정부마케팅 분야에서 개척자적 역

마케팅은 제품마케팅과는 다른 하나의 독립적인 학문분야로서의 발전을 시작한다.

미국 정부는 1973년 가을과 겨울 에너지 위기 극복과 사회서비스 분야에 마케팅을 도입한다. 농촌 주민들의 암 조기진단에 대한 관심과 태도 변화를 통한 치유 기회의 확대 및 사망률 저하 정책, 부모들의 아동 백신 접종을 통한 면역 수준 개선 등에도 마케팅 이론과 방법을 채택한다. 이들은 정부가 사회문제의 해결, 개인의 의식, 태도, 행동의 변화 촉진에 마케팅을 도입한 초기 사례들로,[42] 정책과 마케팅의 본격적 만남의 계기를 제공한다.[43]

1980년대에는 정부부문에서의 사회마케팅 채택이 크게 증가한다. 질병 예방, 환경 보호, 생태계와 종(種)의 다양성 보존, 수질 관리, 건강의 질과 불균등의 개선, 교통 수요 관리, 자원봉사, 부패 통제, 지속가능한 소비 등 다양한 분야에서 사회마케팅 이론과 방법을 도입한다.[44] 또 다른 변화는 UN 세계보건기구(World Health Organization, WHO), 세계은행(World Bank), 영국, 미국, 독일, 캐나다, 네덜란드 등의 가족계획 사회마케팅을 통한 후진국 원조이다.

많은 마케팅 연구자들은 이 시기를 통해 정부나 비영리조직들의 사회변화 프로젝트에 참여하면서 사회마케팅의 필요와 실천적 영역을 확인하고 이론적 체계를 구축할 수 있는 기회를 얻는다. 필립 코틀러와 에두아르도 로베르토(Philip Kotler and Eduardo L. Roberto)는 1989년 연구에서 사회마케팅은 사람들의 행동 개선을 위한 효과적인 방법이라는 관점에서 '사회변화 캠페인(social change campaigns)'이란 용어를 제시하고,

---

할을 한 연구자이다. 또 누구보다도 많은 저술을 남겼다. 그는 1956년 MIT 공대(Massachusetts Institute of Technology)에서 경제학과 마케팅에 관한 논문으로 박사 학위를 받았다. 이 논문에서 마케팅을 경제학의 관점에서 해석하여, 시장뿐만 아니라 마케팅도 가격에 영향을 미친다고 보았다. 또 하버드대학(Harvard University)에서는 수학, 시카고대학(University of Chicago)에서는 행동과학(behavioral science)으로 각각 박사 후 과정을 마친다. 그의 1969년 논문 '마케팅 개념의 확장(Broadening the Concept of Marketing)'은 노스웨스턴 대학(Northwestern University) 캘로그 경영대학(Kellogg School of Management) 마케팅 학과에 재직 중 동료 교수 시드니 레비(Sidney J. Levy)와 공저한 것으로, 사회마케팅 연구는 이때부터 노스웨스턴 스쿨이 주도한다. 코틀러는 이후 장소와 공공서비스 마케팅 분야도 개척하면서, 정부마케팅 분야를 만들고, 본인이 1969년 논문에서 주장했던 마케팅 개념과 연구분야의 확장에 결정적 역할을 한다. 제럴드 잘트만(Gerald Zaltman)은 학부에서 정부를 전공했고, 석사는 MBA, 박사 학위는 존스홉킨스 대학(Johns Hopkins University)에서 사회학으로 받았다.

42) Gordon(2011), p. 82.
43) Kotler & Roberto(1989), p. 24.
44) 사회마케팅. https://en.wikipedia.org/wiki. 검색일 2018.11.23.

사회마케팅을 사회변화 주도자들(change agents)이 다른 사람들의 부정적인 가치, 태도, 생활 습관이나 행동의 수용, 수정, 또는 포기를 설득하는 조직화된 노력이라고 말한다.[45] 세이모어 화인(Seymour H. Fine)의 1990년 「사회마케팅: 공공 및 비영리 기관의 사회적 가치 촉진(Social Marketing: Promoting the Causes of Public and Nonprofit Agencies)」이라는 책의 출판은 이 시기 사회마케팅 연구의 성장을 대변한다.[46]

4. 90년대 – 독자적 학문 분야로의 성장

사회마케팅이 정부 정책과 공공서비스에서 하나의 중요한 업무분야로 자리 잡고, 학문분야로서 독자적 영역도 완성하는 시기이다. 전통적 행정은 사회문제의 해결과 공공서비스 제공을 주로 법적 규제, 권리와 의무, 적발과 처벌, 감시 등(hard 정책 수단)에 의존한다. 반면 사회마케팅은 이해관계자들의 설득, 지지와 자발적 참여 유도 등의 방법(soft 수단)을 사용한다.[47] 1990년대는 국민소득 증가, 시민사회의 의식 성장으로 정부 강제와 규제에 대한 부정적 인식과 저항이 늘고, 개인 흡연, 음주, 비만, 약물 사용, 패스트푸드의 과도한 이용 등이 새로운 심각한 사회 문제로 등장했던 시기이다. 전통적 행정은 문제해결에 한계를 노정하고 사회마케팅을 새로운 방식으로 주목받으면서,[48] 전통적 행정 대비 사회마케팅에 대한 의존 증가가 나타난다.

민간부문의 공익 또는 비영리조직들이나 단체들(교육, 종교, 사회복지, 자선단체, 장학, 의료 등의 분야)은 공익 가치의 효과적 확산에, 기업은 이미지 개선, 새로운 시장의 개척 등에 사회마케팅 활용이 늘어난다.[49] 사회적 책임(corporate social responsibility, CSR. 기업이 소비자, 지역경제와 사회, 환경에 대하여 큰 영향을 미치는 만큼 단순한 법적 책임을 넘어 부담해야 하는 경제, 사회적 책임)에 대한 요구 및 관심이 크게 증가하면서, 기업들은 코즈 마케팅(cause marketing)[50]을 확대한다. 코즈 마케팅은 공익과 수익, 이중적

---

45) Kotler & Roberto(1989).

46) Fine(1990). 화인은 1992년 책 제목을 바꾸어 「Marketing the Public Sector: Promoting the Causes of Public and Nonprofit Agencies」를 출간한다.

47) Garsombke & Garsombke(1987).

48) Grier & Bryant(2005), p. 320. Truong(2014).

49) Greener(2009).

50) 코즈 마케팅(cause marketing)은 사회마케팅의 한 형태로, 공익 연계 또는 공익 마케팅(cause-related marketing)이라고도 한다. 한국에서는 1990년대 초 많은 기업들이 마케팅 전략의 하나로 도입한다. 신용카드 업계의 수익금 1천분의 1의 환경보호 기금적립 및 장애아동

목적의 프로모션이다. 궁극적 목적은 평판과 이미지 개선, 제품에 대한 소비자들의 호의적 평가, 구매 의도, 브랜드 선택 등의 자극이다.[51] 환경보호 캠페인, 장애자나 불우이웃 돕기 행사, 자선단체의 모금활동 지원 이벤트, 블랙 프라이데이(Black Friday. 미국 11월 넷째 목요일 추수 감사절 다음 날로 연중 최대 쇼핑이 이루어지는 날이다) 동안 판매 수익금 전부를 환경보호 비영리 단체에 기부, 식료품 판매회사가 유방암 재단에 제품 1개 구입 당 판매 수익금 일부의 기부, 아동도서 출판회사의 저소득층 어린이들을 위한 책 기부, 보험회사가 개최하는 집안 어린이 사고 예방 이벤트 등이 그 예이다.

사회마케팅 연구는 독립적인 학문분야로서의 모습을 완성한다. 사회마케팅 연구에서 중요 변화는 크게 세 가지이다.[52]

첫째, 연례 '마케팅과 공공정책 학술 대회(Marketing and Public Policy Conference)'의 개최이다. 이 대회는 사회마케팅 연구자와 실무자, 정책결정자 간에 관심 공유의 기회를 제공한다. 1989년 심포지엄 형태로 시작되어 현재는 학술대회 기간이 3일에 이르는 큰 규모로 성장한다.

둘째, 학술지 「공공정책과 마케팅 저널(*Journal of Public Policy & Marketing*)」의 발간이다. 창간호 발간은 1982년이다. 처음 10년은 미시건 대학교가 학술지 출판을 후원하였고, 1991년부터는 미국마케팅학회가 매년 2차례 발간한다.

셋째, 미국마케팅학회 산하 '마케팅과 사회(Marketing and Society)'라는 연구 분과의 설치이다. 이 분과는 사회적 이슈, 공공정책에서 마케팅의 역할, 정부부문과 마케팅 간의 협력 등을 연구한다.[53]

하지만 사회마케팅은 여전히 비즈니스 스쿨 마케팅 연구자들의 관심으로, 행정학자들의 참여는 드물었다.

돕기 카드 발급, 유한킴벌리의 수익 일부의 식수(植樹) 사업에 기부, 한국 IBM 등 다국적 기업의 전통문화 지원, 생명보험 업계의 아동복지 시설 지원, 조흥은행(2006년 4월 신한은행에 합병되었다)의 통일 기원 통장 등이다. 「공익 마케팅」 늘고 있다. 조선일보, 1994.2.28.

51) Smith & Alcorn(1991), pp. 19－20.; 이은영(2013), p. 196.

52) Mazis(1997), p. 139.

53) Marketing and Society SIG(Special Interest Group). https://www.ama.org. 검색일 2019.4.17.

5. 21세기 현재

21세기의 특징은 정부부문에서 사회마케팅의 광범위한 채택이다. 정부기관, 비정부조직들 모두 사회마케팅을 사람들의 행동을 바꾸는 강력한 수단으로 평가한다.[54] 특히 비만이나 불건강한 생활습관, 환경파괴, 자원의 고갈 등 정부가 혼자 또는 전통적인 행정의 방식으로 해결하는데 한계가 있는 문제들이 불거지면서 실무자들은 사회마케팅을 문제해결 수단으로 선호한다. 영국 정부는 2007년 보건서비스 전 분야에 사회마케팅 전략의 개발을 발표한다.[55] 미국 연방정부는 2010년 국가 보건 분야에 건강 증진, 질병 예방 사회마케팅 프로그램의 도입을 확대한다. 보건사회복지성(Department of Health and Human Services), 농무성(Department of Agriculture)은 모유수유, 지방질 식품 소비억제, 과일과 야채 권장, 체력 단련 등 예방적 건강 행동 촉진에 적극적으로 사회마케팅 프로그램을 도입한다.[56] 주(州)나 지방정부들도 식품과 영양, 영유아, 어린이, 산모 건강관리, 유방암 검진 등의 보건서비스 분야에서 사회마케팅을 중요한 정책 도구로 사용하고 적용 범위를 확대한다.[57]

국제기구들은 이미 오래전부터 저개발 또는 개발도상국들의 결핵이나 말라리아 예방, 나병 퇴치, 예방접종 분야 지원에 사회마케팅 프로그램을 도입, 활용해 왔다.[58] 하지만 21세기에 들어와서는 저개발, 개발도상 국가들도 자체적으로 가족계획 등의 사회적 문제에 사회마케팅 프로그램을 개발하여 이용한다. 국민소득 중하위권 국가들은 특별히 에이즈(HIV) 예방, 모자 보건, 아동 건강, 말라리아, 결핵 통제 분야에 사회마케팅 프로그램 활용을 늘려가고 있다.[59]

대학 사회마케팅 강의, 교과서 출판, 학술지 논문의 발표 등도 크게 증가한다.[60] 영국 스털링 대학교(University of Stirling)는 2005년 처음으로 사회마케팅 연구소를 설

---

54) Serrat(2010c), p. 1.

55) 사회마케팅. https://en.wikipedia.org/wiki. 검색일 2018.11.23.

56) Stead, Hastings, & McDermott(2007), p. 189. 미국 연방정부 보건사회복지성(Department of Health and Human Services) 산하 질병관리예방센터(Centers for Disease Control and Prevention)는 보건, 복지 분야에서 다양한 사회마케팅 프로그램을 운영한다. http://www.cdc.gov. 검색일 2018.1.24.

57) Grier & Bryant(2005), p. 319.

58) World Bank는 1980년대 이래 사회마케팅을 사회개발을 위한 하나의 중요한 정책적 도구로 사용하고 있다. Serrat(2010c), p. 7.

59) Firestone et al.(2017).

60) Andreasen(2002), p. 3.

립하고, 미들섹스 대학교(Middlesex University)는 2007년 대학원에 '보건과 사회마케팅 (Health & Social Marketing)' 프로그램을 도입한다.[61] 사회마케팅 분야의 최근 연구 관심은 전략적 사회마케팅으로 초점은 종전의 특정 고객 대상 행동의 변화[62]로부터 정책형성과 전략수립, 정부 관리자들을 위한 사회복지 분야의 효과적이고 지속가능한 접근 방법의 개발, 사회적 규범과 네트워크의 창출, 정책과 사회변화 기술의 개발 등으로 옮겨가고 있다.[63]

행정학 분야는 실무자들의 수요나 사용에도 불구하고 여전히 사회마케팅에 대한 관심과 이해를 거의 만들지 못하고 있다. 드물게 우윤석은 2011년 연구에서 사회마케팅의 필요와 적용을 주장한다.[64] 정부가 공청회를 통하여 주민들에게 정보제공, 교육, 의견 수렴을 시도하지만 자발적 참여를 이끌어내지 못하는데, 사회마케팅은 의사소통, 편리성 제고, 인센티브 등을 중시하는 만큼, 전략적 수단으로 채택하여 부정적인 개인의 행동이나 사회 환경을 바꾸고 긍정적인 공동체 규범이나 문화를 만들며 주민들의 정책 공동 생산자로서의 참여도 촉진할 필요가 있다고 말한다.

제4절 사회마케팅의 구성 요소

1. 구성 요소와 여러 시각

사회마케팅 구성 요소는 마케터가 성공적으로 행동변화를 만들어내는 데 필요한, 또는 사회마케팅이라면 기본적으로 갖추어야 할 조건이나 성분들이다. 무엇을 사회마케팅의 구성 요소로 볼 것인가에 대한 연구자들의 시각은 다양하다. 크레이그 레페브레와 준 플로라(R. Craig Lefebvre and June A. Flora)는 1988년에 발표한 연구에서 사회마케팅의 핵심적 구성 요소를 소비자 지향성, 공급자와 소비자 간의 자발적 교환, 오디언스

---

61) 사회마케팅. https://en.wikipedia.org/wiki. 검색일 2018.11.23.

62) 전략적 사회마케팅과 비교해 운영적 사회마케팅(operational social marketing)은 초점을 특정 고객과 사회적 가치 실현, 고객행동의 변화에 둔다. 목표도 전자에서는 장기적, 후자에서는 단기적 목표설정과 행동변화를 추구한다.

63) 사회마케팅. https://en.wikipedia.org/wiki. 검색일 2018.11.23.

64) 우윤석(2011), pp. 342−346.

분석과 세분화 전략, 상품과 커뮤니케이션 메시지 개발을 위한 형성적 연구(formative research), 배포(커뮤니케이션) 채널의 분석, 개입 방법의 설계와 집행에 마케팅 믹스의 사용, 통제, 관리 과정(문제 분석, 기획, 집행, 피드백의)의 8가지로 제시한다.65) 앨런 안드레아센(Alan R. Andreasen)은 행동의 변화, 오디언스 조사(audience research), 시장 세분화와 표적화, 교환, 마케팅 믹스, 경쟁의 6가지로 설명한다.66) 영국의 내셔널사회마케팅센터(National Social Marketing Centre, NSMC)는 사회마케팅 분야에서 연구와 교육, 평가 서비스를 제공하는 컨설팅 기관으로 사회마케팅의 구성 요소를 고객지향성, 행동 분석, 이론 탐색, 통찰력, 교환 분석, 경쟁, 세분화, 방법의 믹스(methods mix), 8가지 요소로 제시한다.67)

하지만 사회마케팅 프로그램들이 실제 기준적 구성 요소들을 다 갖추고 있는 경우는 오히려 드물다. 건강관리 사회마케팅 분야를 대상으로 한 연구에 따르면, 어린이 대상 비만 억제, 영양 섭취 및 건강관리 분야 77개 사회마케팅 프로그램을 조사한 결과, 단지 2개 프로그램만이 NSMC가 제시한 8가지 요소를 갖추었고, 대다수는 4가지 요소 이하를 사용하였다.68) 이 분야 연구들이 공통적으로 얻은 결과는 프로그램이 기본적 구성 요소를 많이 갖출수록 성과가 높다는 점이다.69) 또 어떤 요소를 보다 많이 이용했는가와 관련해서는 행동변화의 목표, 형성적 연구, 마케팅 믹스는 잘 활용하였지만, 시장 세분화, 교환, 경쟁은 그렇지 못하였고,70) 성과에 중요한 영향 요소는 형성적 연구, 상품의 구분(핵심, 실제, 확장 상품)과 각각에 따른 조건의 확인, 프로모션, 행동 간의 경쟁이었다.71)

---

65) Craig Lefebvre & Flora(1988).

66) Andreasen(2002), p. 7. 안드레아센은 1994년 논문에서 사회마케팅의 구성 요소에 '프로그램의 사전 테스트'를 포함시켰으나 2002년 논문에서는 이를 '행동의 변화'로 대체하고 있다. Andreasen(1994), p. 112 참조.

67) NSMC Benchmark Criteria. http://www.thensmc.com. 검색일 2018.11.23. Luecking et al.(2017), p. 1426; Aceves–Martins et al.(2016), p. 338 참조. National Social Marketing Centre는 영국 사회마케팅 연구소이다. "행동의 변화와 삶의 질 향상"을 표방하고, 사회마케팅 기획과 집행, 평가, 연구, 훈련, 자문 서비스를 제공한다.

68) Luecking et al.(2017).

69) Aceves–Martins et al.(2016), Xia et al.(2016), Kubacki et al.(2017).

70) Kubacki et al.(2017).

71) Xia et al.(2016).

2. 8가지 요소

구성 요소에 대한 여러 시각이 있으나 연구자들은 사회마케팅 프로그램의 성과를 분석할 때 NSMC가 제시하는 구성 요소를 평가 기준으로 가장 많이 사용하고, 그 다음이 앨런 안드레아센이 말하는 구성 요소이다.[72] 다음은 NSMC의 8가지 사회마케팅 구성 요소에 대한 설명이다.[73]

첫째, 고객지향성

고객지향성은 시장과 고객조사, 다양한 소스로부터의 데이터 획득과 조합을 통하여 사회적 가치 상품 소비자들에 대한 최대한의 이해를 얻으려는 의식이자 태도이다. 고객조사는 마케팅 믹스 구성에 필요한 자세한 정보수집 활동이다.[74] 1차 및 2차 소스의 이용, 양적 및 질적 연구를 통한 입체적, 심층적인 고객 정보의 수집이 중요하다. 고객 정보는 표적집단의 욕구 확인, 프로그램의 구성 요소와 방법들이 기대한 효과를 어느 정도 가져 올 수 있을 것인가에 관한 사전 테스트, 프로그램의 집행과 지속적 모니터링 등에 필요하다. 사회마케팅이 원하는 성과를 거두는 데 중심적 요소이다.

둘째, 행동 분석

행동 분석[75]은 행동변화의 관리와 강화, 통제를 위한 것으로, 바람직한 행동과 문제 행동이 무엇인가와 이들의 패턴 및 변화 추세에 대한 분석이다. 마케터는 이에 기초하여 구체적인 행동목표와 행동의 변화 측정을 위한 주요 지표 등을 설정한다. 프로그램의 초점은 행동이고 목적은 자발적인 행동변화로 목표를 명확히 설정하고, 단계별로 실행 및 측정 가능한 목표와 해당 지표를 마련하여 성과를 평가하는 것이 중요하다. 사회마케팅 프로그램의 설계, 집행, 평가의 모든 단계는 행동에 대한 광범위하고 세밀한 분석, 문제와 바람직한 행동 간의 갭, 현재의 행동 패턴과 미래 추세에 대한 분석과 정보를 요구한다.

---

72) McDermott et al.(2005), p. 547. Kubacki et al.(2017), Truong(2014) 등. 안드레아센(Alan R. Andreasen)은 미국 워싱턴 디시 조지워싱턴 대학(Georgetown University), 비즈니스 스쿨(McDonough School of Business)의 마케팅 교수이다.

73) NSMC Benchmark Criteria. http://www.thensmc.com/content. 검색일 2018.11.23.

74) Andreasen(2002), p. 7. 안드레아센은 NSMC와 달리 오디언스 조사를 사회마케팅의 하나의 독립적인 구성 요소로 제시한다.

75) Andreasen(2002), p. 7. 안드레아센은 이를 '행동의 변화'로 설명한다.

셋째, 이론 탐색

행동변화를 위해 필요한 기반적 이론의 탐색이다. 마케터는 생물물리학(bio-physics), 심리학, 사회학, 환경 또는 생태학 등 다양한 학문 분야의 인간 행동 설명에 관한 이론들을 활용하여 프로그램을 설계한다. 집행단계에서는 이를 토대로 행동변화 의도의 형성과 결심, 행동의 변화, 변화된 행동의 관리와 강화에 관한 일련의 가정을 개발하여 활용한다.

넷째, 통찰력

통찰력(insights)은 사람이 무엇에 의해 동기가 부여되고 행동을 바꾸는가를 포착하는 능력이다. 단순한 정보수집 그 이상이다. 마케터는 행동 관련 개별적인 사실이나 현황 정보를 수집한 후, 행동의 원인과 결과 간의 관계에 관한 본질의 파악과 예측으로 나갈 수 있어야 한다. 이것을 위해서는 표적고객에 관한 많은 정보, 폭넓고 심층적인 이해가 필수적이다. 마케터는 형성적 연구로 표적집단의 가치, 경험, 지식, 믿음, 태도, 욕구, 라이프 스타일, 사회적 맥락 등에 관한 광범위하고 자세한 정보를 수집하여 행동과 원인 간의 관계에 대한 가설을 도출한 후 과정과 평가연구를 통하여 행동변화에 대한 정보를 수집하고, 무엇이 바람직한 행동의 장애이고 어떻게 다룰 것인가를 판단한다.

다섯째, 교환 분석

교환 분석은 고객의 부정적 행동을 바꾸는데 대가로 무엇을 줄 것인가에 대한 검토이다. 소비자들은 사회적 가치나 편익을 얻기 위하여 비용(금전적, 신체적, 사회적 노력과 부담, 시간 등)을 지불한다. 마케터는 효과적 교환을 위하여 고객의 비용 인지 과정 및 실제 비용과 편익에 대한 심층 분석이 필요하다. 이를 토대로 고객의 세분화와 각각의 고객에 대한 다양한 편익(인센티브, 인정, 보상 등)의 개발, 의욕을 강화 또는 저하시키는 방법을 설계하고, 표적고객이 원하는 교환 조건을 충족시키는 최선의 방법도 모색한다.

여섯째, 경쟁

경쟁행동이 무엇인가의 식별이다. 고객의 시간 사용과 관심으로부터 경쟁이 무엇인가를 분석한다. 내적 요인(심리적 요인으로 기쁨, 욕망, 위험 인식 등)과 외적 요인(시간 사용과 관심 경쟁행동에 영향을 미치는 외부적 요인과 사람들, 이것을 강화하거나 촉진하는 요소들)의 분석이다. 사회마케팅에서 경쟁은 마케터와 동종 서비스를 공급하는 다른 공급자 간의 경쟁이 아니다. 잠재적 고객의 내면에서 일어나는 바람직한 행동과 대안적 행동 간의 경쟁이다. 금연과 흡연, 자전거 타는 사람들의 헬멧 착용과 착용하지 않는 것, 모유수유와 분유 수유간의 경쟁이다. 마케터는 경쟁분석을 통해 고객의 바람직한 행동 선택을 촉진하는 요인들, 이들 영향의 극대화, 방해하는 경쟁 요인들의 영향을 최소화하는 전략을 개발한다. 마케터는 자신이 주창하는 사회적 가치 상품의 편익이 경쟁행동의 이익을 압도하거나 적어도 능가하도록 구성하고, 또 지속적으로 경쟁적 우위를 유지하기 위해 어떻게 상품의 편익을 개선할 것인가에 관한 연구가 필요하다.

일곱째, 세분화

표적고객의 세분화이다.[76] 심리분석 데이터(psycho-graphic data. 퍼스낼리티, 가치, 의견, 태도, 관심, 라이프 스타일 등)에 기초하여 무엇이 소비자들의 행동변화에 동기를 부여하는가를 파악하고, 이들을 이용하여 고객의 행동을 바꾸고자 할 때 표적고객들을 세분화하여야 고객에 가장 적합한 접근 방법을 찾을 수 있다. 1차적으로 바람직한 행동의 필요와 욕구, 수용 가능성, 부정적 행동 습관이나 선호도, 라이프 스타일 등의 기준을 사용하여 소비자들을 동일한 특성을 가진 여러 하위집단으로 구분한다. 다음은 표적화 단계로 행동변화의 효과, 프로모션의 채널이나 방법 등 여러 요소를 고려하여 하나 또는 복수의 표적집단을 선정한다. 마케터들은 이러한 과정을 통하여 특정 세분 집단에 초점은 둔 맞춤형 마케팅 프로그램과 시행전략을 개발하고 사회적 가치나 아이디어의 수용도 촉진할 수 있다.

여덟째, 방법의 믹스

방법의 믹스는 사회적 가치 상품판매를 극대화하기 위한 여러 가지 방법들의 최적 조합이다.[77] 상품으로서의 매력, 가격으로서의 비용, 바람직한 행동 실천의 지원, 목표 행동의 편익이나 실천을 극대화하는 복수의 방법들 간의 최적 배합이다. 방법의 믹스는 개별 방법들의 상호작용을 통한 시너지 효과를 만들어 고객들의 바람직한 행동 채택을 효과적으로 촉진하는데 도움을 준다.

---

76) Andreasen(2002), p. 7. 안드레아센은 사회마케팅의 구성 요소 제시에서 이를 '시장 세분화와 표적화'로 표현한다.

77) Andreasen(2002), p. 7. 이 연구에서는 방법의 믹스를 '마케팅 믹스'로 설명한다.

제5절 | 마케팅 믹스

1. 서론

　　사회마케팅 과정은 소비자 시장과 욕구의 조사, 표적 오디언스 선정, 마케팅 믹스의 개발, 집행, 통제로 이루어진다. 여기서 마케팅 믹스는 고객의 상품 수용을 고무하기 위하여 사용하는 다양한 마케팅 도구들의 조합이다. 사회마케팅 연구자들은 사회적 가치 상품 판촉의 특수성 때문에 제품마케팅의 4Ps나 서비스 상품 마케팅의 7Ps는 불충분하거나 적절하지 않다고 주장한다.

2. 사회마케팅의 8Ps

　　네드라 와인라이히(Nedra K. Weinreich)는 사회마케팅 믹스를 전통적 마케팅 믹스 4Ps에 공중(Publics, 公衆), 파트너십(Partnership), 정책(Policy), 재정(Purse strings), 4가지 P를 추가하여 8Ps로 제시한다.[78]

1) 상품

　　상품은 사회적 가치나 아이디어이고, 오디언스는 상품을 인식이나 태도의 개선, 지식 습득, 행동변화 등으로 소비한다. 어린이들이 운동부족으로 체력 저하, 비만 증가가 사회문제로 등장하자 미국 연방정부 질병통제예방센터(Center for Disease Control and Prevention, CDC)[79]는 2002년에서 2006년까지 VERB[TM][80]이라는 어린이(9~13세)대

---

78) Weinreich(2006). *What is Social Marketing?* http://www.social-marketing.com. 검색일: 2018.2.27. 네드라 와인라이히(Nedra K. Weinreich)는 「사회마케팅 실무: 선(善)을 위한 변화 설계의 단계별 가이드(Hands-On Social Marketing: A Step-by-Step Guide to Designing Change for Good)」(Sage, 2010)의 저자이다. 사회마케팅 전문가로, 미 연방정부 보건 분야 사회마케팅 프로그램의 설계 및 운영에 대한 자문을 하고 있다. 캘리포니아 대학(University of California, Berkeley)에서 자원 보존을 공부하고, 하버드 보건 대학에서 보건과 사회적 행동(Health and Social Behavior)으로 석사 학위를 받았다.

79) 질병통제예방센터(Center for Disease Control and Prevention)는 연방정부 보건사회복지성(Department of Health and Human Services)의 소속기관이다.

80) VERB[TM]는 캠페인 브랜드로 두문자어가 아니고 '당신은 무엇이 필요한가?' 그것은 '행동(action)'

상 건강 사회마케팅 프로그램을 운영한다. 핵심상품은 어린이 건강이고, 상품요소는 지역 기반(10대들이 재미있게 할 수 있는 건강증진 운동) 이벤트, 운동 스타트업 키트, 어린이 신체운동 관련 교육자료, 학교 신체활동 프로그램 재정지원, 컨테스트, 게임 등이다. 효과적 판매를 위하여 표적 오디언스를 1차는 10대 어린이, 2차는 부모(특히 29~46세 어머니), 3차는 학교 선생님과 청소년 프로그램 리더들로 세분화하고, 마케팅 전략과 믹스를 개발하여 판촉하였다.[81]

2) 가격

가격은 고객이 인식하는 비용으로 비금전적 비용(사회심리적 비용인 시간 희생, 에너지 소모, 신체적 불편, 심리적 불안이나 당혹, 고통, 난처한 감정 등) + 금전적 비용(경제적 비용인 물품 구입 시 가격의 지불)으로 이루어진다. 가격은 비금전적인 사회적, 심리적 비용이 중심이고 물품 구입 가격은 부수적이다. 전자는 이전의 습관이나 버릇, 부정적 행동을 통해 얻던 재미, 즐거움, 만족, 쾌감, 기쁨 등의 상실, 새로운 바람직한 행동 선택을 위하여 지불해야 하는 시간과 에너지, 이에 따른 부담, 난처함이나 곤혹함, 친구들로부터의 소외나 무시 등에 따른 고통이나 희생이다. 반면 후자는 고객이 프로그램에 참여, 즉 상품 소비를 위하여 지불해야 하는 경제적 비용으로, VERB^{TM}에서 어린이들이 운동 클래스 참석에 필요한 테니스 라켓과 볼 구입비, 발레 클래스 등록비, 교통비 등이다. 2차적 비용도 발생한다. 부모들이 자녀들의 테니스나 발레 클래스 참여를 동행하거나 뒷바라지하기 위해 지불해야 하는 시간과 에너지 + 교통비 등 부수적 비용이다. 정부는 사회마케팅에서 고객이 부담하는 비용을 낮추기 위하여 물품이나 서비스 이용 가격의 할인이나 접근 편리 등의 인센티브를 제공한다. 암 조기검진 사회마케팅에서는 진료비, X선 촬영비 지원, 교통 서비스의 무료 제공, 청소년 임신 예방 프로그램의 콘돔 무료 배포, 국민건강보험공단 금연 치료 사회마케팅 프로그램의 금연 실천 과정 이수자에 대한 본인 부담금 환급 등이 여기에 해당한다.[82]

사회마케팅에서 상품 가격은 생산자가 결정하고 정가표를 통해 공개하는 것이 아니라 구매자가 심리적 과정을 통하여 인식하는 비용이다. 고객은 상품의 가치를 자신이 바람직한 새로운 행동을 채택하거나 이전의 부정적 행동을 중단함으로써 얻는 건강이나 삶의 질 향상과 같은 이득에서 본인이 치러야 하는 비용이나 희생을 제한 것으로

이라는 뜻의 디자인이다.

81) Wong et al.(2004), pp. 1−3.

82) 국민건강보험공단. http://m.nhis.or.kr. 검색일 2018.7.20.

인식한다.

3) 유통

유통은 상품을 소비자 가까이에 배포하는 활동이다. 상품이 유형적인 경우, 도소매점, 물류시설 등의 분배시스템[83]이 담당하지만, 사회마케팅에서는 인식이나 태도의 개선, 지식 증가, 행동변화의 촉진을 위한 운동장 건설, 체육시설 설치, 조기진단 병원의 지정, 교육프로그램 개설, 필요 물품의 판매 등으로, 고객의 참여나 접근 편리의 개선, 정보 획득 기회의 제고이다. VERB^{TM}은 표적고객이 바람직한 행동을 할 수 있는 곳, 신체 활동 프로그램의 종류, 필요한 서비스 제공 빈도 등을 늘림으로써 어린이라면 누구든지 언제 어디서나 안전하고 편리하게 운동 프로그램에 참여하고, 시설에 접근하여 이용할 수 있도록 하였다. 유방암 조기진단 사회마케팅 프로그램에서 유통 믹스 요소들은 지역 보건소, 차량 제공, 학교 급식 영양사나 양호 선생님, 정부 지정 병원이나 진료시설 등이다. 마케터들은 고객들의 생활 패턴, 습관 등을 고려하여 바람직한 행동을 할 장소나 시설에 대한 접근 방법과 수단, 기회를 고객 맞춤형으로 제공하고 접근성을 높이고자 노력한다.

4) 프로모션

프로모션은 소비자들을 대상으로 상품구매나 상품에 대한 수요를 증가시키기 위하여 선택을 권유하거나 설득하는 활동이다. 마케터들은 표적고객의 바람직한 행동에 대한 흥미나 관심, 호의적 감정, 기억을 자극하고 행동으로 연결시키기 위하여 프로모션(상품 편익 정보의 제공, 인지도 개선, 설득 목적의 광고, 홍보, PR, 인적 판매, 할인, 이벤트 등의 일련의 활동)을 전개한다. 대한적십자사(비영리 특수법인으로 보건복지부 산하 기타공공기관)는 헌혈 사회마케팅에서 광고와 홍보, 이벤트, 사은품 등을 지급한다.[84] 「국민건강증진법」 제8조 1항은 국가 및 지자체가 "국민에게 담배의 직접 흡연 또는 간접 흡연과 과다한 음주가 국민 건강에 해롭다는 것을 교육 · 홍보하여야 한다"고 의무로 명시한다. 민간부문에 대하여도 경고문구 표기를 의무화한다.[85] 정부는 사회마케팅을 통

---

83) 제품판매 마케팅에서 유통은 제조업자, 물품 보관 창고, 운반 차량, 판매 인력, 도 · 소매점 등에 의해 이루어진다.

84) 대한적십자사 https://www.bloodinfo.net. 검색일 2019.4.18.

85) 「국민건강증진법」 제8조 4항. 담배 광고에 대한 경고문구 표기 내용. '보건복지부 고시' 제2016-240호, 2016.12.22.; 흡연 및 과음 경고문구 등 표시 내용. '보건복지부 고시' 제

하여 국민들의 금연을 촉진, 유도한다. 보건복지부 금연 및 금주 프로그램은 TV나 라디오 광고, 이벤트, 인쇄물 사용 외에 "임신 중 음주는 기형아 출생 위험을 높입니다" 등의 문구를 사용하여 사회적 가치 상품을 마케팅한다.

5) 공중(公衆)

공중(Publics. 특정 업계, 분야, 계층의 사람들)[86]은 사회마케팅의 표적집단으로, 바람직한 행동에 밀접한 이해관계나 관심을 갖고 주의를 기울이는 사람들이다. 공중은 정책결정자, 사회적 가치를 생산하는 프로그램 담당자들도 포함한다. 일반 국민(the public)의 일부이고, 이익 집단에 비해 느슨한 그룹이다. 유방암 조기진단 사회마케팅에서는 유방암 조기진단에 밀접한 관련이 있거나 관심을 갖고 있는 사람들, 또는 사회마케팅 프로그램에 참여하는 사람들로, 표적집단(40~65세 여성), 가족, 의사 등이다. 사회마케팅은 오디언스가 자발적으로 자신의 부정적인 행동을 중단하거나 바람직한 행동을 채택하도록 유도하는 것이어서 표적집단뿐만 아니라 가족, 의사 등 이해관계자들의 역할이 중요하다.

6) 파트너십

파트너십은 장소마케팅에서와 마찬가지로 성공적인 사회마케팅을 위한 필수적 요소이다. 사회마케팅은 거버넌스적 노력이다. 정부가 개인의 바람직한 행동의 채택, 생활 패턴의 변화, 나아가 사회적 확산을 거쳐 사회 문화화하는 활동으로, 지역경제, 사회, 문화, 종교분야 등의 공익 및 비영리조직이나 단체, 미디어, 오피니언 리더들과의 협력, 즉 파트너십 구축이 중요하다. 유방암 조기진단 사회마케팅은 주요 파트너십의 대상이 여성단체, 의료 기관, 미디어 등이다.

7) 정책

정책은 사회마케팅의 효과적 추진에 중요한 요소이다. 정부가 개인뿐만 아니라 사회 전체의 바람직한 행동 유도는 표적집단의 선정, 자율적 참여 프로모션과 더불어 정

2016-172호, 2016.8.31 참조.
86) 공중(Publics)은 특정 이슈에 대한 이해(利害. 이익과 손해)를 공유하고, 많은 정보와 관심을 갖고 있으며, 무슨 일이 일어나는가에 주의를 기울이는 사람들의 집합이다. 관념이나 관습을 공유하지만 단체와 같이 특정 목적의 달성을 위한 조직이나 행동에는 이르지 않은 사람들이다. Publics. https://en.wikipedia.org. 검색일 2019.8.15.

책적 차원에서의 범칙금이나 세금 부과, 보조금 지급 등 권력적 강제와 금전적 지원, 인센티브 제공 등을 병행할 때 효과를 극대화할 수 있다. 마케팅만으로는 사람들의 오랜 습관을 바꾸기 어렵고, 또 행동을 일시적으로 변화시킬 수 있다고 하더라도 이를 장기적으로 지속시키는 데는 한계가 있다. 정책은 마케팅이 자유교환이라는 데서 오는 한계를 극복하는 데 중요한 역할을 한다. 정부는 금연 사회마케팅에서 「국민건강증진법」에 기초한 국민건강 증진 부담금 부과와 징수, 금연구역 지정과 위반자에 대한 과태료 부과, 「지방세법」 상의 담배 소비세율을 높여 담배값을 인상함으로써 흡연을 억제한다. 유방암 조기진단 사회마케팅에서는 조기검진을 의료보험 적용 대상에 포함시키거나 진료비 일부를 정책적으로 지원한다.

8) 재정

재정(Purse strings)은 행동변화 프로그램의 개발 또는 지속을 위하여 필요한 재원의 마련과 관리로, 성공적 사회마케팅의 핵심적 요소이다. 정부조직은 의회로부터 마케팅 프로그램 운영 예산을 배정받고, 공공기관도 정부의 예산 지원과 자체 사업 수입 등으로 필요한 자금을 마련해야 한다. 민간부문의 공익, 비영리조직이나 단체들도 사회적 가치나 아이디어 상품 마케팅을 위해서는 재원을 다양한 소스(기금, 기부나 물품 후원, 자원봉사, 정부 지원금, 모금활동 등)로부터 조달할 수 있어야 한다.

3. 10Ps

토니 프록터(Tony Proctor)는 사회마케팅 믹스로 10Ps를 제시한다. 10Ps는 전통적 마케팅 믹스인 4Ps＋정부 주창(Proposition. 사회적 가치나 아이디어의 표방이나 제시), 파트너십(Partnership. 민관 협력), 재정(Purse strings), 정치(Politics. 정치적 지지와 제약 요인의 식별, 지지 집단의 파워를 동원할 수 있는 방법의 모색), 정책(Policy. 다양한 정책 이슈들의 연계를 통한 행동변화 프로그램), 사람들(People. 국민 일반, 전문가, 정치인 등)이다.[87] 10Ps는 와인라이히가 말한 사회마케팅 믹스 8Ps에 정부 주창과 정치의 추가이다. 정부부문의 사회마케팅은 민간부문과 여러 가지 점에서 다른데 10Ps는 정부 역할, 정치의 중요성에 대한 강조이다.

---

87) Proctor(2007), pp. 187－188.

4. 사회문화적 관점

사회문화적 관점(socio-cultural perspective)은 사회마케팅이 목적을 달성하는 데 사람(People. 잠재적 소비자, 사회적 가치 확산 프로그램의 참여자 등), 파트너십, 정책 외에도 물리적 증표(Physical evidence), 과정(Process)의 중요성을 강조한다.[88] 파트너십은 사회마케팅 목적을 달성하기 위한 정부와 기업, NGO 등의 전략적 연합이다. 보건분야 사회마케팅에서 민간부문 의료기관, 지역사회 조직, 학교, 미디어, 관련 기업들과의 파트너십 구축은 바람직한 행동의 수용과 확산 촉진에 필수적 요소이다. 파트너십은 사회마케팅 메시지의 확산에 기여하고, 정부는 파트너십을 통하여 사업자금의 일부를 지원받을 수도 있다. 특히 지역사회 조직이나 단체들과의 파트너십은 바람직한 행동변화를 효과적으로 이끌어내고 지속적으로 유지하여 하나의 사회적 규범이나 문화로 만들어 가는 데 중요하다. 물리적 증표는 표창이나 훈장, 인증서, 프로그램 이수 증명서, 사회봉사나 헌혈 증서, '명예의 전당' 리스트 등재 등이다. 이들은 모두 사회마케팅 프로그램의 개발과 시행, 특히 사회 전체를 대상으로 행동변화를 효과적으로 이끌어내고 확산시키는 데 큰 역할을 한다. 이 밖에 사회문화적 수준과 조건(교육 수준, 문자 해득 능력, 건강, 의료 정보 등)도 표적집단에 전달할 메시지의 개발이나 커뮤니케이션 효과의 극대화에 중요하다.

제6절 사회마케팅 이론 및 과정

1. 사회마케팅과 행동변화에 관한 이론

사회마케팅은 행동변화를 주로 교환이론으로 설명한다. 교환이론은 사회학자들이 발전시킨 사회교환 이론(social exchange theory)에 바탕을 둔 것으로 사회적 행동을 교환과정의 결과로 가정한다.[89] 사회적 교환은 둘 이상의 사람들이 서로 말이나 행동을 주고받는 상호작용으로 개인 각자는 자신이 얻게 될 잠재적 편익은 극대화하고 사회적 관계에 따른 비용은 최소화하고자 한다. 편익과 비용은 경제적, 사회적 또는 감정적 차

---

88) Wasan & Tripathi(2015), pp. 138-139.
89) Bagozzi(1978).

원에서 각자가 추구하는 가치에 대한 이익과 위험이다. 이 이론은 인간의 행동을 합리적 선택으로 간주하여, 사람들이 교환관계의 유지나 중단을 자신이 기대하는 이익이 비용에 비해 크다고 인식하는지 그 반대인지에 따른 것으로 설명한다. 사회학, 인류학, 경제학, 정치학, 비즈니스 등 다양한 학문분야가 사회교환 이론을 적용하여 결혼, 가족관계, 경제, 정치적 이슈, 인사관리, 상업적 거래행위 등을 분석한다. 마케팅 연구자들도 교환이론을 도입하여 판매자와 구매자 간 제품공급과 가격지불을 교환관계에 의한 행동으로 정의하고, 사회마케팅은 바람직한 행동의 형성과 변화, 지속 등을 정부와 고객 간의 합리적 교환행동의 결과로 설명한다. 교환이론의 관점에서 사회마케팅은 정부는 프로그램을 통해 사회적 가치와 아이디어 상품의 판매를 촉진하고, 오디언스는 주관적인 편익과 비용, 위험 분석을 통하여 여러 대안 행동들 가운데 이익은 많고 비용은 적은 특정 행동의 선택으로 상품을 구매, 소비하는 활동이다. 사회마케팅은 정부와 오디언스 모두가 자신의 이익을 극대화하는 과정이다.

사회마케팅은 계획행동 이론(theory of planned behavior)이나 사회 생태학적 모형(socio-ecological model)도 자주 이용한다. 전자는 오디언스의 의도와 행동을 개인의 행동에 대한 태도, 주관적 규범, 인지된 행동통제에 의한 것으로 설명한다. 후자는 바람직한 행동의 채택을 개인과 환경적 요인들이 다양한 측면에서 상호작용한 결과로 해석한다. 마케터들은 사회마케팅 프로그램을 설계할 때 이들 이외에도 커뮤니케이션, 심리학, 사회학, 인류학 등이 발전시킨 인간행동에 관한 여러 가지 이론들을 활용한다.[90] 다양한 학문분야의 행동변화 이론과 모델들은 마케터가 프로그램을 설계하는 과정에 표적고객이 어떻게 자신의 인식, 태도를 개선하고, 행동의 우선순위를 바꾸는가에 대한 이해와 설명, 추론의 기준과 근거, 논리를 제공한다.

마케터들은 사회마케팅 프로그램을 행동변화 이론이나 증거에 기반하여 설계한다. 하지만 연구자들은 사회마케팅 분야는 여전히 이론적 토대가 약한 것으로 평가한다. 증거도 더 필요하다고 말한다.[91]

---

90) Williams & Kumanyika(2002). 이 연구는 사회마케팅에서 표적집단의 효과적인 행동변화를 위하여 사회과학 분야가 발전시킨 다양한 이론의 적용 필요성을 강조한다.

91) Luca & Suggs(2013), Firestone et al.(2017) 참조.

2. 행동의 변화

오디언스의 바람직한 행동의 선택은 천천히 일어난다. 사회마케팅 연구자들은 이러한 과정을 여러 단계로 설명한다. 토니 프록터(Tony Proctor)는 사람들의 바람직한 행동으로의 변화나 채택 과정을 다음 5단계로 설명한다.

1단계. 바람직한 행동의 필요를 느끼지 못한다.
2단계. 자신의 행동에 문제가 있다는 것과 행동변화의 필요를 깨닫기 시작한다.
3단계. 바람직한 행동의 의도와 행동변화의 목표가 결합하여 행동을 변화시키기 위한 준비를 한다.
4단계. 바람직한 행동을 채택하고 이를 위해 이전의 생활환경을 바꾼다.
5단계. 과거의 행동으로 다시 되돌아가는 것을 막고 행동의 변화로부터 지속적으로 편익을 얻고자 노력한다.

프록터는 오디언스의 이러한 바람직한 행동 선택 단계에 기초하여 마케터가 각 단계에서 할 수 있는 필요하고 적합한 메시지, 이미지의 전달과 구체적인 마케팅 노력(교육, 조사, 지역사회 자원의 동원, 정책, 법률의 제정 등)이 무엇인가를 설명한다.[92]
앨런 안드레아센(Alan R. Andreasen)은 행동변화 과정을, '목표 행동에 관한 지식의 획득 → 필요와 가치의 인정 → 사회, 가족, 자신의 상황에 비추어 필요하고 적절하다는 인식 → 목표 행동의 긍정적 결과가 다른 대안보다 우월하다는 판단 → 자신이 할 수 있다는 생각 → 가족이나 친구 등 자신에게 중요한 사람들이 자신의 목표 행동을 지지할 것이라는 믿음 → 목표 행동 채택'의 7단계로 보다 자세히 제시한다.[93] 이것은 표적 오디언스가 어떻게 바람직한 행동을 채택하게 되는가에 대한 보다 세밀한 설명을 제공한다. 하지만 정작 사회마케팅에서 가장 중요하고 빈번한 실패의 원인인 고객이 바람직한 행동을 선택했으나 유지하지 못하고 과거로 회귀하는 단계를 고려하지 못하는 한계가 있다.

---

92) Proctor(2007), pp. 179, 182.
93) Andreasen(1994), p. 112.

3. 사회마케팅의 과정

사회마케팅은 고객의 부정적 인식, 태도나 행동을 바람직한 것으로 바꾸고 유지하는 반복적이고 지속적인 과정으로, 먼저 시장 세분화, 표적집단 선정, 포지셔닝[94]을 통한 마케팅 전략을 수립한 다음 주민들의 바람직한 행동 수용을 고무하고, 자극하기 위한 프로그램의 개발로 이어진다.[95] 다음은 사회마케팅 과정의 시간의 흐름에 따른 설명이다.[96]

1) 기획

기획은 사회적 가치나 아이디어 상품의 판매를 위하여 무엇을 어떻게 할 것인가의 계획 과정이다. 오디언스의 바람직한 행동의 채택과 사회적 확산을 위한 프로그램 설계에서 가장 중요한 단계로, 사회마케팅의 목적을 정의하고, 목표 행동(바람직한 행동은 무엇인가), 대상과 범위(누구의 행동을 바꾸려고 하는가), 방법(어떻게 바꿀 것인가) 등을 결정하면서 관련 이슈들을 검토한다.

2) 형성적 연구

형성적 연구(formative research)는 사회마케팅 전략이나 프로그램의 개발, 기존 프로그램 개선 등을 위한 것으로 표적집단의 필요와 욕구, 태도, 행동 특성, 생활양식, 영향 요인 등의 조사와 검토이다. 오디언스를 세부 집단으로 나눈 후 표적 오디언스의 선정, 표적집단의 행동변화에 영향을 미치는 요소들의 식별, 무엇이 표적집단에 접근하는 최선의 방법인가 등을 위한 분석한다. 마케터는 형성적 연구로부터 프로그램의 목표 수립, 성과평가의 방법 등에 필요한 정보를 얻는다. 자료수집의 방법은 인터뷰, 서베이, 체크리스트, 포커스그룹 인터뷰 등이다.

3) 전략 수립

전략 수립은 목표의 효과적 달성을 위한 최고의 행동 방안을 선택하는 활동으로,

---

94) 사회마케팅에서 포지셔닝(positioning)은 바람직한 행동을 경쟁 행동과 비교하여 어떤 것으로 차별하여 촉진할 것인가, 편익을 무엇으로 강조한 것인가의 결정 과정이다.

95) Scammon, Li, & Williams(1995), p. 40.

96) Grier & Bryant(2005), p. 327. 독자들의 이해를 돕고 혼란을 방지하기 위하여, 원래의 뜻은 그대로 유지하면서 일부 설명을 추가하였다.

조직 미션과 비전의 확인, 장기적인 마케팅 목표의 정의, 시장 분할, 표적집단과 우선순위의 결정, 자원 할당, 활동 방향과 범위, 추진 단계 및 기간, 성과평가 기준의 선정 등으로 이루어진다. 단기적 실행계획은 현실적이고 구체적 행동 방법 및 절차의 마련으로, 주요내용은 측정 가능한 목표의 설정, 마케팅 믹스의 설계, 자금 동원과 배분, 시행 일정의 작성 등이다.

4) 프로그램의 개발

프로그램의 핵심은 마케팅 믹스이고, 마케팅 성과는 프로그램의 효과이다. 마케팅 프로그램의 개발은 표적집단에게 효과적으로 바람직한 행동의 동기를 부여할 수 있는 마케팅 도구들 간의 최적 조합을 찾는 노력이다.

5) 시행

프로그램을 계획에 따라 실행에 옮기는 활동이다.

6) 점검과 평가

프로그램 시행 이후 나타난 성과를 모니터하고 전체 및 개별 요소들의 효과성을 평가하여 어떤 요소를 유지하고 수정할 것인가를 판단한다.

7) 피드백

피드백(feedback)은 성과 개선을 위하여 산출 정보를 시스템에 다시 투입하는 과정으로, 사회마케팅에서 점검 및 평가의 결과를 프로그램의 수정, 문제점 해결에 반영하는 후속 조치이다. 프로그램 품질의 지속적 개선을 위한 것이다.

1. 사회마케팅 전략

사회마케팅 전략은 바람직한 행동변화를 이끌어 내기 위한 장기적 관점에서의 미래 구상이자 계획이다. 전략 수립은 크게 두 단계로 이루어진다. 먼저 전략적 분석 도구를 이용한 필요 정보의 수집이다. 도구는 SWOT(Strengths, Weaknesses, Opportunities and Threats), PEST(Political, Economic, Social and Technological), 갭(기대와 실제 간의 차이) 분석 등의 기법으로, 마케터는 이들을 사용하여 행동변화에 영향을 미치는 요인들을 식별하고 영향을 검토한다. 다음은 분석 결과에 기초한 전략적 결정이다. 시장 분할과 표적시장, 시장 간 우선순위, 바람직한 행동변화가 무엇이고 얼마나 달성하고자 하는지 등을 정한다. 마케팅 믹스 개발에 앞서 요구되는 준비 작업이다.

2. 전략 수립의 가이드라인

사회마케팅 전략의 수립은 많은 요인들의 고려가 필요한 복잡한 과정으로, 필립 코틀러와 낸시 리(Philip Kotler and Nancy R. Lee)는 마케터가 주의 깊게 고려할 사항을 다음과 같이 제시한다.[97]

첫째, 과거 사회마케팅 성공 사례를 참고한다.
둘째, 바람직한 행동을 받아들일 준비가 가장 잘 되어 있는 표적시장부터 시작한다.
셋째, 목표 행동 가운데 단순하고, 채택하기 쉬운 한 가지 행동부터 홍보한다.
넷째, 행동변화를 가로막는 장애물을 찾아내 제거한다.
다섯째, 실질적인 이익을 제공한다.
여섯째, 경쟁적 행동들의 비용을 강조한다.
일곱째, 고객들의 표적 행동을 촉진하기 위하여 물품과 서비스를 함께 제공한다.
여덟째, 정신적 인센티브(표창장, 공로상, 자격증, 수료 증서 등), 감사 표시(감사패)를 제공한다.
아홉째, 메시지를 재미있게 구성한다.

---

97) Kotler & Lee(2007), pp. 217-238.

열째, 중요한 결정 시 결정 사항을 미디어 채널을 이용하여 알린다.

열한째, 약속과 서약을 받는다.

열두째, 바람직한 행동의 지속 가능성을 높이기 위하여 행동변화의 필요와 중요성을 환기시키는 메시지를 발송한다.

3. 프로그램의 개발

1) 개발의 의미

프로그램 개발은 행동의 변화를 만들어내기 위한 마케팅 수단의 선택이자 표적집단을 겨냥한 최적 믹스의 구성이다. 사회마케팅 프로그램은 전통적인 4Ps와 추가적 4Ps로 이루어진다. 전통적 4Ps는 상품(핵심, 실제, 확장 상품), 가격(주로 사회적, 심리적 비용으로서의 고통, 부담과 불편, 기타 금전적 비용), 유통(장소와 시간, 기회, 접근성과 이용 가능성), 프로모션(광고, 홍보, 이벤트, 사은품 제공 등)이고, 추가적 4Ps는 공중(Publics), 파트너십(Partnership), 정책(Policy), 재정(Purse strings)이다.[98] 사회마케팅 프로그램 개발은 이러한 요소들의 조합으로 행동변화에 시너지 효과를 만들기 위한 노력이다.

사회마케팅 상품은 바람직한 인식, 태도, 행동과 이들의 채택 및 확산 촉진 프로그램(금연 카운슬링, HIV 테스트 서비스, 자가 혈당 측정기, 다이어트 일기장 등)으로, 새로운 상품개발에는 표적집단의 특성, 행동 패턴 등을 고려한 아이디어가 필요하다. 가격은 오디언스가 인식하는 비용으로 정부는 상품판매 촉진을 위하여 바람직한 행동 선택에 따른 편익 대비 심리적 고통이나 부담을 낮추고, 서비스나 물품 구매 시 재정 지원, 사은품 제공, 할인이나 환불 등으로 가격을 인하한다. 유통은 고객이 바람직한 행동을 손쉽게 언제든지 참여, 구매할 수 있도록 장소, 기회, 방법과 절차를 확대하는 일이다. 프로모션은 표적집단의 라이프 스타일, 행동 패턴과 선호를 고려한 메시지의 개발, 다양한 커뮤니케이션 방법과 수단을 이용한 행동변화의 필요와 중요성, 실천 기회, 방법, 절차 등에 관한 정보제공, 참여 권고, 자극 등의 활동이다. 마케팅 커뮤니케이션에서는 웹사이트뿐만 아니라 트위터 이용이 증가하고 있다. 추가적 4Ps에서 공중은 표적고객과 목표 행동에 이해관계를 갖고 있는 사람들이고, 파트너십은 행정기관의 민간부문의 공익 및 비영리조직이나 단체들과의 협력 관계의 구축이다. 정책은 정부의 입법이나 정책적 간섭을 통한 바람직한 행동의 채택, 부정적 행동의 억제로, 마케팅 한계를 보완

---

98) Andreasen(1994), p. 112. Black et al. (2000) 참조.

한다. 재정은 원하는 성과 창출을 위한 재원의 마련이다. 이들은 모두 프로그램 설계 차원에서 마케터가 고려해야 할 중요한 요소들이다.

2) 사례

뉴욕 제퍼슨 카운티(Jefferson County) 천식[99] 예방 사회마케팅 프로그램.[100]

제퍼슨 카운티는 천식의 적절한 진단과 치료가 시민들의 건강에 중요하다고 판단하여, 2005년 천식 증상의 조기진단과 발견의 필요에 대한 시민들의 지식, 믿음과 태도의 개선을 목적으로 사회마케팅 프로그램을 개발한다. 표적고객을 부모와 아이를 돌보는 사람들로 설정하고, 다음과 같은 4Ps를 도입한다.

첫째, 상품은 건강과 천식 증상에 대한 조기 인식 및 진단이다. 실제상품은 사회마케팅 프로그램으로 내용은 둘 간의 관계에 대한 정보, 증상을 보고 천식인지 확인할 수 있는 방법, 쉽게 의사의 진료를 받을 수 있는 절차 등이다.

둘째, 가격은 주민들이 인식하는 비용이다. 오디언스는 상품구매(프로그램 참여)와 소비(천식 증상 및 위험에 관한 지식의 습득, 중요성 인식, 조기진단과 발견)를 위해 부담해야 하는 비용(시간, 불편, 지불해야 하는 금액)이 클수록 가격이 비싼 것으로 생각한다. 반면 건강 편익이 클수록 가격이 상대적으로 저렴하다고 느낀다. 정부는 잠재적 고객들에게 편익 대비 비용이 거의 들지 않는다는 점을 강조함으로써 상품이 저렴하다는 인식을 만들어 낼 수 있다. 카운티는 천식예방 사회마케팅 상품을 받아들이지 않으면 자녀가 치료로 학업에 참여하지 못하고 신체적 고통을 당한다. 하지만 조기진단으로 증상을 미리 식별하여 초기에 치료를 받으면 건강을 지키고, 학교 수업 결시도 줄일 수 있다는 점, 부모가 천식 증상을 알아차리지 못하고 방치하다가 만성 질병 진단을 받게 되면 치료비, 부모의 간병과 사회생활 제약 등 금전적 비용, 시간, 노력, 심리적 고통 등이 크다는 점을 강조한다.

셋째, 유통은 상품에 대한 오디언스의 접근성을 높이는 과정으로, 부모들이 천식이 염려될 때 조기검진을 위해 갈 수 있는 장소(병원과 응급실, 약국), 태도 변화와 지식 증가의 기회(방송을 통한 천식 증상이 어떤 것인지에 관한 정보 제공)를 확대하고, 방송을 시청이 편리한 시간대에 배치한다.

---

99) 천식(喘息, asthma)은 유전 또는 염증 등에 의해 기도가 좁아져 호흡 곤란, 기침 등을 일으키는 호흡기 만성 질환이다. Wikipedia. https://en.wikipedia.org. 검색일 2019.8.16.

100) Briones et al.(2010) 참조.

넷째, 프로모션은 상품 편익과 비용에 관한 정보제공과 구매 설득을 위한 커뮤니케이션으로, 카운티는 TV 방송에 '혹시 천식일까(Could It Be Asthma?)'라는 자막으로 광고하고, 인쇄물, 인터뷰, 신문기사를 통하여 홍보한다. 또 지역사회 단체들과 협력하여 천식 조기진단을 고무하는 메시지를 전달한다.

제퍼슨 카운티는 2004년 9월부터 2005년 2월까지 프로그램을 기획하고, 2005년 3월에 캠페인을 시작하여, 같은 해 가을 성과 조사에서, 천식에 대한 인식, 증상에 대한 이해가 큰 폭으로 증가한 것을 확인한다.

4. 통합적 접근

1) 의미

통합적 접근은 사회마케팅을 입법 및 정책적 노력과 함께 추진하여 효과를 극대화하는 방법이다. 전통적 4Ps 외에 마케팅 도구로 정책(Policy)의 추가를 의미한다. 사회마케팅에서 통합적 접근은 마케팅에 의한 고객의 행동변화와 정책의 통합으로 바람직한 행동을 개인의 자유에 방치하는 것이 아니라 정부가 정책적으로 개입하여 행동변화가 개인의 의식, 일상 행동, 나아가 가족, 단체나 조직, 지역사회 속에서 하나의 삶의 방식으로 자리를 잡도록 하려는 시도이다. 사회마케팅에서 정부의 금연구역 지정, 담배값 인상, 담배갑에 경고문구 표시, 금연법규 위반에 대한 과태료 부과 등이 그 예이다. 사람들의 많은 행동은 습관에 의한 것이어서 변화에 저항하고 바꾸는 데 성공하였다고 하더라도 복원력이 강하여, 쉽게 옛날 습관으로 돌아갈 수 있다. 따라서 오디언스가 사회적 가치 상품을 구매하여 행동을 바꾼 경우라도, 바람직한 행동을 일상생활에서 하나의 라이프 스타일로 만들고, 사회에서도 상식이나 관행으로 뿌리를 내리도록 법과 규제 정책을 통해 제도나 문화로 만드는 노력이 필요하다.

2) 사례

뉴욕시(New York City)의 과도한 칼로리 섭취 저감 프로그램[101]

과도한 칼로리 섭취는 당뇨병, 심혈관계 질환, 조기 사망의 원인이다. 뉴욕시는 시민

---

101) Farley(2012) 참조. 뉴욕시는 사회마케팅을 통하여 시민들의 과도한 칼로리 섭취를 줄이는 데 큰 성과를 거둔다.

들의 건강을 위한 과도한 칼로리 섭취 억제를 목표로, 입법, 규제 정책, 식품 회사들에 대한 건강 제품 생산 권고, 소비자들에게는 건강식품 선택에 관한 정보 제공 등을 내용으로 한 통합적 접근의 사회마케팅 프로그램을 개발한다.

첫째, 레스토랑. 트랜스 지방(trans fat)[102] 사용 중지, 메뉴판에 칼로리 양을 표시하도록 설득한다.

둘째, 식품 회사. 식료품 생산에 나트륨 수준을 낮추도록 권고한다.

셋째, 의회. 설탕이 든 음료에 대한 의회의 소비세 부과 법안을 지지하고, 레스토랑에 설탕이 든 음료의 제공량에 한도를 두는 법안을 발의한다.

넷째, 정책 변경. 건강에 유해한 제품 구매에 대해서는 보조금을 지급하지 않는 것으로 정책을 바꾼다.

제8절 사회마케팅 상품의 브랜딩

1. 브랜딩의 의미

사회마케팅에서 브랜딩은 사회적 가치나 아이디어 프로그램의 이름, 핵심 가치나 내용을 상징하는 낱말이나 문구의 사용, 브랜드 슬로건, 디자인, 문양이나 부호, 상징 등의 개발과 이들을 활용한 커뮤니케이션으로 상품에 대한 차별적, 호의적 느낌, 기억이나 연상의 자극, 인지도 개선, 친밀하거나 우호적인 관계 형성, 이해와 신뢰도, 충성도(loyalty), 수용성 등을 생성하는 활동이다.[103] 조직은 프로그램의 이름, 슬로건, 상징이나 부호 등을 그래픽 디자인을 통해 이미지 요소로 개발 후, 오디언스에게 반복 노출시켜 차별적 편익을 투사하고, 상품의 기능을 넘는 긍정적 감정과 연상을 만든다.

브랜딩은 정부가 행동변화를 촉진하기 위해 사용하는 주요 방법의 하나이다. 상품을 브랜드로 만드는 데 성공하면 짧은 시간에 상품에 대한 고객의 우호적 인식을 높이고, 태도나 행동의 바람직한 변화를 이끌어내며, 부정적 행동을 중단시키는 효과가 있

---

102) 트랜스 지방은 불포화 지방산의 일종으로, 식품의약품안전처는 「식품위생법」과 '식품 등의 표시 기준' 및 '가이드라인' 제정에 의한 트랜스 지방 저감화 사업을 추진 중이다.

103) Asbury et al.(2008), p. S183.

다. 사회의 여러 분야와 협력과 지속 가능한 변화를 만들어내는데도 기여한다.[104]

2. 브랜드 슬로건

브랜드 슬로건은 브랜딩의 핵심 도구이다. 영국 노팅엄시(Nottingham City)는 금연 사회마케팅에서 흡연을 중단해야 하는 수많은 이유를 강조하고자 금연 요청을 상징하는 '이성의 충고에 귀 기울이라(Listening to Reason)'는 문구를 브랜드 슬로건으로 개발한 후, 경기장, 공원, 도로, 버스터미널 등의 플래카드, 포스터, 인터넷 웹사이트, 잔 받침 등에 부착하여 흡연 중단 메시지 전달에 사용한다.[105] 호주 빅토리아 주정부(Victoria State Government)는 2천 4백만 인구 중 62.6%가 과체중 또는 비만으로 매년 많은 의료 비용(4억 8천 5백만 달러 추산)을 지출하고 생산 차질로 엄청난 손실(약 9억 달러 추산)이 발생하자 2011년 비만과 비만 관련 질병(당뇨병, 심혈관병, 암 등) 예방을 위한 사회마케팅 프로그램을 도입하고, '다함께 건강한 빅토리아(Healthy Together Victoria)'라는 브랜드 슬로건을 만들어 캠페인 한다.[106] 이를 통해 다양한 이해관계자들의 관심을 하나로 묶고 사회변화에 대한 폭넓은 지지를 이끌어 내는 데 성공한다.[107]

다음은 미국 연방정부가 건강 분야 사회마케팅 프로그램 브랜딩에 사용한 브랜드 슬로건들의 예이다.[108]

건강과 영양 섭취: 'Energize Your Life!' 'LEAN,' 'Food Friends'
당뇨병 예방: 'Move More Diabetes,' 'Control Your Diabetes. For Life'
운동: 'Get Up and Do Something'
에이즈 예방: 'HIV. Live with it. Get Tested!,' 'Think Again'
금연: 'I Am the Owner of Me'

---

104) Venturini(2016), p. 1195.
105) De Gruchy & Coppel(2008), pp. 6, 10−12.
106) Victora state government. Victoria's hub for health services & business.
   https://www2.health.vic.gov.au. 검색일 2018.7.28.
107) Venturini(2016), p. 1196.
108) Luca & Suggs(2010), pp. 125−126.

3. 프로그램 이름과 퍼스낼리티

사회마케팅 프로그램 이름과 퍼스낼리티도 브랜딩에서 자주 사용된다. 프로그램 이름을 통한 브랜딩은 상품에 대한 고객의 인지와 메시지 내용 강조에 효과적이다. 미국 질병통제예방센터는 어린이들의 신체 활동을 늘리기 위한 사회마케팅 프로그램의 이름을 VERB^{TM}로 정한다. VERB은 행동(action), 동작, 활동을 의미한다.[109] 이러한 작명은 프로그램의 기억과 연상 촉진에 기여한다. 반면 퍼스낼리티 브랜딩은 사회마케팅 프로그램에 인간의 성격적 특성을 지정하여 고객의 행동변화를 유도, 촉진하는 방법이다. 상품을 표적고객의 나이, 성별, 사회 경제적 지위, 성격 및 정서적 특성에 맞추어 마치 인간처럼 대화하고 건강을 누리며 기쁨, 고통을 느끼는 것으로 브랜딩하여 원하는 호감이 가고 친밀한 이미지를 창출한다. 브랜드 이미지 제고, 고객과 상품 간의 신뢰 형성, 행동변화 촉진 등에 효과적이다.[110]

4. 관리

사회마케팅의 성공을 위해서는 브랜드의 보호 및 지속적 관리가 중요하다. 브랜드 커뮤니케이션은 고객들에게 차별적이고 일관된 메시지를 지속적으로 전달할 때 오디언스의 사회마케팅 프로그램에 대한 기억, 신뢰, 준거적 파워(referent power)[111] 등을 만들어 낼 수 있다. 마케터는 브랜드의 목적, 로고, 브랜드 슬로건 등의 색상, 폰트, 다양한 상황에서의 이용 방법 등에 대한 가이드라인을 만들어, 파트너 관계에 있는 민간 기관들과 공유하고, 또 브랜드 커뮤니케이션 업무를 담당하는 광고회사나 미디어 등의 부적절한 사용으로부터 브랜드 이미지를 보호하여야 한다.[112]

---

109) Asbury et al.(2008), p. S183.

110) Gordon, Zainuddin, & Magee(2016), p. 50. 이 연구는 암 조기검진 사회적 아이디어 상품 마케팅에서 퍼스낼리티(brand personality) 브랜딩의 긍정적 효과를 확인한다.

111) 준거적 파워(referent power)는 행동선택을 위한 기준 제시의 능력이고, 다른 사람들도 따라서 같은 상품을 구매하게 만드는 영향력이다.

112) Asbury et al.(2008), p. S185.

　　사회마케팅은 정부조직이나 공공기관, 비영리조직이나 단체들이 하는 사회적 가치 생산에서 중요한 역할을 한다. 특히 건강과 보건 분야에서는 높은 효용성을 인정받고 있다. 보건 전문가들을 대상으로 한 사회마케팅 자격이나 교육 참여 인증 프로그램들도 적지 않다.[113] 하지만 비판이나 한계도 있다. 크게 두 가지로, 하나는 사회마케팅이 갖는 일반적 한계이다. 정부와 민간부문 모두에 해당하는 한계이다. 또 다른 하나는 정부부문 사회마케팅의 한계이다.

1. 사회마케팅의 일반적 한계

　　첫째, 전통적, 상업적 마케팅 이론에의 과도한 의존이다. 사회마케팅 환경은 기업의 제품판매 마케팅과는 많은 차이가 있는데도 불구하고 사회마케팅 실무자들은 기존의 기업마케팅 분야가 개발한 이론과 방법을 그대로 이용하는 경향이 있다.[114] 하지만 기업의 제품이나 서비스 마케팅은 공급자의 상업적 이익을 위한 활동이고 사회마케팅은 마케터 자신이 아닌 공공가치, 사회복지나 삶의 질 개선 등을 위한 것이자 바람직한 사회환경의 구성에 초점을 둔 서비스라는 점에서,[115] 둘은 분명히 서로 다르다. 따라서 기업이 경쟁시장 제품판매 환경에서 만들어낸 마케팅 개념이나 원리, 전략이나 기법을 사회적 가치나 아이디어 상품 마케팅에 그대로 적용하는 것은 한계가 있다. 이 때문에 공익이나 비영리부문의 사회마케팅 담당자들 중에는 마케팅을 상업적 이익추구 수단이라고 생각하여 활용을 주저하는 경우가 많다.[116]

　　수 피티와 켄 피티(Sue Peattie and Ken Peattie)는 사회마케팅에서는 상품을 사회적 주창(social propositions. 사회적 가치나 아이디어를 앞장서서 주장하는 것)으로, 가격은 바람직한 행동 참여의 비용, 유통은 접근 가능성, 프로모션은 사회적 커뮤니케이션, 교환은 상호작용으로 표현을 바꿀 것을 제안한다.[117]

---

113) Grier & Bryant(2005), p. 320.
114) Asbury et al.(2008), p. S183.
115) Gordon, Zainuddin, & Magee(2016), p. 48.
116) Gordon, Zainuddin, & Magee(2016), p. 49.
117) Peattie & Peattie(2003), p. 382.

둘째, 사회마케팅에서는 교환이론의 적용범위나 효용이 제한적이어서 마케팅 수단들의 효과가 크지 않다. 사회적 가치나 아이디어 상품은 편익이 고도로 추상적인데다가 고객이 바른 행동을 위하여 지불해야 하는 가격에는 비가시적, 비금전적 비용이 압도적 비중을 차지한다.[118] 시장을 세분화한다고 해도 특별히 차별적인 보상을 할 수 있는 방법도 많지 않다.

셋째, 성과측정의 한계이다. 사회마케팅의 효과는 단기간에 가시적으로 나타나는 것이 아니고 대부분 오랜 시간을 두고 천천히 발생하기 때문에 측정이 어렵다. 많은 예산을 투입한 경우라도 효과는 느리고 거의 체감하기 어렵게 나타나서, 사람들은 그 성과를 좀처럼 인식하지 못하거나 인정하기를 주저한다. 금연 사회마케팅에서 건강 증진 등의 이유로 흡연을 중단하더라도 다시 과거의 습관으로 회귀하는 일도 자주 일어난다. 행동변화에 다른 여러 외부적 요인들의 영향을 통제가 어렵기 때문에 사회마케팅의 효과만 분리하여 측정하기도 어렵다. 금연을 하더라도 고객의 자발적인 흡연 중단인가, 사회마케팅의 효과인가, 공공장소 흡연자 처벌, 금연구역의 확대, 담배 값 인상 등의 정책효과 때문인가를 분명히 구분짓기 어렵다. 성과측정의 문제를 극복할 수 있는 모델이나 방법은 아직 없다.[119] 사회마케팅에 대한 예산 낭비 의혹도 부분적으로 이러한 이유 때문이다.[120]

2. 정부의 한계

정부 사회마케팅의 한계는 첫 번째로 사회 조작의 우려이다.[121] 정부가 사회마케팅을 대중을 세뇌, 조정하기 위한 수단으로 이용할 수 있다. 특정 정치권력이 사회마케팅을 자신들의 정치적 목적 달성을 위한 도구로 생각하여 편향된 정보제공으로 국민들의 비판적 능력을 무력화할 위험이다. 또 다른 하나는 행동을 바꾸지 않고 기존의 행동을 고집하는 표적집단, 특히 사회적 약자에게 권력을 이용하여 불이익을 주거나 특정 관념을 주입하고, 오명을 씌우는 부작용의 우려이다. 이러한 문제들은 정부의 사회마케팅 환경이 비즈니스 마케팅의 그것과 다르기 때문에 비롯된 것으로 사회마케팅에 상업적 마케팅 이론이나 기법의 적용을 제한한다.

---

118) Glenane−Antoniadis et al.(2003), Rothschild(1979), pp. 18−19.

119) Firestone et al.(2017).

120) Kotler & Zaltman(1971), pp. 11−12 참조.

121) Kotler & Zaltman(1971), pp. 11−12; Grier & Bryant(2005), p. 335.

정부부문의 사회마케팅은 이러한 한계에도 불구하고 전통적 행정이 명령과 지시로 다루거나 간섭하기 어려운 문제의 해결, 사회적 가치 창출에 유효한 도구로 평가받고 있다.[122] 정부가 행동변화에 마케팅 이론이나 기법을 적용하기 위해서는 적어도 두 가지 노력이 필요하다. 하나는 정부조직이나 공공기관의 업무 환경에 맞는 사회마케팅 용어, 이론이나 도구 등을 발전시켜 나가는 일이고, 또 다른 하나는 정부 마케터들에 대한 사회마케팅 전략의 수립, 사회적 가치나 아이디어 상품의 개발, 가격책정, 유통, 프로모션 기법의 교육과 훈련 확대이다.

---

122) Kotler & Zaltman(1971), p. 11.

1. 지역상품 마케팅의 의미

지역상품 마케팅은 지역에 있는 중소기업의 공산품, 주민들이 생산한 농축수산물의 해외 및 국내 시장에서의 판매지원 또는 직접적인 판매촉진 활동으로, 시장 수요조사, 경쟁상품 품질 정보의 수집, 상품개발, 유통 분야에서 시설 및 기술 지원, 공동 또는 협력적 광고나 홍보 등으로 이루어진다.[1] 목적은 지역주민 소득증대, 일자리 늘리기, 지역경제 발전, 지방정부의 세수 증가 등이다.[2] 지역상품 마케팅에서 시장은 크게 해외시장과 국내시장 두 가지이다. 중앙정부는 주로 수출 관점에서 중소기업 제품이나 농축수산물의 해외 판매 마케팅을, 지자체들은 해외 및 국내 시장에서 지역상품을 마케팅한다.

지역 중소기업이나 농축수산물을 생산하는 개인 사업자들은 제품이나 산출물이 해외시장에서 충분한 경쟁력을 갖고 있더라도 마케팅 역량, 시장 정보나 유통망의 부재, 광고, 거래에서 필수적인 외국어, 상대 국가의 법률 등에 대한 지식이나 경험 부족으로 수출 기회를 갖지 못한다.[3] 어느 곳에 진출하는 것이 유리하고 언제가 적절한 기회인지 잘 알지 못한다. 유통망을 독자적으로 갖춘 경우는 더욱 드물다. 외국 통관 관

---

1) 농축수산물의 해외판매 업무는 농업, 수산업, 축산업 협동조합(이들은 「농업협동조합법」 등 관련 법률에 근거해 설립된 특수법인들로, 법이 정한 목적 외의 영리나 투기 목적의 업무가 금지된 사업자들이다), 민간사업자 등이 수행한다.

2) Gençtürk & Kotabe(2001), p. 51. 다소 오래된 연구이지만 10억 달러 수출은 평균 22,800개의 일자리를 만들어낸다는 통계를 제시한다. Kotabe & Czinkota(1992), p. 639에서 재인용한 것이다.

3) Silverman, Castaldi, & Sengupta(2002), pp. 189−190.

련 법률이나 문화를 잘 모르고, 언어 또한 심각한 한계이다. 각국 정부들은 이러한 이유로 지역상품 수출의 마케팅을 지원한다.[4]

2. 특징

지역상품 마케팅은 장소상품, 공공서비스나 사회적 가치 상품의 마케팅과는 여러 가지 점에서 다르다.

첫째, 목적은 일자리 창출, 주민소득 증대, 지역경제의 발전이다. 장소 마케팅의 목적과 같다. 반면 공공서비스 마케팅 목적은 고객가치의 창출, 생산성 개선, 고객만족이나 신뢰이고, 사회적 가치나 아이디어 마케팅은 개인 삶의 질, 사회적 가치의 생산이라는 점에서 차이가 있다.

둘째, 상품판매 시장은 주로 해외시장이다. 수출 마케팅 대상은 국제[5] 또는 글로벌 시장의 소비자들이다. 공공서비스나 사회적 가치 상품 마케팅에서 고객이 자국민인 것과 다르다. 지역상품 마케터는 특정 국가 또는 전 세계 국가들과의 수출 경쟁을 위하여 다른 문화와 법률이 요구하는 조건들(검역이나 인증 등)과 외국어에 대한 지식이 필요하다.

셋째, 민관 협력적이다. 이 점은 장소나 사회적 가치 상품 마케팅과 같다. 공공서비스 마케팅과는 다르지만 지역상품 마케팅은 정부와 민간부문 간의 협력적 노력을 통한 판촉이다.

넷째, 지원 마케팅이다. 정부부문이 직접 생산한 상품의 마케팅이 아니라 지역 중소기업, 농축수산 분야가 생산한 상품의 마케팅이나 마케팅의 지원이다. 장소, 공공서비스, 사회적 가치나 아이디어 상품 마케팅과는 다르다.

다섯째, 간접, 부분적 마케팅이다. 정부부문이 지역상품의 브랜딩이나 광고, 홍보

---

4) Coughlin & Cartwright(1987) 참조. 이 연구는 정부의 수출 촉진을 위한 지출이 경제발전의 중요한 수단의 하나라는 점에서 지역상품 해외수출 마케팅 지원과 수출 증가 간의 관계를 통계적으로 분석하고 수출 촉진 지출의 필요를 제시한다.

5) 국제마케팅(international marketing)이 하나 이상의 국가를 대상으로 한 마케팅이라면 글로벌 마케팅은 전 세계를 대상으로 한 마케팅으로 국제마케팅의 대체 개념이다. 국제마케팅에서는 특정 수출 대상 국가의 정치적, 법적, 문화적 조건, 시장 정보에 기초하여 주요한 마케팅 결정을 내린다면, 글로벌 마케팅에서는 특정 국가들이 아닌 전 세계를 하나로 보는 관점에서 전략을 수립하고 목적 달성을 위한 방법을 선택한다.

등도 하지만 대부분은 민간부문 마케팅 활동의 지원(상품수요 파악, 시장정보의 제공, 접근 가능성 개선 등 해외시장 진입과 상품판매에서 취약한 마케팅 역량 보완 등)이고,[6] 지원도 마케팅 과정 전체보다는 일부에 대한 것이고 선택적 접근에 의한 뒷받침이다.

3. 수출마케팅 지원 프로그램

지역상품 수출마케팅 지원 프로그램(export marketing assistance program. 이하 마케팅 지원 프로그램)은 정부가 지역 중소기업이나 농축수산 개인사업자들이 생산한 물품을 해외시장에서 효과적으로 판매할 수 있도록 돕기 위한 일련의 방안 및 활동이다.[7] 대부분의 나라들이 이와 같은 목적의 프로그램을 운영한다.[8] 세계경제가 자유무역과 개방경제에 기반하여 작동하는 만큼, 수출 없는 국가나 지역, 도시는 상상하기 힘들다.[9] 많은 나라들은 수출을 경제성장의 엔진으로 간주하고,[10] 지역경제 활성화를 위한 전략적 관점에서 지원한다. 각국 정부의 수출마케팅 지원 프로그램은 수출이 줄면 기업은 투자, 생산, 고용을 줄일 수밖에 없고, 실업이 증가하면서 주민들의 소득, 시장 수요, 소비 감소로 이어진다는 경기 인식에 기초한 정책으로, 1980년대 후반 관련 연구들이 정부의 수출 지원 예산 1달러당 약 432달러의 수출 증가 효과가 있는 것으로 나타나면서[11] 중요성을 인정받는다.

마케팅 지원 프로그램을 유형화하는 방법은 여러 가지이다. 하나는 정부의 수출지원 서비스와 시장개척 프로그램으로의 구분이다.[12] 수출지원 프로그램은 정부의 잠재적 수출사업자를 위한 세미나, 상담, 수출 방법에 관한 핸드북 제작, 수출 금융 지원 등으로 이루어진다. 반면 시장개척 프로그램은 해외 무역박람회 참여 지원, 시장분석

---

6) Seringhaus(1987), p. 26.

7) Gencturk & Kotabe(2001), p. 67; Alvarez(2004), p. 383.

8) Van-Voorthuizen, Duval, & O'Rourke(2001), p. 58; Kedia & Chhokkar(1986), p. 13. 정부 수출마케팅 지원 프로그램(export marketing assistance program)은 수출지원 프로그램(export assistance programs), 수출촉진 프로그램(export promotion programs), 수출 인센티브 프로그램(export incentive programs) 등의 다양한 이름을 갖고 있다. Crick & Czinkota(1995), Shamsuddoha & Ali(2006), Kumcu, Harcar, & Kumcu(1995) 참조.

9) Silverman, Castaldi, & Sengupta(2002), p. 174; Kotler et al.(2002), p. 365.

10) Kotabe & Czinkota(1992), p. 639.

11) Coughlin & Cartwright(1987). Gençtürk & Kotabe(2001), p. 52에서 재인용하였다.

12) Kotabe & Czinkota(1992), p. 639.

정보의 제공 등 새로운 시장개척 지원에 초점을 둔다. 정부 수출마케팅 지원 사업 구분의 또 다른 방법은 정보 지식(informational knowledge)과 경험 지식(experiential knowledge) 개선 프로그램으로의 구분이다.[13] 전자는 워크숍, 세미나 등을 이용한 수출방법 관련 명시적(문자와 언어) 정보의 제공이고, 후자는 해외 구매자 초청, 무역 사절단 파견, 박람회 개최, 해외시장 조사 참여 등을 통한 암묵적(경험과 실습) 정보의 전달이다. 각국 정부의 수출마케팅 지원 프로그램은 해외시장 개척을 위한 정보의 수집, 수입상의 발굴과 초청에서부터 상품생산, 재정지원, 유통시설 운영, 광고, 홍보, 브랜딩, 소식지 발간, 교육, 금융지원, 경험 기회 제공 등의 수출지원 서비스를 제공한다. 명시적 및 묵시적 정보제공을 통한 수출마케팅이다.

한국은 대표적인 수출 주도형 국가이다. 경제발전 정책은 정부가 주도한 민간부문 해외 수출 증대에 기초한 것으로, 이를 통해 고용기회의 확대와 국민소득 증가에 성공한다. 정부는 1960년대 중반부터 포괄적인 수출지원 프로그램 운영으로, 해외 상품판매에 역량을 집중한다. 공산품 수출지원 프로그램은 상품생산과 품질 통제(KS 마크, 국가 공산품 품질 조사와 테스트를 통한 품질 보증), 기술 지원(한국과학기술연구원 KIST 설치. 국내 산업의 기술 수요 충족), 마케팅 지원(KOTRA 설치. 코트라는 수출지원 마케팅 기관으로 해외시장 조사, 경쟁상품의 가격과 품질에 관한 정보수집, 상품 수요와 해외 소비자 반응 조사, PR 프로그램의 운영 등)을 주요 사업으로 한다.[14] 이를 통하여 기업의 해외 상품 수출과 경쟁력 구축을 지원한다.

4. 시장의 세분화

시장 세분화는 수출마케팅 전략수립의 첫 단계이다. 마케팅 지원 또는 효과적 마케팅을 위해서는 시장을 세분화한 후 표적시장의 선정, 지원 대상 기업의 확인과 세분화, 이에 기초한 지역상품 수출 사업자들이 원하는 맞춤형 지원과 마케팅 전략의 수립이 필요하다. 수출시장은 1차적으로 선진국과 후진국, 유럽이나 아시아 시장으로 세분화하고, 수출마케팅 지원의 대상도 수출기업인가 잠재적 수출기업인가, 수출기업도 현재 수출기업인가 준비 단계에 있는 기업인가, 또 마케팅 지원 프로그램 참여를 기준으로 적극적 참여 수출업자인가 부분적으로 관심을 가진 수출 사업자인가 등으로 구분한다.[15]

---

13) Seringhaus(1987), p. 26.

14) Rock(1992), pp. 339, 341-342.

15) Moini(1998), pp. 3, 13.

마케팅 지원 프로그램은 시장과 고객의 세분화를 통하여 시장의 수요, 수출기업이나 지역 산출물 판매 사업자의 욕구를 충분히 반영할 때 성공할 수 있다.[16]

5. 마케팅 믹스

마케팅 믹스는 지역상품의 해외 및 국내 시장에서 판매를 늘리기 위한 상품의 개발, 가격, 유통, 프로모션의 최적 조합이다. 정부는 상품 개발을 위한 기술 지원뿐만 아니라 비교우위 가격, 효과적 유통, 프로모션에 필요한 시설의 설치, 자금, 유통 지원, 컨설팅, 직접 광고, 홍보 등으로 협력한다.

제2절 지역상품 마케팅 조직과 역할

1. 마케팅 조직

1) 중앙정부와 지자체, 공공기관

지역상품 마케팅은 중앙부처, 지자체 관련 부서가 기획하고, 집행업무는 산하 공공기관에 위탁하여 수행한다.

2) 대한무역투자진흥공사

대한무역투자진흥공사(Korea Trade-Investment Promotion Agency, KOTRA. 산업통상자원부 산하 위탁집행형 준정부기관)는 공공기관으로, 정부가 지역상품의 효과적 마케팅을 목적으로 설립한 기관이다. 「대한무역투자진흥공사법」 제1조는 목적을 "무역 진흥과 국내외 기업 간의 투자 및 산업기술 협력의 지원, 해외 전문인력의 유치 지원, 정부 간 수출계약 등"으로 규정한다. 전 세계에 10개 지역본부, 126개 해외무역관(85개국)을 두고, 지역상품 수출 마케팅뿐만 아니라 장소마케팅(외국인 투자 및 해외 전문인력의 유치, 국내외 기업 간 투자 협력과 산업기술 교류 알선, 투자 환경의 해외홍보 등) 업무를

---

16) 이철식·정재휘(2013), p. 83. 이철식·김상용(2009).

수행한다.[17] 동법 제10조는 정부 지역상품의 마케팅 관련 주요 사업을 해외시장 조사와 개척, 정보수집, 국내 산업 및 상품의 해외홍보, 국가브랜드 인지도 제고, 박람회·전시회 개최, 참가 및 참가 알선, 정부 간 수출계약 지원 등으로 규정한다.

3) 해외사무소

지자체들은 직접 해외사무소를 설치하여 지역기업의 해외시장 개척과 지역생산 상품의 판매 활동을 지원한다.[18] 조직은 대체로 직원 1~5명과 현지인 고용의 구조로, 중소기업 상품과 지역 특산물의 수출계약, 상담 지원, 전시회 개최, 해외시장 개척, 투자유치 등의 업무를 수행한다.[19] 외국 지방정부들도 국내에 사무소를 설치하여 자국의 지역상품 판매 마케팅을 한다. 미국 노스캐롤라니아주, 조지아주 등의 서울사무소는 투자와 유학생 유치를, 일본 나가사키현(長崎県. 큐슈 지방)의 서울사무소는 지역의 생산 조직이나 가공업자, 유통 및 판매 사업자와 협력하여 한국에서의 지역 농축수산물 판매와 마케팅을 지원한다.[20]

2. 역할

1) 정부부문의 역할

지역 중소기업이나 농축수산물 생산자, 판매 사업자들은 해외시장에 대한 충분한 정보, 경험을 갖추기 어렵다. 정부는 민간부문의 이러한 한계를 보완하여 지역상품을 직접 마케팅하거나 마케팅 활동을 지원한다. 직접 마케팅은 시장수요에 관한 정보수집, 지역상품의 브랜드 개발, 전문매장 설치, 광고, 홍보 등으로 이루어지고, 지원 마케팅은 상품 생산자, 판매 사업자들의 마케팅 역량강화, 4Ps(상품화, 품질개선, 가격, 유통, 시장 개척, 프로모션 등) 관련 재정, 정치 행정적 지원이다. 지역상품 마케팅의 대부분은 후자에 속한다.

---

17) KOTRA. http://www.kotra.or.kr. 검색일 2018.12.7.
18) 지자체들의 해외사무소 설치는 1990년대 후반부터이다. 충청남도는 1997년 뉴욕 무역관(직원 3명), 1998년 일본 구마모토사무소(직원 2명), 1999년 중국 상해무역관(직원 3명)을 개설한 바 있다. 최근에는 베트남 사무소 설치가 증가하고 있다. 호찌민으로 몰리는 지자체들. 경북, 강원, 대전 연이어 사무소 개소식. 한국일보, 2017.6.6.
19) 지자체 해외사무소 운영 현황. 행정안전부, 2013.11.26.
20) 나가사키 현 서울사무소. http://seoul-nagasaki.com. 검색일 2018.8.30.

첫째, 지역상품 생산자나 판매자의 수출 마케팅 역량의 강화이다. 정부는 제품의 품질 향상 지원뿐만 아니라 다양한 해외시장 견학 프로그램 운영, 통관 절차 교육, 세미나, 워크숍, 컨퍼런스 개최 등을 통하여 지역상품 생산자, 수출 사업자들의 마케팅 역량 개선 업무를 수행한다.

둘째, 재정적 지원이다. 마케팅 활동을 지원하는 다양한 재정 지원 프로그램의 운영이다.

셋째, 정치 행정적 지원이다. 자유무역 협정, 해외 지방정부와의 문화 교류, 상품 교역 파트너십 체결, 수출 지원 원－스톱 서비스, 법률 상담 등을 통하여 지역상품의 마케팅을 지원한다.

2) 역할의 분류

정부부문의 지역상품 수출지원 마케팅 프로그램의 역할은 다양하다.[21] 다음은 이들의 분류이다.

첫째, 정보 제공자. 지역 중소기업, 농축수산 상품판매 사업자들에게 해외시장의 수요, 상품 및 가격에 관한 정보, 해외 잠재적 구매자, 중개상, 배급(판매/유통) 사업자들의 리스트와 연락처 등을 수집하여 제공한다.

둘째, 중개자. 중개자(broker)로서의 역할은 지역상품 판매자와 외국 수입사업자들을 연결시켜주는 일로, 해외 목표 시장의 거래처, 수출 도소매 사업자들의 발굴, 초청 등을 통한 상품거래 기회의 제공이다.

셋째, 촉진자(expediter). 이 역할은 지역 제품, 산출물 판매자와 구매자 간 상품의 교환이 활발하게 이루어지도록 돕는 일이다. 해외시장, 도소매업자들에 대한 정보제공, 해외 바이어 초청과 거래 알선, 해외 박람회나 시사회 참여, 상품 전시회 비용 지원, 통역 서비스 제공 등의 역할이다.

넷째, 트레이너와 상담자. 지역상품 생산자나 수출 사업자들을 대상으로 상품개발, 통관 절차, 해외시장 개척 등에 대한 교육, 세미나, 워크숍, 컨퍼런스, 상담 서비스 등 다양한 마케팅 훈련 프로그램을 제공한다.

다섯째, 재정 지원자. 정부는 마케터로서 지역상품의 판매를 늘리기 위해 수출 금융 지원, 신용 보증 등의 일을 한다.

---

21) Kotler et al.(2002), pp. 364－375.

여섯째, 주최자. 무역 박람회, 전시회 등을 개최하고 해외의 도소매상 등 수입업자들을 초청한다.

일곱째, 표적 설정자. 표적 설정자(targeter)의 역할은 수출성장 잠재력이 뛰어난 산업, 기업, 제품이나 산출물을 지원 대상으로 선정하는 일이다.

여덟째, 프로모터. 프로모터(promoter)의 역할은 해외 광고판, 전광판 설치, 인터넷 포털 오픈, 브로슈어(홍보용 소책자), 뉴스레터(newsletter), 비디오 제작, 상품 샘플 배포 등을 통한 지역상품 소개 및 인지도 제고이다.

아홉째, 시설 개발자. 지역상품 수출을 위한 항공, 항만 운송 관련 시설, 도소매점, 공동 판매장의 개설, 냉동·냉장창고 설치 등의 역할이다.

열째, 신기술 개발자. 지역 제품이나 생산물의 품질개선을 위한 품종개량, 신기술 도입, 혁신제품 개발촉진을 위한 세금 우대, 보조금 지급, 해외 박람회, 전시장 등에 참여 기회 제공 등의 역할이다.

WTO(세계무역기구. 회원국들 간의 자유무역 지향 수출입 협정 및 이행의 감독 기구)[22]가 1995년 출범하여 기업이나 농축수산물 생산자에 대한 직접 수출보조금 지급을 금지한 이후 각국 정부는 종래의 직접지원 프로그램(자금, 세제 지원 등)을 간접지원(경쟁력, 역량 강화 등)으로 전환하고 있다.[23]

---

22) WTO(World Trade Organization. 세계무역기구)는 나라 간의 자유롭고 예측 가능하며 원활한 상품 거래 보장 역할을 하는 국제 조직으로, 1994년 세계 124개국이 마라케쉬협정(Marrakesh Agreement)을 체결하여 설치하였다. 이전의 GATT(General Agreement on Tariffs and Trade. 관세 및 무역 일반 협정)를 대체한 체제로, 국제 자유무역 질서를 방해하는 덤핑, 정부의 직접적 보조금 지급 등을 규제한다.

23) Kotler et al.(2002), pp. 365; 이철·정재휘(2010), p. 73.

산업분야 상품 마케팅

1. 마케팅 조직

중앙정부 차원에서는 산업통상자원부, 중소벤처기업부(대통령 소속기관. 이전의 산업통상자원부 소속 중소기업청)가 중소기업 수출 해외마케팅 지원 업무를 담당한다.[24] 공공기관으로는 중소기업진흥공단(중소벤처기업부 산하 기금관리형 준정부기관), 중소기업수출지원센터(지방중소벤처기업청에 의한 설치, 운영)와 코트라가 관련 업무를 위탁 수행하고, 민간부문에서는 한국무역협회나 중소기업중앙회가 정부와 유기적 협력을 통해 수출 마케팅을 지원한다. 지자체들은 자체적으로 해외사무소를 설치하여, 지역 공산품의 수출 계약, 상담 지원, 전시회 개최, 시장 개척 등의 일을 한다.[25] 협동조합[26]은 개별법을 근거로 설립된 특수법인들로, 농민, 어민, 목축과 산림 분야 주민들의 산출물을 구매, 판매하고, 가공, 제조, 신용 서비스를 제공한다. 이들의 주요 업무는 규모화와 전문화를 통한 상품 가격의 안정, 시장 교섭력 확보, 공동판매, 유통비용 절감, 고객가치의 창출 등이다.

정부조직은 해외마케팅 정책을 기획하고 코트라, 중소기업진흥공단, 한국무역협회, 중소기업중앙회 등은 프로그램 개발을 통하여 이를 집행하는 업무를 수행한다.

2. 지원

1) 상품개발과 유통

정부부문은 지역상품의 개발과 품질관리를 위하여 다양한 기술 지원, 신기술 도입 프로그램을 운영한다. 중소기업기술정보진흥원은 중소벤처기업부 산하 공공기관(위탁

---

24) 미국은 부처 조직 가운데 상무부(Department of Commerce) 소속 국제무역청(International Trade Administration) 수출지원 센터(Export Assistance Center)가 산업제품 수출 지원 업무를 맡고 있다.

25) 지자체 해외사무소 운영현황. 행정안전부, 2013.11.26.

26) 조합은 특수법인(「민법」상의 사단법인이나 재단법인, 「상법」상의 법인을 제외한 법인으로, 정부가 국가 정책적 필요나 공공의 이익을 목적으로 특별법에 의하여 설립한 법인이다)으로 정부가 공익 실현 차원에서 사업을 승인하고 활동을 지원한다.

집행형 준정부기관)으로 중소기업 기술개발 지원, 혁신역량 강화 사업을 한다.[27] 유통 지원사업은 인프라 구축, 종합 전시 및 판매장의 설치, 유통센터 운영, 해외 공동 물류 센터 설치,[28] 해외수출 거점에 공동사무 공간의 마련 등이다.

2) 프로모션

프로모션 지원은 공동 브랜드 개발과 육성, 시장조사, 광고와 홍보, 상표 개발과 관리, 우수제품 인증 마크, 외국어 포장 디자인 개발, 온라인 쇼핑몰 운영 등을 포함한 다.[29] 다음 <표 1>은 프로모션 지원의 내용이다.[30]

▌표 1 **지역상품 프로모션 지원의 내용**

구분	프로그램의 내용
시장 개척단 참가 지원	지자체나 수출 유관 기관 파견 시장 개척단이 하는 현지에서의 시장성 조사, 거래처 발굴 및 상담회 개최 등
해외 전시회 개최	박람회, 상품 전시회, 설명회 개최. 지역 수출기업의 수요가 큰 전시회를 중심으로 사전 상담 주선, 후속 업무 지원
해외 상품홍보와 인지도 개선	수출기업 해외시장 개척 및 수출 촉진을 위한 카탈로그 제작 배포, 온·오 프라인 홍보, 해외 박람회 참여 지원, 외국어 홈페이지 운영
수출 상담회 개최	한국상품 수입을 희망하는 구매단 또는 개별 수입사업자들을 발굴, 초청하 여 국내 업계와의 수출 상담 주선
해외시장 정보수집	지역 수출기업의 관심이 높은 해외시장의 상품 수요, 경쟁상품 품질에 관한 정보 등의 수집과 무역 정보지 발간과 온라인 등을 통한 제공
해외시장 조사 지원 (수탁조사)	수출기업이 요청하는 해외시장 상품 및 유망 바이어에 관한 정보 등을 코트 라 무역관을 통해 수집, 맞춤 제공
전자무역 해외 마케팅 지원	무역 상담을 넘어 주문, 계약, 대금 결제, 배송 등 해외 상품수출의 전 과정 에 걸친 온라인 지원

---

27) 「중소기업 기술혁신 촉진법」 제20조 참조.

28) KOTRA는 수출 중소기업들이 해외에 독자적으로 물류센터를 구축하기 어렵다는 문제를 해결 하기 위하여 공동 물류센터를 설치, 운영한다. KOTRA 해외 물류네트워크 사업. https://www. kotra.or.kr. 검색일 2019.12.1.

29) 김익성·박성용·이진용(2005), p. 73. 중소벤처기업부. 2018년도 중소기업 수출지원 사업. 2018.1.16. 중소기업 수출지원 사업은 수출 유망 중소기업의 발굴과 육성 등과 같은 업무도 포 함하나 마케팅 지원이 주요 목적은 아니다.

30) 이철·정재휘(2013), pp. 73-74.

산업분야 지역상품 마케팅 지원 프로그램은 주로 정보수집, 부족한 역량 보완, 프로모션 지원에 관한 사업들로 이루어진다.

3) 거래와 사후 관리

거래와 사후 관리 차원에서 정부의 지원은 상품 수출계약 체결, 분쟁 해결 관련 교육 프로그램(해외 거래 계약과 결제, 선적, 통관, 클레임, 무역 사기 등)의 운영, 법률, 회계, 세무, 지적 재산권, 인증 등에 관한 컨설팅, 품질 보증, 통역·번역 서비스, 수출 금융지원, 신용, 환변동 보험서비스 등의 제공이다.[31]

제4절 농축수산물 마케팅

1. 마케팅 조직

지역 농축수산물 마케팅은 중앙부처 중 농림축산식품부와 해양수산부, 지자체 관련 부서가 담당한다. 공공기관으로는 한국농수산식품유통공사와 코트라, 농업협동조합(축산업, 수산업 포함)[32]이 농축수산물(식량 작물, 과실, 채소, 화훼, 축산, 수산, 임산물, 특작물 등) 수출지원 업무를 수행한다. 한국농수산식품유통공사는 농림축산식품부 산하 위탁집행형 준정부기관으로 내수 및 해외시장에서의 농축수산물 마케팅을 지원한다.[33] 지자체는 품질개선, 브랜딩, 시장 개척, 포장재 개발, 전광판, 지하철, 언론 광고나 홍보로 직접 판촉한다.

---

31) Seringhaus(1986), p. 55.

32) 협동조합은 국가 행정체계의 일부를 구성하는 공법인이다. 법제처·한국법제연구원(2011). 「농업협동조합법 해설」, p. 20. 이들은 지역 농축수산물의 제조, 가공, 유통, 판매, 수출 등의 사업을 담당하고, 목적은 자체 수익이 아닌 조합원의 이익 증대이다. 「농업협동조합법」 제57조, 「수산업협동조합법」 제60조의 4 참조.

33) 농림축산식품부·한국농수산식품유통공사. 「2018년 농식품 수출지원사업 가이드북」. http://www.at.or.kr. 검색 일자 2018.8.30. 예 약선당영주삼계탕. https://korean.visitkorea.or.kr. 검색일 2019.12.4.

2. 지원

농축수산 분야 마케팅 지원 프로그램에서는 상품의 특성상 유통(저장, 처리, 가공) 지원이 중요한 부분을 차지한다.

1) 상품개발과 상품화 지원

첫째, 정부 지원은 농축수산물 상품개발[34]과 상품화 연구, 인증, 개발 자금의 지원, 종자 보급, 수출 전략 품목으로의 육성 등이다.

둘째, 정부는 생산 단계부터 소비자의 안전성 확보를 위해 잔류 농약, 식품 위생 검사비 등을 보조한다.

셋째, 수입국의 규정, 지침 또는 표준에 적합한가 확인을 위한 영양 성분의 분석 및 검사, 상표권의 확인 및 출원(出願) 업무 대행, 수출상품의 현지어 레이블링(labeling), 등록 등의 업무를 수행한다.

2) 유통

첫째, 유통망 개척과 판매장 입점, 통관의 지원이다.

둘째, 해외 공동 물류센터 설치, 냉장, 냉동 상품에 대한 항공 운송료, 공동 물류 노선을 이용한 수출 운임할인 서비스를 제공한다. 지자체들은 특산물 유통 법인의 설치를 통하여 유통단계의 간소화, 택배비 무료, 필요 정보의 제공 등 지역상품의 유통을 지원한다.

셋째, 샘플 제공 및 시험 수출에 소요되는 통관 운송비 지원이다.

넷째, 해외 공동사무 공간의 제공이다.

3) 프로모션

첫째, 정보제공, 홍보 서비스이다. 해외 수입 사업자들을 대상으로 한 지역상품 정보의 번역서비스 제공, 온·오프라인 유통 매장 운영, 외국어 홈페이지 제작, 업로드 및 콘텐츠 관리 등이다.

둘째, 시장개척 사업을 지원한다. 해외 수입 사업자의 발굴, 거래 알선, 상담 및

---

34) 2006년 10월 기준 도, 시, 군청, 농협의 직접 개발 브랜드는 상표 등록을 한 것만도 472개에 이른다. 임기흥(2008), pp. 69-70.

계약 수주, 샘플 수출, 해외 통관, 검역 등의 지원이다. 개척시장 현지 소비자 대상 반응을 조사하거나 수출업자들의 해외에서 주최하는 체험, 판촉 행사에 참여비용 및 통역료 등을 지원한다.

셋째, 국제박람회 참가의 지원이다. 해외박람회 참가 부스 임차비, 장치비, 비품 임차비, 운송 통관비, 전기료, 냉동, 냉장 비품 임차비 등을 보조한다.

넷째, 수출상담회 개최이다. 수출업체와 현지 수입 사업자들의 출장 왕복 항공료, 체재비, 통역, 기타 교통편의 제공이다.

다섯째, 판촉 지원이다. 지역특산물 판매네트워크 구축, 홍보, 전문 매장 설치, 판촉 이벤트 관련 행사장 임차비, 입점 수수료, 시식품비, 장치 임차 및 설치 비용, 미디어 매체 광고, 현수막, 전단지, 인터넷 배너 제작, 판촉 요원 고용비, 관련 소모품비 등의 지원이다.

4) 브랜딩

정부는 브랜드 등록, 광고와 홍보,[35] 브랜드 컨설팅 서비스를 제공하고 비용을 보조한다. 브랜딩은 지역 특산물의 차별화, 인지도 개선, 고품질, 품질의 균일화 전략으로, 지자체들은 차별화 전략 수립, 연구 개발을 위한 산·관·학·연 클러스터 구축, 상품생산(품종, 재배 방법 또는 재료, 조리 기술 등의 개발), 브랜드 네임 개발, 단체 표장(標章) 등록, 안정성 공인(무농약, 무항생제 인증), 생산 농가, 가공업자 역량 강화 교육 등의 방법으로 지원한다.[36] 지자체들은 브랜딩을 지역발전 핵심 전략으로 채택하여 쌀은 정부부문(지자체, 농협, 농업기술원, 국립농산물품질관리원, 지역 농협 미곡종합처리장)이 품질관리위원회를 통하여 생산(종자 선택, 재배 방법의 교육), 수확 후 관리 업무(보관, 도정, 성분 검사)를 수행하고 농가는 매뉴얼에 따라 쌀을 생산하고, 미곡종합처리장이 가공하고 품질기준에 합격한 제품을 출하, 유통시킨다. 목적은 우량 농축수산물의 차별적 이미지 구축, 쇼핑몰에서의 인지도 개선, 상품의 시장 경쟁력(가격과 거래 협상에서의 경쟁

---

35) 정부는 광고판 설치, 신문 광고, 지역 브랜드 상품 포털 운영 등으로 지역상품을 직접 광고, 홍보한다. 농사로. https://www.nongsaro.go.kr/. 검색일 2019.11.29.

36) 농수산물 브랜드화에서 가장 문제가 되는 것은 비전문가에 의한 브랜딩, 지속적 관리의 미흡이다. 정부는 농축수산물 마케팅 지원 정책에서 초점을 브랜드 네이밍, 포장 디자인 등의 개발에 두고 있다. 임기흥(2008), p. 69.

능력) 제고를 통한 생산자의 고수익이다.[37]

5) 기타

환변동 보험, 단기 수출보험 가입비 등의 지원이다.

---

37) 김영철 외(2002), p. 41; 권영국·김영중(2016), pp. 198, 211. 영주시는 2013년 '영주전통삼계
    탕산업육성사업단'을 설치하여 영주 전통삼계탕을 전통, 건강과 자연을 주제로 한 문화 관광
    연계 브랜드 상품으로 발전시키고 있다. 홍연웅·이승환(2015), p. 183. 영주전통삼계탕산업육
    성사업단 – 심원 단장. 데일리 뉴스, 2015.7.7.; 영주전통삼계탕산업육성사업단, '영주전통삼계
    탕 블로거 팸투어' 실시. 서울신문, 2014.5.9.

PART **4**

마케팅 조직과 소비자의 구매행동

제13장 마케팅 조직과 전략의 수립

제1절 정부마케팅 조직

1. 서론

정부부문에서 독자적인 마케팅 조직은 정부마케팅 분야에서도 장소마케팅의 투자와 방문객 유치 분야에서 주로 나타난다. 유럽 국가나 도시들이 1990년대 초 지역 간 경쟁이 치열해지는 가운데 먼저 장소마케팅을 지역발전을 위한 전략적 수단으로 채택하고[1] 장소의 차별화, 부가가치 창출을 시도하면서 전담 조직을 설치한다.[2] 다른 나라나 도시들과의 경쟁환경을 배경으로 한 것이라는 점에서 20세기 각국 정부가 추진했던 자국 내 지방정부들 간의 균형 성장이나 인프라 확장, 서비스 개선 등과 같은 발전전략과는 다르다. 서울시의 도시브랜드담당관 아래 브랜드마케팅팀, 경제일자리기획관 아래 투자유치팀, 대전광역시의 관광마케팅과와 투자유치과, 안성시의 농업정책과의 농업마케팅팀 등이 이러한 예이다. 서울시는 이미 2001년 마케팅담당관제를 도입하고 마케팅 기획, 미디어 협력, 브랜드 사업팀을 배치한 바 있고, 대전광역시는 2004년 경영행정담당관실에 도시마케팅담당관을 두고, 도시이미지 관리, 국제회의 유치, 랜드마크 개발, 상징물 관리, 캐릭터 상품개발 등의 업무를 수행하였다. 안성시는 2004년 마케팅담당관이란 직제를 둔 바 있다.[3]

---

1) Ashworth & Voogd(1995), pp. 6, 27−44. Gospodini(2002), Lever(1999), Ashworth & Voogd(1995), Brotchie et al.(1995).
2) Paddison(1993), p. 340. Corsico(1994), Berg & Braun(1999) 참조.
3) 박흥식(2005.4.28.). 도시마케팅 조직의 설치: 문제점 및 방향 제시를 중심으로. 국제도시마케팅 박람회 개최 기념 도시마케팅 세미나 자료집, pp. 37−56.

2. 조직 설계

조직 설계는 목적의 효과적 달성을 위한 조직의 구조, 업무처리 과정(방법과 절차), 구성원들의 역할 배분에 관한 계획의 작성이다. 조직구조는 크게 전통적인 계층적 구조, 매트릭스 구조, 계층이 없는 평면 구조로 나뉜다. 계층적 구조는 전통적 관료 조직에 존재하는 명령(수직적인 업무 지시)과 보고의 체제이고, 매트릭스 구조는 기능적 및 특별사업 부서 간 정보의 공유 및 협력을 중시한 조직이다. 평면 구조는 계층 자체를 아예 제거한 구조로, 상하 일방적 지시나 보고가 아닌 업무 관련 모든 부서 간 양방향, 수평 및 협력적 의사소통을 보장하는 체제이다. 마케팅 조직은 업무 특성상 모든 부서와의 정보 공유가 중요하기 때문에 전통적 관료제 조직과는 다른 매트릭스나 평면 구조 네트워크 체제와 같은 업무협력 방식에 의한 역할이 필요하다. 또 조직 설계는 환경과 시장의 변화에 대응하여 효과적으로 또 신속하게 권한과 업무배분, 역할과 책임의 설정을 최적화할 수 있는 전담부서나 임시 조직, 상황 적합적 조직으로의 설계가 요구된다. 신공공관리는 조직설계에서 경쟁, 분권화, 고객 지향적 관리, 기업가적 접근, 자유재량, 성과 관리(측정 가능한 성과기준, 성과급), 환경 변화에 신속한 적응 등을 강조한다.[4)]

마케팅 조직의 설계 방식은 크게 세 가지이다. 첫째, 특정 목적을 가진 사업 부서의 설치이다. 기존의 계층적 기능에서 분리하여 별도의 미션과 사업 목적을 가진 조직을 만들고 독자적으로 자신의 책임하에 사업을 수행할 수 있도록 하는 방식이다. 장소 마케팅 관련 투자유치과, MICE 산업팀, 관광마케팅팀, 일자리정책팀 등이 여기에 속한다. 둘째, 애드호크러시(adhocracy)로, 특별/임시 조직의 설치이다. 공식적 구조가 없고, 상설 조직도 아니다. 장점은 높은 유연성으로, 기능과 역할을 상황에 따라 바꾼다. 조직은 목표를 달성하기 위하여 비공식 조직처럼 작동한다. 불확실한 환경에서 특정, 단기적 업무 수요에 빠른 대응, 외부 전문가로부터의 혁신적 아이디어 획득, 변화에 유연, 신속한 대처를 지향한다. 단기간에 특정 문제의 효과적 해결을 찾아가는 업무에 유리하다. 과제가 끝나면 해체된다. 정부가 국가 산업단지를 조성하고 공장용지를 분양할 때 투자유치 특별위원회(금융기관 관계자, 기업가, 연구기관, 전문가, 정부투자기관, 분양 관계자 등이 참여하는)의 설치나 조직 내에 마케팅 관련 업무의 통합, 조정권을 가진 기획단(팀)의 설치, 실무자협의회, 자문단, 정책협의회 등이 예이다.[5)] 이러한 조직 설계

---

4) Riccucci(2001), Chandler et al.(2002).
5) 분양률 1% … 멈춰선 지방 국가산단. 산업지원 시설용지에 잡초만 무성. 지역경제도 '먹구름.' 세계일보, 2018.9.2.

는 경영 컨설턴트들을 참여시켜 마케팅 지식과 아이디어를 이전받는 데 효과적이다. 위 두 가지 방법의 장점은 불확실한 환경(치열한 경쟁, 빠른 기술변화 등)하에서의 목적의 효과적 달성, 업무수행에서의 융통성 보장, 다양한 방식에 의한 적극적 문제해결이다. 셋째, 기존 기능적 조직의 확장이다. 기존 조직이 추가적으로 마케팅 업무를 맡아서 수행하는 방식이다. 공공서비스나 사회적 가치 상품 마케팅은 주로 이 방법을 이용한다. 상설 전문 부서제로 할 것인가 임시 조직으로 할 것인가, 기존 조직의 활용인가는 마케팅 환경, 목적이나 업무 의존적이다.

3. 정부마케팅 분야별 마케팅 조직

1) 장소마케팅

장소마케팅 분야에서 선호하는 조직은 별도 상설 조직,[6] 사업 부서, 마케팅 본부나 민관협의체(기업, 상공인 연합회 등 경제단체, 토지개발이나 관광분야 사업자, 사회단체 등이 참여하는) 등이다.[7] 업무는 장소상품의 개발과 판매이고, 목적은 지역이나 도시의 경제발전, 투자유치, 방문 촉진 등이다.[8] 조직의 설치는 민관 파트너십, 정부와 민간부문 두 주체 간의 충분한 협의(정치적, 법적 조건, 재정적 조건 등), 기획 관련 자문, 공동사업을 통해 이루어지거나 필요한 경우 합작회사의 설립 등으로 나타난다.[9] 장소마케팅 조직은 목적(투자, 기업이나 비즈니스, 방문객, 거주자 유치), 재정적 조건 등이 다르기 때문에 어떤 조직 설계가 최선이거나 더 낫다고 말하기는 어렵다.

미국 뉴욕시 5개 자치구의 이미지 마케팅과 방문객 유치마케팅은 엔와이씨 컴퍼니(NYC & Company)와 CVB(Convention and Visitors Bureau)가 담당한다. 이중 엔와이씨 컴퍼니는 도시정부 최초의 공식적인 이미지 마케팅 조직으로, 뉴욕시는 이 조직을 2003년 설치하면서 기존의 자유 여신상을 뛰어넘는 정체성을 발굴하고, 통합 이미지 구축으로 뉴욕을 글로벌 사회에서 '세계의 수도,' 최고의 브랜드로 만든다는 계획을 발표한다. 현재 전 세계에 17개

---

6) 서울관광재단의 미션은 국내외 서울관광 마케팅 활성화(관광 상품 및 자원의 개발, 해외 홍보 등에 의한 관광객 증대, MICE 유치와 상품판매 등)이고, 대전마케팅공사는 "관광브랜드 개발·육성을 통한 도시마케팅"과 도시 브랜딩이다. 서울관광재단. http://www.sto.or.kr.; 대전마케팅공사. http://www.dime.or.kr. 검색일 2019.8.19.

7) 박난순·이석환·주효진(2005), pp. 359-360; 정주영·김용범(2010), p. 7.

8) Gospodini(2002), p. 59.

9) Ashworth & Voogd(1995), p. 130.

사무소를 두고 있고 뉴욕에 비즈니스 및 방문객 유치 사업, 뉴욕의 경제 번영과 역동적 이미지를 알리는 업무를 담당한다.[10] 하지만 투자유치 마케팅과 상품기획은 산업·상업인센티브위원회(Industrial and Commercial Incentive Board) 소관이다.

영국 버밍엄시(Birmingham city)는 인구 100만의 도시로, 여러 조직이 투자, 기업과 비즈니스, 방문객, 거주자 유치 마케팅과 브랜딩 업무를 분담한다.[11] 기획 개발 부서는 투자유치팀(Locate in Birmingham)을 설치하여 투자유치와 도시 내 기업, 비즈니스의 다른 도시로의 이탈을 막는 업무를 수행한다. 관광과 레저 부서는 브랜딩을, 도시계획 부서의 역할은 쇼핑센터 개발 등에 민간부문 부동산 개발 사업자들의 참여 지원이다. 관광과 레저 분야 실제 고객 유치 업무는 웨스트 미들랜드 그로스 컴퍼니(West Midlands Growth Company. 지방정부들의 연합 조직)[12]가 위탁받아 수행한다. 과거에는 시가 독자적으로 버밍엄 마케팅 회사(Marketing Birmingham Company)를 운영했으나 2017년부터는 지방정부 연합으로 설립한 회사가 관광, 여행객, 비즈니스 회의 등의 유치 사업을 맡고 있다. 의회는 예산 지원, 상품개발, 주거 서비스, 기업지원 시책 수립 등을 맡고, 고객만족도 조사를 실시한다.

2) 공공서비스와 사회마케팅

장소상품 마케팅에서는 새로운 전담 조직을 설치하는 경우가 많으나 공공서비스나 사회적 가치 상품 마케팅은 주로 기존 업무부서와 산하 공공기관이 수행한다.

3) 지역상품 마케팅

지역산업의 제품, 농축수산물 판매지원 마케팅은 중앙부처, 지자체의 기존 관련 업무 부서가 담당하고 공공기관, 특수법인, 해외사무소 등이 위탁 수행하는 구조이다.

---

10) NYC & Company. https://business.nycgo.com. 검색일 2018.12.14.

11) Parkerson & Saunders(2005), pp. 252-254.

12) 이 회사는 West Midlands 지역 연합(Greater Birmingham, Solihull, Coventry, Warwickshire and the Black Country)이 투자 촉진, 지역경제의 발전을 목적으로 설립한 조직으로, 과거 Marketing Birmingham Company가 하던 투자유치 프로그램(inward investment programmes), 기업과 비즈니스, 관광객 유치 업무를 담당한다.

4. 전담 부서의 설치

1) 설치 과정

장소마케팅은 지역발전을 위한 경쟁 전략적 접근으로, 지방정부들은 독립적인 전담 조직이나, 마케팅 전략(기획, 사업)팀(단) 설치 등의 방법을 사용한다. 지자체 차원에서 전담 조직을 설치하는 경우에는 각 기능별 부서에 산재한 투자, 기업과 비즈니스, 방문객, 거주자 유치, 지역 공산품, 특산물 등의 경쟁력 강화, 새로운 상품 발굴 등 다양한 분야 업무를 전략적 개념 하에 어떻게 통합과 조정할 것인가에 대한 고려가 필요하다. 다음 <그림 1>은 전담조직의 설치 과정이다.

▼ 그림 1 **마케팅 조직의 설치 과정**

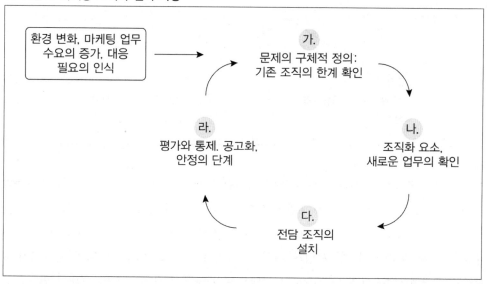

마케팅 전담 조직의 설치는 환경변화, 마케팅 업무에 대한 수요 증가 및 대응 필요의 인식으로부터 시작하여 문제의 구체적 정의와 기존 조직의 한계, 조직화 요소와 새로운 업무의 확인, 전담 조직의 설치, 안정화로 끝나는 재조직화의 과정이다. 전담 조직은 경쟁시장에서 잠재고객의 발굴, 표적시장의 개척, 상품 개발과 유통, 광고, 인센티브 등의 업무를 수행한다. 목적을 지역경제 발전, 주민소득의 증대, 일자리 창출 업무에 둔 것으로 전통적 행정에서의 단순한 공보, 홍보 부서와는 역할이 크게 다르다.

2) 3차원적 요소

전담 조직의 설치는 지방정부의 경쟁환경에 대한 전략적 판단과 정책적 의지에 기초한 것으로, 조직 구조, 업무 설계, 직원 세 가지 차원의 고려가 필요하다. <그림 2>는 이러한 세 가지 차원을 나타낸다.

▼ 그림 2 조직 설계의 3차원적 요소

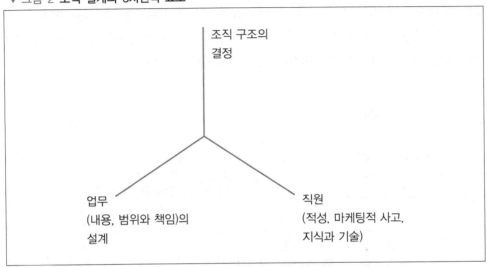

마케팅 조직의 설계는 업무 환경에 적합한 구조(기능 또는 시장별 사업단위와 계층의 수, 명령과 보고의 계통, 의사결정 권한의 집중 등), 업무 설계(내용, 범위와 책임, 업무 간 관계), 능력(마케팅적 사고, 지식과 기술)을 갖춘 직원의 최적 조합을 찾는 작업이다. 조직 구조는 과제 환경에 적합한 사업 단위의 선택, 명령과 보고, 업무수행의 체제(계층적 조직인가, 프로젝트 중심의 조직인가 등)의 선택으로 마케팅 조직은 시장의 수요에 민감하고 환경 변화나 불확실성에 신속히 대응할 수 있어야 한다. 업무설계는 마케팅의 다기능적 성격을 충족시킬 수 있어야 한다.[13] 전략적 관점에서 마케팅 정보 수요를 가진 부서들과의 긴밀한 협력의 중요성을 고려해야 한다. 직원은 마케팅적 사고, 감성, 고객의 욕구를 반영한 상품요소의 식별과 상품설계 역량, 디지털과 소셜 미디어 시대가 요구하는 전문적 지식과 기술, 상품화 아이디어 등이 요구된다.[14] 첫째, 시장 데이터 또는

---

13) De Swaan Arons, van den Driest, & Weed(2014), p. 58.

14) De Swaan Arons, van den Driest, & Weed(2014), p. 60.

웹분석가(market data or web analysts)로서의 역량이다. 시장의 변화와 성장을 확인하고 어떻게 대응할 것인지 아이디어를 도출할 수 있는 능력을 가진 사람이다. 둘째, 고객서비스 관리자, 온라인과 소셜미디어 커뮤니티 매니저, 상품의 유용성, 신뢰성 분석 전문가(usability specialists)로서의 역량이다. 고객과의 감성적 소통, 고객가치 분석, 소비를 자극할 수 있는 역량(지식, 기술, 경험, 소질)을 가진 사람이다. 셋째, 고객욕구 분석에 바탕을 둔 상품요소 개발 능력을 가진 사람들(concept creators)이다. 특히 마케팅 전담 조직의 리더는 비전과 전략적 목표의 제시, 경쟁의 이해, 고객 중심적 사고, 상품 기획력, 마케팅과 커뮤니케이션에 대한 전문 지식, 파트너십, 평가와 보상 등으로 성과를 이끌어 낼 수 있어야 한다.

5. 특수성

정부마케팅은 전통적 행정의 업무와 달리 상품을 개발하고 경쟁시장에서 고객들을 대상으로 판매를 하는 활동이다. 시장변화에 대한 민감한 대응이 요구되고, 고객 중심적 사고, 고객의 선택 촉진, 유치 능력이 필수적이다. 조직이 마케팅을 성공적으로 하기 위해서는 시장지향성, 경쟁, 성과평가와 보상, 직원들의 마케팅 지식, 기법, 광고와 홍보, 고객만족 등과 관련한 업무 노하우, 효과적인 동기부여가 중요하다. 투자, 기업과 비즈니스, 방문객, 거주자 유치, 지역 제품, 특산물 판매 등 업무는 다양한 조직들이 참여하는 만큼, 마케팅 전담 조직의 전략적 조정과 통합 역할이 중요하고 실패하면 그만큼 중복과 자원 낭비를 피하기 어렵다.

제2절 마케팅 전략

1. 마케팅 전략의 의미

마케팅 전략이란 경쟁시장에서 성장 및 비교 우위를 차지하기 위한 장기적인 미래의 방안이고, 불확실한 상황에서의 마케팅 목표달성을 위한 계획이다. 전략 수립은 미션(조직이 해야 하는 일)의 확인, 비전(조직이 달성하거나 되고자 하는 미래의 모습), 전략적 목적(조직이 장기적으로 성취하고자 하는 것)의 제시, 무엇을 하고 어떻게 할 것인가에 관한 최선의 방법 모색이다. 장소나 사회적 가치, 지역상품의 마케팅은 거버넌스 과정으로 민간부문 이해관계자의 참여와 협력 없이는 성공하기 힘든 만큼, 전략 수립에서 실무자 협의회, 자문단, 정책협의회 등으로 주민과 이해관계자의 참여, 민간부문의 기획, 창의력의 이용, 전문가와 실무자 간의 협의 등을 이끌어내는 노력이 중요하다. 정치적 리더의 비전과 지원이 필수적이지만 도지사나 시장과 같은 선출직은 임기가 제한되어 구심적 역할을 하는 경우 사업의 승계가 불투명하여 장기적으로는 오히려 안정적 추진이 어려워질 수도 있다.

2. 성장 전략

성장 전략은 마케팅의 최대 관심이다. 기업의 성장 전략이 목적을 상품의 시장 점유율이나 판매량 증대, 수익 극대화 등에 둔다면 장소마케팅에서는 투자, 기업이나 비즈니스, 방문객, 거주자 등의 유치 촉진이고, 공공서비스나 사회적 가치 마케팅에서는 고객의 이용이나 수용성 증대, 지역상품의 수출 지원 마케팅에서는 판매량의 증가이다. 다음은 비즈니스 분야 연구자들이 마케팅 관점에서 정부부문에서의 성장 전략으로 제시하는 이론들이다.

1) 안소프(Ansoff) 매트릭스

안소프 매트릭스(Ansoff Matrix. 안소프 성장 매트릭스라고도 한다)는 이고르 안소프(H. Igor Ansoff)가 제시한 성장 전략으로, 상품과 시장 확장의 격자(product-market expansion grid. 가로 세로 일정한 간격으로 직각을 이루도록 만든 구조)를 이용하여 조직의 성장 전략을 설명한다. 새로운 상품개발인가, 새로운 시장(세분시장) 개척인가의 두 가지 기준을 사용한 4가지 유형의 제시이다.[15] 다음 <그림 3>은 이러한 전략 유형을 보여준다.

첫째, 다각화 전략(diversification strategy). 새로운 시장에 새로운 상품을 공급하는 성장 전략이다. 시장과 상품 모두에서 개척과 새로운 상품개발을 시도하는 만큼 실패의 위험도 크다.

---

15) Ansoff(1957), p. 114.

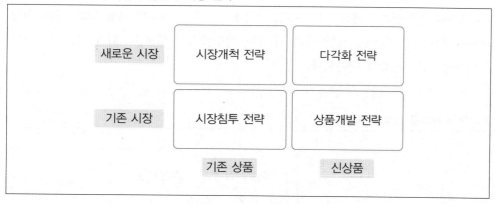
▼ 그림 3 안소프의 시장과 상품의 확장 전략

	기존 상품	신상품
새로운 시장	시장개척 전략	다각화 전략
기존 시장	시장침투 전략	상품개발 전략

둘째, 상품개발 전략. 조직이 기존 시장에서 연구를 통한 새로운 상품의 개발, 서비스 품질개선 등으로 판매를 늘리는 전략이다. 상품개발 전략은 기존 시장에서 특정 상품의 시장 점유율이 높을 때 유리한 전략이다.

셋째, 시장침투 전략. 가장 일반적인 성장전략으로 조직이 기존 세분시장에서 기존 상품의 시장 점유율을 증가시키는 전략이다. 기존 시장에서 상품품질의 개량, 가격 인하, 유통 지원, 공격적 프로모션 등으로 보다 많은 상품을 판매하거나, 새로운 고객 발굴 등에 의한 판매량 증가이다. 새로운 마케팅 전략을 도입하거나 고객의 충성도를 높이는 방법도 여기에 속한다.

넷째, 시장개척 전략. 조직이 기존 상품을 팔 수 있는 새로운 세분시장(다른 분야나 지역의 고객, 기존의 고객과 다른 나이, 성별, 인구학적 특징을 가진 고객 집단)을 개척하는 전략이다.

안소프 매트릭스는 정부부문의 장소, 공공서비스, 사회적 가치나 아이디어, 지역 상품의 마케팅에서 사용할 수 있는 상품과 시장, 두 가지 기준의 전략적 조합을 통한 성장 전략을 보여준다.

2) 보스턴 컨설팅 매트릭스

보스턴 컨설팅 매트릭스(Boston Consultancy Matrix)[16]는 브루스 핸더슨(Bruce D. Henderson)이 1970년 보스턴 컨설팅 그룹(Boston Consulting Group)을 위해 개발한 것으로, 조직 성장을 위한 상품 관리와 포트폴리오 분석 도구이다. 보스톤 컨설팅 매트릭

---

16) BCG matrix, Growth–Share Matrix, product portfolio matrix라고도 한다.

스는 시장 성장률(일정 기간 동안 판매량이나 시장규모의 증가율)과 시장 점유율(특정 상품의 판매량이 시장 전체 판매량에서 차지하는 비율), 두 가지 기준의 조합으로 4가지 성장 전략을 제시한다. 전자는 시장 매력, 후자는 경쟁력의 척도로,[17] 다음 <그림 4>는 두 가지에 의한 시장의 구분이다.

▼ 그림 4 보스턴 컨설팅 매트릭스

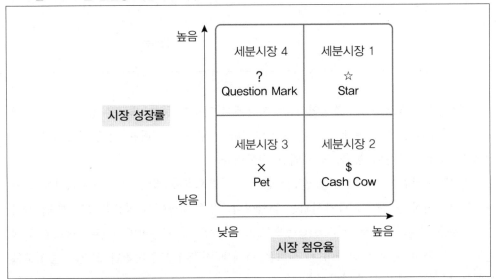

세분시장 1. 조직의 스타(Star) 상품은 시장 성장률과 시장 점유율이 모두 높다. 시장 성장률이 높은 데다가 상품이 시장을 주도하는 강력한 지위를 갖고 있어 미래 전망은 최고로 밝다. 경쟁자들이 시장의 높은 성장률을 보고 매력을 느껴 참여하고자 다양한 전략을 구사하기 때문에 시장에서 상품의 지위 방어를 위한 많은 투자와 노력이 필요하다. 성장 전략은 가격을 낮추거나 상품의 혁신, 유통망의 확장이다.

세분시장 2. 고수익 상품(Cash Cow)은 시장의 성장률은 낮지만 시장 점유율은 높다. 상품의 라이프 사이클은 성숙 또는 쇠퇴기이다. 경쟁자들은 진입 매력을 못 느끼고 새로운 사업자들 역시 시장 진입을 원하지 않는다. 상품은 시장 점유율을 유지하기 위한 비용보다도 더 많은 현금 수입을 창출한다. 성장 전략은 상품의 현재 지위의 유지이다.

세분시장 3. 애완동물(Pet) 상품은 시장 성장률과 시장 점유율이 모두 낮다. 조직

---

17) The Product Portfolio. https://www.bcg.com. 검색일 2018.12.5.

의 수익 창출에 기여하지 못하는 상품이다. 많은 투자 없이는 경쟁자를 이기지 못하고 투자를 하기에는 시장이 매력적이지 못하다. 성장 전략은 투자 중단 또는 회수이다. 상품 공급을 고도로 세분화된 시장으로 제한하거나 수익을 내는 선까지 최소 수준으로 줄여야 한다.

세분시장 4. 물음표(Question Mark. 불확실한 또는 의문이 드는) 상품시장의 특징은 높은 시장 성장률과 낮은 시장 점유율이다. 시장 점유율을 높이기 위한 성장 전략이 필요한 시장이다. 상품에 투자를 계속할 것인지, 마케팅을 보다 적극적으로 할 것인지를 선택해야 한다. 투자하면 상품이 얼마나 경쟁력을 갖출 것인가가 중요 이슈이다.

보스턴 컨설팅 매트릭스는 상품 시장의 성장률과 시장점유율, 두 가지 기준을 정부조직(우정사업본부, 책임운영기관)이나 공공기관이 성장전략 수립 시 고려할 수 있는 조건으로 제시한다.

3) 정부부문 포트폴리오 매트릭스

존 몬타나리와 제프리 브라커(John R. Montanari and Jeffrey S. Bracker)는 정부의 기획 부서가 공공서비스 공급을 전략적으로 관리하는 데 필요한 도구로 포트폴리오 매트릭스(Portfolio Matrix)를 제시한다.[18] 이 메트릭스는 두 가지 차원을 사용하여 정부부문이 제공하는 서비스 공급의 필요를 평가한다. 하나는 서비스가 고객의 욕구를 충족시킬 수 있고, 부서가 그러한 능력을 갖추고 있는가이고, 또 다른 하나는 서비스가 국민들이 필요와 지지, 자금을 지원할 매력을 느끼는가이다. 매트릭스는 정부가 다양한 서비스를 제공할 때, 어떤 서비스가 얼마나 바람직한가, 정부가 얼마나 효과적으로 공급할 수 있는가를 평가함으로써 서비스를 어떻게 공급할 것인가에 관한 전략적 판단을 지원한다. 다음 <그림 5>는 두 가지 차원의 조합에 의한 정부 서비스 전략의 4가지 유형이다.

공공서비스 유형 Ⅰ은 공공부문 스타(public sector star)로 국민들이 필요한 것으로 인식하고, 지지도가 높은 매력적 서비스이다. 부서도 공급 역량을 갖고 있어 전략은 서비스의 지속적 제공이다. 유형 Ⅱ 황금 양털(golden fleece)은 국민의 필요와 지지, 자금 지원의 매력도는 낮지만 부서가 제공 역량을 가진 서비스이다. 유형 Ⅲ은 중요하지 않은 이슈(back drawer issues)이다. 국민들의 필요와 정치적 지지도가 낮고, 부서도 욕구 충족 능력이나 제공 역량이 낮아서 공급을 효과적으로 하지 못하는 서비스이다. 정부가 서비스를 제공하지만 국민들은 불필요하거나 적절하지 않은 것으로 생각한다.

---

18) Montanari & Brack(1986), pp. 257-258.

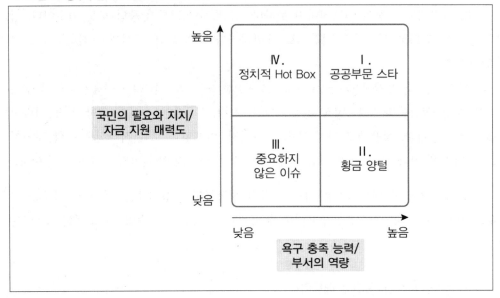

기획 담당자는 매력이 낮은 만큼 재정이 부족할 때 서비스 제공을 중단해야 한다. 유형 Ⅳ는 정치적 핫 박스(political hot box)로, 국민들한테는 인기가 매우 높지만 부서의 제공 능력은 반대로 그에 미치지 못하는 서비스이다. 국민의료 보험이 그 예이다.

　　정부부문은 정부마케팅의 모든 분야에 포트폴리오 매트릭스를 적용하여 사업의 우선순위에 대한 전략적 판단을 할 수 있다. 하지만 공공사업이나 서비스에 대한 국민의 수요나 지지는 서로 다르거나 충돌하기도 하여 객관적 판단이 어렵다는 한계가 있다. 또 다른 한계는 책임 부서의 서비스 생산과 제공 능력에 대한 기획 부서의 판단도 주관적이라는 점이다.[19]

4) 방향성 정책 매트릭스

　　방향성 정책 매트릭스(Directional Policy Matrix)는 조직의 상품생산과 공급 전략을 조직의 강점(경쟁력. 경쟁시장에서 남보다 우위에 있거나 뛰어난 점)과 시장 매력도(시장 전망), 두 가지 차원을 이용하여 9가지 유형으로 제시한다. 조직은 이것을 이용하여 상품의 포트폴리오, 판매 활동 영역, 가장 좋은 세분시장 등 성장을 위한 전략적 선택을 할

---

19) Baškarada & Hanlon(2018), p. 333.

수 있다.[20] <그림 6>이 방향성 정책 매트릭스이다.

▼ 그림 6 **방향성 정책 매트릭스**

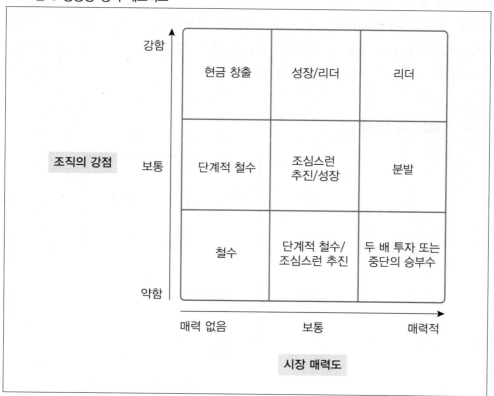

이 매트릭스는 보스턴 컨설팅 매트릭스와 비교하면 시장 성장률과 시장 점유율 대신에 조직의 강점과 시장 매력도라는 두 차원을 이용하고, 각 차원도 보다 세분한다는 점에서 다르다. 조직의 강점은 다양한 요소(시장, 테크롤로지, 생산, 인사, 재정 분야로 나누고, 시장은 다시 점유율, 성장, 상품, 성숙도, 상품의 품질, 상품 믹스, 마케팅 능력 등을 주요 요소로 고려한다) 분석을 통하여 강함, 보통, 약함으로 평가하고, 시장 매력도도 마찬가지의 분석을 통하여 매력적, 보통, 매력 없음으로 구분한다. 조직은 자신의 각 상품이 매트릭스의 어떤 칸에 해당하는가를 판단하여 매트릭스가 제공하는 세분시장 가운데 둘 이상을 선택하고, 성장을 위하여 어떤 시장에 집중하고 어느 방향으로 나갈 것인가를 결정한다.

---

20) Meldrum & McDonald(1995), p. 133.

3. 경쟁우위 전략

마이클 포터(Michael Porter)는 시장에서 경쟁우위를 얻기 위한 장기적 경쟁전략을 경쟁의 범위와 경쟁우위라는 두 가지 기준을 사용하여, 차별화, 차별화 포커스 (differentiation focus), 비용 포커스(cost focus), 비용 리더십의 4가지 전략을 제시한다.[21] 다음 <그림 7>이 이것을 나타낸다.

▼ 그림 7 **경쟁우위 전략의 유형**

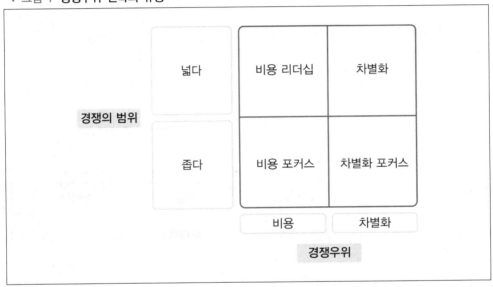

차별화 전략은 조직이 다른 조직의 상품이 갖지 못한 하나 이상의 고유한 특성을 가진 상품을 생산하여 고객욕구를 충족시킬 수 있을 때 채택하는 전략이다. 조직은 R&D에 대한 집중적 투자를 통하여 경쟁자가 제공하지 못하는 상품을 개발하고자 노력한다. 포커스 전략은 조직이 경쟁의 범위를 틈새시장으로 좁혔을 때, 세분화된 하위 일부 집단을 대상으로 특정 욕구충족에 초점을 두는 전략으로, 차별화 포커스와 비용 포커스 두 가지 전략이 있다. 차별화 포커스 전략은 표적집단을 선정하여 차별화된 상품을 제공하는 전략이다. 반면 비용 포커스 전략은 표적집단에 대하여 보다 싼 값에 상품을 공급하는 전략이다. 이 두 가지 포커스 전략은 고객 모집단의 하위 표적집단만을 대상으로 한 경쟁우위 전략으로 표적집단이 전체 고객집단과 다른 특별한 욕구를

---

21) Porter(1985), pp. 11−15.

갖고 있거나 조직이 상대적으로 낮은 비용으로 상품을 제공할 수 있을 때 채택한다. 비용 리더십 전략은 규모의 경제, 독점적 기술, 원자재에 대한 우선적 접근 등으로 조직이 상품의 저비용 생산 경쟁력이 있을 때 채택하는 경쟁우위 전략이다. 똑같은 상품을 가장 싼 값으로 공급하여 경쟁자들의 도전을 물리치는 방법이다.

정부마케팅에서 경쟁우위 전략은 상품에 따라 다르다. 장소마케팅은 상품 차별화 전략을 선호한다. 공공서비스와 사회마케팅은 비용과 차별화 포커스 전략을, 지역상품 마케팅에서는 표적시장의 욕구를 반영한 상품의 차별화와 비용, 표적시장 포커스 전략 중 선택이 필요하다.

4. 전략의 평가

전략 평가는 전략이 얼마나 다양한 이해관계자들의 욕구와 가치를 효과적으로 충족시킬 수 있을 것인가의 검토이다. 다음은 마케팅 전략의 평가에 필요한 질문들이다.[22]

첫째, 마케팅 전략(목표와 방법)은 조직의 고객과 이해관계자들을 위한 가치 창출에 얼마나 기여하는가?

둘째, 고객가치를 보다 많이 창출할 수 있는 다른 전략은 없는가?

셋째, 전략은 시장의 조건과 환경에서의 예기치 않은 변화를 충분히 고려한 것인가?

마케터는 이를 위하여 고객과 이해관계자들이 조직과 상품으로부터 무엇을 원하는가, 상품을 어떻게 생각하는가에 대한 세밀한 조사가 필요하다.

---

22) Proctor(2007), p. 134.

1. 의미

전략적 마케팅 기획(strategic marketing planning)은 장기적 발전 방향, 즉 미래 어떤 조직이 되고자 하는가와 관련한 행동방안의 정의로, 환경의 영향(기회와 위협), 자원과 역량(재정, 인력, 기술) 등의 분석에 기초한 미래 마케팅 전략의 수립과정이다.[23] 전략적 마케팅 기획은 전략과 집행 계획의 통합이고, 미래 행동계획서의 작성이다. 전략과 실행 방법, 모두를 고려한 것으로, 목적을 달성하기 위한 자원과 활동의 체계화 과정이다. 필립 코틀러 등은 전략적 장소마케팅 기획을 글로벌 경쟁시장에서 상품공급을 목적으로 정부 및 민간부문이 참여하는 마케팅 조직을 설치하고 장소의 강점과 약점, 기회와 위험(SWOT)을 분석하여 적어도 5년에서 10년 단위의 계획을 수립하고, 이의 시행 프로그램을 마련하는 것이라고 설명한다.[24]

전략이 조직의 목적 달성을 위한 미래 구상이라면, 기획은 계획의 수립으로 전략의 구체적 실현 방안이자 전략을 어떻게 행동으로 옮길 것인가에 관한 방법 마련의 과정이다. 계획은 기획의 산물로 행동 방안(절차와 방법), 자원 배분, 시간 일정으로 이루어지고, 도표나 리스트를 사용한다.[25] 전략은 목적(장기적으로 도달하고자 하는 상태)의 성취를 지향하고, 계획은 목표 달성에 초점을 둔다. 목표는 목적 달성을 측정을 할 수 있는 단기적이고 구체적인 수준이다. 전략은 기간이 대체로 3~5년이고, 계획은 1년 단위로, 계획은 주어진 시간에 시행하게 될 세부적 내용, 구체적 일정을 포함한다. 전략이나 계획의 수립 모두 지속적 과정이지만, 전략수립의 환경은 계획에 비하여 불확실성이 높고, 상황에 따른 변경 가능성도 크다. 방안(tactic)은 계획보다 하위의 구체적인 실행 방법이다. 조직 전체의 관점에서 전략적 마케팅 기획은 조직의 발전과 성장을 위한 지속적 노력이고, 고객, 시장의 잠재적 경쟁자, 자원과 시간, 기술 등을 고려하면서, 마케팅 효과를 극대화하기 위한 방안을 찾는 과정이다.

전략적 마케팅 기획과 시행은 일상의 마케팅 결정이 고객이나 이해관계자의 가치로부터 이탈하는 것을 막고, 시장과 사회의 필요와 욕구, 변화하는 환경에 직면하여 조

---

23) McDonald(1996), pp. 5−6.

24) Kotler et al.(2002), pp. 41−43.

25) Proctor(2007), p. 125.

직이 목적 달성을 위하여 자원과 노력을 최적화하는 데 기여한다.[26)]

2. 기획 과정

전략적 마케팅 기획 과정은 조직의 미션 확인, 비전과 전략적 목적의 설정, 그리고 목적의 달성을 위한 일련의 활동으로, 경쟁시장분석과 고객욕구의 조사, 마케팅 목표 설정, 시장 세분화와 표적시장의 선택, 마케팅 프로그램 개발, 실행, 성과평가와 피드백으로 이루어진다.[27)]

1) 경쟁시장분석과 고객욕구의 조사

전략적 마케팅 기획의 첫 단계는 장기적 관점에서의 경쟁환경과 시장 상황의 분석 및 평가이다. 전략수립과 실행 계획의 작성을 위한 필수적 절차이다. 상황 분석은 경쟁시장에서 상품판매에 영향을 미치는 현재 및 미래의 기회와 위험요인들의 식별과 영향에 대한 평가 과정이다. 조직의 미션과 비전에 기초하여 내적, 외적 상황, 현재 상황과 미래 기회 및 위험에 관련된 모든 요인들을 검토한다.[28)] 또 한 가지는 고객에 대한 정보수집이다. 고객이 무엇을 원하는지, 욕구, 인식, 태도, 습관, 만족 수준 등에 대한 조사이다. 고객들이 마케팅 믹스에 대하여 어떻게 생각하는가를 자세히 검토한다. 서비스를 외주하는 경우에도 공급자들이 고객이 원하는 서비스를 제공하는가를 분석한다. 사회마케팅에서는 표적집단의 목표 행동 수용과 관련된 편익과 인식, 방해 요인들의 영향을 조사한다. 지역상품 마케팅 시장 개척 시에는 시장의 규모, 표적고객, 인구학적 요소, 사회심리적 특성, 생활조건 등에 대한 정보를 수집한다.

2) 마케팅 목표의 설정

목표설정은 상황 분석 결과를 바탕으로 무엇을 이루고자 하는지를 결정하는 과정이다. 목표는 구체적이고 분명하며, 측정할 수 있고, 도전적이고 달성 가능하며, 가치 (욕구충족에 필요하고 중요한)가 있어야 한다. 또 기한을 정하여 성과나 변화의 지속적 점검이 가능해야 한다.[29)] 목표설정 단계에서는 달성 정도를 확인할 수 있는 측정지표

---

26) Proctor(2007), p. 123.

27) McDonald(1996), p. 16; Ashworth & Voodg(1995), pp. 29－32.

28) Proctor(2007), p. 50.

29) 목적(goals)과 목표(objectives)는 다르다. 목적이 전략의 방향을 제시하는 추상적 가치나 관념

를 선정한다. 장소마케팅에서 전략적 기획은 사회가 장기적으로, 예를 들어 10년이나 20년 뒤에 무엇이 되기를 원하는가의 결정과 선택으로 공공서비스나 사회적 가치의 마케팅과 달리 목표설정에 보다 장기적인 시각을 필요로 한다. 목표는 다양한 사업 간의 우선순위, 투자 규모 등을 결정할 때 중요한 기준이고, 여러 사업들이 일관되게 목표달성을 위해 추진되도록 방향을 제시한다.

3) 시장 세분화와 표적시장의 선택

마케팅의 목표를 고려하여 시장을 세분화하고 표적고객을 선정한다. 표적집단의 특성에 맞는 최적 마케팅 프로그램의 개발을 위한 것이다. 시장을 고객의 인구학적 데이터, 지리적 조건, 행동이나 심리적 특징 등을 이용하여 분할한 후 3~4개의 세분시장을 표적시장으로 선택하고 상품을 포지셔닝을 한다. 목적이 수익 극대화라면, 판매와 수익이라는 점에서 상품의 비교우위가 있고 성장 잠재력이 큰 시장을 표적시장으로 선정한다. 장소, 공공서비스, 사회적 가치, 지역상품 마케팅에서는 각각의 마케팅이 추구하는 가치생산에 가장 기여할 수 있는 집단을 표적시장으로 정한다. 공공서비스 마케팅에서는 서비스 제공의 목적, 고객욕구와 수요를 고려하여 표적집단을 선택한다.[30] 사회마케팅의 목적이 수용성 촉진이나 행동의 변화라면 가장 그것을 필요로 하고 효과가 기대되는 집단의 선정이 바람직하다.

4) 마케팅 프로그램의 개발

목표를 달성하기 위한 효과적인 마케팅 믹스(고객의 상품 구매를 촉진하는 데 이용할 수 있는 수단의 최적 조합)를 개발한다.

5) 실행

실행 계획의 수립은 누가, 무엇을, 언제, 어떻게 할 것인가에 관한 결정 과정으로, 전략의 실행을 위한 책임과 역할의 배분(누가 무엇을 할 것인가), 자원(인적, 물적 자원이

이라면 목표는 구체적이고, 측정할 수 있고, 성취나 달성 가능하며, 적절하고 기한이나 시기가 있는(SMART; Specific, Measurable, Achievable, Relevant, and Time-bound) 미래의 상태이다. 목표는 측정방법, 일정을 포함한 것으로 시행계획 작성의 기본전제이다. 성과는 목표달성의 정도이고, 목표 실현의 최종 결과는 목적의 구현이다. SMART criteria. https://en.m.wikipedia. org. 검색일 2019.12.7.

30) Bean & Hussey(2011).

얼마나 필요한가, 어떻게 조달 및 지출할 것인가?), 일정표(언제하고 얼마나 걸릴 것인가), 커뮤니케이션 방법(누구와 정보를 공유하거나 보고할 것인가) 등으로 이루어진다. 실행은 계획에 따른 자원 할당, 팀 구성, 책임과 업무의 지정과 실천이다.

6) 성과평가와 피드백

장·단기 마케팅 프로그램이 계획된 순서와 일정에 따라 진행되고 있는가의 점검과 얼마나 기대된 결과를 가져오고 있는가의 평가로, 계획과 실제 간에 차이가 있는 경우 프로그램의 내용을 조정, 개선하기 위한 활동이다.[31] 마케팅이 비전과 전략적 목표를 효과적으로 달성하기 위하여 필요한 과정이다. 성과기준을 정하여 결과를 평가하고 부족한 점이나 잘못을 찾아내 프로그램 상의 문제를 최소화하거나 바로잡는다.

제4절 상황분석 기법

1. SWOT 분석

1) 의미 및 분석의 차원

SWOT는 조직의 강점(Strengths), 약점(Weaknesses), 환경적 조건으로서의 기회(Opportunities), 위협(Threats)의 두문자어(頭文字語)로, 경쟁환경 또는 상황분석 기법이다. 내부적 요인으로 조직의 강점과 약점 확인, 외부 환경에 의한 기회와 위협 요인의 파악은 목표의 효과적인 달성을 위한 전략 수립의 기회를 제공한다.[32] 다음 <그림 8>은 SWOT 분석 모형이다.

강점(S). 조직은 인적, 물적 자원, 이미지, 지식과 기술, 경험, 상품, 가격, 유통, 프로모션 등 어떤 점에서 경쟁 조직보다 우월한가?

약점(W). 경쟁조직과 비교해 부족한 점은 무엇인가? 어떤 점에서 뒤떨어지거나 실패가 나타나고 있는가?

---

31) Proctor(2007), p. 126.
32) Proctor(2007), p. 55.

기회(O). 환경 변화가 조직에 주는 새로운 기회는 무엇인가? 어떤 기회가 예상되는가?

▼ 그림 8 SWOT 분석

구분	긍정적/유리한 요인	부정적/불리한 요인
내부적 요인	Strengths (강점, S) 비교우위 자원과 역량	Weaknesses (약점, W) 단점이나 한계, 결함
외부적 요인	Opportunities (기회, O) 우호적 환경이나 동향, 변화	Threats (위협, T) 미래 위험 요소나 제약 조건

위협(T). 조직에 불리한 외부 환경은 무엇인가? 외부 환경의 변화로부터 조직은 어떠한 위험에 직면할 수 있는가? 불리한 법적 규제나 재정지원 중단에 대한 논의는 없는가? 시장에서 공급자 경쟁이 증가하고 있는가? 고객의 기대, 성향과 소비패턴이 비우호적으로 변하고 있지는 않은가?

2) 전략의 선택

조직이 선택할 수 있는 전략은 크게 네 가지이다.

S-O : 조직의 강점과 기회를 극대화하는 전략이다.
W-O : 기회의 이점을 극대화함으로써 약점의 문제를 최소화하는 전략이다.
S-T : 강점을 최대한 활용하고 위협을 극소화하는 전략이다.
W-T : 약점을 줄이고 위협을 피하는 전략이다.

마케팅 전략 기획의 첫 단계는 시장환경, 상황의 분석이다. 마케터는 SWOT 분석을 통하여 최선의 전략을 선택할 수 있다.

3) 사례

다음 <그림 9>는 토고미 마을의 장소마케팅에서 SWOT 분석과 전략 선택의 예시이다.[33]

▼ 그림 9 **토고미 마을의 SWOT 분석**

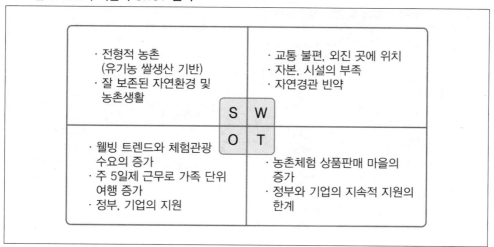

토고미 마을의 강점은 전형적인 농촌 마을, 잘 보존된 자연환경과 농촌 생활이고, 약점은 교통 불편과 외진 산골에 있다는 점이다. 또 마을 발전을 위한 자본과 시설도, 이렇다 할 자연경관도 없었다. 반면 외적 환경으로 기회는 유기 농산물, 농촌체험 관광 수요의 증가, 주 5일제 근무의 시행으로 가족 단위 여행이 늘고, 정부가 농촌 위기 극복을 위하여 다양한 예산 지원을 시작했고, 기업도 동참이 증가하였다. 위협은 다른 많은 농촌들도 경쟁적으로 유기 농산물 생산, 농촌체험 관광상품 개발에 뛰어 들고 있다는 점, 정부나 기업이 지원을 하였으나 충분하지 않았고 지속적 지원을 기대할 수 없었다는 점이다. 토고미 마을은 강점과 기회를 극대화하는 S-O 전략을 선택하여 친환경 농산물(오리쌀)과 농촌체험 상품개발, 정부로부터의 예산 지원, 기업의 농촌 마을과 자매결연 등을 이용한다는 계획을 수립한다. 다음 <그림 10>은 전략적 기획에 기초한 토고미 마을의 상품개발과 판매 과정이다.[34]

토고미 마을의 발전전략은 친환경 오리쌀과 농작물, 농촌체험 관광 상품의 생산과

---

33) 박흥식(2005). 토고미 마을의 도전: 그 성공을 말한다. 「지역혁신사례집」, p. 49.
34) 박흥식(2005). 토고미 마을의 도전: 그 성공을 말한다. 「지역혁신사례집」, p. 51.

판매이다. 행정자치부(현 행정안전부)는 토고미를 정보화 마을로 지정하여, 홈페이지 디자인과 운영시설, 상품 프로모션, 인터넷을 통한 판매기회를 제공한다. 토고미 마을은 고객관리(소비자 = 가족개념의 도입)로 상품판매에 성공하면서 주민소득이 크게 증가한다.

▼ 그림 10 **전략적 기획과 토고미 마을 마케팅**

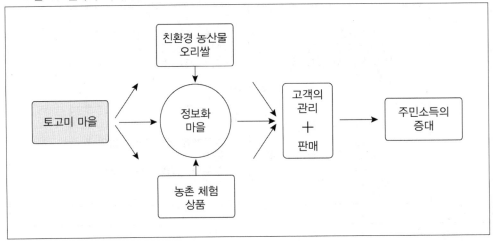

2. PESTLE 분석

PESTLE는 Political(정치적), Economic(경제적), Social(사회적), Technology(기술적), Legal(법적), Environmental(환경적)의 머리글자 모음으로, SWOT와 더불어 전략적 기획에 자주 사용되는 경쟁환경의 분석 기법이다. 정치, 경제, 사회, 테크놀로지, 법률, 환경 요인들은 정부마케팅에서 상품판매에 영향을 미치는 중요한 요소들로, 전략 수립, 발전 방향의 결정에 이들의 자세한 분석은 필수적이다. 정치적 요인은 표적집단 국가들의 정치적 안정, 투자유치, 무역, 관광이나 여행 규제, 관세 등에 관한 정책으로 장소나 지역상품의 판매에 큰 영향을 미친다. 경제적 요인은 경제성장, 이자율, 환율, 인플레이션 등으로, 투자자, 기업이나 비즈니스, 거주자 등의 상품 선택이나 지역상품의 판매에 영향을 준다. 사회적 요인은 인구 성장, 연령 분포, 인구학적 특징으로 소비시장의 욕구 변화와 수요의 잠재적 규모를 보여주는 지표이다. 테크놀로지(자연자원을 인간 생활에 필요한 상품으로 가공하는 기술)는 변화가 매우 빠르다. 사회마케팅에서 사회의 기술적 환경과 고객 집단, 이해관계자, 행동패턴 등의 변화에 대한 분석은 사회적 가치나 아이디어 판매전략 수립에 중요한 요소이다. 법적 요인 분석은 장소나 지역상품 마케팅에서 투자나 비즈니스 활동을 규제하는 법률(소비자 보호, 독점 금지, 불공정 거래, 고용, 건강과 안전에 관한 법률 등)은 무엇인가, 어떤 입법이 예상되는지에 대한 검토이다. 환경요인은 날씨, 기후 등의 변화로 지역상품이나 방문자를 고객으로 한 상품(박람회, 올림픽 게임, 축제 등의 이벤트)의 마케팅에 영향을 미치는 중요한 요인들로 전략 수립에서 주의 깊은 분석이 요구된다.

제5절 미래 시장수요의 예측

1. 시장수요의 예측

시장수요란 시장 전체 차원에서의 정부 상품에 대한 수요이다. 구매력을 가진 소비자들의 상품에 대한 수요의 총합이자 구매하고자 하는 상품의 총량이다. 소비자들이 공급자로부터 주어진 가격에 얼마나 많은 상품을 구매할 수 있고 또 구매할 것인가를 나타낸다. 미래 시장수요의 예측은 전략 수립이나 계획 작성에 필수적 단계이고, 정보 소스는 소비자, 전문가, 과거의 데이터 등이다.

2. 예측 방법

미래 예측의 방법은 양적 방법, 질적 방법 두 가지이다.

1) 양적 예측

첫째, 시계열 분석. 전략 수립에서 가장 빈번히 사용되는 고전적인 미래수요의 예측 방법이다. 시장수요 예측에서 기준적 독립 변수는 시간이다. 기준시점과 대상 기간을 정한 후 일정한 시간 간격(일, 주, 월, 분기, 연도 등)으로 구분하고, 여러 시점에서 소비자의 욕구, 상품구매의 패턴 등 시장수요를 결정하는 요인들에 관한 데이터를 수집한다. 시계열 분석은 기준시점 이후 변화의 확인, 시간경과에 따른 변화 추세, 미래 트렌드 등의 예측, 특정 상품판매량이나 소비자 관심의 증가 또는 감소, 주기적 변동 추세 등에 관한 정보를 제공한다.

둘째, 다중선형 회귀분석. 통계적 기법을 이용한 미래 시장수요의 예측 방법이다. 둘 또는 그 이상의 시장수요에 영향을 미치는 독립 변수를 선정하여 회귀분석 모형을 개발한다. 독립 변수와 종속 변수에 관한 데이터를 수집하고, 모형을 이용한 회귀 분석으로 미래 수요를 예측한다.

셋째, 시뮬레이션. 독립 변수를 무수히 바꾸어 가면서 결과의 변화를 확인하는 작업을 반복하여 실제 추세를 가장 정확하게 설명하는 모델을 찾아내고, 이를 이용하여 미래 시장의 수요를 예측하는 방법이다. 시뮬레이션은 현실에서 실제 조사가 가능하지 않거나 많은 비용이 소용되는 경우 미래 수요를 예측하기 위하여 사용하는 방법이다. 단점은 초기 시뮬레이션 모델 구축 시 시장수요에 영향을 미치는 요인들의 식별과 이들이 어떻게 영향을 미치는가에 대한 철저한 이해가 필요하고 많은 비용이 소요된다는 점이다. 그러나 컴퓨터 시뮬레이션 프로그램을 사용하면, 시장수요를 결정하는 요인들이 미래의 시장수요에 어떠한 영향을 미치는가를 적은 비용으로도 신속하게 확인할 수 있다.

2) 질적 예측

질적 방법은 마케팅 전문가, 최고 정책결정자들의 주관적 경험이나 직관 등에 기초한 미래 시장수요의 예측 방법이다. 객관적 데이터가 없는 상황에서 사용되는 방법으로 장기적 예측보다는 단기적 예측에 유용하다. 주로 양적 방법과 함께 사용되고, 양적 방법의 한계를 보완한다.

첫째, 정책결정자들 간의 토론(executive discussion)이나 전문가 자문이다. 장점은 빠르고 신속하게 결과를 도출할 수 있다는 점이다. 하지만 객관적 데이터의 부재 시 편향적 판단이나 집단사고(集團思考)[35]의 위험이 있다.

둘째, 델파이 방법(delphi method)이다. 전문가 패널을 구성하고 패널 참여자들에게 개별적으로 질문지를 발송하여 미래 시장의 수요에 대한 생각을 묻고, 답을 얻은 후 조사자가 다시 패널 참여자들에게 다른 참여자의 주장이나 의견을 알리고, 다른 참여자들의 의견은 어떠한데, 당신은 어떻게 생각하는지 등의 추가적 의견을 묻는 과정

---

35) 집단사고(groupthink)는 집단 토론에서 발생하는 심리적 현상으로, 참여자들이 집단의 화합과 의견 일치 압력이나 욕구 때문에 대안 제시나 이의 제기를 포기하면서 토론이 비합리적인 결과를 초래하는 현상이다.

을 반복한다. 이때 전문가들은 같은 패널에 들어있어도 독립적으로 의견을 낼 뿐 서로 만나서 토론을 하거나 의견을 조율하지는 않는다. 미래 시장수요는 이러한 절차의 반복을 통하여 얻은 결론으로 추정한다. 집단사고의 위험을 방지할 수 있는 장점이 있고 수요 예측에 유효하다. 하지만 시간이 오래 걸리고 합의된 결론에 이르지 못할 수도 있다.

3. 예측 방법의 선택

미래 시장수요의 예측 방법은 여러 가지이다. 다음은 예측 방법의 최종 선택 시 고려해야 할 요소들이다.[36)]

첫째, 기간(time horizon). 예측하고자 하는 기간이 장기적인가 단기적인가, 얼마의 기간에 대한 예측인가이다.

둘째, 기술적 복잡성. 정확한 예측 기법이라고 하더라도 마케터가 사용하기에 많은 지식이 요구되고, 이용 방법 등이 너무 복잡하면 적절하지 않다. 기법은 마케터가 사용 방법과 한계 등을 숙지하고 있는 것이어야 한다.

셋째, 정확성. 미래 수요의 예측에서 오류의 수준을 어디까지 허용할 것인가이다.

넷째, 비용. 예산의 고려이다. 모델 개발, 자료 수집 및 분석에 소요되는 비용과 그로부터 얻을 수 있는 잠재적 이익 간의 비교이다.

다섯째, 데이터 획득 가능성. 사용하고자 하는 데이터가 접근, 수집, 이용 가능한가에 대한 고려이다.

여섯째, 확장성. 미래예측 결과를 미래 어느 시점까지 확장하여 사용할 것인가이다.

일곱째, 데이터의 분량. 얼마나 많은 데이터가 필요한가이다.

여덟째, 미래 환경과 기법의 적절성. 시장수요의 예측 환경이 안정적이고 예측 기간도 단기적인 경우 양적 기법이 적절하지만 극적이고 큰 변화가 기대되고 장기적 예측인 경우에는 질적 기법이 적절하다.

---

36) Proctor(2007), p. 107.

1. 개발 방법

새로운 상품개발이나 기존 상품의 매력을 높이기 위한, 또는 전달 방법의 개선을 위한 혁신 아이디어는 고객과 이해관계자들이 경험하는 상품구매 및 소비 과정에서의 만족과 불만족, 기대와 실제 간의 차이 분석을 통해 얻을 수 있다. 다음은 혁신 아이디어 개발 기법들이다.

1) 서베이

서베이는 상품 이용 경험자나 이해관계자들의 표본을 추출하고, 이들 대상으로 설문지 조사나 인터뷰를 하여 혁신 아이디어를 얻는 방법이다.

2) 포커스 그룹 인터뷰

포커스 그룹(focus group) 인터뷰는 마케터가 좌담회를 통하여 상품의 품질이나 전달과정 혁신을 위한 아이디어를 수집하는 방법이다. 크게 세 단계로 이루어진다. 첫째, 포커스 그룹의 구성이다. 특정 분야 상품의 구매와 소비 경험이 있는 약 4~15명의 참여자를 모집하여 포커스 그룹을 만든다. 둘째, 토론 단계이다. 참여자들에게 상품 컨셉, 품질, 디자인, 포장, 광고 등 몇 가지 주제를 주고 자유롭게 각자의 경험이나 의견을 말하고 생각을 교환하는 시간을 갖는다. 마케터는 의견 교환이 심층적 수준에 이르도록 유도하고, 참여자들의 인식, 태도, 상대의 주장이나 생각에 대한 반응 등을 관찰하고 기록한다. 셋째, 관찰 결과를 바탕으로 상품생산과 전달 과정에서 그동안 인지하지 못했던 문제점을 찾고, 어떻게 소비자 선택이나 재구매를 자극할 수 있는가에 대한 방법을 도출한다.

3) 체크리스트

체크리스트 방법은 여러 가지이다. 첫째, 상품의 품질이나 전달 과정에서 고객들이 왜, 어떤 문제 때문에 상품 선택을 포기하거나 주저하는가, 무엇이 영향을 미치는가 등을 파악할 수 있는 여러 분야 개별 요소들의 리스트를 개발한 다음, 고객들을 대상으로 인터뷰를 실시하여 아이디어를 발전시킨다.

둘째, 상품 속성이나 전달방법 관련 모든 요소들의 리스트로 만들고, 표적집단도 연령, 성별 등으로 구분한 다음, 만족과 불만족의 정도를 체크하도록 하여, 문제점을 점검하고 혁신 아이디어를 얻는다.

셋째, 상품의 품질이나 전달에서 도달해야 할 기준을 먼저 설정한 다음 현재의 상품을 평가하여 아이디어를 수집하는 방법이다.

넷째, 아무런 리스트 없이 불만족 이유나 불편을 물어서, 가능한 많은 문제들을 도출하고, 이들을 몇 가지 차원(구매자의 유형, 상품의 특징 등)으로 분류하여 문제의 조합을 확인하거나 영향 관계의 네트워크를 만들고, 문제해결의 우선순위를 확인함으로써 개선 아이디어를 도출한다.

4) 브레인스토밍

브레인스토밍(brainstorming)은 집단 지능을 통하여 혁신적 해결 방안을 모색하는 방법이다. 토론 참여자들이 가능한 자유롭게 생각하고 많은 아이디어를 낼 수 있는 상황을 만든다. 다음 이들이 낸 아이디어나 의견의 리스트를 작성하고, 각 아이디어의 경중이나 유효성을 토론하여 문제해결의 최적 방안을 선택하는 방법이다.

5) 공모

아이디어 공모(idea contest)는 고객이나 직원들을 대상으로 상품개발이나 새로운 서비스 전달 방법에 관한 공개적인 아이디어 경쟁 이벤트를 개최하고 당선자에게 상품을 주어 혁신 아이디어를 찾는 방법이다. 손쉬운 방법이지만 혁신 성과를 위한 아이디어 탐색에 가장 많이 사용된다. 고객이나 직원들의 경험과 상상은 기존 제품 문제의 해결, 새로운 상품개발을 위한 주요 자원으로 공모는 이러한 자원을 혁신 아이디어로 전환하는 기회를 제공한다.

2. 선택

아이디어 선택의 기준은 첫째는 마케팅 목표 달성에 대한 기여이다. 정부조직 차원에서는 공공가치의 생산에 대한 기여이다. 둘째는 실행 가능성으로, 정치적 지원, 기술이나 시간, 비용 등에 대한 고려이다.

제7절 **역량 진단**

공공부문마케팅 엑설런스 센터(Centre of Excellence for Public Sector Marketing, CEPSM)는 정부부문 마케팅 컨설팅 전문회사로, 정부와 비영리부문에서 마케팅 전략 수립의 역량이 어떤 수준에 이르렀는가를 점검할 수 있는 체크리스트를 개발한 후, 캐나다 정부와 비영리조직에서 마케팅 관련 업무를 맡고 있는 600명의 전문직 종사자들을 대상으로 역량을 평가한 바 있다.[37] 다음은 CEPSM이 제시하는 8가지 분야 마케팅 역량 점검 리스트이다.[38]

1) 문화

첫째, 최고 관리자들이 마케팅에 대하여 잘 알고, 열정을 갖고 있는가?

둘째, 조직 구성원들은 마케팅과 중요한 고객이 누구인가에 대한 이해를 공유하고 있는가?

셋째, 관리자와 직원들은 업무에서 고객에게 최고의 가치를 전달하는 데 초점을 두고 있는가?

넷째, 조직은 고객에게 보다 나은 서비스를 전달하기 위하여 새롭고 중요한 접근 방법의 개발을 장려하는가?

다섯째, 팀(work team)은 하나의 시각으로 고객에게 서비스를 제공하는가?

2) 조직

첫째, 마케팅에 대한 포괄적 책임을 가진 고위 관리자가 있는가?

둘째, 최고 마케팅 관리자가 조직의 장과 긴밀하게 협력하면서 일하는가?

셋째, 조직 안에 커뮤니케이션 이상의 마케팅 업무가 있는가?

넷째, 마케팅 직원들은 다른 사업이나 프로그램 관리자들과 긴밀하게 협력하면서 일하는가?

---

37) Mintz, Church, & Colterman(2006), pp. 7-9.

38) 이 리스트는 CEPSM이 공공서비스 마케팅과 사회마케팅 역량 평가에 초점을 두고 개발한 리스트이다. 독자들의 이해를 돕기 위하여 일부는 표현을 수정하였다.

3) 기획

첫째, 조직 차원에서 공식적인 마케팅 기획 과정이 있는가?

둘째, 마케팅 계획은 조직의 미션 및 비전과 일치하는가?

셋째, 조직은 명확하게 정의된 브랜드 비전과 전략을 가지고 있는가?

넷째, 측정 가능한 마케팅 목표가 설정되어 있는가?

다섯째, 전략과 구체적 내용에 기초하여 마케팅 예산이 편성되고 있는가?

여섯째, 환경 변화에 따라 마케팅 계획이 재검토되는가?

4) 관리

첫째, 새로운 상품, 프로그램 또는 서비스를 개발하기 위한 프로세스가 무엇인지 명확히 정의하고 있는가?

둘째, 상품, 프로그램 및 서비스 개발 과정은 사후 대응보다 상황에 앞서 미리 준비하는 것인가?

셋째, 고가(high value)의 아이디어는 적시에 실행되는가?

넷째, 조직은 표적고객에게 상품, 프로그램 및 서비스의 가치를 적극적으로 커뮤니케이션 하는가?

다섯째, 최종 소비자들에게 상품, 프로그램 및 서비스를 전달하는 과정에 참여하는 파트너들과 긴밀한 관계에서 일하고 있는가?

여섯째, 수수료는 원가 회수보다는 이용과 활용에 대한 이해에 기초하고 있는가?

일곱째, 고객 경험을 서비스 전달 방법에 일관되게 반영하고 있는가?

5) 지식과 기술

첫째, 마케팅 직원들은 마케팅 관리의 경험이 있거나 훈련을 받은 사람들인가?

둘째, 조직은 마케팅 관리자와 직원들이 업무 역량을 높이는 데 힘쓰도록 고무하는가?

셋째, 서비스와 프로그램 관리자들은 마케팅 관리 훈련을 받고 있는가?

넷째, 조직은 직원들이 마케팅에 필요한 자원을 얻도록 권장하는가?

다섯째, 새로운 마케팅 기법과 기술을 적극적으로 채택하는가?

여섯째, 유능한 마케팅 직원 유치에 어려움이 없는가?

6) 마케팅 정보와 성과 측정

첫째, 조직은 고객에게 최고의 가치를 전달하고 있는가를 평가하기 위하여 마케팅 조사(marketing research)를 하는가?

둘째, 마케팅 믹스의 각 요소들을 평가하기 위하여 마케팅 조사를 하는가?

셋째, 고객이 원하는 것을 파악하기 위하여 다양한 출처로부터 나온 정보들을 통합하는가?

넷째, 고객과 시장에 대하여 통찰력을 얻을 수 있는 데이터에 접근하고, 분석하고, 공유하는 것을 정보시스템이 지원하는가?

다섯째, 조직 목표를 기준으로 마케팅 성과를 측정하기 위한 과정이 준비되어 있는가?

여섯째, 측정 결과가 개선이 필요한 영역이나 요소를 식별하기 위하여 적극적으로 사용되는가?

일곱째, 관리자와 직원은 마케팅 목표의 달성과 고객에 전달되는 가치의 개선으로부터 충분한 보상을 받고 있는가?

7) 자원

첫째, 마케팅 예산은 전략수립과 문제해결 방안의 시행을 위하여 매년 필요한 만큼 충분한 수준인가?

둘째, 마케팅 직원들의 수는 조직의 필요나 규모에 비추어 충분한가?

8) 산출과 결과

첫째, 조직의 상품, 프로그램과 서비스 이용에 새로운 고객이 늘어나고 있는가?

둘째, 고객만족도는 높은 수준에서 유지되고 있는가?

셋째, 수수료를 받는 상품, 프로그램 및 서비스로부터의 수입이 늘어나고 있는가?

넷째, 재정을 지원하는 이해관계자들은 조직을 보다 더 중요하게 인식하는가?

다섯째, 표적고객의 태도와 행동에 가시적인 긍정적 변화가 있는가?

여섯째, 상품, 프로그램 및 서비스는 경쟁 상대의 것들보다 독특하고 가치가 더 높은 것으로 평가되는가?

제14장 소비자 구매행동

제1절 서론

1. 구매행동의 의미

구매행동이란 소비자의 상품구매 전과 후에 걸친 일련의 행동으로 소비자가 구매 욕구를 가지고, 다양한 기준을 적용하면서 구매를 결정하고 많은 상품 가운데 하나를 선택하는 행위이다. 구매와 구매 후의 소비, 소비에 따른 반응까지를 포함한다. 구매행동은 욕구, 의도, 행동의 단계로 이루어진다. 욕구(want)는 어떤 상품을 원하거나 바라는 마음의 상태로 구매 동기를 부여하는 내적 요소이고, 의도(intention or intent)[1]는 욕구가 만들어내는 구매의 생각이나 계획이며, 행동은 의도의 실천이다.

2. 구분

정부마케팅 상품 소비자의 구매행동은 다음 몇 가지로 구분된다.

첫째, 고(高)관여(high involvement) 구매행동과 저(低)관여(low involvement) 구매행동의 구분이다. 소비자가 상품구매 시 구매 과정에 얼마나 많은 노력과 시간을 투자하는가의 소비자 관여 정도에 의한 구분이다. 장소상품은 고관여 구매의 대표적 상품이다. 소비자들은 투자, 기업이나 비즈니스, 거주를 위한 장소를 찾는 사람들로 상품 선택에 많은 위험을 부담한다. 고관여 상품구매 행동의 특징은 장시간, 많은 정보의 수집, 대안의 세심한 비교와 평가이다. 구매는 많은 비용을 수반하고, 한번 구매하면 장기간에 걸쳐 소비가 이루어지고, 만족하지 않는 경우라도 환불이 어렵다. 위험이 큰 만

---

1) intention이 잠시 또는 일시적인 것이라면, intent는 장기간 존재하는 결심의 상태이다.

큼 소비자는 정보수집, 대안의 비교와 평가, 최종 결정에 오랜 시간을 할애하고, 실수를 하지 않기 위해 정보 검증과 사실 확인에도 많은 비용과 노력을 투자한다. 구매 절차도 복잡하다. 소비자 관점에서 구매는 중대한 결정으로 빈도수가 낮다. 반면 똑같은 장소상품이라도 관광은 상대적으로 저관여 상품이다. 관광이나 여행상품 구매는 투자, 기업이나 비즈니스, 거주지 상품과 비교해 관여의 정도가 낮고, 문제해결 상황도 덜 복잡하다. 그만큼 소비자의 위험부담도 적다.

둘째, 문제해결 상황을 기준으로 한 광범위한 문제해결(extensive problem-solving) 상황에서의 구매행동, 제한적 문제해결(limited problem-solving) 상황에서의 구매행동, 일상적 문제해결(routinized problem-solving) 상황에서의 구매행동으로의 구분이다. 광범위한 문제해결 상황에서의 구매행동은 소비자가 구매에 필요한 충분한 지식이 없는 상태에서 많은 고심, 광범위한 정보의 수집, 대안의 장기적이고 세심한 비교와 평가로 이루어진다. 제한적 문제해결 상황의 구매행동은 소비자가 상품에 익숙하거나 어느 정도 알고 있는 입장에서의 구매로 특징은 부분적인 또는 추가적 정보의 수집이다. 반면 일상적 문제해결 상황에서의 구매행동은 관례, 습관 또는 반복적인 상품구매로 소비자들은 이미 구매행동에 일정한 규칙, 패턴을 갖고 있다. 장소상품의 구매가 주로 광범위한 문제해결 상황에서의 구매라면, 공공서비스 상품의 구매는 제한적 또는 일상적 문제해결 상황에서의 구매이다. 소비자들이 상품의 특성, 구매 절차 등에 대하여 이미 어느 정도 정보나 경험을 갖고 있어 정보수집은 단지 조금 더 자세한 것을 알기 위한 데 있다. 구매결정도 비교적 단기간에 끝나고, 상품의 가격도 비교적 저렴하다. 소비자는 개인이나 단체이고 구매 편익도 단기간 존재한다. 일상적 문제해결 상황은 소비자들의 제품 구매행동에서 주로 나타나고, 비즈니스 마케팅에서는 일반적이지만 정부마케팅에서는 드물다.

셋째, 구매행동이 난제(wicked problem. 難題)의 해결인가 쉬운 문제의 해결 행동인가의 구분이다. 상품이 얼마나 다루기 어려운 문제인가(문제해결의 답이 있는가), 상품의 특성에 따른 구매행동의 구분이다. 난제 상품의 구매는 욕구충족이나 문제의 해결을 위한 알고리즘(규칙, 절차와 방법)이 알려져 있지 않은 상품의 구매이다. 사회마케팅에서 상품은 자주 중독이나 습관적 행동(흡연, 패스트푸드 섭취, 음주운전 등)을 중단시키거나 바람직한 행동으로 바꾸는 것으로 소비자는 기존의 행동에 집착하면서 새로운 행동 채택 권고에 순종하지 않거나 저항하고 이전의 습관을 고집한다. 중독이나 습관을 바꾸는 것은 소비자가 단 한 차례의 구매로 끝나지 않고, 시행착오, 지속적인 희생과 노력의 반복을 거쳐 이루어진다. 행동변화 후에도 다시 이전의 상태로 회귀하는 경우가 자주 발생하면서, 상품구매의 완료에 오랜 시간이 걸린다.

　　상품이 난제일 때 마케팅 전략의 초점은 소비자의 구매와 지속적 구매의 설득 및 행동변화 과정의 관리이다. 소비자 구매행동은 상품의 인식, 편익에 관한 정보수집, 최종 선택의 과정으로, 마케터는 구매행동의 유형 및 특징을 고려한 적합하고 효과적인 마케팅 전략의 수립이 필요하다.

제2절 소비자의 상품구매 과정

　　구매과정은 소비자들이 상품구매 시 거치는 일련의 단계이다. 효과적인 마케팅을 위해서는 상품구매 과정에 대한 자세한 이해가 중요하다. 다음 <그림 1>은 상품구매의 5단계 과정이다.[2]

▼ 그림 1 **소비자 상품 구매의 과정**

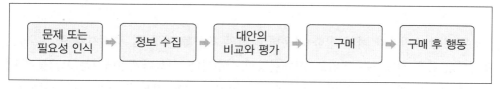

1. 문제 또는 필요성 인식

　　구매행동의 첫 단계로, 소비자가 장소나 공공서비스 상품의 구매 필요, 사회마케팅에서는 자신의 행동에 대한 문제나 개선의 필요에 대한 인식이다. 욕구의 목록에서 어떤 것 하나를 특정한 충족 필요의 인식으로, 소비자의 내적인 동기(신체 및 심리적, 사회적 욕구)와 외부 환경 자극(마케팅 커뮤니케이션, 정치적, 경제적, 사회적, 기술적 환경의 변화)의 상호작용을 통해 만들어진다.

---

2) Kotler & Lee(2007a), pp. 27−28.

2. 정보수집

정보수집은 소비자가 자신의 욕구를 충족시켜 줄 수 있는 어떠한 상품들이 있는가, 각 상품의 편익과 비용은 무엇인가에 관한 조사 활동이다. 소비자는 다양한 소스, 수단과 채널을 통하여 정보를 수집한다.

3. 대안의 비교와 평가

소비자들이 구매하고 싶은 몇 가지 장소나 서비스 상품, 사회적 가치나 아이디어 상품을 대상으로 편익, 가격이나 비용, 접근 가능성 등을 비교, 평가하는 단계이다. 소비자들은 구매 목적에 기초하여 다양한 기준을 설정 후 가중치를 부여하여 평가하고 순위를 매긴다. 이러한 평가는 반드시 정보 탐색 후에만 일어나는 것은 아니고 상품에 대한 정보를 수집하는 모든 과정에서 일어난다.

4. 구매

구매는 소비자가 여러 상품 가운데 자신의 욕구를 가장 잘 충족시켜 줄 수 있는 하나의 상품을 선택하는 행위로, 구매결정의 실행이다. 사회마케팅에서는 고객들이 바람직한 행동을 결심하지만 막상 행동으로 옮기지 못하는 경우가 적지 않다. 마케터들은 이러한 점을 감안하여 고객들이 구매결정을 하였을 때 행동으로 전환하도록 돕기 위해 흔히 사용하는 한 가지 방법은 다른 사람들이 경험한 사회적 증거의 제시이다. 소비자들은 다른 사람들이 사회마케팅 프로그램에 참여하여 원하는 결과를 얻었을 때 자신에게도 그러한 결과가 일어날 것이라고 믿는다. 비만 예방, 금연 프로그램에 참여를 주저할 때나 식생활 개선이나 운동, 금연을 시작했으나 지속과 중단을 반복하는 경우 이전 참여자들의 성공한 경험과 스토리, 높아진 삶의 만족도 등과 같은 증거 제시는 구매 결정을 행동으로 전환하는 데 효과적이다. 또 다른 방법은 기회가 많지 않고 이번뿐이라는 희소성 매력의 강조이다. 투자, 기업이나 비즈니스, 방문자, 거주지를 찾는 사람들에게 상품구매를 권고하면서 이번이 마지막이고 기회를 놓치면 앞으로 다시는 이와 같은 기회가 없을 것이라는 강조가 그 예이다.

5. 구매 후 행동

구매 후 행동은 소비자들이 구매한 상품소비와 그로부터 얻은 편익이나 효용의 체험, 만족도, 불만 등의 후기를 인터넷에 올리거나 주위 사람들에게 전파하는 일이다. 상품구매나 사용 후 자신의 기대에 비추어, 또는 이전에 경험한 다른 상품들과 비교하여 품질이나 가격이 어떠하다는 소비자들의 평가는 장래 소비자들의 구매에 큰 영향을 미친다. 반면 소비자의 불만은 상품이 기대했던 수준에 못 미칠 때 나타나는 인지적 부조화로 한 사람의 불만이 많은 잠재적 소비자들이 상품구매를 포기하는 결과를 초래한다.

소비자들은 상품구매 시 5단계 모두를 거치는 것도 반드시 순차적으로 경험하는 것도 아니다. 중간 단계를 건너뛰고 바로 구매 결정 단계로 갈 수도 있고, 중도에 구매를 포기할 수도 있다.

제3절   이론과 모형

1. 동기부여 이론

1) 매슬로(Maslow)의 욕구 5단계론

욕구 5단계론은 애이브러햄 매슬로(Abraham Maslow)가 1943년 심리학 학술지 (Psychological Review)에 발표한 '인간 동기이론(A Theory of Human Motivation)'이란 논문에서 제시한 이론이다. 동기(動機: 행동을 자극하는 원인이나 기회)는 욕구의 산물로 어떤 욕구들이 인간행동의 동기를 만들어 내는가를 설명하면서 인간의 욕구는 5단계의 계층구조(hierarchy of needs)이고, 각 계층별 욕구가 무엇인가를 제시한다. 5단계 욕구는 아래로부터 생리적 욕구(physiological needs), 안전 욕구(safety needs), 애정 욕구(love needs), 존경 욕구(esteem needs), 자기실현 욕구(need for self−actualization)의 계층 구조이다.[3] 하위 세 가지 욕구는 결핍 욕구(deficiency needs. 충족되지 않으면 신체적, 심리적, 사회적으로 성장하지 못하는)이고, 상위 2가지 욕구는 성장 욕구(growth needs)이다. 매슬로는 '욕구

---

3) Maslow(1943), pp. 372−382.

= 인간의 부족하다는 느낌'이고, 인간은 '욕구 = 목적'을 충족시키고, 달성하기 위해 동기부여가 된다고 설명한다. 동기부여 이론은 많은 연구자들이 인용하면서 이 분야 연구에서 고전적 지위를 누려왔다. 장점은 동기부여에 관한 간결한 설명이다.

하지만 비판도 적지 않다.[4] 첫째, 보편성의 한계이다. 매슬로의 욕구 5단계론은 미국 중산층, 그것도 당시 대학생들로부터 수집된 데이터에 근거를 둔 이론이다. 미국 문화적 가치에 기초한 것으로, 다른 문화권에서는 맞지 않다. 경험적 연구들은 일본, 이탈리아, 멕시코와 같이 불확실성 기피 성향이 강한 나라에서는 안전 욕구가 욕구 피라미드의 최상부를 차지하고, 자기실현 욕구는 오히려 최하위에 있다고 말한다.[5] 이것은 문화마다 동기부여 요인의 구조가 다를 수 있음을 의미한다.

둘째, 낮은 현실 적합성이다. 매슬로 이론은 욕구의 분류와 이들 간의 관계를 지나치게 단순화하고, 경직적으로 구분하여 현실 세계에서 사람들이 경험하고 관찰할 수 있는 다른 많은 중요한 욕구들과, 욕구의 지속적 변화, 불안정성 등의 고려에 실패하고 있다. 욕구는 5가지만 있는 것이 아니고 권력, 지배, 소유, 복수, 사회적 지위, 인기, 쾌락, 여행, 자유나 낭만 등 다른 많은 중요한 욕구들이 있다. 욕구들 간에 어떤 계층적 구조가 있는 것도 아니고 있다고 해도 누구에게나 똑같지 않다. 욕구 간의 관계는 결코 5단계처럼 상하 한 방향으로 질서를 가진 것도 아니다. 여러 욕구의 계층들이 동시에 존재하고, 한 욕구가 충족된다고 보다 높은 단계의 욕구로 나가지도 않는다. 환경이 변하면 오히려 다시 하위의 욕구로 되돌아가기도 한다.

셋째, 필요와 욕구 간의 구분을 알지 못한다. 필요와 욕구를 구분하지 않으면 동기부여로서의 둘 간의 차이를 설명할 수 없다. 매슬로는 욕구는 충족되었을 때 행동을 결정하거나 만들어내는 더 이상 활성화 요소로서의 능력을 갖지 못하고, 행동을 지배하고 만들어내는 것은 욕구 중 충족되지 않은 불만족한 욕구(need)라고 말한다. "욕구(want)는 만족되는 즉시 이미 욕구가 아니다"라고 주장한다.[6] 하지만 이것은 필요와 욕구 간의 차이를 무시한 설명으로, 생리, 안전, 애정 욕구는 인간 모두에 공통된 것으로 욕구보다는 필요이다. 충족되면 더 이상 행동을 자극하는 동기부여 요소로서의 힘을 잃는다. 반면 보다 상위의 존경, 자기실현은 필요보다는 욕구이다. 무한하고 사람마다 다르다. 충족되면 동기부여 요소로서의 기능을 잃는 것이 아니라 충족되지 않는 무한한 결핍 요소로 행동에 지속적으로 동기를 부여하는 역할을 한다.

---

4) Henry(2013), p. 96.

5) Hofstede(1984).

6) Maslow(1943), p. 375.

2) 욕구구조론

욕구구조를 다양한 종류와 형태, 크기, 밀도를 가진 무수한 부분 욕구들과 이들 간의 관계라고 한다면, 인간 행동은 구조 속의 무수한 욕구 요소들과 이들 간의 복잡한 상호작용의 산물이다. 구조는 무수한 부분, 이질적 욕구들의 집합으로, 종류가 합리적과 비합리적(이성 및 감정에 의한), 신체적과 심리적, 긍정적과 부정적, 항상과 일시적 욕구 등 고도로 다양하다. 개인마다 욕구요소들의 종류, 상호작용의 방식도 모두 다르다. 욕구들은 개인 내면의 의식 작용 및 외부 자극의 산물로, 전자가 개인의 인구학적 요소, 퍼스낼리티, 심리적 요소 등에 의한 것이라면 후자는 개인이 경험하는 마케팅 커뮤니케이션, 정치적, 경제적, 사회적, 문화적, 기술적 변화, 개인 간 관계(경쟁, 차별, 억압, 모욕) 등의 결과이다. 욕구는 활성화 또는 잠복 형태로, 일부는 의식 또는 무의식 상태로 존재한다. 특정 욕구가 욕구구조를 일시적 또는 장기간 지배하기도 한다. 일부 욕구는 잠복된 형태로 머물다가 외부자극을 만나 급팽창하거나 활성화되어 주요 동기부여 요인으로 작용한다. 잠재적 욕구가 활성화되는 경우라도 다시 휴면상태에 돌아갈 수도 있다. 일부 욕구는 시간의 흐름에 따라 팽창하거나 수축한다. 부분 욕구들은 특정 상황과 장소, 시간에서 상호작용을 통하여 다른 요소들과 결합, 협력 또는 상충적 관계를 이루면서 의도와 행동의 우선순위를 결정짓는다. 욕구구조 속에서 규모가 크고 고밀도의 욕구요소가 그렇지 못한 욕구요소들을 누르면서 상품의 구매행동을 결정한다. 다음 <그림 2>는 욕구구조를 구성하는 부분 욕구의 형태, 존재 방식, 비중의 예시이다.

▼ 그림 2 소비자 욕구의 구조

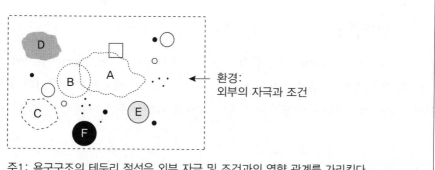

주1: 욕구구조의 테두리 점선은 외부 자극 및 조건과의 영향 관계를 가리킨다.
주2: 개별 욕구요소의 명암은 욕구의 밀도, 테두리의 실선, 점선, 파선은 경계가
　　 얼마나 폐쇄적인가의 표현이다.

욕구요소 A는 욕구구조에서 규모가 가장 크지만 밀도는 낮다. 반면 F는 점유 면적은 작으나 밀도는 다른 어떤 욕구보다도 높아서 구매행동에 가장 강력한 영향력을 행사한다. A와 B는 욕구의 일정 부분을 공유한다. 욕구 C는 점유 면적은 넓지만 경계가 파선으로 상대적으로 고유성, 독립성, 정체성이 낮고, 지위나 경계가 불안정하다. 다른 욕구요소와의 상호 작용으로 새로운 욕구요소로 성장할 수도 있다는 점에서, 형태나 규모의 변화 가능성이 크다. 작은 점으로 표시된 작은 부분 욕구들도 내적 의식이나 외부의 자극이 있는 경우 얼마든지 강력한 욕구요소로 성장하고 세력을 확장할 수 있다. 욕구구조 안에는 막상 소비자 자신도 의식하지 못하는 많은 욕구요소들도 잠재 상태로 존재한다. 이들도 환경의 자극으로 활성화되고 구매 의도 형성에 주도적 역할을 할 수 있는 크기로 성장할 수 있다. 소비자 상품구매 의도는 욕구구조 안의 다양한 욕구요소들의 상호작용 결과로, 사람마다 다르고, 장소, 시간, 상황에 따라 변한다. 마케터는 마케팅 조사를 통하여 욕구의 종류와 특성, 밀도, 욕구 간의 관계 등의 변화에 대한 지속적 관찰이 필요하다. 효과적 마케팅을 위해서는 특정 욕구요소가 어떤 자극에 보다 민감한가에 대한 정보, 커뮤니케이션을 통하여 휴면 상태의 욕구요소들을 활성화시키는 전략이나 방법에 대한 지식이 중요하다.

2. 구매행동의 계층 모형

마케팅과 광고 분야는 소비자들이 어떠한 과정을 통하여 구매에 이르는가를 다양한 모형으로 설명한다. 다음은 광고 또는 마케팅 커뮤니케이션 메시지 관점에서의 소비자 구매행동 모형들이다.

1) AIDA 모형

AIDA는 주의(Attention), 관심(Interest), 욕망(Desire),[7] 행동(Action)의 두문자(頭文字) 어이다. 세인트 엘모 루이스(E. St. Elmo Lewis)가 1900년 제시한 광고효과의 고전적 계층 모형으로,[8] 소비자의 구매행동을 마케팅 효과의 4단계, 주의 → 관심 → 욕망 → 행동으로

---

7) 욕망(desire)은 욕구(want)의 여러 가지 다른 표현 가운데 하나이다. 욕구(want)가 필수적인 것을 넘어 원하고 성취하고자 하는 일반적인 심리적 상태라면 욕망(desire)은 갖거나 이루고자 하는 보다 강력하고 적극적인 느낌이고, 성향이자 의지의 표현이다.

8) Wijaya(2012), pp. 73, 76.

설명한다.[9] 마케팅 실무자나 연구자들이 광고 설계나 효과 측정에 자주 사용하는 모형으로, 소비자가 처음 상품을 발견하고 마지막 구매에 이르는 주의 끌기, 정서적 변화(관심과 욕구), 구매행동의 계층적 단계로 이루어진다. 각 단계를 설명하면 다음과 같다.

1단계 주의. 광고를 통해 상품을 알리고, 잠재고객들이 상품의 존재를 알게 되고 주의를 기울이는 단계이다.

2단계 관심. 고객이 상품을 인지한 후 상품의 편익에 대한 지식이나 정보에 기초해 관심이나 흥미를 갖는 단계이다. 상품 사용의 편익에 대한 고객의 정보나 지식의 획득은 마케팅 커뮤니케이션 효과이다.

3단계 욕망. 관심이나 흥미에서 한 단계 더 나아가 고객이 상품을 구매하려는 강하고 적극적인 의욕을 갖는 단계이다. 마케팅 전략의 초점은 상품에 대한 고객 관심의 보다 적극적 감정으로의 전환이다.

4단계 행동. 고객이 상품을 구매하는 단계이다.

AIDA 모형은 고객이 어떤 단계를 거쳐 구매행동에 이르는가에 대한 설명을 제공한다. 마케터는 광고효과의 측정이나 광고에서 초점을 어디에 둘 것인가를 결정하는데 필요한 정보를 얻을 수 있다. 단점은 구매과정을 지나치게 단순화하여 마케팅 활동을 충분히 설명하지 못한다는 점이다. 실제 고객은 반드시 모든 단계를 거쳐 상품을 구매하지 않는다. 또 마케팅 커뮤니케이션은 고객의 상품에 대한 편익 정보제공과 동시에 호의적 정서의 자극 등 입체적 방향으로 이루어지는데, 이 모형은 고객이 인지적 단계를 거쳐 정서적 반응 단계로 나간다고 설명하여 현실과 거리가 있다. 모형이 계층적이고 단선적인데서 오는 한계이다. 또 다른 단점은 구매 후 고객행동에 대한 설명이 없다.[10] 마케팅은 과거 상품 중심적이었으나 오늘날은 고객 또는 사람 중심적 패러다임이 지배적이고, IT(information technology)의 발달로 커뮤니케이션 방식이 바뀌면서 고객의 구매 후 행동의 중요성이 크게 증가하고 있다. AIDA의 다양한 이종 모형들의 등장은 이러한 변화를 보여준다.[11]

---

9) Priyanka(2013), pp. 39−40. 필요(need), 욕구(want), 욕망(desire)은 모두 사람들이 부족하거나 갖고 있지 않아서 원하는 것이다. 이들은 서로 교환적으로도 사용되나 필요는 생존을 위하여 필수적인 것이고, 욕구는 생존에 반드시 필요한 것은 아니나 있으면 더 좋은 것이다. 욕망은 채워지지 않은 욕구를 충족하고자 하는 강렬한 바람이다.

10) AIDA 모형이 광고효과 계층 모형의 기본형이라면 AISAS(Attention → Interest → Search → Action → Share)는 구매 후 정보공유를 추가한 모형이다.

11) Wijaya(2012), p. 73.

2) AKLPCP 모형

AKLPCP 모형도 광고효과의 계층 모형으로, 1961년 로버트 라비쥐와 게리 슈타이너(Robert J. Lavidge and Gary A. Steiner)가 제시하였다. 마케터가 어떻게 광고를 해야 하는가를 고객이 상품을 구매하는 6단계, 의식(Awareness) → 지식(Knowledge) → 호감(Liking) → 선호(Preference) → 확신(Conviction) → 구매(Purchase)의 단계로 설명한다. 이 모형의 장점은 광고에서 소비자들에게 어떤 메시지를 전달하여 구매를 자극할 것인가에 대한 정보제공이다.

1단계 의식. 마케터가 소비자들에게 자신의 상품을 인지(지각, 기억, 이해, 판단, 추리 등의 포괄적 인식 작용)하도록 알리는 단계로, 구매행동의 출발점이다.

2단계 지식. 소비자가 경쟁자의 상품과 비교, 평가하고 기능적 편익의 차이를 구체적으로 확인하는 단계이다. 마케터의 할 일은 소비자의 구매결정에 필요한 상품에 대한 긍정적인 충분한 정보의 제공으로, 광고를 통해 잠재적 고객을 상품과 연결시키는 단계이다.

3단계 호감. 소비자가 상품에 대한 좋은 감정을 발전시키는 단계이다. 마케터는 상품의 속성(품질, 디자인, 크기나 색상 등)이 잠재적 구매자에게 어떠한 느낌을 유발하는가를 파악하여 마케팅 커뮤니케이션에서 상품 선택에 유리한 정서적 효과를 만들어내는 메시지를 전달할 수 있어야 한다. 광고의 초점은 상품 자체의 기능적 특징이나 편익, 경쟁상품과의 차이 등에 대한 정보제공보다는 소비자의 감정, 가치, 자존심, 라이프 스타일 등에 대한 호소이다.

4단계 선호. 고객이 상품 구매를 생각하지만 경쟁 상품도 좋아할 수 있는 단계이다. 마케터는 고객이 경쟁 상품보다 자신의 상품을 더 좋아할 수 있도록 상품 편익과 비교 우위를 강조한다.

5단계 확신. 소비자가 구매를 결정했으나 어떤 상품을 구매할 것인가 최종 판단을 못하다가 구매를 결정하는 단계이다. 마케터는 상품의 기능에 대한 의문을 해소하고, 신뢰를 제고하고자 노력한다. 고객들에게 한 달간 무료 시험적 사용, 무료 시승이나 시식, 샘플 이용의 기회 제공 등으로 최종적인 상품선택을 이끌어내는 단계이다.

6단계 구매. 구매행동의 최종 단계이다. 마케터는 고객이 상품을 쉽게 구매할 수 있도록 간단하고 다양한 구매 및 가격 지불 절차, 편리한 사용방법과 배달 서비스 등을 마련한다.

AKLPCP 모형도 AIDA 모형과 같이 광고효과 측정이나 광고가 초점을 어디에 두어야 할지에 대한 전략적 정보를 제공한다. 이 모형은 AIDA 모형의 Interest(관심), Desire(욕망)를 지식, 호감, 선호, 확신으로 확장하여 AIDA가 고객의 구매행동을 지나치게 단순화한다는 문제를 해소하였다. 실무자나 연구자들이 자주 AKLPCP 모형을 사용하지만 AIDA 모형과 마찬가지로 구매 후 행동을 설명하지 않는 한계가 있다.

3. 자극-반응 모형

자극-반응 모형(stimulus-response model)은 구매자가 어떻게 상품의 구매 결정에 이르게 되는가를 마케팅과 외부 환경의 자극, 구매자 의사결정의 과정, 구매자 반응으로 설명한다. 다음 <그림 3>은 자극-반응 모형의 요약이다.12)

▼ 그림 3 **상품 구매의 자극-반응 모형**

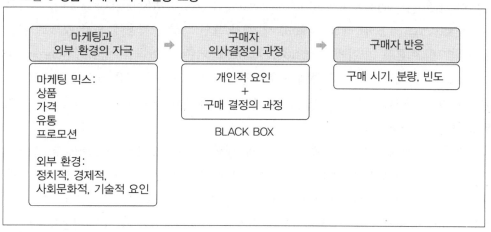

자극-반응 모형은 소비자의 구매행동을 '투입 → 블랙박스 → 산출'로 설명한다. 마케팅과 외부 환경이 소비자의 구매 의사결정 블랙박스13)에 대한 자극이자 투입이라면, 소비자의 구매행동은 반응이자 산출이다. 마케팅과 외부 환경은 소비자의 상품 구매를 자극하는 요소들로 마케팅 믹스(상품, 가격, 유통, 프로모션), 정치적, 경제적, 사회문화적, 기술적 요인들이다. 블랙박스는 소비자의 구매 의사결정 시스템으로 자극이라

---

12) Jisana(2014), pp. 41-42; Kanagal(2016), p. 87.

13) 블랙박스(black box)는 메타포로 '블랙(unknown) + 상자(device or system)'의 합성이다. 구매 결정이 일어나는 공간이지만 밖에서는 누구도 내부에서 어떤 일이 일어나는지 알지 못한다는 뜻이다.

는 투입을 구매자 반응이라는 산출로 전환하는 역할을 한다. 블랙박스는 소비자의 개인적 특성(욕구와 동기, 퍼스낼리티, 인구학적 요인 등)과 구매 의사결정의 과정으로 이루어진다. 자극에 따른 반응은 소비자의 상품 구매행동이다. 이 모델의 장점은 구매자 행동에 영향을 미치는 요인과 과정에 대한 명료한 이해 제공이다. 반면 한계는 구매행동이 일어나는 시스템을 블랙박스로 제시하여 소비자가 자극을 어떻게 구매행동으로 전환하는가, 마케터는 어떤 전략이 필요한가, 구매 동기를 어떻게 부여할 것인가 등에 대한 어떤 정보도 제공하지 못한다는 점이다.

4. 계획행동이론

계획행동이론(theory of planned behavior)은 소비자의 상품 구매행동을 특정 상품 구매에 대한 태도(attitude toward the behavior), 주관적 규범(subjective norms), 인지된 행동통제(perceived behavioral control), 세 가지 요인의 상호 작용에 의한 것으로 설명한다.[14] 이 이론은 아이섹 아젠(Icek Ajzen)이 기존의 합리적 행위이론(theory of reasoned action)에 인지된 행동통제를 추가하여 이론의 예측 능력을 개선한 것으로, 사회적 가치나 아이디어 상품 구매행동을 설명하는 데 유용하다. 다음 <그림 4>는 계획행동이론의 구조이다.

바람직한 행동(안전벨트 착용, 헌혈 등)에 대한 태도는 개인이 특정 행동을 얼마나 좋게 또는 나쁘게 생각하는가의 정도이다. 태도는 개인의 경험이나 지식, 기억이나 믿음, 가치 등에 의해서 만들어진다. 주관적 규범은 소속 조직이나 준거집단[15]이 특정 행동을 얼마나 지지하고 중요하게 생각하는가에 대한 인식이다. 인지된 행동통제는 개인이 방해나 장애 요소들(필요 자원과 기회의 부족 등)에 비추어 특정 행동을 한다는 것이 얼마나 어렵다고 생각하는가이다. 계획행동이론은 태도, 주관적 규범, 행동통제가 소비자의 의도를 결정하고, 의도는 바람직한 행동 선택의 결과를 낳지만, 인지된 행동통제는 특정 행동의 의도 및 행동에도 직접적인 영향을 미치는 것으로 설명한다. 이 이

---

14) Ajzen(1991), p. 188.

15) 준거집단(reference group)은 크게 두 가지 그룹으로, 하나는 개인이 자신의 태도나 행동이 옳은 것인가 그른 것인가를 판단, 결정하는 데 근거나 기준 역할을 하는 부모와 형제, 선생님, 동료나 친구 등의 규범적 준거집단이고, 또 다른 하나는 행동 선택의 기준 역할을 하는 본받을 만하거나 모범이 되는 대상, 부러워하거나 따라하고, 장차 그렇게 되고 싶은 존경하는 사람이나 배우 등의 행동적 준거집단이다.

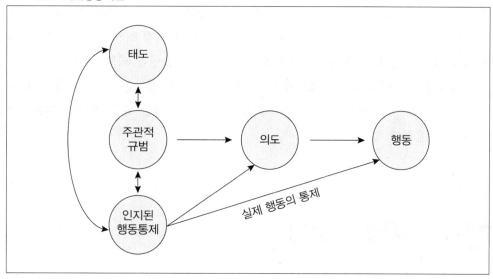

론은 사회마케팅에서 고객들이 기존의 부정적 행동(흡연이나 음주운전, 패스트푸드, 탄산음료, 초콜릿 등의 과도한 섭취 등)을 어떻게 자율적으로 중단하도록 만들 것인가에 대한 전략적 접근 방법을 제시한다. 금연 마케팅에서 첫째, 표적집단의 금연에 대한 긍정적 인식과 태도를 만들거나 강화하기 위하여 마케터는 흡연이 본인 및 가족의 건강에 미치는 피해와 심각성의 정도, 피해 사례, 연구 결과의 제공 및 교육을 실시하여야 한다. 둘째, 금연 마케팅 프로그램에 표적집단의 의식이나 행동에 중요한 영향을 미치는 준거조직이나 집단을 파트너로 참여시킨다. 셋째, 인지된 행동통제는 마케팅보다는 정책이 중요한 역할을 한다. 따라서 정책적으로 담배 값 인상, 금연구역의 설치, 위반 시 과태료 인상 등으로 흡연의 경제적 부담을 늘린다. 설득적 마케팅이 표적집단이나 사회, 준거집단의 금연의 중요성 인식 및 태도의 변화를 통해 흡연 중단의 실천을 이끌어내는 데 유용하다면 정책은 인지된 행동통제를 통한 흡연 행동의 강제적 중단에 효과적이다.

계획행동이론의 한계는 첫째, 소비자의 태도만 고려할 뿐 의도나 행동에 영향을 미치는 다른 많은 중요한 요인들(공포, 위협, 욕망, 감정, 도덕, 자아 정체성 등)을 고려하지 않아 의도나 행동을 충분히 설명하지 못한다. 둘째, 행동을 합리적인 것으로 가정하나 소비자들이 언제나 합리적, 계획적, 의도적, 자발적으로 행동하는 것은 아니다. 어떤 행동(전통, 관행이나 습관)은 비용 편익 분석이나 상식적, 이성적 판단 과정과 무관하게 루틴하게 일어난다. 셋째, 환경적, 경제적 요인도 의도나 행동에 직접적 영향을 미친다. 넷째, 과거의 행동도 미래 행동의 영향 요인이다. 다섯째, 바람직한 행동의 의사결정이 반드시 선형적으로 일어나는 것은 아니다. 여섯째, 인지된 행동의 통제요소가 언제나 실제 행동을 통제하는 것은 아니다. 일곱째, 의도가 어떻게 행동으로 전환되는가에 대한 설명이 없다는 등이다.[16] 하지만 계획행동이론은 인간 의도와 행동을 설명하는 여러 이론들 가운데서도 유효성을 높게 평가 받으면서 정부는 사회마케팅 상품(금연, 비만예방, 모유수유, 신체운동, 자원과 에너지 절약, 식습관 개선, 환경보호 등) 판매에 광범위하게 활용하고 있다.[17]

제4절 **분야별 구매행동**

1. 장소마케팅

필립 코틀러(Philip Kotler) 등은 장소상품 구매의 의사결정 과정을 지리적 차원과 관리적 차원으로 구분한다.[18] 지리적 차원에서 고객(투자자, 기업과 비즈니스, 방문객, 거주자)의 장소상품 선택은 대륙(continent) → 국가(nation) → 지역(region) → 커뮤니티(community) → 특정 구역이나 지점(point, area, or location)의 순으로 범위를 좁혀 가면서 이루어진다. 고객은 장소상품 구매 시 먼저 대륙(유럽이나 아시아 대륙 등)을 고르고, 특정 대륙의 많은 국가들 중 어느 한 나라를 선택한다. 다음 특정 국가의 한 지역을 뽑고, 마지막으로 최종 장소를 구매한다. 관리적 차원에서는 장소상품의 전체군(total set. 장소상품 전체) → 인지군(awareness set. 구매자가 알고 있는 모든 장소상품) → 고려군(consideration set. 정보수집과 선택 기준에 기초하여 대상을 좁힌 집중적 고려 상품) → 선택군(choice set. 구매 후보 주요 상품) → 결정(decision. 최종 선택)의 5단계로 설명한다. 전체 상품군(商品群)은 시장에 나와 있는 모든 장소상품들로, 구매자가 알고 있는 상품군보다 규모가 더 크다. 마케터의 역할은 잠재고객들을 대상으로 장소상품의 이름을 반복적으로 노출시켜 고객의 고려군 상품 리스트에 오르도록 하는 일이다. 고려군 리스

---

16) The Theory of Planned Behavior — SPH — Boston University. https://www.bu.edu/sph; https://psychology.iresearchnet.com. 검색일 2018.12.10.

17) Han & Stoel(2017), Chevance et al.(2017), Ismail et al.(2018), Tseng et al.(2018) 참조.

18) Kotler et al.(2002), pp. 112−119.

트는 고객이 일정한 기준을 적용하여 대상을 3~4곳으로 압축한 상품군이다. 고객들은 고려군 상품을 선택 후 인터넷, 잡지 등을 통해 상품의 내용, 구매자들의 이용 후기 등을 확인하고, 또 다른 추가적 상품은 없는가를 탐색하면서 상품의 범위를 더 좁혀 최종 구매 결정을 앞두고 2~3개의 상품군을 완성한다. 고객은 현지 투자자, 기업가, 방문 경험이 있는 사람들, 이주자들로부터 직접 정보를 수집하여 최종 결정을 한다.

투자, 기업과 비즈니스, 거주자 상품의 구매과정은 복잡성이 높다. 이들은 고(高)관여 상품으로, 구매에는 광범위한 대안 검토, 방대한 정보수집이 필요하고 상품 선택에 오랜 시간이 걸린다. 상품가격도 고가여서 정보수집만으로 부족하다. 그렇다고 구매 결정 이전에 시운전이나 시음을 해 볼 수도 없다.[19] 따라서 확인과 검증 절차를 수반한다. 구매 의사결정 과정은 고객 인지→ 정보수집 → 직접 접촉과 협상 → 결정 → 애프터서비스의 단계로, 직접 접촉과 확인, 검증(비록 구전에 의한 것이라도), 협상이 구매 의사결정의 핵심을 이루고, 소비자의 구매 후 행동에 대한 관리도 매우 중요하다. 또 장소상품 구매는 주로 광범위한 문제해결 상황에서의 구매로, 자동차나 컴퓨터, 초콜릿, 칫솔 등의 구매에서와 같은 일상적 문제해결 상황에서의 구매행동 모델로는 설명에 한계가 있다.

2. 공공서비스 마케팅

공공서비스 상품(국립극장의 공연이나 국립병원의 의료서비스)의 구매 과정은 제한적 문제해결 상황에서의 행동으로 민간부문에서의 공장제품의 구매(단순, 일상적인 문제해결 상황에서의 행동)와는 다르고 서비스 상품과는 유사하다. 구매행동 설명에 AIDA, 또는 자극－반응 모형이 유용하다.

3. 사회마케팅

사회마케팅 상품의 구매는 소비자가 이전의 습관이나 즐거움을 포기해야만 하는 것이어서 해결이 어려운 문제이다. 표적집단의 부정적 행동이 오랜 시간에 걸쳐 형성된 관행이나 고질적 행동인 경우 포기가 쉽지 않기 때문에 설득적 커뮤니케이션만으로 효과를 거두기 어렵다. 구매행동은 상품의 1회 구매로 끝나지 않고 고객은 구매 후에

---

19) Cai(2002), p. 721.

도 바람직한 행동의 포기와 도전을 반복하는 경우가 많다. 따라서 소비자들의 구매 후 행동에 대한 관리가 중요하다.

4. 지역상품 마케팅

지역상품 마케팅에서 소비자 구매행동과 의사결정 과정은 기업의 제품이나 서비스에 대한 것과 유사하다.

제5절 영향 요인

1. 서론

구매행동의 영향 요인은 크게 내적 요인과 외적 요인으로 나뉜다. 이들에 대한 조사는 마케팅 전략에서 왜 구매자가 똑같은 상품을 선택하지 않는가, 왜 어떤 상품을 더 선호하는가에 관한 정보를 제공한다.

2. 내적 요인

내적 요인은 개인 특성 요인으로, 인구학적 요인, 퍼스낼리티, 심리적 요인, 크게 세 가지이다. 이러한 요소들은 서로 상호작용하여 소비자의 선호나 태도를 결정하고, 구매나 지출 패턴에 영향을 미친다.

1) 인구학적 요인

인구학적 요인은 소비자의 성별, 연령, 학력, 소득 수준, 직업 등이다.

2) 퍼스낼리티(personality)

퍼스낼리티[20]는 개인 특유의 인지, 감정, 행동의 패턴이다.

3) 심리적 요인

심리적 요인은 욕구와 동기, 가치, 믿음, 성향 등이다.

3. 외적 요인

1) 정치, 경제적 및 기술적 요인

소비자의 구매행동에는 소비자 자신 이외에 정치적 환경, 경제적, 기술적 변화 등도 중요한 요인으로 자주 소비자의 구매욕구 생성에 직접적으로 영향을 미친다. 정치적 안정, 경제발전, 인터넷, 교통, 통신 기술의 발달 등은 구매행동에 영향을 주는 거시적 요인들이다. 정치적 불안, 인플레이션, 이자율 상승, 교통이나 통신의 불편은 투자, 기업과 비즈니스, 방문자, 거주자들의 장소상품 구매에 부정적 영향을 미친다. 2017년 한국의 사드(THAAD. 戰域 고고도 미사일 방어 체계) 배치에 대한 반대 표시로 중국 정부가 여행 상품판매를 금지하여 중국 관광객이 전년 대비 400만 명이나 감소하였던 바 있다.[21]

2) 사회문화적 요인

사회문화적 요인은 가치, 관습, 교육과 소득 수준, 라이프 스타일, 사회적 관심, 여가 생활, 종교, 연령 구조의 변화 등으로, 정부의 공공서비스, 사회적 가치나 아이디어 상품 마케팅에서 소비자들의 구매행동에 영향을 미치는 중요한 요인들이다. 특징은 지속적으로 변화하고, 세대나 계층 간에 유의한 차이가 있다는 점이다.

---

20) 퍼스낼리티(personality)는 심리적 특성들의 집합으로 개인으로 하여금 차별적인 그러나 일정한 방향으로 지속적으로 느끼고 생각하고 행동하게 하는 체제로 기능한다. 개별 심리적 요소들에 비해 안정적이다. 또 상황이나 시점에 따라 잘 변하지 않는다.

21) [사드보복 1년] 작년 방한 중국인 반토막 … "GDP 5조원 감소시켜." 연합뉴스 2018.3.4.

PART 5

전망과 과제

제15장 전망과 과제

제15장 전망과 과제

제1절 환경 변화와 전망

1. 메가트렌드

정부부문이 직면하는 메가트렌드의 키워드는 글로벌 경제, 경쟁, 분권화, 거버넌스(협력적 네트워크), 시장적 기법의 사용, 이슈 복잡성, 시민사회 성장과 영향력의 증가, ICT 발전 등이다. 경제는 고도로 글로벌 시장 의존적이고, 각국 정부의 최대 과제는 일자리 창출, 주민소득 증대, 지역경제의 발전이다. 국가나 도시 간 경쟁이 치열하고, 경쟁환경은 행정구조와 서비스 제공방식에 새로운 질서를 만들고 있다.[1] 분권화의 빠른 진전도 분명한 하나의 트렌드이다. 경쟁 주체는 국가보다는 지역이나 지방이고 정부보다는 조직이나 개인이다. 정부가 협력적 네트워크에 의한 공공서비스 전달을 늘리는 동안 독점적 공급자로서의 역할은 감소하고 있다. 공공기관에 의한 사회서비스 생산이 증가하고, 민간사업자들이 서비스 전달에 대거 참여하면서 준시장(quasi-markets)의 비중과 역할 범위가 확장되고, 협력적 네트워크, 시장적 기법의 수요는 더욱 증가할 전망이다.[2] 핵심 업무인 군사 분야조차도 모병제 도입, 지원병이나 외주가 기존의 의무적 서비스를 빠르게 대체할 전망이다.[3] 또 다른 한편에서는 주권자들의 소득 증가가 기존의 의식주를 넘어 새로운 욕구를 발전시키면서, 이슈의 복잡성 증가, 관광이나 여행 등 특별한 체험 수요 확대, 비만 줄이기, 금연, 출산율 증가와 같은 새로운 이슈들의 등장을 촉진하고 있다. 이전과는 질적으로 다른 행정의 수요들로

---

1) Rondinelli & Burpitt(2004), p. 181.
2) Ferlie et al.(1996); Butler, Collins, & Fellenz(2007), p. 98에서 재인용하였다.
3) [논쟁] 모병제 도입해야 하나? 중앙일보, 2014.8.15.; 육군 군단 2개 없애고 특수병과 모병제 검토. 경향신문, 2005.7.21.

전통적 행정의 명령과 강제로는 효과적 대처가 힘들다. 시민사회의 지속적 성장과 영향력 증대도 정부가 이전과는 다른 철학과 방법의 적용을 요구하는 변수이다. ICT 발전이 정보공유의 비용을 줄이고 SNS 사용은 행정기관이 세분시장의 욕구에 대응하는 길을 열고 있다. 모두 정부부문에서 자유교환에 기초한 마케팅적 사고와 전략, 기법에 대한 수요 확대 증거이자 도전들이다.[4]

2. 행정 패러다임의 변화와 발전 방향

환경 변화와 더불어 행정이 지향하는 가치, 역할, 대상, 서비스 제공 방법 등도 크게 바뀌고 있다. 다음 <표 1>은 행정 패러다임의 발전단계이다.[5]

▌표 1 행정 패러다임의 발전

구분	전통적 행정 시대 1980년 이전	신공공관리 시대 1980~1990년대	21세기 2000년 이후
가치	공급자 가치	고객가치	공공가치
행정의 역할	정치적 결정의 집행	관리적 접근, 기업가적 정부, 고객만족, 공공서비스의 품질 혁신	협력적 거버넌스, 주민들에 의한 지역사회 문제해결의 지원
	법률과 절차에 의한 서비스 제공	경쟁과 성과관리, 책임운영기관, 민간위탁	네트워크 관리와 협의에 의한 문제해결
대상	국민	고객	고객, 이해관계자
서비스 제공 방법	독점적, 가부장적 공급	공공서비스 설계와 전달의 분리, 시장적 경쟁	네트워크, 다원적 협력
	명령과 지시	자유교환	대화와 숙의

---

4) Kavaratzis(2004), pp. 58－59.

5) Nicholson & Kitchen(2007), p. 119의 그림 1을 수정하였다. 영국 에딘버러 대학(University of Edinburgh)의 비즈니스 스쿨 교수 스테펀 오스본(Stephen P. Osborne)은 행정 발달의 패러다임을 행정(public administration), 신공공관리(new public management), 신공공거버넌스(new public governance)의 3단계로 제시한다. Osborne(2006), pp. 383.

현재의 행정 패러다임을 2기(신공공관리 시대)의 수정으로 볼 것인지, 3기(또 하나의 새로운 패러다임으로)로 정의할 수 있는 것인지는 아직 불분명하다.[6] 하지만 확실한 것은 오늘날의 행정이 초점을 정부 관료제의 내부 관리가 아닌 공공서비스의 전달에 두고, 고품질 서비스, 고객만족, 공공가치의 생산과 실현을 지향한다는 점이다. 전통적 행정에서의 공급자 중심의 가치와는 다른 반면 정부마케팅과는 고객 중심적 사고, 필요와 욕구충족, 품질의 지속적 혁신, 고객가치의 생산 철학을 공유한다.[7] 이러한 관점에서 보면 행정은 2기의 고객 필요와 욕구충족, 품질 혁신, 경쟁과 공공관리, 자유교환에 네트워크 관리를 중심으로 하고 다원적 협력, 대화와 숙의 민주주의 등의 가치를 추가하면서 발전의 길을 모색 중이다.

전통적 행정이 정치적 관점에서 시민참여를 중시하였다면 21세기 행정은 공공서비스 소비자 중심의 행정으로 납세자들은 시책 결정이나 예산 배분에 공동 생산자로 참여하고, 행정은 공공가치의 효과적 생산을 추구하며 고객과 이해관계자의 만족, 필요와 욕구에 대한 조사(citizen surveys)를 강조한다.[8] 실무자들의 역할은 고객과 이해관계자 분석을 통해 누가 정책에 영향을 미치는 주요 행위자들인가, 이들 간의 이해관계, 전략, 연합(coalitions), 자원 통제력 등에 대한 분석으로 지지와 협력, 수용을 이끌어내는 일이다.[9] 마케팅은 고객만족, 이해관계자 분석, 고객가치 개념과 측정 방법을 발전시켜 온 분야로[10] 21세기 행정이 글로벌 경쟁시장에서 일자리 창출, 주민소득 증대, 지역경제의 발전을 위한 상품판매 과제를 수행하고, 공공서비스와 사회적 가치 상품의 판매를 통해 고객만족과 공공가치의 생산을 지향한다면 정부마케팅 지식은 필수적이고 수요 또한 그만큼 커질 전망이다.

---

6) 제3장 제1절 참조.

7) 김성준·이준수(2004), pp. 80−81. 이 연구는 환경 규제에서 사회마케팅의 실효성을 다루면서 고객가치를 시민가치로 치환하여 사용하고, 특정 행동으로 획득한 가치나 편익에서 소요 비용을 뺀 것으로 설명한다.

8) Ebdon & Franklin(2006), p. 440.

9) Weible(2006), p. 96; Moise et al.(2011). 정책학에서 옹호연합모형(advocacy coalition framework)은 정책 변동이나 그 과정을 설명하기 위한 것으로 옹호연합에서 이해관계자 분석은 고객들이 어떤 집단과 지지, 동맹 관계에 있는가의 조사와 파악이다.

10) Kumar & Reinartz(2016), pp. 37−46.

3. 관점과 인식의 전환

21세기는 행정의 관점과 인식 전환을 요구한다. 첫째, 납세자들을 공공서비스의 공동 생산자로 보는 시각의 필요이다. 공공가치 생산을 위한 사업 기획이나 서비스의 효과적 전달은 소비자들의 직접적 의사 표출 기회의 확대, 필요와 욕구의 확인, 공동 또는 협력적 추진으로 가능하다. 둘째, 소비자 중심의 관점이다. 국민은 공공서비스를 단순히 소비만하는 것이 아니다. 품질을 유사 분야 현재 및 잠재적 공급자들의 것과 끊임없이 비교하고 평가하여 자기중심적 이익과 기회, 선택의 권리를 최대로 행사하고자 하는 사람들이다. 정부의 공공서비스 제공은 독점보다는 이와 같은 경쟁과 비교, 평가 환경에서의 전달로, 소비자 욕구조사, 품질의 지속적 혁신, 비용절감을 통한 만족도 개선, 가치 생산 노력이 중요하다. 셋째, 정치적, 집합적, 규범적 강제의 관점을 넘어 국민을 자유교환적 및 개인의 필요와 욕구 차원에서 인식하고 삶의 가치실현 주체로 보는 시각의 필요이다.

제2절 정부부문 마케팅의 미래 수요

1. 장소, 사회적 가치, 지역상품의 마케팅

21세기 정부 환경에서 가장 주목할 만한 변화의 하나는 글로벌 사회의 등장과 하나의 거대한 시장으로서의 성장이다. 이러한 변화는 국가와 지역 간 고도의 상호의존성을 넘어 시장적 경쟁의 증가로 나타나고 있다. 경쟁은 더욱 치열해질 전망이다. 국가 또는 지역발전 전략의 수립은 이제 글로벌 시장을 떠나서 말하기 어렵다. 이것은 장소나 지역상품 마케팅에 대한 수요 증가를 의미한다. 또 다른 변화는 물질적 풍요와 시민사회의 성장이다. 국민소득의 증가가 사람들의 식생활, 생활 습관을 빠르게 바꾸는 가운데, 정부는 이제 비만, 저출산 등 과거에 알지 못했던 새로운 사회적 문제의 해결을 요구받고 있다. 이러한 이슈들은 문제해결의 알고리즘이 존재하지 않는, 이전의 행정이 몰랐던 것들로 전통적 행정의 권력적 강제로 해결하기 힘들다. 시민들과의 공동 생산, 적극적 참여가 중요한 것들이다. 이들은 사회마케팅에 대한 수요의 증가를 보여 주는 증거들이다.

2. 공공서비스 마케팅

1) 마케팅 수요

공공서비스는 업무 환경과 성격 상 마케팅 지식의 적용이 가장 제한되는 분야이다. 마케팅을 마케팅 철학(고객 중심적 사고, 필요와 욕구충족, 시장지향성 등), 전략 및 수단(4Ps)으로 구분한다면 마케팅 철학은 정부부문의 공공서비스 모든 업무에 적용이 필요하다. 「행정서비스헌장 제정 지침」(대통령훈령, 1998) 제1조는 국민을 '행정의 고객'으로 규정한다. 또 목적을 "국민에게 보다 높은 수준의 행정서비스" 제공, "국민을 최우선으로 하는 행정"의 실현으로 명시한다. 정부의 '국민 = 고객'이라는 인식은 정부부문이 제공하는 모든 행정서비스에 마케팅 철학의 적용을 의미한다. 공공서비스가 정부의 순수 독점적 서비스라고 할지라도 국민, 즉 고객을 위한 것으로, 지침은 관리자, 직원들에게 자신의 고객이 누구인가, 이들의 필요와 욕구가 무엇인가로부터 시작하여, 고객만족을 위한 서비스 품질의 지속적 개선 노력, 과거보다 나은, 그리고 다른 어떤 서비스 제공자보다 우수한 품질의 서비스 제공의 책임, 나아가 고객의 선택이나 지지, 긍정적 평가가 얼마나 중요한가에 대한 분명한 인식을 요구한다. 신공공관리의 패러다임에서 마케팅은 전통적 행정과는 다른 공공서비스 제공에 관한 새로운 방법과 지식을 제시한다.

2) 활용 분야: 적용 범위와 수준

하지만 마케팅 전략과 수단은 업무 환경과 서비스의 성격 상 공공서비스의 경우, 전체에 똑같은 수준의 적용은 어렵다. 업무 환경은 크게 ① 경쟁적(공급자 간의 경쟁이 있는 경우) 환경, ② 준(準)경쟁적(잠재적 공급자가 존재하는 경우) 환경, 두 가지이다. 일부 정부조직(예 우정사업본부)이나 시장적 공기업은 경쟁적 환경에서 서비스를 제공한다. 민간위탁에서도 공급자 간의 경쟁이 있다. 반면 준경쟁적 환경은 정부가 서비스 제공을 독점하지만 민간부문에 유사한 서비스 공급자가 존재하여 소비자들이 둘 간의 서비스 품질을 비교하고 등급이나 평판 정보를 생성할 때 생겨나는 간접적 경쟁의 환경이다. 비록 간접적이지만 시장경쟁에서처럼 정부부문은 소비자들의 보다 많은 선택과 참여, 지지, 호의적 평판을 얻기 위해 노력한다. 이러한 경쟁은 공공서비스 가운데 주로 사회서비스(교육, 의료, 복지, 문화, 주거, 고용, 환경 등) 분야에서 두드러지게 나타난다.

공공서비스 성격도 ① 준(準)배제적 또는 사적 서비스, ② 비(非)배제적, 비(非)경합적 서비스, 두 가지 유형으로 나뉘고 서로 다르다. 준(準)배제적 서비스는 비록 경쟁시장 상품 정도의 수준은 아니지만 상업적 가격지불이나 보상 등 시장적 교환행동을 수반하는 준공공서비스(국방, 치안, 소방서비스 등과는 다른)이다. 전기, 가스, 수도, 교통 서비스 등이 그 예이다. 사적 서비스는 정부조직도 비록 부분적이지만 기업처럼 이러한 서비스(예 우체국의 금융, 카드나 보험, 쇼핑, 택배서비스 등)를 제공한다. 특히 시장형 공기업들은 자체 수입사업에서 사적 서비스를 제공한다. 다음 <그림 1>은 이러한 구분에 따른 마케팅 적용 범위와 수준의 도시(圖示)이다.[11]

▼ 그림 1 **공공서비스 마케팅 전략 및 수단의 적용 범위와 수준**

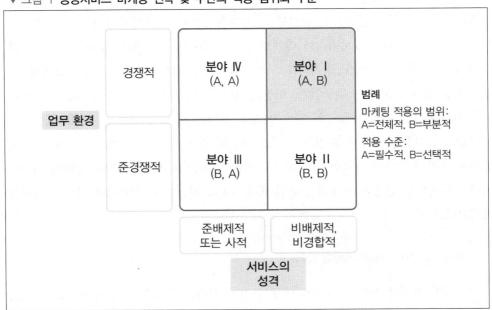

공공서비스 분야에서 마케팅 전략 및 수단의 적용 범위와 수준을 분야별로 나누어 설명하면 다음과 같다.

---

11) 요한 그로마크와 프란스 멜린(Johan Gromark and Frans Melin)은 2013년 '공공부문에 있어서 시장 지향에서 브랜드 지향으로(From Market Orientation to Brand Orientation in the Public Sector)'라는 연구에서 공공서비스를 편익과 경쟁을 기준으로 유형화한다. Gromark & Melin(2013), pp. 1109−1110 참조.

3) 분야 I

경쟁적 환경 + 비배제적, 비경합적 서비스 분야이다. 사회서비스, 민간위탁이나 책임운영기관 서비스 분야를 제외하면 정부부문에서 공급자 간 경쟁 환경은 드물다. 하지만 지자체들의 적지 않은 사회서비스는 시장에 대체 서비스가 있는 상황에서의 서비스 제공이다. 거주자 건강, 생활편리 욕구의 충족을 위한 무인 자전거대여 시스템 서비스 등이 그 하나이다.[12] 지자체들은 이러한 서비스 개발과 운영에 시장수요와 욕구 조사, 고객 세분화, 표적집단 선정, 포지셔닝, 4Ps(상품, 가격, 유통, 프로모션), 실행, 만족도 평가와 문제점 시정 조치 등 마케팅 전략과 수단을 활용한다. 재생에너지 박람회, 전시회, 엑스포, 자연체험 공원 등도 주민의식 개선, 문화욕구의 충족, 일자리 창출을 목적으로 지자체들이 제공하는 서비스들로 공급자 간 경쟁을 통하여 소비자들의 보다 많은 참여나 선택을 얻어야 하는 분야이다. 경쟁환경인 만큼 마케팅 전략과 수단은 업무 전체에 걸친 활용이 요구되지만 적용 수준은 서비스 특성상 선택적(A, B)이다.

4) 분야 II

준경쟁적 환경 + 비배제적, 비경합적 서비스 분야이다. 정부조직이 제공하는 주요 서비스들이 여기에 속한다. 국방, 외교, 법원, 치안, 경찰, 소방 서비스, 한국은행의 통화 신용서비스 등이 그 예이다. 정부가 공공서비스의 독점적 공급자로 대체 상품이 없는 분야이다. 순수 공공서비스는 행정기관의 독자적인 상품 구성의 자유가 없거나 매우 제한적이다. 소비자들도 거의 선택 기회가 없다. 하지만 그렇다고 경쟁이 전혀 없는 것은 아니다. 소비자들은 공공서비스를 민간부문의 유사 서비스와 비교하면서, 신뢰나 지지를 발전시키고, 정부조직은 자신의 의도와 무관하게 정치적 경쟁 또는 간접적 경쟁 압력 하에서 일한다. 비록 시장에서의 공급자 간 경쟁과는 다른 것으로, 소비자들의 인식을 통한 것이지만 정부조직은 경쟁을 의식한다. 마케팅 전략과 도구의 적용이 가장 제한되는 분야로, 공공서비스 업무에 부분적으로 나타나고 적용 수준도 선택적(B, B)이다.

---

12) 무인 자전거대여 시스템은 프랑스 파리시가 2007년 개발한 벨리브(Velib)라는 공공 자전거 (public bicycle) 공유사업이 처음이다. 한국에서는 경남 창원시가 2008년 누비자를 도입한 이래 세종특별자치시의 어울링, 서울시 따릉이, 고양시 피프틴(FIFTEEN), 대전시 타슈, 안산시 페달로 등이 있고, 시흥, 군산, 제주시 등도 서비스를 제공한다.

5) 분야 III

준경쟁적 환경 + 준배제적 또는 사적 서비스 분야이다. 정부부문이 서비스를 상업적 자유교환 형태로 제공하는 분야가 여기에 해당된다. 책임운영기관(예 국립중앙극장)이 더러 이러한 서비스를 제공한다. 책임운영기관은 정부조직이지만 「책임운영기관의 설치·운영에 관한 법률」 제2조, 제4조가 규정하는 조사 연구, 교육 훈련, 문화, 의료, 시설 관리 등의 분야 가운데 '사업적, 집행적 성질의 행정서비스'나 '기관 운영에 필요한 재정수입의 전부 또는 일부를 자체적으로 확보'할 수 있는 사업 중에서 행정안전부 장관이 지정한 곳으로 준경쟁적 환경(조직 간에 또는 민간부문에 유사 서비스 공급자가 존재하는 분야)에서 배제적 또는 사적 서비스를 제공한다. 시장형 또는 준시장형 공기업(예 한국가스공사, 한국철도공사 등)이 제공하는 전기나 가스, 철도 등의 서비스, 중앙정부나 지자체가 운영하는 사회서비스, 특히 레저, 스포츠 등의 분야 준공공서비스(클럽재. 예 국립공원, 캠핑장, 공연시설 등)가 여기에 속한다. 마케팅 전략과 수단의 적용은 특정 업무에 대한 것일 수 있으나 활용은 필수적(B, A)이다.

6) 분야 IV

경쟁적 환경 + 준배제적 또는 사적 서비스 분야이다. 정부조직 가운데 과학기술정보통신부 소속 우정사업본부의 택배, 예금, 보험서비스, 시장형 공기업(예 주식회사 강원랜드, 그랜드코리아레저, 한국마사회 등)[13]의 자체 수익사업 분야 서비스 등이 여기에 속한다. 마케팅 전략과 기법은 상품생산과 전달 업무의 전반에 걸친 적용이 요구되고 또 수준도 필수적이다(A, A). 마케팅 전략과 수단은 시장 세분화, 표적시장의 선정, 시장조사, 포지셔닝, 경쟁 분석(경쟁상품의 품질이나 가격의 모니터링), 상품생산과 지속적 혁신, 새로운 프로그램의 개발, 가격(맴버십 카드 발행 등 다양한 가격 지불 방법의 도입), 유통(접근기회와 편리성, 이용 절차 및 방법의 개선, 예약서비스 도입), 프로모션 등이다.[14]

---

13) 주식회사 강원랜드는 산업통상자원부 산하 시장형 공기업이고, 그랜드코리아레저(Grand Korea Leisure)는 문화체육관광부 산하, 한국마사회는 농림축산식품부 산하 준시장형 공기업이다. 공기업은 정원이 50인 이상이고, 자체 수입액이 총수입액의 2분의 1 이상으로 기획재정부 장관이 지정한 기관이다. 시장형 공기업은 자산 규모가 2조원 이상이고, 총수입액 중 자체 수입액이 100분의 85 이상인 공기업이다. 「공공기관의 운영에 관한 법률」 제5조, 시행령 제7조 참조.

14) Chew & Vinestock(2012), pp. 485-487.

1. 적용의 한계

정부부문에는 마케팅 도입을 제약하는 몇 가지 체제적 요인들이 있다. 정부의 이념과 가치, 정치체제, 환경 등이다.

첫째, 정부가 진보를 이념적 가치로 할 때, 환언하면 진보적 정치체제는 마케팅의 도입에 소극적이다. 마케팅은 시장과 경쟁에 기초한 친보수적 성장 수단이다. 진보적 정치적 리더들은 개발이나 성장보다는 분배, 경제적, 사회적 정의(빈부격차 해소, 소수자, 약자, 노동자의 권리 보호) 등에 집중한다. 뉴욕시는 아마존사가 제2본사 건립을 결정했으나 시의회 의원, 진보주의 운동가들이 빈부격차, 임대료 급등, 젠트리피케이션(gentrification 기업, 비즈니스, 부유층의 도심 유입으로 부동산 가격, 렌트비 등이 증가하면서 기존의 주민들이 밀려나는 현상), 교통 혼잡 등을 이유로 반대하고, 노동조합 리더들도 본사 건립 시 노조 설치 보장을 요구하여 결국 아마존사가 계획을 취소한 바 있다. 국가나 지역사회가 성장보다 평등, 소득의 재분배, 인권을 우선시하는 경우, 마케팅 전략이나 수단의 적용이 어떻게 제한될 수 있는가를 보여 주는 사례이다.

둘째, 독재는 모든 권력이 단 한 사람 또는 특정 권력 집단에 집중된 체제로 행정기관의 자율적인 판단에 따른 마케팅 상품의 구성, 시민들의 필요와 욕구충족을 위한 경쟁적 노력 등을 억제한다. 공직자들 간의 서비스 품질개선을 위한 경쟁, 소비자 개인의 서비스 선택뿐만 아니라 평가(지지나 선택, 선호의 표출)의 기회 모두를 제한한다. 조직이 중앙집중적이고, 수직적일 때도 마찬가지 이유로 마케팅이 필요로 하는 독립·자율적 환경, 경쟁과 책임을 위축시킨다. 영국 정부가 신공공관리 개혁에서 분권화를 추진하고, 넥스트 스텝(Next Steps) 프로그램에서 책임집행기관(executive agency)을 지정하여 독립, 자율성을 부여한 것도 마케팅의 조건 충족을 위한 것이다.

셋째, 환경. 조직은 경쟁이 없을 때 마케팅 활동을 최소화한다. 순수 공공서비스 분야에서 마케팅 적용이 어려운 것은 서비스의 비배제적, 비경합적 특성 때문에 공급자가 나타나지 않으면서 시장과 경쟁환경 조성에 실패하기 때문이다.[15] 시민들의 서비스 품질 비교와 평가를 통한 정치적 압력(간접적 경쟁환경)만으로는 부족하다. 신공공관리 개혁은 서비스 전달에 민간사업자들의 광범위한 참여를 허용하여 인위적으로 준시

---

15) Heeley(2016) 참조.

장과 경쟁의 힘을 도입한다. 하지만 실질적 경쟁이 부재할 경우 서비스 품질은 오히려 저하되고 비용만 늘어날 위험이 있다.[16]

2. 리스크

마케팅에서 상품개발은 위험을 수반한다.[17] 정부마케팅 분야 중에서도 장소상품은 일자리 창출과 소득증대, 지역경제 활성화의 효과가 큰 반면 막대한 투자가 요구되고 장시간이 소요되어 불확실성이 높은 만큼 상당한 실패 위험을 수반한다. 국가나 지자체의 장소상품(산업단지, 방문객 유치 목적의 대규모 축제나 공연) 개발에서 많은 실패 사례가 나타나는 것도 이 때문이다.[18]

유바리시(夕張市)

일본 홋카이도(北海道) 유바리시는 대표적 탄광 도시로 1960년대에는 인구가 10만 명을 넘었으나 석탄산업 쇠퇴와 이에 따른 심각한 인구 유출로 지역경제가 위기에 처한다. 유바리시는 탄광도시를 관광도시로 바꾸어 지역 중심 산업의 쇠퇴에 따른 인구와 일자리 감소 위기를 극복한다는 전략을 수립하고 대규모 투자를 추진한다. 박물관, 놀이공원, 스키장을 건설하고 국제판타스틱영화제를 개최하면서 1990년에는 연간 10억 엔 이상의 수익을 내지만[19] 막대한 투자에 따른 재정 악화를 견디지 못하고 2007년에는 결국 파산을 선언한 사례이다.

경기도

경기도는 21세기 초 해외 투자유치를 통한 일자리 창출, 지역경제 발전을 목표로 기존 조직을 개편하여 투자유치 업무에 집중한다.[20] 행정 1부지사 경제투자관리실에

---

16) Prager(1994), p. 176. Hirsh(1995) 참조.
17) **예** 공업단지를 개발했으나 입주기업을 찾지 못하는 경우. 미 연방정부의 1979년 1달러짜리 동전 발행과 유통의 실패도 여기에 속한다. Martin(1981b) 참조.
18) 정주영·김용범(2010), pp. 8, 32－35. 이 연구는 지자체가 대규모 문화공연 상품개발에서 많은 예산을 지출하고도 성공하지 못하고 중도에서 중단하는 이유를 상품성과 경쟁력에 대한 체계적 분석 미흡, 정치적 리더의 교체 등으로 지적한다.
19) [문화칼럼] 색깔있는 영화제만 빛 본다. 동아일보, 2001.6.7, A7면.
20) 경기개발연구원(1998, 1999) 참조.

투자진흥관을 두고, 업무를 투자 정책, 아주 유치, 미주 유치, 구주 유치, 투자 입지로 세분하여 책임자를 지정하고 서울외국인투자유치센터 뉴욕사무소를 운영하는 등 공격적으로 해외 투자유치 활동을 전개한다.[21] 투자에 유리한 환경 조성, 투자유치 투어 (investment tour) 프로그램의 운영, 외국 투자기업에 대한 고용 및 교육 훈련 보조금, 고도기술 수반 사업 및 산업, 서비스업 투자에 대한 지원, 현금 인센티브 등을 도입하지만 뚜렷한 성과를 내지 못하면서 사업을 축소한다.

텐진시(天津市)

중국 텐진시는 빈하이신구(濱海新区)를 국제적인 금융 허브로 발전시킨다는 목표 하에 경제특구로 지정, 대규모 예산을 투입한다. 또 투자유치를 목적으로 감세와 보조금 지원을 계획하였지만 기업들이 보조금만 받고 정작 기대했던 경제활동은 하지 않으면서 엄청난 부채를 야기한 경우이다.[22]

제4절 과제

국가나 도시 간 경쟁이 증가하면서 행정기관들은 고객 개념을 도입하고 마케팅을 확대하고 있다. 공공서비스 분야도 비용 절감, 품질개선을 위하여 마케팅 전략과 지식을 사용한다. 하지만 마케팅은 정부 관료제가 경험해보지 못했거나 여러 제약이 있고 잘 알지 못하는 방법이라는 점에서 도전이다.

1. 사업과 실무 분야의 과제

정부부문에 마케팅 도입을 위한 과제는 여러 가지이다.

첫째, 마케팅 철학, 전략과 기법의 학습이다. 마케팅 마인드, 이론과 기법에 대한 체계적 교육과 훈련은 국가나 지자체가 글로벌 경쟁환경에서 일자리를 만들고 주민소

---

21) 경기도청의 투자유치 조직. 2005.3.18.일자 기준이다.
22) '중국의 맨해튼' 꿈꾸던 텐진 빈하이신구는 왜 유령도시가 됐나. 중앙일보, 2018.2.24.

득 증가와 더불어 지역경제를 활성화하는 데 필요하다. 또 고품질 서비스의 제공, 새로운 사회적 문제의 해결에서는 전통적 행정의 보완을 통해 업무성과, 국민 개인 삶의 질을 개선하는 데 중요하다. 지자체들은 새로운 기업유치나 기존 기업이 떠나지 않도록 다양한 장기적 인센티브(조세 감면, 금융 지원 등)를 제공하지만 연구자들은 정부 지원과 기업 수요 간의 불일치 문제가 심각하다고 지적한다.[23] 마케팅은 고객의 욕구와 수요에 대한 정보수집, 욕구충족을 위한 상품개발, 고객에게 맞춤형 서비스 제공 등에 관한 이론과 기법을 제시한다. 실무자들의 과제는 마케팅 전략 수립과 기법의 학습을 통한 경쟁력과 서비스 역량의 개선이다.[24] 고객과 이해관계자의 필요와 욕구의 파악, 어떻게 이들이 원하는 가치를 만들어낼 것인가에 대한 훈련이 필요하다. 데일 윌리엄스(Dale Williams)도 이러한 관점에서 정부마케팅 분야를 '방치된 기회(neglected opportunity)'라고 말한다.

둘째, 경쟁 인식과 중심의 서비스 제공이다. 21세기는 공공서비스 제공에서 공급자가 아닌 소비자 중심의 시대이고, 정부 관리자의 조건은 소비자 가치 생산의 역량이다. 전통적 행정은 공급자 관점에서 조직의 경제성, 능률성과 효과성을 강조했으나 21세기 각국 정부들은 고객 관점에서 서비스 설계와 전달을 추구한다. 마케팅은 "어떤 비즈니스도 고객 없이 생존할 수 없다(No business can survive without customers)"고 말하고, 소비자 중심의 서비스 방법을 제시한다.

셋째, 전략적 마케팅 기획을 통한 발전의 모색이다. 지역발전에는 외부의 경쟁환경과 조직 내부의 자원 및 역량에 대한 체계적인 검토, 이를 바탕으로 한 전략적 마케팅 목적의 설정, 실행계획(단기적 목표 수립, 구체적 사업계획의 개발과 집행, 평가로 이루어진)이 필요하다.[25]

넷째, e-정부, 소셜 미디어 활용 역량의 개선이다.[26] e-정부와 SNS는 정부마케팅에서 고객 가치를 만들어내는 주요 수단으로,[27] 브랜드 노출, 고객에 대한 접근 기회 확대, 개별 이슈에 대한 시장 세분화, 고객의 다양한 관심에 대한 효과적 대응, 잠재고객의 생성, 빠른 피드백 등에 기여한다.[28] 고객가치의 생산과 전달은 온라인 업무 범위를

---

23) Rondinelli & Burpitt(2004), pp. 195, 200.

24) Proctor(2007), p. 11.

25) McDonald(1996), pp. 8−9.

26) Serrat(2010b), pp. 6−7.

27) Cleave et al.(2017), pp. 1018, 1030−1031.

28) Serrat(2010b), p. 6. 이경렬·목양숙(2011) 참조.

넓게 정의하고 소셜 미디어 편익 활용 전략을 통한 고객의 니즈 파악, 긴밀한 상호작용에 의한 업무수행을 요구한다.

2. 연구와 교육

　연구 과제는 다양한 학문 분야들이 발전시켜 온 정부부문 마케팅 연구의 통합과 정부업무의 특성에 기초한 이론 개발, 이를 통한 독자적 학문 분야로의 발전이다. 정부 마케팅은 정부가 주도하는 분야이나 연구는 막상 비즈니스 마케팅, 관광, 지역개발, 지리, 행정, 문화 등 다양한 학문분야가 각자 자신의 관심과 시각에서 발전시켜오면서, 연구 성과들은 분산되고 통합을 이루지 못했다. 「행정서비스헌장 제정 지침」(대통령훈령 제70호, 1998. 6. 30.)이 '국민 = 고객'을 공표한 후 20년이 더 지났지만 행정학 분야는 고객 중심적 서비스 공급에 관한 체계적 논의를 발전시키지 못했고, 교과서도 전통적 행정의 시대 정부 관료제와 조직관리 중심적 시각과 내용 구성을 상당 부분 그대로 유지하고 있다. 중앙공무원교육원(현재의 국가공무원인재개발원)은 1999년 '행정서비스 마케팅' 과정을 도입한다. 하지만 이를 뒷받침하는 이론화 노력이 특별한 진전을 만들지 못한 가운데, 중앙 부처와 지자체들은 체계적 교육이나 훈련 없이 고객을 위한 서비스 제공만을 강조하는 수사적(修辭的) 수준을 벗어나지 못하고 있다.

　유럽행정학회(European Group for Public Administration, EGPA)는 2017년 이탈리아 밀라노(Milano, Italy)에서 개최한 학술대회에서 처음으로 '공공마케팅(public marketing)' 연구 분과를 개설한다. 비즈니스 스쿨 마케팅 연구자들이 미국행정학회 1979년 연례 학술대회에서 정부의 마케팅 필요 주장 이후, 40년이 더 지난 시점이다. 비즈니스 분야 연구자들이 정부마케팅, 공공부문마케팅, 공공마케팅 등 다양한 제목의 단행본 출판을 하고 있음에 비추어 행정학 분야는 아직 의미있는 성과가 없다. 이와 같은 실무적 수요와 연구 간의 갭은 연구자들이 풀어가야 할 문제이고 의무이자 과제이다.

　교육 분야의 과제는 강의 개설이다. 대학 행정학과에서 정부마케팅 강의는 중앙대학교 행정학과가 1995년 가을 학기에 처음으로 개설한다. 스위스 로잔대학(Université de Lausanne) 행정대학원(Graduate School of Public Administration)도 마케팅 프로그램 (Management Public et Marketing)을 도입하고 정부 및 공공기관이나 단체를 대상으로 마케팅 강의를 제공한다. 이 프로그램의 '공공마케팅과 커뮤니케이션' 과목은 "공공서비스 마케팅, 도시 및 영토 마케팅, 문화마케팅, 사회마케팅, 비영리조직 마케팅"을 주요 내용으로 다룬다.[29] 미국은 행정학 분야에서는 마케팅 강의가 없고 비즈니스 스쿨에서 비영리마케팅, 사회마케팅 과목을 개설하는 수준이다.[30] 신공공관리를 행정발전의 한 패러다임으로 규정하면서도 막상 핵심 도구에 대한 체계적 교육 과정을 만드는데는 실패하고 있다.

패트릭 버틀러(Patrick Butler) 등이 정치마케팅 연구에서 이미 지적했듯이 정부마케팅도 다양한 학문 분야가 구축한 마케팅 이론과 지식의 체계적 통합 작업[31]이 필요한 시점이다. 실무적 수요 증가에 대응하기 위한 교육, 훈련도 뒤따라야 한다. 이들은 모두 연구와 교육차원에서의 실천적 과제이다.

---

29) IDHEAP. 법학부, 형사 사법 및 행정학. https://www.unil.ch/idheap/mcp. 검색일 2018.12.9.

30) 예 University of Michigan, Ross School of Business.

31) Butler, Collins, & Fellenz(2007), pp. 94-96, 98.

찾아보기

본 QR코드를 스캔하시면 '정부마케팅'의
참고문헌을 확인하실 수 있습니다.

박흥식

중앙대학교 공공인재학부 교수이다. 연구관심 분야는 정부마케팅, 공공서비스, 행정공학, 내부고발, 정보행동이고, 저서로는「글로벌시대 지방정부의 문화마케팅 전략」(집문당, 2003),「내부고발의 논리」(나남, 1999)가 있다. 국내학술지 및 공·편저 논문 110여 편, 국제학술지 논문 10여 편을 발표하였다.
한국행정학회 편집위원장, 정부 행정개혁전문위원회, 정부업무평가실무위원회 위원, 역량평가 위원, 참여연대 공익제보지원센터장을 지냈다.

저자 홈페이지   http://cau.ac.kr/~hspark

정부마케팅: 마케팅에 의한 공공가치 생산의 길을 말하다

초판발행	2020년 8월 20일
중판발행	2021년 9월 10일
지은이	박흥식
펴낸이	안종만·안상준
편 집	전채린
기획/마케팅	박세기
표지디자인	조아라
제 작	고철민·조영환
펴낸곳	(주)**박영사**

서울특별시 금천구 가산디지털2로 53, 210호
(가산동, 한라시그마밸리)
등록 1959. 3. 11. 제300-1959-1호(倫)

전 화	02)733-6771
f a x	02)736-4818
e-mail	pys@pybook.co.kr
homepage	www.pybook.co.kr
ISBN	979-11-303-0954-5 93350

정 가   36,000원